2025 특수교사 임용시험의 모든 것

박해인 특수 2차의 정석

유·초등특수 면접·수업실연

박해인, 박연지 공저

모듀

머리말

특수교사 임용후보자 선정 경쟁시험 1차 시험을 마친 여러분, 수고하셨습니다.

이 교재는 특수의, 특수에 의한, 특수를 위한 모든 2차 시험 대비 요소를 제시하고, 합격생들의 지역별·연도별 기출 분석으로 완벽하게 구성되었습니다. 더불어 심층면접·수업능력 평가 기출문제 및 질 높은 연습문제를 수록한 교재입니다.

처음 2차 시험을 준비하는 분들도 단단하게 2차를 준비할 수 있도록 다음과 같이 체계적으로 구성되었습니다.

1. **시작**은 지역별 시행되는 2차 시험 구성을 안내하고 스터디를 실행하는 방법을 다루었습니다.
2. **심층면접**은 심층면접이 무엇인지 구체적으로 알아보고, 면접 기출문제를 확인하며 실전 문제를 연습하는 순서로 단계별 학습이 가능하도록 구성하였습니다.
3. **수업실연**은 수업실연의 이론과 실연 시 참고 사항에 대하여 숙지하는 파트를 거쳐, 수업실연 기출문제를 분석할 수 있게 구성하였습니다.
4. **교수·학습 과정안**은 과정안의 기초 및 작성 방법에 대하여 안내하고 기출문제로 연습할 수 있도록 구성하였습니다.
5. **수업성찰**은 수업성찰을 실시하는 지역의 선생님들을 위한 파트입니다. 경기, 서울, 대구, 광주, 충북 지역의 기출문제와 수업 성찰 목적에 맞게 연습문제를 수록하였습니다.
6. **예시 답안**은 문제편과 예시 답안편으로 쉽게 분권할 수 있도록 가장 뒤쪽 파트로 구성하여 배치하였습니다. 분권하실 때 예시 답안편을 기준으로 나누셔서 문제와 예시 답안을 함께 확인하시기 바랍니다.

무엇보다 짧은 2차 시험 기간 동안 선생님들께서 효율적으로 탄탄한 준비를 하실 수 있도록 제대로 된 교재를 만들고자 하였습니다. '내년엔 이보다 더 좋아질 수 없겠지?'라는 생각으로 원고를 보냈던 게 작년인데, 올해에도 역시나 쌓인 교직 경험을 바탕으로 연구원 선생님들과 이 책이 세상에 나올 때까지 도와주신 검토진 선생님들 덕분에 더 새로운 「2025 박해인 특수 2차의 정석 유·초등특수편」을 출판하게 되었습니다. 이번에는 특히 2024 합격 메이트 선생님들의 노력이 담긴 원고들이 많이 담겼습니다.

Preface

2차 시험에 당연히 이 책을 기다리고 있을 선생님들을 생각하며 책임감 하나로 이 책을 다시 세상에 내놓습니다. 책을 내면서 지역별 공고문으로 페이지를 늘리는 책이 아닌, 정확한 정보들과 여러 합격생들의 합격에 가산이 되었던 자료들로 책을 채우려고 노력했습니다. 이 책이 여러분의 임용시험을 끝맺음할 수 있게 도와줄 것입니다.

"최종 합격을 진심으로 축하합니다."

이 문구가 우리 선생님을 기다립니다. 그러니 다시 한번 더 힘을 내어 전진해 주십시오.

- 유아특수 : 김민주 선생님, 윤정희 선생님, 임가현 선생님, 박효정 선생님, 강원지 선생님, 김지현 선생님, 이세진 선생님, 전미현 선생님
- 초등특수 : 노다지 선생님, 라예지 선생님, 오인화 선생님, 이자윤 선생님, 송채연 선생님, 이자현 선생님, 이주은 선생님, 박소희 선생님, 안소연 선생님, 이진주 선생님, 김영진 선생님, 김지현 선생님, 백지은 선생님

개정 작업에 많은 힘이 되었습니다.
더 좋은 책이 될 수 있게 도움 주셔서 감사합니다.

복기를 도와주시고 소중한 원고를 제공해 주신
2024 합격메이트 선생님께도 감사의 말씀을 전합니다.

2024 10.
노량진 이데아관 연구실에서 특수임용 강사 **박해인** 그리고 총괄 연구원 **박연지** 드림

※ 이 책은 저작권법에 따라 보호받은 저작물이므로 무단 전재와 무단 복제를 금합니다.
※ 이 책의 전부 또는 일부를 이용하려면 반드시 저자와 모듀efe 출판사의 동의를 받아야 합니다.
※ 무단 복제 및 무단 공유는 결코 정당화할 수 없습니다.

2차 시험 안내

교원 임용 2차 시험은 무엇을 평가할까?

1차 시험은 정해진 답을 쓰기 위해 노력하였지만, 이제 2차 시험에서는 교사로서의 자질을 보다 능동적으로 보일 차례이다. 1차 시험과 달리 2차 시험은 이틀에 걸쳐 평가하며 지역, 교과에 따라 문항 및 시험 방법이 다르다.

1차 시험	2차 시험
교사로서 갖추어야 할 **교육학, 전공 전문 지식** 평가	교사로서의 **적성, 교직관, 인격 및 소양**을 평가

1차 시험에서 전문 지식을 가진 수험생을 선발한 후, 2차 시험에서는 과연 그 수험생이 교사로서 소양이 있는지 변별력을 강화하여 최종 선발을 한다.

문항 수는 지역별로 상이하며, 이전에는 한국교육과정평가원에서 제작한 문항이 출제되었으나, 최근에는 각 시·도 교육청에 필요한 인재를 뽑기 위하여 지역에 따라 출제 방식을 변경하는 추세이다.

Guide

특수교사 임용후보자 선정 경쟁시험 2차 시험과목

- **교직적성 심층면접**
  - 주어진 문항에 대해 평가위원들 앞에서 답변
  - 교사로서의 적성, 교직관, 인격 및 소양평가

- **수업실연**
  - 평가위원들 앞에서 실제 수업과 같이 수업을 진행

- **교수·학습 과정안 작성**
  - 60분 동안 문제지에서 요구하는 조건들을 반영하여 교수·학습과정안을 작성

- **수업성찰 (나눔, 면접)**
  - 수업실연 후 주어진 성찰 문항에 대해 답변

- 위 시험과목들은 지역별로 반영 여부, 비율이 다르다. 응시하는 지역에 맞게 필요한 부분을 찾아 연습해야 한다.
- 이 책에서는 위 시험과목을 기준으로 목차를 구성하였다.

목차

PART 01 시작

01 2차 시험 알아보기 ································ 10

02 2차 시험 준비 방법 ······························ 11
    [1] 스터디 구성 및 계획 ···················· 11
    [2] 2차 시험 연습하기 ························ 13
    [3] 합격자의 2차 시험 준비 TIP ·············· 15

PART 02 심층면접

01 심층면접 알아보기 ······························· 20
    [1] 심층면접 기초 ································ 20
    [2] 예시 문제로 심층면접 준비하기 ············ 21
    [3] 평가실에서의 10분 ························ 23
    [4] 심층면접 평가영역 ························ 23
    [5] 심층면접 스터디 피드백 양식 예시 ······· 25
    [6] 합격자의 심층면접 TIP ···················· 26

02 심층면접 지역별 기출문제 ····················· 32
    [1] 평가원 ··· 32
    [2] 서울 ··· 54
    [3] 경기 ··· 73
    [4] 대구 ··· 89
    [5] 충북 ··· 98
    [6] 기타 기출 – 강원·세종·인천 ············ 102

03 심층면접 실전 문제
    [1] 1회 (유형 : 초등특수, 평가원) ············ 107
    [2] 2회 (유형 : 유아특수, 평가원) ············ 108
    [3] 3회 (유형 : 유·초등특수, 자체출제) ···· 109

PART 03 수업실연

01 수업실연 알아보기 ······························ 112
    [1] 수업실연의 기초 ···························· 112
    [2] 수업실연 문항 분석 ······················ 113
    [3] 학생 특성별 중재 방법 자세히 보기 ··· 116
    [4] 수업실연 연습방법 ························ 124
    [5] 특수교육 수업 관찰 및 분석 참고 자료 · 126
    [6] 합격생의 스크립트 및 수업실연 요령 · 133

02 초등특수 수업실연 기출문제 ················· 151
    [1] 평가원 ··· 151
    [2] 서울 ··· 168
    [3] 경기 ··· 178
    [4] 대구 ··· 191
    [5] 충북 ··· 195
    [6] 인천 ··· 201

03 초등특수 수업실연 연습문제 ················· 205

04 유아특수 수업실연 기출문제 ················· 225
    [1] 평가원 ··· 225
    [2] 서울 ··· 233
    [3] 경기 ··· 240
    [4] 대구 ··· 251
    [5] 세종 ··· 255
    [6] 인천 ··· 256

05 유아특수 수업실연 연습문제 ················· 258

Contents

PART 04　교수·학습 과정안

01 교수 학습 과정안 알아보기 ········ 272
　[1] 교수·학습 과정안 문항 분석 ············ 272
　[2] 교수·학습 과정안 작성 예시 ············ 277
　[3] 교수·학습 과정안 작성 시 유의 사항 · 280
　[4] 교수·학습 과정안 평가표 예시 ·········· 281
　[5] 교수·학습 과정안 작성 양식 ············ 283

02 초등특수 교수·학습 과정안 기출문제 ·· 287
　[1] 평가원 ··································· 287
　[2] 서울 ····································· 297
　[3] 인천 ····································· 308

03 유아특수 교수·학습 과정안 기출문제 ·· 312
　[1] 평가원 ··································· 312
　[2] 서울 ····································· 318
　[3] 인천 ····································· 326

PART 05　수업성찰

01 수업성찰 알아보기 ···················· 328
　[1] 각 지역의 시험 구성 및 내용 ············ 328
　[2] 수업성찰 답변 방법 ······················ 329

02 수업성찰 기출문제 ···················· 331
　[1] 경기도 수업 나눔 ························ 331
　[2] 서울 반성적 성찰 면접 ·················· 339
　[3] 대구 수업 설계 ·························· 343
　[4] 광주 수업 면접 ·························· 346
　[5] 충북 수업 면접 ·························· 348

03 수업성찰 연습문제 ···················· 349
　[1] 수업 의도 ································ 349
　[2] 학습자의 특성 ···························· 349
　[3] 수업 중 협력 ····························· 350
　[4] 교육과정 반영 ···························· 350
　[5] 교육정책 반영 ···························· 350
　[6] 수업 자료 활용 ··························· 351
　[7] 수업 교사의 성찰 ························· 351
　[8] 학생의 삶과 연계 ························· 351

PART 06　교직적성 심층면접 예시 답안

01 평가원 ·································· 354
02 서울 ···································· 389
03 경기 ···································· 423
04 대구 ···································· 452
05 충북 ···································· 468

2025 특수교사 임용시험의 모든 것
유·초등특수 면접·수업실연

PART 1

시작

CHAPTER 01 2차 시험 알아보기

CHAPTER 02 2차 시험 준비 방법

[01] 스터디 구성 및 계획
[02] 2차 시험 연습하기
[03] 합격자의 2차 시험 준비 TIP

CHAPTER 01 2차 시험 알아보기

교직적성 심층면접	수업능력평가		
	교수·학습과정안	수업 실연	수업 성찰
교사로서의 적성, 교직관, 인격 및 소양	교과과정의 일정 단원에 대한 교수·학습과정안 작성	교사로서의 학습지도 능력과 의사소통 능력	수업에 대한 성찰적 질의 응답

특수교사 2차 시험은 크게 교직적성 심층면접과 수업능력평가로 나뉘며, 수업능력평가는 수업실연, 교수·학습과정안, 수업성찰로 나뉜다.

교직적성 심층면접은 '교사로서의 적성, 교직관, 인격 및 소양'을 평가하며 유형은 구상형, 즉답형 문항이 있다. 구상형은 구상실에서 문제지를 보고 구상한 뒤 평가실에서 답변하며, 즉답형은 평가실에서 문제를 보고 바로 답변한다. 지역에 따라 추가 질의가 포함되기도 한다.

대기실	구상실	평가실
시험장에 가면 가장 먼저 도착하는 곳	면접 문제를 미리 보고 구상하는 곳	면접관 앞에서 답변하는 곳

* 실제 경기 유·초등특수 시험장 사진, 시험장 구조 및 조건은 지역에 따라 다름

교수·학습 과정안은 단원, 성취 기준, 학생 특성 등이 문제로 주어지고, 60분간 교수·학습 과정안을 작성한다. 교직논술 시험과 유사한 방식으로 진행된다. 교수·학습 과정안 평가를 실시하는 지역은 점차 줄어들고 있다.

수업 실연은 '교사로서의 학습지도 능력과 의사소통 능력'을 평가하며 문제지를 보고 15~30분 구상 후 15~20분을 실제 수업처럼 실연한다. 구상 시간 및 실연 시간은 지역에 따라 다르다.

수업 성찰은 지역에 따라 실시 여부 및 명칭이 다르다. 수업 면접, 수업 나눔, 수업 설계 등 수업 앞, 뒤로 본인의 수업을 계획한 내용이나 성찰한 내용을 답변한다. 면접의 즉답형 문항과 유사하다.

시·도 교육청마다 영역, 시간 등 출제 방식이 다르므로 시행계획을 반드시 확인해야 한다.

CHAPTER 02 2차 시험 준비 방법

01 스터디 구성 및 계획

2차 시험은 대부분 그룹 스터디를 꾸려 준비한다. 스터디를 하면 서로 평가관이 되어 피드백을 해주며 연습하고, 자신이 나아가는 방향이 옳은 방향인지 판단할 수 있다. 따라서 2차 시험 준비는 스터디 구성으로 시작된다. 그럼 언제부터 스터디를 시작하면 될까? 대부분 '1차 시험이 끝나고 일주일은 쉰다.'고 한다. 하지만 2차 시험을 준비할 수 있는 기간은 1차 시험에 비해 매우 짧기 때문에 1차 시험이 끝난 후 스터디 구성 및 계획을 세우고 나서, 휴식을 취하는 것을 추천한다. 미리 스터디 계획을 수립하는 것이 2차 시험에 대한 이해도를 높이고 마음가짐을 다잡는 데 도움이 될 것이다. 또한 스터디원 모집, 구성, 스터디룸 예약 등에 할애되는 시간을 줄여 2차 시험 준비에 방해될 수 있는 여러 변수들을 줄일 수 있기 때문이다.

📢 합격자의 스터디 구성 TIP

*합격자의 스터디 구성 TIP
스터디를 구성할 때엔 4명이 적당하다고 생각합니다. 그 이유는 스터디 인원이 너무 많으면 다른 사람의 면접을 피드백하는 시간이 길어져 각자가 연습할 수 있는 시간이 줄어들기 때문입니다.

심층면접의 경우 보통 구상 시간 10~15분, 면접 시간 10~15분입니다. 그렇다면, 4명이 스터디를 할 경우 다 같이 구상하는 시간 10분, 모의 면접을 연습하는 시간 10분 × 4명 = 40분이 소요됩니다. 그럼 총 50분이며, 이에 피드백 시간 한 명당 10분으로 정하면 길게는 1시간 30분이 소요될 것입니다. 그럼 5명의 경우엔 1시간 50분, 6명의 경우엔 2시간 10분이 소요될 것입니다. 게다가 수업실연은 더 긴 시간이 필요할 것입니다. 2차 스터디를 진행하며 가장 어려웠던 점 중 하나가 다른 사람의 답변을 끝까지 집중하여 듣는 것입니다. 후반부로 갈수록 체력이 소모되어 다른 스터디원의 답변을 들으며 졸기도 했습니다. 이러한 이유로 저는 스터디원 3~4명을 추천합니다.

▶ 혹시 혼자 준비할 수밖에 없는 상황이라면, 온라인 스터디 혹은 합격생의 멘토링을 받는 방법 등 다른 사람의 피드백을 받아 보는 것을 추천합니다.

스터디 구성이 끝났다면, 이제 앞으로 남은 날들을 알차게 보내기 위한 계획을 세울 차례이다. 이때는 각 시·도 교육청 공고를 기준으로 배점에 따라 계획을 세우는 것을 추천한다. 시험 공고를 살펴보면 시험과목, 배점, 평가 영역이 제시되어 있다. 이는 2차 시험 준비 계획을 세울 때의 기준이 된다.

[평가원 출제 지역 2차 시험 배점(유·초등)]

시험과목	배점	평가 영역
교직적성 심층면접	50	교사로서의 적성, 교직관, 인격 및 소양
교수·학습과정안 작성	10	교과과정의 일정 단원에 대한 교수·학습과정안 작성
수업실연	40	교사로서의 학습지도 능력과 의사소통 능력

같은 평가원 출제 지역이라도 시험 과목이나 시험 방식이 조금씩 다를 수 있기 때문에 자신이 시험 보는 지역 공고문을 꼼꼼히 읽어볼 필요가 있다. 위 표의 배점으로 보아 평가원 지역 응시자는 스터디 계획을 세울 때는 면접과 실연이 90% 비중을 차지하도록 하는 것이 합리적이다.

합격자의 스터디 시간표

스터디원들과 만든 시간표입니다. 시간표는 시기에 따라 수정하며 사용했습니다.

[최종 합격 스터디 일일 시간표]

9:00~10:40	심층면접	9:00~9:10 (10분)	구상
		9:10~9:30 (20분)	면접 9분 + 피드백 11분 [1]
		9:30~9:50 (20분)	면접 9분 + 피드백 11분 [2]
		9:50~10:10 (20분)	면접 9분 + 피드백 11분 [3]
		10:10~10:30 (20분)	면접 9분 + 피드백 11분 [4]
		10:30~10:40 (10분)	정리 & 휴식
10:40~12:35	수업실연	10:40~10:55 (15분)	수업실연 구상
		10:55~11:20 (25분)	실연 15분 + 피드백 10분 [1]
		11:20~11:45 (25분)	실연 15분 + 피드백 10분 [2]
		11:45~12:10 (25분)	실연 15분 + 피드백 10분 [3]
		12:10~12:35 (25분)	실연 15분 + 피드백 10분 [4]
12:35~13:20	점심	12:35~13:20 (45분)	점심 먹으며 피드백 숙지
13:20~14:20	오전 복습	13:20~14:20 (1시간)	오전에 한 수업실연 다시, 또는 심층면접 및 수업실연 보충
14:20~15:40	교수 · 학습과정안 작성	14:20~15:10 (50분)	교수 · 학습과정안 작성
		15:10~15:40 (30분)	피드백

스터디원은 총 4명이었습니다. 심층 면접의 경우 시간이 부족하여 답변 중 종이 치면 마지막 즉답형 문항의 점수가 감점될 수 있기 때문에 스터디 연습 시간을 9분으로 설정하였습니다. 점심 먹고 졸린 시간에 오전에 한 수업실연을 피드백을 반영하여 다시 해보기도 했습니다. 그리고 후반부에 시험 날짜가 가까워질 때에는 많은 제재를 접하기 위하여 다른 제재로 한 번 더 해보기도 했습니다.

합격자의 스터디 계획 TIP

① 1차 합격자 발표 전까지 모든 것을 완성한다는 각오로 계획을 세웁니다. 1차 합격자 발표 후에는 실전에 대비하여 연습해야 하며, 면접 복장, 숙소 등 준비할 것이 많으므로 1차 합격자 발표 전에 어느 정도 완성되어야 합니다.
② 1차 합격자 발표 후에는 실전에 대비합니다. 최대한 실전과 비슷한 환경을 구성하여 연습하고, 시험 당일의 시간과 똑같이 스터디를 운영합니다.
③ 각 지역의 특색을 잘 파악하여 필요한 요소를 미리 준비합니다. 각 지역 교육청 교육방향을 파악하고, 교육 계획에 나오는 주요 정책들에 대해 정리해야 합니다. 기출문제를 확인하며 지역의 출제 경향을 살펴보면 어떤 교육정책들을 살펴보는 것이 좋을지 알 수 있습니다.

02 ＞ 2차 시험 연습하기

(1) 기출문제 분석

1차 시험과 마찬가지로 2차 시험도 기출문제 분석이 아주 중요하다. 기출문제를 분석할 때에는 연도별로 구분해 보기도 하고, 주제별로 구분해 보기도 해야 한다. 연도별로 구분하면 문항의 유형이나 최근 교육 경향을 볼 수 있고, 최근에 많이 나오는 주제를 알 수 있다. 그리고 주제별로 구분하면 주제별로 내용을 정리하고, 다음에 나올 수 있는 주제를 예상할 수 있다. 2차 시험은 자신의 생각을 반영하여 답변해야 하기 때문에 스스로 기출문제를 분석해보며 자신만의 생각을 정리해보는 것을 추천한다.

합격자 기출 분석 TIP

이전엔 모든 지역이 평가원 출제로 이루어졌지만, 점점 지역 자체 출제가 늘어나며 지역별로 확연한 차이를 보이고 있습니다. 따라서 자신의 지역의 경향을 살펴보며 지역교육계획, 지역에서 다루는 교육 문제들을 꼭 숙지해야 할 것입니다. 이때 자신의 지역 안에서 교과, 비교과, 초등, 유아 등 다른 과목의 기출문제들을 최대한 끌어모아 분석한다면 더 도움이 될 것입니다.

(2) 충분히 연습하기

2차 시험은 과목별 평가시간이 10~25분밖에 되지 않는다. 이 짧은 시간 안에 나의 능력, 가능성 등을 보여주려면 충분한 연습이 필요하다.

▶ 모범 답안 만들기(만능틀)

짧은 구상 시간 동안 정확하고 완벽한 답변을 만들어내기 위해서는 나만의 모범 답안이 필요하다. 모범 답안이란 주어진 문항에 대한 완벽한 답안이라고 할 수 있다. 기출문제 중 대표적인 문제 1~2가지를 골라 오랫동안 고민해보며 모범 답안을 만들고, 이를 여러 번 읽고 암기하여 숙달한다면, 비슷한 문항이 나왔을 때 쉽게 답변할 수 있다. 또한 묻는 내용이 다른 문항이어도 연습해온 틀에 맞게 답변한다면 보다 수월하게 답변할 수 있을 것이다.

▶ 말하는 연습하기

시험장에서는 돌발 상황이 생길 수도 있고, 극도의 긴장감이 올 수도 있다. 따라서 어느 상황에서도 자동화되어 답변이 나올 수 있도록 연습하는 것이 필요하다. 스터디를 진행하지 않는 날에도 개인 연습 시간을 충분히 가지며 여러 번 연습하도록 한다.

(3) 피드백 방법

지역마다 배점이나 중점을 두는 부분이 다르기 때문에 피드백 평가표를 만들어 활용하는 것을 추천한다. 또한 다양한 자료에 있는 평가 관점표를 활용하는 것도 좋다.

더불어 스터디원끼리 서로 평가관이 되어 주는 방법도 있지만, 영상으로 자신의 모습을 담아 스스로 평가해보는 것도 좋은 발전 방법이다.

합격자 피드백 TIP

스터디를 할 때 스터디원들과 피드백을 하게 되는데, 객관적인 요소를 평가하기보다는 주관적인 의견이 개입되며 어려움을 느낀 적이 있었습니다. 이를 최소화하기 위하여 정해진 피드백 틀을 만들어 사용하였습니다. 서로 객관적으로 평가를 할 수 있어서 유용하게 사용하였습니다.

예 1 수업실연

	내용적 측면			기술적 측면
	도입	전개	정리	(목소리, 속도, 시간 분배 등)
GOOD	동기유발 내용이 흥미로웠어요.		배움노트 활용 좋아요!	속도가 적절해요. 시간 분배가 적절해요.
BAD	전시학습 상기 내용이 빠졌어요.			문제의 조건이 모두 충족되지 않았어요. 꼬집기 문제행동 중재 조건이 빠졌어요.

예 2 면접

	피드백
구상형 1	3가지를 제시하라고 했는데, 2가지만 제시되었어요.
구상형 2	구체적인 실천방안, 특히 생활 측면이 아이디어가 좋았어요.
즉답형 1	문제의 의도와 다른 것 같습니다 …
즉답형 2	적절해요!
태도	자세가 바르고, 목소리가 명료합니다. 다만, 조금 빠릅니다.
시간	8분 30초

(4) 실전과 유사한 환경에서 연습하기

임용 2차 시험장은 교실이다. 좁은 공간에서 연습하면 실제 시험장에서 동선이 짧아 평가관들이 보기에 어색하게 느껴질 수 있다. 2차 시험은 딱 한 번의 기회이며 짧은 시간에 평가되기 때문에 변수를 최소화하기 위해 시험장과 유사한 환경에서 연습하는 것이 필요하다.

구상실

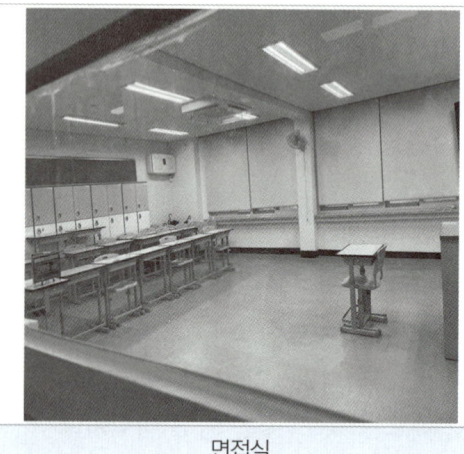
면접실

* 서울 유·초등특수 시험장 사진, 시험장 구조 및 조건은 지역에 따라 다름

Ⅰ. 시작　Ⅱ. 심층면접　Ⅲ. 수업실연　Ⅳ. 교수·학습과정안　Ⅴ. 수업성찰　Ⅵ. 심층면접 예시 답안

03 합격자의 2차 시험 준비 TIP

① 초등특수 O 선생님

1. 각 지역별 2차 공고 꼼꼼하게 체크하기

당연한 이야기지만 놓치는 부분도 있을 수 있기 때문에 각 지역별 2차 공고를 꼼꼼하게 체크해야 합니다. 2차 면접의 경우 문항 수나 시간, 2차 수업 실연의 경우 시간과 성찰의 유무 등을 확인하여야 합니다. 또한 실내화가 필요한지, 삼색볼펜이 사용이 가능한지 등 사소한 부분도 꼼꼼히 읽고 체크하는 것이 필요합니다. 실제로 제 주변에서는 삼색볼펜 사용하며 연습했는데 알고 보니 시험장에서 삼색볼펜 사용이 불가능한 경우도 있었습니다. 따라서 꼼꼼하게 확인하고 확실하지 않다면 직접 전화해 문의해보는 것을 추천합니다.

2. 1차 시험이 끝난 후 2차 시험에 대한 전반적인 내용 알고 방향 잡기

1차 시험이 끝난 후 1차 결과가 나오기 전에 2차 시험에 대한 전반적인 부분을 찾아보는 것을 추천드립니다. 더불어 특수의 정석 2차 대비 특강도 추천드립니다. 딱 이 시기에 듣기 좋다고 생각합니다. 세세하게 알려주셔서 2차 시험의 진행 방법이나 준비 방법에 대해 알고 스터디 하는 데 많은 도움이 되었습니다. 또한 2차 합격 수기를 찾아보거나 주변에 도움을 요청할 사람이 있다면 여쭤보는 것도 좋은 방법입니다.

3. 개인 공부 시간 헛되이 보내지 않기 - 스터디 and 개인 공부

2차는 대부분 스터디를 많이 하게 됩니다. 저는 10시~3시 30분 스터디, 그리고 그 이후 개인 공부를 하며 2차를 준비했습니다. 스터디의 경우 다른 사람들과 하니 강제로 열심히 하게 된다는 장점이 있는데 개인 공부는 혼자 하다 보니 느슨해지기도 하고, 시간 분배를 잘못하여 한 가지 공부만 하다가 끝나는 경우가 많았습니다. 개인 공부 시간에 해야 할 일이 무엇인지 리스트를 작성하고 1차 시험 때처럼 계획표를 세워 체계적으로 공부하는 것이 필요하다고 생각합니다. 개인 공부 시간을 통해 오늘의 스터디를 정리하고 시책 공부가 필요하다면 시책 공부, 내용이 부족하다면 2차 시험 키워드들에 대한 공부 등 자신이 필요한 공부를 체계적으로 하여 개인 공부 시간이 헛되지 않도록 준비하는 것이 중요합니다.

 스터디 활용

학교에서 자체 출제 지역에 응시한 동기들과 함께 진행했습니다. 그래서 서울, 경기, 충북 총 3명이 팀이 되어 진행했습니다. 1차 결과가 나오고 돌아오는 월요일부터 바로 시작했으며, 초반에는 아는 것이 없어 맨땅에 헤딩하듯이 스터디에 참여하였습니다. 주 5일(주말 제외) 진행했으며 하루에 면접 1세트, 수업실연 1세트를 진행했습니다. 문제 수와 시간은 각자 지역에 맞추어 연습하였고, 초반에는 기출을 돌렸습니다. 후반기에는 다른 지역 기출이나 강사님들의 연습문제를 활용했습니다. 충북의 경우 자체 출제로 바뀐 후 복기된 기출이 22년도밖에 없었습니다. 그래서 평가원과 경기, 서울 등 예전 기출을 충북의 스타일에 맞게 구성하였고, 충북 정책을 개인적으로 만들어 연습했습니다. 피드백은 개인의 순서가 끝난 후 태도나 자세 같은 기초적인 부분부터 내용적으로 좋았던 점이나 부족한 점에 대해 피드백하였고 더불어 '나라면 이렇게 했을 것이다.'하면서 내용의 보완을 함께 해나가기도 했습니다. 그래서 피드백 시간이 꽤 걸렸습니다.
다른 지역끼리 구성한 스터디의 장점은 한 세트씩 연습하더라도 각 지역의 여러 문제를 접할 수 있다는 것이었습니다. 피드백을 통해 서로의 의견을 교환하는 시간을 가지면서 한 문제에 대해 여러 가지 방안을 구안해낼 수 있었습니다. 또한 자체 지역들이기 때문에 다양한 내용들을 접하면서 조금이라도 아는 범위를 키워나갈 수 있었습니다. 단점은 하루에 다른 내용의 면접 문제와 다른 내용의 수업 실연을 보다 보니 피드백 전 내용을 파악해야 하는 시간이 필요해 다른 스터디보다 피로도가 높았습니다.

4. 타지역 기출 보면서 새로운 내용 접하기

2차 시험의 경우 나올 수 있는 주제들은 다양하다고 생각합니다. 특히 자체 지역은 언제든지 새로운 주제가 나올 수 있다고 생각합니다. 따라서 다른 자체 지역의 기출을 통해 새로운 주제들을 접하고 연습해보면서 낯선 문제를 자주 마주치면서 익숙해지는 것이 필요하다고 생각합니다. 저는 제가 응시한 지역인 충북 기출 이외에 평가원, 서울, 경기 등 대부분의 지역으로 연습했습니다. 더불어 다양한 면접 책들을 통해 일반 초등에서도 출제되는 키워드들도 함께 공부하는 것도 추천드립니다.

5. 시험장 Tip

- 문을 열고 닫을 때, 가벼운 목례하기, 가벼운 미소 잊지 않기, 수업 실연하면서 밝은 표정과 강약 조절하기, 잘 몰라도 자신감 있는 태도로 임하기(부족해도 무조건!)
- 추가적으로 저는 답변이 끝나고 '이상입니다.' 후 일어나서 "경청해 주셔서 감사합니다." 인사 후에 나가면서 문 앞에서도 목례했습니다.

② 고득점 짝 스터디 성공비결

[1차 시험 결과 발표 전 공부 방법]

- 감도 없고 아직 지식이 없어 자기 공부 위주로 했습니다. 주 3회 스터디(비대면과 대면 병행)를 진행하였고 지역은 서로 달랐으며 마음 맞는 사람들과 만났습니다.

면접

경기와 평가원 지역이 모여 2가지 지역을 함께 볼 수 있었습니다. 처음에는 제한 시간을 두지 않고 구상하였고, 모범답안을 참고하기도 했습니다. 구상지를 꼼꼼하게 작성하는 연습을 하며 자세나 표정을 잡아가는 시간이었습니다. 구상지는 세세하게 쓰다가 점점 양을 줄였습니다.

- 습득 기간으로, 내용을 채우는 기간이었습니다. 2차 강의 수강을 병행하며 내용을 공유하기도 했습니다.
- 시책 정리와 면접 내용 공부를 조금 일찍 시작할 걸 후회했습니다.
- 면접 스터디 운영 방법: (1) 밴드에 구상지, 영상 올리기 (2) 대면 스터디

수업실연

제일 어려워 보이는 주제 1개를 정했습니다. 22경기 문제였고 수업실연을 똑같이 3번 한 다음에 학생 특성을 3번 바꿔서 실시했습니다. → 같은 주제 수업을 6번하게 되었고, 수업이 변하는 것을 알 수 있었습니다. 틀 잡기가 좋았습니다. 나의 수업 흐름이 생겼고, 스크립트를 정리하지 않아도 스크립트를 체득할 수 있었습니다. 학생 특성이 바뀌어서 수업이 바뀐다는 게 큰 도움이 되었습니다. 이미 주제에 대해 이해는 잘 되어 있기 때문에 특성 반영을 자연스럽게 연습할 수 있습니다. 꼭 어려운 문제로 하지 않아도 될 것 같습니다. 다만, 어려운 문제로 하면 다른 문제들이 평이해보이는 효과가 있습니다.

지도서 공부 방법

지도서 제재를 보면서 어렵고 나오면 당황할 것 같은 제재를 골라서 올렸습니다. 그리고 3명이 공통적으로 어려워하는 것을 골라서 수업을 구상했습니다. 동요나 동화를 찾아보기도 했습니다. 자료조사 느낌이었습니다. 어려운 개념이 있으면 개념 공부를 하기도 했습니다. 국어, 수학, 사회, 과학 교과를 먼저 했습니다. 스프레드시트에 심층적으로 볼 부분을 공유하고 겹치는 부분을 고르는 작업을 했습니다. 그리고 유의점, 도입, 목표, 활동, 평가를 간단히 정리했습니다. 이 내용은 요약 노트가 되었습니다. 용어 설명이 필요한 것은 용어를 설명하는 문장을 만들어 보기도 했습니다.

I. 시작　II. 심층면접　III. 수업실연　IV. 교수·학습과정안　V. 수업성찰　VI. 심층면접 예시 답안

피드백 방식

구글 설문 폼을 활용했습니다. 밴드에 영상을 올리고, 영상에 대한 피드백을 구글 설문폼으로 전달했습니다. 이때 상대방, 자신의 것을 피드백했습니다. 구글폼을 작성하면 자신의 피드백을 모아서 볼 수 있으며, 남이 해주는 것도 좋지만 자기 피드백이 중요하다고 생각하여 서로 꼭 하도록 이야기해 주었습니다. 구글폼이 스프레드 시트에 공유되기 때문에 자신의 피드백, 타인의 피드백을 확인할 수 있고 피드백 개수도 확인 가능합니다.

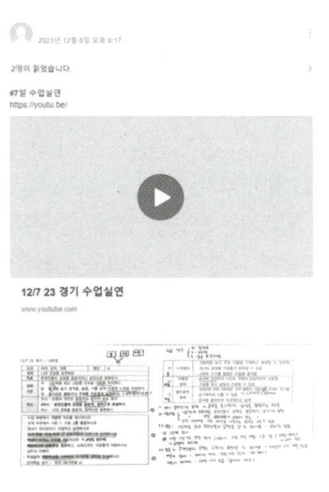
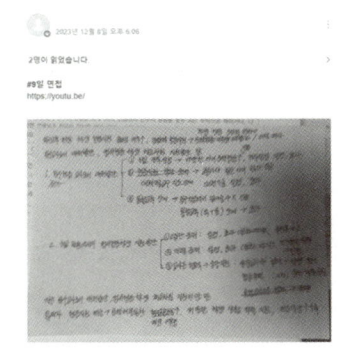
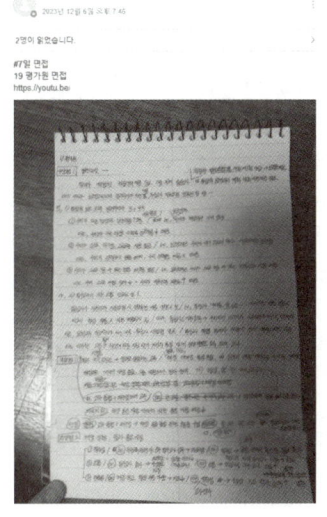

→ 구글 설문 폼 & 스프레드 시트 활용 방법 영상 및 설문 양식
※ 양식 파일들은 꼭! 자신의 드라이브로 복사하여 활용하시기 바랍니다.

[1차 시험 결과 발표 후 공부 방법]

- 합숙으로 진행했습니다. 결과 나온 주에 방을 잡았고, 대학교 근처로 잡아 강의실을 빌릴 수 있었습니다. 실전처럼 하려고 노력했습니다.
- 격일로 오전에 면접 + 수업실연 1회, 오후에 면접 + 수업실연 1회를 하였고, 다음 날 피드백 정리 및 개인 공부를 하였습니다. 지역이 달랐어서 지도안과 수업 나눔, 시책은 각자 준비했습니다. 평일/주말 구분 없었습니다. 크리스마스에도 카페에 가서 했습니다.
- 생활 스터디가 자연스럽게 되었습니다. 아침 8시쯤 일어났고, 아침 먹고 체조를 했습니다. 새천년체조를 아침, 저녁 두 번씩 했습니다. 같이 살 여건이 되지 않아도 2차는 생활스터디가 필요하다고 생각합니다.

면접

- 실전처럼 구상했습니다. 시계는 두지 않고 손목시계 보는 연습을 했습니다. 처음에는 시간이 지나도 끝까지 대답해봤습니다. 그리고 시험 1~2주 전부터는 시간 넘으면 끊었습니다.
- 저희 지역인 평가원, 경기를 필수로 하고, 다른 지역의 어려운 문항을 섞어서 공부했습니다.
- 구상지를 사진 찍어서 보면서 피드백을 했습니다. 경기에 평가원 스타일이 나왔을 때 엄청 많이 도움이 되었습니다.
- 클로바노트도 항상 켜두었습니다. (시간 체크용/ 끝나는 시간 말고도 문항별로 쓰는 시간 체크)
- 초반에는 모범답안을 같이 만들어 보기도 했습니다. 완성도 높은 답안을 위하여 하나의 문제를 같이 고민하는 시간도 가졌습니다. 나중에 보려고 만드는 것이 아니라 만들면서 체득하는 것을 목표로 했습니다. 다 만들면 볼 필요 없을 정도로 생각했습니다. 다른 사람 자료를 많이 보기보다는 내가 공부하면서 자연스레 생기는 자료가 필요한 것이라고 생각합니다.

수업 실연

- 오전에는 각자 지역 문제를 풀고, 오후에는 오전과 동일한 문제를 복습 했습니다.
- 지도서는 하루 범위를 나눠놓고 매일매일 보고 정리했습니다.

- 시험 전에는 실전처럼 꼭 연습해 보는 것이 중요합니다. 특히 낯선 사람 앞에 하여 긴장하는 상황을 만들어 보는 것이 도움이 됩니다.
- 다른 사람에게 피드백을 받을 때 의견이 나뉘는 경우엔 개인의 취향대로 가면 됩니다. 자기 피드백이 정말 중요합니다.
- 시간적인 제한이 있기에 완벽하게 갖추기는 어렵습니다. 완벽에 도달하기 위해 노력하는 것입니다.
- 나를 드러내는 시간들이라고 생각합니다. 뻔뻔하게 해야 합니다. 주어진 시간은 다 똑같습니다. 모범적인 사례를 계속 보면서 효율적인 공부 방법을 선택해야 합니다.
- 노래를 부르면서 잘하는 사람과 노래를 부르면 어색한 사람이 있습니다. 억지로 넣을 필요 없습니다. 자기한테 맞는 것이 뭔지 파악해야 합니다.
- 처음 시작할 땐 다 엉망진창입니다. 그 시간을 잘 이겨내야 합니다. 예시 영상을 보고, 나의 엉망진창 수업의 스크립트를 읽어보시기 바랍니다. 내가 상상하면서 한 수업과 스크립트는 동떨어질 수 있습니다. 집에서 혼자 연습을 많이 해야 합니다.
- 수업 시작하면 무조건 끝까지 하셔야 합니다. 중간에 중단하면 안됩니다. 말이 꼬여도 얼버무리는 연습도 필요합니다. 어떻게 얼버무릴지도 연습했습니다. 대사를 정하여, "~야 미안해. 잘못 말했지", 능청스럽게 넘어가는 연습을 했습니다. 구두를 신고 걸어가다 넘어져도 대처 방안을 연습했습니다. 시험 상황에서 나올 수 있는 여러 상황에 대한 대처 방법을 연습했습니다.

[2차 때 후회하는 점]
- 다음카페에 많이 들어간 것이 후회됩니다. 고득점자가 많았다는 소문 때문에 힘들었습니다. 그걸 봐서 도움이 되는 것은 없었습니다. 마음의 불안만 커졌습니다. 최신글을 보지 마시고, 키워드 검색 하지 말고 질문을 올리시는게 좋습니다. 차라리 선후배를 활용하거나 합격수기에 쪽지를 날리시고, 특꿈에 대해 무딘 마음을 갖는 것이 중요합니다.

[다른 지역이라 좋았던 점]
- 서로 형식이 다른 것도 오히려 좋았고, 경쟁심이 없어서 좋았습니다. 지도안이나 수업나눔은 혼자해도 충분히 감당 가능했습니다. 서로의 장점을 적극적으로 습득할 수 있었습니다.
- 구상시간이 다른 것은?: 짧은 쪽에 맞춰 연습했습니다. 그리고 나중에는 실전과 똑같은 시간으로 하기 위해 경기도 선생님이 구상을 먼저 시작했습니다.

[만능틀을 만들어야 할까요?]
- 저는 수업 스크립트에 다양한 동기유발 방법과 활동 방법들을 정리했습니다. 하지만 평가원은 자료가 주어지기 때문에 나의 틀을 사용하지 못할 수 있습니다. 정해진 활동과 자료를 어떻게 매칭할 것인지 연습하는 것이 필요합니다. 그래서 스크립트에 제일 많이 나오는 활동들을 적어두고 연습했습니다.
- 만능틀 만들다가 시간 다가고 맨날 바뀝니다. 만능틀을 만들어서 하면 그 틀이 틀어졌을 때 당황할 수 있습니다. 그래서 만능틀 자체를 유연하게 만들었습니다. 끼워 맞출 수 있게 여러 가지 활동을 할 수 있음을 정리했습니다.

[구상지를 보고 해도 될까요?]
- 상관없습니다! 저는 당당하게 보고했는데 소숫점 감점 되었습니다. 학생 순회 지도를 할 때 많이 활용했습니다. 구상지가 활동지인 것처럼 보여주면서 함께 보았습니다. 하지만 구상지를 보느라 수업이 멈추는 것은 안됩니다. 수업 내용을 놓치지 않게 구상지를 엄지손가락으로 짚어가면서 했습니다.

[시험장에서 당황했던 점]
- 인천은 갑자기 펜 1가지 색, 구상지 못 뜯게 하는 것으로 바뀌어 대비했어야 했습니다. 다른 지역도 갑자기 바뀔 수 있는 부분입니다.
- 구상지도 신문지처럼 펄럭펄럭 넘겨야 하고, 면접 답변 시에도 평가실에서 펄럭펄럭 해야 합니다. 학생특성과 자료가 여러쪽으로 흩어져 있는 부분도 연습할 필요가 있습니다.
- 경기도는 수업실연을 무조건 옆을 보게 했습니다. 근데 수업나눔 좌석이 있어서 동선이 생각보다 짧았습니다. 동선을 넓게 쓰는 연습을 했는데 동선이 짧아서 좀 당황했습니다. 넓게도 해보고 좁게도 해보는 것이 좋습니다. (나눔석에 시험지가 있어서 가까이 못가게 했습니다.)

PART 2

심층면접

CHAPTER 01 심층면접 알아보기

[01] 심층면접 기초
[02] 예시 문제로 심층면접 준비하기
[03] 평가실에서의 10분
[04] 심층면접 평가영역
[05] 심층면접 스터디 피드백 양식 예시
[06] 합격자의 심층면접 TIP

CHAPTER 02 심층면접 지역별 기출문제

[01] 평가원
[02] 서울
[03] 경기
[04] 대구
[05] 충북
[06] 기타 기출 – 강원·세종·인천

CHAPTER 03 심층면접 실전 문제

[01] 1회 (유형 : 초등특수, 평가원)
[02] 2회 (유형 : 유아특수, 평가원)
[03] 3회 (유형 : 유·초등특수, 자체출제)

CHAPTER

01 심층면접 알아보기

01 심층면접 기초

교직적성 심층면접이란? 교사로서의 적성, 교직관, 인격 및 소양을 평가하며 구상형 및 즉답형으로 이루어진 문항에 대해 평가위원들 앞에서 대답하는 형식으로 평가가 이루어진다. 교직적성 심층면접 문항은 해당 시·도 교육청 교육 정책에 관한 내용, 특수교육에 관한 내용, 최근 교육 시사에 관한 내용 등 다양한 내용을 다룬다. 지역에 따라 추가 질의를 하는 경우도 있다.

- **구상형** : 구상실에서 정해진 시간 동안 문제를 열람하여 답을 구상한 후 평가실로 이동하여 답변한다.
- **즉답형** : 평가실에서 문제를 읽고 바로 답변하거나, 평가관의 질문에 바로 답변한다.

	대기실	구상실	평가실
절차	• 정해진 시간까지 대기실 입실 • 감독관 안내에 따라 소지금지 물품을 전원 차단 후 감독관에게 제출 • 면접순서 관리번호 직접 추첨, 관리번호 명찰 패용 • 대기실에서는 각종 자료 열람은 가능(메모는 금지)하며, 필요 시 간식 섭취 가능 (*지역에 따라 다름) • 관리번호순으로 1명씩 감독위원의 지시에 따라 구상실로 이동	• 구상형 문제지를 수령 후 계측위원의 시작지시에 따라 답변 구상 • 문제지 여백에 메모 가능하며, 문제지는 평가실에 가지고 입실하여 답변에 활용 • 시간 경과 시 계측위원의 안내에 따라 평가실로 이동	• 평가실에 입실 후 본인의 관리번호만을 말하고 착석 후 면접을 시작 "안녕하십니까, 관리번호 ○○번입니다." ※ 수험번호, 성명, 특정대학 명칭 등 응시자 인적사항에 관한 내용은 일체 발언 금지 • 구상형과 즉답형을 시간에 적절하게 배분하여 답변 (평가위원 질문 없음) • 답변 완료 후에는 "이상입니다"라고 평가위원에게 알림 • 퇴실 후 조용히 집으로
TIP	• 가벼운 스트레칭과 심호흡으로 긴장을 푼다. • 소지품을 제출할 때 혹여나 가지고 있으면 안 되는 품목을 가지고 있는지 신중하게 살펴본다. • 날씨가 춥거나 또는 대기실이 너무 추워서 곤욕을 치르는 경우가 있으므로 옷은 따뜻하게 입고 가는 것이 좋다. 관리번호를 뒷 번호를 뽑으면 하루 종일 대기해야 하는 경우도 있으므로 지역별 유의사항을 보고 시험과 관련 없는 소설책과 간식들을 챙기는 것도 도움이 된다.	• 문제지를 받으면 문제 분석을 통해 정확하게 논점을 파악하여 답변을 도식화하여 메모한다. • 질문에 따라서 시간을 배분하여 답변 내용을 작성한다. 모든 답변 내용을 메모하기보다는 어떻게 말할지 구상한다. 자칫 면접관을 보고 말하기보다 구상지를 보고 읽게 될 수 있다. • 약 1~2분을 남기고 간단하게 답변 내용을 정리한다.	• 면접실 문을 가볍게 노크를 한다. 들어오라는 응답이 있으면 문을 열고 들어간다. 없으면 적절한 시간 후 들어간다. • 앉을 때는 구상지를 책상 위에 바르게 놓고, 소리를 내지 않고 의자를 빼서 앉는다. • 허리를 곧게 펴고, 다리는 가지런히 모으고, 두 손을 가볍게 무릎에 올려놓은 자세를 취한다.

Ⅰ. 시작   Ⅱ. **심층면접**   Ⅲ. 수업실연   Ⅳ. 교수·학습과정안   Ⅴ. 수업성찰   Ⅵ. 심층면접 예시 답안

02 예시 문제로 심층면접 준비하기

> 특수학급의 담임을 맡게 되면 1년간 하고 싶은 중점 사업 3가지와 이유를 말하시오.

① **문제 의도 분석**: 문제가 요구하는 것이 무엇인지 핵심을 파악하는 것이 답변 준비의 시작이다. 문제에 담겨있는 질문 의도(평가 중점)를 정확하게 파악해야만 출제 의도를 충족시킬 수 있는 자신의 주장과 논리를 전개할 수 있기 때문이다.

특수학급, 담임, 중점 사업

② **단계적 답변 정리**: 개요를 짜듯이 항목별로 구조화를 해야 한다.

하고 싶은 중점 사업	이유
첫째, 학생들과 함께 만드는 교육과정	- 학생들의 흥미와 요구를 반영한 맞춤형 교육과정 - 학습 동기 높이기, 학생 주도 교육과정, 자율성
둘째, 가정과의 적극적인 소통 창구 운영	- 행동 문제를 신속하게 예방하고 대처할 수 있음. - 배운 내용을 일반화하기 쉬움. - 가정에서 필요한 내용을 교육과정에 반영, 장애학생의 최종 목표인 '자립'에 도달할 수 있음.
셋째, 다채로운 통합교육 활동 운영	- 장애 인권 교육과 연계하여 다양성 존중 활동 - 친구초청의 날, 또래 도우미 활동 등으로 장애학생이 통합학급에 자연스레 적응할 수 있도록 지원

- 구조화를 할 때 대상(학생, 학부모, 교사, 지역사회), 지도 영역(학습지도, 생활지도), 수업(교육과정, 수업, 평가) 등으로 나누어 생각하면 답을 떠올리기가 수월하다.
- 3가지가 주어지면 꼭 3가지를 답변해야 한다. '3가지 이상'으로 주어지면 더 많이 답변할 수 있지만, '3가지'로 주어지면 4가지부터는 채점되지 않는다. 따라서 가짓수를 많이 말하기보다는 정확하고 타당하게 답변하는 것이 바람직하다.

③ **'서론-본론-결론'으로 정리하기**: 면접은 교직논술처럼 서론, 본론, 결론이 필요하다. 특히 구상형은 답변의 구조를 세워 설득력 있게 답변하는 것이 유리하다. 즉답형은 때에 따라 서론과 결론을 생략할 수 있다.

서론	특수학급 담임으로서 학생 개개인의 잠재력과 성장을 지원하는 것은 매우 중요한 역할이라고 생각합니다. 1년 동안 특수학급을 운영하며, 학생들의 학습과 전인적 성장을 도모할 수 있는 중점 사업을 말씀드리겠습니다.
본론	**첫째,** 학생들과 함께 만드는 교육과정을 **운영하고 싶습니다. 그 이유는,** 학생들과 함께 만드는 교육과정은 학생들의 흥미와 요구를 반영한 맞춤형 교육을 가능하게 하기 **때문입니다.** 이는 학생들의 학습 동기를 높여주고, 학생 주도의 교육으로 자율성을 길러줄 **것입니다.** **둘째,** 가정과의 적극적인 소통 창구를 **운영하고 싶습니다. 그 이유는,** 가정과의 연계는 학생의 행동 문제를 신속하게 예방하고 대처할 수 있게 하며, 학교에서 배운 내용을 일반화할 수 있기 **때문입니다.** 또한, 가정에서 필요한 내용을 교육과정에 반영하여 장애학생의 최종 목표인 '자립'에 도달할 수 있을 **것입니다.** **셋째,** 다채로운 통합교육 활동을 **운영하고 싶습니다. 그 이유는,** 장애 인권 교육과 연계하여 다양성 존중 활동을 하여 배려하는 학교 분위기를 조성할 수 있기 **때문입니다.** 또한, 친구 초청의 날, 또래 도우미 활동 등으로 장애학생이 통합학급에 자연스레 적응할 수 있도록 지원할 수 있을 **것입니다.**
결론	이 3가지 사업은 학생들의 학습, 가정과의 협력, 그리고 사회적 통합을 함께 고려하여 특수학급 학생들의 전반적인 성장을 도울 수 있을 것입니다.

CHAPTER 01 심층면접 알아보기 • 21

- 나만의 서론과 결론을 미리 연습해 두면 시험장에서의 시간을 아낄 수 있다.
  - 서론은 문제 속 핵심 주제에 대해 설명하거나 제시문을 분석하는 형태로 접근하는 것이 보편적이다. 핵심 주제의 개념을 이야기하거나 현재 핵심 주제가 현장에 어떻게 이루어지고 있는지를 설명하는 것이다. 제시문을 분석하는 것 또한 제시문에 대해 꼼꼼히 분석했다는 이미지를 어필할 수 있으며 문제에 대해 체계적으로 접근하고자 했다는 인상을 남길 수 있다.

유형	제시문 형태	예시
개념 설명	고교학점제 관련 제시문	고교학점제란, 학생이 진로에 따라 다양한 과목을 선택 및 이수하고 누적 학점이 기준에 도달할 경우 졸업을 인정받는 교육과정 이수 및 운영제도입니다. (생략)
사례 분석	사례가 나오는 제시문	제시문 속 급식시간 질서 준수 정도에 대한 설문을 보면 학생 집단과 교사 집단 모두에서 부정적인 응답이 70% 이상으로 부정적인 것을 확인할 수 있습니다. (생략)
중요성 언급	생활지도 관련 제시문	생활지도는 교수학습과 더불어 교사에게 필요한 중요 역량 중 하나입니다. (생략)

  - 결론은 제시문와 관련하여 자신의 다짐, 포부로 마무리하는 것이 일반적이다. 마무리하는 문장이기 때문에 지나치게 길 필요가 없으며 구상에 많은 시간을 쏟지 않아도 된다.

  > **예시**
  > 제가 학교 현장에 가서도 ~한 점을 실천하는 교사가 되겠습니다.
  > 제가 교사가 된다면 ~을 실천하는 교사가 되겠습니다.
  > ~~이 더욱 강조되는 만큼 학교 현장에서도 실천하도록 노력하겠습니다.

- 본론 안에서도 일정한 구조를 갖추어 말하면 내용이 더 잘 들린다. 면접은 태도도 채점되지만 내용이 가장 중요하게 채점된다. (예: 첫째, ~ 하고 싶습니다. 그 이유는, ~ 때문입니다. ~것입니다.)
- 본론은 가짓수를 명확히 언급하는 것이 좋으며 두괄식으로 답변을 하는 것이 가장 좋다. 많이 하는 실수 중 하나가 근거를 말하고 주장을 이야기하는 것이다. 이는 설명이 충분하게 느껴지지만 모호한 답변처럼 들릴 수 있다. 근거를 들 때에도 제시문을 언급하여 논리성을 뒷받침해주면 답변의 완성도가 올라간다.

  > ~에 관한 방안을 3가지 말씀드리겠습니다.
  >
  > **추천예시**
  > 첫째, ○○○입니다. 제시문 속에서 A교사는 ~하였습니다. 이는 ~하기 때문에 ○○○을 통해 문제를 해결해야 한다고 생각합니다.
  > 둘째, □□□입니다. (생략)
  >
  > **비추천예시**
  > 첫째, ~~한 점 때문에 ○○○하는 것입니다.

- 구상실에서 모든 내용을 적어두고 평가실에서 보고 읽는 것은 불가능하다. 모든 내용을 다 적기엔 구상 시간이 부족하기 때문이다. 또한, 줄글로 써서 평가실에서 보고 읽으면 부자연스럽다. 연습 초기엔 줄글로 적더라도 점차 키워드 위주로 적어 자연스럽게 말하는 연습을 해야 한다.

03 평가실에서의 10분

- 답변 시간은 지역마다 상이하다(평가원 출제 지역은 10분, 경기도는 15분 등). 아래 '평가실에서의 10분'은 평가원 출제 지역을 기준으로 제시되었다.

관리번호 1번을 뽑은 수험생 김이박씨 평가실로 노크하고 입실	
안녕하십니까. 관리번호 1번입니다. (들어가자마자 가볍게 고개 숙여 인사)	- 절대 자신의 이름을 말하지 말 것
(의자에 앉은 후 답변 시작)	- 지역에 따라 종이 울리거나, 평가관 또는 감독관이 직접 답변하라고 말함. - 평가원은 구상형 1문항, 즉답형 2문항으로 출제되는 것이 일반적임. 따라서 10분을 적절히 분배하여 답변해야 함.
구상형 문항 답변드리겠습니다. ~ 이상입니다.	- 구상형 문항 4분 답변
(책상에 배치된 즉답형 문항을 읽고 답변)	
즉답형 1번 답변드리겠습니다. ~ 이상입니다.	- 즉답형 1번 문항 2분 30초 답변 (읽고 생각하는 시간 포함)
즉답형 2번 답변드리겠습니다. ~ 이상입니다.	- 즉답형 2번 문항 2분 30초 답변 (읽고 생각하는 시간 포함)
퇴실	- 10분이 되면 종이 울리고 답변이 불가하므로 약 9분에 맞추어 답변 - 문제지를 감독관에게 반납 후 퇴실

04 심층면접 평가영역

평가 영역		평가 내용	비고
대영역	소영역		
인지적 영역	문제해결 능력	1) 교직과 관련된 문제나 상황에 대한 이해력 2) 교직과 관련된 문제나 상황에 대한 분석력 3) 교직과 관련된 문제나 상황에 대한 판단력	교직 적성
	의사소통 능력	1) 질문에 대한 답변 내용의 간결성과 요약성 2) 질문에 대한 답변 내용과 표현의 적절성 3) 질문에 대한 답변 내용 구성의 논리성	교직 적성
정의적 영역	교직태도 및 교직관	1) 교직에 대한 관심과 자긍심, 사명감 2) 학습자의 인권을 존중하고 배려하는 태도 3) 학습자의 인지적·정서적·신체적 발달과정에 대한 이해	교직 적성 교직관 소양(교직)
	인성적 자질	1) 열의, 자신감, 정서적 안정감 등 2) 도덕성, 책임감, 사회성, 성실성 등	교직 적성 인격 소양(일반)

① 문제해결 능력

응시자가 학교 교육 현장에서 일어날 수 있는 여러 가지 상황의 문제에 대하여 교사로서의 역할과 책무성을 다할 뿐만 아니라 문제 예방 노력과 문제에 대한 창의적인 대안까지 지혜롭게 발휘할 수 있는 능력이다.

② 의사소통 능력

응시자가 면접장에서 말을 할 때, 면접위원들이 쉽게 이해할 수 있도록 학교 교육 현장과 관련된 합당한 이유나 근거 등, 예를 들어가면서 논리적으로 말하고, 현장의 입장과 사실을 공감하는 측면에서 상황에 따라 적절한 용어와 표현으로 말하는 능력이다.

③ 교직 소명의식

응시자가 교직에 대하여 어느 정도 준비를 했는가? 즉, 예비교사로서의 교과지도와 생활지도에 있어서 마음의 준비 상태와 역량을 뜻한다.

④ 인성 및 태도

응시자가 어느 정도 합리적이고 도덕적인 사고와 판단력을 견지하고 있으며, 학생지도를 위한 전문성 및 역량을 발휘할 수 있는 리더십의 정도이다.

이 외에도 자진해서 일을 맡고, 보다 효과적으로 수행할 의지가 있는 적극성, 매사에 당당한 자신감, 남이 가지지 않은 특별한 아이디어의 독창성, 자신의 생각을 정확하고 알기 쉽게 남에게 설명할 수 있는 표현력, 남의 입장을 이해하고 같이 협동할 수 있는 협조성, 정확·신속한 이해로 적절한 판단을 내릴 수 있는 판단력, 책임감이 강하고 성실하며 신뢰할 수 있는 책무성 등이 평가요인이다.

05 심층면접 스터디 피드백 양식 예시

심층면접 피드백

면접일자		면접관		면접자	

면접 중 적절히 체크하여 사용

구분		상	중	하	비고
목소리	크기	적절한 크기	보통	지나치게 크거나 작음.	
	속도	적절한 속도로 표현하여 전달력이 좋음.	보통	속도가 지나치게 빠르거나 느림.	
	정확성	목소리가 명료하여 의사표현이 명확함.	보통	발음이 부정확함.	
논리성		논리적으로 문장을 구성하여 표현함.	보통	문장 구성력이 부족하여 논리적이지 못함.	
자세		바른 자세로 면접에 응함.	보통	자신감이 부족함.	

	평가사항(공통부문)	피드백(내용 측면)
1	구상형 1	
2	구상형 2	
3	즉답형 1	
4	즉답형 2	

☞ 종합적인 의견

06 합격자의 심층면접 TIP

① 경기 유아특수 J선생님

시책 공부 방법

서울, 경기, 대구 등 교육청 자체 출제 지역의 경우 시책을 공부해야 합니다. 시책을 공부하는 것은 그저 달달 외우는 것이 아니라, 교육청이 이 교육정책을 왜 시작했는지 근본부터 이해해서 적용할 수 있어야 합니다. 각 지역에 따라 자료가 다르겠지만 제가 응시한 경기도를 기준으로 어떻게 공부했는지에 대해 알려드리겠습니다.

▶ 시책 (ft. 교육감 신년사)

시책은 해당 교육청에서 내세우고 있는 교육정책입니다. 먼저, 시책을 찾으려면 교육청 사이트에 들어가서 '주요업무계획', '기본계획', '특수교육 정책추진 기본계획', 유아특수의 경우에는 '유아교육 정책추진 기본계획'도 함께 찾으시면 됩니다. (경기도 기준으로, 지역마다 명칭이 다를 수 있습니다. 경기도는 교육청 소개-경기교육정책 게시판이 있습니다.) 다운로드 한 것을 한번 훑으면서 해당 교육청에서 이번년도 어떤 목표를 가지는지, 어떤 방향을 추구하는지 살펴보며 '시책은 이런 것이구나' 감을 잡으시면 됩니다.

그리고 계획만큼 중요한 것은 1월 1일에 나오는 교육감 신년사입니다. 신년사는 면접 문제에 나올 가능성이 높기 때문에 자세히 살펴보아야 합니다. 저는 신년사 글뿐만 아니라 신년 기자회견도 함께 보며 정책을 쉽게 이해하려고 하였습니다. 교육감님께서 왜 이런 정책을 적용하게 되었는지 상세히 말씀해 주시기 때문에 키워드를 적어놓고 시책 문제가 나오면 서론과 결론으로 쓸 수 있도록 하였습니다.

예를 들어, 교육감님께서 신년사에 하신 말씀 중에 '과거에는 역량 중점 교육이 이루어졌다면 미래에는 지적 활동이 AI로 대체되어 AI가 대체할 수 없는 인성교육이 필요하다'라고 하셨습니다. 인성교육 관련 문제가 나오면 이를 서론에 넣어 인성교육이 중요한 이유를 설명하고, 본론을 답변하였습니다. 이렇게 답변한다면 인성교육의 본질을 알고 있으며, 교육청에서 추구하는 방향성을 잘 알고 있다는 것을 알려줄 수 있을 것입니다.

다른 예시로는 신년사 중 '일신우일신'이라는 키워드를 사용하여 "일신우일신이란, 날이 갈수록 새롭게 발전함을 뜻합니다. 교육감님께서 신년사에 말씀하신 '일신우일신'이라는 말을 항상 마음에 되새기어 학생들을 위해 매일 연구하고 발전하는 경기도교육청의 교사가 되겠습니다" 이런 식으로 결론에 활용하였습니다.

▶ 귀로 듣고 말로 뱉으면서 이해하기

교육청에서 어떤 목표를 잡고 나아가는지 감을 잡으셨다면 목표를 실현하기 위한 세부적인 계획을 알아야 합니다. 시책을 줄글로만 읽으면 머릿속에 들어오지도 않고, 이해되지 않습니다. 귀로 들으면서 말로 내뱉어봐야 시책에 대해서 답변할 수 있습니다. 유튜브에 보시면 시책을 읽어주면서 어떻게 시행되고 있는지 함께 설명해주는 채널이 있습니다. 이를 활용하시면 정책에 대해 쉽게 이해하실 수 있습니다. 따로 교육청의 시책을 다뤄주는 채널이 없더라도 교육청 채널에 정책을 홍보하는 영상을 참고하시면 됩니다.

영상을 보며 충분히 이해했다면 말로 내뱉어볼 차례입니다. 면접은 직접 이야기하는 것이기 때문에 나만의 언어로 표현해보는 것이 중요합니다. 1차 공부처럼 달달 외우기보다 의미를 이해하고 나만의 쉬운 단어로 설명할 수 있으면 됩니다. 2차 스터디원들과 시책에 관해 이야기 나누는 시간을 가지면 자연스럽게 시책을 이해하고 면접 때 사용할 수 있을 것입니다.

예를 들어, 경기공유학교에 대해 이해했다면, '경기공유학교는 학생들이 학교 안에서만 배우는 것이 아니라, 학교 밖 지역사회에서 교육의 기회를 주어 다양한 경험을 할 수 있도록 하는 학교로 학생이 원하는 것을 배우는 맞춤형 교육을 실현할 수 있다'라고 이야기해 보는 것입니다.

I. 시작 II. **심층면접** III. 수업실연 IV. 교수·학습과정안 V. 수업성찰 VI. 심층면접 예시 답안

※ 주요업무계획과 교육감 신년사에서 나오는 시책은 지원하는 해당 연령에 맞춰서 면접 때 사용 해야 합니다. 예시로, 경기도교육청에서 정책 중 하나는 '1인 1 태블릿 보급'이 있습니다. 이는 초등학교부터 제공하는 것으로 유아특수의 경우 사용하시면 안 됩니다. 대안 방법으로 반에 태블릿을 배치하는 방향으로 사용하시면 좋습니다.

▶ 나만의 틀 만들기

본인이 틀 만드는 것이 어렵다, 어떻게 할지 모르겠다 하시는 분들은 각 주제에서 중요한 단어나 문장을 2~3개씩만 적어보시고, 면접 스터디를 하시면서 보완할 내용이나 근거 등을 옆에 적어보시면 어느 순간 나만의 면접 서브노트가 완성되어 있을 것입니다. 이 틀을 활용하여 공부하는 방식은 위에 설명했던 것과 같이 주제에 대해 스터디원과 계속 말로 설명하고 예상 문제를 직접 만들고 말로 답해보거나 타자로 정리하는 시간을 가지면 본인의 것으로 만드실 수 있습니다.

〈나만의 틀 예시〉

6. 에듀테크 활용 교육	교사 활용 방안	• AI를 활용해 학생의 학습 과정과 결과 빠르고 정확하게 분석하고, 진단 결과를 참고해 맞춤형 교육과정과 평가 설계 후 교수·학습 활동 전개 • 학생의 학습을 촉진하는 개별 상담과 관계 형성에 집중하며, AI가 분석한 학습 결과를 학부모와 공유하고 다음 수업 설계에 반영 (에듀테크를 단순히 수업 도구로만 활용하는 것이 아닌, 교수·학습 설계에 전반적인 도구로 활용하고, 이를 통해 학생·학부모와 상담한다는 내용에 주목해야 합니다.)
	경기도교육청 추진 방향 (=기대효과)	학생: 언제 어디서나 배움을 얻으며, 인성과 역량을 갖춘 미래 인재로 성장할 수 있도록 지원 교원: 교육과정 설계 전문성을 바탕으로 활용하여 학생 성장 지원과 교수·학습 등 교육의 본질에 집중할 수 있도록 지원
	시사점	인공지능을 사용해서 학생 스스로 학습 동기가 없으면 무용지물 → 교사는 소통을 통해 *동기 부여*를 위해 노력하고, 인간적 유대감, 사회성 제고, 정서 관리, *생각하는 힘을 길러주는 데* 초점을 맞춰야 한다.
7. 챗GPT 활용 교육	수업 활용 방안 (정보 탐색)	• 아이디어 탐색: 학습, 교육 활동에 필요한 의견이나 아이디어를 수집하고자 하는 경우 • 자료 조사: 프로젝트 학습에 필요한 자료, 통계 등을 수집하고 싶은 경우
	장점	• 학생에게 맞춤형 학습 및 완전학습을 가능하게 함 • 명령어가 입력되지 않으면 어떤 업무도 수행하지 못한다는 점에서 올바른 질문을 할 수 있는 역량을 길러줄 수 있음 • 선생님의 말을 듣고 받아 적는 수업을 넘어 학생이 주도권을 갖고 능동적으로 수업에 참여할 수 있음.
8. 지역사회 협력 교육	연계 방안	• 도서관, 박물관 등 지역자원을 수업에 활용하거나 현장체험학습을 통해 체험중심교육을 하는 방안 • 예술교육 측면: 지역사회의 인력 자원 • '휴먼 라이브러리' 전문 지식과 생생한 경험을 나누는 지식 공유 플랫폼
	기대효과	• 학생 스스로 선택하고 경험하는 교육 기회를 제공하여 자율적 미래 인재 양성 • 학교, 지역사회를 넘나드는 학습 경험으로 모든 지역의 균형 있는 학생 성장 지원 • 맞춤형 진로활동 지원을 통한 학생의 자기 주도성 및 진로 개척 역량 신장
10. 미디어 리터러시 교육	지향점	• 성찰 중심의 교육: 지식 전달 교육이 아닌, 성찰 중심, 질문 중심의 교육 • 교사와 학생이 함께 성장하는 교육 : 교사가 학습자에게 일방적으로 지식을 전달하는 교육이 아닌, 교육자와 교육 참여자가 서로를 가르치고 함께 배우는 교육 (이때 교사는 '촉진자로서의 역할에 초점을 맞추며, 학생 스스로 사고할 수 있는 발문을 통해 생각을 자극한다.)
11. IB 교육		• 탐구-실행-성찰 학습을 통한 학습자의 자기 주도적 성장을 추구하는 교육 체계 • 단편적 지식 암기와 출제자 의도에 맞는 정답을 찾는 교육에서 벗어나, 창의적이고 비판적인 사고력을 키우는 미래형 학습체제로의 전환 필요

 면접 공부 tip

- 응시하는 지역 교육청의 SNS, Blog, Youtube 등 매일 들어가서 정보 찾기
- 좋은 명언이나 글귀를 많이 수집해서 서/결론에 활용하기
- 글로 적기보다 말로 계속 이야기해 보기

▶ 좋은 명언이나 글귀 예시

- 교사는 가르치는 것보다 유아(학생)가 스스로 배울 수 있도록 기회를 주어야 합니다.
- 실수하는 과정을 통해 배우는 것처럼 교사도 성장하고 배운다고 생각합니다.
- 자세히 보아야 예쁘다 오래 보아야 사랑스럽다.
- 교사가 가진 신념은 교육활동의 방향을 결정한다는 측면에서 매우 중요합니다.
- 교사는 한 자리에 머무는 사람이 아니라 지속적으로 발전하는 사람이 되어야 합니다.
- 수업의 혁신은 교사와 교사 공동체의 고민과 열정만큼 이루어집니다.
- 유아는 (학생은) 교사를 비추는 거울입니다.
- 혼자 걷는 10걸음보다 함께 걷는 한 걸음이 더욱 가치 있습니다.
- 혼자 가면 빨리 가지만 함께 가면 멀리 갈 수 있습니다.
- 교육은 미래를 정확하게 가르치려 하기보다 변화를 대하는 자세와 능력 길러주어야 합니다.

CHAPTER 01 심층면접 알아보기 • 27

- 한 아이도 배움에서 소외되지 않아야 합니다.
- 고유한 빛깔을 가진 시민으로 성장할 수 있도록 학생이 주도하는 다양한 교육과정을 만들어가겠습니다.
- 한 아이를 키우려면 온 마을이 필요합니다.
- 학생의 배움을 마을로, 미래로 확장해 나가겠습니다.
- 교육의 본질은 학생의 올바른 성장입니다.
- 학생이 배움의 주체가 되는 교육과정을 만들겠습니다.
- 각자 자신에게 가장 적합한 방식으로 놀이하며 배운다고 생각합니다.
- 진정한 유아중심 교육을 구현하기 위해서는 개별 유아들의 경험에 기초한 배움이 이루어져야 한다고 생각합니다.
- 교사는 유아 (학생) 개개인의 특성과 기질을 고려한 지도를 해야 합니다.
- 개별 유아의 (학생의) 특성에 맞는 방법을 사용하여 지도해야 합니다.
- 유아들이 발달과정에서 어떠한 어려움을 나타내는 것은 도움과 관심이 필요하다는 신호를 보내는 방식이라고 생각합니다.
- 교사는 적절한 교육적 지원해주어야 합니다.
- 한날 한시에 뿌린 씨앗일지라도 꽃 피는 시기가 다르다.
- 혼자 푸르면 숲이 될 수 없다.
- 유아의 행동의 원인을 살펴보아야 한다.
- 작은 성공의 경험이 큰 힘이 된다.
- 교육은 머릿 속에 씨앗을 심어주는 게 아니라 씨앗을 자라나게 해주는 것이다.

▶ 교직관 만들기

교직관 만들기를 어려워하시는 분들이 있어서 교직관 만들기 팁에 대해 알려드리고자 합니다. 최근 24학년도 경기 유아특수 문제에서 '누군가에게 들은 따뜻한 말에 감동과 위로를 받은 경험을 교직관과 연결 지어 설명하시오'라는 문제가 나왔습니다. 이제는 문장 하나로 만드는 교직관을 사용하기보다 정말 서사가 있고, 본인의 성장 과정에서 만들어진 탄탄한 교직관을 만들어야 합니다. 세 가지 질문에 답해보면 어렵지 않게 본인만의 탄탄하고 뚜렷한 교직관을 만들 수 있을 것입니다.

교직관 관련 질문

- 본인이 존경했던 선생님은 어떤 분이신가? 그 이유는 무엇인가?
- 그분은 본인 또는 학생들을 어떻게 지켜봐 주었는가? 생각나는 일화가 있는가?
- 존경하는 선생님을 한 가지 키워드로 설명한다면?

1. 본인이 존경했던 선생님은 어떤 분이신가? 그 이유는 무엇인가?
  ⇒ 교생 담당 선생님
   ① 학생들을 올바른 방향으로 이끌어가기 위해 안 되는 것은 확실히 안 된다고 제한하였지만, 평소에는 학생들과 좋은 관계를 유지하였다.
   ② 각종 연수, 대학원 등을 통해 전문성이 높아 여유롭게 본인의 일을 즐기면서 하는 것이 보였다.

2. 그분은 학생(나)을 어떻게 지켜봐 주었는가? 생각나는 일화가 있는가?
  ⇒ 스스로 준비가 될 때까지 충분히 기다려주셨다.
   ① 수업에 참여하기 싫어서 울고 있던 학생과 바깥에 나가서 잠시 이야기 나눈 뒤 학생이 충분히 준비될 때까지 기다려주고 학생이 참여할 때 원래부터 있었던 것처럼 자연스럽게 반응해주셨다.
   ② 지도안을 어떻게 작성해야 할지 몰라서 이상하게 작성했었는데, 처음부터 하나씩 차근히 알려주시며 몰라도 괜찮다고 모르면 꼭 물어보고 하는 것이 더 좋다고 말씀해주셨다.

3. 존경하는 선생님을 키워드로 설명한다면?

⇒ "인내심", "함께"

∴ 최종 교직관 : 인내심을 가지고 아이들과 함께 꿈을 발견하는 교사

▶ 존경하는 선생님이 없다면, 평소에 존경하던 인물도 좋습니다.
▶ 추천! 교육청에서 추구하는 정책이나 단어를 넣는 것도 좋습니다. ex. (경기도) 꿈

위의 질문으로 교직관을 정립했다면 그에 따른 지원 방안, 교사가 가져야 할 역량 등을 차근히 생각하며 뚜렷한 교직관과 서사를 채워나가는 것입니다. 아래는 제가 적었던 예시입니다.

THEME 1~4. 경기형 교직관 및 교사 전문성			
1. 경기형 교직관 수립	경기도 교육과정 중점 역량		자주적 행동 역량, 비판적 성찰 역량, 창의적 사고 역량, 문화적 소양 역량, 의사소통 역량, 협력적 문제해결 역량, 민주시민 역량
	(특성) 배움의 주체가 되는 교육과정		모든 학생이 배움의 주체가 되어 자신의 독창성과 잠재력을 계발하고 배움의 과정에서 자신의 삶의 의미와 가치를 스스로 발견할 수 있도록 돕는 교육과정
	교육철학	교사관	(1) 관찰자 (2) 발견자 (3) 지원자
		학생관	학생은 무한 가능성 있는 존재인 모험가, 학부모는 동반, 교사는 나침판 → 서로의 것이 없으면 탐험하기 어려운 것처럼 함께 나아가는 존재
		수업관	새로운 것을 습득하기 위한 탐구활동 (놀이에도 배움이 있어야")
	왜 교사?		나는 왜 임용을 치르려 했는가? 대학원에 가서 다양한 연구를 하고 싶어서 교사가 되고 싶은 이유 : 학생들과 함께 배우고, 연구하기 위하여. 유아를 대상으로 다양한 프로젝트 수업 → 연구 → 전문성 함양 (아는 것에 안주하지 않고, 새로운 것을 추구하는 교사)
	교사로서 역량 강화 계획		개인 : 성찰 일기, 대학원 / 공동체 : 전문적학습공동체, 연수
	교사에게 꼭 필요한 역량		(=수험생이 가장 중요하게 생각하는 교육 가치) ME : 자기 주도 역량, 비판적 성찰 역량 ⊙ 코칭 능력, 멘토링 역량, 인성교육 역량, 공감 능력, 공동체 역량, 의사소통 역량 등
	교직관 형성 : 책		나의 스승 설리번 / 시작하고 실패하는 것을 계속하라. 실패할 때마다 무언가 성취할 것이다. 인내심을 가지고 꾸준히, 끈기 있게
	교직관에 따른 학급 운영 방안		(1) 탐색시간 제공 (2) 물음표 나무 (3) 패들릿, 띵커벨 보드를 활용하여 놀이 기록
	존경하는 선생님		자신의 일을 완벽히 즐기면서, 재밌게 / 유아를 확실히 지도하나, 유아들이 좋아하는 / 여유로운 / 전문성이 높은

자기성장소개서 작성 및 면접 예상 문제

자기성장소개서는 경기도교육청에서만 시행되고 있습니다. 1차 합격 발표가 난 후 일주일 안에 작성해서 보내야 합니다. 따로 2차 점수에 반영되지는 않지만, 2차 시험장에서 자기성장소개서에 관한 면접 질문이 나올 수도 있기에 허위로 작성하는 것이 아니라 답변할 수 있는 것을 바탕으로 작성해야 합니다.

자기성장소개서에 들어가야 할 내용

자기성장소개서는 1,000자, 1장 이내라는 제한된 조건 속에서 짜임새 있게 내용이 들어가 있어야 합니다. 면접관은 이전 수험생이 끝나고 다음 수험생이 들어오기 직전인 약 5분 안에 읽기 때문에 최대한 간결하고 깔끔하게 작성해야 합니다. 자기성장소개서 질문은 매년 달라지지만, 필수적으로 포함해야 하는 것은 (1) 경기교육 정책, (2) 자신의 성장 경험, (3) 교직관입니다. 24년 유·초특 자기성장소개서 문제를 바탕으로 더 자세하게 알려드리겠습니다.

경기교육은 모든 학생이 인성과 역량을 키워가며 꿈을 실현할 수 있도록 자율, 균형, 미래와 함께 합니다. 교사로서 학생의 인성과 역량을 신장할 수 있는 방안을 각각 하나씩 제시해 보세요.

> 과거에는 역량 중점 교육이 이루어졌다면 미래에는 대부분의 지적 활동이 AI로 대체됨에 따라 인성도 함께 요구될 것입니다. 이에 따라 인성과 역량을 모두 겸비하여 자기 정체성을 가지고 꿈을 실현하는 인재가 필요합니다.
>
> • 인성 동화
> 인성을 기르기 위해서 저는 동화를 보며 새로운 인성들을 배우고 마음을 다잡습니다. 학생들과 인성 동화에 관해 이야기를 나누고, 관련 놀이도 해보며 자연스럽게 인성을 가르치겠습니다. 예를 들어, 'GSEEK'라는 사이트에서는 인성 동화를 볼 수 있습니다. 그중 '딸기를 부탁해'는 친구들 간 협력의 중요성을 보여주는 동화입니다. '협력'이라는 동화 주제로 협력이 필요한 상황을 이야기해 보고, 딸기 키우기와 잼 만들기 같은 협력 놀이를 통해 공동체 안에서 배우고 성장할 수 있을 것입니다. 이는 전자책을 통해 학생에게 적합한 방법으로 동화를 읽으면서 인성을 통한 조화로움을 배우고, 학생이 선택한 인성 동화로 놀이하며 자율성을 기를 수 있을 것입니다.
>
> • 물음표 나무
> 역량을 기르기 위해 저는 과제를 시작하기 전 떠오르는 생각을 적으면서 방향을 계획합니다. 놀이를 정할 때 학생들의 생각을 물음표 나무에 붙이고 서로의 생각을 공유하며 놀이 방향을 함께 정하겠습니다. 예를 들어, 12월을 주제로 한다면 학생들의 생각을 물음표 나무로 시각화하여 눈, 크리스마스 등의 놀이를 정하는 것입니다. 학생이 직접 응답한 단어를 언급하면서 누가 왜 이렇게 응답했는지 이야기를 나눈다면 스스로 배우고자 하는 능동적인 학습자로 성장할 것입니다. 이는 '멘티미터'와 같이 소통을 위한 에듀테크를 사용한다면 자기 생각을 재밌게 표현하면서 다른 생각을 존중하는 방법을 배우고, 놀이에 적극적으로 참여하여 학생의 꿈을 펼칠 수 있을 것입니다.
>
> 교사는 학생의 인성과 역량을 균형 있게 신장시키기 위해 인내심을 가지고 꿈을 지원하는 능력을 갖추어야 합니다. 다양한 연수와 학습공동체를 통해 전문성을 쌓아 학생의 배움을 확장시킬 수 있도록 지원하는 경기도교육청의 교사가 되겠습니다.

자기성장소개서 작성 tip

- 나의 성장 과정을 질문과 연결지어 짧게 한 줄로 작성하기
- 교육청에서 사용하고 있는 사이트나 정책들을 예시로 활용하기
  ex. 하이러닝, 놀이온, Gseek 등
- 실현 방안, 경험, 역량강화 준비 등을 예시를 들면서 구체적으로 작성하기
- 서론이나 결론에 교직관을 넣어 어떠한 교사가 되겠다는 포부 전달하기

※ 면접 스터디 하실 때, 자기성장소개서에서 나올 것 같은 면접 문제를 만들어서 스터디원들이랑 같이 답해보는 시간을 가진다면 본인의 자성소 내용을 잊지 않고 준비된 완벽한 답을 할 수 있을 것입니다.

② 강원 유아특수 L선생님

1) 구상실에서 직접 말로 뱉어보는 연습
평가실에 들어가게 되면 정말 많이 긴장되어 평소에 하지 않던 실수가 발생할 수 있습니다. 구상실에서 소리 낸다고 제지받지 않으니 앞부분이라도 구상실에서 직접 말로 뱉으며 연습하시는 걸 추천 드립니다.

2) 조건 추가해서 연습하기
복기자료로 2차 연습하시다 막상 시험 당일 시험지를 보시면 방대한 지문과 조건에 정말 당황하실 수 있습니다. 평가원 기준 수업실연은 조건, 특성, 과정안 총 3가지의 페이지를 보며 15분 안에 구상해야 하고, 구상형 심층면접 또한 지문의 양이 정말 깁니다. 그러니 스터디원과 조건을 추가하거나 특대자의 특성을 추가하는 등 난이도를 높여 연습하시는 걸 적극 추천 드립니다.

3) 구상형 스크립트 작성 연습하기
구상형 스크립트를 작성하실 때, 주로 a4 용지에 작성하며 연습을 하시리라 생각합니다. 그러나 실제 시험장에서는 별도의 종이가 주어지지 않고 문제지에 작성하여 그대로 구술을 해야 하기 때문에 작성할 수 있는 공간이 매우 협소합니다. 그러니 2차를 준비하실 때 a4용지를 반으로 접어 최대한 키워드 위주로만 작성하시고, 즉석에서 문장으로 뽑아낼 수 있도록 연습하시는 걸 추천 드립니다.

4) 다양한 분들께 피드백 받기 ★매우 중요
매번 같은 스터디원들과 서로 피드백을 하는 것은 한계가 있다고 생각합니다. 그러니 꼭 다양한 분들에게 피드백을 받으시는 걸 추천 드립니다. 저는 현장에 계신 선생님들께 피드백을 받은 것이 많은 도움이 되었습니다. 꼭 선생님이 아니더라도 번개 스터디 또는 부모님이나 친구들에게 자신의 면접과 수업실연을 많이 보여주세요! 스스로 발견하지 못하는 문제점을 찾을 수 있습니다. 2차는 정말 피드백을 많이 받으면 받을수록 긴장도 완화되고 큰 자산이 되는 것 같습니다.

5) 자체 출제 지역은 시책(주요업무계획) 보기

강원은 시책이 정말 많이 강조되는 곳이고, 면접에서의 변별력이 큰 지역입니다(2025년은 평가원 출제로 변경). 자체 지역은 출제 범위가 광범위해서 심층 면접을 준비하실 때 방향성을 잘 잡는 것이 중요합니다. 주요업무계획을 처음 보시면 어떻게 문제를 만들어야 할지 막막하실 수 있습니다. 개인적으로 팁을 드리자면 먼저 측면을 나누시고(유아, 교원, 학부모, 기관 등) 본인이 교사가 됐을 때 실현할 수 있는 구체적인 방안에 시책을 녹여서 답변하시면 됩니다. 한 문장으로 정리하자면 논지-본인의 구체적인 실현방안 / 논거-구체적인 예시에 시책 내용 녹여내기 이런 식으로 가짓수 늘려서 연습해보시는 걸 추천 드립니다.

뿐만 아니라 저는 도교육청의 유튜브 채널, 교육감 블로그, 교육감 신년사, 뉴스 기사 등을 매일 매일 살펴보며 최근 중요시되는 교육 정책이 무엇인지 파악하였습니다. 자체 지역 면접을 준비하실 때 시책 내용을 달달 외우는 건 불가능에 가깝다고 생각합니다. '내가 교사로서, 현장에서 일한다면?'을 베이스로 깔아두시고 실현 가능한 나만의 방안들을 계속해서 고안해내시는 게 정말 중요하다고 생각합니다.

6) 심층면접 답변 구조 만들기

실제 채점관 분들은 문장의 유려함보다 '제한된 시간에 맞춰 가짓수를 모두 다 채웠는가?' '논지에 적절한 논거를 명확하게 이야기했는가?'를 더 중점적으로 보십니다.

내가 생각한 논지와 논거를 정확하게 전달하려면 가짓수 넘버링, 두괄식 표현이 필수입니다.

시간이 부족하다고 느껴지시는 경우, 서론-결론에 힘을 싣는 것 보다 가짓수 채우기, 본론 정확하게 전달하기에 포커스를 기울이시기 바랍니다.

> **답변예시**
>
> 구상형 1번 문항에 대해 말씀드리겠습니다.
> ~ 정책에 대한 구체적인 방안 ○가지로는
> 첫째, ○○ 하는 것입니다. 〈논지〉
> 근거로는(이유) or 실제 사례로는(사례) or ○○이란(정의) 〈논거〉
> → 논거를 설명할 때 저는 이유, 사례, 정의 중 택하여 답했습니다.
> 둘째, ○○하는 것입니다. ~
> 이상입니다.
> 즉답형 1번 문항에 대해 잠시 제 생각을 정리한 뒤 말씀드리겠습니다.

7) 자신감 잃지 않기

'날 부른 이상 난 여길 올 가치가 있는 사람이다.' 라는 마인드를 계속해서 장착하시고

많이 힘들지 않은 2차 준비 기간을 보내셨으면 하는 바람입니다. 매번 반복되는 피드백에 심적으로도 체력적으로도 정말 고되시겠지만 험난한 1차를 멋지게 해낸 것일 다시 되새기며 본인을 채찍하기 보다는 더 다독여주셨으면 좋겠습니다.

CHAPTER 02 심층면접 지역별 기출문제

- 2차 시험 문항의 경우 1차 시험과 달리 공개되지 않으므로, 수록된 문제들은 모두 2차 응시자들의 이야기로 재구성한 내용입니다. 따라서 실제와 다를 수 있습니다.

01 평가원

평가원 출제 지역	강원, 경남, 경북, 광주, 대전, 부산, 세종, 울산, 인천, 전남, 전북, 제주, 충남
문항 수	구상형 1문항, 즉답형 2문항
시험 시간	구상시간 10분, 답변시간 10분
특이 사항	지역별 상세 내용 확인 필요 (시간·문항 수가 상이함)

(1) 2024 초등특수

구상형

특수교사 권 교사가 통합학급 수업을 관찰하는데 아래 두 가지 상황에서 문제를 보였다. (가)와 (나) 상황에서 개선해야 할 점을 시각장애 학생 수지와 청각장애 학생 상우의 측면에서 각각 2가지씩 말하고, 이를 위해 특수교사가 지원해야 할 내용을 각각 2가지씩 말하시오.

(가)
> 교사는 국어 시간에 〈산 샘물〉을 짝과 함께 읽도록 하였다.
> 은하 : 너 보기가 어려우니까 내가 대신 읽어줄게.
> 수지 : 나도 확대 독서기로 볼 수 있는데…….
> 교사 : (3분단 첫 줄에 앉은 수지를 바라보며) 〈산 샘물〉에서 나온 공감각적 표현이 뭐지?
> 수지 : (자신을 지목한지 모르고 멀뚱 멀뚱 기다림)

(나)
> 교사는 입 모양이 잘 보이게 빛이 많이 들어오는 창가 쪽에 상우의 자리를 배치하였다. 교사는 학습지를 나누어주며 "모둠원과 함께 풀어보세요."라고 말하였지만, 상우는 교사의 입 모양이 보이지 않아 말을 알아듣지 못하였다. 이후 모둠 활동 중에는 창문 밖에서 공사장 소음이 많이 들려 상우는 모둠원들이 하는 이야기를 전혀 듣지 못하였다.

즉답형 01

초임 교사인 김 교사는 학부모님이 특수교사가 아닌 특수교육 지원인력과 상담을 하고 있는 것을 알게 되었다. 특수교사는 아직 장애 학생들의 특성을 잘 파악하지 못했으나, 특수교육 지원인력은 이 학교에서의 경력이 오래되어 학생들을 잘 알고 있고, 학부모도 더 선호하는 것 같다. 그래서 김 교사는 이 상황을 지켜만 보고 있는 상황이다. 이때 교사가 가져야 할 교직 태도 2가지와 그에 대한 실천 방안 2가지를 말하시오.

즉답형 02

A교사는 초임 교사로 특수학급에 발령을 받았다. 얼마 후, 해당 학교의 통합학급 B교사에게 해당 학급에 배치된 중도중복장애 학생 영희 때문에 고민이라고 쪽지가 왔다. 통합학급에 학생 수가 너무 많고, 영희의 지원 방법이 효과적인 것 같지 않아 죄책감이 든다고 했다. 하지만 A교사는 자신의 견해가 맞는지 확신이 어렵고, 자신이 20년 경력의 통합학급 B교사에게 조언을 하는 것이 맞는지 의문이 들어 별다른 조언을 제공하지 못하였다. 위 상황에서 A교사에게 필요한 인성적 자질 3가지를 말하시오.

시험장 생생후기
시험장의 상황은 매년 바뀔 수 있습니다. 참고로만 보시기 바랍니다!

M선생님(전북)

평가관은 3명이 계셨고, 전자 시계로 시간을 재어서 시간 확인이 편리하였습니다.

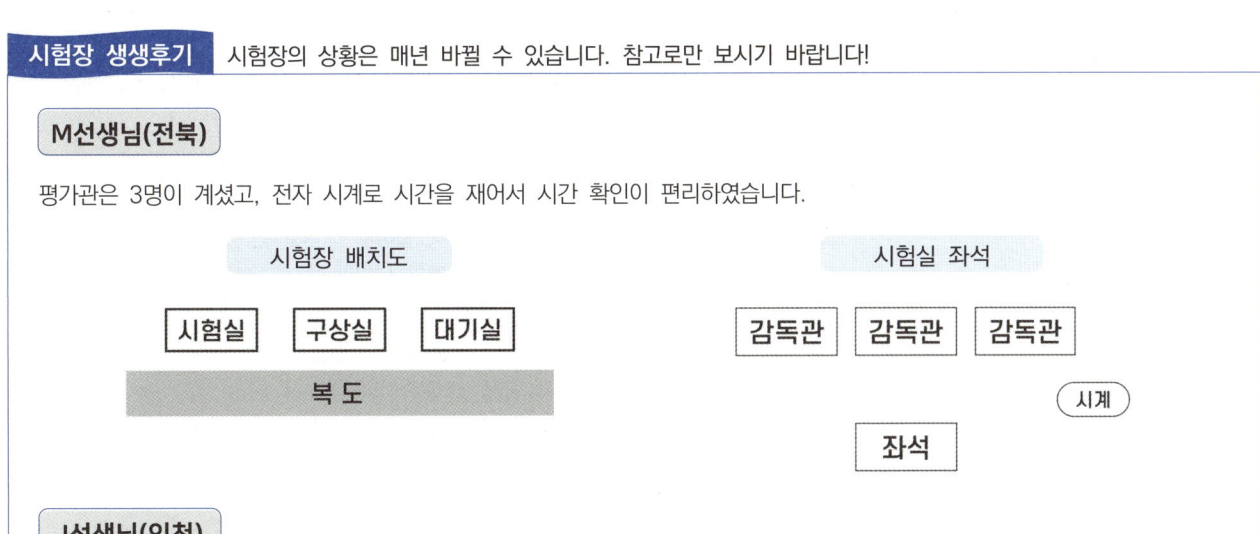

J선생님(인천)

인천은 평가관이 5명이었습니다. 제가 바라본 쪽에서 우측에 계측관이 계셨습니다. 처음에는 평가관과 생각보다 거리가 가까워 놀랐고, 책상에 다리를 가려주는 것이 아예 없어서 당황했습니다. 그래서 바른 자세와 미소를 유지하려고 노력했습니다. 평가관님들이 면접 때는 절대 저를 바라보지 않았습니다. 그리고 하품을 하시는 평가관도 계셨습니다. 하지만 저는 그게 의미 없는 모션이라는 것을 알고 있었기 때문에 당황하지는 않았습니다! 여러분도 꼭 알아두셔야 할 것 같습니다. 면접 용지는 B4였고, 생각보다 잘 읽히니 걱정하지는 마세요!

C선생님(인천)

- 예상보다 문제의 분량이 너무 길어서 즉답형의 경우 문제 의도를 파악하기가 매우 어려웠습니다. 2차 준비 시 이 부분을 충분히 인지하고 연습했다면 더욱 좋았을 것 같습니다.
- 인천의 경우 1차 합격자 43명이 3조로 분반이 되었고, 1조에 14~15명이 배정되었습니다. 저희 조 경우 평가위원이 4명씩 진행하고 쉬는 시간을 가져서 예상보다 대기시간이 길어졌습니다.

- 평가원의 경우 즉답형에서 적어도 1문제 이상은 자질/태도/역량을 물어보는 문항이 나오기 때문에 관련 답변에 대해서는 만능틀을 초반에 만들고 문제 상황과 엮는 연습을 하면 좋았을 것 같습니다.
- 초시계가 면접관을 바라보고 너무 오른쪽에 있어서 시계를 바라보기 조금 눈치가 보였습니다.
- 평가위원은 5명이었고, 면접이랑 실연 모두 같은 분이셨던 걸로 기억합니다.
- 구상지는 별도로 없었고, 문제 밑에 구상형 답을 적었는데 자리가 부족했습니다.

L선생님(인천)

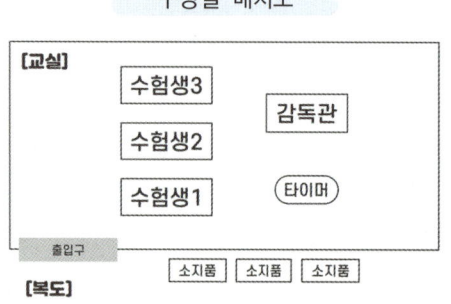
구상실 배치도

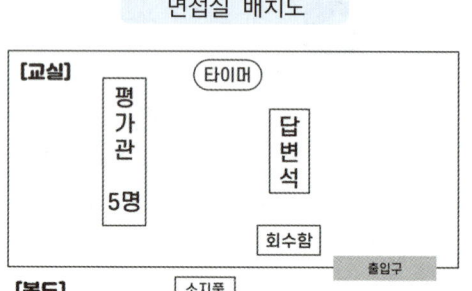
면접실 배치도

- 구상형 문제지는 B4로 되어있습니다. 교직논술 시험을 보는 느낌이 들었습니다.
- 구상형 상단에는 제시문이 있었고, 밑에 문제가 있었던 것으로 기억합니다. 그 아래 구상 가능한 공간이 적당히 있습니다. (10pt의 글자 크기로 4~5줄 적을 정도)
- 모든 좌석에서 타이머가 잘 보였습니다. 10분에서 아래로 내려가는 타이머였습니다.

- 평가원이 5명이며, 평가원과의 거리는 적당했습니다. 남성분과 여성분이 섞여 있었으며 대부분 눈을 마주치지 않으셨습니다.
- 앉은 상태에서 타이머가 잘 보였습니다. 10분에서 아래로 내려가는 타이머입니다.
- 구상형 문제와 달리 즉답형 문제는 A4로 되어있습니다. 뒤집혀 있지 않고 오픈된 상태로 놓여 있었습니다.
- 즉답형이 생각보다 길이가 깁니다! 한 문제당 최소 4~5줄 정도의 길이라 매우 당황했습니다. 복기된 내용은 어쩔 수 없이 시험장 문장보다 짧을텐데 연습하실 때 복기 내용보다 긴 문장으로 연습하셔서 당황하지 않도록 하는게 좋을 것 같습니다.
- 나갈 때는 명찰과 구상형, 즉답형 문제를 모두 회수함에 넣고 나갑니다.

(2) 2024 유아특수

구상형

특수교사 박 교사가 경수에게 사용한 관찰기록의 장점을 1가지 말하고, 경수의 문제행동의 기능과 이유를 말하시오. 그리고 긍정적 행동지원 측면에서 이를 중재하기 위해 선행사건 중재, 대체행동 기술 지도, 후속결과 중재 전략을 각각 한가지씩 말하시오.

Ⅰ. 시작　Ⅱ. **심층면접**　Ⅲ. 수업실연　Ⅳ. 교수·학습과정안　Ⅴ. 수업성찰　Ⅵ. 심층면접 예시 답안

통합학급 교사 : 경수가 수업 시간 활동 중 누워서 발버둥을 치고 드러눕는 행동을 자주 보여요. 이것 때문에 활동이 힘드네요. 혹시 활동이 어렵거나 지루해서 그런 것일까요?
특수교사 : 음……. 아닌 것 같아요. 경수가 개인 활동을 할 때 살펴보면, 어려운 지시에도 잘 따르고 모든 활동에 잘 참여하는 모습을 보이거든요. 경수가 왜 그런 행동을 하는지 기능을 파악해서 지도를 해보면 좋을 것 같아요.
통합학급 교사 : 네, 필요할 것 같아요. 저도 부모님과 면담한 자료를 가지고 있어요.
특수교사 : 행동 분포 관찰 기록지를 통해서 경수의 행동을 파악하고 지원해 보면 좋을 것 같아요.
… (중략) …
특수교사 : 경수는 스티커, 그림그리기, 그림카드 놀이를 좋아하니까 이를 활용하여 문제행동을 중재하면 좋을 것 같아요.

즉답형 01

7년차 특수교사 최 교사는 신규 교사인 윤 교사에게 멘토링을 2회 진행하였다. 최 교사가 윤 교사에게 어려운 점이 있냐고 물어보니 특별한 어려움은 없다고 했다. 하지만 원감 선생님이 지나가다 보니 통합상황에서 다른 유아들은 잘 놀이하고 있는데 특수교육대상유아 민수는 혼자 멍하니 창밖을 바라보고 있다고 말했다. 원감 선생님의 이야기를 듣고 최 교사는 선배 교사로서 회의감을 느끼며 기분이 좋지 않았다. 최 교사는 윤 교사가 어려움이 없다고 했는데 어떻게 해야 할지 고민이 된다.

- 7년차 특수교사 최 교사 저널

제시문을 읽고, 최 교사가 가져야 할 태도 1가지와 그 이유 그리고 윤 교사가 전문성을 향상시킬 수 있는 방안 2가지를 말하시오.

즉답형 02

한 어머니는 특수교육대상유아의 건강 염려로 유치원에 유아를 잘 보내지 않고 병원에 가서 치료에 집중하고 싶어한다. 유아는 호흡기 질환이 있는 건강장애로, 병원에서 생활하는 시간이 많다. 어머니는 병원에 다니면서 유아의 신체 발달이 좋아졌다고 한다. 하지만 교사는 특수교육대상유아가 유치원 내에서 또래와 활발하게 상호작용하고 있으며, 앞으로도 함께 활동한다면 전인 발달에 더 도움이 될 것이라 생각하고 있다. 또한 특수교사는 유아의 학교 교육을 지속적으로 지원하고자 한다.

이에 대해 교사가 학부모와 면담할 때 지녀야 할 인성적 자질 2가지와 그 이유를 말하시오.

시험장 생생후기

L선생님(인천)

대기실 바로 옆에 구상실이 있었고 한 층 내려가면 면접실이 있었습니다. 평가관은 5명이셨고 모두 여자분이었습니다. 시험장은 매우 따뜻했습니다. 관리번호를 뽑은 후 청심환을 드시길 추천드립니다. 구상형은 대화 형식으로 나왔는데 교직논술 같은 느낌을 받았습니다. 즉답형 1번 지문이 길었고 그에 비해 2번은 짧았습니다. 타이머 위치는 오른쪽에 있었습니다. 시험지는 B4였고 구상지는 따로 제공되지 않았지만 구상 공간은 충분했습니다.

B선생님 (충남)

- 감독관 5명 모두 여성, 수험생 좌측에 디지털 타이머가 배치되어 있었습니다.
- 면접 때 '앉으시오.' 이런 말씀 없으셨고, 손짓으로 시작하라고 하셨습니다.
- 문을 닫고 들어갔는데 문이 열려 감독관이 문이 열렸다고 손짓하셨는데 밖에 계신 감독관이 닫아주셨습니다.
- 처음엔 한 분만 바라보시다가 다른 감독관들이 번갈아 가며 많이 쳐다보셨습니다.
- 지문이 길어 문제를 읽고, 평소보다 말을 조금 빨리했습니다.

J선생님 (경북)

- 교실 배치: 제n대기실 〉 제n구상실 〉 제n평가실 (다 따닥따닥 붙어있었습니다. 교실 간 소리는 들리지 않았습니다.)

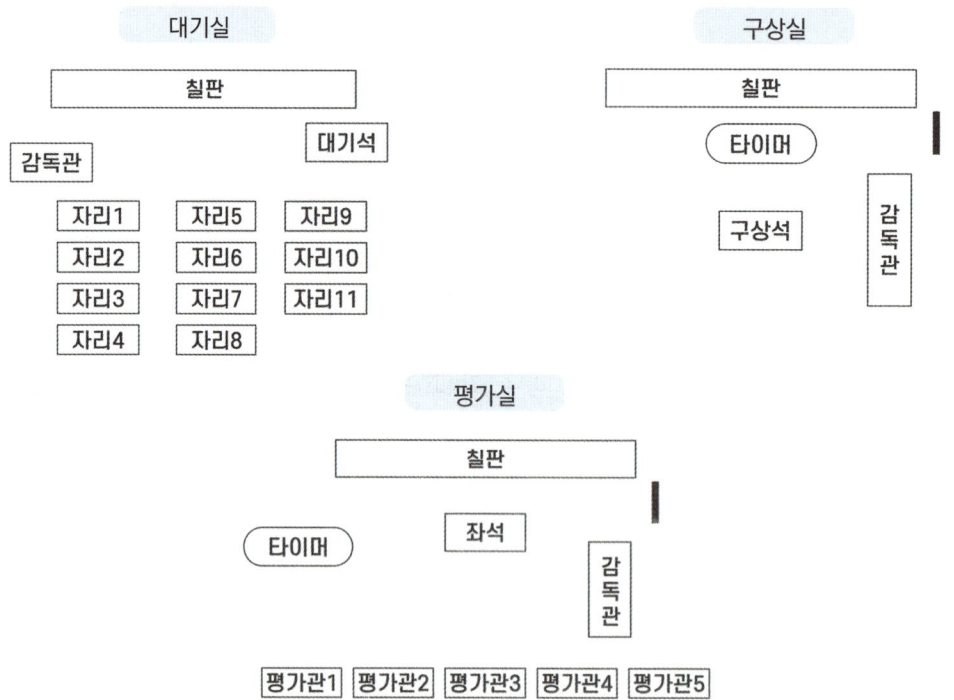

- 관리 번호 추첨
  서류 봉투에 지름 10cm정도 되는 노란색 스티커를 넣어 첫날은 앞 수험번호부터 추첨하고 둘째 날은 뒤부터 하였습니다. 추첨된 관리번호는 왼쪽 가슴팍에 붙였고 자리는 수험번호 순서대로 앉았던 그 자리에서 변경하지 않고 그대로 앉아 있었습니다. 뽑힌 관리번호는 이름 옆에 직접 (감독관님이 알려주시는 자료에) 적었습니다.

(3) 2023 초등특수

구상형 ▼

(가)
- 민수는 중도중복장애로 왼손만 조금 움직일 수 있다.
- 다음은 특수교사 박 교사와 통합학급교사 김 교사의 대화이다.

> 박 교사 : 선생님, 민수가 통합학급 활동에 잘 참여하고 있나요?
> 김 교사 : 네, 미술 시간에 점토로 사과를 만드는데 아무래도 세심한 활동은 어려워서 지원 인력이 만드는 것을 지켜보게 했어요.
> 박 교사 : 다른 시간에는요?
> 김 교사 : 다음 시간은 음악 시간이었는데 민수가 발화가 되지 않아서 다른 친구들이 노래 부르는 것을 듣게 했어요.

(나)
> 김 교사 : 민수가 휠체어를 이용하다 보니 교실 중앙에 있으면 다른 아이들이 이동이 어려워서요. 이동을 위해 교실 끝 창가에 배치했어요.
> 박 교사 : 민수와 왼손을 살짝 들어서 인사하는 것을 연습했어요. 저와는 할 수 있지만 아직 친구들한테는 아직 못하네요. 친구들과의 관계 증진을 위한 방안이 어떤 것이 있을까요?

1) (가) 상황에서의 김 교사의 개선점 2가지와 그에 따른 수업 참여 증진 방안을 2가지 말하시오.

2) (나) 상황에서의 또래 관계 증진 방안을 2가지 말하시오.

즉답형 01

김 교사는 디지털 기기 및 자료를 수업에 적극 활용하고 있다. 학생들도 흥미를 느끼며 잘 따라와 주어 이 교사에게도 디지털 활용 수업을 추천했다. 하지만 이 교사는 디지털 기기 및 자료를 잘 모르고 본인은 이에 대한 전문성이 없다고 했다.

이 교사에게 필요한 태도 2가지와 함양해야 하는 전문성 2가지를 말하시오.

즉답형 02

박 교사가 진로교육을 위해 학부모님과 협의하던 중 의견 대립이 발생했다.

박 교사가 가져야 할 인성적 자질 3가지와 그 이유를 각각 말하시오.

(4) 2023 유아특수

구상형

(나)의 대화에서 특수교사 김 교사가 통합학급교사 박 교사의 제안을 수용했을 때와 거절했을 때 발생할 수 있는 문제점에 대해 각각 1가지씩 말하고, 모든 유아가 학부모 공개 수업에 참여할 수 있도록 하기 위해 김 교사가 할 수 있는 방안 3가지를 말하시오.

(가)
- **이름** : 서준
- **장애 유형** : 자폐성 장애
- **나이** : 만 4세
- **특성** :
  - 기분이 좋지 않거나 놀이에 참여하기 싫을 때 "아~아~아~" 하고 소리를 지르며 거부반응을 보인다.
  - 익숙한 놀이나 경험을 해 본 놀이에는 잘 참여하는 모습을 보인다.
- **개별화 협의 내용**
  - 개별화 협의를 통해 아침 8:30~9:00까지는 특수학급에서 등원 지도 후 남은 일과는 통합학급에서 생활하기로 협의함

(나)

통합학급 교사와 특수학급 교사 간의 대화 상황

김 교사 : 학부모 공개 수업에서 무슨 활동을 하면 좋을까요?
박 교사 : 요즘 유아들이 벚꽃놀이에 관심이 많은 것 같아요. 그래서 학부모 공개 수업 때 파라슈트를 활용해서 벚꽃을 흩날리는 놀이를 해보는 것은 어떨까요?
김 교사 : 오 정말 좋은 생각이네요.
하지만 서준이가 파라슈트 활동을 경험해 본적이 없어서 낯설어 할까봐 걱정이 되네요.
박 교사 : 학부모 공개 수업 시 서준이가 거부 반응을 보이는 경우 학부모님들께서 서준이를 수업을 방해하는 유아로 보일까봐 걱정이 되네요. 그래서말인데 서준이가 학부모 공개 수업 시간 동안에만 특수학급에서 따로 놀이하는 것은 어떨까요?
김 교사 : 음... 제가 한번 고민해보고 말씀드려도 될까요?

[다 함께 파라슈트 끝을 잡고 벚꽃을 날리는 그림]

I. 시작　　II. **심층면접**　　III. 수업실연　　IV. 교수·학습과정안　　V. 수업성찰　　VI. 심층면접 예시 답안

즉답형 01

특수교사 김 교사와 통합학급 교사 이 교사는 유아들의 기본생활습관 지도를 위해 사랑반 학급 규칙을 만들었다. 이 규칙을 그림과 함께 붙여놓고, 평소에도 유아들이 기본생활습관을 지킬 수 있도록 하였다. 이때 아래 규칙을 보고, 두 교사가 공통적으로 가져야 할 교직 태도 1가지를 말하고 ①~③까지의 학급 규칙을 바르게 수정하여 말하시오.

| ① 복도에서 뛰지 않아요. | ② 교실에서 시끄럽게 떠들지 않아요. | ③ 줄을 설 때 끼어들지 않아요. |

* 실제 시험에서는 모든 그림에 학생이 잘못된 행동을 했을 때의 그림이 있고 X자 표시되어 있었음.

즉답형 02

다음 표를 보고 김 교사의 칭찬이 박 교사보다 바람직한 이유 3가지를 말하시오. 또한 칭찬을 너무 빈번하게 제공하는 것이 유아에게 부정적인 영향을 미칠 수 있다. 그 이유 1가지를 말하시오.

	김 교사	박 교사
상황 1 줄을 차례대로 잘 섰다.	(유아에게 즉시 다가가서) 우리 연두가 친구들과 줄을 잘 서주었구나. 참 잘했네요	(한참 후 하원 시간에) 우리 연두 잘했어.
상황 2 유아 스스로 옷을 옷걸이에 걸었다.	(유아에게 즉시 다가가서) 혼자 스스로 옷걸이에 옷을 걸었구나. 멋지다.	(일과 후에 유아 곁에 서서) ○○이 오늘 정말 멋졌어요

시험장 생생후기

제주 응시 선생님

구상실 앞에서 겉옷과 가방을 바구니에 넣고 펜만 가지고 들어갔습니다.
그리고 구상실부터 평가실까지 바구니째 들고 이동했습니다.
면접 시험 때는 계측관께서 문을 열어주시고, 나올 때도 쫓아 나오셔서 문을 열어주셨습니다. 반면에 수업 실연 때는 제가 똑똑 노크하고 문 열고, 나올 때도 인사 후 직접 문을 열고 나왔습니다.

(5) 2022 초등특수

구상형 01 ▼

다음은 특수학교 수업 상황이다. 김 교사의 문제점과 그 이유를 말하고, 성우의 특성을 고려한 문제행동 중재 방안 2가지를 말하시오.

> 김 교사의 음악 시간에 마라카스 만들기를 하던 중 자폐성장애 학생 성우가 수업 중 영희를 때렸다. 그리고 다른 친구들도 방해하는 바람에 수업이 제대로 이루어지지 않았다. 성우는 소리에 민감한 편이다. 평소에는 공격 행동을 보이지 않는데, 지난번 음악 시간에도 흔드는 악기를 사용했을 때 공격 행동을 보였다.

구상형 02 ▼

다음은 이 교사의 기록이다. 이 교사의 고민 해결을 위해 세희의 특성을 고려한 지원방안 2가지를 말하시오.

> 세희는 발음이 명료하지 않아 의미가 잘 전달되지 않는다. 친구들이나 교사인 내가 자꾸 못 알아들으니 말을 하지 않으려고 한다. 요즘 주눅 들어 하는 모습이 자주 보여 걱정이다.

즉답형 01

다음과 같은 상황에서 특수교사에게 필요한 태도 2가지와 통합학급 교사의 고민에 대한 해결방안 2가지를 말하시오.

> 새학기를 맞이하여 통합학급 적응기간 2주를 계획했다. 하지만 민우의 통합학급 담임교사가 민우를 어떻게 지도해야 하고, 다른 친구들에게 어떻게 설명해야 할지 모르겠다며 왜 장애 학생을 하루 종일 맡아야 하냐며 거부했다.

즉답형 02

다음과 같은 상황에서 특수교사에게 필요한 인성적 자질 3가지를 말하시오.

> 학기 초 기초조사서를 가정으로 보냈는데 회수되지 않았다. 확인해보니 학생의 보호자가 경도의 지적장애인이다.

(6) 2021 초등특수

구상형 ▼

제시된 두 학생의 행동특성, 학업수준, 문제행동 기능에 대한 내용을 보고 두 학생의 문제 행동에 대한 후속 지도방안과 그 이유를 각각 1가지씩 말하고, 두 학생의 문제행동 예방을 위한 지도방안과 그 이유를 각각 1가지씩 긍정적 행동지원 측면에서 말하시오.

독서교육으로 독서감상문 쓰기 수업을 실시하고 있는 상황

박 교사 : 선생님, 독서 감상문 쓰기 수업에서 세희와 동우가 계속 자리를 이탈하는 문제 행동을 해요. 그런데 두 명 모두에게 자리에 앉으라고 주의를 주었더니 세희는 자리에 앉지 않고 더 돌아다니는 행동을 보이고, 정우는 잠시 자리에 앉았다가 다시 자리이탈 행동을 보이고 있어요.

최 교사 : 문제행동은 행동 자체뿐만 아니라 그 행동의 기능을 파악해서 각각 다른 중재를 실시해야 해요. 기능평가를 실시했더니 세희는 교사의 관심을 끌기 위해 자리를 이탈하는 모습을 보였고, 동우는 과제가 어려울 때 회피하기 위해 자리를 이탈하는 문제행동을 보이더라구요.

세희	동우
• 문장 수준으로 글을 읽고 쓸 수 있다.	• 단어수준으로 읽고 말할 수 있다.
• 교사가 이름을 부르며 관심을 가져주는 것을 좋아함	• 파란색을 좋아한다.
• 기능평가를 진행하니 자리이탈 기능이 '관심 끌기'이다.	• 기능평가를 진행하니 자리이탈 기능이 '과제 회피'이다.

즉답형 01

다음과 같은 상황에서 박 교사가 가져야 할 인성적 자질 2가지와 그 이유를 설명하시오. 또한 박 교사가 가져야 할 전문적 자질 1가지와 그 예를 설명하시오.

> 최근 ○○학교는 지역사회와 연계하여 특색 프로그램을 진행하고 있다. 통합학급 교사들은 이러한 프로그램을 활용하여 연극배우와 함께하는 국어 수업을 진행하고 있다. 하지만 특수교사인 박 교사는 특수학급 수업에 대해서는 성실한 모습을 보이지만 통합학급 수업에는 무관심한 모습을 보인다. 지체장애학생인 수지는 특수교사에게 "선생님 저도 6학년 2반에서 진행하는 국어 수업에 참여하고 싶어요."라고 의사표현을 했지만, 특수교사인 박 교사는 수지에게 "국어 수업은 특수학급에서만 하는 거야."라고 말을 했다.

즉답형 02

다음과 같은 상황에서 특수교사가 가져야 할 인성적 자질 2가지와 그 이유를 설명하시오.

> 특수교사는 특수교육대상학생의 발전이 더디다는 것을 알고 있지만, 담당 학생의 학습 성취가 눈에 잘 보이지 않고 성장이 너무 느려 회의감이 들고 있다. 또한 수업 중 중도중복장애학생의 공격행동과 수업 방해행동이 더 심해지고 강해지는 모습에 힘들어 한다. 이러한 상황들로 인하여 수업진행에 어려움을 겪고 있다.

충북 자체 출제

'행복씨앗학교'는 충북에서 시행하고 있는 혁신학교이다. '행복씨앗학교'에 신규교사로 발령받는다면 다음 3가지 중 선택하여 실천할 수 있는 것을 4가지 말하시오.

> 행복씨앗학교는 충북의 혁신학교로 학교 공동체가 ① 협력적인 문화를 만들고 ② 창의적인 교육과정을 실현하여 따뜻한 품성을 가진 ③ 역량 있는 민주시민으로 함께 성장하는 학교입니다.

(7) 2021 유아특수

구상형 ▼

제시문에 나타난 최 교사의 문제점과 그에 대한 이유 2가지와 이를 활용하여 동호의 상호작용 지원할 수 있는 방안 3가지를 말하시오.

> **(가) 동호의 특징**
> 동호는 만 5세 자폐성아동으로 표현언어에 어려움이 있지만 최근 그림의사소통카드를 사용해서 의사표현을 시작하였다. 또한 또래에게 관심이 없지만, 또래가 놀이를 제안하면 함께한다. 교사는 동호의 의사소통지원을 위해 음성출력기기를 지원해주었다.
>
> **(나) 두 교사의 대화**
> 특수교사 : 동호가 음성출력기기를 잘 사용하나요?
> 최 교 사 : 동호가 음성출력기기를 사용하는데 사용에 미숙해서 잘못 누르는 경우가 있어요. 친구들도 음성출력기기가 버튼이 있고 누르면 소리나 나니 그냥 눌러보기도 해서 놀이시간에 계속 소음이 발생하고 있어서 놀이시간에는 꺼두고 이야기 나누기 시간에만 사용하도록 하고 있어요.

즉답형 01

발달지체 유아는 친구들과 블록놀이를 즐겁게 하고 있다. 간식시간까지 10분이 남아 있는 상황에서 김 교사는 놀이를 더 연장을 해야 할지 정리를 해야 할지 고민이다. 간식시간이 끝난 후에는 바깥놀이를 하기로 유아들과 약속하였다 본인이 교사라면 놀이를 연장할지, 정리할지 선택하고 선택한 이유 3가지를 말하시오.

즉답형 02

만 5세 지체장애 아동은 자주 아프지만, 유치원을 좋아해서 유치원 활동을 하고 싶어 한다. 그러나 유치원에서 힘이 없고 컨디션이 안 좋아 보여 교사는 부모에게 연락했지만 부모는 괜찮다고 하셨다. 이때 교사에게 필요한 인성적 자질 2가지와 이에 따른 구체적인 대책 2가지를 말하시오.

(8) 2020 초등특수

구상형 ▼

(가) 상황에서 김 교사와 박 교사의 대화에서 평가 방법상의 문제점을 1가지 말하고 그 이유를 말하시오. 그리고 (나)의 수행평가 과정에서 박 교사의 잘못된 점 2가지를 말하시오.

(가)
김 교사 : 저는 평가를 할 때 지도서에 있는 단원평가 항목으로 평가하여 기록해 두었습니다. 그런데 기록하고 보니 민서의 평가가 매일 '하'로 나타나고 있어서 고민이에요.
박 교사 : 그렇군요. 저는 수업 중 저 나름대로의 평가를 실시하고 있어요. 그래서 평가 자료가 충분히 쌓였고, 그런 문제는 딱히 없는 것 같아요.

(나)
① **A의 목표** : 상황에 어울리는 감정 표현하기
 - 박 교사는 A의 감정표현에 대한 빈도를 목표로 설정하여 실시하고 있다. 그러나 A는 수업에 관심을 보이지 않고 아무거나 대답을 했다. 교사는 '좋아요' 했다는 이유만으로 '잘했어'라는 칭찬과 함께 정반응으로 기록을 하고 우연의 대답으로 정반응을 했을 때도 강화와 함께 정반응으로 기록하였다.

② **B의 목표** : 신체적 도움으로 그림카드 고르기
 - 박 교사는 B가 수행을 제대로 이행하지 않자 B의 손을 끌어서 정답인 그림카드에 올려 놓고 칭찬을 했다. B는 수업에 관심이 없고 책상을 두드리는 행동을 하지만 교사의 신체적 촉구로 반응을 하면 정반응으로 기록하였다.

즉답형 01

하늘 특수학교에는 특수교육대상학생인 철수와 영희가 있다. 영희가 철수의 볼을 쓰다듬거나 손을 잡는 행동을 하면 철수는 영희를 발로 걷어차거나 소리를 지르는 행동을 보인다. 만약 당신이 특수교사라면 이를 학교폭력 사항으로 건의할 것인지에 대한 생각을 말하시오. 그리고 학교폭력일 경우 대처방안 2가지 또는 학교폭력이 아닐 경우 대처방안 2가지를 말하시오.

즉답형 02

당신은 한 초등학교의 특수교사로 A학생의 통합교육을 지원하고 있다. 통합학급 교사와 적극적인 협력의 관계를 형성하고 싶으나, 통합학급 교사는 특수교사에게 A학생의 문제행동 중재 방안에 대하여만 요청하고 교수학습에 관한 협력은 하지 않는다. 이에 대해 특수교사는 자신이 수업교사로서의 동등한 대우를 받지 못하여 심리적으로 위축되어 있다. 이에 대하여 특수교사에게 필요한 인성적 자질과 그 이유를 말하시오.

(9) 2020 유아특수

구상형 ▼

(나)에서 박 교사와 건우와의 의사소통에서 문제점 2가지와 (가)를 참고하여 건우의 놀이를 지원하는 방법 3가지에 대해 말하시오.

> (가)
> 안녕하세요. 건우의 엄마입니다. 건우가 유치원에 잘 적응하도록 도와주세요.
> 건우는 경직형 사지마비이고, 수용언어는 정상범주이지만 표현언어에는 어려움이 있어요.
> 건우는 '아, 아'라고 표현을 하고, 성격이 소극적이어서 좋아하는 것을 오른손으로 가리켜요. 건우는 휠체어에 오래 앉아 있으면 힘들어하니 잠시라도 바닥에 누워 쉴 수 있게 해주세요. 요즘 건우는 동물에 관심이 많아서 집에서 개미와 애벌레를 키우고 있어요. 또 아빠와 저녁마다 애벌레나, 동물들을 흉내내며 시간을 보내요.
>
> (나)
> 박 교사의 반은 현재 자유선택 활동시간이다. 유아들은 각자 자신이 좋아하는 영역에서 놀이를 하고 있다. 박 교사는 건우에게 다가가 "건우야, 노래듣자."하고는 건우가 좋아하는 개구리 동요를 들어주었다. 그리고 슬기가 색종이로 강아지를 접어달라고 했다. 박 교사는 슬기와 함께 색종이를 접었다. 그때 과학영역에서 있던 유아들이 애벌레가 먹이를 먹는 것을 보고 박수를 치며 소리를 질렀다. 박 교사는 과학영역으로 가서 "얘들아, 우리 애벌레가 먹이를 잘 먹을 수 있게 조용히 지켜봐주자."라고 했다. 음률영역에 있던 건우가 그 모습을 보고 과학영역으로 오른손을 뻗어 가리켰다. 잠시 후 자유선택활동이 마칠 시간이 다가오자 박 교사는 개구리 동요를 끄고 정리 노래를 틀어 놀이가 마쳐야 함을 알렸다.

즉답형 01

다음의 상황에서 교사의 잘못된 훈육방법 2가지를 찾아 말하고, 그에 대한 긍정적 행동지원 방안 2가지를 말하시오.

> 교사는 철이에게 손 씻어야 하는 시간임을 안내하였지만 철이는 여전히 놀이를 계속하고 있다. 교사가 손 씻지 않으면 간식을 먹을 수 없다고 하여도 교사의 말에 반응하지 않고 놀이를 지속한다. 결국 교사는 장난감을 정리하자 소리를 지르고, 철이의 손을 강제로 끌어당겨 손을 씻겼다.

즉답형 02

학부모가 자신의 유아가 물과 소리에 민감하니 현장체험학습 수영장을 가지 말고 장소를 바꿔달라고 한다. 내가 교사라면 필요한 인성적 자질 3가지를 말하시오.

(10) 2019 초등특수

구상형 ▼

다음 대화에서 특수교육 보조 인력에게 알려주어야 할 점 3가지와 이유를 말하고, 특수교사의 지원 요청이 잘못된 점을 1가지 말하시오.

> 교   사 : 이번 음악 시간에도 잘 부탁드릴게요. 수미를 잘 보조해 주세요.
> 보조 인력 : (수미와 학급 친구 사이에 앉음)
> 교   사 : 연주하고 싶은 악기를 선택해 보세요.
> 보조 인력 : (수미가 악기를 고르려고 하자 캐스터네츠를 골라서 줌)
> 교   사 : 악기를 연주해 보세요.
> 보조 인력 : (수미가 연주할 수 있는데도 손을 잡고 캐스터네츠를 침)

즉답형 01

특수교사 박 교사는 일반학교 특수학급에서 근무하고 있다. 수학을 배워야 하는 A학생과 사회를 배워야 하는 B학생을 한 교실, 같은 시간에 가르쳐야 할 때, 학생의 개별화 교육을 위해 수학과 사회 각각의 과목을 따로 가르칠 것인지 혹은 교과를 통합해서 가르칠 것인지 자신의 교직관과 함께 말하시오.

즉답형 02

신규교사 임 교사는 시골의 소규모 학교에 발령을 받았다. 이 학교의 일반교사들은 특수교육에 관련된 모든 내용이 특수교사의 일이라고 생각한다. 하지만 이 학교에 특수교사는 임 교사 혼자뿐이고, 또한 학년마다 수준이 다양한 장애학생이 있어 지도하기가 어렵다. 임 교사는 과도한 업무와 학생 지도로 지쳐버렸다. 이때 임 교사에게 필요한 자질 3가지와 그 이유를 말하시오.

I. 시작   II. **심층면접**   III. 수업실연   IV. 교수·학습과정안   V. 수업성찰   VI. 심층면접 예시 답안

(11) 2019 유아특수

구상형 ▼

제시문을 읽고, 두 교사가 영준이를 교육할 때의 문제점 1가지를 말하고, 장애 유아가 활동에 참여할 수 있는 방안 3가지를 구체적인 예로 설명하시오.

- 뇌성마비
- 수용언어 가능
- 표현 언어 : 단어 수준 발화
- 경직형 편마비(오른손 사물 조작 가능)

특 수 교 사 : 선생님, 영준이는 요즘 교실에서 잘 지내나요?
통합학급 교사 : 지난번에 주말에 지낸 이야기 나누기 활동을 하였는데 앉아있기 어려워 하더라구요. 자신의 경험을 말하고 상대방의 이야기를 듣고 대답하는 것이 어려워요. 언어영역을 특수학급에서 공부해야 하지 않을까요?
특 수 교 사 : 그랬군요. 선생님 말씀대로 한번 고려해 봐야겠네요.

즉답형 01

민수는 요구하려 할 때 고함을 지르고 울부 짖으며 자신의 의사를 표현하며, 의사소통 기술에서도 문제를 보인다. 그리고 자신의 요구를 바로 반응하고 들어주지 않으면 자해 행동이나 공격 행동을 하는 모습을 보인다. 이때 교사가 해야 할 지원방안을 2가지 구체적인 예로 말하시오.

즉답형 02

희수가 교실 밖으로 나갈 때 교사는 따라 나가서 데리고 오고, 희수가 문제행동을 하면 간식시간까지 타임아웃을 시킨다. 이때 교사에게 필요한 인성적 자질과 그 이유를 2가지씩 말하시오.

(12) 2018 초등특수

구상형 ▼

> A : 선생님, 민수가 수학 내용을 따라오지 못해 고민이에요. 지금 다른 학생들은 세 자리 수 덧셈을 배우고 있는데 민수는 이를 따라오지 못하고 있어요.
> B : 그렇다면, 민수에게는 구체물을 사용하여 합이 9 이하인 수를 지도하는 것이 좋을 것 같아요. 또 다른 문제는 없나요?
> A : 지필 평가를 실시하는 데도 어려움이 있어요.
> B : 특수교육대상자인 민수에게는 지필 평가를 실시하지 않아도 된답니다.
> A : 아! 지필 평가를 사용하지 않아도 되나요?
> B : 네 선생님. 민수의 개별화교육계획에 따라 구체물을 활용하여 평가를 실시하면 됩니다. 특수교육대상자는 지필 평가를 수행하기 어려운 경우 개별화교육계획에 따라 평가 방법을 수정할 수 있으며, 관찰평가, 포트폴리오 평가 등으로 대체할 수 있습니다.
>
> A : 선생님 민수를 위해 또래 도우미를 활용하여 도와주려고 합니다. 우선 민수를 위해 우리 반에서 가장 성격이 좋은 학생을 또래 도우미로 선정하려고 해요.
> B : 그러시군요. 다른 계획은 없으신가요?
> A : 활동에 필요한 학습지도 또래 도우미가 제작하도록 하여 자유롭게 또래 교수를 실시하도록 할 계획입니다.

위 통합학급 교사와 특수교사의 대화에서 적용된 교수적 수정 유형 2가지와 해당 교수적 수정이 필요한 이유 2가지를 말하고, 잘못된 또래 교수 방법 2가지와 그 이유를 말하시오.

즉답형 01

김 교사는 시각장애 A학생에게 사회과를 지도하기 위하여 확대자료를 제공하고 있다. 하지만 확대자료 제공에도 불구하고 학생이 학습을 하는 데에 어려움을 겪고 있다. 뿐만 아니라 학생은 일상생활 기술에 어려움이 있고, 눈 누르기, 머리 흔들기 등과 같은 문제행동을 보이고 있다. 이때 교사의 전문직관에 근거하여 학업 측면과 생활지도 측면에서 필요한 교사의 자질 2가지와 그 이유를 설명하시오.

즉답형 02

학부모가 자녀의 장애를 인정하지 못하고 정서적으로 어려움이 있는 상황이며, 교사를 믿지 않고 있다. 교사 또한 학부모와의 교류를 하고 있지 않은 상황이다. 하지만 교사가 학부모와 상담해야 할 일이 생겼다. 이때 교사에게 필요한 태도 3가지와 그 이유를 설명하시오.

(13) 2018 유아특수

구상형

장애유아 민서는 차례 지키기가 어렵다. 특수학급에서는 특수교사의 도움을 받아 차례 지키기를 잘할 수 있지만 통합학급에서는 줄을 서지 못해 활동에 잘 참여하지 못하거나 주변을 배회하는 경우가 많다. 이때 김교사가 민서에게 통합학급에서 차례 지키기를 지도하고자 할 때 교수적 측면에서 고려해야 할 사항 3가지를 말하고, 그 이유를 말하시오. 그리고 김교사가 교수적 능력을 강화시키기 위해 유치원 내에서 실시할 수 있는 자기장학 방안 2가지와 그 구체적인 실천계획을 말하시오.

즉답형 01

민서의 학부모가 민서의 초등학교 입학 문제를 두고 초등학교에 입학하지 않고 1년간 유예하기를 바라고 있다. 민서의 학부모는 민서가 1년을 유예하고 그 다음 연도에 학교에 입학한다면 학교에 더 잘 적응할 수 있을 것이라 생각한다. 이때 자신이 교사라면 유예를 찬성할 것인지 반대할 것인지 하나를 선택하고, 선택한 입장에서 그 이유를 교직관에 근거하여 2가지를 말하시오.

즉답형 02

특수교사인 김 교사가 동료 교사에게 통합교육 연수를 실시하려고 한다. 하지만 동료 교사들은 매년 하는 연수이니 간략하게 해주기를 요청하였다. 그리고 장애유아의 지도는 오로지 특수교사의 역할이라고 말한다. 특수교사인 김교사가 성공적인 통합교육을 이끌어 나가기 위해 필요한 인성적 자질 2가지와 그 이유를 말하시오.

(14) 2017 초등특수

구상형

다음은 초등학교 1학년 학생의 학부모가 교사에게 보낸 편지의 내용이다.

> 안녕하세요, 선생님. 조언을 구하고자 합니다.
> 우리 아이는 소리를 많이 질러서 여러 사람의 의견을 듣고 행동을 수정하려 하였지만 실패하였습니다. 이러한 모습에 저는 마음이 무척 아픕니다. 동생도 형이 소리 지르는 행동에 놀라곤 합니다. 소리를 지르는 우리 아이를 위한 중재 방법이 있을까요?

이러한 상황일 때 특수교사가 제공할 수 있는 중재방안 3가지와 그 이유를 긍정적 행동지원 측면에서 이를 설명하시오.

즉답형 01

지적장애 학생이 현장학습으로 놀이공원을 갔다. 이 학생은 놀이공원에 대한 경험이 부족한 상태이다. 놀이공원에서 또래들이 줄을 길게 서 있는 상황에서, 장애학생이 줄을 서서 기다리고 놀이기구를 타게 할 것인지, 다른 학생들에게 양해를 구하고 많은 놀이기구를 태울 것인지 자신의 교직관에 근거하여 말하시오.

즉답형 02

휠체어를 타며 눈맞춤도 없고, 반응도 거의 없는 중도중복장애 학생이 있다. 일상생활 기능에 모두 어려움을 보이고 있다. 이러한 모습에 특수교사는 심리적으로 매우 지쳐 있는 상황이다. 이때 교사에게 필요한 인성적 자질 3가지를 말하시오.

(15) 2017 유아특수

구상형 ▼

위 사례에서 잘못된 점 3가지와 해결방안, 그리고 이에 적절한 협력교수 방안과 이유를 제시하시오.

* 시각중복장애 경수. 통합학급에 있는데 잘하고 있는지 통합학급 교사가 의문이 들어 특수교사에게 자문을 구함.

> [도입] 그림카드로 동물을 알아보는데 경수는 눈만 찡그림.
> [전개] 다양한 동물 가면 만들기 - 다양한 가면과 꾸미기 재료를 선택해서 하는데 경수에겐 가장 쉬운 토끼 가면을 제시함. 경수는 원래 미술 활동에 흥미로워하지만 이번 활동은 재미없어함.
> [마무리] 다른 친구들에게 가면을 소개하는 시간인데 경수는 말로 소통하는데 어려움이 있어 아무 말도 하지 못함.

즉답형 01

특수교사 김 교사는 아이들이 긍정적인 변화도 없고 흥미도 없어 보여서 이렇게 수업하는게 맞나 싶지만 어쩔 수 없이 그냥 수업한다. 이에 필요한 태도 두 가지를 말하시오.

즉답형 02

교사 둘이서 협동 수업을 하는데 일방적으로 유형을 정해버리고 서로의 지도 방식을 놓고도 개선 여부에 대해 싸우고 있다. 공통적으로 두 교사에게 필요한 인성적 자질 두 가지를 제시하시오.

(16) 2016 초등·유아특수

구상형 ▼

미술 수업 중 경도 정신지체 학생 민수의 자기결정 측면에서 상황 1, 2, 3 각각의 원인과 중재방안을 한 가지씩 말하시오.

[상황 1] 미술 수업 중 교사가 원하는 색상의 색종이를 고르라고 여러 색종이를 제시하였다. 다른 친구들은 원하는 색종이를 골랐는데, 민수는 고르지 못하고 있다.

[상황 2] 준수가 민수의 색종이를 빼앗아갔다. 색종이를 뺏긴 민수는 아무 말도 못하고 가만히 서 있었다. 마침 교사는 서 있는 민수를 보고 빨리 돌아가 앉으라고 지시하였고 민수는 아무 말도 하지 못하였다.

[상황 3] 색종이를 풀로 붙이는 활동을 하고 있다. 민수는 어렵다며 옆에 앉은 친구에게 해달라고 하였다. 친구는 혼자 할 수 있을 것이라고 독려하며 혼자 해보라고 하였다. 그러자 민수는 교사에게 도와달라고 요청했다. 그러자 교사도 민수는 충분히 할 수 있다며 독려하였다. 민수는 할 수 없다고 중얼거리며 색종이를 쳐다보았다.

즉답형 01

적극적인 학생은 반응을 잘하고 행동이 두드러지기에 관심을 가지고 가르칠 수 있었다. 하지만 소극적이고 위축된 학생은 교사도 모르게 놓치고 있다. 이러한 수업 상황에서 교사에게 필요한 태도와 이유 2가지를 말하시오.

즉답형 02

특수교사 김 교사는 통합학급 교사 박 교사의 자문 요청에 적극적으로 임하고 있다. 통합학급 교사가 적극적으로 원하는 것이 많고 김 교사도 통합교육이 중요하다고 생각해서 열심히 돕고 있다. 그런데 요구사항을 다 들어주다 보니 특수학급 업무에 차질이 생긴다. 본 통합학급 지원과 특수학급 업무 중 어느 것을 선택할 것인가? 자신의 교육관과 연결 지어 설명하시오.

I. 시작　II. **심층면접**　III. 수업실연　IV. 교수·학습과정안　V. 수업성찰　VI. 심층면접 예시 답안

(17) 2015 초등특수

구상형 ▼

다음은 특수학교의 김 교사와 민서 어머니와의 대화이다. 민서의 교육에 대하여 민서 어머니의 잘못된 인식 3가지와 김 교사가 어머니를 설득할 수 있는 근거를 각각 말하시오.

> 어머니 : 수요일마다 민서가 수업에 참여하지 못할 것 같아요.
> 김교사 : 민서가 이미 결석이 많아서 수업 일수를 채우지 못할 텐데요.
> 어머니 : 언어치료가 더 필요한 것 같아 받기로 했어요. 제 생각에 수업 일수는 중요한 것 같지 않아서요.
> 김교사 : 어머니, 수요일에는 역할놀이 수업인데, 민서도 맡은 역할이 있어요. 이제 또래와 어울리기 시작했는데…
> 어머니 : 민서가 우선 말이 되어야 친구들과 잘 지낼 것 같아요. 개별 치료가 언어발달을 더 빨리 할 수 있게 할 것 같아요.
> 김교사 : 민서는 언어치료 말고도 다른 치료도 많이 받고 있지 않나요?
> 어머니 : 네, 맞아요. 다양하게 치료 받는 게 좋은 것 같아요.

즉답형 01

철수는 말로 의사소통은 어렵지만 몸짓으로 의사표현 요구가 가능하다. 홍 교사는 요리 수업시간에 '화채 만들기'를 하는데 재료를 교사가 정해서 철수에게 주었다. 그러자 철수는 자신이 원하는 과일이 없는지 수업에 참여하지 않고 갑자기 짜증내며 싫어하였다. 하지만 홍 교사는 이를 무시하였다. 이때 홍 교사가 가져야 할 특수교사로서의 바람직한 태도를 말하시오.

즉답형 02

특수교사 박 교사는 ADHD 아동인 준우와 일반 아동 영수가 다투고 있는 것을 보았다. 이유를 물으니 영수는 준우가 때렸다고 했고, 준우는 영수가 먼저 놀렸다고 했다. 박 교사는 영수에게 놀리지 말라고 꾸짖고 보냈다. 박 교사에게 필요한 인성적 자질 3가지와 이유를 말하시오.

02 서울

문항 수	구상형 1문항, 즉답형 2문항
시험 시간	구상시간 10분, 답변시간 10분
출제 범위	- 교사로서의 적성, 교직관, 인격 및 소양 - AI·디지털 교육, 생태환경교육 등 서울교육 주요정책
응시 방법	구상실에서 10분 구상 → 1평가실에서 구상형 1문항 5분간 답변 → 2평가실에서 즉답형 2문항 5분간 답변

(1) 2024 초등특수

구상형

AI, 디지털 교육을 특수교육대상자에게 시행하기 위해서 교육과정의 설계, 운영, 평가 측면에서 필요한 특수교사로서의 역량을 설명하고 각각의 연수계획을 말하시오.

> 이 교사 : 선생님 안녕하세요, 무슨 고민 있으세요?
> 김 교사 : AI와 디지털 기반 수업을 하는데, 경험이 많지 않아 어렵네요.
> 이 교사 : 연수를 들어보시는 거 어떠세요? 선생님께서 잘하는 부분과 부족한 부분을 구분해 보고, 모듈형 연수를 듣는 것을 추천해요. 모듈형 연수는 수요자 맞춤형 연수로, 필요한 역량을 기르기 위해 직접 선택해서 맞춤형으로 들을 수 있는 연수예요. 원하시면 연수를 직접 열어볼 수도 있어요.
> 김 교사 : AI와 디지털 기반 수업의 경험이 부족해서 걱정이었는데, 모듈형 연수를 듣고 역량을 길러봐야겠어요. 감사해요.

즉답형 01

특수교육대상자의 '더 평등한 출발'을 위해 통합교육에서 학습적, 심리·정서적, 환경적 측면에서의 고려 사항을 말하시오.

즉답형 02

교원학습공동체에서 다른 교사들과 학생의 생활지도 측면에서 함께 읽고 싶은 책과 그 이유를 자신의 교직관과 관련지어 말하시오.

시험장 생생후기

① **구상실** : 왼쪽 창가에 벽을 바라보게 붙여둔 책상에서 구상했습니다. 이때 시간은 개인이 준비한 시계가 아니면 교실 칠판 위에 있는 시계만 볼 수 있어서 등을 돌려 위로 쳐다보아야 했습니다. 구상 시작은 강압적이지 않고 자유로웠으나 이 부분에서 손목시계 사용하는 능력이 필요하다고 생각했습니다. 단, 시작 시간을 잘 체크하고 구상을 시작하는 것이 좋습니다. 헷갈립니다.

② **면접실(구상형)** : 실제 학교에서 사용하는 교탁이 칠판 앞에 있고 그 앞에 책상이 교실 뒤를 바라보는 방향으로 면접관과 마주보게 놓여있었습니다. 면접관들 뒤에는 나머지 책상들이 있어서 교실의 3/5 지점쯤 계셨습니다. 생각보다 가까웠습니다. 면접관은 총 3분이었습니다. 시간은 5분에서 내려가는 디지털 시계를 크게 보여주십니다. 관리번호를 말하고(관리번호 0번입니다) 자리에 앉으면 관리번호 확인 질문을 합니다.(관리번호 0번이 맞습니까?) 답변을 마치고 다음 고사장으로 이동합니다.

③ **면접실(즉답형)** : 배치도는 구상형과 동일합니다. 관리번호 질문과 확인 단계도 동일합니다. 클리어 파일로 문제가 가려져 있었습니다. 파일을 열어 문제를 확인 후 답변하라는 안내를 구두로 해주심과 동시에 시간이 시작됩니다. 구상형은 조기 퇴실이 안되지만 즉답형은 조기 퇴실이 가능합니다.

구상실

면접실

Y선생님

연습과정에서 종이 문제지로 구상하는 연습을 해야할 것 같습니다. 아이패드로 많이 하시는데 체감이 많이 다릅니다. 기존의 실제 시험자료가 어떤지는 모르겠지만 생각보다 제시문이 읽기에 친절하지 않았습니다. 복잡한 구조도의 면접문제를 구조를 잘 갖춰 말하는 연습이 필요하다고 생각했습니다.

W선생님

자신의 펜을 사용하는 것이 아닌 감독관이 제공하는 펜을 사용하여 구상을 해야합니다. 따라서, 다양한 펜을 활용해서 연습하는 것도 추천합니다.

S선생님

구상 종이로만 답변할 수 있도록 연습하는 것이 필요합니다. 구상형 문제지를 평가실에 가지고 들어갈 수 있지만 막상 현장에서 문제지를 보기 힘들었습니다. 평상시에 구상 종이만 보고 답변할 수 있도록 준비하는 것을 추천드립니다.

J선생님

구상실에서 구상 시작할 때 타이머 작동하는 것 이외에는 저는 타이머를 전혀 확인할 수 없었습니다(교탁에 두었는지, 보여주시고 저랑 멀리 떨어져서 앉아계실 때 가지고 계셨는지 확인하지 못했고, 아날로그 시계로만 확인하여 구상하였음). 구상할 때 손목시계와 전자시계 모두 사용해보고 특히 손목 아날로그 시계로 구상하는 것도 익숙해질 필요가 있다고 생각합니다.

(2) 2024 유아특수

구상형 ▼

특수교사 김 교사는 더공감교실을 운영할 예정이다. 자신의 교직관, 공동담임으로서 학급을 운영할 계획, 통합교육의 이점 등을 포함하여 학부모님께 전하는 인사말을 준비하여 말하시오.

> 더공감교실이란 특수교사와 일반교사가 활발하게 협력하여 특수교육대상유아 포함한 모든 유아의 배움이 살아나도록 만들어가는 교실을 의미함.

즉답형 01

다음의 특성을 가진 학부모와 의사소통 방안을 자신의 강점과 연결하여 말하시오.

> A학부모 : 지적장애를 가지고 있다.
> B학부모 : 다문화 가정의 학부모로 한국말이 서툴다.

즉답형 02

자신이 생각하는 생태시민은 무엇이며, 관련하여 특수교육대상유아를 지도할 때 활동 방안 2가지를 말하시오.

시험장 생생후기

P선생님
- 구상형에서 면접관 세분이 제가 말한 답변을 적느라 엄청 바빠 보이고 눈은 거의 마주치지 못했습니다. 그래서 구상지를 힐끔힐끔 더 잘 볼 수 있었습니다.
- 타이머는 다운이었습니다. 왼쪽에 엄청 크게 있어서 잘 볼 수 있었습니다.

(3) 2023 초등특수

구상형 ▼

아래와 같이 취학유예 학생이 증가하고 있다. 취학유예를 하지 않고 적정 연령에 입학했을 경우 긍정적인 면 3가지와 특수교사로서 학생과 학부모에게 지원할 수 있는 방안을 각각 2가지씩 말하시오.

자료 1

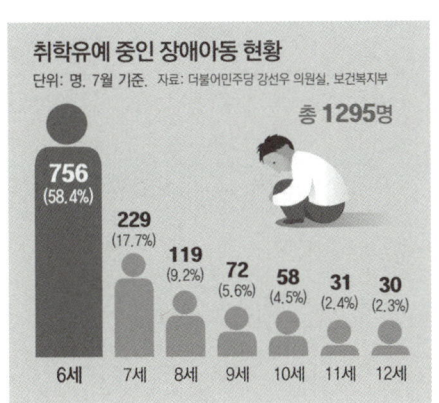
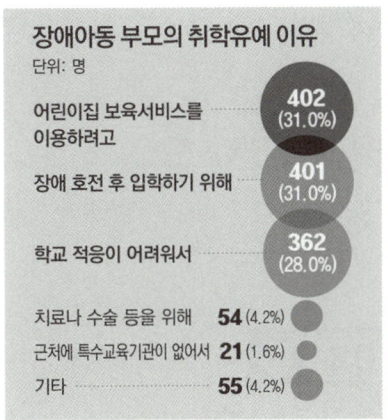

출처 : 동아일보, 학교 적응-돌봄 걱정에… 12살에도 어린이집 가는 장애아동들

자료 2

초등학교 입학을 미루고 어린이집을 다니는 장애아동 10명 중 8명이 넘는 1104명(85.3%)이 만 6~8세 어린이다. 상당수는 이른바 '학교 갈 준비' 때문에 취학 유예를 선택하고 있다. 장애아동 부모의 31.0%는 '장애 호전 후 입학하기 위해'라고 응답했다. 학교 적응이 어려워 학교에 보내지 않았다는 부모도 28.0%에 달했다.

출처: 동아일보, 학교 적응-돌봄 걱정에… 12살에도 어린이집 가는 장애아동들

자료 3

학부모 A : 아이가 지금은 말을 못해서 말을 할 수 있을 때 학교에 보내는 게 좋지 않을까 생각하고 있어요.
학부모 B : 통합학급과 특수학급 시간표가 나왔나요? 시간 운영이 어떻게 이루어지는지 모르겠어요.
학부모 C : 밥을 혼자 못 먹어서 걱정이에요.. 아무래도 유예해야 할 것 같아요.
학부모 D : 아이가 통합환경에서 잘 적응할 수 있을까요? 아이들한테 소외당하면 어떡하죠? 저도 고민이 되네요.

즉답형 01

서울시는 '다양성이 꽃피는 공존의 미래혁신교육' 이다. 아래의 시를 참고하여 자신의 교직관을 말하시오.

> 달라서 좋아, 달라도 좋아
>
> 너와 나의 모습이 서로 같지 않아요.
> 나만의 색으로 채워진 내 모습이 좋아요.
>
> 너하고 다른 나, 나하고 다른 너
> 그래서 우리가 우리가 함께인 이유
>
> 달라서 좋아, 달라도 좋아
> 그래서 우리가 함께인 이유
>
> 『서울교육』 2022 여름호(통권 247호), 53p

즉답형 02

자신의 강점을 활용하여 교육공동체인 학생, 학부모, 동료교사와 긍정적인 관계를 맺기 위한 방안을 각각 1가지씩 말하시오.

(4) 2023 유아특수

구상형 ▼

아래 제시문을 참고하여 신학기 지원에 대한 협의 사항을 주체별로(관리자, 통합학급교사, 학부모) 말하고, 환경적 수정 방안과 교수적 수정 방안을 2가지씩 말하시오.

- 병설유치원이며 교실이 별관에 있지만 급식실이 학교 본관 2층에 있음.
- 일반 유아 교사는 통합교육 경험이 전혀 없는 상황
- 지체장애 A 유아의 특성
  - 하루에 두 번 정도 얼굴 강직 경련이 일어남
  - 오른손을 이용하여 손가락 두 개로 표현이 가능함
  - 동생을 누워서 바라볼 때 웃고 친구를 바라 볼 수 있음.
  - 유모차 이용하며 기저귀를 착용함.

즉답형 01

아래 상황에서 가족지원 방안 3가지를 말하시오.

A 학부모 : 부모 참여 수업을 할 때 저희 아이가 문제행동을 하면 어떡하죠? 저의 아이가 이렇게 된 것이 제 탓 같아요. 그냥 참여하지 않으면 안될까요?

즉답형 02

아래 제시문을 참고하여 유치원 원훈을 만들고(예시 제외), 교직관에 비추어 이유를 설명하시오.

- 통합교육과 관련하여 다양성을 반영
- 예시 : 다양성이 꽃피는 아이들

(5) 2022 초등특수

구상형 ▼

새학기 계획과 관련하여 특수교사가 통합학급 교사, 학부모, 개별화 교육계획 측면에서 지원해야 할 사항을 각 3가지씩 말하고, 새학기 준비 기간의 기대효과를 말하시오.

즉답형 01

학생의 진급 때문에 고민인 학부모를 상담할 시 필요한 교사의 역량을 말하고, 특수학교와 초등학교 특수학급의 긍정적 측면 2가지를 각각 말하시오.

> 학부모 : 선생님, 이제 초입 서류를 제출해야 하는데, 특수학교에 입학할지, 초등학교 특수학급에 입학할지 고민이 되네요.
> 교사 A : 아이에 대해 이야기 해주시겠어요?
> 학부모 : 아이는 간단한 의사소통은 가능해요. 하지만 주의가 산만해서 대집단 속에서 담임 선생님의 이야기를 잘 들을 수 있을지 모르겠어요. 다른 아이들에게 방해가 될까봐 걱정도 되네요.

즉답형 02

특수교육 대상 학생에게 AI와 에듀테크 역량이 필요한 이유를 말하고, 구체적인 교육활동 방법 3가지를 말하시오.

> 특수교사는 특수교육대상학생의 발전이 더디다는 것을 알고 있지만, 담당 학생의 학습 성취가 눈에 잘 보이지 않고 성장이 너무 느려 회의감이 들고 있다. 또한 수업 중 중도중복장애학생의 공격행동과 수업 방해행동이 더 심해지고 강해지는 모습에 힘들어 한다. 이러한 상황들로 인하여 수업진행에 어려움을 겪고 있다.

(6) 2021 초등특수

구상형 ▼

학교에서는 코로나19로 인해 온·오프라인 블렌디드 수업을 실시하고 있다. 다음과 같은 상황에서 특수학급 교사가 고려할 점 3가지를 제시하고, 학생 A, B에 대한 효과적인 원격수업 방법을 각각 2가지 제시하시오.

- 학생 A
  - 학습장애 학생으로, 특수학급에서 국어, 수학 과목을 배우고 있음.
  - 할아버지, 할머니가 주 양육자로서 학생을 돌보고 있음. 가족 모두가 원격수업 도구, 컴퓨터 사용이 미숙하여 가정 내 지원이 어려움.
  - 학부모는 학생의 수업에 관심이 없으며, 수업에 출석했는지만 확인함.

- 학생 B
  - 중도중복장애 학생으로 PC, 태블릿 등 디지털 기기 사용을 어려워 함.
  - 중도중복장애 학생을 위한 온라인 수업 콘텐츠가 부족함.
  - 부모님이 가정에서 원격수업 지원이 가능한 상황임.
  - 현재 특수학급에서 대부분의 수업을 듣고 음악, 미술, 체육 활동만 일반학급에서 수업을 듣고 있음.

즉답형 01

다음 제시문을 읽고, 특수교육대상학생에게 생태전환교육이 필요한 이유를 설명하고, 이를 실천할 수 있는 방안을 2가지 제시하시오.

서울시 교육청(교육감 조희연)은 2021년 3월부터 생태행동 실천을 위한 조직문화 전환 운동 『필(必) 환경시대 '나 먼저 우리 먼저』』을 추진한다. '나 먼저 우리 먼저'는 개인의 생태전환 실천을 통해 조직문화 및 사회 시스템의 변화와 확산을 바라는 서울시 교육청의 프로젝트명이다.

즉답형 02

- 특수학교
- 특수학급
- 특수교육지원센터

(1) 위 제시문은 특수교사로서 발령받아 근무할 수 있는 기관이다. 제시된 기관 중 본인이 가장 희망하는 기관과 그 이유를 설명하시오.

(2) 신규교사로서, 근무하기에 가장 어렵다고 생각되는 기관과 그 이유를 설명하고, 본인이 이를 극복하기 위한 방법을 설명하시오.

(7) 2021 유아특수

구상형 01 ▼

제시문을 읽고, 장애 유아의 행동 중 긍정적인 부분과 부정적인 부분이 무엇인지 그 이유를 들어 설명하시오.

> 장애유아 A는 놀이시간에 다른 유아와 어울려 놀기보다는 혼자서 기차를 가지고 놀곤 한다. 다른 유아는 '칙칙폭폭' 소리를 내면서 기차를 가지고 놀지만, A는 기차를 옆으로 눕히거나 쓰러뜨리며 노는 것처럼 보인다. 특수교사는 A에게 기차를 바닥에 굴리는 모습을 보여주었다. A는 기차를 들어 바퀴를 손가락으로 긁기 시작했다.

구상형 02 ▼

특수교육대상유아가 놀이에 적극적으로 참여하도록 하기 위한 방안을 3가지 제시하시오.

즉답형 01

최근 코로나19 감염병 확산으로 인해 사회적 거리두기가 지속되면서 원격수업과 대면수업을 번갈아가며 실시하는 블렌디드 수업이 이루어지고 있다. 나의 블렌디드 수업 방안을 다음의 제시어를 포함하여 답변하시오.

> 제시어
> [환경], [교육계획], [유아에 대한 정보], [평가 및 환류]

즉답형 02

서울시 교육청에서는 학생, 교직원, 학부모 등 다양한 교육주체 간의 소통과 공감의 확대와 교육주체 간의 협력을 통해 교육력을 제고하고자 한다. 이러한 소통과 공감의 중요성을 다섯 글자로 표현하고(예시 : '사랑합니다', '감사합니다', '반갑습니다'), 이를 반영하여 교육주체 간의 협력방안을 말하시오. (단, 예시로 제시된 표현은 사용하지 않을 것)

(8) 2020 초등특수

구상형 ▼

학부모 상담 시 유의해야 할 점 3가지를 말하고 각 사례에 따라 상담을 실연하시오.

> **사례 1**
> 학부모는 1교시 수업이 끝나고 간식을 먹이길 원하고, 월요일부터 목요일까지 방과후에 15~20분씩 돌봐주길 바라며, 공격 행동이 나타나는 다른 학생을 전학시켜달라고 요청하였다. 뿐만 아니라 일대일 실무사를 배치를 요구하고 있다.
>
> **사례 2**
> 학생이 하교하면 집에 오자마자 학생의 몸을 샅샅이 살펴서 상처와 멍은 없는지 확인 후 작은 상처라도 보이면 연락하는 학부모

즉답형 01

문제행동이 나타난 아동의 특성을 2가지 말하고 그에 대한 구체적인 방안을 예방 측면에서 말하시오.

> - 특정 시간에 배가 고프면 표현을 하지 못하고 울어 버린다.
> - 혼자 하는 활동에만 관심이 있고 또래 활동에 관심이 없다.
> - 교실에서 사용하는 물건의 명칭을 모르고, 수업 활동에 참여하지 않는다.
> - '안돼', '하지마' 등 제지하는 말을 들으면 강한 공격성을 보이며 거부 행동을 한다.

추가 질의

이를 가정과 연계하기 위한 방안을 말하시오.

즉답형 02

장애인식개선교육은 연 2회 의무로 실시해야 한다. 이를 실시할 구체적인 방안을 말하시오.

(9) 2020 유아특수

구상형 ▼

영희의 수용 및 표현 언어의 현행수준을 말하고, 통합상황에서 비장애 유아와의 의사소통 촉진방안 2가지를 말하시오.

[통합상황]
자유 놀이 시간에 영희가 친구들이 놀이하던 빵을 뺏으며 빠-빠-라고 말함.
유아들이 뺏으면 안 된다고 함.
영희가 유아에게 "줘."라고 말하지만 안 된다고 해서 교사가 영희한테 친구들과 함께 놀자고 함.
그러자 영희가 "싫어."라고 말함.

즉답형 01

특수교육 실무원의 잘못된 행동 2가지와 이를 해결하기 위한 방안을 말하세요.

유아의 등·하원 맞이하는 시간이나 통합수업 때 자리 이탈을 보이면 실무원이 유아를 놀이터나 특수학급으로 데려온다. 또한 실무원이 유아의 신발, 옷 정리 등 과도한 지원을 하고 있다.

추가 질의

협력할 때의 자신의 강점을 경험과 연관해서 말하세요.

즉답형 02

철수 어머님과의 상담 시간이다. 철수의 바른 식생활을 위해 설득하는 것을 실연하세요.

[철수가 편식이 심하여 김만 먹고 있는 상황]
철수 엄마는 또래보다 몸집이 작아 걱정이지만 음식을 억지로 먹이기는 싫다고 바른 식생활 지도를 안 해도 괜찮다고 하심.

(10) 2019 초등특수

구상형 ▼

자폐성장애 5학년 학생 A에게 실시할 수 있는 중재방안을 학부모, 통합학급교사, 관련 전문가 각각 3가지씩 구상하시오.

> 학생 A의 특성
> - 학교에 가기 싫어 어머니와 실랑이를 벌이거나 어머니를 때림
> - 학교에서 수업 회피 및 방해 행동이 나타남
> - 학급 친구들을 때리거나 침을 뱉고, 물건을 던지며 가위로 위협함
> - 수업을 회피하다가 흥미로워하는 화폐 계산기가 주어지면 활동에 참여함

즉답형 01

다음 중 자신의 교육관과 맞는 것을 하나 고르고 실천 방안을 말하시오.

> 스승의날에 ○○스승상을 받는다면 어떤 상을 받고 싶은가?
> - 진로 교육에 힘쓰는 교사
> - 수업을 잘하는 교사
> - 학생들을 사랑하는 교사
> - 학생들에게 자신감을 심어 주는 교사
> - 다른 교사들과 협력하는 교사

추가 질의

교원학습공동체를 한다면 하고 싶은 주제를 말하고 이것이 통합학급에서 긍정적인 이유와 장애 학생에게 필요한 이유, 통합교육에 끼칠 수 있는 영향을 말하시오.

즉답형 02

방탄소년단이 UN에서 발표한 'Love yourself' 지문을 참고하여 자기 자신을 사랑하는 방법을 말하고, 장애 학생들이 자기 자신을 사랑할 수 있도록 하는 교육 활동 3가지를 말하시오.

> 내가 누구인지, 내가 누구였는지, 내가 누구이고 싶은지가 모두 포함해서 love myself입니다. Love myself 캠페인을 시작한 이후, 우리는 전 세계의 팬들로부터 중요한 메시지를 듣게 되었습니다. 인생의 시련들을 어떻게 극복했는지, 그리고 스스로를 어떻게 사랑하게 됐는지에 대해서죠. 이 이야기들은 저희에게 책임감을 일깨워주었습니다. 우리는 스스로를 사랑하는 법에 대해 배웠습니다.

(11) 2019 유아특수

구상형 ▼

다음 제시문을 보고 찾을 수 있는 학생의 특성 2가지와 사회성 발달 수준에 대해 설명하시오. 그리고 통합환경에서 사회성 증진을 위해 할 수 있는 교육방법 3가지를 말하시오.

> **유아 A의 특성**
> - 만 5세, 자폐성장애
> - 간단한 지시에만 반응함, 질문에는 단답으로 대답하며 친구가 불러도 대답을 잘 하지 않음
> - 친구가 다가가도 혼자 놀이하며 친구들과 함께 하는 활동에 참여하지 않음
> - 교통기관 관련 그림이 있는 책을 좋아하고 특히 자동차를 좋아함
> - 블록 등 장난감을 일렬로 세우는 것을 좋아함

즉답형 01

같이 일하기 싫은 교사를 고르고 그 이유를 말하시오.

> - 교사 A : 업무 처리가 신속하고 완벽함, 하지만 유아를 귀찮아하고 싫어함
> - 교사 B : 업무 처리와 수업 모두 잘 수행하나 학부모, 보조 인력과의 마찰이 잦음
> - 교사 C : 유아를 사랑하고 정성을 다하지만, 가정통신문 등 업무 처리가 늦어 자주 기한을 놓침
> - 교사 D : 업무 처리나 수업에는 어려움이 없지만, 평소 불평이 많고 부정적인 말을 많이 하여 주변을 지치게 함

추가 질의

즉답형 1번 문항에서 자신이 고른 교사와의 관계를 유지하기 위해 할 수 있는 방안을 말하시오.

즉답형 02

방탄소년단이 UN에서 발표한 'Love yourself' 지문을 참고하여 자기 자신을 사랑하는 방법을 말하고, 유아들이 자기 자신을 사랑할 수 있도록 하는 교육 활동 3가지를 말하시오.

> 내가 누구인지, 내가 누구였는지, 내가 누구이고 싶은지가 모두 포함해서 love myself입니다. Love myself 캠페인을 시작한 이후, 우리는 전 세계의 팬들로부터 중요한 메시지를 듣게 되었습니다. 인생의 시련들을 어떻게 극복했는지, 그리고 스스로를 어떻게 사랑하게 됐는지에 대해서죠. 이 이야기들은 저희에게 책임감을 일깨워주었습니다. 우리는 스스로를 사랑하는 법에 대해 배웠습니다.

(12) 2018 초등특수

구상형 ▼

특수교사가 특수교육대상학생들을 대상으로 문화예술 형태의 현장체험학습을 계획하고 있다. 특수교사가 고려해야 하는 사항 5가지와 그 이유를 말하고, 현장체험학습이 특수교육대상학생에게 중요한 이유를 말하시오.

> 1. 특수교육대상학생(9명)
>   - 시각장애 : 1명
>   - 지적장애 : 4명(1명 완전통합)
>   - 지체장애 : 1명(클러치 사용)
>   - 자폐성장애 : 3명
> 2. 특수교육 실무사 1명, 사회복무요원 1명 배치

즉답형 01

통합학급 교사가 어려움을 겪고 있는 상황이다. 이때 특수교사로서 어떻게 지원할지 3가지 말하시오.

> **사례 1** 특수교육대상학생이 수업에 집중하지 못하고 자리이탈 행동이 많고 수업 중 계속 말한다.
> **사례 1** 통합학급 교사가 일반학생들에게는 수행평가지를 주고, 특수교육대상학생에게는 색칠하기 과제를 주었다. 이 학생은 색칠하기보다 수행평가지에 관심이 많다.
> **사례 1** 수업시간에 특수교육대상학생이 소리에 집착하며 필통을 여닫으며 딸깍거리는 소리를 냈다. 옆에 앉은 친구가 짜증을 낸다.

즉답형 02

최근 지역주민의 특수학교 설립 반대로 장애인부모회에서 특수학교 설립을 위해 무릎을 꿇고 사정하는 일이 발생하였다. 2018년도에 새로 설립되는 특수학교에 현수막을 설치하여 지역주민의 장애인식을 개선하고자 한다. 문구를 무엇으로 할지 정하고 그 이유를 말하시오.

추가 질의

특수교사가 통합학급 교사와의 관계에서 지녀야 할 가장 중요한 덕목을 다음 중 고르고 그 이유를 말하시오.

> 존중, 정의, 배려, 책임, 참여, 신뢰

(13) 2018 유아특수

구상형 ▼

특수교육대상자인 홍석이는 통합학급에서 이야기 나누기 시간에 계속 반복적으로 같은 단어만 이야기 한다. 다른 아이들은 홍석이를 보며 웃고 놀리고, 통합학급 담임은 홍석이가 수업에 방해되니 특수학급에서만 수업했으면 좋겠다고 말한다. 위 상황에서 발생할 수 있는 문제점 3가지와 통합학급 교사, 통합학급 아이들, 학부모를 대상으로 특수교사가 할 수 있는 일을 말하시오. (* 협력교수 방법 포함할 것)

즉답형 01

중도중복장애 민수는 통합학급에서 특수교육 보조 인력인 실무사에게 전반적인 도움을 받고 있다. 민수는 한 학급에서 3년간 지내고 있으며, 의존적 성향이 강하여 모든 일을 스스로 하지 않으려고 한다. 학급의 다른 아이들도 모두 민수를 당연히 도와주어야 한다고 생각한다. 이때 발생할 수 있는 문제점과 해결방안을 말하시오.

즉답형 02

통합교육에서 협력적 태도 유지를 위한 자신만의 장점을 말하고, 그 장점을 통합학급 교사, 학부모, 특수교육 보조 인력에게 적용할 수 있는 방안을 말하시오.

추가 질의

협력적 태도 유지에 있어서 나의 단점을 말하시오.

(14) 2017 초등특수

구상형 01

다음 제시문에서 찾을 수 있는 교육적 가치와 그 이유를 말하고, 교사로서 실천할 수 있는 구체적인 교육 활동을 3가지 말하시오.

> 2014년 IS가 시리아 북부를 점령하면서 정부군·반정부군·IS 등이 대치하는 상황이 발생했다. IS는 이 과정에서 정부 및 군사적 목표물에 대한 공격뿐 아니라 민간인 수천 명을 죽였는데, 사실상 시리아는 무정부 상태가 되면서 수많은 난민이 생겨났다.
> 난민 문제와 관련하여 독일은 꼬마 알란 쿠르디 사건 후 난민 수용을 허용했다. 앙겔라 메르켈 독일 총리는 "프랑스와 독일이 의무를 분담하고 있다."며 다른 유럽국가들도 연대할 것을 촉구하기도 했다.
> 그러나 영국은 난민을 수용하지 않을 것임을 시사해왔다. 일부 영국 국민은 이민자와 난민자들 또한 국가 세금으로 난민 복지에 쓰이고 자국민의 부담이 늘어가는 데에 불만을 표시해왔다. 사회적으로 반 난민여론이 거세졌고 유럽연합에 대한 반감이 높아졌다. 결국 영국은 지난 23일 국민투표를 시행했고 브렉시트를 선언, 유럽연합을 탈퇴하기로 했다.
> 미국 공화당 대선후보 도널드 트럼프가 이민자에 대해 '특단의 심사'를 하겠다고 '반 테러 대책'을 발표하면서 또 다시 인종차별 논란에 휩싸였다. 트럼프는 그간 '무슬림 입국 금지', '히스패닉 판사는 불공정' 등의 발언으로 수차례 위기를 자초하곤 했다.
> 또한 최근 일본에서는 사회적 약자인 장애인에 대한 혐오감을 표출하며 장애인 살해를 예고한 후, 실제로 장애인 시설에서 흉기를 난동하여 19명을 살해하는 사건이 벌어지기도 했다. 범인은 평소에도 주변 사람들에게 혹은 SNS를 통해 장애인을 혐오하는 취지의 발언을 해 왔다고 한다.
> 가속화되고 있는 중국의 산업화로 인한 중국발 미세먼지가 우리나라 오염물질의 상당 부분 차지하고 있는 것으로 알려져 문제가 되고 있다. 한·중·일의 환경과학원이 2000년대 이후부터 10년간 함께 연구한 결과에 따르면, 우리나라 오염물질의 30~50%가 중국에서 발생한 것으로 잠정결론 내려졌다.
> 또한 인류가 지구온난화의 속도를 170배나 높였다는 연구 결과가 나왔다. 연구팀에 따르면 지구가 존재한 40억 년 동안 인간의 활동은 어느 요소보다 지구의 온도를 빠르게 변화시켰다. 화석연료 사용, 산림 개간 등 인간의 활동이 활발했던 지난 45년 동안 지구의 온도는 100년 기준 약 1.7°C가 올랐다. 이뿐만 아니라 지구 온도는 지난 1998년 이래 매년 최고치를 경신하는 등 빠른 속도로 치솟고 있다.

구상형 02 ▼

> 부모님들께서 통합학급에 입학한 자녀의 적응문제(학교 이탈 문제 등)에 대해 고민하는 대화 제시

이러한 상황에서 교사가 지원할 수 있는 방안 3가지를 말하시오.

즉답형 01

학예발표회 때 일반교사가 잘 따라 하지 못한다는 이유로 장애학생을 배제하려고 한다. 이때 특수교사가 할 수 있는 실질적인 지원 방안 3가지를 제시하고 설득하는 것을 시연하시오.

즉답형 02 ▼

대학시절 한 봉사활동이나 교생실습을 통해서 경험한 것을 말하고, 그것을 토대로 교사가 되었을 때의 자신의 강점을 말하시오.

(15) 2017 유아특수

구상형 01

다음 제시문에서 찾을 수 있는 교육적 가치와 그 이유를 말하고, 교사로서 실천할 수 있는 구체적인 교육 활동을 3가지 말하시오.

> 2014년 IS가 시리아 북부를 점령하면서 정부군·반정부군·IS 등이 대치하는 상황이 발생했다. IS는 이 과정에서 정부 및 군사적 목표물에 대한 공격뿐 아니라 민간인 수천 명을 죽였는데, 사실상 시리아는 무정부 상태가 되면서 수많은 난민이 생겨났다.
> 난민 문제와 관련하여 독일은 꼬마 알란 쿠르디 사건 후 난민 수용을 허용했다. 앙겔라 메르켈 독일 총리는 "프랑스와 독일이 의무를 분담하고 있다."며 다른 유럽국가들도 연대할 것을 촉구하기도 했다.
> 그러나 영국은 난민을 수용하지 않을 것임을 시사해왔다. 일부 영국 국민은 이민자와 난민자들 또한 국가 세금으로 난민 복지에 쓰이고 자국민의 부담이 늘어가는 데에 불만을 표시해왔다. 사회적으로 반 난민여론이 거세졌고 유럽연합에 대한 반감이 높아졌다. 결국 영국은 지난 23일 국민투표를 시행했고 브렉시트를 선언, 유럽연합을 탈퇴하기로 했다.
> 미국 공화당 대선후보 도널드 트럼프가 이민자에 대해 '특단의 심사'를 하겠다고 '반 테러 대책'을 발표하면서 또 다시 인종차별 논란에 휩싸였다. 트럼프는 그간 '무슬림 입국 금지', '히스패닉 판사는 불공정' 등의 발언으로 수차례 위기를 자초하곤 했다.
> 또한 최근 일본에서는 사회적 약자인 장애인에 대한 혐오감을 표출하며 장애인 살해를 예고한 후, 실제로 장애인 시설에서 흉기를 난동하여 19명을 살해하는 사건이 벌어지기도 했다. 범인은 평소에도 주변 사람들에게 혹은 SNS를 통해 장애인을 혐오하는 취지의 발언을 해 왔다고 한다.
> 가속화되고 있는 중국의 산업화로 인한 중국발 미세먼지가 우리나라 오염물질의 상당 부분 차지하고 있는 것으로 알려져 문제가 되고 있다. 한·중·일의 환경과학원이 2000년대 이후부터 10년간 함께 연구한 결과에 따르면, 우리나라 오염물질의 30~50%가 중국에서 발생한 것으로 잠정결론 내려졌다.
> 또한 인류가 지구온난화의 속도를 170배나 높였다는 연구 결과가 나왔다. 연구팀에 따르면 지구가 존재한 40억 년 동안 인간의 활동은 어느 요소보다 지구의 온도를 빠르게 변화시켰다. 화석연료 사용, 산림 개간 등 인간의 활동이 활발했던 지난 45년 동안 지구의 온도는 100년 기준 약 1.7°C가 올랐다. 이뿐만 아니라 지구 온도는 지난 1998년 이래 매년 최고치를 경신하는 등 빠른 속도로 치솟고 있다.

구상형 02

다음 상황에서 일반교사와 특수교사에게 필요한 교육적 태도와 개선방안을 각 2가지씩 말하시오.

> 준영이는 자폐성장애로 통합반에서의 수업에 어려움이 있다. 교사들은 갖은 노력을 해봤지만 어려웠다. 결국 통합반 교사와 특수교사 사이의 큰 갈등이 생겼다. 통합반 교사는 통합반 아이들에게 준영이가 문제행동을 보이면 피하라 말했고, 특수교육 실무사에게는 준영이 옆에 붙어서 사회적 관계를 차단하라고 하였다. 특수교사는 준영이의 부모님과 상담을 했으나 부모님이 대수롭지 않게 반응하여 그것에 동의하였다.

즉답형 01

학예발표회 때 일반교사가 잘 따라 하지 못한다는 이유로 장애학생을 배제하려고 한다. 이때 특수교사가 할 수 있는 실질적인 지원 방안 3가지를 제시하고 설득하는 것을 시연하시오.

즉답형 01

대학시절 한 봉사활동이나 교생실습을 통해서 경험한 것을 말하고, 그것을 토대로 교사가 되었을 때의 자신의 강점을 말하시오.

(16) 2016 초등·유아특수

구상형 01

다음 기사를 보고 우리 교육에 대한 시사점과 이를 개선하기 위해 담임교사로서 할 수 있는 실천 방안을 5가지 이상 말하시오.

> 고교생 중 절반 이상이 '10억원을 가질 수만 있다면 범죄도 저지를 수 있다'고 생각한다는 조사 결과가 나왔다. 이런 생각을 하는 학생은 해마다 느는 것으로 조사됐다.
>
> 흥사단 투명사회운동본부 윤리연구센터는 지난 9월부터 전국의 초·중·고등학생 1만 1,000명을 대상으로 실시한 '2015년 청소년 정직지수 조사 결과'를 29일 발표했다.
>
> 조사 결과를 보면 고교생의 56%는 '10억원이 생긴다면 죄를 짓고 1년 정도 감옥에 가도 괜찮다'고 응답했다. 중학생은 39%, 초등학생은 17%가 이렇게 답했다. 3년 전의 조사 때보다 고교생은 12%포인트, 중학생은 11%포인트, 초등학생은 5%포인트 증가했다.
>
>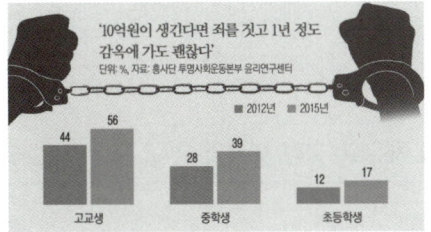
>
> '이웃의 어려움과 관계없이 나만 잘살면 된다'는 응답도 고교생 45%, 중학생 30%, 초등학생 19%로 2년 전 조사 때보다 증가했다. '참고서를 빌려주기 싫어서 친구에게 없다고 거짓말을 한다'는 응답은 고교생 44%, 중학생 34%, 초등학생 18%였다. '친구의 숙제를 베껴서 내도 괜찮다'는 응답은 고교생 71%, 중학생 58%, 초등학생 15%였다.
>
> 이번 조사에서 청소년 전체 정직지수는 78점으로 평가됐다. 고교생 67점, 중학생 78점, 초등학생 88점이다.
>
> 흥사단은 "물질주의와 개인주의 등으로 청소년 윤리 의식이 갈수록 낮아지고 있다."며 "특히 고교생의 경우 입시 경쟁 등으로 이 같은 경향이 더욱 두드러지는 것 같다."고 밝혔다.
>
> 출처 : 경향신문, 2015.12.29.

구상형 02 ▼

다음은 특수교사 김 교사가 장애이해교육을 실시한 내용이다. 김 교사가 실시한 장애이해교육의 문제점 3가지와 해결방안을 말하시오.

> 김 교사는 3월 초에 장애이해교육을 실시하였다. 통합교육의 일환으로 3학년 경도지적장애 학생의 통합학급에 들어가 직접 진행하였고, 장애이해교육은 장애에 관하여 알려주기 위하여 장애체험활동으로 설정하였다. 시각장애, 청각장애, 지체장애 등의 장애를 직접 체험할 수 있도록 하였다. 직접 체험해보면 학생들이 흥미를 가지고 참여할 수 있을 것이라고 생각하였다.
>
> 장애이해교육을 실시한 후 김 교사는 일반학급 학생들을 대상으로 장애이해교육이 어땠는지 설문조사를 실시하였다.
>
> > 호준 : 재밌었어요.
> > 민수 : 그래서 소미는 무슨 장애에요?
> > 연진 : 근데 이거 왜 한 거예요?
> > 희주 : 소미가 불쌍해요.
>
> 학생들의 반응을 보고 김 교사는 자신이 한 장애이해교육이 잘못되었다는 것을 깨달았다.

즉답형 01

자신의 문화예술적 경험을 말하고 그 문화예술적 경험이 특수교육대상학생들에게 미칠 수 있는 긍정적인 가치를 '삶을 가꾸는 교육'과 연관지어 4가지 말하시오.

즉답형 02

자신의 교육관을 바탕으로 다음의 문장을 채우고 설정 이유와 이를 위한 방안 3가지를 말하시오.

- 교사가 _____ 하면, 학생은 _____ 한다.
- 설정 이유 : _____
- 구현 방안 3가지
  첫째, _____
  둘째, _____
  셋째, _____

03 경기

문항 수	구상형 3문항, 즉답형 2문항
시험 시간	구상시간 15분, 답변시간 15분
출제 범위	교사로서의 적성, 교직관, 인격 및 소양
특이 사항	자기성장소개서 제출

(1) 2024 초등특수

구상형 01 ▼

경기교육의 기조인 자율, 균형, 미래 중 '균형' 측면에서의 교사상을 제시하고, 그것을 실천할 수 있는 교육방안을 수업과 생활 지도 측면에서 각각 말하시오.

경기교육의 기조

자율	균형	미래
다양성과 창의성을 보장하는 경기교육의 원동력입니다. 경기교육은 신뢰를 바탕으로 소통과 협력을 통해 교육공동체가 스스로 결정하고 책임감 있게 실천할 수 있도록 힘쓰겠습니다.	교육의 본질에 집중하겠다는 경기교육의 다짐입니다. 경기교육은 서로의 다름을 인정하고 존중하며 교육공동체의 조화로운 성장을 지원하겠습니다.	경기교육이 열어가는 새로운 길입니다. 모든 학생이 저마다의 꿈을 스스로 펼치고 함께 만들어갈 수 있도록 경기교육은 미래를 향해 나아가겠습니다.

출처: 2024 경기교육 기본계획

구상형 02 ▼

위로나 따뜻한 말을 들어본 경험을 바탕으로 교직관을 제시하고 이를 토대로 학생들을 지원할 수 있는 방안 2가지를 말하시오

> 너는 봄날의 햇살 같아. 너는 밝고 따뜻하고 착하고 다정한 사람이야.
> 봄날의 햇살 ○○○이야.

구상형 03

교사의 고민일지를 보고 특수교사의 고민 해결 방안 3가지를 말하시오.

> **특수교사 일지**
>
> 우리 반 자폐성 장애 학생의 문제행동으로 고민이 많다. 다행히 특수교육지원센터의 도움을 받아 긍정적 행동지원을 제공할 수 있게 되었다. 하지만 우리 반 나머지 학생들이 자폐성 장애 학생의 문제행동으로 인해 수업에서 점점 위축되고 불안해하는 게 보여 고민이 된다. 나머지 학생들의 인권을 존중하며 함께 수업에 참여할 수 있게 하려면 어떻게 해야 할까?

즉답형 01

다음 밑줄 친 내용과 관련하여 교사로서 갖춰야 하는 자질 3가지를 말하시오.

> 경기교육은 개별 학생이 가지고 있는 <u>소질과 잠재력을 각자의 속도에 따라 역량을 키워나갈 수 있는 교육 현장의 변화를 끌어낼 것</u>이라고 하였다.
>
> 매일일보 2023.06.23.

즉답형 02

교육실습 중 자신의 경험을 바탕으로 교사에게 필요한 역량 2가지를 제시하고 앞으로의 성장계획을 말하시오.

시험장 생생후기

L선생님

- 구상형 문제는 B4로 3장이었습니다. 가로로 되어있었습니다.
- 시계는 타이머가 아니라 현재시간을 알려주는 전자시계이므로 개별 시계로 꼭 시간 측정할 필요가 있습니다.

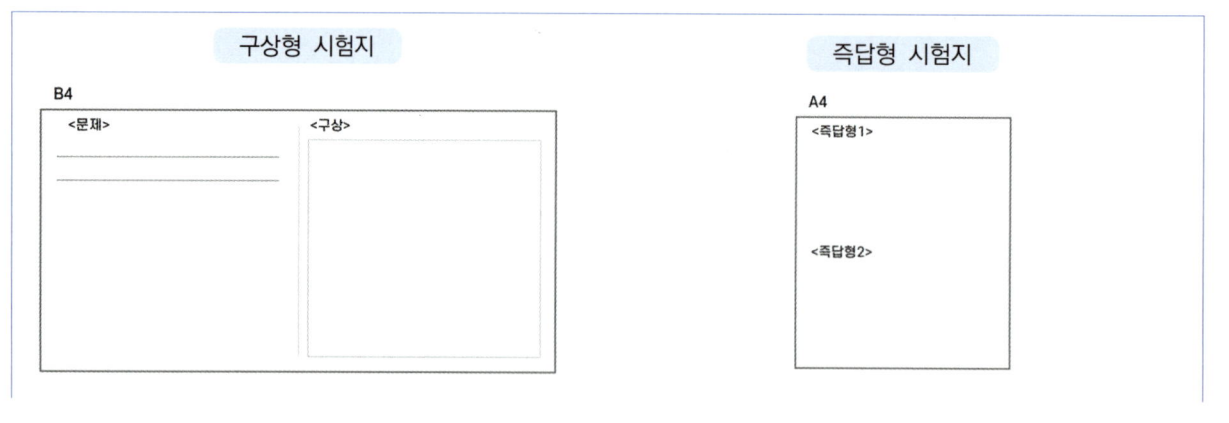

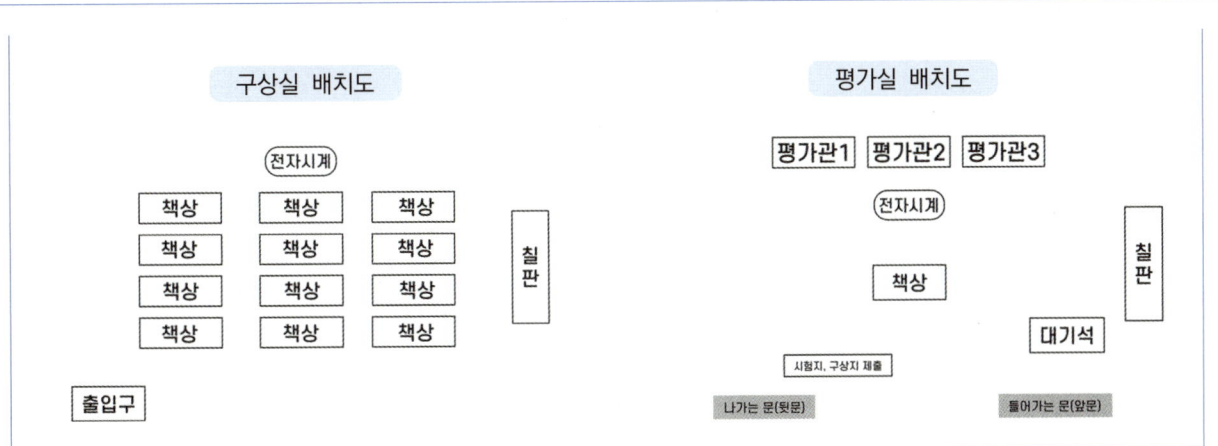

R선생님

- 대기실 : 관리번호 1~6번까지 오전 조, 7~11번까지 오후 조였습니다. 대기실이 건조해서 목이 엄청 건조했습니다. 물 꼭 챙겨가시고 평소에 목이 많이 갈라지는 사람은 인후염 스프레이를 사용하면 효과가 있습니다. 저도 시험 전주부터 15분 말하는 동안 목이 계속 갈라졌는데, 구상실 이동할 때와 평가실 이동 시간에 뿌리고 들어가니 갈라지거나 하는 부분은 없었습니다. 추가로 렌즈를 착용하시는 분들은 들고 가셔서 관리번호 뽑고 순서에 가까울 때 착용하시는 것을 추천합니다.
- 구상실 : 한 줄에 4명씩 3줄로 앉아 구상합니다. 이때 자리에 따라 시계가 보이지 않을 수 있습니다. 시계가 스톱워치 수준으로 매우 작아 확인이 어려울 수 있으니 본인 시계로 시간을 같이 재면 좋습니다. 구상 시간 종료 3분 전에 종이 울립니다.
- 구상지 : 크기가 B4로 큽니다. 그리고 문제별로 한 장씩 나누어져 있습니다. 반 쪽은 문제가 나와있고 나머지 반 쪽에 구상합니다. 평가시 한 장씩 넘겨가며 보게됩니다.
- 평가실 : 평가관은 3분이 계셨습니다. 면접 때는 시계가 보이기는 하나 현재 시간을 나타내는 것일 뿐 카운트 다운은 아닙니다. 또한 이 시계도 스톱워치 크기라 사람에 따라 잘 안 보일 수도 있을 것 같습니다.
- 올해는 자기성장 소개서에 대한 질문이 나오지 않았고, 시책을 묻는 질문도 가장 기본적인 문제로 1문제만 출제되었습니다. 또, 경기도에서는 자주 나오지 않던 특수교사의 역량이나 자질을 묻는 질문이 2문제나 출제되었습니다. 경기도 준비한다고 경기도 문제만 보지 마시고, 다양한 지역을 골고루 연습하시면 좋을 것 같습니다.

S선생님

- 평가관 3명, 도우미 선생님 1명이 계셨습니다.
- 즉답형은 투명 파일에 담겨있고 두 문제가 책상 위에 놓여있었습니다.
- 평가관 가운데 앞에 작은 디지털 시계가 있었습니다.
- 초등학교에서 평가해서 그런지 몰라도 평가관과의 거리가 가까웠습니다.
- 책상 앞에 흰색으로 가림판이 있어서 다리 쪽은 안 보이고 상체만 보입니다.

(2) 2024 유아특수

구상형 01 ▼

○○ 유치원의 자율과제 실천 방안과 기대효과를 각각 2가지씩 말하시오.

유치원 자율과제란, 경기미래교육 실현을 위해 학교자율역량을 바탕으로 학교의 현안을 진단하고 숙의를 거쳐 도출한 과제

○○ 유치원 자율과제	생태·환경교육을 통한 인성함양 방안

구상형 02 ▼

위로나 따뜻한 말을 들어본 경험을 바탕으로 교직관을 제시하고 이를 토대로 학생들을 지원할 수 있는 방안 2가지를 말하시오.

너는 봄날의 햇살 같아. 너는 밝고 따뜻하고 착하고 다정한 사람이야. 봄날의 햇살 ○○○이야.

구상형 03 ▼

특수교사의 고민일지를 보고 특수교사의 고민 해결 방안 3가지를 말하시오.

특수교사 일지 우리 반 자폐성 장애 유아의 문제행동으로 고민이 많다. 다행히 특수교육지원센터의 도움을 받아 긍정적 행동지원을 제공할 수 있게 되었다. 하지만 우리 반 나머지 유아들이 자폐성 장애 유아의 문제행동으로 인해 수업에서 점점 위축되고 불안해 하는게 보여 고민이 된다. 나머지 유아들의 인권을 존중하며 함께 수업에 참여할 수 있게 하려면 어떻게 해야 할까?

즉답형 01

다음 밑줄 친 내용과 관련하여 교사로서 갖춰야 하는 자질 3가지를 말하시오.

> 경기교육은 개별 학생이 가지고 있는 <u>소질과 잠재력을 각자의 속도에 따라 역량을 키워나갈 수 있는 교육</u> 현장의 변화를 끌어낼 것이라고 하였다.
>
> 매일일보 2023.06.23.

즉답형 02

「놀이의 중심은 유아이다.」 유치원 활성화를 위해 협력해야 하는 이유를 말하고, 공동체에서 협력할 수 있는 방안을 3가지 말하시오.

시험장 생생후기

J선생님

- 밖이 투명한 창문이라 들어가기 전부터, 심사위원이 저의 모습을 볼 수 있었습니다. 그때부터 모든 행동을 조심하려고 하였습니다. (다 마치고 짐을 챙길 때도 감사하는 마음을 가지고 행동하였습니다.)
- 간단히 목례를 하고 대기실 자리로 가서 '안녕하십니까, 관리 번호 몇 번입니다' 하려고 했는데 목례 하자마자 대기실에서 앉아서 대기하시고 종이 울리면 답변석을 가셔서 답변하세요'라고 하셔서 인사를 못했습니다. 목례 하지 않고 들어가자마자 바로 인사드리길 추천합니다.
- 시계는 전자형 시계로 정중앙에 배치되어 있어 개인 시간을 보지 않아도 괜찮았습니다. 타이머가 아니라 시간을 보여주셨습니다.
- B4용지가 가로로 3장, 스테이플러로 찍어있었습니다. 종이 한 장에 1문항 & 구상 칸으로 배치되어 있어서 한 문항 답변하고 넘기는 연습이 필요합니다. 언제 넘겨야 할지 스터디원들과 함께 의의해 보시길 바랍니다. 조용한 상황에서 바스락거리니까 저도 모르게 움찔거리게 되었습니다.

(3) 2023 초등·유아특수

구상형 01 ▼

다음 그림을 보고 경기교육이 추구하는 방향성을 교육적 관점에서 말하고, 특수학급에서 실현할 수 있는 방안을 교육과정과 학급경영 측면에서 구체적으로 말하시오.

구상형 02 ▼

교육 현장에는 20~30대 교사들을 포함하여 여러 세대가 공존하고 있다. 다음 그래프 자료를 보고 시사점을 말하고, 친화적인 통합교육 환경 조성을 위하여 신규교사로서 할 수 있는 방안 3가지를 말하시오.

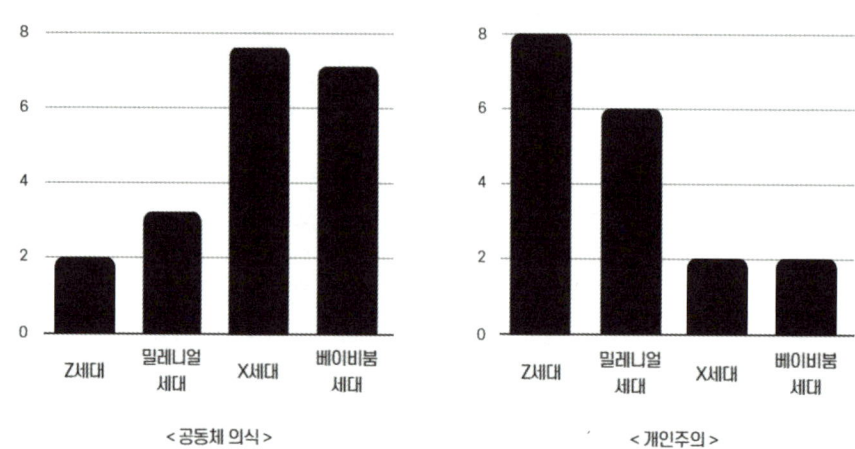

구상형 03 ▼

[제시문 1]과 [제시문 2]에 제시된 공통요소에 따라 이를 실현하고자 하는 교육방안 3가지를 말하시오.

> **제시문 1**
> 모든 학생이 저마다의 꿈을 스스로 펼치고 함께 만들어갈 수 있도록 경기교육은 미래를 향해 나아갑니다.
> 2023 경기교육 기본계획
>
> **제시문 2**
> 자아정체성과 자신감을 가지고 자신의 삶과 진로를 스스로 설계하며 이에 필요한 기초 능력과 자질을 갖춰 자기주도적으로 살아갈 수 있는 자기관리 역량
> 2022개정 특수교육교육과정 총론

I. 시작　**II. 심층면접**　III. 수업실연　IV. 교수·학습과정안　V. 수업성찰　VI. 심층면접 예시 답안

즉답형 01

다음 상황에서 상담을 시연하시오.

> 교　사 : 상우가 아무나 껴안아서 걱정입니다. 가정에서도 함께 지도 부탁드립니다.
> 학부모 : 아직 어리니까 그럴 수도 있죠.

즉답형 02

자기성장소개서에 제시된 역량 중 하나를 말하고, 그 역량을 대학 시절 수업(과제)나 동아리 등을 통해 실현하고자 했던 경험에 대해 구체적으로 이야기하시오.

시험장 생생후기

경기 응시 선생님

- 구상형 1번 문항은 경기도 교육감 신년사에서 출제되었습니다.
- 면접 구상지와 문제지가 한 장으로 붙어있었습니다. B4사이즈에 가로로 모아찍기 양식이었으며, 왼쪽엔 문제, 오른쪽엔 구상칸이 배치되어 있었습니다. 한 문제 당 1장으로 총 3장을 스테이플러로 철해서 나눠주셨습니다!
- 구상형 문제 1문제당 배점 8점씩으로 적혀있었습니다. 즉답형까지 총 5문제이니 즉답도, 구상도 8점 배점이라는걸 알 수 있었습니다. 즉답도 구상 1문제만큼 배점이 커서 놀랐습니다.
- 구상실 타이머 위치 : 구상실에서 맨 앞에 가운데에 전자시계가 있는데 시계 크기가 작고, 앉는 자리에 따라 빛 때문에 시계가 안 보였습니다. 평가 시간에 맞춰 12시 정각에 맞춰 두었던터라 구상실에서 손목시계를 안 눌렀는데 앞에 전자시계가 잘 안보여서 당황했었습니다. 구상 시에도 개인 손목시계로 맞추고, 평가실 들어가기 직전 다시 시계 맞추면 좋을 것 같습니다. 제가 볼 수 있게 시계를 하나 줘셨는데 정확하지 않을 수 있으니 개인시계 보라고 하셨습니다
- 평가실 타이머 위치 : 보지 못하였습니다. 평가자, 응시생 책상에 모두 투명 가림판이 쳐져 있어서 평가자 책상 뭐가 놓여있는지 잘 보지 못하였습니다. 손목시계 필수입니다!

(4) 2022 초등·유아특수

구상형 01 ▼

다음 제시문을 보고 학급 운영 시 실현 방안을 말하시오.

> 1) 학생 한명 한명의 삶과 더 깊이 만난다.
> 2) 학생은 주도적인 배움을 통해 물음표를 느낌표로 만든다.

구상형 02 ▼

통합교육의 필요성에 대하여 논하고 본 제시문 상황 속 특수교사라면 어떤 지원을 할 수 있는지 구체적인 방안을 말하시오.

> 학생 A는 특수학급에만 있고 싶어하고 통합학급에서의 수업을 거부하는 상황이다.

구상형 03 ▼

코로나 19로 인해 교육현장이 변화하고 있다. 이러한 미래교육 상황 속에서 교사의 역할을 말하시오.

> 1) 배움이 학교와 가정에서 일어날 수 있도록 하는 상황
> 2) 온라인 플랫폼이 활성화되고 있는 상황에서 대면 수업과 비대면 수업을 효과적으로 하기 위한 방안

즉답형 01

다음 상황 속 A교사의 입장이 되어 고민과 해결방안을 말하시오.

> 교사 A : 행복이가 마스크를 잘 안 써서 걱정이에요. 얼굴에 잠깐 대는 것도 싫어해요.
> 교사 B : 방과후 시간에 행복이가 우리반 학생을 꼬집어서 반 아이들이 행복이를 모두 좋아하지 않아요. 걱정이에요.
> 교사 C : 이번 협력 프로젝트 수업도 행복이가 방해해서 수업이 중단되었어요. 행복이는 항상 사고만 치는 것 같아요.
> 교사 A : 그래도 행복이가 웃는 모습이 예쁘잖아요.

즉답형 02

특수교육 대상 학생의 입학 적응 프로그램이 필요한 이유와 지원방안을 말하시오.

(5) 2021 초등·유아특수

구상형 01 ▼

경기 교육정책에서 다음 질문의 의미가 무엇인지 말하고, 제시문과 관련하여 특수교사로서 교육현장에서 중점을 두고 하고 싶은 교육 활동이 무엇인지 말하시오.

> 멀게만 여겨졌던 미래가
> 예상보다 훨씬 빠르게
> 우리 삶 속으로, 그리고 교실 안으로 들어왔습니다.
>
> 이렇게 갑자기 찾아온 미래는
> 우리에게 '학교와 교육의 본질'에 대한 질문을 던졌고
> 경기교육은 이 질문에 대한 답을 학교 현장으로부터
> 찾고자 하였습니다.
>
> "학교 교육활동에서 중점을 두어 해 보고 싶은 것은 무엇입니까?"

구상형 02 ▼

다음은 ○○초등학교 특수교사가 학생들과 함께 강당으로 이동하는 도중에 일어난 일이다. 다음 상황에서 특수교사로서 대처방안을 말하시오.

> 특수교사는 4명의 학생들과 강당으로 이동 중이었다. 강당으로 이동하던 중 A학생이 울음을 터트려 겨우 달래어 강당에 도착하고 보니 B학생이 없어진 것을 알게 되었다.

구상형 03 ▼

B교사가 A교사에게 해줄 수 있는 중재방안에 대한 조언이 무엇인지 말하시오.

> A교사 : 우리 반 자폐성장애 학생과 놀이공원에 가는 현장체험학습을 앞두고 있는데 입장하는 것을 거부해서 고민입니다.
> B교사 : 그래요? 학생이 놀이공원에서만 그런가요? 아니면 낯선 장소에서 모두 그런 행동을 보이나요?
> A교사 : 부모님과 상담을 해보니 새롭고 낯선 환경에 대해서는 거부감이 있다고 해요.
> B교사 : 그렇군요. 선생님 그럼 이 자폐성장애 학생에게는 이러한 중재가 필요해요.

즉답형 01

현재 코로나19로 인하여 소통의 어려움이 있는 상황이다. 이러한 상황에서 공동체성과 관련하여 소통과 협력을 이룬 나의 경험을 말하고, 이 경험을 토대로 학생에게 제공할 수 있는 지원방안을 말하시오.

즉답형 02

다음 상황에서의 특수교사의 고민을 보고 빠르게 변화되는 사회에서 특수교육대상학생들이 겪게 되는 어려움은 무엇이며, 이를 극복하기 위한 지원방안을 말하시오.

> 패스트푸드점에서 키오스크를 통해 주문을 해야 하는 상황
> 마트 키오스크에서 주문이 어려운 상황
>
> 특수교사 : 교사인 나도 키오스크를 사용하는데 어려움이 있는데 우리 학생들은 얼마나 어려울까.. 학생들에게 어떻게 지도해야 하는지 모르겠다.

(6) 2020 초등·유아특수

구상형 01

다음 상황에서 교사의 철학 및 학급 운영방안에 대해 말하시오.

> [학급편성 명단]
> - 다문화가정 학생 2명
> - 부모가 장애를 가지고 있는 학생 1명
> - 시설 거주 학생 1명

구상형 02

학생의 삶과 연계한 배움이 일어나기 위해 다음 상황에서 마을과 연계하기 위한 방안을 말하시오.

A	교실에서는 빨간색, 파란색 신호등에 맞게 건넜는데 실제 지역사회에서 신호등에 맞게 건너기가 안 됨
B	의사, 경찰, 소방관 등 특정한 직업에 대해서만 알고 있음
C	학교와 집만 다녀서 우리 마을에 대한 이해와 경험이 부족한 학생

 집단토의

드디어 혁신 교육 10년을 맞이하였다. 혁신 교육에서는 '존엄, 정의, 평화'의 가치를 실현하고자 한다. 다음 상황에서 특수학교(급) 현장에서 실현할 수 있는 방안에 대해 토의하시오.

A	학급회의 시간에 의사소통 기회를 갖지 못한 중도중복장애 학생
B	통합학급 상황에서 공격 행동을 보이는 학생과 함께 수업할 수 없다고 말하는 학부모
C	발야구 시간에 장애를 가지고 있는 학생과 팀을 하지 않으려고 "○○이는 같이 하지 않을래요."라고 말하는 학생
D	자신의 수업을 녹화하여 보니 경도장애 학생 중심으로 수업을 하고 있는걸 알게 된 신규 교사
E	수업에 참여하는 것을 좋아하지만 학부모가 학교에 제대로 보내지 않아 참여하지 못함.

* 집단토의 문항을 구상형 문항이라고 생각하며 연습해 보세요!

즉답형 01

학생의 협력적 성장이 무엇이라 생각하는가? 그리고 이를 실현할 수 있는 구체적인 방안을 말하시오.

즉답형 02

개별화교육지원팀 회의 시간 중 중도중복장애 학생의 통합학급 배치 시간에 대해 학부모와 통합교사가 의견 차이가 발생하였다. 이 경우 자신의 생각과 해결방안을 말하시오.

(7) 2019 초등특수

구상형 01 ▼

특수교사로서의 교직관과 이를 실현시키기 위한 방안을 말하시오.

구상형 02 ▼

정서 및 행동 문제로 문제행동을 하는 학생이 늘고 있다 '사회적으로 수용 가능한 행동'을 위한 긍정적 행동지원 방안을 말하시오.

집단토의

지문을 바탕으로 현 통합교육의 문제점을 말하고 '모든 학생이 행복한 교육'을 구현하기 위한 바람직한 통합교육 실현방안에 대해 토의하시오.

> 통합교육은 여전히 특수교육대상학생만을 위한 교육으로 인식되고 있다. 그래서 특수학급과 특수교사를 중심으로 '학교 안의 또 다른 학교'처럼 분리되어 실행되는 경우가 많다. 그러나 성공적인 통합교육의 실행은 학교가 '모든 학생'에 장애 학생 역시 포함된다는 점을 인식하는 것으로부터 시작되며, 이는 학교교육과정을 계획, 운영할 때에도 적용된다.

즉답형 01

특수교육대상학생의 교육 활동이 학생 주도적으로 일어나기 위하여 교사가 지원할 수 있는 방안을 말하시오.

즉답형 02

특수교육대상학생 간 학교 폭력이 발생했을 때 인권을 보호하기 위한 대처 방안을 말하시오.

(8) 2019 유아특수

구상형 01

특수교사로서의 교직관과 이를 실현시키기 위한 방안을 말하시오.

구상형 02

정서 및 행동 문제로 문제행동을 하는 학생이 늘고 있다 '사회적으로 수용 가능한 행동'을 위한 긍정적 행동지원 방안을 말하시오.

즉답형 01

특수교육대상유아가 자유 선택 활동시간에 주도적으로 놀이하기 위하여 교사가 지원할 수 있는 방안을 말하시오.

즉답형 02

학기 초 특수교육대상 유아의 유치원 적응을 위한 방안에 대해 말하시오.

집단토의는 초등특수와 동일

(9) 2018 초등·유아특수

구상형 01

다음과 같은 특수학급 상황에서 통합교육이 이루어질 때의 예상되는 어려움을 말하고, 해결방안을 말하시오.

- 특수교육대상학생 4명이 배치되어 있는 학급이고 그중에 한 명은 신변처리에 어려움이 있다.
- 학생 1명이 전학 올 예정인데 이 학생은 중도중복장애가 있고 휠체어를 타고 있어서 전반적인 지원이 필요한 상황이다.
- 특수교육 지도사는 배치되지 않은 상황이며 지원요청도 할 수 없는 상황이다.

구상형 02

학부모의 참여율이 저조한 지역에서의 교육 공동체 활성화 방안으로 학부모의 참여율을 높이기 위한 교사의 방안을 4가지 말하시오.

김 교사 : 선생님, 개별화교육지원팀 회의에 몇 분의 학부모님께서 참여하세요?
이 교사 : 저희 반은 4분 정도요. 선생님 반은요?
김 교사 : 저희 반은 3분 정도요. 회의 참여가 다들 어렵다고 하시네요... 많이 참여해주셔야 할텐데 큰일이에요.
이 교사 : 맞아요. 저희 반도 학부모님들이 학부모 연수나 교육에 참여하지 않으신다 하셔서 어려움이 있어요. 학부모님의 참여도를 높일 수 있는 방법이 있을까요?

집단토의

경기교육은 동등성과 평등성을 강조한다. 특수교육 관점에서 행복한 배움이 일어날 수 있도록 교사의 역할을 이야기하시오.

공공성과 평등성의 교육 방향을 기반으로 학교가 행복한 배움의 공간이 되고, 학습생태계를 확장하여 마을과 함께 미래역량을 기르는 교육을 지향합니다.

즉답형 01

학교에서 발생하는 상황(생활, 수업, 환경 등) 비민주적인 상황을 제시하고 민주적인 해결방안을 3가지 말하시오.

즉답형 02

아동이 가정폭력이나 아동학대를 받고 있다고 의심되는 상황에서 어떻게 할 것인가? 해결방안을 말하시오.

(10) 2017 초등·유아특수

구상형 01 ▼

아래 제시문이 주는 특수교육 측면에서의 시사점과 자신의 교직관과 연결하여 실현할 수 있는 방안을 말하시오.

- 단 한 명의 아이도 포기하지 않는 교육 _ 경기도 교육청
- 빨리 가려면 혼자 가고 멀리 가려면 함께 가라 _ 인디언 속담
- 내가 할 수 있으면 너희도 할 수 있어 _ 닉부이치치

구상형 02 ▼

특수교육대상자에게 필요한 역량과 이 역량을 신장할 수 있는 방안을 말하시오.

집단토의

제시문을 특수교육 측면에서 생각해보고, 특수교육대상자의 꿈과 끼를 실현할 수 있는 구체적인 실천방안에 대해 논의하시오.

> 학생 스스로 자신의 적성을 찾고 미래를 만들어가는 역량 중심 교육을 통해 새로운 꿈을 찾는 천개의 별, 천개의 지도를 함께 그리겠습니다.
> — 2017 경기도 교육감 신년사

즉답형 01

자신의 성장과정에서 겪은 어려움과 이 어려움을 협업으로 해결한 경험을 말하시오.

즉답형 02

경기도 교육에서 실시하는 따뜻한 아침맞이의 효과와 아침맞이 구체적인 실천 방안을 말하시오.

(11) 2016 초등·유아특수

구상형 01 ▼

자신의 교육철학은 무엇이며, 그것을 학교 현장에서 어떻게 실천해 나갈 것인지 말하시오.

구상형 02 ▼

경기도 교육정책 중 공감하는 것을 하나 말하고, 어떻게 실천 계획을 세우고 실천해 나갈 것인지 말하시오.

집단토의

새로 발령되어 부임한 김 선생님은 영우로 인해 어려움을 겪고 있다고 동학년 협의회에서 고민을 털어 놓았다. 다음 상황에서 김 선생님을 위한 합리적인 대처방안에 대해 토의하시오.

영 우 :	'친구들이 나의 이야기를 아무도 듣지 않아.' '선생님은 내가 잘못한 것도 없는데, 계속 화만 내.'
반 아이들 :	'영우는 왜 소리를 지르고 괴팍한 행동을 하는 걸까?' '영우랑 짝 하기 싫어.' '선생님은 왜 화만 낼까?'
영우 어머니 :	'선생님은 색안경을 끼고 영우를 바라보는 것 같아.' '선생님과 영우는 잘 맞지 않는 것 같아.'
일부 어머니 :	'선생님은 영우의 행동에 대해서 왜 아무런 조치를 취하지 않는 거지?' '다른 엄마들이랑 이야기해봐야겠다.'
옆 반 선생님 :	'김 선생님 반은 왜 항상 소란스러울까?' '김 선생님이 문제인건가? 아이들이 문제인건가?'

즉답형 01

대학교(대학원) 때 자신의 교육 봉사 및 실천 경험을 통해 깨달은 점을 말하시오.

즉답형 02

배움에 흥미와 의지가 없는 학생이 있다. 학생의 흥미를 유발하고 능동적으로 참여하게 할 수 있도록 어떤 노력을 할 수 있는지 말하시오.

04 대구

문항 수	구상형 1문항, 즉답형 2문항
시험 시간	구상시간 10분, 답변시간 10분
출제 범위	교사로서의 적성, 교직관, 인격 및 소양

(1) 2024 유아특수

구상형 ▼

개별화 교육 지원팀 협의 회의록 일부

특 수 교 사 : ○○이의 개별화 교육 협의회를 진행하도록 하겠습니다. ○○이는 언어로 의사 표현을 하지 못하고, 친구를 깨물거나 때리는 문제행동이 있습니다. 또한, ○○이는 신변 처리에 어려움이 있습니다.

학 부 모 : ○○이는 말은 하지 못하지만 표정으로 싫고 좋은 것을 알 수 있습니다. 또한, ○○이는 내년에 일반 초등학교에 보낼 생각입니다. 그래서 한글 교육과 수 교육을 우선적으로 지도해 주셨으면 좋겠습니다.

특 수 교 사 : 대구시에서 진행하는 유치원과 초등학교를 연계한 이음 교육을 통해 한글 교육을 실시하여 ○○이가 한글에 관심을 가지도록 지도하면 좋겠습니다. 그러나 ○○이가 일반 초등학교에 적응하기 위해서는 신변 처리를 가장 우선적으로 지도해야 한다고 생각합니다.

통합학급 교사 : 신변 처리보다도 통합학급에서 일반 유아들과 원활하게 생활하기 위해서는 행동 중재가 우선적으로 필요합니다.

원 감 : 신변 처리와 행동 중재를 포함한 사회·정서적 지원을 우선적으로 합시다.

학 부 모 : 한글 교육을 가장 우선적으로 진행하면 좋겠습니다.

1) 개별화 교육 지원팀이 개별화 교육 회의를 진행하는 이유가 무엇인지 말하고, 개별화 교육 지원팀에서 회의해야 할 내용 3가지에 대해 말하시오.

2) 상담 기법 3가지를 사용하여 어머니와 상담하는 것을 시연하시오.

즉답형 01

○○이는 한부모 다문화 가정이며 선택적 함묵증이 있다. ○○이는 또래에게 관심이 없어 함께 놀이를 하지 않으며, 결석이 잦다. ○○이의 교육 활동을 지원해 줄 수 있는 방안 5가지를 말하시오.

즉답형 02

우리 교육청의 인성·덕목 가치 중 자신이 가장 중요하게 생각하는 가치를 자신의 경험과 연관지어 말하고, 교사가 되었을 때 이를 어떻게 실현할 수 있을지 말하시오.

시험장 생생후기

K선생님

- 심층면접 때는 점심시간이 따로 없었습니다.
- 대구시는 교육청 시책 관련 문제는 꼭 1문제 나온다고 생각하고 꼼꼼히 준비해두세요.
- 상담도 자주 나오니 반드시 자신만의 틀을 준비해두셔야 합니다.
- 즉답형 문제는 구상형 문항 답변 후 "이상입니다"라고 말하면 계측관께서 문제지를 가져다 주십니다.
- 24년 기출 문제를 보시면 아시겠지만 구상형 지문이 꽤 깁니다. 2차 스터디 하실 때 여러 유형의 예상 문제를 연습해보면서 다양한 문제에 접근하는 방식을 연습하면 좋을 것 같습니다.
- 개인적으로는 구상형 문제와 즉답형 문제 모두 문제 속에 힌트가 있다고 생각합니다. 문제 속 힌트를 잘 찾아서 명확한 답안을 만드는 연습을 많이 해보세요!
- 앞과 동일한 이야기인데, 저는 역대 대구 기출을 전부 연습해보면서 자신의 경험과 관련된 문제가 없어서 많이 연습해보지 못했습니다. 그래서 이번 즉답형 2번 문제를 보고 많이 당황했어요.. 여러분들은 꼭꼭 여러 유형의 문제를 연습해보세요!!
- 즉답형 문제는 자신만의 만능 틀을 만들어서 여러 번 연습하면 시험장에서 답하기 좋습니다. 예) 즉답형 1번 문항에 대해 답변드리겠습니다. ㅁㅁ이의 교육 활동을 지원해 줄 수 있는 방안으로는 첫째, 교사 측면에서 정서적 지원을 제공합니다.(답변 키워드) 이는 ~~이며(예시), 이를 통해 ~~를 기대할 수 있습니다.(기대효과)
- 대구시는 묻는 가짓수가 많아 저는 헷갈리지 않기 위해 손가락을 접으면서 답변했습니다.

(2) 2023 초등·유아특수

구상형 ▼

영수는 머리카락을 잡아당기고 머리를 책상에 찧는 행동을 한다. 이러한 영수의 문제행동으로 통합학급 교사가 고민을 가지고 있다.

> **영수의 특성**
> 1. 문제행동의 기능은 과제회피이다.
> 2. 색깔이 다양한 스티커를 좋아한다.
> 3. 단어 수준으로 읽기가 가능하다.

1) 영수의 특성을 반영한 문제행동 중재 지원방법 2가지를 말하시오.

2) 다음과 같은 상황에서 통합학급 교사에 대해 특수교사에게 필요한 태도 2가지와 통합학급 교사의 고민에 대해 지원방안 2가지를 말하시오.

3) 통합학급 지원과 행동지원 역량을 강화하기 위한 우리 교육청 정책과 관련하여 지원할 수 있는 방안 2가지를 말하시오.

즉답형 01

연극 관람 현장체험학습이 안전하게 이루어지도록 지체장애 학생 안전지도 지원방안 1가지를 포함하여 교사가 지원해야 할 방안 5가지를 말하시오.

> • 지적장애 3명과 휠체어를 이용하는 지체장애 학생 1명

즉답형 02

다음 상황에서 교사로서 지원할 수 있는 방안 5가지를 말하시오.

> 영미는 의사소통을 못하는 지적장애이며, 평소 잘 씻지 않고 늦게 등교를 하며 여름인데 겨울 옷을 입고 다닌다. 영미 부모님도 지적장애로 인해 개별화교육협의회에 참여를 못하는 상황이다.

시험장 생생후기

즉답형 문제는 책상 위에 올려져 있지 않고 옆에 계신 시간 조정하시는 선생님이 구상형 답변이 끝난 후 가져다주시기 때문에 문제가 없다고 당황하지 않으셔도 됩니다.

[대구 면접 꿀팁]

- 대구시 시책에 나오는 역량은 꼭 외우세요. 면접과 수업시연에서 역량을 포함하여 대답하라는 문제가 나온 적이 있습니다.
- 면접 기출문제로 연습할 때 가짓수를 5개 이상으로 연습하세요. 대구는 묻는 가짓수가 많습니다.
  (예시 : 기출에서 구상형 5가지, 즉답형 1번 5가지, 즉답형 2번 3가지+3가지 6가지)
- 대구시 교육청 뉴스와 블로그 및 유튜브를 항상 확인하세요. 대구시에서 어떤 교육정책에 중점을 두고 있는지 파악하면 면접 때 그와 관련된 문제가 나왔을 시 활용하여 대답할 수 있습니다.
- 상담시연을 준비하세요. 연속해서 대구 구상형 문제에 상담시연이 포함되었습니다. 상담기법을 활용해야 하기 때문에 상담기법에 어떤 것이 있는지 파악해야 합니다. 또한 딱딱하게 하는 것이 아니라 실제 상담하는 것처럼 웃으며 면접 때와 다른 목소리로 준비하는 것을 추천드립니다.

(3) 2021 초등·유아특수

구상형 ▼

원격수업의 장·단점과 원격수업 종류 3가지를 말하고, A기사를 토대로 특수교육대상학생의 원격수업 참여 증진방안 3가지와 B기사를 토대로 교사로서 원격수업 역량 증진방법 2가지를 말하시오.

> A 기사
> - 특수교육대상학생에게 EBS를 보여주는 원격수업을 진행해서 학생의 참여가 어렵다.
> - 맞벌이 부부로 할머니께서 원격수업을 지원해주셔야 하므로 학생의 참여가 어렵다.
> - 시각장애학생의 경우 원격수업은 촉각 자료가 없어 참여하기 어렵다.
>
> B 기사
> - 공교육은 질이 떨어진다.
> - 원격수업에 대하여 학생과 학부모의 교사 만족도는 낮다.

즉답형 01

일반학교 특수교사일 경우 개별화교육지원팀이 원활히 운영하기 위해 할 수 있는 특수교사의 역할 5가지를 말하시오.

즉답형 02

장애인 등에 대한 특수교육법에 제시된 특수교육 실무원의 역할 5가지를 말하고, 위의 상황에서 특수교육 실무원이 교사의 지시를 따를 수 있도록 상담을 시연하시오.

> 특수학급에 중도중복장애학생과 호흡기 질환 학생이 있다. 교사는 학생이 주로 이용하는 학교 내 놀이시설을 실무원에게 닦아달라고 부탁을 했다. 하지만 실무원은 "내가 전교생을 위해서 이걸 닦아야 하냐?"며 말을 했. 이때 어떻게 교사의 지시를 따르도록 할 것인지 상담시연하시오.

(4) 2020 초등·유아특수

구상형 ▼

A교사는 어머니의 의견을 수렴하여 개별화교육계획을 수립하였다. 영미 어머니는 영미가 걸음이 느리고 부적절한 자세로 이동하기 때문에 체육활동에 참여하는 것을 원치 않았다. 또한 영미에게 일과 내내 1:1로 특수교육 실무원이 지원을 해주기를 원하였다. 영미 반에는 특수교육 실무원의 지원이 필요한 중도중복장애 학생 2명이 있는 상황이다.
(영미 : 지적장애, 과체중으로 걸음이 느리고 부적절한 자세로 이동)

(1) 영미의 안전한 체육활동을 위해 제공할 수 있는 지원 5가지를 말하시오.

(2) A교사가 되어 어머니와의 상담을 실시할 때 영미가 얻을 수 있는 역량을 포함하여 상담 시연하시오. (상담 기법을 포함하시오.)

즉답형 01

특수교사가 통합학급을 지원할 수 있는 방안 5가지를 말하시오.

즉답형 02

장애 학생이 학교 교문 밖을 나가는 안전사고 문제가 일어나고 있다. 이를 위해 안전사고를 예방할 수 있는 방안과 안전사고 발생 시 대처방안에 대해 각각 3가지씩 말하시오.

(5) 2019 초등·유아특수

구상형 ▼

통합학급에서 장애학생은 문제행동과 장난이 심해 사회과 모둠 활동 시 친구들에게 배제 당하는 경우가 종종 있었다. 그 사실을 알게 된 학부모는 속상해 한다.

(1) 장애학생 인권침해가 발생하지 않도록 예방하기 위한 방안을 5가지 말하시오.

(2) 상담기법 3가지를 넣어서 학부모와 실제로 상담하는 것처럼 상담 실연하시오.

즉답형 01

특수교육 현장에서는 교사들끼리의 협력이 중시되고 있다. 협력교수 시 고려할 사항 5가지를 말하시오.

즉답형 02

시각장애와 지적장애가 중복장애인 학생 지원 방안을 교수환경, 교육과정 측면에서 각각 3가지씩 말하시오.

(6) 2018 초등·유아특수

구상형

자폐성장애가 있는 철수는 부모님의 반대로 특수교육대상자로 선정받지 못하고 일반학급에서 수업을 받고 있는 상황이다. 일반학급 내에서 철수는 수업시간 중 착석이 어렵고 수업의 진행을 방해하고 지속적으로 돌아다니면서 문제행동을 하고 있어서 일반학급 내 다른 학생들의 불만이 늘어가고 있다.

(1) 철수의 문제행동의 원인을 3가지 설명하고 특수교육대상자로 선정되면 제공받을 수 있는 교육적 지원을 「장애인 등에 대한 특수교육법」에 근거하여 3가지를 설명하시오.

(2) 철수의 부모님에게 상담을 실시하고자 한다. 특수교육대상자로 선정 시 받을 수 있는 교육적 지원 3가지를 포함하여 상담시연을 해보시오. (상담 기법 3가지 이상)

즉답형 01

통합학급에 뇌전증이 있는 학생이 있다. 통합학급 내에서 갑작스러운 경련이 발생할 경우 교사가 실시할 수 있는 조치 3가지 및 특수교사로서 통합학급에 지원할 수 있는 방안 3가지를 말하시오.

즉답형 02

장애학생인권단과 관련하여 더봄학생 선정기준 2가지와 역할 2가지를 말하고, 교사의 장애학생 인권신장방안 3가지를 말하시오.

(7) 2017 초등·유아특수

구상형

아이가 자꾸 수업시간에 자신의 손을 깨물고 때린다. 교사가 제지하려고 노력하지만, 민영이는 자신의 행동을 방해하면 물건을 집어던지고 소리를 지른다. 교사는 이것을 해결하기 위해 학부모와 무던히 접촉하고 애썼지만, 학부모는 문제행동을 인정하지 않고 오히려 교사의 차별이라 주장한다. 학생이 보이는 문제행동의 원인 2가지와 해결 방안을 행동수정, 감각통합, 가정연계 측면에서 각각 1가지씩 말하고, 학부모와의 상담 과정을 상담기법 2가지를 사용하여 시연하시오.

즉답형 01

- 통합학급 교사가 통합학급에서 아동을 타임아웃 시킴
- 교육과정을 수정하지 않고 그냥 적용함
- 아동이 원하는 것만 하도록 함

사례의 생활지도, 학습지도 측면에서 문제점을 각각 1가지씩 말하고, 특수교사가 통합학급 교사에게 해야 할 방안 4가지를 말하시오.

즉답형 02

편부가정으로 아버지가 아동을 때리며 욕하는 일이 잦고, 아동은 지적장애이다. 할머니가 함께 살지만 지원을 제대로 해주지 못한다. 아버지는 모든 일을 "너 때문에 안 돼."라고 하며 아이 탓으로 돌린다.

사례를 읽고 아동학대의 유형 3가지를 말하고, 교사가 할 수 있는 4가지 처치 방안과 평소에 할 수 있는 예방 방안 2가지를 말하시오.

05 충북

문항 수	구상형 2문항, 즉답형 2문항
시험 시간	구상시간 10분, 답변시간 20분
출제 범위 및 응시 방식	- 구상실 → 1면접실(구상형) → 2면접실(즉답형) - 1면접실(구상형) : 생활지도·학급운영·상담 2문항 (10분) - 2면접실(즉답형) : 인성·시민성·자질 1문항, 충북 교육정책 1문항 (10분)

(1) 2024 초등특수

구상형 01 ▼

다음 상황에서 통합학급 적응기간이 성공적으로 이루어지기 위해 고려해야 할 점을 말하시오. 통합학급 적응기간에 통합학급 담임 김 교사와 특수학급 담임 최 교사의 역할 각각 3가지씩 말하시오.

> 최 교사 : 이번 학기에도 통합학급 적응 기간 운영 되는 것 아시죠?
> 김 교사 : 네 근데 왜 해야 하는지 모르겠어요.
> 최 교사 : 통합학급 적응기간은 장애학생이 통합학급에 적응할 충분한 시간을 갖기 위해 필요하고, 비장애학생도 장애학생이 우리 반의 구성원이라는 것을 인식하기 위해 필요해요. 선생님께서도 장애학생의 행동 특성, 학습 태도 등을 관찰하고 익숙해질 수 있으실 거에요.
> 김 교사 : 아 그렇군요, 그럼 무엇을 해야 할까요?

구상형 02 ▼

가족 협력이 필요한 이유 3가지와 다음 상황에서 특수교사로서 해결 방안 3가지를 말하시오

> A교사 : 학부모님께서 학생의 정보를 주지 않아요.
> B교사 : 학부모님께 전화상담을 요청해도 응답해 주지 않아요. 무슨 일이 있어서 전화를 해도 전화를 받으시지 않아요. 제 전화를 피하시는 것 같아요.
> C교사 : 저의 교육활동을 전적으로 믿는다며 아무 말씀도 없으셔요.

즉답형 01

다음 상황에서 박교사가 지녀야 할 태도 3가지를 말하고, 개인 일정과 공적인 일이 겹쳤던 자신의 경험 1가지를 말하시오.

> 박교사는 지각을 많이 하고 교직원 회의에도 참여하지 않는다. 그러면서 교육공동체 회의에서 다른 동료 교사들의 방안에 대하여 반대하는 모습을 보인다. 박 교사는 학교 행사보다 개인 일정을 우선시한다.

즉답형 02

충북교육은 어디서나 운동장을 운영하고 있다. 몸활동의 필요성 2가지를 제시하고, 교사로서 몸활동을 활성화하기 위한 실천 방안 3가지를 말하시오.

> 충북교육은 '어디서나 운동장'을 운영하며 체육활동이 일상화되도록 아침 등 틈새 시간을 통해 규칙적인 몸활동 프로그램을 확대하고자 한다.

시험장 생생후기

O선생님

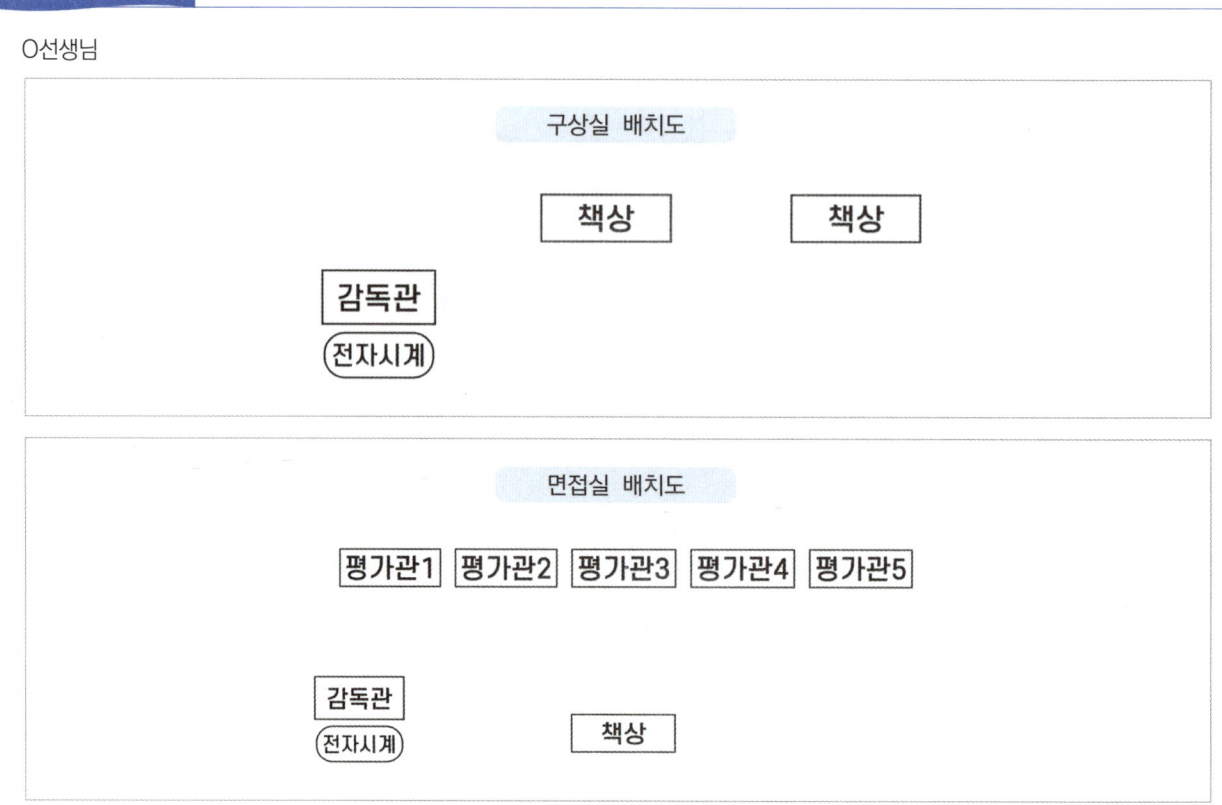

- 대기실에 올라가자마자 감독관이 계셔서 구상실과 면접실을 미리 보지 못하였습니다.
- 시험장 내에서 실내화가 권고라고 적혀있어서 급하게 실내화를 준비해야 하나 걱정이 되어 전화를 했었는데 실내화 신고 면접실에는 준비한 신발을 갈아신고 들어가도 된다고 하셨습니다. 그래서 운동화를 신고 실내화랑 구두를 챙겨갔는데 신발은 위에서 갈아신어도 된다고 하셔서 대기실까지 운동화를 신고 올라가서 실내화가 아닌 구두를 신고 대기실에 있다가 바로 구상실, 면접실로 이동하였습니다.
- 대기실과 구상실은 유아특수와 함께 사용하였습니다. 관리번호는 수험번호 순으로 뽑았고, 순서가 되면 유아특수선생님과 같은 구상실에서 칠판을 바라보고 나란히 앉아 구상하였습니다. 문제지 크기는 1차 시험과 동일했는데 재질이 빳빳한 재질이었고 구상한 것을 적을 공간이 넉넉하지 않았습니다. 그래서 키워드 위주로 구상하였습니다. 타이머는 검은 배경에 빨간 글씨로 아주 잘 보였고 다운 타이머였습니다. 혹시나 하는 마음에 시계를 차고 갔는데 시계를 차고 갔는데 타이머가 잘 보여서 딱히 필요는 없었습니다. 구상할 때는 책상 위에 모나미 펜이 2개 놓여있었는데 제가 챙겨간 볼펜을 사용했습니다.
- 구상형 면접과 즉답형 면접의 평가관 수는 동일하게 5명이었고, 앞문을 열고 들어가면 왼쪽에 감독관님과 타이머가 크게 보이고 정면으로 평가관 5분이 나란히 앉아계셨습니다. 칠판 앞에 대답할 수 있는 책상과 의자가 놓여있었습니다.
- 짐은 구상실 앞에 두면 면접실 옮길 때마다 감독관들이 면접실 앞에 옮겨주셨습니다. 시험장은 따뜻해서 춥진 않았고, 다만 손만 따뜻하게 녹이면 좋을 것 같습니다.

(2) 2022 초등특수

구상형 01 ▼

자폐성장애 학생이 초등학교에 입학하고자 한다. 다음 대화를 읽고, 입학 전과 입학 후에 필요한 입학 적응 지원 프로그램의 내용 5가지를 말하시오.

> 학부모 : 저희 아이는 자폐성장애입니다. 초등학교 입학이 많이 걱정됩니다. 유치원에 적응할 때도 오래 걸렸거든요.
> 교　사 : 걱정하지 마세요. 입학 적응 지원 프로그램이 있습니다.

구상형 02 ▼

다음 제시문에서 잘못된 부분 3가지 찾고 해결방안을 제시하시오.

> - 구 성 원 : 개별화교육지원팀 관리자(교감), 특수교사, 일반교사, 보호자
> - 추가 인원 : 없음
>
> 특수교사 : 2022년도 2021년도와 같이 국어, 수학에 대해 개별화교육계획을 작성했어요.
> 일반교사 : 작년에 편식이 나타났었는데 제대로 중재가 되지 않았던 것 같아요.
> 특수교사 : 그런가요? 집에서는 어떤가요?
> 보 호 자 : 집에서도 편식이 여전히 나타나고 있네요.
> 특수교사 : 그렇군요.
> 보 호 자 : 우리 아이가 친구들 반찬을 빼앗아 먹는 것도 걱정이에요.
> 특수교사 : 편식하지 않는 방안에 대해 좀 더 고민해 보아야겠어요. 더 질문 있으신가요?
> 　　　　　　　　　　　　　　　　　… (중략) …
> 이상으로 개별화교육협의회를 마치겠습니다.

즉답형 01

충북교육에서는 전문적 학습공동체를 강조하고 있다. 본인이 대학 생활 때 경험했던 협업 1가지를 말하고 신규교사로서 필요한 역량 1가지와 노력 2가지를 말하시오.

즉답형 02

충북교육은 초록 학교와 환경체험관을 바탕으로 지속 가능한 발전으로 기후 위기 대응 환경교육을 강조하고 있다. 이에 따라 교사로써 실천할 수 있는 방안 4가지 말하시오.

> 초록학교란 지구 환경을 지키는 '지속가능한 생태 순환형 학교'를 의미한다. 학교의 교육과정, 시설 공간, 정책 사업을 보다 환경 생태적인 방향으로 전환함으로써 궁극적으로 지속 가능한 녹색사회 구현에 기여하는 것을 목표로 한다.

06 기타 기출 - 강원·세종·인천

강원·세종지역은 2025년도부터, 인천지역은 2023년도부터 평가원 출제로 변경되었습니다.
지금까지 출제된 문제들 중 참고하기 좋은 문제들이 많으니 연습 문제로 활용하시기 바랍니다.

(1) 강원

	2024 유아특수
구상형	박 교사: 최근 사랑이에게 자리에 잘 착석하면 스티커를 주고 있어요. 그러니 자리에 잘 착석하는 것 같아요. 김 교사: 그렇군요. 최근 사랑이 어머니와 상담을 하셨는데, 어떠셨나요? 박 교사: 사랑이 어머니는 사랑이의 교육에 대해 관심이 정말 많으세요. 개별화교육회의에도 성실하게 참여해 주시고요. 박 교사: 그런데 사랑이 어머니는 사랑이의 현행 수준보다 높은 생활지도를 해주길 바라세요. 이걸 어떻게 설명해야 할지 모르겠어요. 박 교사: 그리고 어머니가 상담을 하시면 자신의 양육 방식이 잘못돼서 그런 것 같다며 매번 우세요. 김 교사: 그렇군요.. 다음 상담 일정은 어떻게 되나요? 박 교사: 아직 상담 일자를 정하지 않아 언제 오실지 모르겠어요. 상담오시면 어떻게 어머니를 대해야할지 난감해요. (1) 박 교사의 생활지도 방법을 쓰고, 해당 지도법의 유의 사항 2가지를 말하시오. (2) 상담 시, 박 교사가 고려해야 할 사항 4가지를 말하시오.
즉답형 1	유아-초등 전환기 교육의 구체적인 실현방안 5가지를 말하시오.
즉답형 2	유치원 차원에서 생태환경교육의 구체적인 방안 5가지를 말하시오.
즉답형 3	장애인 등에 대한 특수교육법 4조 차별의 금지에 근거한 구체적인 차별 사례 5가지를 말하시오.,
	2023 초등특수
구상형	올해 입학하는 1학년 특수교육대상학생을 위한 개별화교육계획 회의 장면이다. 아래 회의에서 나타난 대화 내용을 보고 물음에 답하시오. 교　　　감: 신규 특수교육대상학생의 개별화교육계획을 위한 회의를 시작하도록 하겠습니다. 학　부　모: 우리 아이는 지적장애 다운증후군 학생이고, 저시력이에요. 만 9세이지만 입학을 1년 유예했고, 섭식에 어려움이 있어서 모든 음식을 가로로 잘라 먹어야 하고 또래보다 성장이 느려요. 구축 방지를 위해서 발에 보조기를 착용하고 있고, 이동에 어려움 있어 휠체어를 사용하여 움직여요. 통합학급 교사: 저는 장애학생을 지도한 경험은 있지만, 이 학생처럼 장애가 중복되어 나타나는 어려운 경우를 경험한 적이 없어서 통합학급에서 어떤 지원을 해주어야 하는지 잘 모르겠어요. 특 수 교 사: 장애학생을 위한 지원을 제공하기 위해서는 적절한 통합환경 수정이 이루어져야 하고, 개별적인 특수교육적 지원이 제공되어야 해요. 학생을 지원하기 위한 적절한 통합교육 환경의 수정 방안과 개별적인 특수교육 지원 방안을 각각 3가지씩 말하시오.

즉답형 1	강원 특수교육 운영계획에 근거하여 통합교육계획에 반드시 포함되어야 하는 내용 5가지를 말하시오.
즉답형 2	순회교육이 실시되어야 하는 상황 2가지와 순회교육 교육과정을 구성 시에 고려해야 할 사항 2가지를 말하시오.
즉답형 3	특수교사로서 특수교육대상자의 에듀테크 역량을 성장시킬 수 있는 교육방안 5가지를 말하시오.

2022 초등특수

	다음의 아동은 4학년 지적장애 아동이다. 다음 관찰지를 보고, 도전적 행동의 원인 2가지 이상과 교사가 학부모에서 제안할 수 있는 긍정적 행동지원방안(사전지도 측면)에서 3가지 이상 말하시오.			
	시간	A	B	C
	7:00	어머니가 아동에게 일어날 것을 이야기한다.	아동은 어머니의 말을 듣고 가만히 있는다.	어머니가 빨리 하라고 이야기한다.
구상형	7:15	어머니가 아동에게 빨리 세수하라고 이야기한다.	아동은 장난감을 가지고 논다.	어머니가 아이의 세수를 대신해준다.
	7:20	어머니가 아동에게 빨리 아침을 먹으라고 이야기한다.	아동은 가만히 있는다.	어머니가 아이에게 밥을 먹여준다.
	7:30	어머니가 아동에게 양치를 하라고 이야기한다.	아동은 가만히 장난감을 가지고 논다.	어머니가 양치를 대신해준다.
	7:45	어머니가 학교에 가야 한다고 이야기한다.	아동은 가만히 있는다.	

즉답형 1	강원 교육은 학생의 성장을 평가하는 성장평가를 실시한다. 특수교육대상학생에게 공정한 성장평가를 위한 고려사항 4가지 말하시오.
즉답형 2	강원 교육이 시행하는 학생들의 상상놀이터를 교육과정과 연계하여 운영하는 방안 4가지 말하시오.
즉답형 3	강원 교육은 학교폭력 예방을 위해 어울림 프로그램을 운영하고 있다. 어울림 프로그램의 의미를 설명하고 이를 통해 기를 수 있는 역량 6가지를 이야기하시오.

(2) 세종

2022 유아특수

	다음 특수교사와 특수교육실무사의 대화를 읽고 물음에 답하시오.
	특수교육실무사 : 선생님, ○○이 몸에 멍든 것 보셨어요? 특 수 교 사 : 맞아요. ○○이 몸에 어제는 없었는데 오늘은 멍이 들어있더라구요.
구상형	1) 아동학대 신고 시 신고하기 전 유의해야 할 사항 2가지를 말하시오. 2) 아동학대를 예방하기 위한 유치원 차원에서의 역할 3가지에 대해 말하시오.

	다음 제시문을 읽고 물음에 답하시오.
즉답형 1	세종특별자치시에는 맞춤형 특수교육을 실시하고 있다.
	세종특별자치시에서 실시하는 맞춤형 특수교육 정책을 4가지 이상 말하시오.

	다음 제시문을 읽고 물음에 답하시오.
즉답형 2	「장애인 등에 대한 특수교육법」에는 일반학교의 장이 통합교육계획 수립을 하도록 명시되어져 있다.
	일반학교의 장이 통합교육계획 수립 시 포함되어야 하는 사항 4가지를 말하시오.

즉답형 3	다음 제시문을 읽고 물음에 답하시오. 자폐성장애 유아 ○○이는 젤 형태의 손 소독제에 거부반응(소리 지르고 울음)을 보인다. 그래서 교사는 고민이다. 교수적 수정(교수적합화) 2가지와 지원방안 2가지를 말하시오.

(3) 인천

	2021 초등·유아특수
구상형	김종상 시인의 '밤길'이라는 시에서 교사로서 의미 있는 부분을 찾고, 이를 바탕으로 자신이 추구하는 교사상을 말하시오. 어두운 밤길에서 넘어질까 봐, 달님이 따라오며 비추어줘요. 혼자서 걸어가면 심심할까 봐, 개구리 개굴개굴 노래해줘요. - 김종상, 밤길
즉답형 1	인천시에는 '모두가 안심하는 학교 교육 안전망'을 실현하기 위한 다양한 정책들이 있다. 담임교사로서 안전한 학급을 만들기 위한 방안을 말하시오.
즉답형 2	인천시에는 원도심, 농어촌, 도서 지역 등 다양한 형태의 지역이 존재한다. 이 중 한 가지를 골라 해당 지역의 특색을 반영하여 하고 싶은 문화예술교육을 말하시오.
즉답형 3	포스트 코로나 시대에 대비하여 자신이 갖춘 에듀테크 역량을 구체적 사례를 들어 말하시오. 미래교육에서의 교사의 역할은 단순히 큐레이터와 같은 지식전달자를 넘어서는 역량을 지녀야 할 것이다. 코로나팬데믹 이후 필수적으로 강조되는 미래 교사의 역량은 단연 에듀테크 역량이라 할 수 있을 것이다. 교사는 에듀테크를 활용하여 대면수업을 대체하는 것뿐만 아니라 필수재로서 이를 활용하여 교육적 효과를 극대화할 수 있어야 할 것이다.

	2020 초등·유아특수
구상형	다음 사례에서 교사의 고민 또는 문제점을 찾고 각각의 해결방안을 말하시오. 박 교사 : 너무 많은 행정업무로 수업 준비를 하지 못하고 있다. 이런 고민을 누군가에게 이야기하고 싶지만 무능한 교사라는 소리를 들을 것 같아 아무에게도 말하지 못하고 있다. 김 교사 : 학부모와의 갈등으로 어려움에 있다. 요즘은 학교와 교사가 다 해주길 바라는 것 같다. 어느 학부모는 우리 아이만 차별한다고 말했다. 뿐만 아니라 학부모들은 교사인 나에게 너무 많은 기대와 책임을 전가하며 민원을 넣고 있다. 이 교사 : 수업을 열심히 준비한 뒤 수업을 시작하려고 했다. 그런데 그때 한 학생이 "이런걸 왜 배워요?"라고 말했다. 나는 이러한 말에 좌절감을 느꼈다. 어떻게 대처해야 할까? - 교사 일기 中 -
즉답형 1	인천은 '책 읽는 도시, 인천 만들기'라는 사업을 추진하고 있다. 만약 내가 담임교사라면 아이들의 꾸준한 독서 습관 형성을 위해 어떤 노력을 할 것인가?
즉답형 2	학교 안에서 교직원과의 갈등이 있을 때 어떻게 해결할 것인가?

즉답형 3	학교 교육만으로는 미래역량을 가르치는 것은 쉽지 않다. 따라서 학교에서는 마을과 연계한 교육을 실행한다. 마을의 인적자원을 활용한 수업을 하려면 어떻게 할 것인가?

2019 초등·유아특수

구상형	자신이 교직이 택한 이유를 말하고 아래 내용을 읽고 교사로서의 전문성을 높이기 위한 방안을 말하시오. 교사 A : 요즘 교사라는 직업은 EBS 극한직업에 나올 정도로 쉽지 않은 것 같아요. 교사 B : 맞아요, 학생들도 예전 같지 않아서 자기주장이 심해서 어려워요. 교사 C : 학생뿐인가요? 학부모님들도 요구가 많으시고 교육에 참견을 하셔서 힘들어요. 교사 D : 사회변화가 급격하게 나타나면서 교육에도 변화가 필요한 것 같아요. 교사 E : 네. 교육과정도 계속해서 변하고 있죠. 교사 F : 이런 상황에서 교사로서의 전문성을 향상시키기 위해 어떤 노력을 해야 할까요?
즉답형 1	우리 교육청에서는 최근 놀이교육을 중요시하고 있다. 교사로서 놀이교육을 실현할 수 있는 방안 3가지를 제시하시오.
즉답형 2	교사가 되어 학부모님께 학기 초 학급운영계획을 보낼 때 어떤 내용을 담을 것인지 학습지도 측면과 생활지도 측면에서 말하시오.
즉답형 3	교사로서의 자신의 강점을 말하고, 학생 A를 지도할 수 있는 방안을 말하시오. 〈학생 A의 특성〉 - 친구들과 잘 지내지 못함 - 학습에 흥미가 없고 무기력함 - 자신의 의견을 주장하는 것을 어려워함

2018 초등·유아특수

구상형	제시문 (가), (나), (다)를 읽고 교육의 시사점을 말하고, 이를 바탕으로 교육이 앞으로 나아가야 할 구체적 방향을 각각 제시하시오. (가) 4차 산업혁명이 시작되며 현대사회는 빠르게 변화하고 있다. 자고 일어나면 새로운 단어가 생겨나며 인공지능, IOT기술, 비트코인, 새로운 기술들이 발달하고 있다. 가만히 있으면 이러한 기술들을 익힐 수 없다. (나) 기업과 산업체가 변화하고 있다. 기업의 변화 속도가 100이라고 가정하면 시민단체가 90, 정부 30, 학교는 10, 법 관련 기관은 7, 법 그 자체는 3으로 교육의 변화지수가 매우 낮은 편이다. (다) 교육은 백년지대계 관련된 글 10년을 계획하려면 나무를 심고, 100년을 계획하려면 사람을 교육하라고 했다. 교육은 백년지대계로 100년 앞을 내다보고 계획을 세워야 한다. 사람을 교육하는데 있어 많은 계획과 노력이 필요하며 미래 사회와 나라를 이끌어 갈 인재를 기르는 정책을 실시해야 한다.
즉답형 1	농어촌 소규모 학교에 근무한다면 하고 싶은 교육활동과 그 이유를 말하시오.
즉답형 2	나태주 시인의 '풀꽃' 시에서 바람직한 교사상을 찾고 이유를 말해보시오. 자세히 보아야 이쁘다. 오래 보아야 사랑스럽다. 너도 그렇다.

즉답형 3	자신이 존경하는 인물을 이야기하고, 이 인물을 통해 느낀 점을 바탕으로 학생을 어떻게 지도할 것인지 말하시오.

2017 초등·유아특수

구상형	다음 글을 읽고 물음에 답하시오. **사례 1** 하노이의 학생 802명 중 230명의 학생은 가난하고, 부모님이 이혼하거나, 알코올중독 또는 정신 질환을 가진 부모님과 함께 산다. 한 연구소에서는 이들은 훗날 성공적인 삶을 살지 못할 것이라고 예견했다. 하지만 230명 중 72명은 부유한 가정에서 자란 학생들보다 더 도덕적인 삶을 살고 있다. 이들이 이렇게 살 수 있었던 것은 어떤 특별한 한 사람 때문이었다. 그 특별한 사람이 자신을 믿고 의지해주었기 때문에 이들이 이렇게 살 수 있었다. 그 특별한 사람 중 선생님도 있었다. **사례 2** 이태석 신부는 "처음에는 워낙 가난하니까 여러 가지 계획을 많이 세웠다. 그러나 시간이 지날수록 같이 있어 주는 것이 가장 중요하다는 것을 깨달았다. 어떤 어려움이 닥친다고 해도 그들을 버리지 않고 함께 있어 주고 싶다."고 소망했다. 이태석 신부와 함께 만든 브라스 밴드는 아직도 가장 좋아하는 음악은 '아리랑'과 '고향의 봄'이라고 말했다. 또한 이태석 신부가 죽고 6년이 지난 후에도 이태석 신부의 병원이 운영되고 있다. 이 신부가 뿌린 작은 씨앗이 큰 열매를 맺게 된 것이다. 이 글에서 시사하는 교사의 모습을 제시하고, 그 모습을 위하여 구체적으로 실행할 활동을 학습지도 측면과 생활지도 측면으로 각각 3가지씩 제시하시오.
즉답형 1	 다음 그림의 한 동물의 입장에서 감독관에게 질문을 하고, 그 이유를 쓰시오.
즉답형 2	말풍선 안에 있는 말을 바꾸어 말하고, 그 이유를 쓰시오.
즉답형 3	인천의 교육지표인 '더불어 살아가는 민주시민 육성'과 연관하여 이 그림이 시사하는 점 3가지를 말하시오.

CHAPTER 03 심층면접 실전 문제

01 1회 (유형: 초등특수, 평가원)

구상형

(가) 통합학급 적응기간이란, 일 년간 원활한 학교생활을 할 수 있도록 학년 초부터 특수교육대상학생이 특수학급으로 분리되어 교육받지 않고, 통합학급에서 학급구성원으로서 소속감을 느끼며 새로운 담임교사, 친구, 교실 환경 등에 적응하는 일정 기간을 의미합니다.

(나)
- ✔ 혜진이는 지적장애로 간단한 읽기와 쓰기가 가능하지만 발음이 좋지 않다. 또래와 어울리는 것을 좋아한다.
- ✔ 다음은 통합학급에서 특수교사와 통합학급 학생들의 대화이다.
  - 재인: 혜진이랑 모둠 활동 하기 싫어요. 할 줄 아는 것이 없잖아요.
  - 민수: 선생님 혜진이는 언제 나아요? 혜진이가 얼른 나았으면 좋겠어요.

1) (가)를 참고하여 통합학급 적응기간의 필요성을 말하고, 특수교사가 특수교육대상학생 통합학급 적응기간에 지원할 수 있는 방안을 3가지 말하시오.

2) (나) 상황에서의 또래 관계 증진 방안을 2가지 말하시오.

즉답형 01

김 교사에게 필요한 인성적 자질 3가지와 그에 따른 지원 방안을 말하시오.

> 김 교사: 안녕하세요, 입학 상담을 시작하겠습니다.
> 학부모: 네 선생님, 유예를 하지 않고 입학을 하기로 결정했어요. 하지만 걱정되는 것이 정말 많아요. 일단 낯선 환경에 적응하는 것이 오래 걸려요. 그리고 형이 3학년에 다녀요. 형은 비장애학생이고, 동생을 부끄러워해요. 게다가 가끔 바닥에 드러눕는 문제행동을 보이는데 학교에서도 그럴까봐 걱정이에요.

즉답형 02

신규교사 이 교사에게 필요한 태도 2가지와 그 이유를 말하시오.

> 이 교사의 교실에는 말로 표현하는 학생은 1명뿐이며 수업 시간에 대부분 눕거나 옆 사람을 꼬집고, 뛰쳐나가곤 한다. 오늘도 이 교사의 손등은 상처투성이다. 무슨 수업을 했는지 기억이 나지 않는다. 자괴감이 든다.

02 2회 (유형: 유아특수, 평가원)

구상형

(가)
> 통합교육은 특수교육대상유아만 위해서 별도로 실행되는 교육이기 보다는 이들을 다양성의 측면에서 수용함으로써 유치원에서 "모든 유아가 함께 교육받을 수 있도록 배려하는 교육"입니다.

(나)
> ✔ 혜진이는 지적장애로 발음이 좋지 않고 한 단어로 발화하는 유아다. 또래와 어울리는 것을 좋아한다.
> ✔ 다음은 통합학급에서 특수교사와 통합학급 학생들의 대화이다.
> • 재인: 혜진이랑 놀이하기 싫어요. 할 줄 아는 것이 없잖아요.
> • 민수: 선생님 혜진이는 언제 나아요? 혜진이가 자꾸 귀찮게 해요.

1) (가)를 참고하여 통합교육의 필요성을 말하고 통합교육이 일반유아와 특수교육대상유아에게 미치는 영향을 각각 2가지씩 말하시오.

2) (나) 상황에서의 또래 관계 증진 방안을 2가지 말하시오.

즉답형 01

특수교사 김 교사와 통합학급 교사 이 교사는 통합교육을 위해 교실을 함께 쓰고, 일과 중 협력교수를 적극 실시하기로 했다. 두 교사가 공통적으로 가져야 할 교직 태도 1가지를 말하고, 통합학급과 특수학급 2개의 교실을 효율적으로 사용할 수 있는 방안 1가지, 협력교수 실시 방안 1가지를 말하시오.

즉답형 02

다음 표를 보고 상황별 행동문제 예방 전략과 후속 지원 방안을 말하시오.

상황 1	대집단 활동 시간에 수시로 돌아다니는 연두
상황 2	활동 전이를 어려워하고, 하던 활동만 고집하는 세준

03 3회 (유형: 유·초등특수, 자체출제)

구상형 01

제시문의 3가지 질문에 답하시오.

> AI가 교실로 들어왔다. 기존의 혁신이나 기술과는 비교하기 어려운 파급력과 가능성이 보인다. 기대와 함께 우려와 불안, 수많은 질문이 떠오른다.
> ✔ AI 시대, 교사 역할은 어떻게 달라지는가?
> ✔ AI는 학습자의 자기주도성을 키워 주는가? 아니면 오히려 의존도를 높이는가?
> ✔ AI는 교육 방법을 어떻게 바꿀 것인가?
>
> _「AI 시대, 교사는 살아남을 것인가」 발췌

구상형 02

다음 제시문을 보고 학급 운영 시 실현 방안을 구체적으로 말하시오.

> ✔ 미래지향적 교육과정을 운영하겠습니다.
> ✔ 존중과 협력으로 인성교육을 강화하겠습니다.

즉답형 01

특수교사로서 교실에서 실천할 수 있는 생태전환교육 관련 교육방안 5가지를 말하시오.

즉답형 02

자신의 교육관을 말하고 어떠한 교육활동을 실현할 것인지 3가지 말하시오.

즉답형 03

○○교육은 삶의 품격을 높이는 감성교육을 강조하며 함께 성장하는 민주시민교육을 실현하고자 한다. 이에 따라 교실에서 실천할 수 있는 방안 4가지를 말하시오.

2025 특수교사 임용시험의 모든 것

유·초등특수 면접·수업실연

PART 3

수업실연

CHAPTER 01 수업실연 알아보기

[1] 수업실연의 기초
[2] 수업실연 문항 분석
[3] 학생 특성별 중재 방법 자세히 보기
[4] 수업실연 연습방법
[5] 특수교육 수업 관찰 및 분석 참고 자료
[6] 합격생의 스크립트 및 수업실연 요령

CHAPTER 02 초등특수 수업실연 기출문제

[1] 평가원 [2] 서울 [3] 경기
[4] 대구 [5] 충북 [6] 인천

CHAPTER 03 초등특수 수업실연 연습문제

CHAPTER 04 유아특수 수업실연 기출문제

[1] 평가원 [2] 서울 [3] 경기
[4] 대구 [5] 세종 [6] 인천

CHAPTER 05 유아특수 수업실연 연습문제

CHAPTER 01 수업실연 알아보기

01 수업실연의 기초

수업실연이란? '교사로서의 의사소통 능력과 학습지도 능력'을 평가하며, 제시한 단원(차시)과 학습 목표에 따른 수업 과정을 20분 또는 15분 이내에 실연하는 영역이다. 구상실에서 주어진 문제지를 보고 수업을 구상한 뒤 평가실에서 수업을 실연한다.

1. 구상 및 입실, 인사
- 안내(방송)에 따라 본인의 소지품을 가지고 구상실 앞으로 이동한 후 본인의 소지품을 구상실 복도에 정리한 후 감독관 지시에 따라 구상실로 입실
- 감독관으로부터 문제지(연습지)를 받아 관리번호를 기재하고 구상 시간 동안 수업실연 내용을 정리한 다음 본인의 소지품을 챙겨 평가실 복도에 비치한 후, 감독관의 지시에 따라 문제지를 들고 평가실에 입실

2. 입실, 인사
- 수험생 : 입실, 인사와 함께 "관리번호 ○○번 입니다!"라고 말하고 교탁 옆 대기석에 착석(착석하지 않고 서서 바로 시작하는 지역도 있음)
- 평가위원 : "교탁 옆 대기석에서 대기하고, 시작령이 울리면 교탁 앞으로 이동하여 주세요."

3. 수업실연 : 시작령이 울린 후 15분(또는 20분) 이내
- 평가위원 : "수업을 실연 하십시오!"
- 수험생 : 수업을 실연함[구상내용을 메모한 문제지(연습지) 활용 가능]
- 수업실연 종료 : 종료령이 울림

4. 평가 종료
- 평가위원 : "수고하셨습니다! 나가셔도 됩니다!(퇴실하십시오!)"
- 수험생 : 인사 후 퇴실
- 평가실 감독관 : 문제지(연습지) 회수
- 평가위원 : 채점 및 자료 정리

* 자세한 내용은 각 지역의 공고문을 참고하시기 바랍니다.

02 수업실연 문항 분석

수업실연 문항은 여러 내용이 포함되어 있다. 크게 나누어 보면 '본시 학습 지도내용', '수업실연할 부분', '학생 실태 및 학습 수준', '자료 활용' 등이 있다. 최근 시험을 살펴보면, 조건을 세분화하여 많이 제시한 후 조건을 빠트린 경우 감점이 되는 방식으로 진행되는 추세이다. 구상 시 문제지에 있는 많은 조건을 기억하고 시험 상황에서 명료하게 표현할 수 있도록 연습해야 한다.

① 본시 학습 지도 내용

본시 학습지도 내용에는 대상 학년, 교과, 단원, 성취기준, 차시, 목표 등 수업의 기준이 되는 내용이 제시된다. 이 부분은 지도서를 미리 살펴보며 어떤 단원이나 성취기준이 있는지 확인하고 대비해야 할 것이다. 더불어 수업 활동을 구상할 때는 '본시 학습 지도내용'을 기준으로 두고 내용이 벗어나지 않게 유의해야 한다.

② 수업실연할 부분

'수업실연할 부분'에서는 수업의 단계인 '도입-전개-정리' 중 수업실연을 해야 하는 부분이 제시된다. 대부분 지도안 형식에 음영처리가 되어있거나, 수업조건에 한 문장으로 주어진다.
수업실연할 부분은 시험지에서 제공되며 제공되지 않는다면, 전체 40분 또는 45분 수업을 15분 또는 20분으로 압축하여 실연한다. 더불어 경기도에서는 다음과 같이 답변하였다.

경기도 수업능력 평가 Q&A

Q 15분의 수업은 40분의 수업을 압축하여 전개하는 것이 아닌가요?

A 40분 수업을 15분으로 압축하여 실연하는 것이 아닙니다. 주어진 학습주제를 15분 수업으로 구상하여 실제 15분의 수업을 하면 됩니다. 40분의 수업을 15분으로 압축하여 수업실연을 할 경우, 학생의 배움에 대한 내면화가 가능하도록 하는 수업의 질적인 면을 부각하기가 어렵다고 보았습니다. 이번 평가지에서는 15분 정도의 수업으로 가능하다고 보는 학습주제를 제시할 예정입니다.

그러므로 15분 내에 학생들이 그 주제를 배울 수 있게 수업을 하는 것이 중요하다. 경기도 외의 지역의 경우에도 전체 수업을 압축하거나, '도입~전개', '도입 중 동기유발~활동 2' 등 다양하게 제시된다. 이 경우에도 주어진 15~20분 내에 제시된 주제에 대해 학생들이 배울 수 있도록 실연해야 할 것이다. 실제 시험에서 어느 부분이 제시될지 알 수 없으므로 많은 경우로 연습해야 한다.

경기도 수업능력 평가 Q&A

Q 수업실연에 대한 평가 관점은 어떻게 달라지나요?

A 경기도 교육청 신규 임용 평가의 목적은 향후 배움중심수업을 잘할 수 있는 교사를 분별하기 위함에 있습니다. 수업실연의 적합한 환경은 가르침의 대상인 학생들이 실재하여야 하나 수많은 수험생이 수업실연을 하게 될 평가 당일은 이러한 환경이 제공되지 않습니다. 따라서 수험생은 다양한 배움의 격차를 지닌 학생들을 상대로 수업을 한다는 가정하에 수업실연을 해 주시기 바랍니다.

③ 학생 실태 및 학습 수준

학생은 6명, 4명, 3명 등 다양하게 주어진다. 이때 학생 수준은 가, 나, 다 수준으로 나누어지며 보통 가 수준은 문장 수준의 의사소통이 가능한 학생, 나 수준은 단어 수준의 의사소통이 가능한 학생, 다 수준은 발화가 없거나 중도중복장애 학생으로 나누어진다. 학생의 다양한 문제행동들에 어떻게 대비할 것인지 연습할 필요가 있다. 수업 중에는 학생들과 많은 상호작용을 하며 이와 같은 특성들을 드러내는 것이 좋다.

④ 수업 조건

'수업 조건'에서는 수업에 포함되어야 하는 요소들이 제시된다. 수업을 구상할 때 이 요소를 모두 포함하여 구상해야 한다. 그리고 수업에서 조건을 포함했다는 것을 충분히 언급해야 한다. 이 조건들은 채점에 포함되는 내용이므로, 나만 알고 있는 것이 아니라 평가관들에게 조건을 충분히 드러내야 할 것이다. 더불어 이 조건이 수업성찰로도 이어지므로 해당 지역은 이 조건을 어떤 의미로 수업에 녹일 것인지 고민하며 대비해야 한다.

수업 조건 예시

- 실생활에서 예시를 찾는 활동을 포함하여 수업을 구상하시오.
- 학생들의 이해 정도를 확인할 수 있는 수업을 계획하시오.
- '실험하기', '관찰하기', '의사소통하기' 과학 수업 기능이 드러나도록 구상하시오.
- 중도중복장애 학생의 수업 참여 전략을 구상하여 실연하시오.
- 학생-교사 간 상호작용이 일어날 수 있도록 실연하시오.
- 동기유발, 활동 1에서 학생들의 경험을 활용한 발문을 실연하시오.
- 주어진 자료를 활용하여 실연하시오.
- 활동 2에서 학생들의 협동 학습 과정에 대한 교사의 개별적인 지원이 드러나도록 실연하시오.
- 활동 2에서 학생 A의 문제행동 중재가 잘 드러나도록 실연하시오.
- 교사용 컴퓨터, 빔 프로젝터, 태블릿PC, 스크린이 갖추어진 교실에서 수업을 진행한다고 가정하시오.
- 특수교육 실무사를 활용하시오.
- 안전 요소를 포함하시오.

수업을 위한 특수교육 실무원의 관리

교사는 수업을 계획하면서 실무원에 대한 역할을 명확히 설정하고 이를 사전에 안내해야 한다. 이때 실무원의 역할은 수업참여를 높이고 이를 통해 아동의 성장과 발달을 촉진하기 위한 측면에서 고려되어야 한다. 예를 들어 성인인 실무원은 최소의 보조를 제공하면서 학생이 자발적으로 활동에 참여하도록 유도해야 하는데, 자칫하면 아동 간의 상호작용을 방해하거나 학교의 일과 안에서 독립적인 과제수행을 방해할 수도 있기 때문이다. 또한 수업 중에는 아동이 주 교사의 지시에 집중하기보다는 실무원의 행동, 언어 등에 주의를 빼앗길 수도 있다. 아동의 눈높이에서 볼 때, 교실 안에 두 명의 성인이 움직이고 있다는 것이 어떻게 비칠지 고려해 보아야 한다.

출처 : 이경면(2018), 예비 특수교사 및 초임교사를 위한 수업실연의 실제, p.98

⑤ 자료

'자료'는 그림, 사진, 그래프, 악보, 뉴스, 동화 등으로 다양하게 제시된다. 이 자료들을 활동에 녹여 활용하도록 한다. 자료들이 뒷장에 제시되는 경우도 있으므로 수업실연 문제지를 꼭 맨 뒷장까지 확인해야 한다.

특수교육에서 좋은 수업의 구성요소

영역	세부내용
교육 내용 측면	• 실생활 중심 내용을 가르치는 수업 • 학생에게 적합한 목표가 달성되는 수업
교육 방법 측면	• 교사의 역량이 발휘되는 수업 • 흥미 및 동기를 유발하는 수업 • 다양한 교재 및 교구를 활용한 수업 • 쉽고 반복하는 수업 • 장애학생의 수준과 특성을 고려한 수업
교수·학습 활동 측면	• 학생이 직접 참여하는 수업 • 상호작용이 활발한 수업 • 선택의 기회와 책임이 부여된 수업 • 교사와 학생의 신뢰하는 관계가 구축된 수업
수업 환경 측면	• 자연스러운 환경과 직접적 경험을 할 수 있는 환경 조성 • 적극적 참여와 상호작용이 가능한 자리 배치 • 모든 학생들에게 공평한 기회가 주어지는 수업 분위기 • 허용적인 수업환경 및 교사를 신뢰하는 분위기
평가 측면	• 평소의 활동과 연결된 수행평가가 이루어지는 수업 • 전이와 일반화가 이루어지는 평가
기타	• 통합적인 환경과 보조원과의 성공적인 협력이 이루어지는 수업

출처 : 이성진(2020), 좋은 수학 수업에 대한 초등특수교사의 학습경험 탐색 연구(p.22), 이성진(2021), 특수교사가 디자인하는 좋은 수학 수업, p.208에서 발췌

03 학생 특성별 중재 방법 자세히 보기

- 중재 방법은 이 외에도 많은 방법이 있습니다. 수업 상황에 맞게 활용하시고 수업 실연 문항을 만들 때 다양한 행동들을 포함하여 연습하면 도움이 될 것입니다.
- 아래 내용은 중등특수 경기 수석 H 선생님 자료와 유아특수 J 선생님의 자료, 교육청 행동중재 지원 자료집 등 다양한 자료를 종합한 내용입니다.

① 문제행동

▶ 행동의 기능 : 관심

행동	중재
친구에게 나쁜 말을 하고 주먹으로 때리는 학생, 선생님과 친구의 관심을 받고자 함	- 시각적 자료를 활용하여 수업 시간에 해야 하는 기대 행동을 미리 알려주기 - 교사는 학생에게 관심을 자주 제공하기 - 친구와 책상 거리를 멀리하기 - 공격 행동 시 반응하지 않고, 기대 행동을 할 경우 평소보다 더 큰 칭찬과 관심주기(기대 행동을 하면 반 친구들 모두가 젤리 받기)
주변 사람들에게 침을 뱉는 학생	- 마스크 쓰게 하기, 책상 앞에 투명 아크릴 판 세우기 - 대체행동 : 호루라기 불기 - 침을 뱉어도 말을 걸거나 관심을 주지 않기 - 모래시계가 떨어질 동안 침을 뱉지 않으면 칭찬과 스티커 주기 - 본인이 뱉은 침은 본인이 닦기
교사의 관심을 받는 것을 좋아해 계속 교사를 부르거나 손을 듦	- 선생님은 언제나 학생을 지켜보고 있음을 설명 - 환경 수정(자리 배치 앞자리)
과제 수행에 대해 교사의 칭찬을 계속 받으려고 함	- 선생님은 언제나 학생을 지켜보고 있음을 설명 - 학생에게 관심을 자주 주고, 질문을 많이 하기 - 스스로 스티커를 붙이는 등 자기 점검을 하는 방법 알려주기
교사의 관심을 받기 위해 '으으'라는 소리를 냄	- 선생님은 언제나 학생을 지켜보고 있음을 설명 - 소리를 내면 왜 안 되는지 설명(다른 친구들이 싫어함, 수업 방해) - 교사와 개별적으로 학습할 수 있는 시간 만들기
수업 시간에 질문을 많이 함	- 질문 막대기, 물음표 카드 사용(한 시간의 수업 중 3번의 질문만 가능) - 꼭 필요한 질문인지 생각해볼 수 있도록 지도
자신의 활동에 대해 지속적으로 교사에게 확인받고 싶어 함	- 자기점검 사용하도록 지도(체크리스트 제공) - 모든 활동이 끝나고 교사를 부르면 확인해줄 것을 약속

▶ 행동의 기능 : 획득

행동	중재
장난감 정리 시간에/쉬는 시간이 끝났을 때 소리를 지르고 떼쓰는 행동	- 프리맥의 원리 : 먼저 학습을 하면 원하는 장난감을 갖고 놀게 하기 - 규칙을 정하여 활동을 할 수 있는 시간과 장소를 변별하게 하기 - 놀이 활동이 종료됨을 순차적으로 예고하여 정리 시간을 준비하도록 하기 - 색깔 신호등을 이용하여 원하는 것을 얻을 수 있는 시간과 없는 시간을 가르치기 - 강화 스티커를 제공하여 행동강화판에 스티커를 모으면 강화물 받기 - 소리 지르기 행동을 할 때는 계획된 무시(소거)를 하고 바람직한 행동 상기시키기
자신의 요구가 받아들여지지 않으면 좌절감을 느끼며 소리를 지름	- 소리를 지름 → 친구들에게 사과(친구들이 귀를 막고 있으므로) - 소리를 지르는 대신 손을 들고 요청할 수 있도록 지도 - 어떤 요구 때문에 손을 들었는지 물어보기
원하는 일을 하지 못할 시 비속어 사용	- 비속어를 사용하면 안 된다는 것을 단호하게 지도 - 학급 규칙 활용(비속어 대신 고운 말을 사용합니다.) - 행동계약에 따라 욕 대신 말로 표현하고, 정해진 활동을 하면 토큰을 받기
친구의 물건을 빼앗는 행동	- 친구에게 사과하고 물건을 되돌려주기 - 대체 행동에 대해 학급규칙을 통해 설명하기(원하는 것이 있다면 손을 들고 요청해요.)
원하는 것이 있을 때 소리를 지름	- 소리를 그만 지르도록 지도(수업에 방해 & 친구들 싫어함) - 왜 소리를 질렀는지 물어보기 - 학급 규칙 or 규칙 목걸이 읽기(원하는 것이 있을 때는 손을 들어 요청) - 대체 행동 지도(손을 들기 / 말로 요청 / 도움 카드 사용)
좋아하는 과제를 수행하기 위해 교탁 앞으로 나옴	- 학급 규칙을 설명하기(선생님이 부를 때만 앞으로 나올 수 있어요.) - 수업 시간임을 강조
시각적 자료를 좋아하여 종종 스크린 앞으로 나옴	- 수업시간이므로 자리에 앉도록 지도(수업에 방해) - 학급 규칙 or 규칙 목걸이 읽기(수업 시간에 엉덩이는 의자에) - 안전선을 만들어 나오지 않도록 지도(색테이프 활용)
도움이 필요할 때 교사 또는 친구의 손을 자신의 쪽으로 당김	- 대체 행동 지도(손을 잡아당기는 대신 손을 들고 또는 불러서 도움을 요청해요.) - 위험한 활동(예 실험, 가위) 시에는 잡아당기면 다칠 수 있다는 것을 언급

▶ 행동의 기능 : 회피

행동	중재
수업 시작을 알리는 종이 울리면 화장실에 가거나 택배를 찾으러 가겠다며 교실을 나감	- 선호하는 과제를 선택하기 - 쉬운 과제와 학습할 과제를 분산하기 - 유관 상황 지도 : 학습자가 목표 행동을 수행했을 때와 목표 행동을 수행하지 않았을 때 어떤 일이 일어나는지를 보여주는 서로 다른 두 가지 경로의 결과물을 시각적으로 묘사하기 - 이탈 행동을 해도 데리러 가지 않기, 착석 했을 때 또래와 함께 칭찬해주고, 스티커를 제공하기 - 환경조성 : 교실에서 수업하는 시간에는 교실 문에 X표시를 붙여 시각적으로 알려주기
수업 시간에 하기 싫은 과제를 하게 될 때 교사나 친구의 손등을 할큄	- 할퀴기 대신 상반행동인 하이파이브 하기 - 대체행동으로 타인의 관심이나 반응을 얻을 수 있는 요청하거나 사회적 기술을 가르치기 - 바람직한 대체행동을 하는 또래에게 칭찬과 관심을 제공하기

행동	중재
과제를 회피하고 싶을 때 자리를 이탈함	- 수업시간임을 말하고 자리에 앉도록 지도 - 과제 난이도 조절 - 대체 행동 지도(과제가 어려울 때는 손을 들고 요청) - 선호도를 활용하여 자료, 환경 조정
어려운 과제가 생기면 소리를 지름	- 소리를 지름 → 친구들에게 사과(친구들이 귀를 막고 있으므로) - 소리를 지르는 대신 손을 들고 요청할 수 있도록 지도 - 과제 난이도를 조절하여 다시 제공 or 과제 수행 후 좋아하는 활동 제공
과제가 어려울 때 교사에게 책을 던짐	- 먼저 책을 주워 자리에 앉을 수 있도록 지도 - 왜 책을 던졌는지 기능 파악(과제가 어려움) - 책을 던지지 않도록 지도(책을 던지면 선생님이 다칠 수 있음) - 대체행동 지도(도움손 들기)
과제 회피를 위해 책상에 엎드림	- 수업시간임을 알림(책상에 엎드리면 안 됨) - 대체 행동 지도(손을 들면 교사가 도움을 제공할 것임) - 과제 난이도 조절하여 제공
교사의 질문이 어려울 때 소리를 지름	- 학급 규칙 or 규칙 목걸이 읽기 - 대체 행동 지도(손을 들고 다시 말해줄 것을 말로 or 카드로 요청)
교사가 부르면 못 들은 척 함	- 선생님 말을 잘 듣고 수업에 잘 참여 시 원하는 활동을 할 수 있는 시간을 제공할 것을 약속
마음대로 되지 않으면 주제와 다른 말을 함	- 학급 규칙 or 규칙 목걸이 읽기(수업 시간과 관련된 말만 합시다.) - 대체 행동 지도(다른 말을 하는 대신 손을 들어 or 말로 요청하기)
과제가 어려우면 과제물을 책상 밖으로 밀어냄	- 과제물 다시 책상으로 가지고 오도록 지시 - 학급 규칙 or 규칙 목걸이 읽기(과제가 어려울 때는 손을 들어 선생님에게 도움을 요청해요.) - 과제 난이도를 조절하여 다시 제공
시끄러운 소리가 나면 귀를 막고 소리 지름	- 다른 친구들 볼까요? 표정이 어때요?(화났어요.) - 학급 규칙 or 규칙목걸이 읽기(선생님에게 손을 들고 도움 요청) - 어떻게 해야 할까요? → 소리 줄여주기
다른 사람이 자신의 물건을 만지면 소리를 지르며 마구 때림	- 소리를 지르거나 때리는 것을 멈출 것을 지시 - 때린 친구 및 친구들에게 사과 - 왜 친구를 때렸는지 물어보기 - 대체 행동 지도(다른 사람이 자신의 물건을 만지는 것이 싫다면 말로 친구에게 만지지 말라고 말해주세요.)

▶ 행동의 기능 : 자기자극

행동	중재
머리를 때리는 자기자극행동	- 학급 규칙 or 규칙 목걸이 읽기(머리를 때리면 머리가 아파요.) - 대체 행동 지도(머리를 때리는 대신 책상에 두 손을 올려놓기)
바지에 손을 넣어 성기를 만지는 행동을 자주 한다.	- 말랑공, 푸시팝, 감각공 등 감각 교구들을 다양하게 준비하기 - 학생의 자극수준에 맞추어 활동과 학습 자료를 제공하기(쉬는 시간에 공 돌리기, 고리 넣기, 점심시간에 드럼치기, 노래듣기, 컴퓨터 게임하기 등) - 학생에게 자연스럽게 손을 사용할 수 있는 심부름이나 과제를 제공하기 - 바지에 넣은 손을 빼도록 지시한 후 손을 빼도록 하고, 바지에 손 넣는 행동에 대해 훈육하거나 화를 내지 않기 - 바지에 손을 넣을 수 없게 혹은 바지에 손을 넣기까지 시간이 오래 걸리도록 하기(두꺼운 속옷이나 바지를 입고 벨트를 해요.)

행동	중재
기분이 좋을 때 멜로디를 흥얼거리며 멜로디에 맞춰 욕설을 한다.	- 다양한 감각자극 제공하기 - 자신의 기분을 점수로 표현하게 하기 - 기분의 점수가 높을 때 "오예"라고 말하기 - 욕 대신 대체할 수 있는 기분 표현에 대해 모델링하기(아싸, 오예) - 대체행동을 했을 때 칭찬하기
수업 시간 중 교실을 돌아다니는 행동(교실 내에 빛, 소리 등 자신이 원하는 감각적 자극을 찾으러 다님)	- 각성 수준을 높이기 위해 필요한 자극에 집중하여 교실을 돌아다닐 수 있음. 활동에 방해되지 않는 수준에서 자극을 유지할 수 있는 것을 찾아 제공하기

② 지적장애 / 학습장애

행동	중재
학습된 무기력	- 학생이 활동을 잘할 수 있도록 용기 주기 - 과제 난이도를 조절하여 제공하기 - 성공 경험 제공하기 & 강화를 많이 제공하기
특수교육 실무사 / 지도사에게 의존하는 경향이 있음	- 혼자 활동을 해볼 수 있도록 지도 - 특수교육 지도사에게 학생이 혼자 할 수 있는지를 물어보게 함 - 과제가 정말 어려울 때는 교사에게 도움을 요청하도록 지도 - 혼자 활동 시 강화 제공
자신감이 없어서 소극적인 태도를 보임	- 용기 팔찌 제공(용기를 내서 발표할 수 있도록 격려) - 발표 시 강화 많이 제공
주의집중이 짧음	- 수업시간에 자주 부르기 - 활동이 변화할 때마다 이름 부르기 - 집중의 박수 - 모래시계 활용, 활동 강화제 활용, 휴식 시간 자주 제공
자신감과 학습 동기가 낮음	- 학생이 활동을 잘 할 수 있도록 용기 주기 - 성공 경험 제공하기 & 강화를 많이 제공하기 - 학생이 흥미를 가질 수 있는 자료 제공
학습에 대한 동기가 낮아 학습 참여도가 낮음	- 학생의 흥미와 관련된 자료 제공하기 - 협동학습 활용하기 - 학습에 참여 시 or 과제 수행 시 강화를 많이 제공
숫자를 쓰기 어려워함 & 자신 없는 모습	- 그림자 글씨 자료 제공 - 교사가 함께 써주기(+ 실무사가 함께 지도) - 과제 수행 후 강화 많이 제공하기
심한 인지적 어려움을 보인다.	- 활동 단순화하기 - 과제 분석하여 한 가지씩 제시하기 - 또래 교수 활용
규칙에 대한 이해가 어렵다.	- 시각적 자료 활용, 또래 모델링
복합적(2가지 이상의) 지시를 이해하지 못한다.	- 한 가지씩 제시하기
다운증후군으로 고집이 세고 교사의 말에 "싫어요"라는 말을 먼저 한다.	- 긍정적인 말 시범 보이기 - 차별강화, 대체행동 지도

③ 자폐성장애

행동	중재
활동 / 자료의 변화 시 소리를 지름	- 활동 변화 시마다 학생에게 활동 안내하기(활동 기차) - 소리를 지름 → 친구들에게 사과(친구들이 귀를 막고 있으므로) - 적응할 수 있도록 기다려주기(시간 제공하기) - 활동이나 자료가 변화할 때 미리 안내해주기(활동 기차)
지연 반향어	- 반향어를 사용하는 기능 파악(예 갖고 싶은 물건이 있음) - 활동을 잘 수행했을 시 물건(or 활동)을 제공할 것을 약속 ※ 화장실, 물 마시기 등은 생리적인 현상이므로 사용 ×
시끄러운 소리가 날 때 자신의 머리를 때리는 상동행동	- 시끄러운 소리가 나기 전 미리 상황에 대해 설명하기 - 상동행동을 하지 않도록 지도(다칠 수 있음) - 선생님에게 도움 요청하는 방법에 대해 지도 (예 손들기, 귀 막기 등) - 헬멧(머리보호대) 착용, 두꺼운 장갑 착용 = 안전 강조
교사와 눈 마주침이 되지 않음	- 선생님을 볼 수 있도록 자주 이름을 불러주기
종이를 찢는 것을 좋아한다.	- 강화물로 활용
책상을 두드리는 행동	- 책상에 천 또는 매트 깔아주기, 양손 사용하는 활동 제공, 장갑 착용
다른 사람의 손이 몸에 닿는 것을 극도로 싫어한다.	- 신체활동이라면? 개인 공간 활용, 끈 활용, 장갑 활용

④ 시각장애

행동	중재
대비감도가 낮아 학습에 어려움이 있다.	- 대비감도 높여주기, 타이포스코프 사용
저시력 기구를 사용하여 수업에 참여	- 초점거리가 맞도록 지도(눈과 확대경 사이의 거리) - 확대 자료 함께 제공 - 독서대 높이 조절
촉각 자료를 통해 학습하는 것 선호	- 촉감 재료 붙인 것을 제공하기 - 실제 자료 제공하기 - 다양한 촉감 재료 사용하기 - 그림에 털실을 붙이거나 윤곽선을 도드라지게 해주어 촉감으로 그림의 형태를 인식할 수 있도록 돕기
저시력 학생으로 잔존시력과 청각 통해 학습	- 활동 중 나타나는 장면을 교사가 언어적으로 계속 설명해주기 - 사진/그림을 크고 선명한 것을 제시하기
점자를 사용한다.	- 점자 보조공학기기 사용
그 외 할 수 있는 중재 • 작은 모형 제공하기 • 사진에 사진을 나타내는 재질을 정해 알려주기 • 천장에 줄을 매달아 공을 고정시켜 공놀이하기 • 훌라후프를 백업으로 감싸 부드럽게 수정하기 • 자신의 자랑거리를 부모 또는 학생 스스로 녹음하여 파일을 준비하기	

⑤ 청각장애

행동	중재
FM 보청기 사용	- 수업 시작 전 선생님의 소리가 잘 들리는지 확인하기 - 수업 중간 소리가 들리지 않을 시 스피커와 마이크 검사하기
인공와우 사용	- 장애이해교육 통해 다른 아이들에게 유의점 언급해주기, 충격·습도 유의하기
발음이 부정확하다.	- 수용적인 분위기, 칭찬 및 격려, 정확한 발음 제시해주기
보청기를 착용하여도 청각을 통한 의사소통에 어려움이 있다.	- 독화 및 다른 수단으로 의사소통하기
화자의 입 모양을 보며 단서를 얻는다.	- 자리배치(앞자리 배치, 창가 등지고 배치)
수화를 통해 의사소통한다.	- 수화 통역사 활용

그 외 중재
- 소리가 크고 정확하게 들을 수 있도록 헤드폰을 사용하기
- 입 모양을 자연스럽고 정확하게 보여주며, 발음을 천천히 들려주기
- 활동 방법을 사진 또는 그림으로 제시하기
- 노랫말에 적절한 동작을 만들어서 노래와 함께 동작을 해보도록 하기
- 노래를 시작하는 동작 신호 만들기
- 신체 표현할 때 그림카드(잔잔한 바람, 센바람, 나비)를 제시하여 움직임을 다르게 표현할 수 있도록 하기
- 발표 시 학생이 활동한 것을 들고 손을 가리키면 교사가 말로 표현해주기
- 소리 대신 영상이나 사진으로 보여주기
    - 예 사이렌 소리 - 반짝이는 사이렌 영상
    - 예 횡단보도의 신호등 소리 - 신호등이 깜빡이는 영상
- 진동을 느낄 수 있도록 자연물을 두드리거나 부딪혀서 소리를 내는 방법으로 활동 참여하기

⑥ 지체장애

행동	중재
휠체어 사용	- 환경수정(공간 확보), 휠체어 안전유의 - 협동 학습 시 이동할 때 지도사 활용 - 이동한 후 꼭 브레이크 확인하기
AAC를 활용하여 자신의 의사를 표현한다. / 음성언어 활용에 어려움	- 의사소통판 활용, 그림카드 활용
소근육운동능력 부족(조작 활동 어려움) / 물건을 손에 쥐는 것에 어려움이 있다.	- 교수자료를 수정하여 제공 - 필기 대신 키보드 사용(키가드 등)
워커 사용하여 보행	- 환경수정(공간 확보) - 안전 유의하기
근긴장도가 높아 몸을 움직이는데 어려움이 있음	- 기다려주기(이완되었다는 것은 언급할 것)
비대칭성 긴장성 목반사(ATNR)	- 자료를 가운데서 볼 수 있도록 제시하기(좌우 기준)
대칭성 긴장성 목반사(STNR)	- 자료를 가운데서 볼 수 있도록 제시하기(상하 기준)

행동	중재
뇌성마비 → 상지 조절에 어려움	- 책상 높이기 - 교사와 함께 활동하기 → 지도사 활용
뇌성마비 → 필기 어려움	- 교사가 함께 글자 써보기 → 지도사 활용 - 스티커 사용하기
오른쪽 편마비	- 자료를 중간에서 제공 & 책을 양손으로 잡도록 지도 - 활동 시 지도사 활용

그 외 중재
- 잡기 쉽도록 손잡이가 있는 것(큰 것)을 제공하기
- 자료를 두껍게 제작하기
- 학생의 손이 닿기 쉬운 거리에 사물을 배치하여 학생의 탐색 활동을 돕기
- 휠체어 사용 유아일 경우 교구장과 책상 간의 거리를 넓혀 이동통로를 확보하기(유아)
- 천장에 줄을 매달아 공을 고정시켜 공놀이하기
- 가위를 사용하여 스스로 모양을 오리기 어려우므로 여러 가지 모양으로 오려진 모양 시트지 또는 모양 부직포를 미리 준비하기
- 가위 : 교사와 함께 자를 수 있는 구멍이 4개인 가위 / 눌러서 자르는 특수 가위
- 접착제 보다는 양면테이프 사용하기
- 실 대신 굵은 운동화 끈 제공
- 신체활동을 할 때 다른 학생들과 간격을 유지하여 활동할 수 있도록 하기
- 학생이 요리재료를 쉽게 잡을 수 있도록 접시보다는 오목한 그릇에 재료를 담아 제공하기
- 하지 마비가 있어 발을 구르기 힘든 유아는 손으로 무릎을 칠 수 있게 하기(유아)
- 질문에 대한 대답을 AAC에 미리 녹음시켜 교사의 질문에 학생이 대답할 기회를 제공하기

⑦ 의사소통장애

행동	중재
말더듬	- 허용적인 분위기 조성(말더듬을 해도 괜찮아요.) - 천천히 말하도록 지도
조음장애가 있어 발표하는 것을 꺼려한다.	- 말놀이 하기, 교사가 음절 말해주면 뒤에 음절 말하기 - 귓속말 통해 하고자 하는 말 파악 후 교사가 첫 음절 알려주고 아동이 뒷음절 답하기

⑧ 기타 행동 특성

행동	중재
교사가 개별지원을 제공해야 활동 참여를 할 수 있음	- 협동학습 시 교사가 개별적으로 지원 제공하기 - 또래 교수 사용하기(가 수준 학생에게 도움 지원할 수 있도록 지도) - 특수교육 실무사 활용하기
친구들의 행동을 모방하는 것을 좋아함	- 가 수준 학생이 먼저 시범을 보일 수 있도록 지도 - 학생이 보고 따라할 수 있도록 지도
수업 중 스마트폰을 꺼내고 싶어 함	- 수업시간임을 알림 - 쉬는 시간에 스마트폰을 사용할 수 있는 시간을 제공할 것을 약속 - 스마트폰(태블릿PC)과 연관된 활동 사용하기

행동	중재
모든 활동에 가장 먼저 참여하려고 함	- 약속 목걸이, 학급 규칙 제공(차례대로 활동해요.)
이식증	- 먹으면 안 되는 것임을 강조(입모양 × 스티커 붙여두기) - 활동에 필요한 준비물이므로 먹지 않도록 지도
관련 없는 질문을 많이 함	- 수업시간에 관련이 있는 질문인지, 꼭 필요한 질문인지 물어보기 - 학급규칙 설명하기(수업시간에 관련이 있는 질문을 해요.)
수업시간에 노래를 부르고 춤을 춰 수업을 방해함	- 수업시간이므로 자리에 앉고 노래를 멈추도록 지도 - 왜 노래를 부르고 춤을 췄는지 기능 파악(예 신이 나서) - 주변 친구들을 보세요. 표정이 어때요?(화가 난 것 같아요.) - 학급 규칙 읽기(수업시간에 엉덩이는 의자에, 노래는 쉬는 시간에) - 활동에 잘 참여시 쉬는 시간에 노래하고 춤추는 시간 제공 약속 - 수업 활동에 녹여서 중재하기(예 평가 때 춤으로 자신의 기분 표현 등)
특정 색 선호	- 집중이 필요한 과제에 특정 색을 포함하여 지도
자신의 손톱 주변의 살을 파는 자해 행동	- 장갑 착용 - 감각 활용 교구 제공(촉각 공 등)
졸음이 많아 수업에 집중하는 데 어려움	- 스트레칭 시도 - 수업 시간임을 언급 → 자지 말고 수업에 집중하도록 지도 - 수업에 집중할 수 있도록 수시로 부르기
틀린 것을 지적하면 화를 냄	- 틀린 내용에 대한 자료 제공 → 스스로 틀린 것을 깨닫도록 - 틀린 내용이라도 과제를 잘 수행한 것에 대한 칭찬 제공하기
모든 학생들의 활동에 참견	- 학급 규칙 or 규칙 목걸이 읽기 - 다른 친구들의 활동이 ○○이가 참견하면 다른 친구들의 기분이 어떨까요? - 어떻게 해야 할까요? → 친구가 혼자 할 수 있도록 지켜보도록 해요.
말을 너무 많이 하고, 질문이 끝나기 전에 대답함	- 학급 규칙 읽기(선생님의 질문이 끝나면 대답해요.) - 어떻게 해야 할까요?(선생님의 질문이 끝날 때까지 잘 듣고 대답해요.) - 선생님의 질문이 끝나고 학생이 대답할 수 있도록 질문
친구들의 의견 무시	- 학급 규칙 or 규칙 목걸이 읽어보기(친구들의 의견을 존중해줘요.) - 친구들의 의견을 존중하지 않으면 친구들의 기분이 어떨까요?(나빠요.) 　→ 친구들에게 사과 - 친구들과 함께 협동해서 문제 해결해봅시다.
모형 시계의 시침과 분침을 돌리는 것에 집착	- 모형 시계는 활동 시에만 제공 - 모형 시계를 사용하기 전에 미리 사용방법 설명하기(시침과 분침은 필요한 만큼만 돌려요.)
태블릿PC를 이용해 게임을 자주함	- 태블릿PC 사용 전 규칙 설명 - 학급 규칙 or 규칙 목걸이 읽기(수업 시간에는 수업에 참여해요.) - 활동에 잘 참여할 시 활동 시간을 제공할 것을 약속

⑨ 장애 유아 대상 중재(통합환경)

- 교사가 말하는 것을 듣고 따라 말하도록 촉진하기 예 식도 - 식도
- 또래 모방하기
- 바람이 약간 빠진 말랑말랑한 공이나, 유아용 스펀지 공 사용하기
- ㉭ 그림순서도 대신 사진 순서도 제공하기(실물사용)
- 활동의 단순화 → 개수를 줄여서 하게 하기 예 구멍의 수를 일반유아보다 적게 제공하기
- 선호도 활용하기 예 선호하는 색깔
- ㉭ 동영상이 잘 보이는 위치에 자리를 배치하기
- ㉭ PPT자료에 집중하기 어려우면 수정한 개별 PPT자료를 제시하기(실무원 활용)
- 유치원에서 일하는 분들 PPT 수정방법 : PPT 화면에 사진이 나올 때 소리도 함께 삽입하기
- 첫 음절 알려주기
- 동영상으로 보여주기
- 장애유아가 맡은 역할의 말이나 행동을 교사가 시범을 보여 모방하게 하기
- 같은 역할을 맡은 또래를 따라 모방하기
- ㉭ 노래 부르기에서 사용할 수 있는 방법
  → 허밍으로 불러보기, 장애유아가 자주 내는 소리로 불러보기, 몸을 흔들면서 불러보기, 손뼉을 치면서 불러보기
- 동극 시 또래와 짝이 되어 역할을 맡게 하기
- 동극 시 교사가 신호를 보내 자신의 대사를 할 수 있도록 하기
- 유아가 도중에 일어서거나 소리를 낼 때, 또래가 "지금은 동화 듣는 시간이야. 바르게 앉자."라고 말하며 손을 잡아주기
- 교사가 설명하는 것을 손으로 가리키기
- 교사 가까운 자리에 유아를 배치하여 주의집중 유도하기
- 장애유아 순서가 되면 이름을 불러서 순서에 맞게 할 수 있도록 하기
- 노래 부르기 - 노랫말에 알맞은 동작해보기
- 말하지 않고 몸으로만 표현하여 설명하는 것이 잘 되지 않을 때는 마스크를 사용해 말하지 않는 것이 규칙임을 알 수 있도록 하기

04 수업실연 연습방법

(1) 실제 환경과 같은 조건에서 연습

대기실에서 대기하다가 관리번호 순서대로 1명씩 10~15분 단위로 구상실로 이동하여 수업시연 구상을 마친 후, 응시자 유의사항을 듣고 평가실로 이동하여 1인당 15~20분 내외의 수업실연을 한다. 그룹 스터디를 활용하여 실제 환경과 유사한 환경을 조성하고 ① 시간을 체크하는 계측관, ② 평가자 등의 역할을 정하여 수업실연을 연습하는 것이 중요하다.

(2) 다양한 도구 활용

수업평가표	수업평가표를 활용하여 스터디원들의 수업내용을 평가하여 서로 피드백을 한다. 피드백 받은 평가표는 모아서 수업 개선을 할 수 있는 자료로 활용한다.
동영상 촬영	수업 과정에서의 수업자의 발화, 발문, 수업 시 개선해야 하는 버릇을 살펴본 뒤 개선하도록 노력한다.
타이머	타이머를 활용하여 수업실연의 시간을 익숙하게 하고, 수업의 흐름을 시간 안에 자연스레 녹이는 연습을 한다.

I. 시작　II. 심층면접　**III. 수업실연**　IV. 교수·학습과정안　V. 수업성찰　VI. 심층면접 예시 답안

(3) 그룹 스터디

응시자 4명 정도로 한 조를 짜서, 1명은 수험생이 되고, 나머지는 채점위원이 되어 돌아가면서 서로의 수업형태를 확인하고 평가하여 다양한 정보를 교환하고 연습 기회를 갖는 것이 좋은 방법이다.

(4) 자신만의 단계별 수업 운영 내용

스크립트를 통해서 자신만의 단계별 수업 운영 내용을 미리 정한다. 도입 - 전개 - 정리 단계 각 단계에서 자신이 진행하고 강조해야 하는 수업 매체나 유의사항들을 정해놓고, 교수·학습과정안에 명시한 후 실연에서 강조하는 데 어려움이 없도록 계획해놓는 것이다.

① 도입 단계

학습 분위기를 조성하고 동기를 유발하는 단계로 학습목표를 확인하고 선수학습과 본시의 수업 내용을 연결하는 단계다.

> 1. 학습 동기 유발
>   - 호기심을 유발하는 이야기로 주목을 끈다.
>   - 흥미 있고 유연성 있는 발문을 한다.
>   - 이색적인 시청각자료를 제시한다.
>   - 학습 후의 결과를 제시한다.
>   - 가정, 지역 등 나의 삶과 연계한다.
>
> 2. 전시학습 상기
>   - 전 차시와 본 차시가 연계되도록 제시한다.
>   - 전 차시가 수업조건에 제시 되어 있는 경우 꼭 언급하여 수업의 흐름이 매끄럽게 한다.
>
> 3. 학습 목표 제시 시 유의점
>   - 동기유발과 관련지어 학습목표를 제시한다.
>   - 판서나 제시만 하지 말고 학습목표에 관심을 갖도록 설명한다.
>   - 너무 어렵고 많은 학습목표를 제시하지 않는다.
>   - 학습목표 제시와 더불어 수업방법(토론학습, VTR 시청)도 소개한다.

② 전개 단계

교사의 발문을 신경 써서 하고, 학생 특성에 맞춘 교수환경, 교수활동, 교수전략 및 교수자료를 자연스러운 수업환경 속에 전개되는 것을 보여주어야 한다.

> - 자신 있는 목소리와 밝은 표정으로 수업을 진행한다.
> - 교탁에만 의지하지 말고 교실 공간을 자연스럽게 이용한다.
> - 가능하다면 학습 주제를 쓰고 판서를 적절하게 한다.
> - 확산적 발문을 한다.
> - 학습내용과 관련된 재미있는 짧은 이야기로 분위기를 이끈다.
> - 특징적인 교수활동을 보여 준다.
> - 교사의 설명만 1분 이상 지속하지 않도록 학생들과의 꾸준한 문답과 자료 제시를 한다.
> - 경어를 쓰되 친근감 있는 언어를 구사한다.
> - 학생에 대한 칭찬과 격려를 계속한다.
> - 사진과 PPT, 동영상과 같은 학습 자료를 적절히 사용한다.
> - 가급적 어려운 개념이나 내용은 생략하고 쉽고 유연성 있는 부분을 시연한다.

③ 정리 단계

핵심을 정리하고, 배운 내용에 대해 간단한 평가를 한다. 학생들에게 칭찬 등과 같은 강화를 제공하고 차시학습 예고 후 마무리한다.

> 1. 학습 내용 정리하기
>   - 다양한 방법으로 학습 내용을 정리한다(교사가 직접 정리, 배움 공책 활용, 평가 등).
>   - 학습 목표와 연계한다.
> 2. 평가
>   - 자기 평가 및 동료평가를 활용할 수 있다.
>   - 오늘의 학습 내용을 정리하여 포트폴리오 평가를 할 수 있다.
>   - 결과 중심 평가보다는 과정 중심 평가를 하도록 한다.
>   - 수업조건에 제시되어 있지 않으면 큰 비중을 두지 않는다.
> 3. 차시 예고
>   - 본 차시와 연계되도록 제시한다.
>   - 교실에서는 할 수 없었던 현장체험학습, 체험활동 등을 제시하여 일상과 더욱 연계되도록 한다.
>   - 다음 차시가 수업조건에 제시되어 있는 경우 꼭 언급하여 수업의 흐름이 매끄럽게 한다.

05 특수교육 수업 관찰 및 분석 참고 자료

(1) 학교 현장에서 사용하는 수업 분석표 예시 - 1

영역	요소	참관 내용	의견
수업설계	학습 지도안	학습 목표가 목표 수준에 맞게 제시되어 있는가?	
		학습 내용은 목표달성을 위하여 선정·재구성되어 있는가?	
교수·학습활동	교수 활동	학습 동기를 적절히 유발하여 학습 의욕을 촉진하는가?	
		학생 수준에 따른 개별 학습을 촉진하는가?	
		교과 및 학습 목표에 적합한 교수 방법을 활용하는가?	
		사전 계획된 과정이 착실하게 진행되고 있는가?	
	학습활동	학습에 집중할 수 있도록 준비가 충실한가?	
		학습자 상호 간에 의견 교환이나 협력이 이루어지는가?	
평가 활동	평가 관련 활동	학생 수준에 맞는 평가가 이루어지는가?	
		평가 결과를 학습활동에 환류하고 있는가?	
학습자료	자료의 적정성	학습 지도에 유용한 자료가 충분히 준비되었는가?	
		학습 사태에 따라 적시에 제시 활용되는가?	
종합의견			

(2) 학교 현장에서 사용하는 수업 분석표 예시 - 2

영역	요소	분석관점	평가 상	평가 중	평가 하	특기 사항
I 수업 설계	1. 목표의 진술	수업목표가 목표 수준에 맞으며 진술 원칙에 부합되고 실현가능성 있으며 가치 있는 것인가?				
	2. 교재 내용의 구조화	교재에 따라 목표 수준과 관련지어 상하 위계조직을 밝히는 학습 구조인가?				
	3. 지도 계획	학습량을 고려한 단원전개 계획과 본 차시와의 계획이 적절한 과정 계획인가?				
	4. 평가 계획	진단·형성·총괄평가가 수업목표 도달을 위하여 계획적인가?				
	5. 지원 계획	학습의 효과를 올릴 수 있는 자료의 활용이 계획적인가?				
II 교수 행위	1. 교사 발언	목표 수준에 맞으며 학습 활동 조성을 위해 적절한가?				
	2. 교수 기술	동기유발, 학습 장애활동의 적절한 지도, 동작, 교사의 위치 등이 수업목표 달성을 위해 적절한가?				
	3. 개별화지도	지적 차이, 인성 차이를 고려한 개별지도인가?				
	4. 수업과정의 준수	사전 계획된 과정이 착실히 진행되고 있으며 시간 조절이 적절한가?				
	5. 판서 활동	판서 활동이 목표수준과 관련을 갖고 시기, 양, 위치, 내용, 기술 등이 적절한가?				
	6. 자료의 활용	자료의 선택, 제시 방법이 적절한가?				
	7. 평가 활동	목표도달 여부를 파악하기 위한 평가로 평가 방법이 적절한가?				
III 학생 활동	1. 학생의 발언	목표 수준별로 요령있는 발표, 폭넓은 거수, 적절한 발언 분포인가?				
	2. 의욕과 참여	뚜렷한 목표 의식으로 자주적인 학습 참여인가?				
	3. 학습방법의 훈련	목표 수준별로 자발적인 협의, 조사, 발표, 토론, 필기 등이 훈련되어 있는가?				
	4. 학습자료의 활용	학습효과를 높이는 자료이며, 활용시기가 적절하고, 활용 능력 등이 목표 수준에 부합되는가?				
	5. 필기 활동	필기의 양, 시간, 능력 등이 목표 수준에 부합되어 적절한가?				
	6. 자기 평가	학생 스스로 객관적인 태도로, 자기평가 활동을 하며 학습 목표에 접근하고 있는가?				
IV 수업 분위기	1. 학습분위기	물리적, 심리적 학습 분위기가 조성되어 있는가?				
	2. 학습 안내	학습과 관련된 적절한 학습안내인가?				
종합 의견						

(3) 학교 현장에서 사용하는 수업 분석표 예시 - 3 (유아)

영역	평가내용	평점					의견
Ⅰ 학습 활동 계획	1. 수업목표를 구체적으로 진술했는가?	5	4	3	2	1	
	2. 수업목표에 따른 수업 내용 선정이 적절한가?	5	4	3	2	1	
	3. 수업 내용은 유아의 흥미와 발달단계를 고려했는가?	5	4	3	2	1	
	4. 집단의 크기 및 수업자료에 대한 사전계획은 있었는가?	5	4	3	2	1	
	5. 전이활동을 계획하여 진행하는가?	5	4	3	2	1	
Ⅱ 교수 기술	6. 학습동기를 유발하는가?	5	4	3	2	1	
	7. 개인차를 고려한 개별지도가 이루어지고 있는가?	5	4	3	2	1	
	8. 유아의 확산적 사고를 유발하는 발문을 하는가?	5	4	3	2	1	
	9. 교사와 유아, 유아와 유아 간의 상호작용이 이루어지는가?	5	4	3	2	1	
	10. 유아들의 적극적인 참여를 위하여 수용적인 분위기를 조성하는가?	5	4	3	2	1	
Ⅲ 자료 활용 및 환경	11. 수업 자료를 적시에 투입 활용하는가?	5	4	3	2	1	
	12. 다양한 교수매체(그림, 사진, 실물, 인터넷 등)를 집단의 크기에 따라 골고루 사용하는가?	5	4	3	2	1	
	13. 수업 주제에 적합한 환경구성이 되어 있는가?	5	4	3	2	1	
	14. 수업주제와 관련된 영역별 교재·교구가 효율적으로 배치되었는가?	5	4	3	2	1	
Ⅳ 목표 달성도	15. 수업과정이 적시에 평가(형성평가)되고 있는가?	5	4	3	2	1	
	16. 계획된 수업 시간을 적절하게 운영하는가?	5	4	3	2	1	
	17. 유아가 흥미를 가지고 적극적으로 참여하는가?	5	4	3	2	1	
	18. 학습목표를 효과적으로 도달하는 독창적인 아이디어와 전략이 있는가?	5	4	3	2	1	
	19. 유아평가 활동을 실시하는가?	5	4	3	2	1	
	20. 교사는 목표달성을 위한 자기평가를 하는가?	5	4	3	2	1	
종합 의견	좋은 점 : 개선할 점 :	합계					

(4) 학교 현장에서 사용하는 수업 분석표 예시 - 4 (유아)

[수업자 자기평가표]

평가항목	평가기준			의견
	우수	보통	미흡	
1. 배움 중심 수업목표 도달을 위한 활동을 순서 있게 전개하였는가?				
2. 유아와 교사 간 긴밀한 상호작용이 이루어졌는가?				
3. 창의적인 방법으로 활동에 관심과 흥미를 유발시켰는가?				
4. 창의력 문제 해결 능력 증진을 위한 개방형 발문을 사용하는가?				
5. 중심활동 내용이 주제 및 학습 목표에 적절했는가?				
6. 수업자료를 적시에 제공하고 활용하였는가?				
7. 활동 후 유아와 교사 간의 적절한 평가가 이루어졌는가?				
8. 다음 수업을 위한 차시 안내를 예고하였는가?				

수업성찰 및 환류 :

(5) 특수교사 수업 평가 기준 준거

대영역	중영역	평가요소	평가 기준	수행기준 미흡 1	기초 2	우수 3	탁월 4	NS ×
I 지식	1. 교과 내용 및 교수법 이해	1-1 교과내용 이해	교과를 구성하는 단원의 내용과 계열성 및 관련성을 이해하고 있다.					
		1-2 교수법 이해	특수교육대상 학생의 발달 특성을 고려한 교과의 성격을 파악하고 있다.					
	2. 학생 이해	2-1 발달·학습특성 이해	학생들이 잘못 알고 있는 개념을 인지하고, 효과적으로 지도하는 방법을 알고 있다.					
		2-2 개인차 고려	학생들의 강점과 약점, 그리고 다양한 행동 특성 등에 대해 구체적으로 파악하고 있다.					
			학생들의 개인별 행동특성을 고려하여 수업전략, 집단구성, 학습활동을 구안하고 있다.					
II 계획	3. 수업 설계	3-1 학습목표 설정	학습목표는 학생들의 다양한 특성과 요구에 따라 타당하게 설정하고 있다.					
			학습목표가 평가 가능하도록 명료하게 진술하고 있다.					
		3-2 교수·학습과정 구조화	본시 내용이 학습목표 달성에 적절하게 구성되었다.					
			집단 구성 및 자료, 매체 활용에 대한 계획 등이 적절하다.					
		3-3 평가 계획	학습 목표와 일관된 평가 기준과 방법을 마련하고 있다.					
			학생의 수행을 구체적으로 확인할 수 있는 평가계획을 수립하고 있다.					
III 실천	4. 학습환경 조성 및 학급 운영	4-1 심리적 환경 조성	교사와 학생, 학생과 학생 사이의 상호작용이 활발하고 원만하게 이루어지도록 협력하는 학습 분위기를 조성한다.					
		4-2 물리적 환경 구성	학습 활동에 적극적으로 참여하고 학생들 간에 상호작용이 활발하게 일어날 수 있는 배치이다.					
		4-3 학급운영 및 생활지도	효율적인 수업을 위해 일정한 규칙 및 행동 기준을 마련하고 운영한다.					
		4-4 장애 유형의 다양성 고려	장애특성에 따른 학생들의 독특한 요구를 고려하여 학습 환경을 조성하고 있다.					
			장애 유형별 다양한 특성 및 요구를 고려하여 수업을 실행한다.					
		4-5 중증장애 학생의 학습 참여 지원	중증장애로 인하여 교육적으로 소외되는 학생들의 요구를 고려하여 평등하고 공정하게 대하고 있다.					

대영역	중영역	평가요소	평가 기준	수행기준				
				미흡	기초	우수	탁월	NS
				1	2	3	4	×
Ⅲ 실천	5. 수업 실행	5-1 동기유발	학생들이 쉽게 지식을 회상해 낼 수 있는 단서를 제공하여 선행 지식을 활성화하고 있다.					
			학생들의 생활 경험, 흥미, 호기심과 관련지어 학습목표를 이끌어낸다.					
		5-2 수업전략 적용	학생들의 다양한 특성과 요구를 고려하여 수준에 따라 수업전략을 차별화하고 있다.					
			학습 목표 및 과제에 부합하는 다양한 수업 전략을 적용하고 있다.					
			특수교육대상 학생의 특별한 학습 요구를 고려한 수업전략을 활용하고 있다.					
		5-3 학습참여 활성화	학생들이 학습이나 과제 수행에 집중할 수 있도록 다양한 방법을 사용하고 있다.					
		5-4 언어사용	말소리가 명료하여 학생들이 수업 내용을 이해하는데 문제가 없다.					
			수업 중 사용하는 어휘가 학생들의 수준에 적절하다.					
			학생들이 교사의 수업에 집중할 수 있도록 얼굴 표정이 진지하고 밝다.					
		5-5 발문하기	학생의 장애 특성과 수준을 고려한 발문을 하고 있다.					
			학생의 수업참여를 촉진하며, 수업내용에 대한 사고를 유도하는 확산적 발문을 하려고 노력한다.					
		5-6 피드백 제공	다양한 학습활동 및 과제 수행에 대해 피드백을 제공하고 있다.					
			즉각적으로 정확하고 구체적인 피드백을 제공하고 있다.					
		5-7 매체활용	학습목표 및 내용에 적절한 수업매체를 활용하고 있다.					
			수업 매체 활용이 학생들의 학습 동기나 성취를 더욱 촉진시키고 있다.					
		5-8 학생평가	학생의 특성을 고려한 평가기준 및 도구를 활용하고 있다.					
			학습목표 및 내용과 일관된 평가를 실행하고 있다.					

출처 : 전병운(2011), 특수교사 수업 평가 기준 개발, 지적장애연구, 13(1), p.53-75.

(6) 수업시연 관찰 분석 도구

남윤석(2010)은 예비특수교사에게 수업 관찰 및 분석의 준거로 활용될 수 있는 '수업시연 관찰 분석 도구'를 개발하였다. 그의 '수업시연 관찰 분석 도구'는 활용 계획 수립 능력, 학생과의 상호작용, 개별화 수업능력, 학습 목표의 이해 및 제시 능력, 원활한 수업 진행 능력이라는 5개 요인(17개 문항)으로 구성되었으며, 그 내용은 아래와 같다.

요인	관찰·분석 항목	관찰·분석 기준
Ⅰ. 자료 활용 계획 수립 능력	학습자료 표현방식	다양한 표현 방식을 제공되며, 학생의 표현을 돕는가?
	교수자료 표현방식	다양한 표현 방식으로 제공되며, 학생의 이해를 돕는가?
	학습자 지원	지원을 위한 사전 계획이 수립되었으며, 잘 시연되는가?
	시간 운영의 적절성	적절한 시간 운영이 이루어지는가?
Ⅱ. 학생과의 상호작용 능력	교사의 신체 언어	몸짓, 눈 맞춤, 고객 끄덕이기 등이 효과적인가?
	교사의 언어 사용	지시, 설명, 모델링 등의 교사 언어가 명확하고 적절한가?
	반응에 대한 피드백	학생 반응에 따른 긍정적, 교정적 피드백이 적절한가?
	수업 운영	흐름이 끊어지지 않도록 부적절한 상황에 잘 대처하는가?
Ⅲ. 개별화 수업 능력	개별화 수업	학생들의 개인차를 적절하게 반영 하는가?
	학습 활동의 수준	수업 목표 및 학생 수준에 적절한가?
	형성 평가	학생의 이해를 적절하게 평가하는가?
Ⅳ. 학습목표의 이해 및 제시능력	학습 목표 제시	목표는 명료하게 설정되어 있고, 구체적으로 잴 수 있는가?
	학습 목표 유도	학생과 함께 학습 목표를 이끌어내는가?
	교사의 내용 이해	교수 내용의 선수 관계와 실생활 관련성을 잘 파악하였는가?
Ⅴ. 원활한 수업 진행 능력	학습 분위기 조성	주의집중 방법이 적절하고, 자발적·능동적 참여를 유도하는가?
	교사의 발문	학생 사고를 이끌어내는 발문을 하는가?
	동기유발	사전 지식을 활성화 하고, 학습 목표에 알맞고, 흥미로운가?

출처 : 남윤석(2010), 예비특수교사의 수학 수업시연 관찰분석 도구 개발을 위한 탐색적 연구, 특수교육학연구, 45(3), p.211 - 228.

06 합격생의 스크립트 및 수업실연 요령

(1) 초등특수 O선생님 제공 - ① 수업 실연 만능 스크립트

도입	인사	- 빛나는 ○학년 ○반 친구들, 수업 종이 울렸으니 수업을 시작할게요. 모두 바르게 앉아볼까요? - (모두 바르게 앉음) 다리 모으고, 허리 피고! 배꼽, 손 안녕하세요~ 오늘도 즐겁게 수업해 보아요. - (자리이탈) 아직 ○○이는 자리에 앉지 않았네요. 선생님과 5초를 세며 같이 앉아볼까요. - (지체장애 : ○○이 휠체어가 잘 고정되어 있는지 확인)	
	전시 학습 상기	- 지난 시간에 무엇을 배웠는지 기억나나요? - 선생님이 활동사진/지난 시간에 한 활동지를 준비했어요. - 아 ○○이가 ~ 라고 말해줬어요. 다른 친구들도 기억이 떠올랐나요? - 맞아요 ~ 대해 배웠어요. 우리 친구들이 지난 시간에도 수업을 열심히 잘 들어줬네요	• 활동사진 • (전시사용) 활동지 또는 제작물 자료
	동기 유발	- 그림 상황보며 이야기 나누기 - 그럼 오늘은 무엇을 배울지 궁금하지 않나요~? 화면을 봅시다. - 선생님이 그림을 가지고 왔어요! 누가 보이나요? 별이와 송이가 무엇을 하고 있나요? - (가, 다, 나 순서로 질문) 가○이가 말해볼까요? - 아~ 가영이가 (문장)라고 했어요. / 우리 다○이도 AAC 또는 그림 카드로 대답해 볼까요? 실무사님 다○이가 AAC를 누를 수 있도록 가까이 당겨주세요! (신체적인 도움) 다○이가 ~ 라고 했어요. / 나○아 이 그림은 어떤가요? - 아 나영이가 ~ (단어)라고 하네요. - 별이와 송이가 ~할 수 있도록 도와주는 방법에 대해 배울 거예요.	• 그림 자료 • 영상자료 • 음원 자료
	학습 목표 제시	- 오늘의 목표를 알아볼까요? 이번 시간에는 ~ 에 대해 알아볼게요. - 친구들이 각자 공부해야 할 문제는 선생님이 친구들 책상에 붙여놓았어요. 스스로 확인해 봅시다! (발음 불명확할 경우, 한 번 더 읽고 또박또박 잘 읽고 있다고 칭찬: 발음이 점점 명확해지고 있어요. 엄지 따봉) - 우리 가○이는 문장으로 읽고, 나○이는 동그라미 친 단어(색깔) 읽고, 다○이는 AAC 관련 그림을 선택해 보아요 | 가 | ~를 문장으로 설명할 수 있다. | 문장 | | 나 | ~를 단어로 설명할 수 있다. | 단어 | | 다 | ~를 AAC/그림카드로 설명할 수 있다. | AAC/그림카드 | - 가○이는 ~할 수 있다. 나○이는 ~, 다○이 AAC로 잘 말해줬네요. 오늘의 목표를 달성하기 위해 ○가지 활동을 할 거예요. - 활동 1은 ~ (설명 중심) / 활동 2는 ~ (함께 해요/게임) | 활동 1 | ~ 는 무엇일까?/ ~ 알아보기 | | 활동 2 | ~ 놀이하기/ ~ 하기 |	• 전체 목표 제시 • 개별화 목표 제시

전개		- 수업을 들어가기 전 마지막으로 확인해야 할 것이 있죠? 무엇이죠? 맞아요 규!칙! | 규칙 1 | 손을 들고 말해요 → 교사의 설명 도중 끼어들기/관련 없는 질문하는 학생 | | 규칙 2 | 수업에 집중해요 → 사전 강화 예고 시 책상 두드리기 줄어드는 학생/집중시간 짧은 학생 | | 규칙 3 | 자리에 바르게 앉아요 → 자리 이탈하는 학생 | - (규칙 안내 시 해당 학생 언급) ○○아 ~ 하지 않고 ~ 하며 수업을 들어야 해요. - 우리 친구들이 규칙을 잘 지키면 오늘 칭찬 나무에 가영이 사과, 나영이 사과, 다영이 사과가 달릴 거예요! 잘 할 수 있죠? 좋아요. 파이팅! - 실무사 선생님 오늘 학생들 활동 사진 중간중간 찍어주세요	
	활동 1	- 모두 수업 들을 준비가 된 것 같아요. 활동 박수를 치며 활동 1로 들어가 봅시다. 활동 박수 한 번 짝! - (판서 읽기) 활동 1. ~ / 활동 1에서는 ~ 을 하고 ~ 을 알아볼게요. 실무사님 다○이가 AAC/그림카드를 활용해 수업에 참여할 수 있도록 특별히 더 신경써 주세요	• 자료 1, 자료 2 활용
		상황 사진/그림/동영상 + 교사의 설명 + (간단 활동 or 이야기 나누기)	
		- (사진/그림 제시) 우리 친구들 ~ 를 알고 있나요? / 그림이 어떤가요? - (영상 제시) 오늘 배울 내용과 관련된 영상을 준비해 왔어요. (영상 시작 전) 여기서 잠깐! 선생님이 영상을 하나 보여줄 건데 모두 어떻게 하고 봐야 하지요~? 귀는 쫑긋, 눈은 땡글, 입은 쉿! 좋아요 [삑!] ---- (영상 종료) [삑!] 모두 집중해서 잘 봐주었네요! 역시 우리 친구들 최고예요. 그럼 집중해서 보았으니 어떤 내용이었는지 이야기 나누어 봅시다. - 사진/그림/동영상에 누가 나왔나요? ○○이의 표정이 어땠나요? 무슨 상황일까요? - (나가다 순서로 질문) 나○아 이 그림은 어떤가요? 아 나영이가 ~ (단어)라고 하네요. / 가○이가 말해볼까요? - 아! 가영이가 (문장)라고 했어요. 우리 다○이가 AAC 또는 그림 카드로 대답해 볼까요? 실무사님 다○이가 AAC를 누를 수 있도록 가까이 당겨주세요! (신체적인 도움) 다○이가 ~ 라고 했어요. - (사진/그림/영상 설명) ~ 을 나타내는 사진/그림/영상이었어요. - (개념 설명) ~ 은 ~입니다. / ~는 ~해서 필요합니다./중요합니다. - (나가다순) 앞으로 나와서 찾기/연결하기 활동을 해 보아요. : 단어 카드 고르기/문장 만들기 - 첫 번째 활동에서는 ~ 을 해보았어요. 이제 이 내용을 기억해서 다음 활동을 이어가 봅시다.	
		(과정중심평가) O, X 퀴즈/학습지 - 활동 2로 넘어가기에 앞서 잘 배웠는지 퀴즈 하나를 준비했어요! (나다가 순서로 질문) - 첫 번째 활동에서는 ~에 대해서 알아보았어요. 잘 알 것 같나요? 아직 서툴러도 괜찮아요. 두 번째 활동에서 열심히 공부하면 머리에 쏙쏙! 들어올 거에요.	
	활동 2	- 활동 박수 치며 활동 2 들어가 봅시다. 활동 박수 두 번 짝짝! - (판서 읽기) 활동 2. ~ /활동 2에서는 ~을 하고 ~을 알아볼게요. 실무사님 다○이가 AAC 또는 그림 카드를 활용해 수업에 참여할 수 있도록 특별히 더 신경써 주세요	
		상황 1 짝 or 모둠활동	
		- 활동 1에서 ~ 했는데 이것을 토대로 ~을 완성해 볼게요. - 활동 2번은 짝 or 모둠활동으로 진행할게요. 지난 시간에 미리 정해두었던 짝 or 모둠으로 모여볼까요?	

		- (활동 설명) 1번 ~하기 / 2번 ~하기 / 3번 ~하기 - 가○이는 문장으로, 나○이는 단어, 다○이는 그림을 붙여보아요. **상황 2** 협동학습/역할놀이 - 먼저 우리 친구들이 어떤 역할을 할지 정해봅시다. (역할 분담) - ○○이는 무엇을 하고 싶나요? 좋아요 - (활동 설명) 1번 ~ 하기 /2번 ~ 하기 /3번 ~ 하기 - (중간중간 활동 점검하기)	
정리	정리	- 이렇게 활동이 모두 끝났어요. 그럼 오늘 배운 내용에 대해 정리해 봅시다. - (1) 오늘의 정리는 친구들이 완성한 것에 대해 발표해 보도록 할게요. 휠체어는 실무사님 도움 받기 - (2) 활동사진 보면서 정리해 보아요. - 가○-문장 / 나○-단어 / 다○-AAC, 그림	• 완성작 • 활동 사진
	가정 연계	- 숙제! 집에 가서 오늘 배운 ~ 해오기!	
	차시 예고	- 다음 시간에는 ~에 대해 배울 거예요. 기대되죠?	• 사진 자료
	인사	- 오늘 ○○이, ○○이, ○○이가 규칙을 잘 지켜서 수업을 잘 들어줬어요. 선생님이 ○○이 사과, ○○이 사과, ○○이 사과를 주도록 할게요. 쉬는 시간에 나무에 붙이도록 해요 - 하이파이브하며 마칩시다!! 짝! 짝! 짝! - 배꼽 손 인사~ 사랑합니다	

② 수업 실연 준비 방법

■ 구상지 작성

수업 실연은 A4 4번 접어 구상 연습하다가 시험지의 크기가 1차 시험지와 같다고 하여 A4 1번 접어 A4 2분의 1 크기에 맞추어 구상 연습을 했습니다. 구상지는 오른쪽에 나와 있는 것과 같이 작성했습니다. 삼색볼펜 사용이 가능하여 빨간색으로는 학생들의 행동 중재 내용, 파란색으로는 조건이나 자료들을 적었습니다. 모두 다 적지는 않고 키워드 위주로 작성했습니다.

　　　　가영　　나영　　다영
　　　　(학생 특성 작성)

전체 목표 : ~를 (연결) 설명할 수 있다.
가영 목표 : 문장으로 설명/연결하고 설명
나영 목표 : 단어로 설명/연결
다영 목표 : 그림 카드로 설명/AAC 선택
활동 1
활동 2

규칙 1. (학생 행동 특성 활용)
규칙 2
규칙 3

활동 1. ~
활동 순서1
(나영 행동중재 다영 관련 조건/자료)
활동 순서2
활동 순서3

활동 2. ~
활동 순서1
(다영 행동중재 가영 관련 조건/자료)
활동 순서2

■ 학습 목표와 활동 구성

충북의 경우 조건에 개별화 목표를 중시하기에, 다른 지역 기출을 연습할 때도 개별화 목표를 안내하며 연습했고, 수준은 다음과 같이 설정하였습니다. 학생들의 학습 수행 수준을 반영하여 상황에 맞게 바꾸기도 하였습니다. 개별화 목표를 각각 설명하면 오래 걸리기 때문에 전체 목표를 읽고 스스로 확인해볼까요? 하고 가영이는 문장으로 나영이는 단어로, 다영이는 개별지도하며 목표를 안내했습니다. 활동은 활동 1에서는 개념 설명, 활동 2는 모둠 활동이나 짝활동을 구성하였습니다.

(2) 초등특수 L 선생님 제공

① 수업 중 유의 사항

학생 발화 순서 : 활동에 따라 시작 학생 다르게 (활동 1-가 수준 / 활동 2-나 수준)

모둠 구성 시 : 학급 회의 시간에 정했다고 언급

동영상 제공	동영상 시청 규칙 언급 / 끝나고 동영상 집중 확인 (간단 퀴즈)
활동 재료 제공	재료 사용 시 규칙 언급 (안전 지도)
태블릿 사용 시	태블릿 사용 규칙 언급
실무사님 부를 때	- 낮고 수업보다 작은 목소리〉 부탁 후 "감사합니다."까지 하기 - 실무사 선생님 X, 실무사님! - 지원방안은 구체적으로 지시 (다영이가 ~할 수 있도록 도와주세요.)
유튜브 보여줄 때	다른 것 안 틀기로 이야기, 혹은 미리 준비한 것틀기
중재 사용 시	파워카드	약속카드 〉 설명 필요
	학습된 무기력	성공경험을 제공하기 (친구의 도움을 받아, 스스로 등)
	관심끌기	선생님을 부르는 경우: 선생님 카드 몇 장 제공
	과제회피	규칙제시 〉 대체행동 차별강화 제공
	공격행동	실무사님: 가해학생 잡기 요청 〉 교사: 피해학생 확인 〉 가해학생 사과

② 조건 분석

조건	해야할 것
학생이 보이는 오류를 지도하시오.	- 학생의 오류를 보여준 뒤 교정하는 방식 ※ 오류 보였을 때 긍정적인 면 칭찬 후 다시 생각하도록
학생의 문제행동에 대하여 긍정적 행동 지원으로 중재	- 규칙을 사전에 제시 - 학생이 규칙을 잘 지키고 활동하는 모습 보여주기
학생의 문제행동을 지도하시오.	- 학생이 문제행동을 했을 때 대처하는 모습 보여주기 〉 이후 학생이 바른 행동으로 교정된 것 보여주기
자기결정력이 나타나도록 실연하시오.	선택하기
판서가 되어있다고 가정하고 실연하시오.	목표를 판서로 제시
실생활과 연계하여 지도하시오.	가정 연계, 학교, 학생 경험 활용
학생들 특성을 반영하여 중재하시오.	학생들 특성 가능하면 많이 들어가도록
성취기준 재구성하여 수업하시오.	학생들 목표 수준 나누기
특수교육 실무원을 활용하시오.	다 수준 학생 수행 시 실무원 활용, 구체적 지시

③ 수업실연 스크립트

(똑똑똑-)
(문 열고 (문을 열어주실 수도 있음) 들어가서 목례)
(중앙에서 인사) 안녕하십니까? 관리번호 ○○번입니다. 수업실연 시작하겠습니다.

도입	인사하기			
	전시학습 상기	• 활동 자료 보여주며 생각나는지 질문 　- 영상/자료/사진 등 보여주기		
	동기유발	• 사진/동영상 제시 (학생 경험 관련이면 더 좋음) 　- 무엇이 보이나요? 　- 어디에 있나요? 　- 무엇이 생각나나요?	• 호기심 유발 이야기 제공 　- 나라면 이 상황에서 무엇을 했을까요? 　- 어떤 것이 보였나요?	• 학습 후의 결과 제시 　- 이게 뭘까? 　- 어떻게 만들었을까? 　- 어떨 때 필요할까?
		• 문제상황 제시하여 해결하도록 　- 어떤 상황인가요? 　- 누가 뭐라고 했나요? 　- 우리가 무엇을 할 수 있을까요?		
	학습목표 안내	• 판서에 개별 배움 목표 제시 　- 가 : 큰소리로 읽어보도록 　- 나 : 색으로 표시한 단어 읽어보도록 　- 다 : AAC 활용, 눈 깜빡이기, 친구들 말하는 것 듣고 고개 끄덕, 그림 카드 들기, 같은 그림 찾기 • 학습 활동 제시하기 • 잘 참여 시 각자 칭찬 열매 제공, 칭찬 열매가 10개가 되면 점심시간 트램펄린		
전개	전개에서 드러내야 할 것	• 학생들이 오반응 후 변화하는 모습.		
		• 활동 전 교사 시범!!!!		
		• 학생들이 활동을 직접 할 때는 배운 내용 기억 못할 수 있으므로 한 번 더 확인하도록 하기 단계 동영상 제시 〉 단계별 한번 더 제시		
		• 활동 넘어갈 때 　- 이번 활동 ~에서는 ~에 대해 배워보았어요. 다음 활동 ~에서는 방금 배운 내용을 바탕으로 ~ 활동을 해볼게요.		
		• 발표 후에는 다른 학생들에게 질문하며 내용 정리 　- ~ 모둠에서는 어떻게 말했죠? ~ 모둠이 말해볼까요?		
		• 규칙 제시 시 이전에 학생들과 함께 정했다고 간단 언급하기: 약속을 정해요 시간에 함께 만든 약속에 뭐가 있었죠?		
	가능한 활동	• 경험 묻기 　- 학생 경험 질문〉 공감+확산적 발문 (이런 경험이 있나요? 등)	• 동화 제시	• 직접 수행 (키트 등)/ 실험 　- 교사 시범 우선 〉 학생 활동 후 발표
		• 동영상 제시 　- 한 번 보여주고 동영상 세세하게 다시 보여주기	• 태블릿 제시 (자료조사)	• 공동의 작품 만들기 (실천표 등) 　- 함께 만든 것 발표

정리		• 오류 사진을 올바른 사진으로 고치기 　- 모두 함께 고친 후 발표	• O/X퀴즈 　- 하나하나 질문하며 O/X	• 몸으로 표현하기 　(손으로/몸으로/발로/몸 전체로)
		• 음악으로 표현하기 　(악기로/몸으로/주변 사물로)	• 그림으로 표현하기 　(선, 면, 색칠하기, 붙이기, 스티커 등)	• 함께 표현하기 　(그림, 음악, 몸)
		• 공통점 차이점 나누기 (분류하기)	• 역할놀이	• 보고서 작성
		• 실험하기	• 신문/동화책 만들기	• 실천지 만들기
	정리 및 평가	• 활동 정리하기 　- 지금까지 어떤 활동을 했죠? 　- 이렇게 (활동 목표)를 모두 달성 • 배움 일기 (교과서 붙임딱지) 　- 구체적으로 강화! (--)가 (--)해서 잘해서 배움 온도가 올라 열매 제공		
	과제 제시	• 가정 연계 　- 집에서 부모님께 (--)해보고, 배움 도장을 받아와요		
	차시 예고	• 차시 예고: 다음 시간에는 (--)에 대해 알아보도록 합시다. • 일일 반장이 마무리 인사 (차렷-인사 〉 선생님 감사합니다.)		
		감사합니다. (인사하고 나오면서 목례하고 나옴)		

(3) 유아특수 Y 선생님 제공

① 놀이중심 교육과정

2019 개정 누리과정이 놀이중심 교육과정으로 바뀌면서 유아가 없는 수업 실연을 어떻게 놀이중심으로 해야 하나 많이 고민하고 계실 겁니다. 놀이중심을 어려워하시는 분들은 아래의 세 가지만 기억하시고 하시면 됩니다. 세 가지를 기본 전제로 가지고 간다면 점차 선생님의 수업이 만들어질 것입니다.

> 〈놀이중심 수업 tip〉
> 1. 교사 주도식 수업에서 벗어나 유아의 흥미에서 놀이를 시작하기
> 2. 모든 의견을 유아에게 물어보며 유아가 원하는 놀이를 교사가 지원하는 모습 보여주기
> 3. 안전 규칙을 유아와 함께 이야기하되 교사가 명확하게 알려주기

어느 정도 수업실연에 대한 감이 생기셨고, 15분 동안 수업을 진행할 수 있는 분은 다음 단계로 넘어가시면 됩니다. 다음 단계는 수업의 내용을 채우는 단계입니다. 1차 공부를 하면서 배우셨듯이 유아들은 놀이를 통해 배워갑니다. 그것을 2차에서도 놀이를 통해 유아가 배우고 있다고 드러내셔야 합니다. 아래의 두 가지를 깊이 고민해 보신다면 배움이 일어나는 수업이 될 것입니다.

I. 시작   II. 심층면접   **III. 수업실연**   IV. 교수·학습과정안   V. 수업성찰   VI. 심층면접 예시 답안

> ※ 놀이에는 배움이 있어야 한다.
> ⇒ 수업의 목표 세우기(전체 목표, 장애 유아 목표 나누어서)
> (ex. 공연에서 필요한 역할이 무엇인지 알 수 있다, 소방관이 하는 일에 대해 알 수 있다 등)
> 목표를 세우게 된다면 수업 중에도 방향을 잃지 않고, 목표에 맞는 수업을 진행할 수 있다!
>
> ※ 자세하게 놀이하기
> (ex. 무대에 꽃으로 꾸미기 → 어떤 꽃으로? 무대 바깥쪽에만? 뿌리면서? 등)
> 어떤 놀이를 어떻게 하고 있는지 면접관들이 확실하게 알 수 있도록 말로 표현해야 한다!

② **수업 실연 스크립트**

최근 조건이 대부분 도입-전개 / 전개만 실행하라고 나오는 편입니다. 저는 놀이중심 교육과정에서 도입과 전개를 구분하는 것이 어려워 도입과 전개를 모두 포괄하는 방식으로 수업을 시작하였습니다.

장면 1		■ 유아가 다가와서 교사에게 친구들과 함께 어떤 걸 하고 싶다고 이야기한다. ■ 교사가 친구들과 이야기해보자며 유아에게 친구들을 불러달라고 부탁한다.
장면 2	도입	■ 노래나 찬트 등을 활용하여 유아들을 주의 집중시킨다. 〈대집단 시 수업에 넣어야 하는 것〉 1. 친구가 제안한 놀이에 대해 함께 이야기 나누기 　ex. '~가 친구들이랑 하고 싶은 게 있다고 해요. 어떻게 생각해요?' 2. 놀이를 위해 무엇을 하면 좋을지 역할(집단)을 나누어 장애 1~2명씩 집단 안에 속해 있다고 생각하기 　⇒ 협력교수 조건 있을 시 3가지 집단 　ex. '~놀이하려면, 어떤 게 필요할까요? 　해야 할 것들이 엄청 많네요. 그럼 우리 역할을 나누어서 하자고요?' 3. 안전하게 놀이하려면 약속 정하기 　ex. '~반이 안전하고 재밌게 놀이하려면 어떤 것을 조심하면 좋을까요?'
장면 3		■ **장애유아 1** 포함한 집단과 함께 놀이하며 지원한다. 　　　(장애 1에 관련된 조건들 다 넣기)
장면 4		■ **장애유아 2** 포함한 집단과 함께 놀이하며 지원한다. 　　　(장애 2에 관련된 조건들 다 넣기)
장면 5	전개	■ 집단에서 다른 것을 더 하고 싶다고 이야기한다고 가정하고 확장을 지원한다. ■ 하나의 프로젝트에서 역할이 나눠진 경우, 최종 프로젝트를 하기 위해서 다 준비되었는지 물어보고 합친다. 발레 공연하기 ⇒ ① 발레 연습하는 집단, ② 공연 무대 꾸미기 집단, ③ 그 외(사진, 음악 틀기) ⇒ <u>각자 준비 다 하면 발레 공연해보기</u> '준비가 다 되었나요. 우리 그럼 다 같이 발레 공연해볼까요?'하고 마무리!

CHAPTER 01 수업실연 알아보기 • 139

③ 구상지 작성하기

수업실연을 하기 전에 15분동안 구상지를 작성하게 됩니다. 처음에는 구상지를 많이 보고 수업을 하겠지만, 점차 구상지를 보지 않는 연습을 해야 합니다. A4용지를 1/4등분으로 접어서 손바닥으로 가리며 슬쩍 보았습니다. 저 같은 경우에는 구상지에 장면으로 나누어 유아 이름, 조건, 놀이 흐름만을 간단히 작성하였습니다. 아래는 24년도 경기 유특 문제를 가지고 작성한 구상지입니다.

수업실연 전체 목표 : 발레 공연에 필요한 역할을 알고 수행할 수 있다. 승민 : 사회적 상호작용을 할 수 있다. 영희 : 친구들과 함께 놀이할 수 있다. **장면1.** 유주(일유) - 발레 공연 하고 싶다 **장면2.** 유아의 역할을 어떻게 나눌지 작성 역할 : 1. 발레 2. 무대 꾸미기 3. 방송(사진, 음악 등) 약속 : 주변을 살피면서 안전하게 놀이하기 = 부딪히지 않기 승민 - 손을 흔들면서 매트 위에서 빙빙 돌기 : 발레 영희 - 혼자서 종이 찢기 : 꽃잎 장애유아를 어떻게 놀이 속에 넣을지 생각 협력교수 : 팀티칭 (방송반 지원) 발레반 안전매트 어디 배치할지 질문 **장면3.** 무대 꾸미기(영희) 영희, 유주, 채영, 한슬, 다은 영희 꽃잎 > 다양한 색지 지원 친구들과 함께 색지 찢기 할 수 있도록 촉진 무대 어디에? 반 앞에 꽃으로 꾸미기? 어떻게? 어떻게 놀이 속에서 세세하게 지원할지에 관한 질문 색지를 어떻게 찢지? 1. 길게 2. 잘게잘게 3. 찢지 않고 뭉치는 **장면4.** 발레 연습(승민) 승민, 지율, 민성, 예빈, 시연 태블릿으로 발레 영상 보고 싶다 = 승민이랑 지율(일유)같이 가지고 오기 발레 동작을 태블릿을 보면서 같이 만들어보자 1. 승민이 따라 빙글 돌기 2. 같이 뛰면서 하이파이브 3. 발로 차기 어떤 음악이 필요할 것 같아요? **장면5.** 협력 선생님 : 발레반이 이런 음악이 필요 -> 준비 파랑반! 준비되었으면 같이 발레 공연 해볼까요?	전체 목표는 일유+장유 모두 포함하는 목표로 세워 잘 보일 수 있도록 맨 위에 작성했습니다. 이번 경기 문제에서는 iep 목표가 조건으로 나와있어서 적었지만, 조건이 나와있는 경우(ex. 자리이탈, 2어절 등) 조건을 적었습니다. 경기의 경우 개별 펜을 사용할 수 있어서 형광펜을 사용하여 조건들을 표시해두었습니다. 갑자기 일유 이름이 떠오르지 않거나, 겹치는 것을 방지하기 위해 유아 이름을 적어놓았습니다.

2차 수업실연 시험을 치고 난 다음 중요하다고 느낀 것은 **'당당하게'**, **'조건'**입니다. 수업의 흐름이 보이지 않는다, 수업을 너무 못하는 것 같다 하시는 분들은 조건을 강조하면서 당당하게 하신다면 만점을 받으실 수 있을 것입니다. 평가위원들을 한 번 보고 다시는 안 볼 사이라고 생각하면서 주눅들지 않고 수업하셨으면 좋겠습니다. 실수해도 실수하지 않은 것처럼 뻔뻔하게 수업한다면 실수했는지 절대 모를 것입니다. 특히 조건이 많은 지역이라면 '나 조건이요!' 이렇게 보일 수 있도록 확실히 조건을 하고 있다는 점을 보여주시면 됩니다. 조건을 한 번만 하기보다 2번 이상 충족시키는 것도 좋습니다. 저 같은 경우에는 조건이 많이 없는 경기를 응시하였는데 문제에 제시된 놀이 흐름을 조건이라고 생각하며 전개에 사용하였습니다. 조건이 없을 때 제시된 지문을 사용한다면 수업을 채우는 데에 도움이 될 것입니다!

(4) 유아특수 J 선생님 제공

① 수업 기본요소

도입	• 학습 분위기 조성 • 전시학습 상기 • 동기유발 • 학습목표 및 활동 안내
전개	– 아동들과의 상호작용 많이! – 필요없는 간투어 사용 × – 목소리 강,약 많이 주기! – 잠시 생각해보자 / 왜 그렇게 생각하니? / 어려운 점이 있으면 선생님께 말해주세요 등 아동 주도 발화 많이 사용하기! • 자료제시 : 친구들 잘 보이나요? 잘 안보이는 친구가 있으면 손을 들고 말해주세요. • 오답 : 어? 우리 다시 한번 생각해볼까요? 다른 친구들 생각은 어때요? • 지도사 활용 : 우리 지도사 선생님과 함께 재미있게 활동해 볼까요? • 발표 : 멋진 손을 올려라. 하나 둘 셋!
마무리	• 활동 정리하기 • 평가하기(좋았던 점 / 아쉬웠던 점) • 강화하기(목표에 근거해서 말하면 더 좋음!) • 가정과 연계하기 • 차시예고 및 학습 종료

② 활동 유형별 스크립트

이야기 나누기	동화	동시
• 주제 관련 사진 지식 소개 • 자료 보며 이야기 나누기 　(실물자료, 그림, 사진, 동영상 등) • 해결 방안에 대해 이야기를 나누기 • 이야기 나눈 것을 심화 확장 　(토의 / 상황극 / 발표 / 약속실천)	• 책 소개 / 제목 / 지은이 • 표지 보고 내용 예측하기 • 그림 보고 내용 예측하기 • 동화책 읽기 • 회상하기(주요 내용 확인) • 확장활동 하기	• 동시 소개 / 제목 / 지은이 • 교사가 낭독해주기 • 느낌 이야기 나누기 • 내용을 알아보며 반복되는 말 찾기 • 다양한 방법으로 낭독하기 　(번갈아 가며 말 / 반복되는 말 등) • 동시내용 신체로 표현하기 • 동시 만들어보기

동극	신체표현	게임
• 무대 및 소품 선정 및 자리 정하기 • 역할 정하기 • 약속 정하기 • 자기 소개하기 / 시작 알리기 • 동극하기 • 중간 평가하기 • 역할을 마치는 인사하기 • 재공연	* 음악 사용 시 음악 감상 먼저! • 매체보며 신체표현 따라해보기 • 신체 표현하기(친구 모습 모델링) • 충분한 공간 확보하기 • 준비운동하기 • 창의적으로 표현하기▶강화하기	• 규칙 정하기 • 편 나누기(생활주제와 연관되게) • 게임 방법 소개하기 • 점수 제시 소개 • 시범 보이기(교사 / 아동) • 응원 연습하기(태도점수 반영) • 신호 악기 사용(핸드벨 등) • 응원 유도하기

현장학습	바깥놀이	요리

• 현장체험 학습 장소 이야기 나누기
• 질문목록 이야기 나누기
• 약속 정하기(질서, 안전)
• 화장실 다녀오기
• 명단 확인하기
• 현장 체험하기
  (체험 중 질문목록 발문)
• 화장실 다녀오기 / 휴식하기
	• 바깥활동에 대한 놀이 나누기
	  (오늘 활동 주제와 관련된 것)
	• 약속 정하기(안전 필수)
	• 준비운동하기
	• 개별적 / 그룹별 상호작용하기
	• 모래 털고 교실 들어오기 /
	  손 씻기
		• 손 씻기 / 앞치마 입기
		• 요리 활동 재료 소개 및 탐색하기
		• 요리순서도 보며 방법 알아보기
		• 약속 정하기
		• 유아주도적으로 요리활동하기
		• 정리하기 / 손 씻기
		• 음식 맛보기

미술	미술(명화감상)	음악(새 노래)

• 재료 탐색하기
• 활동 방법에 대해 이야기 나누기
• 약속 정하기
• 창의적으로 미술활동하기
  (격려 / 칭찬)
• 작품 완성 및 소개하기
• 정리하기
	• 명화 관찰하고 느낌 이야기 나누기
	• 미술 요소 및 원리에 대해 이야기
	  나누기
	• 작품 내용에 대해 이야기 나누기
	  (왜 그렸을까? 작가는 무슨 생각을
	  하였을까?)
	• 작품 평가하기(마음에 드는 부분 /
	  바꾸어 보고 싶은 부분)
	• 작품 감상 위치 선정하기
		• 노래를 들려주기(정확한 음으로)
		• 노래를 듣고 느낌, 내용, 마음에 드는
		  구절을 이야기하기
		• 멜로디만 들어보기
		• 한 가지 소리로 불러보기
		• 교사와 유아가 번갈아가며 부르기
		• 노래 전체를 다같이 부르기
		• 확장(가사 바꾸어 부르기, 율동하기)
		  해서 불러보기

음악(율동)	음악(악기연주)	과학 / 실험

• 음악을 듣고 느낌 표현하기
  (언어, 신체 등 다양한 방법 활용)
• 시범 보이기
• 앉아서 따라 할 수 있는 부분은
  앉아서 동작 해보기
• 모둠으로 나누어 동작 해보기
• 전체 집단이 함께 동작 해보기
• 창작하여 율동 만들어보기
	• 그림 악보를 보고 노래 부르기
	• 신체로 연주하기
	• 악기 소개하기
	• 약속 정하기(악기 소중하게 다루기)
	• 악기 탐색하기 / 자유롭게 연주하기
	• 그림악보 보며 악기 연주하기
	• 악기 정리하기
		•자료 소개하기
		• 준비물과 도구를 탐색하기
		• 실험방법 소개하기
		• 실험결과 예측하여 기록하기
		• 약속 정하기
		• 실험하기(관찰, 예측, 분류, 추론 등)
		• 실험결과 기록하기
		• 실험 전 / 실험 후 결과 비교하기

자유선택활동		
역할영역	쌓기영역	수·조작

• 주제에 대해 이야기 나누기
  (경험회상 등)
• 관련물품 찾기
• 역할정하기
• 약속정하기
• 역할 놀이하기
• 역할 바꾸어서 활동해보기
	•주제에 대해 이야기 나누기
	•설계도를 만들기(만 5세)
	•재료 정하기
	•역할 정하기(○○은 누가 만들까?)
	•쌓기 놀이하기
	•정리하기 및 소개하기
		• 규칙, 약속 정하기
		• 활동 방법 제시하기
		• 자료 소개 및 탐색하기
		• 교사가 활동에 함께 참여하기
		• 활동 이후 관련 영역에 배치하여
		  자유롭게 활동하도록 촉진하기
		• 활동 후 교구 정리하기

Ⅰ. 시작　　Ⅱ. 심층면접　　**Ⅲ. 수업실연**　　Ⅳ. 교수·학습과정안　　Ⅴ. 수업성찰　　Ⅵ. 심층면접 예시 답안

(5) 초등특수 Y, J 선생님 수업실연 평가 체크리스트

날짜		과목		시연자		평가자	
도입		확인 ○△×	의견				
인사하기 + 수업들머리							
전시학습 상기							
동기유발(실생활 연계)							
학습목표 및 활동 안내							
개별약속 or 강화계획							
활동 1							
활동 구체적 설명							
실생활 연계							
문제행동 중재							
개별화 지도							
적절한 발문(용어선택)							
오류 지도							
촉진, 단서							
긍정적 칭찬							
활동 2							
활동 구체적 설명							
실생활 연계							
문제행동 중재							
개별화 지도							
적절한 발문(용어선택)							
오류 지도							
촉진, 단서							
긍정적 칭찬							
활동 3							
활동 구체적 설명							
실생활 연계							
문제행동 중재							
개별화 지도							
적절한 발문(용어선택)							
오류 지도							
촉진, 단서							
긍정적 칭찬							
정리							
정리하기							
가정 학습 과제							
강화							
차시예고							
기타 + 추가의견							
협동학습							
또래학습							
실무원 활용							
공간 활용							

(6) 중등특수 J 선생님 수업실연 TIP & 스크립트

> 전공이 달라도 특수교육대상 학생을 대상으로 하는 수업실연이니 참고하셔서 도움이 될 만한 내용은 나의 것으로 만들어 보시기 바랍니다.

	전시학습 상기
	- 전시학습 상기 부분은 블렌디드 수업이 아닌 경우 가볍게 하고 넘기기

동기유발	
매체 활용	- 매 수업마다 빔프로젝트, 스크린, 교사용 컴퓨터, 태블릿PC를 활용하시는 게 좋습니다. - 동기 유발 영역에서 학생에게 켜달라고 할 수도 있으나 시간 단축을 위해 정보 반장을 활용하여 미리 켜놓은 상태 만들어 놓기
동영상 제시 전 규칙	- 바로 동영상을 틀지 않고 동영상을 보기 전 약속 & 규칙을 언급 - 간단하게만 언급(누가 & 어떤 상황인지!) - 규칙에서 너무 시간 끌어버리면 동기유발 시간이 모자랄 수 있으니 유의!
뒤에서 관찰	- 주의를 못하는 학생에게 다가가 자세를 낮추면서(학생과 눈높이 맞추기), ○○아, 동영상을 볼 때 어떻게 하라고 했죠? 그렇죠 바른 자세로 볼까요? / ○○아, 어디를 보고 있어요? 그래요 동영상을 집중해서 볼까요? 등 학생들 살피기(학생들을 살필 때 목소리크기를 작게 해야 함. 지금 동영상을 보는 중이고, 학생 개인에게 말하는 것이므로 전체에게 말할 때 크기랑 달라야 함.)
영상 중간에 멈추기	- 중간에 멈춰서 교사가 질문하면 학생들이 계속 집중할 수 있기 때문에 효과적이고, 상호작용도 대폭 증가합니다. 이때 가-나-다 학생 모두 질의응답을 해주는 것이 좋습니다.

학습목표 및 학습활동 소개	
목표 및 활동 소개	- 동영상과 학습목표 매끄럽게 연계하기 → 동영상 상황에 빠지지 말고 학습목표와 영상이 뜻하는 바를 캐치하기 - 학습목표 제시할 때 전체 학생들이 참여 유도 - 개별 학습 목표를 제시할 경우 태블릿PC를 사용할 수 있으나, 활동 1에서 태블릿PC를 사용하지 않는 경우 그냥 프린트해서 나눠주는 게 효과적일 수 있음 - 개별 학습 목표 같이 읽을 시 가-나-다 수준 고려해서 가능하게 읽기 - 개별 학습 목표 제시 후, 학습 활동 안내! - 활동에 들어가기 전에 수업 규칙 안내(예방적 차원 중재) - 블록 타임제 명시(간단하게 휴식시간 제공)

활동 1	
활동 1	- 활동 1부터 시작할 경우 바로 들어가지 않고 대략적인 수업의 구조 설명 : 활동 1은 총 30분 동안 이루어질 거예요. 예방적 중재 차원으로 수업규칙 안내도 좋음 - 활동 1은 개념 설명 위주이나 너무 설명식 수업이 되어선 곤란합니다. - 경험활용 : 들어가면서 학생 경험을 활용 '여러분 중 ○○해 본 사람 있어요?' - 교과서를 활용 시 교과서가 준비되어 있는지, 가상의 페이지 수 설정해서 활용하기 - 학생에게 질문 시 가-나-다 수준 또는 다-나-가 수준으로 하기 - 가-나 수준은 확산적 발문을 하여 대답 이끌어 내기 - 다 수준은 표정 몸짓 가리키기 등으로 반응 이끌어 내기

활동 1	- 개념 설명 후 이해 여부 확인 시 오개념이 나타나는 상황을 설정하면 교사와 학생 간, 학생과 학생 간의 상호작용을 증진 : 직접 교정해주지 말고 다시 한 번 생각하는 기회 가지기! - 모르겠다면 가-나-다 수준에 따라 초성 힌트나, 음절수, 첫 글자 힌트 등을 통해 촉진 - 학생 간 상호작용 증진을 위해 또래도우미 활용 : 교과서 제대로 맞게 펼쳤는지 확인해주기, 교과서 펼쳐주기, 태블릿PC 이용 도와주기 등 보조적 역할 - 활동 1을 마칠 때 활동 마무리 멘트 넣기 : 이번 활동 1에서는 ○○에 대해 배워보았어요, 다음 활동 2에서는 활동 1에 배운 내용을 토대로 ○○활동을 해볼게요. - 블록타임제일 경우 휴식시간 제공이라며 쉬는 시간 짧게 설정하기
활동 2	
활동 2	- 활동 2는 적용 및 실천 : 1에서 배운 내용을 토대로 역할놀이, 모둠활동, 보고서 작성, 상황극 등 - 학습지, 교사 시범, 순회지도 등이 실시 - 가위나 기타 물건 사용 시 안전교육도 필수적 - 모둠활동 시 역할 분담 확실하게 하기 : 발표자, 조사자, 기입자 / 발표자, 촬영자, 조사자 등 - 자기결정력을 중요하게 생각하기 때문에 토의활동을 통해 직접 역할을 선택하는 모습 보이도록 - 또래도우미 및 협동학습 시 서로간의 도움 모습이 확실히 보이게 발화 설정하기 - 순회지도 시 눈높이 맞추기, 평소보다 낮은 목소리로! - 모둠활동은 빨리해서 이기는 게 목표가 아니라 서로 협력하는 것이 목표임을 강조해주기! - 모둠활동 후 발표 시 발표 전 주의 깊게 듣도록 유도! → 교사가 팀 발표를 요약하지 말고 상대편 모둠원에게 물어 이해여부까지 확인! - 역할극 : 시범-상황제시-준비-실연

	* 교사설명 및 시범
	- 상황극을 한다고 가정, 교사가 상황극에 대해 설명한 후 실무사와 함께 시범
	- 이때 실무사에게 구체적으로 역할을 언급
	
	  • 실무사님 사전에 협의한 대로 역할극에서 상대역을 해주시겠습니까? 감사합니다.
	  • 실무사님 다영이가 학습지 작성할 때 쓰기도구를 잘 사용할 수 있도록 도와주시겠습니까?

정리 및 평가	
정리	- 정리의 목적은 학습 목표에 대한 도달 여부가 아니라 이번 차시에 어떤 활동을 했는지 확인! - **예** 우리 학생들 오늘 활동 2가지를 했는데 어떠한 활동들을 했죠? - 활동에 대해 애기한 후 자연스럽게 평가로 연결 - 활동 1에서는 어떠한 것에 대해 배웠었죠? / 활동 2 모둠활동을 하면서 어떠한 내용을 찾아보았나요?
평가	- 수업실연에서 평가는 너무 길게 × - 조건에 제시된 적절성만 갖춘 후 언급만 하고 넘어가는 성격으로 평가 - 평가 후 다음 차시 예고

기타 사항

표정	- 미소를 머금고 수업 - 자신감을 가지고 밝은 표정으로 수업
목소리	- 음의 높낮이를 다양하게 - 수업이 역동적
공간활용	- 공간을 최대한 넓게 써야 수업이 활발해 보이고 역동적으로 보입니다. - 학생을 가리키기 : 검지로 지목 ×, 손을 다 펴서
용어	- 친구들 - 유아 초등틱함 - 여러분, 학생 사용
질문 시 텀	- 학생에게 질문 후 2초 정도 여유를 두고 대답을 하면 수업이 여유로워 보입니다.
안전교육	- 가위, 버너, 과학수업(비커, 온도계, 램프 등 깨질 수 있는 것) 등 어떤 재료나 자료 사용 시 반드시 안전교육을 해야 합니다. 태블릿PC도 전 항상 유의사항 교육을 하였습니다.
교과수업	- 사회 : 일상생활 및 지역사회 연계 - 지루해지지 않게 다양한 학습 전략 및 자료 활용 - 과학 : 과학적 탐구가 목적, 실험 및 탐구 위주 수업
블렌디드 수업	- 학생 간 상호작용을 많이 하여 정서적 만족함 함양 - 이전 차시 수업 내용을 실물 자료를 활용하여 학생들이 이전 차시에 대한 명료한 회상이 되도록

(7) 중등특수 H 선생님 수업실연 요령

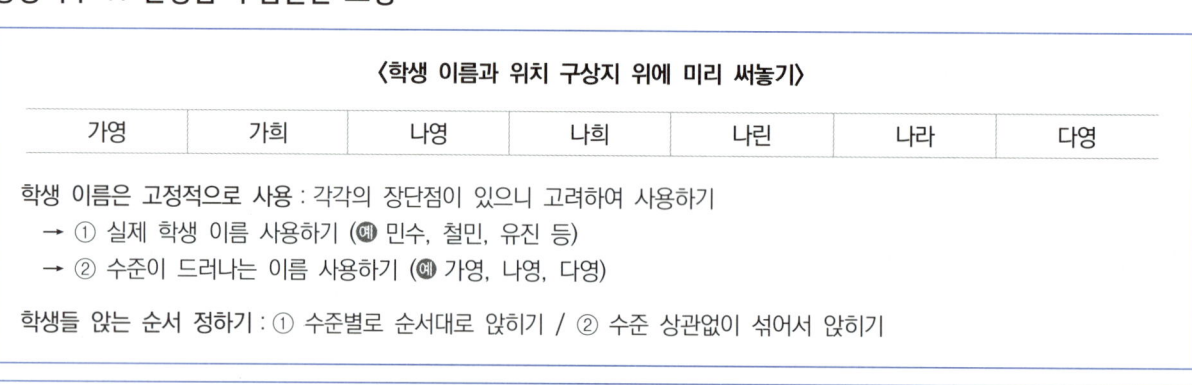

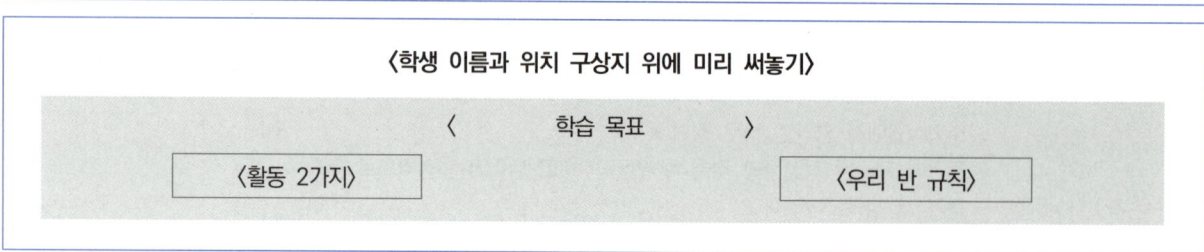

Ⅰ. 시작　Ⅱ. 심층면접　**Ⅲ. 수업실연**　Ⅳ. 교수·학습과정안　Ⅴ. 수업성찰　Ⅵ. 심층면접 예시 답안

	도입
기본	- 학년 반 언급 → 학년 : 구상지 조건에 있으므로 - 과목 언급(예 배움과 행복이 넘치는 진로와 직업 시간) → 과목 : 구상지 조건에 있으므로 언급 - [아주 처음부터 시작할 경우] 반장이 인사하기 → 하이파이브, 노래 부르며 시작 - [동기유발부터 시작할 경우] 전시 학습 상기와 연결하기(예 지난 시간에 배운 것을 잘 기억하는 것을 보니 모두 배움과 행복이 넘치는 국어 수업을 배울 준비가 된 것 같네요.) - [기자재 사용할 경우] 정보 반장 활용하기(예 우리 반 정보 반장인 가영이가 미리 컴퓨터와 스크린, 빔프로젝터를 켜두었네요. 고마워요 가영이)
동기 유발	- 수업과 관련된 동영상 또는 사진 보고 이야기 나누기 - 동영상 또는 사진을 보기 전, 자료를 본 후 이야기 나눌 것에 대해 미리 언급해주기 　(예 동영상을 보기 전에 동영상을 볼 때 집중해야 할 것을 알려줄게요. 첫째, 누가 나오는지, 둘째, 나오는 곳이 어디인지, 셋째, 어떻게 행동하고 있는지에 대해서 집중해주세요. 동영상이 끝난 후 질문하겠습니다.) - [주의집중이 어려운 학생이 있다면] 동영상을 보는 중간에 학생이 집중할 수 있도록 언급해주기(예 다영아, 동영상이 나오고 있네요? 선생님이 동영상이 끝나면 질문을 할 테니 집중해서 동영상을 봅시다.)
학습 목표 안내	- '학습 목표'보다는 '배움 목표' → 조금 더 학생 중심적 - '전체' 배움 목표와 '개별' 배움 목표로 나누기 - 시간이 부족할 것 같은 경우, 전체 배움 목표만 함께 읽고, 개별 배움 목표는 각자 확인하는 것으로 하고 넘어가기(예 칠판 위에 있는 배움 목표를 다 함께 읽어봅시다. (읽기) 그리고 각자 책상 위에 있는 나의 배움 목표를 확인해보도록 합시다.) - 수준별 개별 목표는 위계를 확실하게 나누기(예 가 - 설명할 수 있다. / 나 - 말할 수 있다. 　/ 다 - 연결할 수 있다. 등)
학습 활동 안내	- 활동은 2가지가 적당(3가지 활동은 한 시간 안에 하기 어려움) - 활동을 미리 칠판에 써두었다는 가정하에 함께 읽으며 활동에 대해 설명하기 - 보통 활동 1은 전체 학습, 활동 2는 협동 학습으로 이루어지지만, 아닐 수도 있으니 아닌 경우에 대해서도 연습하기 - 길지 않게 간단하게 언급 후 넘어가기
우리 반 규칙 안내	- 두 가지 정도 고정적으로 사용하는 규칙 정해놓기 - 문제행동이 있는 학생이 있다면 그 학생에게 맞는 규칙 한 가지 정하기 　(예 수업시간 중 돌아다니는 학생 → 자리에 바르게 앉아 수업에 집중합니다.)
강화물 안내	- 배움의 온도계, 스티커 등을 활용할 수 있음 - 강화물을 정할 때는 생활연령 고려하기 → 먹을 것 등은 생활연령에 적절하지 않음
블록 타임제 안내	- 도입에서 학생들에게 수업을 연결하여 진행할 것임을 안내함 - 중간에 쉬는 시간을 제공하기 - 예 오늘 진로와 직업 수업은 3교시와 4교시 연결해서 할 것입니다. 선생님이 중간에 쉬는 시간을 줄 테니 그때 화장실을 다녀오거나 물을 마실 수 있습니다.

	전개
〈TIP〉	- 전개부터 시작할 때도, 위에서 언급한 기본(학년, 반, 과목, 기자재), 목표, 활동, 강화물, 블록타임제 안내는 꼭 하고 넘어가기 → 조건 채우기와 연결되어 있음 - 여러 가지 수업 활동에 대해서 준비하기(예 전체 학습, 모둠 학습, 상황극, 게임하기, 학습지 채우기 활동 등) - 구상 시 어떤 질문에 어떤 학생이 어떤 식으로 대답할지에 대해 모두 준비해놓으시기 바랍니다. 그렇지 않을 경우, 일부 학생들에게 질문이 몰리고(특히, 가군 학생) 수업 시 말이 꼬이거나 이상한 말을 하는 경우가 종종 있습니다. (예 한 달 용돈을 쓸 곳 → 가영 : 교통비, 버스 / 가희 : 문화비, 영화 / 나영 : 저축 / 다영 : 식비, 밥) - 또 학생들의 발문을 받아주는 방법을 고민하시기 바랍니다. 교사가 학생의 말을 그대로 읽기보다는(예 가영이가 '걸어서 갑니다.'라고 말해주었네요.), 교사가 진짜 학생의 말을 듣고 대답하듯이 말하는 연습을 해보시기 바랍니다. (예 (가영이가 걸어서 갑니다.라고 말함) 아, 걸어서 가요? 그렇군요. 가영이는 학교까지 걸어서 온대요.) - 하나의 활동이 끝날 때마다 활동 내용을 간단하게 한 줄로 정리하고, 강화물에 대해 간단히 언급해주시기 바랍니다. (예 배움의 온도계가 1도 올라갔습니다.)
수업실연 기준 채우기	수업실연은 조건이 매우 많습니다. 어떻게 자연스럽게 수업실연 기준을 채워서 보여줄 것인가에 대해서 고민하시기 바랍니다. - 블록타임제로 실연하시오. : 위에서 언급한 바와 같이 활동 전 블록타임제 언급하기, 활동과 활동 사이에 쉬는 시간 제공하기 - 특수교육지도사(또는 보조인력)를 활용하시오. : 특수교육 지도사(또는 보조인력)의 역할에 대해서 스터디원과 이야기를 꼭 나누어보시기 바랍니다. 경기도의 경우, 보조인력을 언급하지 않는 경우가 많습니다. 기준에 나와 있지 않을 경우, 활용하지 않는 것이 좋습니다. 그리고 잘못된 활용 방법에 대해서 고민해보시기 바랍니다. (예 활동 시 사진 찍어주기, 준비물 나누어주기, 휠체어 이동하기 등) 또한 보조인력에게 두루뭉술하게 도움을 요청하기보다는(예 지도사님, 다영이 도와주세요.) 먼저 교사가 시범을 보인 후 보조인력에게 똑같이 도움을 제공하도록 하는 것이 좋습니다. (예 지도사님, 제가 다영이에게 한 것처럼 다영이가 활동하는 것을 옆에서 도와주시면 감사하겠습니다.) - 교사와 학생 간, 학생과 학생 간의 발문이 드러날 수 있도록 실연하시오. : 이는 굳이 수업실연 기준으로 나타나지 않더라도 꼭 넣어주세요. : 교사와 학생 간의 발문은 교사가 학생이 물어본 것에 대해 답해주거나, 교사가 학생의 대답에 왜 그렇게 생각하는지에 대해서 물어보는 것으로 드러날 수 있습니다. 이는 수업나눔에서 말할 이야기거리를 늘려주기도 합니다. : 학생과 학생 간의 발문은 첫째, 학생 간의 갈등 상황 만들어주기, 둘째, 한 학생의 오류를 다른 학생이 수정해주기로 드러낼 수 있습니다. 학생 간의 갈등 상황은 갈등이 생겼을 때 서로 정해진 방식으로 또는 누군가가 양보하는 식으로(강요 ×) 갈등을 풀어나가는 과정에서 드러낼 수 있습니다. 그리고 한 학생이 문제에 대해 틀린 대답을 하였을 경우 교사는 그 이유를 물어보고 다른 학생이 옳은 답으로 고쳐주는 과정에서 드러낼 수 있습니다. - 학생과 교사의 경험이 드러난 발문을 하시오. : 위와 마찬가지로 굳이 수업실연 기준으로 나타나지 않더라도 꼭 넣어주세요. : 학생의 경험을 드러내는 발문은 학생의 실생활과 연결되어 수업나눔 시 대답할 이야기거리를 늘려줍니다.
모형을 활용한 수업 실연하기	- 수업 모형이 적용될 경우, 학생들에게 활동을 시작하기 전 간단하게 모형 단계를 설명해주시길 바랍니다. 이때 모형 단계를 직접적으로 설명하는 것보다는(예 역할놀이 모형 단계 : 상황 설정 → 준비 및 연습 → 실연하기 → 평가하기) 조금 풀어서 학생들에게 설명해주세요. (예 선생님이 다양한 상황 제시 → 연습의 시간 가지기 → 역할극해보기 → 서로 잘했는지 평가하기)

태블릿 PC를 사용하는 수업	- 태블릿PC를 이용하기 전 태블릿PC 사용규칙을 미리 정해둔 것으로 합니다. → 이때 진로와 직업 시간에 정해두었다고 한다면 타 교과와 연계가 될 수 있습니다. - 태블릿PC 규칙으로는 첫째, 필요한 어플만 사용하기, 둘째, 한 대를 싸우지 않고 번갈아 가며 사이좋게 사용하기 등입니다. 필요한 규칙을 추가하거나 필요하지 않은 규칙을 제거할 수도 있습니다.
활동 유형 1 〈전체학습〉	- 전체 학습이라고 해서 학생들에게 교사가 일방적으로 강의를 하는 수업을 해서는 안됩니다. 학생들과 오늘 배울 것에 대해 함께 이야기하고 교사와 학생이 생각을 함께 나누어 답을 찾아가는 '배움 중심 수업'을 하시길 바랍니다. - 위에서 언급했듯이 자료의 내용 하나하나에 누가 어떤 대답을 할지에 대해 모두 구상지에 적어놓으시기 바랍니다. - 이때 수업이 너무 늘어지거나 똑같은 말을 반복한다고 생각이 든다면 생략을 하셔도 좋습니다. (예 작업장 안전사고의 유형 : 감전, 베임, 부딪힘, 넘어짐, 떨어짐 → 부딪힘, 넘어짐, 떨어짐만 하고 넘어가기 → 마지막 멘트로 '이렇게 작업장 안전사고 유형 5가지에 대해 모두 알아보았습니다.'라고 하여 다 했음을 알리기) - 하나의 내용에 대해 ① 교사와 학생의 경험에 대해 나누기(예 가영이는 학교나 집에서 넘어진 적이 있나요? 또는 선생님은 뜨거운 물에 손을 데인 적이 있습니다.) ② 교사가 어려운 말을 풀어주며 수업하기(예 유의어, 반의어가 무슨 뜻일까요? 또는 비언어적 의사소통이 무슨 뜻일까요?) 등으로 이야기를 나누면 됩니다.
활동 유형 2 〈협동학습〉	- 협동 학습 시 모둠은 미리 나누어 놓았다고 가정하시는 것이 좋습니다. 수업 중에 모둠을 나누는 것은 시간을 많이 잡아먹기 때문입니다. (예 우리 지난 자율시간에 정한 모둠대로 앉아볼까요?) - 모둠명은 간단하되 의미 있는 단어로 하시길 바랍니다. 추천 단어로는 성장, 배려, 나눔, 행복, 희망 등이 있습니다.(경기도 교육정책에 많이 나오는 단어들..) 비추천 단어로는 가수 이름, 캐릭터 이름 등입니다. (예 블랙핑크 팀, 트와이스 팀) - 활동을 시작하기 전, 교사가 오늘 할 활동에 대해 미리 안내해주시기 바랍니다. (예 활동지를 채우는 방법, 태블릿PC를 사용하는 방법) - 모둠 안에서 역할을 정하는 방법도 있습니다. 활동을 시작하기 전, 간단하게 학생들의 역할을 분담하는 것입니다. (예 가영 - 검색이 / 나영 - 글쓴이 / 다영 - 꾸밈이) - 활동을 시작하고 끝낼 때는 분명한 신호가 있는 것이 좋습니다. 교사의 박수(예 시작!(짝) - 끝!(짝)), 스크린의 타이머 등이 있습니다. 블록타임제의 경우, 활동 시간을 길게 제공해야 합니다(20분 정도). - 협동 학습 또한 구상지에 협동학습 중 학생이 하고 있는 일 또는 교사의 순회 지원에 관해 구체적으로 써있어야 실연이 수월합니다. (예 성장 팀 - 가영 : 부딪힘 사고 예방법 검색 / 나영 : 베임 사고 예방법 쓰기 / 다영 : 넘어짐 사고 사진 붙이기 도움) - 학생들이 협동학습을 하고 있는 경우 교사는 그냥 지켜보는 것이 아니라 순회 지원을 하셔야 합니다. 위에서 언급한대로 학생에 대한 수준별 지원이 보이도록 미리 구상지에 작성해두시기 바랍니다.
활동 유형 2 〈협동 학습〉	- 학생들이 협동학습을 모두 마쳤는데 시간이 거의 끝났다? 그렇다면 수업을 마무리하시고, (예 모두 활동지를 완성하였나요? 그렇다면 모둠별로 나와 발표를 하고 오늘 수업을 마무리하도록 하겠습니다. 이상입니다.) 시간에 여유가 있다면 발표를 하시길 바랍니다. 발표 또한 누가 어떤 것에 대해 발표를 할지 미리 구상한 후 실연하셔야 합니다.
활동 유형 3 〈역할극〉	- 기본적인 단계 : 시범 보이기 → 상황 제시하기 → 준비하기 → 실연하기 - 시범 보이기 단계 : 교사가 학생들에게 역할극에 대한 예시(시범)를 보이는 단계 　→ 추천하는 방법 : 실제로 시범을 보이는 것(예 교사와 지도사 간의 시범)보다는 예시 동영상을 보여주는 것(예 선생님이 미리 지도사님(또는 옆반 선생님)과 동영상을 찍었어요. 함께 보도록 할까요?). 동영상을 보여주는 것의 또 다른 장점은 여러 번 반복해서 보여줄 수 있다는 점이 있음(특히, 주의집중 안 되는 학생이 있을 시) - 상황 제시하기 단계 : 학생들이 역할극을 할 여러 가지 상황을 미리 제시하는 단계 　→ 학생들이 준비하기 단계에서 역할극을 준비할 수 있도록 미리 여러 가지 상황 제시 　→ 이때 상황을 미리 지정해주기보다는 모든 상황을 연습할 수 있도록 준비

	- 준비하기 단계 : 학생들이 짝을 지어 역할극을 연습하는 단계
	  → 미리 짝 정해놓기(협동 학습 부분 참고) / 순서, 대사 모두 구상해놓기
	  → 교사 : 순회 지도하기(협동 학습 부분 참고)
	- 실연하기 : 학생들이 앞에 나와서 역할극을 실연하는 단계
	  → 똑같은 내용이 반복되어 지루할 수 있다고 판단 시, 1~2팀만 하고 모든 팀이 다 했다고 가정 후 넘어감(협동학습 발표 부분 참고)

활동 유형 4 〈학습지 풀기〉	- 전체학습에 포함되어 실연할 수 있음 - 학생들에게 학습지의 내용 설명 → 학생들에게 개별적으로 학습지 부여 후 시간 제공 → 교사의 순회 지원 - 학습지에 대해 발표하는 시간이 부족하다면, 활동이 모두 끝난 후(즉, 정리에서 배운 내용 상기하기 부분) 발표하는 시간을 가질 것이라는 언급 후 넘어가기
정리	
〈TIP〉	- 정리가 단독으로 나오지 않은 이상 무조건 짧게 진행하시길 바랍니다. 전개 쪽에 조금 더 힘을 실으시기를 바랍니다. - 정리부터 시작한다면, 마찬가지로 기본(학년, 반, 과목, 기자재, 목표 및 활동 안내)은 꼭 포함하시길 바랍니다.
배운 내용 상기하기	- 오늘 한 활동에 대해 정리하기(예 오늘은 첫째, 작업장 안전사고 유형 알아보기, 둘째, 작업장 안전사고 예방법 알아보기 두 가지 내용에 대해서 알아보았습니다.) - 또는 학습지를 풀었다면 학습지 내용을 간단하게 확인하며 배운 내용 상기하기

형성평가	- 배움 퀴즈 또는 배움 노트를 활용하세요. 둘 다 할 시간은 없으니 하나를 선택하세요.
	- 배움 퀴즈 활용하기
	  → 오늘 배운 내용에 대해 간단한 OX 퀴즈를 내고 OX 팻말 들기
	  → 모두 정답보다는 오답을 든 학생도 만들어서 이유를 묻고 교사 또는 친구가 내용을 수정해주는 상호작용을 넣을 수 있음(예 떨어짐 사고를 예방하기 위해서 안전모를 써야 한다 → ×(why? 불편함) → ○로 수정(머리를 보호해야 함))
	  → 모두 정답 한 문제, 한 명 오답 한 문제 정도로 간단하게 퀴즈 풀기
	- 배움 노트 활용하기
	  → 오늘 배운 내용에 대해 배움 노트에 정리하도록 하기
	  → 무엇에 대해 정리해야 하는지 교사가 미리 알려주기(예 배움 노트에는 첫째, 작업장 안전사고의 유형 6가지, 둘째, 각 안전사고의 예방법에 대해서 정리하겠습니다.)
	  → 교사는 학생들이 배움 노트 정리할 때 순회 지원
	  → [가정과의 연계 포함 시] 가정에서 배움 노트에 도장 또는 싸인 받아오기

오늘의 MVP 선정	- 오늘 가장 참여를 잘한 학생을 뽑는 활동입니다. 생략 가능합니다. - 학생들의 추천과 투표를 통해 선정하기 - 추천을 할 때 추천을 하는 이유 함께 물어보기 - MVP 학생에게 개인적으로 물질적 강화물을 제공하기보다는 다 함께 박수 쳐주기 등으로 강화물 제공하기
강화물 제공	- 도입에서 정한 강화제가 모두 채워졌다고 가정하기(예 우리 함께 배움의 온도계를 확인해볼까요? 100도가 되었네요~) - 추후 강화물 제공에 대해 약속하기. 마찬가지로 강화물은 생활연령을 고려하여 결정하기(예 약속한대로 다음 체육 시간에 3반이 좋아하는 피구를 할 수 있는 시간을 주도록 하겠습니다.)
차시 예고	- 간단한 질문으로 다음 시간에 배울 것에 대해 언급하기(예 우리가 학교에서 사고가 일어나면 어떻게 하나요? 맞아요. 이렇게 학교에서는 119에 신고하거나 보건 선생님께 도움을 요청하는데, 작업장에서는 안전사고가 났을 때 어떻게 대처해야 하는지 다음 시간에 배워보도록 하겠습니다.)

CHAPTER 02 초등특수 수업실연 기출문제

- 각 지역 2차 시험 응시자의 기억을 살려 재구성된 기출 문제입니다. 실제 문제와 차이가 있을 수 있습니다.
- 수업실연 문항지는 보통 여러 장, B4크기로 제공되어 구상을 할 수 있는 여백이 넉넉합니다.

01 평가원

🖉 **시험 시간** : 구상 15분, 실연 15분

연도	과목	제재 또는 단원
2024	사회	물건 구입 계획 세우기
2023	과학	차가운 것과 뜨거운 것의 안전한 사용
2022	수학	'앞'과 '뒤' 알기
2021	국어	오늘 있었던 일 말하기
2020	수학	'몇 시 30분' 알기
2019	사회	내가 하고 싶은 역할 활동의 순서를 알고 스스로 선택하기
2018	과학	우리 몸 – 감각기관이 하는 일
2017	국어	순서대로 말해요 – 그림 보고 순서대로 말하기
2016	사회	학교 주변을 그림지도로 나타낼 수 있다.
2015	수학	서로 다른 물건으로 무게 재기

(1) 2024 평가원

1. 수업실연 제재

교과	사회
학년	5학년
단원	10. 합리적인 경제생활
제재	물건 구입 계획 세우기
성취기준	[6사회03-03] 우리 가족의 경제 활동 모습을 조사하고 발표한다.
목표	예산에 맞는 물건 구입 계획을 세울 수 있다.

2. 본시 학습 지도 내용

1차시	목적에 맞는 소비하기
2차시(본시)	예산에 따른 소비하기
3차시	바람직하지 않은 소비의 모습 알기

3. 수업실연 조건

- 도입(동기유발)에서 활동 2까지 실연하시오.
- [도입] 부분에서 개별화 목표를 제시하시오.
- [전개] 부분에서 활동 1은 〈자료 1〉, 활동 2는 〈자료 2〉를 활용하시오.
- 교사-학생, 학생-학생 간의 상호작용이 드러나게 실연하시오.
- 교사의 다양한 발문을 통해 학생의 개별적 중재를 2가지 이상 드러나게 실연하시오.
- 학생이 보이는 오류를 지도하시오.
- 실생활과 연계하여 교수하시오.
- 학생들의 문제행동을 긍정적 행동지원으로 중재하시오.
- 특수교육지원인력을 협력적으로 활용하시오
- 판서가 되어있다고 가정하고 실연하시오.
- 수업할 부분

도입	전시학습 상기	
	동기유발	
	학습 목표 제시	
전개	활동 1	물건 구입 계획 세우기
	활동 2	예산에 맞는지 확인하기
정리	정리	
	차시 예고	

4. 학생 실태 및 학습 수준

수준	장애 영역	학생 특성
가영	지적장애	• 3~4어절 문장 수준 발화가 가능하다. • 두 가지 물건의 가격을 비교해서 용돈으로 구매한 경험이 있다. • 태블릿 PC의 한글자판을 사용해 입력할 수 있다. • 자신이 먼저 하려고 하며, 다른 친구가 발표할 때 손톱을 책상을 두드린다. • 친구 도와주는 것을 좋아한다.
나준	자폐성 장애	• 단어 사용한 발화가 가능하다. • 물건을 예산 안에서 구매 할 수 있는지 안다. • 교사의 시범에 따라 스마트 기기를 조작할 수 있으며 단어 카드를 보고 입력할 수 있다. • 교사의 관심을 끌기 위해 자리이탈 행동을 한다
다은	중도중복 장애	• 예, 아니오로 대답이 가능하다. • 물건을 살 때 화폐가 필요함을 안다. • 같은 그림을 찾는 활동을 좋아하며 스마트 기기를 누를 수 있다. • 휠체어를 사용하며 선호하지 않는 과제를 제시하면 몸을 좌우로 흔들며 웅웅 소리를 낸다. • 특수교육지원인력과 함께 활동을 한다. • 친구와 함께 활동하는 것을 좋아한다.

5. 자료

자료 1 태블릿PC 화면

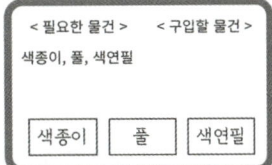

자료 2 계산서, 태블릿PC 화면

색종이 2,000원
가위 1,000원
지우개 1,000원
풀 500원
색연필 3,000원

색종이 2,000원
색연필 3,000원
풀 500원

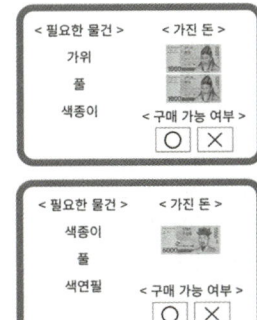
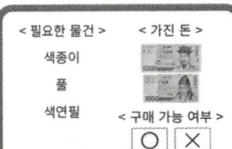

시험장 생생후기

K선생님 (강원)

주변에서 만능 스크립트를 많이 추천하시는데, 저는 만능 스크립트는 따로 만들지 않았습니다. 동기유발, 정리 부분은 비슷하게 하였지만 활동1, 2는 어떻게 나올지 모르기에 그 상황에 맞춰서 시연하였습니다. 올해처럼 이렇게 조건, 자료가 많아지면 스크립트를 제대로 활용하지 못할 수도 있습니다. 그렇기 때문에 스크립트를 작성하시더라도 평가원 기출만 하지 마시고 연습문제, 타지역 기출 문제를 활용하시는 걸 추천드립니다. 저는 연습기간 동안 모르는 사람 앞에서 수업 시연 하는 것, 많은 사람들 앞에서 발표하는 연습, 당황스럽고 어려운 문제 15분 동안 구상하기 등을 하였습니다. 방금 말한 것들이 정말 많은 도움이 되니 시험 일주일정도 남았을 때 한번 해보시길 추천드립니다.

L선생님 (전북)

- 전북의 경우 평가관이 3명 배치되었고, 자리배치는 면접과 동일했습니다.
- 수업 구상 시, 저는 허가를 받은 뒤, 시험지의 맨 앞장을 뜯어 책처럼 접어 사용하였습니다.
- 구상 전 계측관이 필요한 경우 헤드셋 사용할 건지에 대한 여부에 대해서 물어보시니 예민하신 분은 이를 활용해도 좋을 것 같습니다.

- 판서를 할 때는 자신이 지우고 나가야 한다고 하셨습니다.
- 전북의 경우, 읽을 것은 아예 챙길 수 없고 B4와 필기구만 제공하여서 뒷번호를 뽑은 경우, 멍 때리는 시간이 깁니다.
- 대기실에선 간식거리(마실 것 포함)와 수험표, 신분증을 제외하고 모든 물건은 밖으로 내놓도록 하였습니다. (구상실로 이동 시, 간식거리는 전부 밖에 두고 가니까 걱정 말고 당 충전할 수 있는 먹을 것, 마실 것을 챙겨가면 좋을 것 같습니다!)

J선생님 (인천)

구상실로 이동하기 전, 검정펜만 사용, 시험지 훼손 금지로 표지 뜯을 수 없음을 공지받았습니다. 그래서 작은 종이로 주시나 했는데, B4라서 정말 크게 당황했습니다. B4 5장 정도를 스테이플러로 찍어놓으셨는데 이렇게 연습해 본 적이 없어서 구상지를 제대로 쓰지 못했습니다. 학생들의 조건은 많지 않았으나 이렇게 왔다갔다 하면서 구상지를 적어본 적도, B4를 접지 못하고 구상을 한 적도 없어서 너무 혼란스러웠습니다.
평가실에 들어가니 면접날과 동일한 평가관이였습니다. 또한, 교탁 때문에 평가관과 매우 가까웠습니다. 동선을 크게 연습한 저는 평가관에게 가까이 다가갔고, 평가관님은 평가지를 숨기셨습니다. 그 이후로는 덜 다가가고, 다가가도 학생의 눈이 아닌 거의 책상을 보는 듯이 아래를 바라보았습니다.

K선생님 (인천)

평가관 5명 계셨고, 키다리 책상이 하나 있었습니다. 구상지는 B4가 5장 있고, 자료 한 개당 한 장씩 있었습니다.

C선생님 (인천)

- 시험지를 떼면 안 됐어서 가장 앞면에 구상을 하고, 반으로 접어서 실연을 하였습니다.
- 초시계가 평가위원쪽이 아닌 창가쪽에 있어서 시계를 보기 어려웠습니다.
- 자료가 다 개별화되어있고, 양이 많아서 옮겨 적는 데 시간이 오래 걸립니다.
- 공고문에는 교탁이 배치도에 나와있었지만 실제 시험장에는 없었습니다.
- 순회를 할 때 평가위원이 내 구상지를 볼 수 있을 정도로 가까운 거리였습니다.

(2) 2023 평가원

1. 수업실연 제재

교과	과학
학년	3학년
단원	8. 차가움과 따뜻함
제재	차가운 것과 뜨거운 것의 안전한 사용
목표	차가운 것과 뜨거운 것을 만질 때 주의해야 할 점을 말할 수 있다.

2. 수업실연 조건

- 도입의 일부부터 활동 2까지 실연하시오.
- [도입] 부분에서 학생 개개인의 수준을 반영한 개별화 목표를 제시하시오.
- 활동 1에서 〈자료 1〉, 〈자료 2〉를 활용하시오.
- 활동 2에서 〈자료 1〉, 〈자료 2〉가 완성되었다고 가정하고 진행하시오.
- 교사-학생, 학생-학생 간의 다양한 상호작용이 드러나게 실연하시오.
- 판서가 되어있다고 가정하고 실연하시오.
- 학생의 문제행동에 대하여 긍정적 행동지원으로 중재하시오.
- 실생활과 연계하여 지도하시오.
- 수업 중 특수교육지원인력과 상호작용하며 활동을 진행하시오.
- 수업할 부분

도입	전시학습 상기	
	동기유발	
	학습 목표 제시	
전개	활동 1 뜨거운 것과 차가운 것 구분하기	실연할 부분
	활동 2 뜨거운 것과 차가운 것을 만질 때 주의할 점 알아보기	
정리	정리	
	차시 예고	

3. 학생 실태 및 학습 수준

수준	장애 영역	학생 특성
가영	지적장애	• 3어절 이내의 문장으로 의사를 표현할 수 있음 • 일상에서 자주 쓰이는 문장을 잘 읽을 수 있음 • 다른 사람의 말이 끝나기 전에 먼저 대답하거나 행동하려고 함 • 순서를 지키지 않고 무엇이든 먼저 하려고 함 • 너무 뜨거운 것을 만지면 위험하다는 것을 알고 있으나, 너무 차가운 것을 만지면 위험하다는 것을 잘 모름
나준	자폐성 장애	• 짧은 단어 수준으로 의사소통할 수 있음 • 이전에 학습한 단어를 알고 말할 수 있음 • 스스로 의사소통을 시도하는 경우가 적음 • 손소독제를 과하게 사용하며 얼굴에 바르기도 함. • 빨간색과 파란색을 좋아함 • 온도와 통증을 잘 느끼지 못하고 둔감함
다영	중도·중복장애	• AAC를 이용하여 의사소통을 할 수 있음 • 휠체어를 이용하며 소근육 사용이 어려움 • 자신이 선호하지 않는 과제가 나오면 휠체어 바퀴를 구르면서 큰 소리를 냄 • 같은 모양의 카드를 찾아 붙일 수 있음 • 수업 활동 진행 시 특수교육 지원인력과 함께 활동함

4. 자료

| 자료 1 | 뜨거운 것에 대한 그림/차가운 것에 대한 그림 = 총 6장 |

1) 글루건 사용 그림, 정수기 그림, 뜨거운 것을 쏟아 울고 있는 아이의 그림
2) 드라이아이스&아이스크림 그림, 눈사람을 만드는 데 장갑을 끼지 않은 아이의 그림, 철봉에 눈이 쌓인 그림

| 자료 2 | 활동지 |

가/나 수준 학생 활동지	다 수준 학생 활동지
- 뜨거운 것과 차가운 것을 구분해 붙일 수 있는 형태의 학습지	- 뜨거운 것과 차가운 것을 붙임딱지 모양에 따라 구분하여 붙일 수 있도록 그려진 학습지

뜨거운 것	차가운 것	뜨거운 것	차가운 것
		● ● ●	◆ ◆ ◆

(3) 2022 평가원

1. 수업실연 제재

교과	수학
단원	8. 공간의 이해
제재	'앞'과 '뒤' 알기
목표	'앞'과 '뒤'를 표현할 수 있다.

2. 수업실연 조건

- 도입의 일부부터 전개까지 실연하시오.
- 개별 학생의 개별화 목표를 반영하시오.
- 전개에서 학생 문제행동을 중재하시오.
- 전개에서 특수교육 실무원을 활용하시오.
- 자료 1을 활동 1에 활용하고, 자료 2를 활동 2에 활용하시오.
- 교사의 다양한 발문을 제공하여 학생의 반응을 이끌어 내시오.
- 학생 간 상호작용과 교사와 학생 간 상호작용을 드러낸 수업을 하시오.
- 실생활과 연계하여 지도하시오.

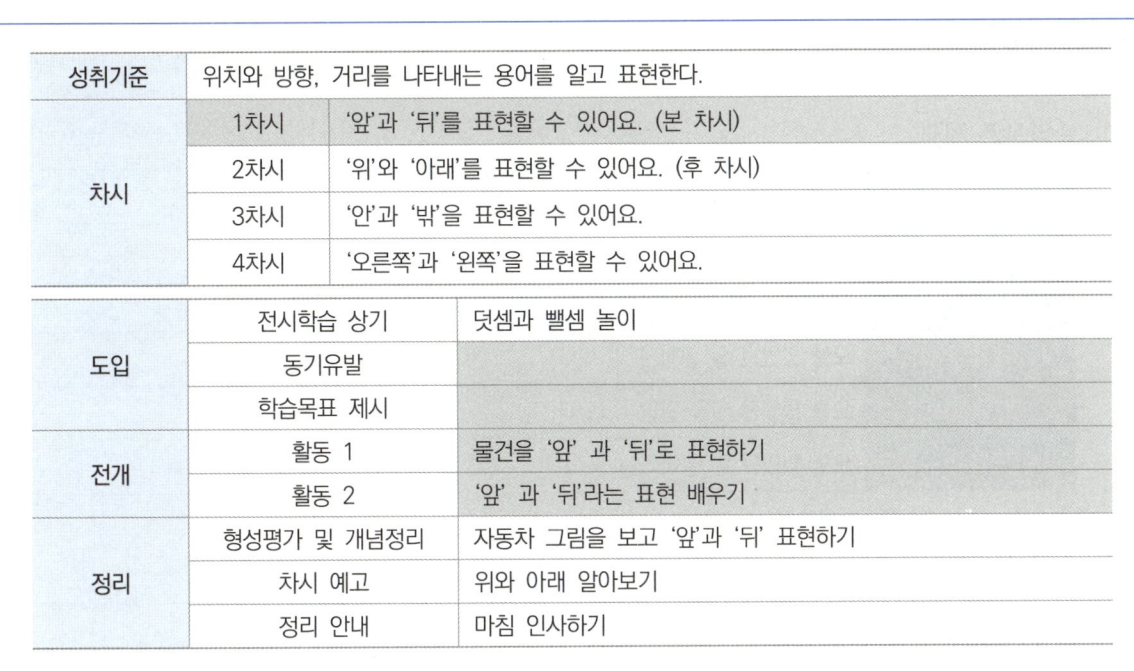

성취기준	위치와 방향, 거리를 나타내는 용어를 알고 표현한다.	
차시	1차시	'앞'과 '뒤'를 표현할 수 있어요. (본 차시)
	2차시	'위'와 '아래'를 표현할 수 있어요. (후 차시)
	3차시	'안'과 '밖'을 표현할 수 있어요.
	4차시	'오른쪽'과 '왼쪽'을 표현할 수 있어요.
도입	전시학습 상기	덧셈과 뺄셈 놀이
	동기유발	
	학습목표 제시	
전개	활동 1	물건을 '앞'과 '뒤'로 표현하기
	활동 2	'앞'과 '뒤'라는 표현 배우기
정리	형성평가 및 개념정리	자동차 그림을 보고 '앞'과 '뒤' 표현하기
	차시 예고	위와 아래 알아보기
	정리 안내	마침 인사하기

3. 학생 실태 및 학습 수준

수준	장애 영역	학생 특성
가	지체장애	• 스스로 일어날 수 있으며 단어로 말할 수 있다. • 활동 전환에 대해 두려움을 가지고 활동을 계속 확인하는 모습이 있다. • 오른손 편마비를 가지고 있으며 한 손을 사용하려고 한다.
나	지적장애	• 스스로 일어나기 어렵지만 도움을 주면 일어날 수 있다. • 배와 등의 개념을 알고 있고 단어로 따라 말할 수 있다. • 교사나 친구가 시범을 보이면 따라 할 수 있다. • 원하지 않는 것이 나오면 책상을 두드리는 모습이 보인다.
다	중도·중복장애	• 휠체어를 이용하여 이동이 가능하다. • 교사의 이야기나 친구의 이야기를 듣고 고개를 끄덕일 수 있다. • 소극적이며 책상을 엎드리려는 모습이 보인다.

4. 자료

〈자료 1〉	〈자료 2〉

(4) 2021 평가원

1. 수업실연 제재

교과	국어
학년	5~6학년
단원	11단원. 이런 일이 있었어요.
제재	오늘 있었던 일 말하기 Ⅰ
목표	오늘 있었던 일을 말할 수 있다.
차시	오늘 있었던 일 말하기 Ⅱ

2. 수업실연 조건

- 전개에서 정리까지 실연하시오.
- [전개] 부분 중 활동 1에서 〈자료 1〉, 활동 2에서 〈자료 2〉를 활용하시오.
- 교사-학생, 학생-학생 간의 상호작용이 드러나게 실연하시오.
- 학생별 개별화지도와 학생이 보이는 문제행동을 지도하시오.
- 필요한 기자재와 교구가 있다고 가정하고 실연하시오.
- 활동 중 학생들의 자기결정력이 나타나도록 실연하시오.
- 판서가 되어있다고 가정하고 실연하시오.
- 학생 특성을 반영하여 실연하시오.
- 일상생활과 연계한 부분이 드러나게 실연하시오.
- 실연 부분

도입	전시학습 상기	친구들이랑 있었던 일 말하기
	동기유발	아침, 낮, 저녁에 관련된 노래 부르기
	학습목표 제시	
전개	활동 1	수업실연할 부분
	활동 2	
정리	정리	
	차시 예고	

3. 학생 실태 및 학습 수준

수준	장애 영역	학생 특성
○가은	지적장애	• 문장으로 말할 수 있으며, 간단한 문장을 읽을 수 있다. • 발표하며 수업에 적극적으로 참여하고, 친구와 함께하는 활동을 좋아한다. • 어려운 과제가 있으면 회피하려고 한다.
○나은	자폐성장애	• 그림카드, 붙임딱지, 단어카드를 붙이는 활동을 좋아한다. • 반향어를 사용하며, 교사의 말을 계속 반복하고 따라한다. • 언어적 촉구를 제공하면 단어로 의사소통을 한다.
○다준	중도·중복 장애	• AAC 활용하며 자신의 생각과 느낌을 표현할 수 있다. • 사전에 강화 예고를 해주면 책상을 두드리는 문제행동이 줄어든다. • 교사나 다른 학생의 시범을 보면 말이나 행동을 따라할 수 있고, 친구와 함께 하는 활동을 좋아한다.

4. 자료

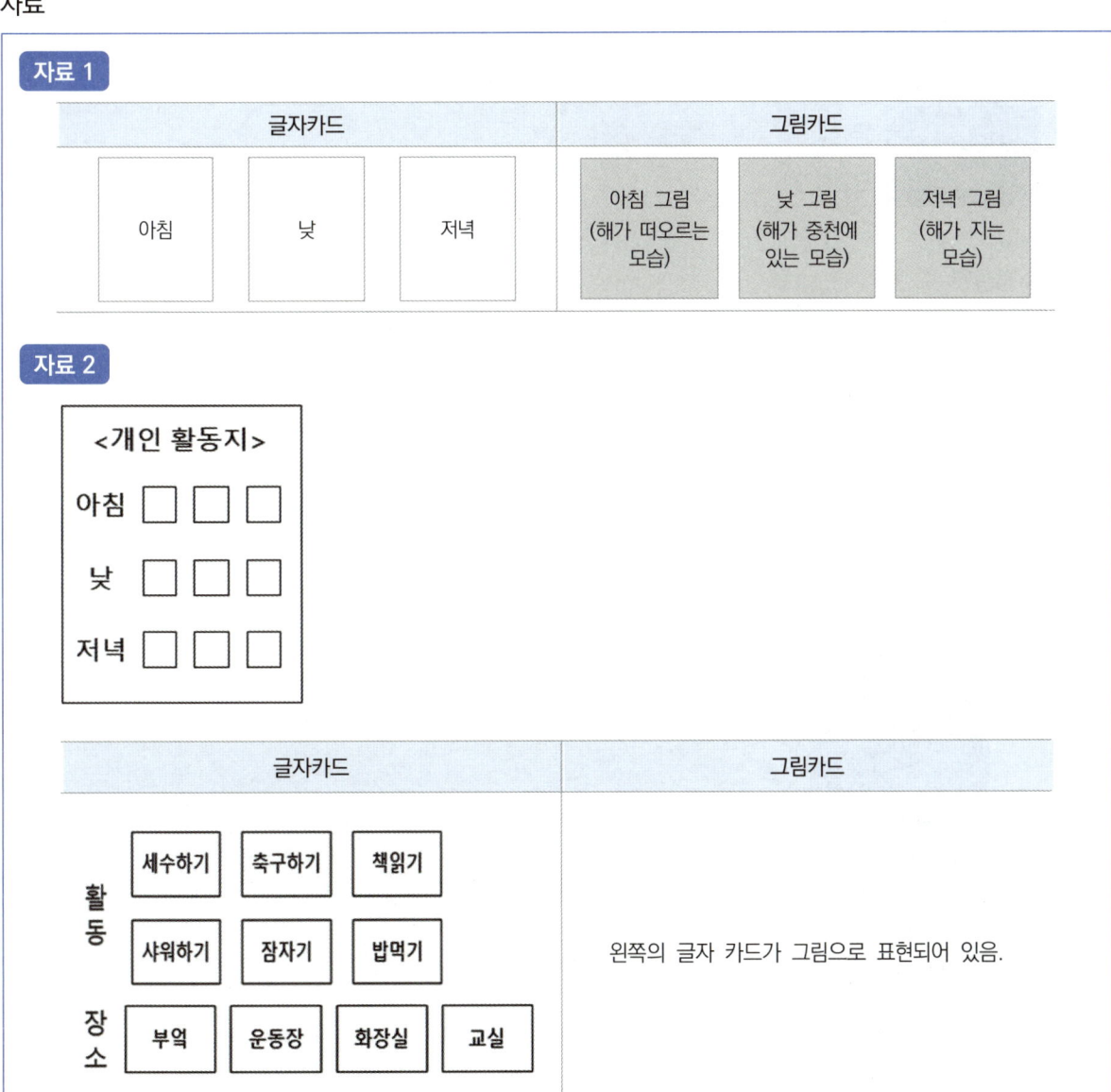

(5) 2020 평가원

1. 수업실연 제재

교과	수학
학년	5~6학년군(가)
단원	8. 시계
제재	'몇 시 30분' 알기
목표	시계 바늘을 움직여 '몇 시 30분'을 나타낼 수 있다.

2. 본시 학습 지도내용

1-2차시	몇 시를 읽어 봅시다.
3-4차시	몇 시를 나타내 봅시다.
5-6차시	몇 시 30분을 읽어 봅시다.
7-8차시	몇 시 삼십 분을 나타내 봅시다.
9차시	단원평가

3. 수업실연 조건

- 도입(동기유발)에서 활동 2까지 실연하시오.
- [도입] 부분에서 개별화 목표를 제시하시오.
- [전개] 부분에서 〈자료 1〉, 〈자료 2〉를 활용하시오.
- 판서가 되어있다고 가정하고 실연하시오.
- 교사-학생, 학생-학생 간의 상호작용이 드러나게 실연하시오.
- 학생이 보이는 오류를 지도하시오.
- 수업할 부분

도입	전시학습 상기	
	동기유발	
	학습목표 제시	
전개	활동 1	시계 바늘을 읽고 시각 나타내기
	활동 2	일정을 보고 시각 표현하기
	활동 3	
정리	정리	
	차시 예고	

4. 학생 실태 및 학습 수준

수준	장애 영역	학생 특성
김가영	지적장애	• 1부터 100까지 셀 수 있다. • 한자 수사(일, 이, 삼)와 우리말 수사(하나, 둘, 셋)을 구분할 수 있다. • '몇 시 삼십 분'을 말할 수 있다. • 발표하는 것을 좋아한다. 하지만 성급하게 말할 때가 있고, 질문이 끝나기 전에 말하는 경우가 있다.
이나영	지적장애· 시각장애	• 1부터 50까지 셀 수 있다. • 한자 수사(일, 이, 삼)와 우리말 수사(하나, 둘, 셋)을 구분하는 것이 어려워 오류를 보인다. • 촉각으로 시계를 확인할 수 있다. • 청각 자료, 촉각 자료 활용하여 '시'를 알고 있으나, '몇시 삼십 분'을 표현하는 데에는 오류를 보인다. • 친구와 함께 활동하는 것을 좋아한다.
박다준	자폐성장애	• 1부터 5까지 셀 수 있다. • 긴 바늘과 짧은 바늘을 구분하는 것을 어려워한다. • 교사가 하는 말을 따라 하며, 자신의 활동을 교사에게 계속 확인하려고 한다. • 색깔 스티커 붙이기를 좋아한다.

5. 자료

모형시계, 촉시계, 그림 일정표

(6) 2019 평가원

1. 본시 학습 지도내용

교과	사회
단원	3~4학년군 (나) 1. 나의 선택
주제	내가 하고 싶은 역할 활동의 순서를 알고 스스로 선택하기
목표	1. 다양한 역할을 순서대로 나열할 수 있다. 2. 다양한 역할을 선택할 수 있다.

2. 학생 실태 및 학습 수준

가영	• 문장 수준으로 발화가 가능하다. • 교사가 시범을 보이면 따라 할 수 있으나 스스로 할 때는 성급하게 선택한다. • 역할이 무엇인지 말할 수 있으나 역할을 순서대로 나열하는 것이 어렵다.
나영	• 구어로 말하는 것이 어렵다. AAC를 사용한다. • 분리배출을 잘 알지 못하며 역할을 순서대로 나열하기 어렵다. • 활동 진행 사항을 알려주면 자리이탈 빈도가 감소한다.
다준	• 고개를 끄덕이며 예·아니오로 표현할 수 있다. • 소근육이 어려워 물건을 책상 아래로 잘 떨어뜨린다. • 역할을 순서대로 나열하는 것은 어렵지만 같은 그림을 찾을 수 있다.

3. 수업조건

- 판서는 되어있다고 가정하시오.
- 학생을 개별지도하는 내용이 2개 이상 드러나게 시연하시오.
- 학생 간 상호작용이 보이게 하시오.
- 활동마다 목표를 상기시키는 내용을 포함하시오.
- 형성평가에서 부족한 부분을 보충하시오.
- 동기유발 ~ 활동 2까지 실연하시오.

도입	동기유발		실연할 내용
전개	활동 1	다양한 역할 활동의 이름과 순서를 알아봅시다.	
	활동 2	다양한 역할 활동에서 내가 하고 싶은 역할 활동을 스스로 선택하여 봅시다.	
정리			

4. 자료

다양한 역할 활동 그림카드

[분리수거]

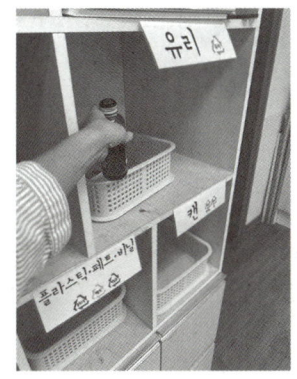

[화분에 물 주기]

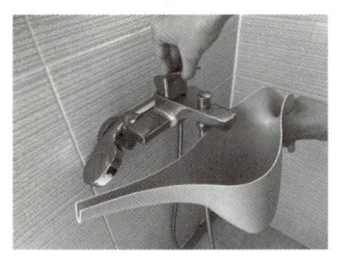

[정리하기]

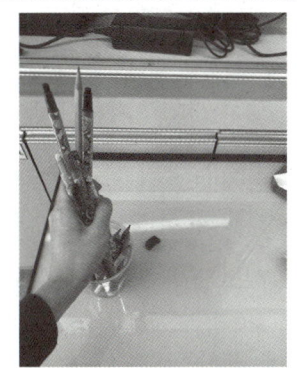

* 실물자료(쓰레기통, 빈 캔, 색연필, 풀, 화분, 물뿌리개 등)

(7) 2018 평가원

1. 본시 학습 지도내용

교과	과학
학년	5~6학년 군
단원	1. 우리 몸
제재	감각기관이 하는 일
차시	5차시. 감각기관의 종류와 감각기관이 하는 일을 알아볼까요?
단원의 전개 계획	4/18 / 뼈와 근육은 무슨 일을 할까요? / • 뼈가 하는 일을 안다. • 근육이 하는 일을 안다. 5/18 / 감각 기관이 하는 일을 알아볼까요? / • 감각 기관의 종류를 안다. • 감각 기관의 하는 일을 안다. 6~7/18 / 우리가 먹은 음식물은 어떻게 될까요? / • 소화 기관의 위치와 생김새를 안다. • 소화의 개념을 안다.
활동	감각기관의 종류 알기 감각기관이 하는 일을 알아보기 감각기관을 사용하여 사물 맞추어보기

2. 학생 실태 및 학습 수준

이름	장애 유형	현재 학습 수행 수준 및 행동 특성
김가은	지적장애	• 눈, 코, 혀, 귀 피부를 가리킬 수 있고 감각기관이 하는 일을 알고 있다. • 자신의 생각이나 느낌을 단어로 표현할 수 있으며, 쉬운 문장을 읽을 수 있다. • 나은이와 함께 활동하는 것을 좋아한다.
이나은	지체장애	• 눈, 코, 혀, 귀 피부 중 눈과 코는 그림카드에서 선택할 수 있으나, 감각기관이 하는 일은 정확히 알지 못한다. • 경직성 뇌성마비로 고개를 돌려 그림카드 바라보기로 선택할 수 있다. • 소리 지르기 문제행동이 나타나며 사전에 강화제 제공을 약속하면 문제행동이 줄어든다.
최다은	자폐성장애	• 눈, 코, 혀, 귀, 피부 중에 눈을 신체에서 가리킬 수 있으나 하는 일을 구별하지 못한다. • 반향어를 보이며, 교사가 시범을 보이면 따라할 수 있다. • 붙임딱지를 좋아한다.

3. 수업조건

- 활동 2에서 정리까지 15분 동안 실연하시오.
- 개별화를 고려한 수업이 드러나도록 실연하시오.
- 판서가 되어 있다고 가정하고 실연하시오.
- 교사와 학생, 학생과 학생 간의 상호작용이 드러나도록 실연하시오.
- 수업의 전개 단계에서 자기결정력을 증진하도록 실연하시오.
- 전개(일부)와 정리 단계에서 실생활과 연계된 활동을 하시오.

4. 자료

바나나(후각), 설탕(미각), 종(청각), 수세미(촉각), 우리 학급 사진(시각), 자료를 담는 그릇, 안대, 감각기관 그림카드, 감각기관 붙임딱지

(8) 2017 평가원

1. 본시 학습 지도내용

과목	국어(5~6학년군 가)
단원	11. 순서대로 말해요 – 그림 보고 순서대로 말하기
주요 활동	활동 1 : 이야기의 내용에 대하여 알아봅시다. 활동 2 : 마지막 장면을 찾아봅시다. 활동 3 : 이야기를 순서대로 나열해봅시다.

2. 학생 실태 및 학습 수준

가	• 교사의 말을 흉내 내는 것을 좋아함 • 선택에 어려움이 있음 • 이야기를 순서대로 말할 수 있음
나	• 지체장애, 자세를 중간에 조정 해줘야 함 • 말하는데 불안감이 있음 • 교사의 격려에 말 잘함 • 이야기의 내용은 말할 수 있지만 순서대로 말하는 것은 어려움
다	• 교사의 관심이 없으면 머리를 때리는 자해행동을 함 • 숫자를 배열할 수 있음 • 이야기를 말하거나 이야기 배열은 안됨

3. 수업조건

- 동기유발부터 활동3까지 수업하시오.
- 판서는 이미 되어있다고 가정하고 하시오.
- 수업에 필요한 자료 및 기자재가 모두 갖추어져 있다고 가정하고 수업하시오.
- 자료 ①은 동기유발에서, 자료 ②는 전개에서 사용하시오.

4. 자료

자료 ①	가족이 식당에서 메뉴 주문하는 사진
자료 ②	'염소 두 마리' 그림 카드 4장 (1) 염소 두 마리가 외나무 다리를 건너려고 함 (2) 염소 두 마리가 외나무 다리에 동시에 올라감 (3) 염소 두 마리가 외나무 다리 가운데서 부딪침 (4) 염소 두 마리가 아래로 떨어짐

(9) 2016 평가원

1. 본시 학습 지도내용

학년	5~6학년군
교과	사회
수업목표	학교 주변을 그림지도로 나타낼 수 있다.
차시	3차시 : 학교에서 우리 집 가는 길 알아보기 4차시 : 학교 주변을 그림지도로 그리기 5차시 : 그림지도 소개하기

2. 학생 실태 및 학습 수준

이름	학생 실태 및 학습 수준
김산	• 방위 중 북쪽을 가리킬 수 있다. • 그림지도 위에 선을 그리는 게 가능하다. • 학교 주변의 건물을 말할 수 있다. • 다른 사람 이야기에 집중을 못한다.
이시내	• 자발적인 말은 안 되지만 따라 말하기가 가능하다. • 지도에서 오른쪽, 왼쪽, 앞, 뒤를 알 수 있다. • 그림은 못 그리는데 색칠하는 것을 좋아한다. • 수업 중 책상을 치는 행동을 보인다.
박바다	• 학교 내의 빵집, 편의점을 좋아하여 사진을 보고 찾을 수 있다. • 같은 그림끼리 짝지을 수 있다. • 조용하면 손을 흔드는 상동 행동이 있다.

3. 수업조건

- 도입과 활동 1을 조건에 맞게 수업실연하시오.

학습 과정		학습활동
도입		*수업실연을 하시오.
활동 1	그림지도 만들기	
활동 2	색칠하기	땅의 활용 모습이 같은 것끼리 색칠한다.
정리 및 평가		완성된 그림지도를 보고 우리 집 가는 길을 이야기한다.

- 학생 실태 및 학습 수준을 반영하시오.

자료

※ 그림지도 그리는 순서
1. 동서남북을 표시합니다.
2. 학교를 중심으로 주요 도로, 하천, 산을 그립니다.
3. 주요 높은 건물들을 그립니다.
4. 주택이나 논, 밭, 상점 등을 그립니다.
5. 땅의 활용 모습이 같은 것끼리 색칠합니다.

이 외 다양한 지도 등 여러 자료를 수정하여 사용하시오.

02 서울

✏️ **시험 시간** : 구상 20분, 실연 15분, 성찰 5분
✏️ 반성적성찰질문은 즉답형 1문항으로 진행

연도	과목	제재 또는 단원
2024	사회	우리 이웃
2023	국어	친구 소개하기
2022	통합교과(봄)	봄에 볼 수 있는 동물의 움직임 알기
2021	사회	자연환경 보호 실천방안을 알고 실천하기
2020	과학	물과 수증기 – 수증기의 상태 변화
2018	과학	날씨
2017	사회	공공장소에서 지켜야 할 예절
2016	사회	다양한 가게 – 물건 구입하기 / 가게에 파는 물건 알기
2015	국어	생활 주변 사물의 이름 알기

(1) 2024 서울

단원의 개관

이웃은 지역적으로 가까이 있거나 기능적으로 생활과 밀접한 일을 하는 사람들을 의미한다. 이러한 이웃은 특수교육대상학생의 생활 장면에 밀접하게 관련되어 있다. 그러나 특수교육대상학생은 자신을 둘러싼 주변 이웃의 생활 모습에 자연스럽게 관심을 가지거나 관찰하는 데 어려움이 있다. 그러므로 특수교육대상학생에게 가까운 이웃에게 관심을 가지고, 생활에 도움을 주는 이웃이 하는 일을 알 수 있도록 기회를 제공해야 한다.
 이 단원에서는 우리 주변의 다양한 이웃의 모습을 관찰하고 설명할 수 있도록 '여러 이웃을 만나요', '건강을 지켜 주는 이웃을 만나요', '안전을 지켜 주는 이웃을 만나요' 3개의 주제로 구성하였다. '여러 이웃을 만나요'에서는 여러 이웃의 모습뿐만 아니라 이웃이 함께하는 생활 모습과 이웃 간에 지켜야 할 예절을 살펴보고 일상생활에서 실천하는 태도를 익힌다. 또 '건강을 지켜 주는 이웃을 만나요'에서는 의사, 간호사, 약사가 일하는 장소와 이곳을 이용하는 이웃의 모습을 살펴보고, 타인의 생활 모습에 관심을 가지도록 한다. '안전을 지켜 주는 이웃을 만나요'에서는 경찰관과 소방관이 하는 일을 알아보고, 생활에 도움을 주는 이웃에게 고마운 마음을 가질 수 있도록 구성하였다.
 학생 개인마다 자주 접하는 생활 환경을 파악하고 가정, 학교에서 벗어나 특수교육대상학생이 지역 사회의 이웃에 대해 관심을 가지고 이웃과 함께하는 일에 참여할 수 있도록 지도한다.

1. 수업실연 제재

교과	사회
학년	4학년
단원	8. 우리 이웃
목표	안전을 지켜주는 이웃이 하는 일을 안다.

2. 본시 학습 지도 내용

12차시	안전을 지켜주는 이웃의 도움이 필요한 상황을 안다.
13차시(본시)	안전을 지켜주는 이웃이 하는 일을 안다.
14~15차시	안전을 지켜주는 이웃이 하는 일을 경험한다.

3. 수업실연 조건

〈해당 교실은 지적장애 특수학교이며 6명으로 구성되어 있습니다.〉

- 학생들의 개별화 목표를 설명하시오.(2분 이내)
- [도입-전개-정리] 중 [전개-정리]를 실연하시오.
- 교육과정-수업-평가가 일체화된 수업을 실연하시오.
- 학생들의 개별특성을 고려한 디지털 기기 사용을 실연하시오.
- 특수교육 실무사가 1명 배치되어 있습니다.
- 수업할 부분

도입	전시학습 상기	
	동기유발	
	학습 목표 제시	
전개	활동	
정리	정리	
	차시 예고	

4. 학생 실태 및 학습 수준

수준	장애 영역	학생특성
가(2)	지적장애	- 자주가는 가게를 이용할 때 '안녕하세요'라고 인사함 - 두 단어로 이루어진 문장으로 의사소통 할 수 있음 - 음성언어를 통해 음성검색을 활용할 수 있음
나(3)	지적장애	- 이웃을 만나면 고개숙여 인사함 - 한단어로 의사소통 할 수 있음 - 태블릿 pc로 그림을 변별하여 터치할 수 있음
다(1)	지적장애	- 음성언어 보다는 몸짓, 표정으로 표현함 - 디지털기기에 관심과 흥미가 많아 탐색하려고 하나 전반적인 지원이 필요함

5. 반성적 성찰 면접

- 특수교육대상자들의 개별목표를 설정한 이유를 설명하시오.
- 특수교육대상자들의 개별 수준에 따른 디지털기기 사용을 고려한 부분과 보완할 점을 설명하시오.

시험장 생생후기

시험장 특성

구상실, 고사실 모두 배치도는 면접과 동일했습니다. 면접관을 바라보는 방향에서 실연했습니다. 면접관은 3명이었습니다. 기존의 연습과 달랐던 점은 시간이 20분에서 내려왔습니다. 이 때문에 시간 조절이 생각보다 신경이 많이 쓰였습니다. 계산을 간단하게라도 한번 해야 하니 신경이 쓰였습니다. 실제 교실이지만 뒤에 밀린 책상의 부피 때문에 생각보다 좁다고 생각했습니다. 수업성찰하는 책상이 가운데 있고, 바로 뒤 교탁이 있어서 공간활용이 어색하게 느껴질 수 있을 것 같습니다. 생각보다 좁다는 느낌이 들었습니다.

구상실

수업실연실

Y선생님

14분 55초쯤 실연을 마쳤습니다. 그래서 시간이 자리에 앉으니 4분대로 접어들었습니다. 평가관이 빠르게 파일을 열어 확인하라는 안내를 해주셨습니다. 이때 쭈뼛거리지 말고 얼른 파일 열고 멘트하고 문제를 확인해야 합니다.

J선생님

- 면접관을 바라보고 실연을 해야 하는데 16명 중에 15번을 뽑아 면접관의 집중력이 떨어질 때 실연을 진행하였습니다. 그래서 안경을 벗고 눈을 만지작거린다든지 흥미없는 듯한 표정 하나하나에 신경이 쓰일 수 있으나 '난 무조건 합격한다.' 마인드로 더욱 학생들 강화를 해주고 조건을 다 채운다는 생각으로 끝까지 밀면 좋을 것 같습니다.

- 시간 때문에 제일 당황하였습니다. 시작할 때, 20분으로 카운트다운을 하여 반성적 성찰도 바로 이어서 했기 때문입니다. 딱 5분 남았을 때 실연을 끝마치고 바로 가운데 책상에 앉아 '반성적 성찰 파일을 넘겨 문항을 확인해 주시길 바랍니다' 라는 멘트를 들은 후, 반성적 성찰 문항을 보기까지 시간이 꽤 흐르기 때문에 이 모든 과정을 20분에 맞춰 연습해 보셨으면 좋겠습니다.

- 제가 실연을 하는 동안 3명의 면접관 모두 표정이 너무 없으셔서 심란한 상태였습니다. 이걸 반성적 성찰로 뒤집고 싶은 마음이 커서 말하는 내내 아이컨택을 정말 많이 하였습니다. 그랬더니 제일 뚫어져라 쳐다보셨던 가운데 면접관께서 몸짓 호응을 자주 해주셨습니다. 이것이 별거 아닐 수 있지만 마무리를 잘 했다는 생각에 조금이나마 맘 편히 집에 갈 수 있었습니다. 반성적 성찰은 면접의 즉답형 문제라 생각하고 눈을 자주 마주치며 자신감있는 모습을 보여주시면 플러스 점수가 될 것이라 생각합니다.

H선생님

- 3분의 면접관들 앞을 돌아다니며 학생이라고 생각하고 중간 중간 눈을 맞추며 설명하니 고개를 끄덕이며 메모를 하셨습니다. 자신감이 정말 중요하다는 것을 알 수 있었습니다.

- 2차 실연에서 제가 가장 자신이 없었던 부분은 바로 시간 분배 였습니다. 항상 활동1이 너무 과하게 진행되어 이를 조절하는데 어려움을 겪었고, 2차 준비하는 내내 활동1의 과도한 시간분배는 결국 고치지 못한 숙제이자 단점이 되었다고

I. 시작   II. 심층면접   **III. 수업실연**   IV. 교수·학습과정안   V. 수업성찰   VI. 심층면접 예시 답안

생각합니다. 시간 분배 연습은 1차 결과가 끝나고 2차가 시작되는 동시에 반복 연습해야 한다고 생각합니다. 정말 반복연습이 매우매우매우 중요합니다! 2차 당일 실연 고사실에서 20분 타이머가 작동되고 그 시간 내에서 스스로 15분 실연, 5분 성찰 나누어 생각해야 하는데, 2차 연습때 15분 연습하고 자리에 앉아 5분 타이머를 작동시키며 연습했기 때문에 매우 당황했습니다. 그러나 면접관분들이 중간중간 너무 길어지거나 시간 분배가 잘 되고 있는지 타이머를 함께 확인하시기 때문에 저는 이 눈치를 활용하여 시간 분배에 도움을 받았던 것 같습니다. 활동1이 길어지니 면접관이 타이머를 계속 확인하셨고, 활동1의 뒷 부분을 활동2로 급히 변경하여 진행하니 고개를 끄덕이며 메모하셨습니다.

- 수업 실연 때 칭찬하는 연습을 많이 해야 할 것 같습니다. 칭찬의 말을 다양하게 사용하는 것이 생각보다 어려웠습니다. (칭찬스티커를 활용하여 실연 1회 연습 시 서로 다른 5가지 이상의 칭찬의 말 하기)
- 구상실에서 맨 처음 앞장에 사회과 3-4학년군 8단원. 우리 이웃의 단원의 개관이 길게 인용되어있습니다. 이 안에서 '경찰관과 소방관'이라는 문장이 제시되어 있었으며 이를 활용하여 수업을 구성할 수 있었습니다. 단원의 개관을 그냥 넘기지 않고 효율적으로 잘! 읽어서 사용하는 것이 좋을 것 같습니다.
- 수업 실연 시 저는 VR기기를 활용하여 지역사회 사람들과 대화하는 장면 및 경찰관과 소방관을 알아본 내용을 수업에 넣었습니다. VR기기 사용시 주의사항을 이야기하니 면접관분들이 집중해서 고개를 끄덕이며 들어주셨습니다.
- 반성적 성찰에 자신의 교직관을 녹인 한마디를 보여주는 것은 좋은 아이디어라고 생각합니다. 저는 2차 시험 이틀 전 자신의 교직관을 녹인 한마디를 넣어도 좋은 방안이라는 글을 보고 당일날 처음으로 면접에서 사용하던 저의 교직관을 간략히 요약하여 3줄 정도의 문장으로 끝맺음을 주었는데 이를 성찰의 어떠한 분야 혹은 질문과 연계하여 대답하면 좋을 것 같다고 생각합니다. 저 또한 성찰 끝에 한마디를 하는 과정에서 눈맞춤을 많이 하지 않으시던 면접관이 제 눈을 계속 바라보시며 저의 태도와 이미지 등을 마지막으로 확인 및 정리하는 것 같다는 느낌을 받았습니다.

(2) 2023 서울

1. 수업실연 제재

교과	국어
학년	3학년
단원	17. 주고받는 말
제재	친구 소개하기
목표	내 친구를 소개할 수 있다.
차시	1차시 내 소개하기 2차시 나에 대한 질문에 답하기 3차시 내 친구 소개하기 [본시] 4차시 친구에 대해 궁금한 것을 질문하고 대답하기 5차시 상황에 알맞은 질문하고 대답하기
성취기준	• [4국어01-04] 질문을 하거나 허락을 구하고 질문에 적절하게 대답한다. (듣기·말하기의 실제) • [4국어01-05] 상대방의 말을 주의 깊게 듣고 반응한다. (듣기·말하기의 태도)

2. 수업실연 조건

- 개별화 목표를 포함하여 도입을 2분간 설명하시오.
- [도입-전개-정리] 중 [전개-정리] 부분을 실연하시오.
- 과정중심평가를 활용하여 실연하시오.
- 단원, 목표, 활동이 판서 되어있다고 가정하고 실연하시오.
- 교사-학생, 학생-학생 간의 상호작용이 드러나게 실연하시오.
- 개별 수행 수준을 반영한 수업(활동)을 구성하시오.
- 기자재 자유롭게 활용하고, 스마트 기기를 활용하시오.
- 특수교육실무원이 배치되어 있음

3. 학생 실태 및 학습 수준

수준	학생 특성
가 (2명)	• 문장으로 의사소통이 가능하다. • 상황에 맞는 질문을 할 수 있으나 똑같은 질문을 반복한다. • 수업에 적극적으로 참여한다.
나 (3명)	• 언어적 지시를 듣고 행동할 수 있다. • 단어로 의사 표현이 가능하다. • 상황에 맞는 질문하기를 어려워한다. • 친구와 상호작용이 가능하지만 유지 시간이 짧다.
다 (1명)	• 전반적인 지원이 필요하다. • 친구와 함께하는 활동을 좋아한다. • 언어적 의사소통이 어렵고 그림상징을 사용하여 소통할 수 있다.

4. 반성적 수업 성찰

수업에서 개선이 필요한 부분을 말하고, 학생들의 수준별 목표를 포함하여 수업에서 활용한 평가방법을 이유와 함께 말하시오.

시험장 생생후기

- 서울의 유형이 바뀌었습니다. 당황하지 않도록 유형이 바뀔 수도 있다는 점을 알고 시험장에 가면 좋을 것 같습니다. 기존 수업의도 1분 도입-전개-정리 9분이 아닌, 도입을 2분간 설명하라고 되어있어서 수업 의도를 안하는 것이 맞는지 여러 번 확인하였습니다. 따라서 전개-정리 실연을 8분간 해야 했습니다.
- 지도안, 수업실연 둘 다 시험지가 2장으로 되어있어서 앞장과 뒷장을 왔다갔다하며 구상해야 해서 가독성이 떨어져 불편했습니다. 이러한 점도 연습 시에 알고 연습하면 좋을 것 같다는 생각이 들었습니다.

(3) 2022 서울

1. 수업실연 제재

교과	통합교과(봄)
제재	봄에 볼 수 있는 동물의 움직임 알기
목표	봄에 볼 수 있는 동물의 움직임을 흉내 낼 수 있다.
차시	다음 차시 : 봄 풍경과 겨울 풍경 알아보기

2. 수업실연 조건

- 수업자의 의도를 1분 설명하시오.
- 도입-전개-정리를 실연하시오.
- 교사-학생 간의 상호작용이 드러나게 실연하시오.
- 특수교육실무원을 활용하여 실연하시오.

도입	전시학습 상기	수업실연할 부분
	동기유발	
	학습목표 제시	
전개	활동 1	
	활동 2	
정리	정리	
	차시 예고	

3. 학생 실태 및 학습 수준

수준	학생 특성
가 (2명)	• 자신의 경험을 문장으로 의사소통할 수 있다. • 활동에 적극적이며 발표 순서에 끼어드는 행동을 보인다. • 모둠 발뛰기 달리기가 가능하다. • 수평, 수직적 움직임에 자유롭다.
나 (3명)	• 간단한 단어로 의사소통할 수 있다. • 학습의 무기력이 있다. • 가까이서 보고 따라 할 수 있다.
다 (1명)	• 몸짓과 표정으로 의사소통할 수 있다. • 균형을 잡고 스스로 서 있을 수 있다. • 전반적인 지원이 필요하며 걷는 활동에 어려움이 있다.

4. 반성적 성찰

학생들의 적극적인 참여를 촉진하기 위해 사용한 수업의 전략을 말하고, 자신의 수업에서 가장 아쉬운 점과 이를 해결하기 위한 방안을 말하시오.

(4) 2021 서울

1. 수업실연 제재

교과	사회
단원	8. 환경과 조화를 이루는 생활
주제	자연환경 보호 실천방안을 알고 실천하기
성취기준	지역의 자연문화 인문문화의 특징을 조사하고 자연을 소중히 여기는 마음을 가진다.
목표	자연환경 보호하는 방법 중 우리가 실천할 수 있는 일을 찾아 실천할 수 있다.
차시	전시: 생활 속 환경오염실태 알기 본시: 자연환경을 보호하기 위해 우리가 할 수 있는 것을 찾아 실천할 수 있다.

2. 수업실연 조건

- 성취기준에 근거하여 수업 의도를 1분 이내 설명하시오.
- '도입 – 전개 – 정리' 단계로 실연하시오.
- 사회과의 기능을 포함하여 실연하시오.
- 교사와 학생 간 상호작용 내용을 포함하시오.
- 특수교육실무사를 활용하시오.
- 자리이탈행동 학생 중재를 포함하시오.
- 가정 연계 방안을 포함하시오.

3. 학생 실태 및 학습 수준

가 수준 2명	•자연보호와 관련해서 자신의 경험을 말할 수 있다. •환경보호를 실천하는 내용과 그렇지 않은 내용을 구분할 수 있다. •문장 수준으로 의사소통이 가능하다.
나 수준 3명	•교사의 질문에 단어로 언어적 의사소통이 가능하다. •자연환경 보호 실천 같은 그림 찾기를 할 수 있다. •교사의 지시 따르기가 가능하다.
다 수준 1명	•전반적 지원이 필요하다. •교사의 언어적 제시가 필요하다. •그림카드를 제시하면 5초간 바라보기가 가능하다. •자리이탈행동을 보인다.

4. 반성적 성찰 면접

1. 자리이탈 행동 중재방법과 그 이유를 말하시오.
2. 적용한 사회과 기능을 말하고 그 이유를 말하시오.
3. 수업에서 부족한 점이 무엇이며 보완할 점을 말하시오.

(5) 2020 서울

1. 본시 학습 지도내용

교과	과학
단원	물과 수증기 – 수증기의 상태 변화
목표	수증기의 상태 변화를 관찰하고 실생활에서 예시를 찾을 수 있다.

2. 수업실연 조건

- 성취기준에 근거한 수업 의도를 1분 내로 말하시오.
- 수업의 전 과정 '도입 – 전개 – 정리'를 실연하시오.
- 실생활에서 예시를 찾는 활동을 포함하여 수업을 구상하시오.
- 학생들의 이해정도를 확인할 수 있는 수업을 계획하시오
- '실험하기', '관찰하기', '의사소통하기' 과학 수업 기능이 드러나도록 구상하시오.
- 중도중복장애 학생의 수업참여 전략을 구상하여 실연하시오.
- 학생-교사 간 상호작용이 일어날 수 있도록 실연하시오.

3. 수업환경

- 학습 목표 및 활동에 대한 판서가 있다고 가정하고 실연하시오.
- 수업자료와 기자재를 자유롭게 활용하여 실연하시오.
- 실무사와 사회복무요원이 배치되어 있으므로 활용하여 실연하시오.

4. 학생 실태 및 학습 수준

가 (1명)	• 워커로 이동한다. • 사물에 대한 호기심이 많다. • 스스로 컵에 물을 담을 수 있다.
나 (2명)	• 수동 휠체어로 스스로 이동한다. • 강직으로 인해 소근육 조작에 제약이 있다. • 컵에 물을 담을 수 있지만 반쯤 흘린다.
다 (2명)	• 수동 휠체어를 이용하며 도움을 받아야 이동이 가능하다. • 전반적인 지원이 필요하며 AAC를 활용한다. • 스스로 컵에 물을 담을 수 없다.

5. 반성적 성찰 면접

1. 중도중복장애 학생이 과학 수업에 참여할 수 있게 실천한 방안을 말하시오.
2. 중도중복장애 학생이 과학 수업에 참여할 때 유의사항 2가지를 말하시오.
3. 수업에서 아쉬운 점은 무엇이며 어떻게 보완할 것인지 말하시오.

(6) 2018 서울

1. 본시 학습 지도내용

교과	과학 5~6학년군 날씨
목표	① 일기예보를 보고 날씨를 찾을 수 있다. ② 날씨에 따라 알맞은 물건을 찾을 수 있다.

2. 학생 실태 및 학습 수준

수준	특성	기타
가 수준(2명)	• 언어적 의사소통이 가능함 • 기상요소를 나타내는 기호를 알고 있음	활동 참여를 거부함
나 수준(2명)	• 한 음절씩 따라 말할 수 있음 • 물건에 대한 설명을 듣고 해당 물건을 가리킬 수 있음	
다 수준(2명)	• 몸짓이나 동작으로 표현할 수 있음 • 물건의 이름을 듣고 가리키기 가능	지체장애 학생 1명

3. 수업조건

- 도입부터 전개의 활동 1까지 실연하시오
- 특수교육실무사가 배치되어 있음
- 학생들의 수준별 지원을 포함
- 다 수준 지체장애학생 1명이 중도중복장애 학생으로 독립적인 이동이 어려움

4. 반성적 성찰 면접

교사와 학생 간의 상호작용을 반영한 부분을 말하고 수업에서 보완할 점과 전문성을 신장시키기 위해 어떤 노력을 할 것인지 말하시오.

(7) 2015 서울

1. 본시 학습 지도내용

> 가. 교과 : 국어 3~4학년군 기본교육과정 가권
> 나. 단원 : 5단원 이름을 말해 보아요. 3. 주변 사물의 이름 알기
> 다. 학습목표 및 성취기준
>
> | 학습목표 | 생활 주변의 물건 이름 말하기 |
> |---|---|
> | 성취기준 | 생활 주변의 물건 이름을 말할 수 있다. |

2. 학생 실태 및 학습 수준

학생	학년	장애명	아동 특성
학생 1	3	자폐성장애	• 반향어 사용 • 언어적 지시 따르기 가능 • 같은 낱말을 짝 지을 수 있으나 글자를 읽지 못함
학생 2	4	정신지체	• 주의가 산만함 • 받침이 없는 낱말 몇 개를 읽을 수 있음 • 주변 사물의 이름을 알고 있음
학생 3	5	정신지체	• 교사의 구어적 지시가 있으면 따라 말할 수 있음 • 교사와의 활동을 좋아함 • 교사의 관심을 끄는 행동을 함

3. 수업조건

> ■ 학교 오는 길에 대한 경험을 이용할 것
> ■ 자기결정력을 높일 수 있는 방향으로 수업을 전개할 것
> ■ 아동의 장애 특성을 고려하여 교수·학습을 실시할 것

03 경기

✏️ **시험 시간** : 구상 25분, 실연 15분, 나눔 10분
✏️ 수업나눔은 즉답형 3문항으로 진행

연도	과목	제재 또는 단원
2024	국어, 사회, 체육	올림픽
2023	국어, 음악, 체육	나의 감정을 표현해요
2022	도덕, 국어, 창체	생태 환경 기후 위기 대응 프로젝트 학습
2021	수학, 통합교과	- 수학 : 사물의 같은 모양 찾기 - 통합교과 : 교실에서 여러 가지 겨울 놀이 즐기기
2020	과학, 사회	- 사회 : 계절과 생활 모습 - 과학 : 날씨와 생활
2019	과학	공기의 흐름
2018	-	지진에 대한 이해와 지진 대피
2017	국어	하고 싶은 놀이를 말해봅시다.
2016	사회	안전하게 횡단보도 건너기

(1) 2024 경기

1. 수업실연 제재

교과	국어, 사회, 체육
학년	특수학급 6학년(4명)
제재	올림픽
목표	표적에 가까이 던지는 협력 게임을 수행할 수 있다.

2. 본시 학습 지도 내용

1-2차시	올림픽이 무엇인지 알아보기
3-4차시	올림픽 참여 국가를 알고 응원도구와 유니폼 만들기
5차시 (본시)	표적에 가까이 던지는 협력 게임을 수행할 수 있다.
6-7차시	학급 대항 올림픽 참여하기

3. 성취기준

국어 : [6국01-06] 상황과 대상에 따라 바른말 고운 말을 사용한다.
사회 : [6사02-04] 친구 관계를 형성하고 유지하는 방법을 알고 친구와의 우정을 소중히 여긴다.
체육 : [6체02-08] 여러 가지 고정된 표적을 향하여 물체를 가깝게 보낸다.

4. 수업실연 조건

- 친구 간의 우정을 배울 수 있는 관계 중심 수업을 실연하시오.
- 학생의 문제행동의 기능평가를 바탕으로 중재하는 모습을 실연하시오.
- 공, 플라스틱 컵, 신문지, 종이상자, 페트병, 종이컵 등 일상생활 물건을 사용하시오.
- 모든 학생이 참여할 수 있는 수업을 실연하시오.
- 특수교육지도사 미배치
- 다음에 해당하는 부분을 실연하시오.

도입	★ 실연할 부분	정리

5. 학생 실태 및 학습 수준

수준	장애 영역	학생 특성
A	지적장애	- 문장수준의 의사 표현이 가능하다. - 소근육 및 대근육 모두 사용 가능하다. - 신체 활동에 적극적이다.
B	지적장애	- 단어 수준의 의사표현이 가능하다. - 소근육 사용은 어렵지만 대근육은 사용 가능하다. - 비선호 과제를 제시할 시 자리이탈을 한다.
C	자폐성 장애	- 스스로 의사표현을 하지 못하지만 교사의 말을 단어 수준으로 따라할 수 있다. - 소근육 사용은 어렵지만 대근육은 사용 가능하다. - 교사의 관심을 받기 위해 머리를 때린다.
D	지적, 중도중복장애	- 구어로 의사소통이 불가하나 표정과 몸짓으로 의사를 표현할 수 있음. - 소근육 및 대근육 운동 모두 어려움이 있다. - 휠체어를 사용한다.

6. 수업 나눔

1. 각 과목의 성취기준을 수업에 어떻게 드러내었는지 설명하시오.
2. 학생 B와 D를 지도할 때 어려웠던 점을 말하고, 이를 지원한 방안을 각각 2가지씩 말하시오.
3. 오늘 수업에서 내가 학생이라면 즐거웠을 부분을 제시하고, 그 이유를 말하시오.

시험장 생생후기

R선생님

구상실 : 면접과 같이 4명씩 3줄로 들어가며, 종료 시간 10분 전에 종이 울립니다. 시계는 자리에 따라 안 보일 수 있습니다

평가실 : 시계가 평가관들을 향해 있어 확인이 어려운 상태였습니다. 단, 이 시계는 평가실마다 다를 수 있을 것 같습니다. 평가위원은 면접과 동일하게 3분입니다. 평가위원을 보는 것이 아니라 옆을 보고 수업해야 합니다. 수업나눔 답변석이 있어 수업 시연을 할 수 있는 공간이 매우 작습니다. 평소에 사용하던 동선의 반 정도 밖에 사용하지 못했습니다. 체감상 학생 4명이 틈 없이 바짝 붙어서 앉아 있다고 가정할 수 있는 정도로 느껴졌습니다.

수업 나눔 : 경기도에서 성취기준을 자세히 주면 꼭 각 성취기준을 어떻게 반영했는지에 관한 내용이 나옵니다. 수업 짜실 때 참고하시면 좋을 것 같습니다. 그리고 작년부터 학생 지도 시 어려운 점과 지도 방안 등도 꾸준히 묻고 있습니다.

S선생님

- 시험장은 전날 면접과 똑같았습니다.
- 교탁은 없었지만, 앞에 교탁과 비슷한 책상이 있었습니다.
- 수업나눔 문제는 투명파일에 놓여져 있었습니다.
- 따로 구상지는 주어지지 않았습니다. B4 가로로 모아찍기가 되어있었고 왼쪽 면에는 수업실연 제재, 본시학습 제재, 성취기준, 학생 실태가 순서대로 있었습니다. 오른쪽 면에는 맨 위에 수업실연할 부분, 수업조건이 순서대로 있고 밑에 3분의 1 정도 구상할 수 있도록 했습니다. 뒷면도 구상이 가능하기 때문에 저는 뒷면을 썼고, 종이를 찢는건 안된다고 했습니다.

K선생님

- 구상실에서 구상지는 1장(1면)으로 되어있었으며 학생의 특성과 조건이 많지 않았습니다. 책에 있는 학생특성 및 조건으로 수업 실연을 연습하시면 실제 시험 시 조건을 외우는 부분에서는 큰 어려움이 없을 것 같습니다.
- 평가실에서 수업실연 시에는 준비된 전자시계를 보기 어렵기 때문에 손목시계를 활용하여 시간 관리를 해야합니다.
- 수업 나눔은 면접과 유사하게 진행되었습니다. 눈을 계속해서 마주치는 분과 중간 중간 보는 분, 한 번도 보지 않는 분이 계셨습니다.

L선생님

- 구상지는 따로 있지 않고 구상할 수 있는 칸이 작게 있었습니다.

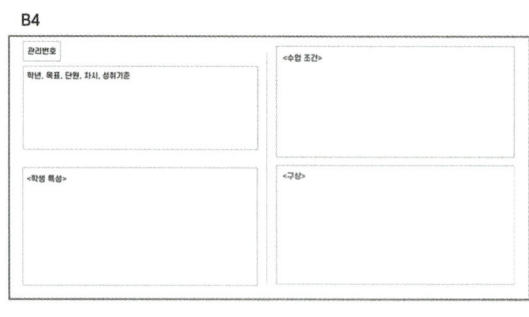

(2) 2023 경기

1. 수업실연 제재

교과	국어, 음악, 체육
학년	6학년
제재	나의 감정을 표현해요
목표	등장인물의 감정을 몸동작이나 음악으로 표현하기
성취기준	국어: 그림책을 읽고 그림을 단서로 내용을 파악한다. 음악: 음악을 듣고 즐거움, 슬픔, 기쁨 등의 다양한 느낌을 표현한다. 체육: 흥미로운 활동이나 주제를 자유롭게 표현한다.
차시	1차시 : 동화책의 줄거리 파악하고 등장인물의 감정 찾기 2차시 : 감정을 찾고 감정에 이름 붙이기 3차시 : 감정과 관련된 몸동작과 음악적 요소 알기 ★4차시(본시): 등장인물의 감정을 몸동작, 음악으로 표현하기 5차시 : 나의 감정을 몸동작, 음악으로 표현하기

2. 수업실연 조건

- [도입] 부분에서 개별화 목표를 제시하시오.
- [전개] 부분에서 〈자료 1〉, 〈자료 2〉를 활용하시오.
- 판서가 되어있다고 가정하고 실연하시오.
- 교사-학생, 학생-학생 간의 상호작용이 드러나게 실연하시오.
- 학생이 보이는 오류를 지도하시오.
- 에듀테크와 동화책을 활용하고, 교재교구는 자유롭게 사용하시오.
- 실무사 미배치
- 학생들의 개별특성을 고려하여 자기표현 방법을 안내하시오,.

동기유발	전시학습	전개		

3. 학생 실태 및 학습 수준

수준	장애 영역	학생 특성
가	지적장애	• 그림책을 보고 주요 내용을 이해하고 표현할 수 있으며, 자신의 감정을 자유롭게 표현할 수 있음. • 스마트 기기를 활용한 수업을 좋아함.
나	자폐성 장애	• 소리에 민감하며 비선호 과제에 감정적으로 반응함. • 그림을 보고 낱말과 연결할 수 있음.
다	중도중복장애	• 강직으로 인해 자유로운 신체 활동이 어렵지만 스마트 기기를 손가락으로 다룰 수 있음 • 음악을 좋아하며 적극적으로 참여

4. 수업 나눔

1. 오늘 융합수업이 학생들에게 미친 영향을 교육적 관점에서 말하고, 성취기준에 근거하여 동화책을 선정한 이유를 설명하시오.
2. '감정 표현하기'를 주제로 융합수업을 재구상한다면 어떻게 보완, 수정하고 싶은지 말하시오.
3. 학생의 특성에 맞춰 자기표현을 할 수 있도록 어떻게 증진하였는지 개별화 방법을 말하시오.

시험장 생생후기

- 수업 실연과 수업 나눔이 총 25분이라서 시계를 11시 45분에 맞춰놓고 12시까지 수업 실연을 하고 12시부터 12시 10분까지 수업 나눔을 하면 시간 관리하기가 편합니다.
- 수업 실연이 끝나고 시간이 남으면 다시 대기석에 앉아서 수업 나눔을 기다려야 합니다.
- 수업 나눔 문제는 투명파일과 함께 책상에 붙어있습니다. 시험지와 구상지를 펼쳐놓기에는 넓지 않은 공간입니다.
- 수업 실연을 할 때 학생들에게 정말 정말 밝게! 칭찬해주고 수업을 해나가면 평가관 분들이 한번 더 고개를 들어 주의 깊게 보시는 것 같습니다. 텐션 높게! 수업 실연하는 것이 좋은 것 같습니다.
- 구상실에서 평가실에 갈 때 자신의 모든 짐을 가지고 가기 때문에 이동 중에 구상한 것을 좀 더 편하게 보고 싶다면 시험장에 짐을 가볍게 하고 가는 게 좋습니다.
- 시험지 : 수업 실연은 가로로 길게 절반 나누어서 조건, 학생 특성 등이 표로 적혀있었고, 다음 페이지에 빈 구상지가 있었습니다. 떼서 써도 된다고 해서 따로 분리해서 구상했습니다. 다만, 구상지에 빈 네모 칸 두 개가 있어서 구상할 공간이 마땅치가 않았습니다. 아예 뒷 장은 빈 백지라서 그 곳에 구상하면 좋을 것 같습니다.
- 시계 : 구상실과 평가실 모두 전자시계가 놓여있긴 했으나 초가 다 달랐고 오히려 이걸 보면 더 혼동돼서 안 보는 것이 나았습니다. 손목시계 꼭 가지고 연습하는 게 좋을 것 같습니다.

(3) 2022 경기

1. 수업실연 제재

교과	도덕, 국어, 창체
학년	5~6학년
제재	생태 환경 기후 위기 대응 프로젝트 학습
목표	생태 환경 기후 변화의 원인과 실천 방안 알기
차시	1차시 : 통합학급
	2~5차시 특수학급 - 2차시(본 차시) : 지구를 지키는 실천 방안 알아보기
	6차시 : 통합학급

2. 수업실연 조건

- 전개 부분을 시연하시오.
- 성취기준을 재구성하여 수업하시오.
- 학생의 특성을 반영하여 수업하시오.
- 적절한 매체를 활용하여 발표하시오.
- 민주주의 가치가 드러나도록 수업하시오.
- 학생에게 필요한 역량을 반영하여 수업하시오.
- 특수교육 지도사 미배치
- 수업자료 및 기자재는 자유롭게 사용하시오.

도입	전시학습 상기	
	동기유발	
	학습목표 제시	
전개	활동 1	
	활동 2	실연할 부분
	활동 3	
정리	정리	
	차시 예고	

3. 학생 실태 및 학습 수준

수준	장애 영역	학생 특성
A	시각장애 (저시력)	• 자신의 생각을 자유롭게 이야기할 수 있다. • 칠판 및 TV를 보는데 어려움이 있음
B	자폐성장애	• 자발적 의사소통에 어려움을 보임 • 자신의 학용품을 종종 쓰레기통에 버리는 습관이 있음
C	자폐성장애	• 쉬운 단어로 대화할 수 있음 • 수시로 물장난을 함
D	지적장애	• 문장 수준으로 대화할 수 있음 • 자신의 요구를 들어줄 때까지 반복적으로 계속 말함

4. 자료

수업자료 및 기자재는 자유롭게 사용하시오.

5. 수업 나눔

1. 자폐성장애 학생 B, C의 문제 행동 중재 방안과 이를 통해 다른 학생들은 어떤 배움을 얻을 수 있는지 이야기하시오.
2. 본 수업은 프로젝트 수업으로 통합학급과 함께 이루어지는 수업이다. 프로젝트 수업이 통합교육 상황에서 이루어진다면 어떻게 적용할 것인지 말하고 프로젝트 수업을 통합교육의 관점에서 평가하시오.
3. 본 수업을 통한 나의 경험과 앞으로의 성장과제를 말하시오.

(4) 2021 경기

1. 수업실연 제재

교과	수학, 통합교과
학년	1~2학년
차시	수학 : 사물의 같은 모양 찾기 통합교과 : 교실에서 여러 가지 겨울 놀이 즐기기

2. 수업실연 조건

코로나 19 감염병 상황 장기화로 인하여 원격수업이 이루어지다가 대면 수업으로 전환된 상황이다. 다음 두 과목을 통합하여 수업을 하고자 한다. 이때 원격수업에서의 학생의 배움을 확인하고, 배움을 확장하는 활동을 하고자 한다.

- 실연할 부분

도입	활동	정리

3. 학생 실태 및 학습 수준

수준	장애 영역	학생 특성
학생 1	자폐성장애	• 활동전이에 어려움을 보인다. • 비선호 과제에 대해 수업 중 드러눕는 행동을 보인다. • 콘텐츠 중심 수업을 좋아한다.
학생 2	자폐성장애	• 상동행동과 반향어를 한다. • 가끔 자리이탈 행동을 한다. • 자기주도적이진 않지만 교사의 지시를 잘 따른다.
학생 3	지적장애	• 교사의 관심을 받고 싶어 한다. • 수업에 관련 없는 말을 한다. • 교사의 모방을 따라한다.
학생 4	중도·중복장애	• 휠체어를 사용한다. • 손을 뻗어 물건을 잡을 수 있다. • 원하는 것에 대한 질문에 "예"라고 대답을 함

4. 수업나눔

1. 오늘 수업 중 중점을 두어서 한 것은 무엇이며, 원격수업과 어떻게 연계하였는지 말하시오.
2. 수업 중 예상되는 안전문제는 무엇이며, 학생 특성에 따라 어떻게 지도하였는지 말하시오.
3. 오늘 수업 중 학생의 성장을 위해 어떤 평가 관점을 사용하였는지 말하시오.

(5) 2020 경기

1. 본시 학습 지도내용

학년	5학년
교과	과학, 사회 교과를 융합하여 수업
단원	• 사회 : 9단원, 계절과 생활 모습 • 과학 : 4단원, 날씨와 생활
성취 기준	• [6사회03-02] 우리 지역의 사람들이 환경과 조화를 이루며 사는 모습을 관찰한다. • [6과학04-03] 날씨와 우리 생활과의 관계를 관찰한다.

2. 수업실연 조건

- 사회과와 과학과의 성취기준을 고려하여 교과 통합을 하여 실연하시오.
- 학생들 특성과 안전을 고려하여 실연하시오.
- 학생의 문제행동을 예방하기 위한 중재를 하시오.
- 보완대체 의사소통(AAC)을 활용하여 실연하시오.
- 기자재 및 자료는 자유롭게 활용하시오
- 도입의 학습목표 제시부터 전개 중반까지 실연하시오.

도입	전개	정리
학습목표 제시		

•특수교육 지도사가 미배치된 상황을 가정하여 실연하시오.

3. 학생 실태 및 학습 수준

학생 A	• 문장 수준으로 발화하나 발음이 불명료하다. • 수업에 적극적으로 참여하며 친구를 잘 도와준다.
학생 B	• 상동 행동과 반향어를 보인다. • 비선호 과제를 제시할 경우 자해 행동을 한다.
학생 C	• 자신감이 부족하고 소극적인 태도를 보임 • 친구와 함께하는 활동을 좋아한다.
학생 D	• 보완대체 의사소통체계로 간단한 의사소통을 한다. • 뇌전증으로 간헐적 발작을 보이며 휠체어를 타고 있다.

4. 수업나눔

1. 사회와 과학 통합을 위해 수업하는 것에 있어서 어려웠던 점을 말하고, 학생의 삶과 연계한 부분은 무엇인가?
2. 도전 행동(문제행동) 예방을 위해 어떻게 중재했는지 말하시오.
3. 오늘 수업 중 즐거웠던 부분을 말하고, 이러한 경험을 어떻게 나눌 것인지 말하시오.

(6) 2019 경기

1. 본시 학습 지도내용

단원	공기의 흐름
장소	과학실
대상	특수학교 4학년

제재	목표	핵심개념
공기의 부피 알아보기	생활 속에서 공기의 부피 변화를 이용한 놀이를 할 수 있다.	공기는 차가운 곳에서 부피가 작아지고 뜨거운 곳에서 부피가 커진다.

도입	전개	정리
• 동기유발 • 학습목표 제시	실연할 내용	• 형성평가 • 다음 차시 안내

2. 학생 실태 및 학습 수준

학생 1	지적장애	• 3어절로 말할 수 있다. • 호기심을 가지고 수업에 적극적으로 참여한다. • 교사의 지시 전에 먼저 활동을 진행하려고 한다.
학생 2	자폐성장애	• 반향어로 의사소통 한다. • 물건을 집고 눈앞에서 흔드는 상동 행동을 한다. • 조별 활동보다 개별활동을 좋아한다.
학생 3	지적장애	• 몸짓으로 의사 표현을 한다. • 새로운 것에 관심을 보이지만 주의집중 시간이 1분 이내로 짧다. • 수업시간에 바닥에 드러눕는다.
학생 4	중도중복장애	• 원하는 것이 있으면 친구나 선생님의 손을 잡아당겨 의사 표현을 한다. • 경직형으로 근 긴장도가 높으며 신체 조절력이 낮다. • 휠체어를 탄 중도중복장애 학생이다.

3. 수업조건

1. 관찰 활동과 놀이 활동을 포함하여 실연하시오.
2. 안전지도를 포함하여 실연하시오.
3. 필요한 교수학습 자료를 사용하시오.
4. 학생 3이 수업 중 바닥에 드러눕는 상황 발생
5. 특수교육 지도사 미배치

4. 수업나눔

1. 선생님이 생각하는 학생 중심 수업은 무엇이라고 생각하며, 그것을 수업에 어떻게 적용하였는지 말하시오.
2. 수업을 구상하면서 중도중복장애 학생과 관련하여 가장 고민되었던 점은 무엇이며 이를 해결하기 위해 어떻게 했는지 말하시오.
3. 수업을 동료 교사와 수업나눔 한다면 어떻게 할 것인지 말하시오.

(7) 2018 경기

1. 본시 학습 지도내용

특수학교 4학년 학생들을 대상으로 지진 관련 수업을 하려고 한다. 학생들은 지난주에 현장학습이 예정되어 있었으나 지진이 발생해서 현장학습을 가지 못한 상황이다. 이 경우에 4학년 학생들이 지진에 대해 알고 지진이 일어났을 때 대처 방법을 실천할 수 있는 역량을 길러주기 위하여 수업하시오.

- 수업할 부분

도입	전개	정리

2. 학생 실태 및 학습 수준

학생 1 (지적장애)	• 단어 수준의 발화로 자신의 경험을 말할 수 있음 • 자신감이 부족하며 소극적이고 자기 조절력이 낮음 • 학습 흥미도는 높음
학생 2 (지적장애)	• 문장 수준의 발화로 자신의 경험을 말할 수 있음 • 주의가 산만하고 남의 일에 관심이 많음
학생 3 (자폐성장애)	• 단어 수준의 발화로 자신의 경험을 말할 수 있음 • 자신의 요구사항이 받아들여지지 않으면 공격행동을 보임 • 반향어를 사용함
학생 4 (지체장애)	• 그림이나 사진을 통해 자신의 생각을 나타낼 수 있음 • 뇌병변으로 인한 신체에 경직이 나타남 • 눈 손 협응이 어려워 활동 시간이 오래 걸린다.

3. 수업조건

- 특수교육 지도사 미배치
- 학생 C가 학생 B를 때린 상황이 발생함

4. 수업나눔

1. 수업 중에 학생 C가 학생 B를 공격한 행동의 원인을 파악하여 말하고, 추후에 공격행동이 다시 발생한다면 어떻게 지도할 것인지 실천방안을 말하시오.
2. 수업 중 어려웠던 점은 무엇이며, 학생이 학교에서 배운 것을 일상생활과 연계하는 방법은 무엇인가?
3. 이 수업에서 제일 고민했던 부분을 말하고, 수업 전, 중, 후에 각각 배운 점을 말하시오. 그리고 이후 이러한 내용에 대해 동료 교사와 어떻게 나눔할 것인지 말하시오.

(8) 2017 경기

1. 본시 학습 지도내용

교과	국어
학년	3~4학년군
주제	하고 싶은 놀이를 말해 봅시다.

학습 목표	공부할 내용	경기도 교육청 역량
하고 싶은 놀이를 말할 수 있다.	• 놀이 경험 이야기하기 • 하고 싶은 놀이 말하기	• 의사소통 역량 • 협력적 문제해결 역량

2. 수업조건

- 자신의 말로 정리하여 표현하는 기회를 제공하시오.
- 공통교육과정을 기본교육과정으로 재구성한 것임.
- 경기도 교육청 역량을 반영하시오.
- 전개 부분을 수업하시오.

도입	전개 〈수업할 내용〉 15분	정리

3. 학생 실태 및 학습 수준

학생 1	• 문장으로 말할 수 있다. • 조음장애가 있다. • 자신감이 부족하다.
학생 2	• 자폐성장애 • 몇 가지 단어로 반향어를 말한다. • 수업 중 공격행동을 보인다.
학생 3	• AAC를 활용하여 "좋아, 싫어"로 답할 수 있다. • 눈과 손 협응이 어렵다. • 지시하는 말을 이해할 수 있다.

4. 수업나눔

> 1. 자신의 교직관을 말하고, 이 교직관을 수업에서 어떻게 적용하였는지 말하시오.
> 2. 학생들의 의사소통 역량을 기르는 데에 의미 있는 활동이라 생각하는 것을 말하시오.
> 3. 이 수업을 실제 수업으로 실시했을 때 예상되는 어려움과 해결 방안을 말하시오.

(9) 2016 경기

1. 본시 학습 지도내용

단원	사회 가. 14. 안전하게 횡단보도 건너기(1~2학년군)
제재	안전하게 횡단보도 건너기
학습 목표	안전하게 횡단보도를 건널 수 있다.

도입	• 동기유발 • 학습목표 제시
전개	수업해야 하는 내용
정리	• 학습 내용 정리 • 차시 예고

2. 학생 실태 및 학습 수준

학생	학생 특성
학생 1 정신지체	• 빨간색 신호와 초록색 신호를 알고 있다. • 다른 친구를 도와주는 것을 좋아한다. • 완벽하진 않지만 3어절의 문장으로 말할 수 있다.
학생 2 자폐성장애	• 빨간색, 초록색을 구분하지 못하지만 빨간색에 집착한다. • 단어 수준으로 말할 수 있다. • 또래와 상호작용하는 것을 어려워하나 지시를 따를 수 있다.
학생 3 정신지체	• 선을 따라서 이동할 수 있다. • 몸짓으로 간단한 의사 표현을 할 수 있다. • 교사의 행동을 모방할 수 있고 촉진을 제공하면 행동한다.
학생 4 지체장애	• 또래와 함께 활동하는 것을 좋아한다. • 전반적인 교수적 지원을 받고 있다. • 정신지체를 동반한 중도중복장애 학생으로 휠체어를 타고 있다.

3. 수업조건

가. 학생의 장애와 특성을 고려하여 수업을 하시오.
나. 안전한 생활을 할 수 있도록 수업을 하시오.
다. 학생들 간의 협력적 활동이 있는 수업을 하시오.

4. 자료

교육 기자재와 교수학습 자료 등은 자유롭게 사용할 수 있습니다(단, 아래의 단계는 꼭 포함하여 지도하세요.).

- 안전하게 횡단보도를 건너는 6단계 그림 카드

  ■ 안전하게 횡단보도를 건너는 6단계
  - 멈춘다.
    - 1단계 : 횡단보도를 건널 때에는 일단 멈춥니다. 신호를 기다릴 때에도 횡단보도의 오른쪽에 서서 기다린다.
  - 살핀다.
    - 2단계 : 왼쪽을 살핀다.
    - 3단계 : 오른쪽을 살핀다.
    - 4단계 : 왼쪽을 살핀다.
  - 건넌다.
    - 5단계 : 차가 완전히 멈춰 선 것을 확인한 후, 횡단보도 오른쪽에 서서 왼손을 들고 운전자와 눈을 맞추고 보면서 건넌다.
    - 6단계 : 중앙선을 지나면 오른손을 들고 빠른 걸음으로 건넌다.

5. 수업나눔

1. 이 수업에서 교육과정 재구성의 의미가 무엇이며, 학생들의 일상생활과 밀접하게 연계되기 위해서 어떻게 교수하였는지 말하시오.
2. 학생들의 적극적인 학습 참여와 동기유발을 이끌어내기 위해서 어떠한 노력을 하였으며, 학생-학생, 학생-교사 간의 상호작용을 원활하게 하기 위해서 어떠한 노력을 하였는지 말하시오.
3. 수업 중 참여하기 가장 어려운 학생이 있다면 누구인지 말해보고, 학교 현장에서 이러한 학생을 만난다면 어떠한 노력을 할 것인지 말해 보시오.

04 대구

✏️ **시험 시간** : 구상 25분, 실연 25분 (수업설계 포함)
✏️ 실연할 부분수업설계 내용 발표 후 수업 실연

연도	과목	제재 또는 단원
2023	과학, 실과, 사회, 국어	알에서 나온 동물을 상상하여 표현할 수 있다.
2021	실과, 수학	만들고 싶은 요리 음식 조사하고 표로 분류하기
2020	국어	여러 가지 상황에 맞는 말하기(칭찬하는 말)
2018	통합교과	겨울 날씨와 생활 모습

(1) 2023 대구

1. 수업실연 제재

교과	과학, 실과, 사회, 국어
학년	6학년
제재	동물
목표	알에서 나온 동물을 상상하여 표현할 수 있다.
차시	책 만들기 프로젝트 수업 중 9~10차시 전 차시: 알을 낳는 동물과 새끼를 낳는 동물 분류하기 본시: 알을 낳는 동물을 상상하여 다양하게 표현하기

2. 수업실연 조건

- 프로젝트 수업이 드러나게 수업 실연하시오.
- 수준별 목표에 맞게 지도하시오.
- 나 학생 중 한명이 친구를 꼬집고 발로 차는 문제행동을 한다. 이를 긍정적 행동지원으로 중재하시오.
- 판서가 되어있다고 가정하고 실연하시오.
- 교사-학생, 학생-학생 간의 상호작용이 드러나게 실연하시오.

3. 학생 실태 및 학습 수준

수준	학생 특성
가 (2명)	• 문장으로 의사소통 할 수 있다. • 수업을 즐거워하며 적극적으로 참여한다.
나 (3명)	• 1~2어절로 의사소통 할 수 있다. • 문제행동을 하는 학생이 있다.
다 (1명)	• 시각장애로 그림을 보는데 어려움이 있고, 빛은 인식할 수 있다. • 하지마비이며 상지를 움직일 수 있다. • 몸짓, 표정으로 의사소통 할 수 있다.

4. 수업설계

- 이 수업과 관련된 대구미래역량 1가지를 말하시오.
- 수준별 목표를 말하시오.
- 주요 학습 활동에 대해 말하시오.
- 다 수준 학생의 수업지원 방안 2가지를 말하시오.
- 교육과정-수업-평가-기록의 일체화를 위한 과정중심평가방안을 말하시오.

시험장 생생후기

- 실제 시험지에는 제재가 한 페이지에 구체적으로 제시되어 있고, 두 번째 페이지에 조건과 학생 실태가 제시되어 있었습니다.

(2) 2021 대구

1. 수업실연 제재

단원	2. 건강한 식생활	
학년	초등학교 5학년	
교과	실과, 수학, ( )	
차시	전시	원하는 음식을 이용한 놀이하기
	본시	만들고 싶은 요리 음식 조사하고 표로 분류하기

2. 학생 실태 및 학습 수준

학생	학생 특성
가 (2명)	• 원하는 기준에 따라 분류할 수 있다. • 친구와 상호작용이 좋고 적극적이다.
나 (3명)	• 색, 모양, 크기로 분류할 수 있다. • 2명은 수업에 흥미를 보이지만, 1명은 주의집중을 하지 못한다.
다 (1명)	• 두 가지 물건을 변별할 수 있다. • 의사소통이 어렵고 이동에 제한이 있다. • 왼손을 사용할 수 있다.

3. 자료

배달책자, 급식표, 태블릿PC

I. 시작　II. 심층면접　**III. 수업실연**　IV. 교수·학습과정안　V. 수업성찰　VI. 심층면접 예시 답안

4. 수업조건

- 종이 찢는 학생의 문제행동을 포함하여 실연하시오.
- (가) 수준 학생 중 한 명이 원격으로 수업에 참여 중인 것을 가정으로 실연하시오.
- 주어진 수업자료를 학생 특성에 따라 수준별로 사용하시오.
- 수준별 목표에 맞게 지도하시오.
- 실과, 수학 외에 교과 1개를 추가로 융합하여 실연하시오.

5. 수업설계

1. 수준별 목표를 말하시오.
2. 주요 활동 2가지를 말하시오.
3. 각 활동 내용을 설명하고 선정한 이유를 말하시오.
4. 다 수준 학생에게 보완대체 의사소통을 어떻게 사용할 것인지 활동방법과 함께 말하시오.
5. 과정중심평가방안을 어떻게 실시할 것인지 말하시오.

(3) 2020 대구

- 총 25분 동안 [수업설계]를 포함하여 수업 전체 내용을 실연하시오.
- 수업내용과 평가가 일체를 이루도록 실연하시오.
- 면접관을 학생이라 생각하고 눈을 마주쳐도 가능함(면접관은 반응을 안 할 예정임)
- 분필 사용 가능, 실무원 활용 가능, 가상의 자료 사용 가능

1. 본시 학습 지도내용

단원		8. 정다운 이웃(5학년)
관련 교과	국어	상황과 대상에 따라 바른 말 고운 말을 사용한다.
	사회	이웃 사람들이 서로 도우며 살아가는 모습을 관찰하고 설명한다.
	실과	이웃 간 지켜야 하는 주거 생활의 규칙과 예절을 익혀 올바른 공동체 생활을 실천한다.
차시	전 차시	이웃 예절(감사 축하하는 말 / 사과 위로하는 말) - 국어, 실과
	본 차시	여러 가지 상황에 맞는 칭찬하는 말하기 - 국어
	후 차시	이웃 간에 지켜야 할 규칙 알아보기 - 사회

2. 학생 실태 및 학습 수준

가 (2명)	• 자신의 생각을 자유롭게 표현할 수 있다. • 수업을 즐거워하며 적극적으로 참여한다.
나 (2명)	• 낱말을 읽을 수 있고 교사와 간단한 의사소통을 할 수 있다. • 친구와 상호작용하기를 싫어하고 욕하기 행동으로 수업을 방해한다.
다 (2명)	• 표현 언어가 어렵다. • 주의산만하고 주의집중이 어렵다.

3. 수업조건

- 수업 도입 때 역할극을 포함하여 실연하시오.
- 수업 중 욕을 하는 학생 중재를 포함하여 실연하시오.
- (다) 학생에게 의사소통 지원방안을 제공하는 것을 포함하시오.

4. 수업설계

1. 수준별 목표를 말하시오.
2. 활동 내용을 설명하고 선정한 이유를 함께 말하시오.
3. 대구 인성역량 중 활동에서 기를 수 있는 인성역량 1가지 말하시오.
   - 자기관리역량/공감소통역량/심미적 감성 역량/공동체 역량
4. 과정 중심 평가 방안에 대해 말하시오.

(4) 2018 대구

1. 본시 학습 지도내용

교과	2015 개정 통합교과(즐생)
제재	겨울 날씨와 생활 모습
성취기준	겨울 날씨와 생활 모습을 여러 가지 방법으로 표현하기

2. 학생 실태 및 학습 수준

가	수업 활발 참여, 또래와 상호작용 좋음, 계절의 변화를 알고 있음
나	또래와 상호작용이 잘 안됨
다	같은 그림을 찾을 수 있음, 자해 행동을 함, 표현 언어를 구어로 표현에 어려움

3. 수업조건

- 수업의 도입, 전개, 정리가 짜임새 있게 구성될 수 있도록 모두 실연하시오.
- 도입부에서 이야기 자료를 활용하고, 수업 전반에 걸쳐 문제를 해결하는 과정을 넣으시오.
- 각 학생의 특성에 따른 중재방안을 넣으시오.
- 머리 때리는 자해행동 보이는 아동은 반드시 중재하시오.
- 긍정적 행동 지원에 근거하여 수업 상황에서 문제행동 중재하시오.
- 실제 수업처럼 실연하시오.
- 정리 단계에서 오늘 학습한 내용을 실생활에서 적용할 수 있도록 지도하시오.

4. 수업설계

1. 목표를 각 수준에 맞게 설정하고 설정한 이유를 설명하시오.
2. 활동 내용을 각각 설명하고, 2015 특수교육 교육과정 총론에 제시된 역량을 2가지 이상 연결하여 설명하시오.
3. 각 활동에서 쓰는 자료 및 교재교구의 구체적인 예시 들고, 학생에 따른 개별화는 어떻게 실시할 것인지 설명하시오.
4. 다 수준 학생에게 제시할 수 있는 개별화교육 방안 2가지를 설명하시오.

05 충북

✎ **시험 시간** : 구상 20분, 실연 15분, 성찰 5분 (2문항)
✎ **성찰 출제 범위** : 자기성찰과 반성, 기획의도와 실행과정의 성과와 한계 등, 교육과정·수업·평가 철학 등

연도	과목	제재 또는 단원
2024	사회	우리 생활과 공공 기관
2022	사회	교실에서 지켜야 할 규칙 알아보기

(1) 2024 충북

1. 수업실연 제재

교과	사회
학년	5학년
단원	13. 우리 생활과 공공 기관
성취기준	[6사회03-06] 우리 생활에 도움을 주는 지역 사회 여러 기관의 종류와 역할을 조사한다.

2. 본시 학습 지도 내용

	2	학교에서 도움을 주는 일 알아보기
	3	도서관에서 도움을 주는 일 알아보기
	4	소방서에서 도움을 주는 일 알아보기 (본시)
2. 다양한 공공기관	5	경찰서에서 도움을 주는 일 알아보기
	6	우체국에서 도움을 주는 일 알아보기
	7	보건소에서 도움을 주는 일 알아보기
	8	체육 센터에서 도움을 주는 일 알아보기
	9	주민 센터에서 도움을 주는 일 알아보기

3. 학생 실태 및 학습 수준

수준	장애 영역	학생특성
가영	지체장애	• 진행형 근육형으로 휠체어를 사용함 • 스마트 기기를 혼자 활용할 수 있으며 좋아함 • 간단한 문장으로 말하고 쓰는 것이 가능함
나영	자폐성장애	• 레고나 블록을 좋아함 • 소리에 민감하나 빛 감각 추구 • 간단한 질문에 '예, 아니오'와 같은 간단한 대답은 가능하나, 단어를 따라 말할 수 있음
다영	지적장애	• 똑같은 그림을 보고 연결할 수 있음 • 놀이활동을 좋아함 • 흥미가 있는 활동에는 관심이 많지만 어려운 과제 회피를 위해 자리이탈을 보임 • 사진찍기 활동을 좋아하며, 외모 가꾸기를 좋아함

4. 실연할 부분

학년	5학년	교과	사회
단원	13. 우리 생활과 공공 기관		
학습목표	소방서에서 하는 일과 이용방법을 알 수 있다.		
도입	• 전시학습 상기 • 동기유발 • 학습 목표 제시		
전개	〈실연할 부분〉		
정리	• 정리 • 차시 예고		

5. 다음 조건에 맞추어 실연하시오.

- 각 학생들의 개별화목표가 들어나게 실연하시오.
- (교사-학생, 학생-학생)학생들과의 상호작용이 드러나게 실연하고, 다양한 발문과 피드백이 보여지도록 시연하시오.
- 디지털 기기 및 자료들을 자유롭게 활용하시오.
- 디지털 기기 및 자료들을 활용할 시에 실무사를 활용하시오.
- 과정중심평가를 활용하시오.

6. 수업 성찰

- 과정중심평가를 수업에서 어떻게 활용하였는지 말하고, 과정중심평가의 장점을 학생 측면과 교사 측면에서 말하시오.
- 수업에서 에듀테크 활용의 효과 2가지와 에듀테크 활용 신장방안에 대하여 말하시오.

I. 시작　II. 심층면접　**III. 수업실연**　IV. 교수·학습과정안　V. 수업성찰　VI. 심층면접 예시 답안

시험장 생생후기

활동 구성

활동 1　소방서는 무슨 일을 할까?

1. 소방서 관련 영상 시청하기
2. 영상에 관한 이야기 나누기
3. 소방서가 하는 일 정리 : 화재 진압, 위험에 처한 시민 구하기, 안전 예방 교육
4. 소방서를 이용하는 방법 설명하기 : 119에 전화하기
5. (과정중심평가) 개별학습지 활용하여 이용 방법 정리 및 평가

활동 2　소방서 놀이

1. 소방서 배경 꾸미기_소방서가 하는 일 3가지 붙이기
2. 소방서 놀이하기(레고를 활용한 역할 놀이)

> **소방서 놀이 방법**
> - 역할 나누기 : 소방관, 위험에 처한 사람, 신고하는 사람
>   1. 위험에 처한 사람 발견
>   2. 신고하는 사람이 119에 신고
>   3. 소방관이 위험에 처한 사람 구하기

※ 원래 활동을 3개로 구성했었습니다. 활동 1은 같고 활동 2에서 직접 연결해보고 소방서를 꾸미고 활동 3에서 레고를 가지고 소방서 놀이를 하려고 했었습니다. 그런데 제가 활동 1에서 생각보다 많은 시간을 써버려서 활동 2와 활동 3을 수업 실연 도중에 합쳐서 수업 실연을 진행했습니다. 그래서 16분 동안 수업 실연을 진행하고 4분 동안 성찰을 했습니다.

스크립트

- <u>학생 특성 관련 발문</u>, <u>조건 활용 발문</u> : 교사 발문

　똑똑똑, 안녕하십니까(허리 숙여 인사) 관리번호 3번입니다. 수업 실연 시작하겠습니다.

활동 1　**소방서는 무슨 일을 할까? (교사-학생 상호작용 위주)**

- 학습 목표와 학습 규칙 모두 확인했으니 활동 박수를 치면서 활동 시작해 봅시다. 활동 박수 시작 (짝!) 활~동 1 소방서는 무슨 일을 할까? 활동 1에서는 소방서가 하는 일이 무엇인지 알고 이용 방법에 대해 알아볼 거에요.
- 우리 지역에서 소방서가 어디 있는지 알고 있나요?

1. 소방서 관련 영상 시청하기
   - 먼저 선생님이 영상을 준비했어요. 영상을 한 번 볼까요? 영상을 볼 때는 어떻게 해야 하죠? 눈은 땡글, 귀는 쫑긋, 입은 쉬이---잇! (제스처도 같이) 영상을 다 보면 선생님이 질문을 할 거예요. 집중해서 봐주세요!
   - <u>가영이가 영상 버튼을 태블릿 PC로 누르면 스크린에 나오도록 연결을 해놓았어요. 우리 가영이가 한번 눌러볼까요? 실무사님 가영이가 태블릿 PC를 잘 사용할 수 있도록 팔을 주물러서 긴장을 풀어주세요.</u> (삑) 잘 보일 수 있도록 불을 꺼둘게요! 나영아 소리 크기 괜찮은가요? -영상 재생-(삑)

2. 영상에 관한 이야기 나누기
   - 우리 친구들 영상 잘 보았나요? 그렇다면 선생님이 질문을 해볼게요. 화면에 무엇이 나왔나요? (소방서)/누가 있었나요? (소방관)/소방관이 무슨 일을 하고 있었나요? (불 꺼요 등)_다영이가 불을 끄는 그림을 가리켰네요. 오 맞아요. 다영이가 아주 잘 말해주었어요! 우리 친구들이 영상을 집중해서 잘 보고 있었네요!
   - <u>나영아 누가 있었다 했죠? 따라 해볼까요~ 소.방.관 소방관/우리 나영이 이제 단어도 또박또박 잘 말하네요. 최고예요.</u>

3. 소방서가 하는 일 정리
   - 그럼 화면을 보면서 소방서가 하는 일을 알아봅시다. 화면을 볼까요? 소방서가 하는 일은 첫째, 불이 났을 때 불 끄기/둘째, 위험한 사람 구하기/셋째, 안전 예방 교육
   - 우리 저번 주에 안전 예방 교육을 했었는데 기억나나요?_나영이가 '예'라고 말해주었네요. 네 맞아요. 나영이 말대로 안전 예방 교육을 받았어요~ 나영이 잘 대답해주었어요

4. 소방서를 이용하는 방법 설명하기 : 119에 전화하기
   - 소방서가 하는 일을 알아보았으니 소방서를 이용하는 방법에 대해 설명해줄게요.
   - 불이 나거나 위험한 상황을 발견한 후에는 119를 눌러 전화를 걸어 도움을 요청해요.

5. (과정중심평가) 개별학습지 활용하여 이용 방법 정리 및 평가
   - 소방서가 하는 일과 이용 방법에 대해 알아보았으니 학습지를 통해 정리해봅시다.
   - 다영아 왜 자리에서 일어나려고 할까요?/아 학습지가 어렵구나/선생님이 다영이가 학습지를 쉽게 풀 수 있도록 쉽게 만들어봤으니 한번 같이해봅시다./그리고 우리 규칙 1번이 뭐였죠? 맞아요. 자리에 바르게 앉아요. 아직 수업이 안 끝났으니 자리에 바르게 앉아볼까요?/학습지를 다 풀면 다영이가 좋아하는 놀이 활동을 해볼 거에요 ~~
   - 학습지에 해당하는 그림을 붙이고, 가영이는 간단한 문장으로 써보고, 나영이는 단어를 따라 써보아요. 다영이는 선생님 똑같은 그림을 흐리게 해놓았으니 똑같은 그림을 붙여보아요. 충분한 시간을 줄 테니 천천히 해보고 어려운 것은 선생님을 불러주세요.
   - 다 했나요? 모두 학습지를 잘 풀었네요! 좋아요! 그럼 선생님이 가져가서 파일에 잘 넣어둘게요.

| 활동 2 | 소방서 놀이(학생-학생 상호작용 위주) |

- 활동 박수 치면서 활동 2 시작해봅시다. 활동 박수 시작 (짝!) 활~동 2 소방서 놀이 활동 2에서는 소방서를 꾸미고 우리 친구들이 레고를 가지고 소방서 놀이를 해볼거에요.
- 이번 활동은 모둠으로 진행해볼 거예요. 책상을 모둠으로 만들어봅시다. 휠체어를 타고 있는 가영이를 중심을 나영이와 다영이가 함께 이동해봅시다.
- 실무사님 이번 활동에서는 학생들이 활동하는 모습을 찍어주세요!

1. 소방서 배경 꾸미기_소방서가 하는 일 3가지 붙이기
   - 자! 선생님이 소방서 사진을 가져왔어요. 우리 친구들이 소방서가 하는 일에 대해 이야기를 나누면서 일치하는 그림을 붙여볼 거예요. 혼자 하는 것이 아니라 서로 이야기를 나누며 함께 해봅시다.
   - 첫 번째로 소방서가 하는 일에 대한 그림은 (불 끄는 그림) 이것이에요. 어디에 붙여야 할까요? 다영이가 손으로 가리키고 있는데 가영이랑 나영이는 어떻게 생각하나요? 다영이의 생각과 다른가요? 그럼 다영이가 다시 생각해볼 수 있도록 설명해 줄 친구 있나요? ---활동 생략---

2. 소방서 놀이하기(레고를 활용한 역할 놀이)
   - 자 이렇게 우리 친구들이 소방서가 무슨 일을 하는지 함께 그림을 붙이면서 이야기를 나눠봤어요. 그럼 이번에는 소방서 놀이를 해볼 거예요. 우리 나영이가 좋아하는 레고를 가지고 소방서 배경에서 역할 놀이를 해볼 거예요. 놀이 방법은 다음과 같습니다.

   > ■ 소방서 놀이 방법
   > - 역할 나누기 : 소방관, 위험에 처한 사람, 신고하는 사람
   >   1. 위험에 처한 사람 발견
   >   2. 신고하는 사람이 119에 신고
   >   3. 소방관이 위험에 처한 사람 구하기

   - 누가 소방관/위험에 처한 사람/신고하는 사람을 해볼까요? 그럼 정한 역할대로 놀이해볼까요? 가영이는 실무사님과 함께 앞으로 나와봅시다. 실무사님 가영이가 나올 수 있도록 휠체어 이동을 도와주세요.

- (잠시 역할을 바꾼 뒤) 다영아, 다영이가 활동사진에 사용할 사진을 찍어볼까요? 친구들이 역할 놀이 하는 모습을 찍어주세요.
- 자 이렇게 소방서 놀이를 해보았는데 어땠나요? 즐거웠나요? 선생님과 하이파이브 치며 자리로 돌아가 봅시다.

이상입니다.

> **시험을 마치고**

- 대기실에 올라가니 감독관이 계셔서 구상실과 면접실을 미리 보지 못하였습니다. 시험장 내에서 실내화가 권고라고 적혀있어서 급하게 실내화를 준비해야 하나 걱정이 되어 전화를 했었는데 실내화 신고 면접실에는 준비한 신발을 갈아신고 들어가도 된다고 하셨습니다. 그래서 운동화를 신고 실내화랑 구두를 챙겨갔는데 신발은 위에서 갈아신어도 된다고 하셔서 대기실까지 운동화를 신고 올라가서 실내화가 아닌 구두를 신고 대기실에 있다가 바로 구상실, 면접실로 이동하였습니다.

- 대기실과 구상실은 유아특수와 함께 사용하였습니다. 타이머는 검은 배경에 빨간 글씨로 아주 잘 보였고, 다운 타이머였습니다. 혹시나 하는 마음에 시계를 차고 갔는데 타이머가 잘 보여서 딱히 필요는 없었습니다. 구상할 때는 책상 위에 모나미 펜이 2개 놓여있었는데 제가 챙겨간 볼펜을 사용했습니다. 관리번호는 수험번호 순으로 뽑았고, 순서가 되면 유아특수 선생님과 같은 구상실에서 칠판을 바라보고 나란히 앉아 구상하였습니다. 문제지 크기는 1차 시험과 동일했는데 재질이 뻣뻣한 재질이었습니다. 문제지는 총 2장 단면으로 스테이플러로 찝혀있었고 분리해도 된다고 하셨습니다. 1면에는 단원과 차시 학생 특성이 적혀있었고 2면에는 지도안 형식에 목표와 어느 부분을 실연해야 하는지 적혀있었고 조건들이 적혀있었습니다. 활동의 개수는 정해져 있지 않았습니다. 저는 4분의 1로 접어 조건 아래에 빈 여백에 구상하였습니다. 심층면접과 구상실은 동일했고, 면접실에서 감독관과 평가관의 위치도 동일하였습니다. 다만 책상과 의자가 없고 창가 쪽으로 교탁이 있었습니다. 칠판 앞에서 수업실연을 하고 교탁에서 즉답형 성찰 문항을 읽고 답하는 방식이었습니다. 타이머는 20분을 맞춰두고 스스로 시간 배분을 하여 수업실연 15분, 성찰 5분 정도로 연결하여 진행했습니다. 짐은 구상실 앞에 두면 면접실 옮길 때마다 감독관들이 면접실 앞에 옮겨주셨습니다.

- 책상은 따로 없었기에 연습할 때 책상을 두지 않고 연습하고 교탁에서 성찰을 이어가는 방식으로 연습하면 좋을 것 같습니다. 또 수업실연과 성찰을 이어서 하다보니 수업실연은 14분 정도로 맞추고 이동하는 시간까지 포함하여 시간 배분을 하면 좋을 것 같습니다.

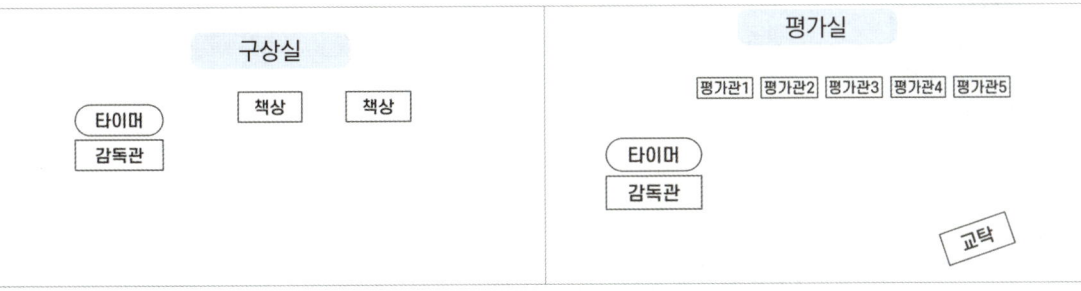

(2) 2022 충북

1. 수업실연 제재

교과	사회
학년	특수학교 3학년
제재	교실에서 지켜야 할 규칙 알아보기
목표	교실에서 지켜야 할 규칙을 알 수 있다.

2. 수업실연 조건

- 도입(동기유발)에서 활동 2까지 실연하시오.
- [도입] 부분에서 개별화 목표를 제시하시오.
- [전개] 부분에서 〈자료 1〉, 〈자료 2〉를 활용하시오.
- 판서가 되어있다고 가정하고 실연하시오.
- 교사-학생, 학생-학생 간의 상호작용이 드러나게 실연하시오.
- 학생이 보이는 오류를 지도하시오.
- 특수교육 실무사가 배치된 상황에서 지도하시오.
- 학생의 일상생활과 연계해 지도하시오.
- 학생 주도적인 발문을 사용하여 지도하시오.
- 실연 부분

도입	전시학습 상기	
	동기유발	
	학습목표 제시	실연할 부분
전개	활동 1	
	활동 2	
정리	정리	
	차시 예고	

3. 학생 실태 및 학습 수준

수준	학생 특성
가	• 수업 상황에서 적극적으로 참여한다. • 교사의 질문에 끼어들며 수업과 관련 없는 질문을 자주 한다. • 1~2 문장 수준으로 발화가 가능하며 단어 수준의 쓰기가 가능하다.
나	• 수업 도중 자리 이탈을 한다. • 교사의 시범을 보이면 말이나 행동을 따라 할 수 있다. • 단어 수준으로 발화할 수 있다.
다	• 중도중복장애 • AAC 활용하며 자발적인 발화가 불가능하다. • 사전에 강화 예고를 해주면 책상을 두드리는 문제행동이 줄어든다. • 신체적인 지원이 필요하다.

4. 수업 성찰

- 수업에서 잘한 부분과 아쉬운 부분 1가지씩 이야기하고 개선방안을 2가지 이야기하시오.
- 수업을 실생활과 연계하기 위한 방안에 대해 이야기 하시오.

06 인천

> 인천은 평가원 출제로 변경되었습니다. 연습 문제로 활용해 보세요!

(1) 2021 인천

1. 수업실연 제재

교과	실과
학년	초등학교 5학년
단원	3. 언제 어디서나 함께하는 세상
제재	메시지 보내는 방법과 상황에 적절한 이모티콘
차시	전시	전화하는 방법과 전화 예절
	본시	메시지 보내는 방법과 상황에 적절한 이모티콘 • 메시지 보내는 방법 알아보기 • 상황에 적절한 이모티콘 알아보기 • 이모티콘을 활용하여 메시지 보내기
	차시	정보통신 예절

2. 학생 실태 및 학습 수준

학생	학생 특성	
A	• 원활한 의사소통이 가능하다. • 얼굴 표정을 보고 어떤 기분인지 안다.	수업에 적극적으로 참여한다.
B		소극적이나 수업에 관심과 흥미를 보인다.
C	• 1~2어절 수준의 발화가 가능하다. • 제시된 것과 같은 그림을 찾을 수 있다.	간헐적으로 큰소리를 낸다.
D		주의가 산만하다.
E	• 표정과 몸짓으로 의사소통한다. • 신체적 지원을 받아 활동에 참여할 수 있다.	자리이탈이 잦고 상동행동을 한다.
F		무기력하다.

3. 자료

태블릿PC, 스마트폰, 노트북, 스마트 TV, 전자칠판

(2) 2020 인천

※ 다음 수업을 15분간 구상한 후 15분(도입, 전개, 정리) 동안 실연하시오.

1. 본시 학습 지도내용

교과	국어		
단원	9. 정보를 쏙쏙!		
제재	3. 정보 찾고 비교하기		
목표 및 활동	전시	도서관을 이용하는 순서와 도서관에서 지켜야 할 예절을 알 수 있다.	•학교 도서관 이용 경험 이야기 나누기 •도서관 이용 순서 알기 •도서관에서 예절 표지판 만들기
	본시 (12차시)	심부름 부탁하는 글을 읽고 심부름 관련 정보를 찾을 수 있다.	•심부름 경험 이야기하기 •심부름을 부탁하는 글 찾아 표시하기 •심부름 장소와 내용 찾아 표시하기
	차시	심부름 가는 길에 볼 수 있는 다양한 상점의 정보를 찾을 수 있다.	•광고 글 읽기 •광고 글에 어울리는 상점 그림 찾아 붙이기 •심부름 가는 길 순서대로 연결하기

2. 학생 실태 및 학습 수준

A	• 간단한 대화를 할 수 있다.	수업에 적극적으로 참여함
B		수업에 불필요한 말을 자주 하며, 친구를 잘 도와줌
C	• 1~2음절로 대답할 수 있다. • 시범을 보면 따라할 수 있다.	정리정돈을 잘하나, 특정 물건과 장소에 집착하며 고집이 셈
D		활동에 잘 참여하나 호기심이 많고 장난이 심함
E	• 표정과 몸짓으로 대답할 수 있다. • 교사의 신체적 도움을 받아 과제를 수행할 수 있다.	큰 소리를 내며, 동작을 따라 함.
F		자해 행동을 하며, 친구와의 상호작용이 어려움

3. 자료

> 서준아! 나래가게에서 우유 한 갑, 새우 과자 한 봉지 좀 사다 줘. 부탁해.
>
> – 엄마가

(3) 2019 인천

1. 본시 학습 지도내용

교과	안전한 생활 (나)
단원	2. 멈추고 살피고 건너기

전시	골목길의 올바른 통행 방법 알기
본시	신호등 색에 따라 바른 행동 알기
차시	안전하게 횡단보도 건너기

2. 학생 실태 및 학습 수준

학생 A	• 간단한 의사 표현이 가능하다.	친구를 도와주는 것을 좋아한다.	지적
학생 B	• 스스로 과제 수행이 가능하다.	잦은 자리이탈을 한다.	지적
학생 C	• 1음절로 말할 수 있다.	학습에 적극적으로 참여한다.	지적
학생 D	• 말과 행동을 따라 할 수 있다.	소리를 지르는 행동을 보인다.	자폐
학생 E	• 몸짓과 표정을 모방할 수 있다.	온순하며 행동을 모방한다.	지적
학생 F	• 교사의 전반적인 도움이 필요하다.	편마비가 있으며 휠체어를 탄다.	지체

3. 수업조건

- 신호에 알맞은 행동을 하는 것을 수업에 반영하시오.
- 신호등 색깔에 따라 올바른 행동을 익히는 활동을 중점으로 수업을 진행하시오.

(4) 2017 인천

1. 본시 학습 지도내용

단원	글자를 찾아요

	주제	주요 학습내용
전 차시	끝말잇기	• 끝 글자가 같은 말 잇기 • 앞 글자가 같은 말 잇기
본 차시	수수께끼	• 설명 듣고 추측하기 • 동물 관련 수수께끼 풀기
다음 차시	말놀이	• 원숭이 엉덩이는 빨개 가사 바꾸어 부르기

2. 학생 실태 및 학습 수준

	장애명	학생 특성	행동 특성
A	지적장애	• 의사소통이 원활함 • 교사가 내는 수수께끼의 설명을 듣고 맞출 수 있음	온순한 성격을 지님
B	지적장애		수업에 흥미 있어 함
C	지적장애	• 교사가 설명하는 것을 듣고 그림을 보고 선택하여 말할 수 있음	교사의 지시를 잘 따름
D	지적장애		수업에 잘 참여하나 주의집중이 짧음
E	지체장애	• 교사가 제시하는 그림과 같은 그림을 선택할 수 있음	수업에 관심이 없고 소극적임
F	자폐성장애		주의산만하고 자리이탈함

3. 수업조건

- 4학년 학생 6명을 대상으로 함
- 40분 수업을 전제로 함
- 자료 : 생활 용품 사진(크레파스, 화장지, 칫솔, 신발), 동물 사진(코끼리, 토끼, 돼지, 기린, 원숭이)

CHAPTER 03 초등특수 수업실연 연습문제

01 수업실연 연습문제 1회

1. 수업실연 제재

교과	국어
학년	특수학교 2학년
단원	1. 소리의 뜻을 찾아보아요.
제재	말소리를 크거나 작게 내기
목표	큰 소리로 말해야 할 때와 작은 소리로 말해야 할 때를 구별해 적절하게 말할 수 있다.
성취기준	[2국 01-01] 여러 가지 소리의 의미를 이해하고 구별한다.
차시	1	몸으로 큰 소리와 작은 소리내기
	2	작은 소리와 큰 소리를 내야 할 때 알아보기 (본시)
	3	때에 따라 알맞은 크기의 목소리 내기

2. 수업실연 조건

- 전개 부분의 활동 1부터 3까지 실연하시오.
- 학생 개개인의 수준을 반영한 개별화 자료를 제시하시오.
- 개별 학생의 학습·행동 특성에 따른 교사의 지원 방안을 포함하시오.
- 실생활과 연계하여 지도 하시오.
- 학생-학생 간의 다양한 상호작용이 드러나게 실연하시오.
- [활동 1]에서 다음 조건을 포함하여 실연하시오.
  - 학교 안에서 볼 수 있는 장소를 넣어 자료를 제시하시오.
  - 학생 개인의 경험을 관련짓는 교사의 발문을 포함하시오.
- [활동 3]에서 다음 조건을 포함하여 실연하시오.
  - 학생-학생 간의 다양한 상호작용이 드러나게 실연하시오.
  - (다) 수준 학생의 참여를 높일 수 있는 자료를 활용하시오.
- 수업할 부분

	전시학습 상기	
도입	동기유발	
	학습 목표 제시	
	활동 1 다양한 장소 알아보기	
전개	활동 2 작은 소리와 큰 소리를 내야 하는 장소 구별하기	실연할 부분
	활동 3 소리 지도 만들기	
정리	정리	
	차시 예고	

3. 학생 실태 및 학습 수준

수준	장애 영역	학생 특성
가수준	지적장애	• 다양한 장소 그림을 보고 짧은 문장으로 말할 수 있다. • 큰 목소리와 작은 목소리를 구별할 수 있다. • 다른 친구에게 불필요한 관심을 보이며 자리이탈 한다.
나수준	자폐성장애	• 다양한 장소 그림을 보고 손으로 가리킬 수 있다. • 교사의 시범을 보고 입을 따라 움직일 수 있다. • 자신에게 친숙한 몇 개의 장소는 단어로 말할 수 있다. • 높은 곳에 올라가려는 특성이 있다.
다수준	중도·중복장애 (시각, 지체)	• 한 음절 발화 또는 비언어적 요소(몸짓, 표정)를 사용하여 자신의 의사를 표현한다. • 촉각, 청각을 이용해 자료를 탐색한다. • 휠체어를 이용한다. • 책상 위에 있는 물건을 바닥으로 다 떨어트린다.

4. 자료 (없음 : 자유 자료)

5. 수업 성찰

1. 오늘 수업을 바른생활, 슬기로운생활, 즐거운생활, 수학, 일상생활 중 한 개의 교과와 연계해 수업한다면 어느 교과와 하고 싶은지 이유와 함께 말하시오.
2. 이 수업에서 중점을 둔 부분은 무엇인지 말하고 학생에게 어떤 교육적 경험을 제공했는지 말하시오.
3. 본 수업 후 다 수준 학생의 평가는 어떻게 할 것 인지 말하시오.

02 수업실연 연습문제 2회

1. 수업실연 제재

교과	수학
학년	특수학교 2학년
제재	둘 가르기
목표	구체물의 한 모임을 남김없이 옮겨서 두 모임으로 가를 수 있다.
차시	1	가를 수 있어요
	2	둘을 가를 수 있어요 (1)
	3	둘을 가를 수 있어요 (2) (본시)
	4	둘을 가를 수 있어요 (3)

2. 수업실연 조건

- 도입의 일부부터 활동 2까지 실연하시오.
- [도입] 부분에서 학생 개개인의 수준을 반영한 개별화 목표를 제시하시오.
- [활동 1]에서 다음 조건을 포함하여 실연하시오.
  - 〈자료 1〉을 활용하시오. (자료 1: 과일 모형 장난감, 모형 칼)
  - 〈자료 2〉을 활용하시오. (자료 2: 과일 모양 종이, 가위)
  - 〈자료 3〉을 활용하시오. (자료 3: 과일 모양 스티커)
  - 학생 모두가 자료 1, 2, 3을 활용해 둘로 가르기를 반복 연습할 수 있도록 실연하시오.
- [활동 2]에서 다음 조건을 포함하여 실연하시오.
  - 〈자료 4〉를 활용하시오. (자료 4: 원숭이 목걸이)
  - 역할극을 포함한 수업을 실연하시오.
  - 학생의 문제행동에 대하여 긍정적 행동 지원으로 중재하시오.
- 교사-학생, 학생-학생 간의 다양한 상호작용이 드러나게 실연하시오.
- 수업 중 특수교육지원인력과 상호작용하며 활동을 진행하시오.
- 수업할 부분

	전시학습 상기	
도입	동기유발 과일 먹고 싶은 원숭이 2마리 이야기 듣기	
	학습 목표 제시	실연할 부분
전개	활동 1 과일 둘로 가르는 방법 알기	
	활동 2 우끼와 포끼가 되어 역할극 하며 과일 둘로 나누기	
정리	정리	
	차시 예고	

3. 학생 실태 및 학습 수준

수준	장애 영역	학생 특성
가수준	지적장애	• 교사가 묻는 질문에 짧은 문장으로 대답할 수 있다. • 다양한 과일의 이름을 알고 있다. • 간단한 종이를 가위를 이용해 오릴 수 있다. • 교사의 이름을 계속 부르며 끊임없는 관심을 요구한다.
나수준	자폐성장애	• 교사와 함께 한 음절씩 따라 말할 수 있다. • 교사의 도움을 받아 간단한 가위질을 할 수 있다. • 물건을 바닥에 던져 나는 소리를 듣는 것을 좋아한다.
다수준	중도·중복장애	• 2가지 과일 중 그림과 같은 과일을 찾을 수 있다. • 교사와 함께 한 음절씩 따라 말할 수 있다. • 소근육 사용이 어려워 가위질, 스티커 떼기가 어렵다. • 학습된 무기력으로 할 수 있는 과제도 시도하지 않으려 한다.

4. 자료

<과일 먹고 싶은 원숭이 이야기>

원숭이 마을에 제일 친한 친구인 우끼와 포끼가 살았어요.
어느날 우끼는 사과를 포끼는 수박을 가지고 만났어요. 두 원숭이는 사과와 수박을
나눠 먹고 싶었어요. 수박도 1개, 사과도 1개인데 어떻게 나누어 먹지?
고민하던 우끼와 포끼를 보고 지나가던 참새가 이야기했어요. "둘로 가르면 돼!" 우끼와 포끼는
머리를 긁적였어요. "둘로 가른다고? 그게 뭐지?

<자료 1>	<자료 2>
	과일 모양 종이, 가위

<자료 3>	<자료 4>
과일 모양 스티커 (사과, 수박)	원숭이 목걸이

5. 수업 성찰

1. 역할극 수업을 위해 교사가 사전에 고려해야 하는 것은 무엇이 있는지 이야기하고 역할극의 장점을 2가지 말하시오.
2. 이 수업을 하면서 어려웠던 점을 말하고 보완하기 위해 노력할 부분은 무엇인지 말하시오.
3. 소근육 사용이 어려운 학생을 활동에 참여시키기 위한 방법으로 어떤 점을 고려했는지 말하시오.

03 수업실연 연습문제 3회

1. 수업실연 제재

교과	국어
학년	특수학교 2학년
단원	2. 선과 모양을 표현해요
제재	움직이는 방향, 시작점, 끝점 알기
목표	선과 모양 표현의 기초가 되는 시작점, 끝점, 방향을 알고 바르게 표현할 수 있다.
성취기준	[2국03-01] 끼적이기에 재미를 느끼며 자유롭게 끼적인다. [2국02-02] 점, 선, 면으로 구성된 여러 가지 형태를 탐색한다.
차시	1 선과 모양을 표현하는 여러 가지 도구 알기 2 움직이는 방향, 시작점, 끝점 알기 (본시) 3 가로선과 세로선 표현하기

2. 수업실연 조건

- [도입-전개-정리] 중 [전개-정리] 부분을 실연하시오.
- [활동 1]에서 다음 조건을 포함하여 실연하시오.
  - 〈자료 1〉을 활용하시오. (자료 1: 테이프, 별 스티커)
  - '그대로 멈춰라' 노래를 활용하시오.
  - 학생의 도전 행동에 대하여 긍정적 행동 지원으로 중재하시오.
- [활동 2]에서 다음 조건을 포함하여 실연하시오.
  - 〈자료 2〉를 활용하시오. (자료 2 : 코딩 로봇, 매직, 도화지)
  - 모든 학생이 함께할 수 있는 참여형 수업을 실연하시오.
  - 개별 학생의 학습·행동 특성에 따른 교사의 지원 방안을 포함하시오.
- 교사-학생, 학생-학생 간의 다양한 상호작용이 드러나게 실연하시오.
- 코딩 로봇을 활용해 문제를 해결하는 과정을 포함하시오.
- 수업 중 특수교육지원인력과 상호작용하며 활동을 진행하시오.
- 수업할 부분

전개	활동 1	몸을 움직이며 방향 알아보기	실연할 부분
	활동 2	코딩 로봇을 이용해 움직이는 방향 알아보기	
정리	정리		
	차시 예고		

3. 학생 실태 및 학습 수준

수준	장애 영역	학생 특성
가 (2명)	지적장애	• 짧은 문장으로 말할 수 있고 노래를 따라 부름. • 필기구를 잡고 보고 그릴 수 있음. • 학생 1 : 비선호 과제에 대해 수업 중 다른 장난감을 가지고 노는 행동을 보임.
나 (2명)	자폐성장애	• 교사의 언어적 시범을 보고 1~2개의 단어를 따라 말함. • 필기구를 잡고 선 위에 따라 그릴 수 있음. • 학생 2 : 노래를 싫어해 귀를 막고 엎드리는 행동을 보임.
다 (1명)	중도·중복장애	• 한 음절 발화 또는 비언어적 요소(몸짓, 표정)를 사용하여 의사를 표현함. • 소근육 활용이 어려워 얇은 필기구는 잡기 어려움. • 보행 보조기를 사용해 움직일 수 있음.

4. 자료

〈자료 1〉	〈자료 2〉
빨간색 전기 테이프, 별 스티커	코딩 로봇 지니, 유성매직, 도화지

5. 수업 성찰

1. 학생의 도전 행동을 중재하기 위해 교사가 사용한 방법은 무엇이며, 어떠한 효과를 일 수 있는지 말하시오.
2. 실제 현장에서 코딩 로봇을 활용한 수업 진행 시 예상되는 장점과 어려움을 1가지씩 이야기하고 어려움이 있다면 어떻게 보완할 수 있는지 말하시오.
3. 특수교육 지원인력과 협력한 부분은 무엇인지 2가지 말하시오.

Ⅰ. 시작　Ⅱ. 심층면접　**Ⅲ. 수업실연**　Ⅳ. 교수·학습과정안　Ⅴ. 수업성찰　Ⅵ. 심층면접 예시 답안

04 수업실연 연습문제 4회

1. 수업실연 제재

교과	국어, 바른생활, 실과 (교과 통합)
학년	특수학급 1, 2, 6학년
제재	테블릿 PC를 활용해 반려동물 키우기
목표	내가 키우고 싶은 동물을 선택하고 기르는 체험을 통해 생명의 소중함을 느낄 수 있다. 반려 동물 키우기 어플을 활용해 반려동물을 돌볼 수 있다.
성취기준	[2국02-03] 일상생활에서 자주 볼 수 있는 실물 그림, 상징, 기호에 관심을 가진다. [2바01-10] 주변의 생명체를 소중히 여긴다. [6실03-01] 생명을 존중하는 태도를 여긴다.
차시	1 다양한 반려동물 알아보기 2 생명의 소중함 알기 3 가상 반려동물 키우기 (본시)

2. 수업실연 조건

- 개별화 목표를 포함하여 도입을 2분간 설명하시오.
- [도입-전개-정리] 중 [전개-정리] 부분을 실연하시오.
- [활동 1]에서 다음 조건을 포함하여 실연하시오
  - 〈자료 1〉을 활용하시오. (자료 1: 테블릿 PC)
  - 반려동물 키우기 앱 사용 방법에 대해 지도 하시오.
  - 학생의 문제행동에 대하여 긍정적 행동 지원으로 중재하시오.
- [활동 2]에서 다음 조건을 포함하여 실연하시오.
  - 개별 학생의 학습·행동 특성에 따른 교사의 지원 방안을 포함하시오.
- [정리]에서 다음 조건을 포함하여 실연하시오.
  - 내가 키우는 반려동물 소개하고 반려동물을 키워본 소감을 발표할 수 있도록 지도 하시오.
- 반려 동물 키우는 과정에서 학생들이 생명의 소중함을 느낄 수 있도록 실연하시오.
- 교사-학생, 학생-학생 간의 다양한 상호작용이 드러나게 실연하시오.
- 수업 중 특수교육지원인력과 상호작용하며 활동을 진행하시오.
- 수업할 부분

전개	활동 1 반려 동물 키우기 앱 속 내가 키우고 싶은 동물 선택하기	실연할 부분
	활동 2 반려 동물 키우는 방법 알고 돌보기	
정리	정리	
	차시 예고	

3. 학생 실태 및 학습 수준

수준	장애 영역	학생 특성
가	지적장애	• 문장으로 말할 수 있다. • 태블릿 PC 사용법을 알고 있다. • 태블릿 PC를 이용해 자신이 선호하는 영상을 시청하려는 행동을 보인다.
가	지적장애	• 짧은 문장으로 말할 수 있다. • 태블릿 PC 사용법을 알고 있다. • 옆 친구의 물건을 빼앗으려는 행동을 보인다.
나	자폐성장애	• 자신이 알고 있는 몇 가지의 단어로 말할 수 있다. • 교사의 시범을 보고 태블릿 PC를 따라 누를 수 있다. • '죽어', '총' 등 부적절한 단어를 반복해 말한다.
나	자폐성장애	• 자신이 알고 있는 몇 가지의 단어로 말할 수 있다. • 교사의 시범을 보고 태블릿 PC를 따라 누를 수 있다. • 반려동물 앱의 동물 소리를 계속 누른다.
다	중도·중복장애	• 한 음절 발화 또는 비언어적 요소(몸짓, 표정)를 사용하여 의사를 표현한다. • 교사의 신체적 촉구를 통해 태블릿 PC를 누를 수 있다. • 휠체어를 이용한다.

4. 자료

자료 1 태블릿PC

자료 2

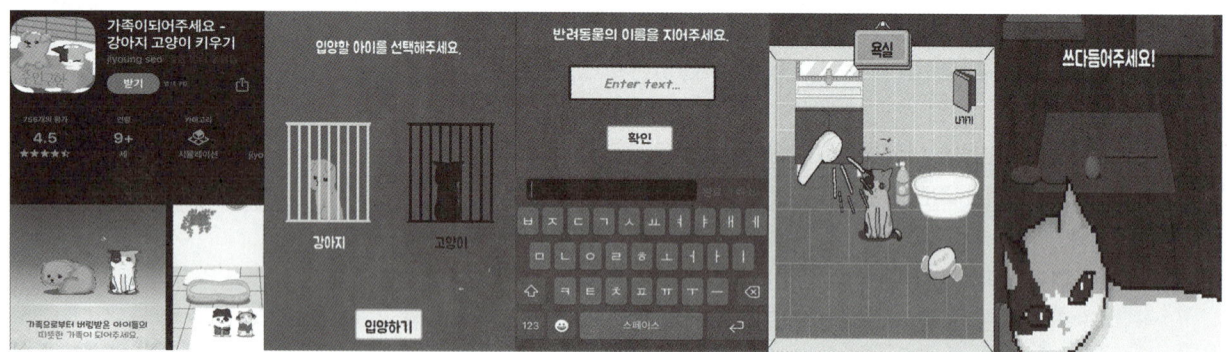

[출처] 애플 앱스토어: 가족이 되어 주세요 - 강아지 고양이 키우기 앱 화면

5. 수업 성찰

1. 오늘 수업이 학생들에게 미친 영향을 교육적 관점에서 3가지 말하시오.
2. 수업 중 가장 어려웠던 부분은 무엇인지 말하고 배운 것을 일상생활과 연계하기 위한 방법은 무엇이 있는지 말하시오.
3. 학생들에게 생명의 소중함을 알려주기 위해 제시한 활동은 무엇인지 이야기하시오.

05 수업실연 연습문제 5회

1. 수업실연 제재

교과	국어, 수학
학년	특수학교 2학년
제재	사진을 보고 같은 모양 찾기
목표	사진에서 같은 모양을 찾고 모양으로 여러 가지 생물을 표현할 수 있다.
차시	1 그림의 일부분을 보고 같은 그림 찾기
	2 사진을 보고 같은 모양 찾기 (본시)
	3 그림책 속에서 같은 모양 찾기

2. 수업실연 조건

- 개별화 목표를 포함하여 도입을 2분간 설명하시오.
- [도입-전개-정리] 중 [전개-정리] 부분을 실연하시오.
- [활동 1]에서 다음 조건을 포함하여 실연하시오.
  - 학생의 문제행동에 대하여 긍정적 행동 지원으로 중재하시오.
- [활동 2]에서 다음 조건을 포함하여 실연하시오.
  - 개별 학생의 학습·행동 특성에 따른 교사의 지원 방안을 포함하시오.
- [정리]에서 다음 조건을 포함하여 실연하시오.
  - 내가 만든 생물을 발표하는 과정을 포함하여 정리하시오.
- 교사-학생, 학생-학생 간의 다양한 상호작용이 드러나게 실연하시오.
- 수업 중 특수교육지원인력과 상호작용하며 활동을 진행하시오.
- 수업할 부분

전개	활동 1 동물 캐릭터 보고 동그라미, 세모, 네모 모양 찾기	실연할 부분
	활동 2 동그라미, 세모, 네모 모양을 이용해 생물 만들기	
	활동 3 다양한 방법으로 생물 표현하기	
정리	정리	
	차시 예고	

3. 학생 실태 및 학습 수준

수준	장애 영역	학생 특성
가	자폐성 장애	- 문장을 읽고 이해할 수 있음. - 다양한 동물의 이름을 알고 있음. - 머릿속에 떠오르는 말을 상황 맥락에 맞지 않게 사용함.
나	지적장애	- 짧은 문장으로 말할 수 있음. - 친구의 말에 대답을 하지 않고 무시하는 경우가 있음. - 몇가지 동물의 이름을 알고 있음.
	지적장애	- 짧은 문장으로 말할 수 있음. - 주의 집중이 짧아 자리이탈을 자주 함.
다	중도·중복장애	- 발음은 부정확하나 의사소통이 가능함. - 왼손만 사용하려는 모습을 보임. - 휠체어를 이용함.

4. 자료

5. 수업 성찰

1. 학생의 흥미를 유발하기 위해 교사가 활용한 동기유발은 무엇인지 말하시오.
2. 수업 중 학생들의 개별화 수업을 위해 활용한 것은 무엇이 있는지 3가지 말하시오.
3. 자신의 수업에 대해 평가하고 보완할 점을 말하시오.

06 수업실연 연습문제 6회

1. 수업실연 제재

교과	과학
학년	특수학교 3학년
제재	딱딱한 물체와 물렁한 물체
목표	딱딱한 물체와 물렁한 물체가 가지고 있는 질감의 차이를 구별할 수 있다.
차시	1 딱딱한 물체를 살펴보기
	2 물렁한 물체를 살펴보기
	3 딱딱한 물체와 물렁한 물체 구별하기 (본시)

2. 수업실연 조건

- [도입-전개-정리] 중 [전개] 부분을 실연하시오.
- 학생의 문제행동을 예방할 수 있는 중재를 포함해 실연하시오.
- [활동 1]에서 다음 조건을 포함하여 실연하시오.
  - 〈자료 1〉을 활용하시오.
  - 학생이 다양한 재료를 손과 눈을 이용해 탐색할 수 있도록 지도하시오.
  - 학생의 문제행동에 대하여 긍정적 행동 지원으로 중재하시오.
- [활동 2]에서 다음 조건을 포함하여 실연하시오.
  - 개별 학생의 학습·행동 특성에 따른 교사의 지원 방안을 포함하시오.
- [활동 3]에서 다음 조건을 포함하여 실연하시오.
  - 〈자료 1,2〉을 활용하시오.
  - 내가 좋아하는 곤충을 물렁한 물체와 딱딱한 물체 모두 활용해 만들 수 있도록 지도하시오.
- 교사-학생, 학생-학생 간의 다양한 상호작용이 드러나게 실연하시오.
- 수업 중 특수교육지원인력과 상호작용하며 활동을 진행하시오.
- 수업할 부분

전개	활동 1 여러 가지 학용품 관찰하기	실연할 부분
	활동 2 딱딱한 물체와 물렁한 물체로 물건 나누기	
	활동 3 딱딱한 물체와 물렁한 물체를 활용해 곤충 만들기	
정리	정리	
	차시 예고	

3. 학생 실태 및 학습 수준

수준	장애 영역	학생 특성
가 1	지적장애	• 문장으로 말할 수 있다. • 자신이 좋아하는 곤충의 이야기를 계속 말한다. • 학용품의 이름과 용도를 안다.
가 2	지적장애	• 짧은 문장으로 말할 수 있다. • 수업과 관련 없는 이야기를 계속한다. • 관심의 표현으로 손가락으로 콧구멍을 계속 만진다.
나 1	자폐성장애	• 교사의 입 모양을 보고 단어를 따라 말할 수 있다. • 자신이 좋아하는 과자를 먹기 위해 계속 과자를 요구한다. • 자리 이탈한다.
나 2	자폐성장애	• 자신이 알고 있는 몇 가지의 단어로 말할 수 있다. • 나무 연필을 이빨로 깨물고 손으로 부신다. • 문제 행동을 지적하면 소리를 지른다.
다	중도·중복장애	• 비언어적 요소(몸짓, 표정)를 사용하여 의사를 표현한다. • 교사의 신체적 촉구를 통해 테블릿 PC를 누를 수 있다. • 휠체어를 이용한다.

4. 자료

〈자료 1〉 사진	〈자료 2〉 준비물
• 딱딱한 것 : 나무젓가락, 가위, 매직 • 말랑한 것: 지우개, 클레이, 풍선	도화지, 목공풀, 색종이, 눈알 스티커

5. 수업 성찰

1. 나1 학생의 도전 행동을 중재하기 위한 방안으로 활용한 것은 무엇이며 어떠한 행동의 변화를 이끌 수 있는지 말하시오.
2. 나2 학생의 도전 행동 발생을 줄이기 위해 교체되어야 하는 학습 자료는 무엇이며, 어떠한 것으로 대체할 수 있는지 말하시오.
3. 본 학생들을 위해 활용할 수 있는 보편적 중재는 무엇인지 말하시오.

07 수업실연 연습문제 7회

1. 수업실연 제재

교과	일상생활	
학년	특수학교 1학년	
영역	자립생활	
제재	학교 안 화장실 알아보기	
목표	다양한 화장실을 알고 내가 사용할 화장실을 찾을 수 있다.	
차시	1	다양한 화장실의 모습 알아보기
	2	학교 안 화장실 찾아보기
	3	내가 사용할 수 있는 화장실 알아보기 (본시)

2. 수업실연 조건

- [도입-전개-정리] 중 [도입-전개] 부분을 실연하시오.
- 제제와 목표에 알맞은 3가지 활동을 실연하시오.
- [도입]에서 다음 조건을 포함하여 실연하시오.
  - 학생의 관심사를 반영하시오.
  - 학생들이 다 함께 지켜야 할 보편적 규칙을 언급하시오.
- [활동 1]에서 다음 조건을 포함하여 실연하시오.
  - 학생 C의 문제행동에 대하여 긍정적 행동 지원으로 중재하시오.
- [활동 2]에서 다음 조건을 포함하여 실연하시오.
  - 모든 학생이 함께할 수 있는 참여형 수업을 실연하시오.
  - 개별 학생의 학습·행동 특성에 따른 교사의 지원 방안을 포함하시오.
- 교사-학생, 학생-학생 간의 다양한 상호작용이 드러나게 실연하시오.
- 학생들이 함께 할 수 있는 협동 과제를 제시하시오.
- 수업 중 특수교육지원인력과 상호작용하며 활동을 진행하시오.
- 수업할 부분

도입		실연할 부분
전개	활동 1	
	활동 2	
	활동 3	

3. 학생 실태 및 학습 수준

수준	장애 영역	학생 특성
A	지적장애	• 한 문장으로 자신의 생각을 말할 수 있음. • 필기구를 잡고 보고 그릴 수 있다. • 화장실 안의 물건에 대해 알고 있음.
B	지적장애	• 자신이 알고 있는 몇 가지 단어를 사용해 말할 수 있음. • 필기구를 잡고 따라 그릴 수 있다. • 화장실의 위치는 알고 있으나 자신이 가야 하는 화장실을 구별하는데 어려움이 있음.
C	자폐성장애	• 교사의 언어적 시범을 보고 1~2개의 단어를 따라 말한다. • 필기구를 잡고 선 위에 따라 그릴 수 있다. • 화장실 앞에 가면 들어가지 않고 바지를 벗는다.
D	자폐성장애	• 교사의 언어적 시범을 보고 1~2개의 단어를 따라 말한다. • 색깔 놀이를 좋아함. • 학교 내 화장실의 위치를 알고 있음.
E	중도·중복장애	• 한 음절 발화 또는 비언어적 요소(몸짓, 표정)를 사용하여 의사를 표현한다. • 소근육 활용이 어려워 도움 없이 필기구를 잡기 어렵다. • 휠체어를 사용해 이동함.

4. 자료 – 자유 자료

5. 수업 성찰

1. 일상생활 교과 중 자립생활 단원에서 이루어지면 좋을 신변 관련 수업을 한가지 말하시오.
2. 일상생활은 2022 개정 교육과정에서 새롭게 도입된 교과이다. 일상생활 영역 중 한 가지를 선택하고 해보고 싶은 수업을 말하시오.
3. 협동 수업의 어려운 점과 장점을 1가지씩 이야기하시오.

08 수업실연 연습문제 8회

1. 수업실연 제재

교과	국어, 수학
학년	4학년
성취기준	[4국 03-02] 시간의 흐름에 맞게 사건이나 행동이 드러나게 글을 쓴다. [4수 03-01] 1분은 60초임을 알고 초 단위까지 시각을 읽을 수 있다. [4수 03-02] 초 단위까지의 시간의 덧셈과 뺄셈을 할 수 있다.
제재	나의 하루 계획표 세우기
목표	시간을 나타내는 말을 사용해 나의 하루 계획표를 만들 수 있다.
차시	1	내가 좋아하는 활동 알아보기
	2	내가 해야 하는 일 알아보기
	3	나의 하루 계획표 만들기 (본시)

2. 수업실연 조건

- [도입-전개-정리] 중 [전개-정리] 부분을 실연하시오.
- 성취기준을 재구성하여 하나의 목표를 수립한 후 수업 실연하시오.
- 가정과 연계할 수 있는 부분을 포함하시오.
- 교사-학생, 학생-학생 간의 다양한 상호작용이 드러나게 실연하시오.
- 좋아하는 일만 할 수 없는 이유를 설명하시오.
- 수업할 부분

		실연할 부분
전개	활동 1 내가 좋아하는 일과 해야 하는 일 구분하기	
	활동 2 시간을 나타내는 말을 사용한 하루 계획표 만들기	
정리	정리	
	차시 예고	

3. 학생 실태 및 학습 수준

수준	장애 영역	학생 특성
가 1	지적장애	• 문장으로 자신의 생각을 표현할 수 있음. • 수업에 적극적으로 참여하며 친구들 좋아함. • 1분이 60초임을 알고 있으며, 받아내림이 있는 두 자리 덧셈, 뺄셈이 가능함.
가 2	지적장애	• 단어는 유창하게 읽으나 문장은 천천히 읽을 수 있음 • 소극적인 성격으로 목소리를 작게 냄. • 1분이 60초임을 알고 있으며, 받아내림이 있는 두 자리 덧셈, 뺄셈이 가능함.
나 1	자폐성장애	• 단어로 자신의 생각을 표현할 수 있음. • 자신이 좋아하는 일만 하려고 하는 모습을 보임. • 1분이 60초임을 알고 있으며, 받아내림이 없는 두 자리 덧셈 뺄셈이 가능함.
다 1	자폐성장애	• 자신이 알고 있는 몇 가지의 단어로 말할 수 있음. • 좋아하는 일 (게임 해요.)을 반복적으로 말함. • 1분이 60초임을 알고 있으며, 디지털시계를 보고 읽을 수 있음.

4. 자료 (사진 자료)

- 해야 하는 일 : 공부하기, 씻기, 잠자기, 밥 먹기, 청소하기
- 좋아하는 일: 놀이터 가기, 게임 하기, 영화 보기

5. 수업 성찰

1. 오늘 배운 내용을 토대로 학생의 배움을 확인하고 확장해나갈 수 있는 방법은 무엇인지 말하시오.
2. 다음 차시와 관련해 가정과 연계할 수 있는 방안을 말하시오.
3. 어떠한 방법을 활용해서 수업에 소극적으로 참여하는 학생을 관심을 가지고 적극적으로 참여할 수 있도록 이끌었는지 말하시오.

09 수업실연 연습문제 9회

1. 수업실연 제재

교과	창체, 국어
학년	2학년 (특수학교)
제재	우리 학교 시설 이용하기
목표	우리 학교 시설물은 무엇이 있는지 알고 올바르게 이용하는 방법을 알 수 있다.
차시	1	함께 이용하는 공간 알아보기
	2	우리 학교 공공시설 알아보기 (본시)
	3	지역사회 공공시설 알아보기

2. 수업실연 조건

- [도입-전개-정리] 중 [도입-정리] 부분을 실연하시오.
- 학생의 일상생활과 연계된 수업을 하시오.
- 공공시설에서 지켜야 할 안전에 대해 수업 중 지도하시오.
- 교사-학생, 학생-학생 간의 다양한 상호작용이 드러나게 실연하시오.
- 보조 인력과 협력하여 수업하시오.
- 수업할 부분

도입	전시학습 상기	
	동기유발	
	학습 목표 제시	
전개	활동 1 우리 학교 공공시설 이름 알아보기	실연할 부분
	활동 2 우리 학교 공공시설에서 지켜야 할 규칙 알아보기	
	활동 3 공공시설 규칙 판 만들기	
정리	정리	
	차시 예고	

3. 학생 실태 및 학습 수준

수준	장애 영역	학생 특성
가 1	지적장애	• 4-5장의 문장을 읽고 자신의 생각을 말할 수 있다. • 학교 내 공공시설의 이름을 알고 말할 수 있다. • 발표하는 것을 좋아해 수업에 적극적으로 참여한다.
가 2	지적장애	• 간단한 문장을 읽고 자신의 생각을 단어로 말할 수 있다. • 학교 내 공공시설의 이름을 알고 말할 수 있다. • 친구와 함께하는 활동을 좋아한다.
나 1	지적장애	• 손으로 가리키기, 앞글자 따라하기 등으로 자신의 생각을 표현할 수 있다. • 화장실, 급식실 사진을 보고 앞 글자를 읽고 말할 수 있다. • 테블릿 pc를 매우 좋아해 테블릿을 활용한 수업에 높은 집중도를 보인다.
다 1	자폐성장애	• 벽이나 높은 곳에 올라가는 특성을 보인다. • 교실이 아닌 다른 공간으로 이동하면 불안감을 느껴 운다. • 손으로 잡아끌기, 가리키기 등으로 자신의 의사를 표현한다.
다 2	자폐성장애	• 기분 조절의 어려움이 있어 울기, 웃기를 반복한다. • 자신이 하기 싫은 과제가 주어지면 종이를 찢고 먹는다. • 발화가 어려워 손으로 가리키기 등으로 그림을 선택할 수 있다.

4. 자료

[그림 자료]

- 학교 도서관
- 급식실
- 학교 텃밭
- 학교 놀이터

5. 수업 성찰

1. 도전 행동의 빈도와 강도가 매우 높은 학생의 경우 어떻게 수업에 참여하도록 지도했는지 말하시오.
2. 학생들의 강점을 활용해 수업을 진행할 때 고려한 점을 말하시오.
3. 학생들과 함께 정한 규칙을 일상생활에 적용할 수 있는 방법을 말하시오.

10 수업실연 연습문제 10회

1. 수업실연 제재

교과	사회
학년	4, 6 (특수학급)
성취기준	[4사03-01] 우리 동네의 환경과 사람들의 생활 모습을 관찰하고 설명한다. [6사08-05] 지구촌의 주요 환경문제를 조사하여 해결 방안을 탐색하고, 환경문제 해결에 협력하는 세계시민의 자세를 기른다.
목표	다양한 환경문제를 알고 환경을 지키기 위해 내가 실천할 수 있는 것은 무엇이 있는지 알 수 있다.

2. 수업실연 조건

- [도입-전개-정리] 중 [전개-정리] 부분을 실연하시오.
- 수업에 필요한 자료는 자유롭게 활용하여 실연하시오.
- [활동 1]에서 다음 조건을 포함하여 실연하시오.
  - 학생의 일상 경험을 활용한 발문을 실연하시오.
  - 대기오염, 지구온난화를 다루시오.
- [활동 2]에서 다음 조건을 포함하여 실연하시오.
  - 학생들의 도전 행동에 대해 개별적으로 중재하시오.
  - 교사용 컴퓨터, 전자칠판, 테블릿 PC가 있다고 수업을 진행한다고 가정하시오.
- [활동 3]에서 다음 조건을 포함하여 실연하시오.
  - 모둠 수업을 진행하시오.
- 교사-학생, 학생-학생 간의 다양한 상호작용이 드러나게 실연하시오.
- 보조인력 미배치
- 수업할 부분

전개	활동 1	실연할 부분
	활동 2	
	활동 3	
정리	정리	
	차시 예고	

3. 학생 실태 및 학습 수준

수준	장애 영역	학생 특성
가 1	지적장애	• 문장으로 자신의 생각을 말할 수 있다. • 똑같은 질문을 반복해서 물어본다. • 발표하는 것을 좋아하고 적극적으로 수업에 참여한다.
가 2	지적장애	• 문장으로 자신의 생각을 말할 수 있다. • 도움이 필요하지 않은 상황에서도 친구들을 도와주려한다. • 맞춤법이 정확하지 않으나 소리나는 대로 듣고 쓸 수 있다.
가 3	지적장애	• 문장으로 자신의 생각을 말할 수 있다. • 다른 친구가 발표하면 부정적인 언어를 사용해 놀린다. • 친구와 함께하는 활동을 싫어한다.
나 1	자폐성 장애	• 혼잣말로 수업과 관련 없는 내용을 이야기한다. • 자신이 알고 있는 몇 가지 단어로 말할 수 있다. • 강화제 (스티커)에 집착하는 모습을 보인다.
나 2	자폐성 장애	• 자신이 알고 있는 몇 가지 단어로 말할 수 있다. • 교사의 마지막 말을 따라 하는 행동을 보인다. • 동물에 관심이 많고 좋아함.

4. 자료 (자율 자료)

5. 수업 성찰

1. 모둠 수업의 장점과 단점을 각각 한가지씩 말하고 본 수업에서 모둠 수업 진행 시 어떠한 점을 고려했는지 말하시오.
2. 학생의 강점을 활용한 수업을 어떻게 진행했는지 학생들의 특성에 비추어 말하시오.
3. 보조인력이 미배치된 상황에서의 어려움과 극복 방안을 말하시오.

CHAPTER 04 유아특수 수업실연 기출문제

- 각 지역 2차 시험 응시자의 기억을 살려 재구성된 기출 문제입니다. 실제 문제와 차이가 있을 수 있습니다.
- 수업실연 문항지는 보통 여러 장, B4크기로 제공되어 구상을 할 수 있는 여백이 넉넉합니다.

01 평가원

시험 시간: 구상 15분, 실연 15분

연도	장소	생활주제 및 활동
2024	통합학급	역할 놀이 - 우리동네
2023	통합학급	역할 놀이 - 병원 놀이
2021	특수학급	신체표현 - 건강과 안전
2020	통합학급	우리 동네 - '동대문을 열어라' 놀이
2019	특수학급	생활 도구 - 부엌에 있는 생활 도구 조작하기
2018	특수학급	신체활동 - 눈 오는 모습을 표현하기
2017	특수학급	환경과 생활 - 진흙 공 만들기
2016	특수학급	다양한 공 주고받기

(1) 2024 평가원

1. 수업실연 조건

   - 통합학급 교사와 협력하는 내용을 포함하시오.
   - [도입]부터 [전개]까지 실연하시오.
   - [도입]에서 유아의 사전 놀이 경험을 반영하여 주의집중을 하시오.
   - [도입]에서 유아의 발달 및 행동 특성을 반영하여 동기유발을 하시오(유아들이 만든 놀이자료 사용).
   - [전개]에서 유아의 개별 특성이 드러날 수 있도록 실연하시오.
   - 역할 놀이 준비 과정을 본시 활동에 담으시오.
   - 역할 놀이에 필요한 모든 자료가 준비되어 있다고 가정하고 실연하시오.
   - 유아의 자발성을 증진시킬 수 있는 내용을 포함하여 실연하시오.
   - 유아의 수준을 고려한 발문(언어적, 준언어적, 비언어적 표현)을 사용하시오.
   - 장애 유아와 비장애 유아 간 갈등 상황을 중재하시오.
   - 전개 시 특수교육대상유아의 개별화 교육 목표에 대한 지원을 포함하시오. (2명 이상)
   - 전개 시 특수교육대상유아의 발달 및 행동 특성에 대한 지원을 포함하시오. (2명 이상)
   - 장애 유아 3명 비장애 유아 15명이 있는 통합학급 상황으로 실연하시오.
   - 성공적인 사회적 통합을 위해 교사 간 협력과 유아 간 상호작용을 포함하시오.

2. 본시 학습 지도안

대상	만 4세 (장애 유아 3명, 비장애 유아 15명)
누리과정	의사소통, 사회관계, 자연탐구
주제	우리동네
놀이 유형	역할 놀이
활동	꽃 가게 놀이
목표	- 약속과 규칙의 필요성을 알고 지킨다. - 상대방이 하는 이야기를 듣고 관련해서 말한다. - 자신의 경험, 느낌, 생각을 말한다

놀이 흐름	사전 놀이			본 놀이
	계절별 꽃 종류에 관해 이야기 나누기 →	수목원 현장체험학습 →	유치원 탐방하며 관찰한 꽃 만들기 →	꽃 가게 놀이

놀이 자료	유아들이 탐색한 꽃(조화)	유아들이 직접 만든 종이 꽃
	〈그림〉	〈그림〉

3. 유아 실태 및 학습 수준

수준	장애영역	학생 특성 및 발달수준	개별화교육계획
나래	발달지체	• 꽃 종류에 대해 관심이 많다. • 꽃가게 역할 놀이를 좋아한다. • 또래와 상호작용이 가능하다. • 원하는 놀이에만 참여하고 싶어한다. • 시범을 통해 놀이를 이해하며 또래 친구의 행동을 보고 모방할 수 있다. • 자신이 하고 싶은 말만 계속하고 싶어한다.	친구와 상호작용하며 놀이에 참여할 수 있다.
수빈	자폐성장애	• 식물을 관찰하는 것을 좋아한다. • 간단한 지시 따르기가 가능하다. • 두 단어 수준으로 말할 수 있다. • 좋아하는 활동에는 잘 참여하나 관심 없는 활동에는 참여하지 않으려 한다. • 또래에게 먼저 놀이하자고 제안하지 않지만 또래가 놀이를 제안하면 같이 놀이한다.	친구에게 상황에 맞는 인사를 건넬 수 있다
하진	자폐성장애	• 특정 놀잇감(자동차)를 좋아하고 빨간색을 좋아한다. • 한 단어 수준으로 말할 수 있다. • 또래와 상호작용하며 놀이하는 데 어려움이 있다. • 물건을 허락 없이 가져간다.	같은 색끼리 짝지을 수 있다.

I. 시작　II. 심층면접　**III. 수업실연**　IV. 교수·학습과정안　V. 수업성찰　VI. 심층면접 예시 답안

시험장 생생후기

L선생님(인천)

구상실에 들어가자마자 시험지 3장을 분리하지 말라고 하셨습니다. 그래서 구상할 때 앞뒷장을 넘겨보며 구상했습니다. 공고문에서는 평가실 안 교탁이 있었는데 실제 시험장에서는 교탁 없이 의자만 있었고 바닥에 흰색 줄을 붙여두었습니다. 그 앞을 넘어가지 말라는 선인 거 같았습니다. 평가관은 5명이셨고 한 분은 무엇을 적기보다 계속 바라보셨고 다른 4분은 계속 적으셨습니다. 타이머는 우측에 있었고 잘 보였습니다.

B선생님(충남)

- 구상지는 허락 받고 찢었습니다.
- 의자가 따로 나와 있고, 바로 옆에 다리 부분을 종이로 감싼 책상이 배치되었습니다.
- 감독관 5명 모두 여성(면접과 같음), 수험생 좌측에 디지털 타이머가 있었습니다.
- 수업실연 때 '시작하세요' 말씀하셨습니다.
- 문을 닫고 들어갔는데 문이 고장나서 계속 열려 다시 닫으러 갔습니다. 밖에서 볼펜으로 고정시키셔서 끝나고 인사하고 나갈 때 못 나가고 문 앞에서 대기했습니다.
- 감독관분들 모두 다 수업을 쳐다보시며 열심히 적으셨습니다.

J선생님(경북)

- 시험장 배치와 이동은 면접 때와 동일했습니다.
- 오전 수업과정안 시험이 끝나고 밥 먹기 전에 관리번호를 추첨하였습니다. 추첨 방식은 면접과 동일했습니다. 추첨된 번호를 과정안 하단에 관리번호를 적는 칸에 적었습니다.
- 문제지는 3~4장 정도 되었던 것으로 기억하고 1페이지에 수업 개요와 학급정보, 놀이 흐름도가 적혀있었고, 2페이지에 조건과 자료가 적혀있었습니다. 그리고 3페이지에 유아들의 특성이 적혀있었습니다. 나머지 장과 달리 유아 특성이 적힌 3페이지는 여백이 충분하였습니다. 그래서 구상을 할 수 있는 유일한 공간이었습니다.
- 평가관분들이 면접 때와 달리 고개를 들어 많이 보셨습니다.
- 평가실에 있는 감독관분이 친절히 안내해 주시고 나갈 때 시험지와 관리번호 스티커를 가져가셨습니다.

(2) 2023 평가원

1. 수업실연 대상 및 상황

누리과정	신체·운동건강, 사회관계, 예술경험
놀이유형	역할놀이
놀이명	병원 놀이
대상	만5세, 특수교육대상유아 2명, 비장애 유아 18명
목표	• 질병을 예방하는 방법을 알고 실천한다. • 약속과 규칙의 필요성을 알고 지킨다. • 극놀이로 경험이나 이야기를 표현한다.
놀이 흐름	질병을 예방하는 방법 알아보기 → 질병 예방 캠페인 만들기 → 병원 현장체험학습 → 병원 놀이 [사전 놀이: 질병을 예방하는 방법 알아보기 ~ 병원 현장체험학습]　[본 놀이: 병원 놀이]

2. 수업실연 조건

- 협력교수(팀티칭)으로 실시하고, 교사간의 협의 내용을 포함하여 실연하시오
- 특수교육대상유아의 개별화교육 목표가 드러나도록 실연하시오.
- 유아의 발달 특성을 고려하여 동기유발을 실연하시오
- 교사와 유아, 유아와 유아 간의 상호작용이 드러나게 실연하시오
- 도입(동기유발)부터 전개까지 실연하시오.
- [도입]에서 유아의 사전 놀이 경험을 반영하여 주의 집중을 유발하시오
- [전개]에서 유아의 개별 특성이 나타날 수 있도록 실연하시오
- 역할 놀이에 필요한 모든 자료가 준비되어 있다고 가정하고 실연하시오.
- 유아의 자발성을 증진시킬 수 있는 내용을 포함하여 실연하시오
- 유아의 수준을 고려한 언어(발문, 준언어적, 비언어적 표현)를 사용하시오.

3. 학생 실태 및 학습 수준

학생	장애영역	학생 특성	개별화교육목표
○가온	발달지체	• 시각적 자료나 사진을 잘 이해한다. • 한 두단어 모방할 수 있고 한 단어로 자기 의사표현이 가능하다. • 간호사 역할놀이를 좋아하고 한 가지 활동에 주의집중이 어렵다. • 자기 사진이나 영상이 나오는 것을 좋아한다. • 흥미 있어 하는 활동에는 잘 참여하지만 쉽게 흥미를 잃고 가버린다.	두 단어로 원하는 물건과 활동을 요구할 수 있다.
○나래	발달지체	• 자발화에 어려움이 있고, '아, 어' 로 소리를 낸다. • 상호작용을 먼저 시도하지 않지만 익숙한 또래와는 상호작용을 한다. • 좋아하는 활동에는 참여하지만 관심없는 활동할 때는 자리이탈을 한다. • 숫자와 문자에 관심이 많고 소리나는 장난감을 좋아한다.	그림 단어 카드를 선택하여 요구할 수 있다

4. 자료

- 유아들이 병원 체험을 하고 있는 사진 자료
- 병원 체험 동영상
  (동영상 장면이 그림으로 나와 있었음, 2개의 그림, 병원 들어가는 그림, 병원 의사 만나는 그림)

5. 수업 지도안

- 수업 지도안이 표로 제시됨.
- 목표, 활동 내용, 마무리가 작성되어 있고, 도입, 전개 부분이 비워져 있음.
- 마무리 : '병원놀이 재미있게 했나요? 어땠나요?', '하고 싶은 역할이 있나요?' 등 질문이 적혀있었음.

I. 시작   II. 심층면접   **III. 수업실연**   IV. 교수·학습과정안   V. 수업성찰   VI. 심층면접 예시 답안

시험장 생생후기

- 평가원에서 주는 구상지가 여러 장이었습니다.
  - ①쪽 : 주의사항
  - ②쪽 : 수업실연 조건(도입과 전개를 실연하시오.)
  - ③쪽 : 놀이의 흐름 및 자료 동영상 그림 제시, 아이들 특성
  - ④쪽 : 수업 지도안 내용
- 시험장 안에 들어가니, 의자가 있고, 그 옆 바닥에 응시자 석이라고 종이가 붙어 있었습니다. 거기 서서 '수업실연 시작하겠습니다.' 라고 말했습니다.

(3) 2021 평가원

1. 수업실연 제재

활동유형	신체표현
생활주제	건강과 안전
대상	특수교육대상자 4명

2. 수업실연 조건

- 도입(동기유발)에서 전개까지 실연하시오.
- [도입] 부분에서 유아의 경험 및 관심과 연결하시오.
- [전개] 부분에서 자료 중 2가지를 선택하여 활용하시오.
- 유아의 놀이 지원을 2가지 이상 실연하시오.
- 유아의 특성이 드러나게 실연하시오.
- 전시학습 : 훌라후프 등을 활용한 길 걷기
- 정리 및 마무리 : 우리 동네의 징검다리 길 걷기

3. 학생 실태 및 학습 수준

학생	학생 특성	유아의 경험 및 관심
햇님	• 간단한 지시 따르기나 단순한 행동 모방 가능 • 또래 선호	• 자동차 선호 • 블록 쌓기만을 좋아함
달님	• 신체활동 선호 • 주의집중에 어려움	• 파랑색 선호 • 붙이는 딱지 선호
별님	• 인공와우 • 신체활동에 소극적	• 글자와 숫자를 선호함 • 동화책 선호
지구	• 지체장애 • 독립보행이 가능하나 균형잡기에 어려움	• 막대 블록 선호 • 천천히 걷기 연습

4. 자료

블록, 훌라후프, 유니바, 동화책, 경사로, 느린 음원, 매트 등 필요시 추가하여 활용하시오.

(4) 2020 평가원

1. 본시 학습지도 내용

생활주제	우리 동네
대상 연령	만 4세(장애유아 2명, 비장애 유아 20명)
활동명	'동대문을 열어라' 놀이
활동 유형	바깥 활동
차시	전 차시 : 통합학급 교사가 바깥 놀이 규칙을 수업
	본 차시 : 특수교사가 바깥 놀이 활동을 하고, 통합학급 교사가 지원

2. 수업조건

- 도입, 전개만 실연하시오.
- 비장애유아와 장애유아의 상호관계 증진 활동을 포함하여 실연하시오.
- 보조인력을 활용하시오
- 이탈 행동을 보조인력을 활용하여 중재하시오.

3. 학생 실태 및 학습 수준

유아 A	시각장애	• 저시력 • 대근육 발달이 부족하다. • 대비감도가 낮다. • 빠른 신체 활동을 두려워한다. • 개별화 교육내용 : 여러 가지 이동 동작 해보기(빠르게 이동하기, 두 발 뛰기 등)
유아 B	자폐성 장애	• 좋아하는 활동에는 잘 참여하나 관심 없는 활동에는 이탈 행동을 보인다. • 한 단어 수준으로 말한다. • 기차에 관심이 많다. • 개별화 교육내용 : 2어절 단어로 말하기

4. 자료

- '동대문을 열어라' 규칙 제시
- '동대문을 열어라' 노래

  > 동동 동대문을 열어라
  > 남남 남대문을 열어라
  > 12시가 되면은 문을 닫는다

- 그 외 다양한 자료 사용 가능

I. 시작　　II. 심층면접　　**III. 수업실연**　　IV. 교수·학습과정안　　V. 수업성찰　　VI. 심층면접 예시 답안

(5) 2019 평가원

1. 본시 학습 지도내용

생활 주제	생활 도구
활동명	부엌에 있는 생활 도구 조작하기
이전 활동	부엌에 있는 생활 도구에 관심 가지기 활동

2. 수업조건

- 유아들의 수준 및 의사소통을 고려하여 실연하시오.
- [도입]부터 [전개]까지 실연하시오.

3. 학생 실태 및 학습 수준

가	지체장애	• 소근육 조작이 어려움 • 문장 수준의 발화 • 생활 도구에 관심을 보임
나	지적장애	• 두 단어 수준의 발화 • 유독 좋아하는 색이 있음 • 교사에게 의존하려는 성향이 있음 • 생활 도구에 관심이 없음
다	자폐성장애	• 두 단어 수준의 발화 • 생활 도구에 관심이 없음 • 마카로니, 콩을 손바닥에 놓고 비비는 것을 좋아함

4. 자료

- 부엌에 있는 생활 도구가 그림 자료로 제시됨
- 제시된 자료 외에도 추가로 제시 가능

(6) 2018 평가원

1. 본시 학습 지도내용

활동 유형	신체활동
활동명	눈 오는 모습을 표현하기
목표	눈 오는 모습을 몸으로 표현한다.

2. 수업조건

- 도입~전개까지 실연하시오.

3. 학생 실태 및 학습 수준

대한	• 2~3단어의 말을 모방할 수 있다. • 자리이탈을 자주 한다. • 음악을 좋아한다.
민국	• 1~2마디의 말을 모방할 수 있다. • 친구를 데려오는 것을 좋아한다. • 순서를 기다리는 것이 어렵다.
만세	• 노래 듣는 것을 좋아한다. • 1마디의 말을 모방할 수 있다. • 친구의 동작을 모방할 수 있다.
사랑	• 삼지마비로 왼손만 사용할 수 있다. • 신체 활동을 좋아한다.

4. 자료

음원, 스카프

(7) 2017 평가원

1. 본시 학습 지도내용

생활주제	환경과 생활
활동명	진흙 공 만들기

2. 수업조건

도입, 전개만 실연하시오.

3. 학생 실태 및 학습 수준

우리	• 1단어 발화가 가능하다. • 그림을 그려 자신의 의견을 표현할 수 있다. • 자리이탈이 잦다. • 자동차를 좋아한다.
나라	• 자신의 의견을 표현할 수 있다. • 1~2단어 발화가 가능하다. • 진흙을 손으로 뭉치는데 소근육이 어렵다. • 동화를 좋아한다.
강산	• 발화가 어렵다. • 그림판으로 의사소통을 한다. • 진흙을 만지는 것을 꺼려한다. • 공룡을 좋아한다.

(8) 2016 평가원

1. 본시 학습 지도내용

활동명	다양한 공 주고받기

2. 수업조건

- 도입~전개까지 실연하시오.
- 안전 관련된 지도내용을 삽입하여 실연하시오.
- 도입 시 인사, 출석을 생략하시오.
- 기구를 이용하여 놀이하기를 반영하시오.
- 신체 각 부분 이용하기를 반영하시오.

3. 학생 실태 및 학습 수준

사랑	발달지체	• 신체활동을 좋아하며 수업에 적극적으로 참여함
소망	발달지체	• 신체 각 부분 사용이 가능함 • 신체 각 부분의 특성도 알고 있음 • 발화는 언어는 '예/아니오'만 가능함
행복	발달지체	• 자리이탈 행동이 잦음 • 신체활동을 좋아함
기쁨	시각장애	• 저시력 • 큰 물체는 구분하나 작은 물체(탁구공이나 호루라기 등)는 구분하기 어려움

02 서울

✏️ **시험 시간** : 구상 20분, 실연 15분, 성찰 5분
✏️ 반성적성찰질문은 즉답형 1문항으로 진행

연도	장소	생활주제 및 활동
2024	통합학급	놀이 상황 실연
2023	통합학급	놀이 상황 실연
2021	통합학급	놀이 상황 실연
2020	통합학급	동식물과 자연 – 나비의 성장 과정을 알아보고 되어보기
2019	특수학급	신나는 우리 동네
2016	특수학급	바깥 놀이 – 신체활동 – 기차놀이

(1) 2024 서울

1. 상황

[교사 간 대화 내용]
자폐성 장애인 유아 ○○가 공기청정기에 얼굴을 대며 관심을 보여 손 선풍기를 줬더니 많은 관심을 보였어요. 바람 놀이를 계획해서 유아들과 함께 놀이하면 어떨까요?

2. 수업실연 조건

- 통합교사와 특수교사 협의 내용을 2분 내로 말하시오.
- 2019 누리과정의 사회관계, 자연탐구 내용을 반영하시오.
- 유아 특성에 따라 언어적, 비언어적 상호작용을 하시오.
- 수업유형은 자유롭게 설정하시오.

3. 학생 실태 및 학습 수준

수준	인원	학생특성
자폐	1	- 놀잇감, 도구 조작이 가능함 - 친구들의 놀이나 놀잇감에 관심이 없으며, 교실을 배회하며 돌아다님
발달지체	1	- 친구들 놀이에 관심이 많음 - 1~2단어로 발화하지만 상호작용에 어려움을 보임
일반유아	10	1-2명의 유아는 소극적임.

4. 반성적 성찰

교사 간 협의 내용이 수업에서 반영된 부분이 어디인지 말하고, 자신의 수업을 성찰하고 보완점을 말하시오.

시험장 생생후기

- 여자 2명, 남자 1분이 계셨습니다. 수업실연 때 움직이면서 했는데 평가관이랑 거리가 좀 가까웠습니다.
- 시간은 20분을 맞추고 다운이었습니다. 저는 15분부터 시작한 줄 알고 착각했습니다.
- 수업은 면접에 비해 적거나 하시는 거 없이 엄청 쳐다보셨습니다.
- 학교마다 다르겠지만 대기실이 너무 추워서 더 긴장되는 느낌이 들었습니다. 핫팩 필수입니다.
- 성찰 답변이 끝나고 시간이 남으니 빨리 퇴실 가능하다고 더 할 말 있냐고 물어보셨습니다.

Ⅰ. 시작　　Ⅱ. 심층면접　　**Ⅲ. 수업실연**　　Ⅳ. 교수·학습과정안　　Ⅴ. 수업성찰　　Ⅵ. 심층면접 예시 답안

(2) 2023 서울

1. 수업실연 상황

자유놀이 상황	• 발달지체 유아 가는 천이나 이불에 관심이 많다, 유아가 천에 얼굴을 넣고 숨자 아이들이 흥미를 가졌다. 교사는 천이나 이불로 어떤 놀이 지원을 할지 고민이다. • 발달지체 아동은 부드러운 촉감을 좋아하여 다른 유아의 옷을 만져 유아가 불편해 하기도 한다.

2. 수업실연 조건

- 보편적 설계를 적용하여 실연하시오.
- 비언어적·언어적 상호작용을 포함하여 실연하시오.
- 신체운동건강 사회관계 누리과정 요소를 포함하여 실연하시오.
- 실무사는 미배치된 상황으로 실연하시오.
- 협력적 놀이를 실연하시오.
- 필요한 매체는 모두 있다고 가정하여 실연하시오.
- 수업 목표 구현 방향을 1분간 설명하시오.

3. 유아 특성

유아	장애 영역	학생 특성
가	자폐성 장애	• 의사 표현에 어려움이 있어 '아'라고 소리를 지르며 발화함. • 부드러운 촉감을 좋아함. • 또래와의 놀이에 관심이 없고 혼자 놀이를 즐겨함
나	발달지체	• 이불과 텐트를 좋아함 • 또래와 함께 놀이하는 것을 좋아함
일반 유아		• 표정, 그림 카드, 몸짓 등 다양한 표현을 함 • 일부 유아들이 자료를 탐색하는 데에 충분한 시간이 필요함

4. 반성적 수업 성찰

1. 보편적 설계 적용 이유를 일반유아, 발달지체 가, 발달지체 나 측면에서 각각 설명하시오.
2. 자신의 수업에서 보완할 점을 말하고 실천 방안을 말하시오.

시험장 생생후기

- 시험장은 따뜻했습니다. 다운타이머였고 15분부터 내려가서 본인이 시간 조절을 해야 합니다.
- 개인적으로 조건을 받고 장애 유아의 중재를 물어보는 느낌보다는 통합환경과 놀이중심 교육과정에서 교사가 어떻게 상호작용하는지 보고자 하는 느낌이 들었습니다.
- 수업의 목표를 직접 묻는 것이 아닌 목표구현 방안을 물어서 조금 헷갈렸던 것 같습니다. 목표를 직접 말해야 하는지, 나만의 수업의도를 말해야 하는 것인지 헷갈렸습니다.

(3) 2020 서울

1. 본시 학습 지도내용

생활 주제	동식물과 자연
활동 유형	신체활동
활동명	나비의 성장 과정을 알아보고 되어보기
목표	나비의 성장 과정을 알고 창의적으로 표현할 수 있다.
대상	만 5세

2. 수업조건

- 통합학급 상황에서 실연하시오.
- 수업 전 과정(도입 – 전개 – 마무리)을 실연하시오.
- 비언어적 요소와 언어적 요소를 장애유아의 특성에 맞게 사용하시오.
- 특수교육 실무사를 활용하시오.
- 유아들의 개별적 특성에 맞게 중재하시오.
- 누리과정 '생명체와 자연현상'을 반영하시오.

3. 학생 실태 및 학습 수준

	장애 영역	학생 특성
장애유아 A (1명)	시각장애	• 10cm 거리 안에서만 사물을 볼 수 있다. • 의사소통에 어려움이 없다. • 신체표현에 두려움을 보인다. • 동화책을 좋아한다.
장애유아 B (1명)	발달지체	• 그림카드를 보고 나비라고 말할 수 있다. • 주의집중이 짧다. • 착석 유지가 어렵다. • 친구를 모방하여 표현할 수 있다.
비장애유아(11명)		• 나비 동화를 경험한 적이 있다. • 나비의 성장 과정에 관심을 가지고 있다.

4. 반성적 성찰 면접

1. 개별유아에게 어떻게 지원했는지 말하시오.
2. 오늘 수업내용을 성찰하고, 잘한 점과 보완해야 할 점을 말하시오.

(4) 2019 서울

1. 본시 학습 지도내용

활동명	덩덩덩 신나는 우리 동네(페트병 연주)
목표	• 우리 동네에 관심을 가질 수 있다. • 노래를 부르며 다양한 방법으로 연주할 수 있다.
연령	만 4, 5세 혼합

2. 수업조건

- 수업실연을 시작하기 전에 수업 의도를 1분 내로 말하시오.
- 수업에 필요한 모든 기자재가 갖춰져 있다고 가정하여 실연 하시오.
- 창의적 사고 중 사고의 확장을 고려하여 실연하시오.
- 각 아동의 특성에 맞게 언어적, 비언어적 촉진을 통해 상호작용 하시오.
- 특수교육 실무사를 활용하여 실연하시오.

3. 학생 실태 및 학습 수준

가	발달지체	• 간단한 의사소통이 가능하다. • 음악 활동을 좋아하여 적극적으로 참여한다.
나	발달지체	• 주의집중이 어렵다. • 소리에 민감하다.
다	자폐성장애	• 착석 유지가 어렵다. • 간단한 노래 따라 부르기가 가능하다.
라	중도중복장애	• 독립 보행이 어려워 휠체어를 이용한다. • 의사소통이 어렵다.

4. 반성적 성찰 면접

음악활동에서 창의성을 발휘하도록 한 부분에 대해 말하시오. 자신의 수업에서 보완할 점을 말하시오.

(5) 2016 서울

1. 본시 학습 지도내용

대상 연령	만 4세	영역	바깥놀이
주제	기차놀이	활동 유형	신체활동
활동 형태	대·소집단 활동		
누리과정 관련 요소	• 신체 운동 • 건강 : 신체 조절과 기본 운동하기 - 신체조절하기 • 사회관계 : 다른 사람과 더불어 생활하기 - 친구와 사이좋게 지내기		
창의·인성 관련 요소	• 창의성 : 동기적 요소 - 몰입 • 인성 : 협력 - 긍정적인 상호의존성		
활동 목표	• 훌라후프를 이용하여 균형감과 신체의 움직임을 조절한다. • 친구와 협동하여 기차를 만든다.		
생활주제	• 교통 기관 소주제 - 고마운 육상 • 교통 기관 주제 - 교통 기관에서 일하는 사람 알아보기		

2. 수업조건

- 실무사 활용할 것
- 수업 중 장애이해 교육 요소를 넣을 것
- 유아들의 특성을 고려한 수업을 할 것

3. 학생 실태 및 학습 수준

발달지체 3명	• 간단한 발화가 가능하다. • 1명은 주의집중력이 낮다. • 2명은 활동을 이해하는 데 충분한 시간이 필요하다.
지체장애 1명	• 타인의 도움을 받아서 걸을 수 있다.

4. 자료

1. 활동 자료 : 훌라후프

2. 활동 방법

1) 훌라후프를 탐색한다.
   - 이것을 본적이 있니?
   - 이것을 어디서 보았니?
   - 이것의 이름은 뭘까?
   - 이것으로 어떤 놀이를 할 수 있을까?

2) 훌라후프로 기차를 만들어 기차놀이를 한다.
   - 훌라후프 안에 쏙 들어가서 걸어가니 자동차를 탄 것처럼 보이는구나.
   - 여러 친구들이 한 줄로 걸어가니 기다란 기차처럼 보이네.
   - 친구 두 명이 기차를 만들 수도 있고, 여러 명이 만들 수도 있구나.
   - ○○이는 어떤 친구랑 기차를 만들어 보고 싶니?
   - 훌라후프 기차를 타고 어디를 갈까?
   - ♬ 간다 간다 간다 간다 ○○반 기차~~
   - 훌라후프 기차 놀이할 때 다치지 않고 재미있게 놀이하려면 어떤 약속을 지켜야 할까?
   - ○○이는 너무 빨리 달리지 않아야 된다고 생각하는구나.
   - △△는 친구를 밀지 않아야 한다고 생각하는구나.

3. 활동의 유의점

1) 훌라후프 기차가 너무 길어지면 유아들이 조절하기 어려워 넘어지는 등 안전사고의 위험이 있을 수 있으므로 훌라후프 기차의 길이를 교사가 조절해준다.

2) 유아들의 힘이 약해 훌라후프끼리 연결한 곳을 잡고 있기 어려워하는 경우 테이프 또는 벨크로 테이프 등으로 고정해줄 수 있다.

3) 훌라후프 기차를 탄 유아들 간에 뛰거나 걷는 세기나 속도의 차이가 많이 나는 경우 넘어질 수 있으므로 사전에 유아들과 안전하게 놀이하는 방법에 대해 이야기를 나눈다.

4) 유아들의 기차놀이를 격려하기 위해 기차와 관련된 노래를 부르며 놀이할 수 있다.

03 경기

✏️ **시험 시간** : 구상 25분, 실연 15분, 나눔 10분
✏️ 수업나눔은 즉답형 3문항으로 진행

연도	장소	생활주제 및 활동
2024	통합학급	놀이 상황 실연
2023	통합학급	놀이 상황 실연
2022	통합학급	놀이 상황 실연
2021	통합학급	놀이 상황 실연
2020	통합학급	안전하게 생활하기 - 자율
2019	통합학급	세계 여러 나라 - 이야기 나누기 - 자유 활동
2018	통합학급	1) 협력을 하며 활동할 수 있다. 2) 친구와 함께 즐겁게 참여한다.
2017	통합학급	실내 자유 놀이 - 신체활동 - 힘센 보자기
2016	통합학급	환경과 생활 - 자유 선택 활동(과학) - 돌, 모래, 진흙을 통과하는 물

(1) 2024 경기

1. 개별화 교육목표

승민	사회적 상호작용을 할 수 있다.
영희	친구들과 함께 놀이할 수 있다.

2. 놀이상황

- 승민이는 손을 흔들면서 까치발을 들고 매트 위에서 빙빙 돌고 있다.
- 발레를 배우는 친구들이 많아져서 발레 이야기를 한다.
- 발레 영상을 보고 싶다고 한다.
- 승민이가 도는 모습을 보고 마치 발레 하는 것 같다고 한다.
- 영희는 혼자서 종이 찢는 것을 좋아한다.
- 영희가 찢은 종이를 보고 유아들이 꽃잎 같다고 한다.
- 유아들이 발레 공연을 해보고 싶다고 한다.

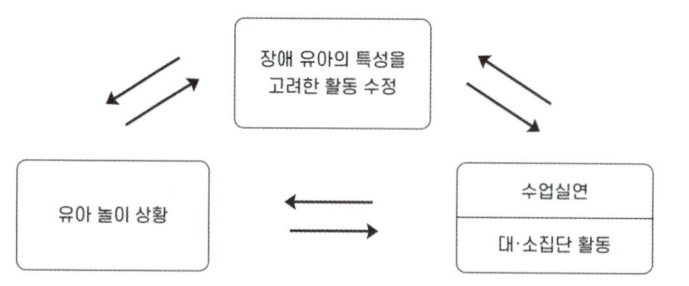

3. 수업실연 조건

- 특수교육대상유아의 개별화 목표를 고려하여 놀이하시오.
- 유아의 안전요소를 고려하시오.
- 놀이중심 삽입교수를 사용하시오.
- 협력교수를 사용하시오.
- 모든 자료와 기자재가 준비되어있다고 생각하고 실연하시오.

4. 수업 나눔

1. 개별화교육목표의 개별화된 의도를 말하고, 수업에 어떻게 적용하였는지 각각 설명하시오. (12점)
2. 놀이중심 삽입교수를 할 때 흐름을 방해하지 않고 놀이상황에서 어떻게 적용하였는지 3가지 말하시오. (12점)
3. 통합학급 교사가 특수교육대상유아가 문제행동으로 바라본다. 일반유아의 시선에서 놀이를 통해 얻을 수 있는 교육적 의의를 이야기하시오. (6점)

시험장 생생후기

- 구상지는 B4 가로로 되어있었고 왼쪽에는 수업 상황, 오른쪽에는 수업 조건이랑 2/3 정도의 칸에 구상할 수 있도록 되어있었습니다.
- 시계는 평가위원 앞에 전자시계(타이머X)로 있어서 아주 크게 잘 보였습니다.
- 장애유아 특성 조건이 하나도 없어서 놀이중심으로 수업을 하는지, 얼마나 수업을 자연스럽게 잘하는지 초점을 맞춰서 평가하시는 것 같았습니다. (경기 준비하시는 선생님은 조건 하나도 없이 개별화 교육목표에 맞춰서 수업하는 연습이 필요할 것 같습니다.)
- 수업나눔 문항을 평가위원이 읽어준다는 이야기가 있었는데, 즉답형 문항처럼 수업나눔석에 앉으면 문제 보고 생각한 뒤 답변하는 방식이었습니다. '수업나눔 문항을 읽고 답변해 주시기 바랍니다' 라고 말씀해 주셨습니다.
- 시험장 구조

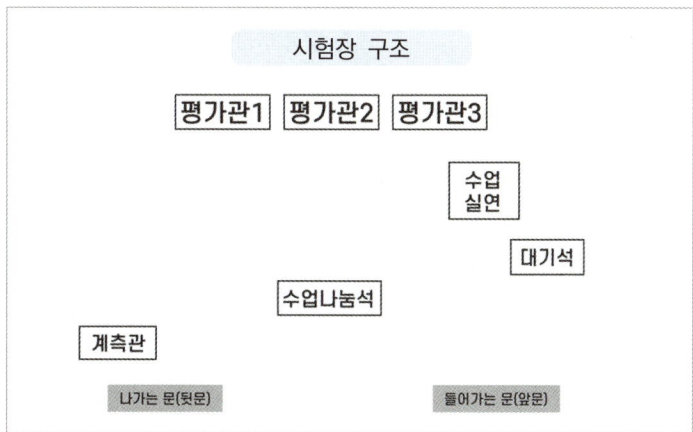

(2) 2023 경기

영민 놀이기록지	요즘 우리반 유아들은 비행기 놀이에 관심이 많다. 오늘도 운동장에 나가 비행기로 신나게 놀이하였다. 그런데 영민이는 평소처럼 유아들 주위에서 비행기를 들고 빙글빙글 돌며 놀이했다. 영민이가 친구들과 함께 놀이할 수 있는 방법은 뭐가 있을까? 더 고민해봐야겠다.
민아 놀이기록지	민아는 친구들의 제안으로 교실에서 운동장으로 나가게 되자 울음을 터뜨리며 나가지 않겠다고 고집을 부렸다. 민아를 열심히 달래며 운동장에 나가자 친구들은 이미 비행기 놀이를 끝내고 교실로 올라갈 준비를 하고 있었다. 결국 민아는 오늘도 비행기 놀이를 하지 못하게 되었다. 이때도 운동장에서 교실에 올라가자 이야기하니 교실에 올라가지 않겠다고 고집을 부려 진땀을 흘렸다. 민아가 쉽게 환경전이를 할 수 있다면 친구들과 함께 놀이할 수 있을텐데..민아를 어떻게 하면 지원할 수 있을지 고민이다.
교사 협의 내용	- 통합학급 교사: 오늘도 운동장에 나가 놀이하는데 자유롭게 놀이하고 있는 친구들과 달리 영민이는 비행기를 들고 빙글빙글 돌고 있고 민아는 교실에서 늦게 나와 결국 놀이에 참여하지 못하게 되었네요. - 특수교사: 그러게요.. 놀이 방법을 수정하면 민성이도 민아도 친구들과 함께 놀이할 수 있을텐데 어떡하면 좋을까요? 모두가 안전하게 영민이와 민아도 함께 놀이할 수 있는 방법을 우리 반 유아들과 함께 생각해보아요.

1. 유아 특성

학생	학생 특성
영민	• 단순하고 반복적으로 하는 행동을 선호한다. • 신체 활동을 좋아하며 즐긴다.
민아	• 자신의 의사를 단어 수준으로 발화할 수 있다. • 동물을 좋아한다.
통합학급 유아	• 특수교육대상 유아들에 대한 관심이 높고, 함께 놀이하고 싶어한다.

2. 수업 상황

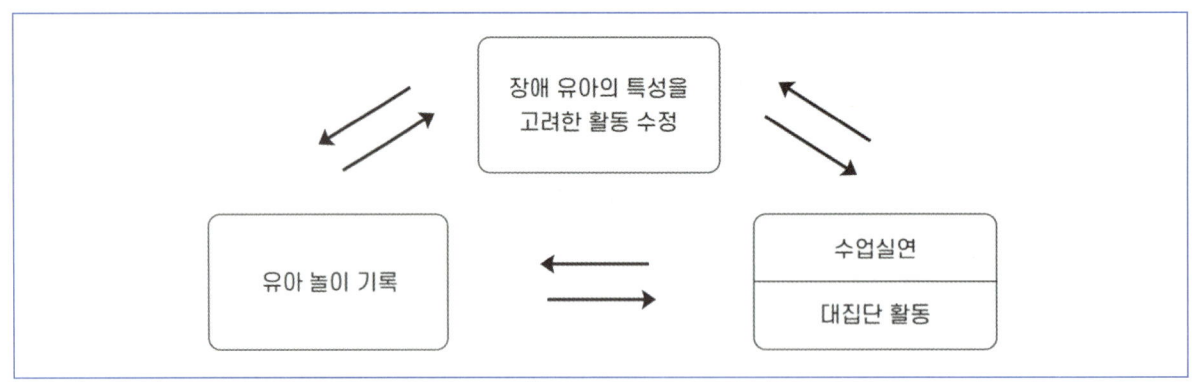

3. 수업 조건

- 통합학급 유아들과 특수교육대상유아들의 놀이 참여를 위해 장애특성을 반영하여 두 유아 측면에서 놀이 방법을 수정하시오.
- 안전 요소를 추가하시오.
- 유아들과 수정하여 만든 놀이 방법을 전개하시오.
- 보조인력 미배치
- 수업 자료 추가 사용 가능
- 필요하면 협력 교수를 선택 활용 가능

4. 수업 나눔

1. 통합학급 유아들과 장애 유아 특성에 맞게 수정한 놀이방안을 두 장애 유아 측면에서 말하시오.
2. 통합학급에는 다양한 유아들이 있다. 만약 통합학급에서 장애 유아와 함께 놀이하는 것을 싫어하는 유아가 있다면 특수교사로서 어떻게 할 것인지 말하시오.
3. '놀이 중심'의 통합학급 환경에서 본인이 생각하는 특수교사의 역할에 대해 말하시오.

시험장 생생후기

A 선생님

- 가로로 왼쪽과 오른쪽에 놀이 기록, 교사 간 협의, 유아 특성, 조건 등이 네모 칸 안에 제시되어 있었습니다.
- 놀이 기록이랑 협의 내용들이 더 길게 제시되어 있었습니다.
- 연습할 때 A4용지에 세로로 뽑은 구상지를 3등분으로 접어 수업 상황, 특수교육대상유아 특성을 뒤집어가며 보고 하였는데, 실제 시험에서는 구상지가 A3사이즈였으며 가로로 나와 있고 맨 앞장에는 제시문들이 가득 있어 글을 적을 공간이 없었습니다. 다른 종이에 구상하여 조건지, 구상지를 한꺼번에 겹쳐 들고 볼 수 있는 방법을 연습하는 것이 필요합니다.
- 평가실에서 시계를 보지 못하였습니다. 심사위원들과 평가자 책상 모두에 투명 가림판이 설치되어 있어 빛 반사 때문에 시계를 못 본 것일 수도 있습니다. 평가실에서는 손목시계로만 시간 확인하였습니다.

B선생님

- 보통 '실내'에서 '놀이중심'으로 진행되던 수업실연이 올해는 '야외'로 나가 '대집단'으로 진행되도록 흐름을 제시하였습니다. 따라서 다양한 장소와 집단으로 수업실연을 연습해 볼 필요가 있다고 생각했습니다.
- 추가적으로 에듀테크 역량을 강조하는 경기교육의 방향에 따라 이 주제도 언젠가 조건으로 언급될 수 있지 않을까 생각합니다. 에듀테크를 어떻게 놀이에 적용할 수 있을지 다양하게 연구해보시고 실연해보신다면 수업분만 아니라, 면접 답변으로도 유용하게 활용하실 수 있을 것이라 생각합니다.

(3) 2022 경기

1. 수업실연 대상 및 상황

대상	만 5세 일반유아 20명, 특수교육대상유아 2명(준호, 나영)
상황1 (준호)	A교사 : 요즘 우리 반에서는 건축물 구성하기 놀이가 한창이에요. 블록으로 쌓기 놀이를 주로하고 있어요. B교사 : 모든 유아들이 준호를 동생처럼 대하며 준호 스스로 할 수 있는 일도 도와주려고 해서 고민이에요. … (중략) …
상황2 (나영)	A교사 : 나영이는 요즘 어떻게 지내나요? B교사 : 나영이는 유치원에서 주로 혼자 놀이해요. 나영이 어머님께서 나영이가 가정에서는 어머님과 자동차 놀이를 주로 한다고 하셨어요. 어머님이 유치원에서 친구들이랑은 어떻게 놀이하는지 궁금해 하시더라고요. 그래서 이따가 상담 오시기로 했어요.

2. 수업실연 조건

- 특수교육대상유아의 특성을 반영한 놀이중심 수업으로 실연하시오.
- 특수교육대상유아의 참여와 주도성을 촉진하는 방안을 포함하여 실연하시오.
- 수업에서 장애이해교육을 실시하시오.
  * 교수자료나 교육기자재는 자유롭게 활용가능
  * 밑줄 친 부분을 실연하시오.
    놀이 들여다보기 → 놀이 이해 및 놀이 실행하기 → 놀이 평가하기

3. 학생 실태 및 학습 수준

학생	학생 특성
준호	• 1~2단어 모방하여 발화 가능 • <u>스스로 하려는 의지 있음</u> • 또래에게 관심이 많음
나영	• 모방능력 있음 • 선호하는 놀잇감이 있으나 또래와의 놀이참여에는 소극적인 모습을 보임
일반유아	• 통합유아에게 관심이 많으며 준호가 하는 일을 전부 도와주려고 함

4. 수업나눔

1. 수업에서 특수교육대상유아의 놀이참여와 주도성을 촉진하기 위한 교사의 놀이지원 방안에 대해 말하시오.
2. 수업에서 장애이해교육을 실시한 내용을 말하시오.
3. 나영이 부모와의 상담 시 실시할 내용과 그 이유를 말하시오.

(4) 2021 경기

1. 수업실연 조건

제시된 놀이 상황에 대해 15분 동안 실연하시오.

2. 지문 내용

- 유아A : 나 어제 가족들이랑 캠핑장 다녀왔어.
- 유아B : 나는 놀이터에 갔다가 아이스크림도 먹었어.
- 장애유아1(민수) : (유아B의 블록을 가져간다.)
- 유아B : 가져가면 어떡해.
- 장애유아2(지현) : (책상 밑에서 놀이한다.)
- 유아A : 지수는 왜 책상 밑으로 들어갈까?

3. 학생 실태 및 학습 수준

장애유아 1 (민수)	• 놀이에 관심은 있으나, 사회적 상호작용 기술이 부족하다. • 발화에 어려움이 있고, 특정 색깔에 집착한다.
장애유아 2 (지현)	• 구석에서 놀이하는 것을 좋아하고, 글자와 숫자에 관심이 많다. • 반향어를 사용하고, 자신이 원하는 것을 1~2단어로 요구한다.

4. 수업조건

- 안전 요소를 포함하시오.
- 협력교수를 적용하시오.
- 지도사 미배치
- 다양한 재료를 자유롭게 활용하시오.

5. 수업나눔

1. 특수교육대상 유아의 놀이를 지원한 부분에 대해 말하고, 놀이 상호작용을 위해 노력한 부분을 말하시오.
2. 유아의 안전 요소를 고려한 부분을 말하시오.
3. 통합학급 교사와 협력한 부분을 말하고, 아이들에게 놀이를 확장하기 위해 동료 교사와 어떤 고민을 할 것인지 말하시오.

(5) 2020 경기

1. 본시 학습 지도내용

생활주제	안전하게 생활하기
대상 연령	만 5세 (26명)
활동명	자율
활동 유형	자율

2. 수업조건

- 다음 고민을 해결하시오.

  > 화재 대피 시 경보음에 이상 반응을 보여 대피하기를 거부하는 유아 A와 도움을 받아 대피할 수 있던 유아 B를 어떻게 지도해야 할지 고민이다.

- 장애유아의 적극적인 참여할 수 있도록 실연하시오.
- 통합학급 유아 : 특수교육대상 유아들에게 관심을 보임

3. 학생 실태 및 학습 수준

유아 A	• 청각이 예민하여 고음에 민감 반응을 한다. • 또래나 교사를 보고 간단한 모방이 가능하다.
유아 B	• 보장구를 사용하여 독립보행이 가능하다. • 또래와 어울리는 것을 좋아한다.

(6) 2019 경기

1. 본시 학습 지도내용

생활 주제	세계 여러 나라
활동 형태	이야기 나누기
활동 영역	자유 활동
활동 목표	• 다양한 감정과 표정이 있음을 안다. • 자신의 감정과 느낌을 적절하게 표현한다.
대상 연령	만 4세
대상 유아	20명

2. 수업조건

- [전개]만 실연하시오.
- 개별화 교수를 제공하시오.
- 장애유아와 일반유아의 상호작용 증진을 위한 방안을 포함하시오.
- 일반교사와의 협력 교수를 포함하시오.

3. 학생 실태 및 학습 수준

가	자폐성장애	• 교사의 시범을 보고 얼굴 표정을 모방할 수 있다. • 관련 없는 반향어를 반복적으로 한다.
나	발달지체	• AAC를 활용하여 간단한 의사소통을 할 수 있다. • 수업 중 교실을 돌아다닌다.
	비장애유아	• 자신의 생각이나 감정을 자유롭게 표현할 수 있다. • 다른 사람과 도움을 주고받을 수 있다.

4. 수업나눔

1. 장애유아들을 대상으로 한 개별화된 교수의 의도를 말하고, 유아의 삶과 연계시킨 부분을 말하시오.
2. 유아들의 활동 참여를 증진시키기 위해 노력한 점을 말하시오.
3. 수업을 계획할 때 고민했던 부분을 말하고, 동료 교사와 나눔을 한다면 어떤 도움을 받고 싶은지 말하시오.

(7) 2018 경기

- A 교사 : 가영이가 종이 블록으로 집을 짓는 활동 중에 나식에게 소리를 지르고, 블록을 던져요. 아이들이 가영이를 피해요.
- B 교사 : 아마, 가영이가 친구들과 놀고 싶어서 그런 것 같아요. 친구들에게 "같이 놀자"라고 말하도록 지도해보세요.
- A 교사 : 선생님이 알려주신 대로 했더니, 소리는 이제 지르지 않지만, 여전히 친구들이 같이 놀고 있는 중에 종이 블록을 던져요. 어떻게 지도해야 할까요?
- B 교사 : 그렇다면 아마 문제행동 기능이 (가)인 것 같아요. 그래서 보편적 학습 설계인 (나)로 지도해야 될 것 같아요. 선생님과 협력 교수 중 (다)를 통해 수업해도 될까요?

1. 수업조건

- 목표
  - 협력을 하며 활동할 수 있다.
  - 친구들과 함께 즐겁게 참여한다.
- 문제행동의 기능 (가)에 따라 보편적 학습설계로 (나)를 포함하여 지도하시오.
- 수업할 부분 : 전개 15분
- 협력 교수를 포함하여 실연하시오.

2. 학생 실태 및 학습 수준

가영	발달지체, 단독 놀이만 가능한 수준이다.
나식	지체장애, 편마비로 오른손만 사용하며 친구들과 상호작용이 활발하다.
통합학급 유아 22명	통합학급 유아들은 학기 초라 특수아동들에게 관심을 가지지만, 블록을 던지는 가영이를 보며 무서워하는 유아가 1~2명 정도 있다.

3. 수업나눔

1. 수업상황에서 문제행동 원인을 말하고, 보편적 학습설계를 어떻게 적용하였는지 말하시오.
2. 이 활동을 사후확장활동으로 어떻게 하고 싶은지, 유아의 삶에서 어떻게 배움이 일어날 수 있도록 하였는지 말하시오.
3. 수업 전 고민했던 점, 수업 중 어려웠던 점, 수업 후 배운 점과 교사의 성장을 위해 동료 교사와 어떻게 나눌 것인지 말하시오.

(8) 2017 경기

1. 본시 학습 지도내용

대상 연령	만 4세 (12명)	영역	실내 자유 놀이
생활주제	생활 도구	소주제	생활 도구 유용하게 활용하기
활동명	힘센 보자기	활동 유형	신체활동
활동 형태	대·소집단 활동		
활동 목표	• 보자기의 쓰임에 대해 안다. • 친구와 협력하여 게임을 할 수 있다.		
누리과정 관련요소	• 사회관계 : 다른 사람과 더불어 생활하기 - 친구와 사이좋게 지내기 • 자연탐구 : 과학적 탐구하기 - 간단한 도구와 기계 활용하기		

2. 수업조건

- 특수교육 실무사를 활용하시오.
- 전개만 실연하시오.
- 수업 중 장애이해교육 요소(협력)를 넣어 실연하시오.
- 활동자료와 기타 기자재를 자유롭게 활용하시오.
- 통합학급 교사는 다른 그룹 유아들과 수업 중

3. 학생 실태 및 학습 수준

가	지적장애	• 주의집중이 짧아 활동에 어려움이 있음 • 또래와 함께하는 활동을 좋아함
나	지체장애	• 게임 방법과 규칙을 이해함 • 하지마비로 휠체어를 사용하지만 양 손 사용 가능
	비장애 유아	• 협력활동을 많이 경험하여 장애 유아에 대해 수용적인 태도를 가짐 • 신체 활동에 자신감이 있음

4. 자료

활동 자료	• 실물자료(보자기, 유아물건 – 색연필, 사인펜, 크레파스 등) • 점수판 • 도착점 표지판
활동 방법	(1) 수수께끼 상자를 보이며 안에 있는 물건에 대해 이야기한다. 　- 선생님께서 하는 몸짓을 보고 맞춰 볼 수 있겠니? (보자기에 싸서 묶는 흉내, 들고 옮기는 흉내) 　- 이 물건은 아주 작게 접을 수 있고 펼칠 수도 있단다. 　- 다른 물건을 싸서 들고 옮길 수도 있단다. 　- 추울 때는 스카프로 사용할 수도 있단다. (2) 보자기를 펼쳐 보며 이야기 나눈다. 　- 어느 때 사용할 수 있을까? 　- 물건을 보자기에 담아 옮겨본 경험이 있니? 　- 요즘에는 보자기 대신 어떤 도구를 사용할까? 　- 왜 보자기를 사용하면 물건을 옮기기에 편리 할까? 　- 매듭을 묶는 방법을 알고 있니? 　- 어떻게 하면 잘 묶어질 수 있니? 　- 보자기를 펼쳐 놓고 매듭을 묶어 볼까? (3) 게임 자료를 소개하고 게임 방법에 대해 이야기 나눈다. 　- 여기 보자기와 물건이 있어. 　- 이 게임은 보자기에 물건을 싸서 저쪽으로 옮기는 게임이야. 　- 빨리 가지고 가기보다는 풀어지지 않도록 단단히 묶어 옮겨야 해. 　- 즐겁게 게임을 해보자. 〈게임 방법〉 ① 옮길 물건을 똑같이 나눈다. ② 도착지점을 정한다. ③ 두 명씩 한 팀으로 편을 나눈다. ④ 신호음에 맞춰 한 팀씩 보자기에 물건을 담아 도착지점에 옮기고 돌아온다. ⑤ 규칙을 지켜 물건을 도착지점에 잘 옮긴 팀에게 점수를 준다. (4) 게임을 하면서 지켜야 할 약속에 대해 이야기 나눈다. 　- 게임을 하면서 지켜야 할 약속은 무엇이 있을까? 　- 보자기가 풀어져 물건이 쏟아지면 어떻게 할까? 　- 물건을 어느 지점에 옮기고 돌아오면 될까? 　- 어떻게 하면 게임을 더 즐겁게 할 수 있을까? (5) 유아 두 명이 나와 시범을 보인다. 　- 두 친구가 먼저 나와 보자기에 물건을 싸서 옮겨 볼까? 　- 두 친구 하는 모습을 보니 즐겁게 게임을 할 수 있겠니? (6) 양 팀의 인원수를 확인하고 팀 이름과 응원 방법을 결정한다. 　- 친구들과 팀 이름을 만들어 볼까? 　- 이 게임에는 어떤 이름이 어울릴 것 같니? 　- 친구들을 어떻게 응원할까?

활동 방법	(7) 양 팀에서 순서대로 나와 정해진 방법으로 게임을 한다. 　- 친구가 힘내어 잘 할 수 있도록 응원하자. 　- 규칙을 잘 지켜 게임하도록 하자. (8) 게임이 끝난 후 느낌에 대해 이야기 나눈다. 　- 게임을 하면서 힘들었던 점은 무엇이었니? 　- 한 명이 게임할 때 보다 두 명이 한 팀이 되어 게임을 해 본 느낌은 어떠니? 　- 게임을 하면서 힘들었던 점은 무엇이었니? 　- 보자기는 어떨 때 사용하면 좋은 물건이었니? 　- 보자기 말고 여러 가지 물건을 옮길 때 담는 물건은 또 무엇이 있었니? 　- 보자기로 다른 놀이를 해 보면 어떨까?
활동 유의점	1) 옮길 수 있는 물건들을 유아들과 의논하여 넉넉하게 준비한다. 2) 게임을 진행하기 전 보자기의 특징에 대해 이야기 나누며 탐색할 수 있는 시간을 준다. 3) 옮기기 활동보다는 보자기 매듭을 묶어 물건을 단단히 싸는데 중점을 둔다.

5. 수업나눔

1. 자신의 교직관을 말하고, 이 교직관을 수업에서 어떻게 적용하였는지 말하시오.
2. 특수교육대상 유아와 일반유아가 협력적인 배움과 나눔을 할 수 있도록 어떤 노력을 하였는지 말하시오.
3. 이 수업을 실제 수업으로 실시했을 때 예상되는 어려움과 해결 방안을 말하시오.

(9) 2016 경기

1. 본시 학습 지도내용

활동 유형	자유 선택 활동(과학)
생활주제	환경과 생활
활동명	돌, 모래, 진흙을 통과하는 물
누리 과정요소	• 자연탐구 – 과학적 탐구하기 : 자연현상 알아보기 • 사회관계 – 다른 사람과 더불어 생활하기 : 친구와 사이좋게 지내기
목표	• 물이 돌, 모래, 진흙을 통과하는 모습에 관심을 갖고 관찰한다. • 실험 활동에서 또래와 협력적으로 활동한다.

2. 수업조건

- 전개만 15분 실연하시오.
- 일반교사와 협력 교수를 실행하시오.
- 장애유아의 개별 특성을 고려하시오.
- 장애유아, 일반유아가 상호작용을 할 수 있는 방안을 모색하시오.
- 자료는 가상으로 얼마든지 구상이 가능함

3. 학생 실태 및 학습 수준

가	자폐성장애	• 반향어를 사용함 • 촉각 자료에 대해 민감한 반응을 보임
나	시각장애	• 큰 물체를 눈에 가까이 대었을 때 볼 수 있음 • 새로운 자료에 대한 거부감을 가지고 있음
		비장애 유아 (4명)

4. 자료

- 진흙, 돌, 모래
- 반으로 자른 페트병
- 물
- 돋보기

04 대구

✏️ **시험 시간** : 구상 25분, 실연 25분 (수업설계 포함)
✏️ 수업설계 내용 발표 후 수업 실연

연도	장소	생활주제 및 활동
2021	특수학급	놀이 상황 실연
2019	특수학급	생활 도구 – 요술 보자기
2017	특수학급	봄, 여름, 가을, 겨울 – 가을 풍경 알아보기 – 나뭇잎이 떨어져요
2016	특수학급	나와 가족 – 소중한 나 – 표정으로 나타내요

(1) 2021 대구

1. 수업실연 조건

> 제시된 놀이 상황에 대해 실연하시오.
>
> [상황]
> 교사가 수·조작영역에 종이컵을 미리 준비해두었다. 유아A는 같은 색 종이컵을 쌓고 무너뜨리는 놀이를 한다. 유아B는 좋아하는 동물모형을 가지고 와서 유아A가 만든 종이컵에 숨기고 찾는 놀이를 한다. 유아C는 종이컵을 일렬로 줄을 세우며 놀이를 한다. 유아D는 끈을 눈앞에서 돌리며 교실을 돌아다닌다.
>
> [조건]
> 1. 놀이지원자로서의 역할 포함시켜 실연에 드러내시오.
> 2. 누리과정 영역 드러내시오.
> 3. 종이컵을 발로 밟는 유아에 대해 지도하는 장면 드러내시오.
> 4. 실무원이나 가상자료를 사용해도 되나, 언급 후에 사용하시오.
> 5. 평가자를 유아로 생각하고 해도 되나, 평가자는 아무 말도 하지 않음

2. 학생 실태 및 학습 수준

수준	학생 특성
가(2)	• 종이컵을 같은 색으로 쌓음 • 교사와 또래와의 상호작용이 좋음
나(1)	• 종이컵으로 줄을 세움 • 혼자놀이를 즐기고 방해하는 것을 싫어함
다(1)	• 다른 놀잇감에 관심이 없음 • 끈이나 줄을 돌리면서 교실을 돌아다님

3. 수업설계

1. 놀이지원자로서의 교사 역할 2가지를 설명하시오.
2. 통합해서 운영할 수 있는 누리과정 내용범주와 내용 2가지를 말하시오.
3. 각 유아 수준을 고려한 학습목표를 설명하시오.
4. 각 유아의 목표 달성을 평가하는 방법을 설명하시오.
5. 놀이에 대한 이해와 소통을 높이기 위해 가정과 연계하는 방법 2가지를 말하시오.

(2) 2019 대구

1. 본시 학습 지도내용

생활주제	생활 도구
활동명	요술 보자기

2. 수업조건

- 도입에서 요술 보자기, 도구 중 1개를 활용하여 실연하시오.
- 수업 중 자리이탈 행동을 보이는 유아를 포함하여 실연하시오.
- 유아 간 협력이 포함되도록 실연하시오.
- 수업설계 내용을 포함하여 실연하시오.

3. 학생 실태 및 학습 수준

수준	학생 특성
가(1명)	• 도구의 용도에 대해 알고 있다. • 도구를 사용하여 다양한 놀이를 할 수 있다. • 간단한 의사소통이 가능하다. • 또래, 교사와의 상호작용이 활발하다.
나(2명)	• 도구의 이름을 말할 수 있다. • 또래와 교사를 모방하여 도구를 가지고 놀이할 수 있다.
다(1명)	• 공을 좋아하나 다른 도구에는 관심이 없다. • 자발화가 없다. • 자리이탈 행동을 자주 보인다.

(3) 2017 대구

1. 본시 학습 지도내용

생활주제	봄, 여름, 가을, 겨울
연령	만 4세
주제	가을 풍경 알아보기
활동명	나뭇잎이 떨어져요
활동 유형	이야기 나누기, 게임

2. 수업조건

- 도입 시 대구의 인성덕목 중 하나를 넣어서 실연하시오.
- 다 수준 아동의 문제행동을 중재하는 방안을 행동수정 측면에서 보여줄 것
- 특수교육 실무사가 배치되어 있지만 꼭 활용하지 않아도 됨
- 또래 간 협력이 일어나도록 실연하시오.
- 수업 중 울면서 돌아다니는 아동을 중재하시오.
- 안전 관련하여 규칙 정하기를 포함하여 실연하시오.
- 감독관을 학생으로 가장하고 수업해도 상관없음(감독관들의 반응과 관련 없음)

3. 학생 실태 및 학습 수준

가	• 교사의 지시에 답할 수 있다. • 활동에 적극적으로 참여한다.
나 (2명)	• 교사의 지시에 '예/아니오'로 대답이 가능하다. • 활동에 소극적이고, 자신감 없다. • 또래와 상호작용이 어렵다. • 2명 중 1명 아동은 오른쪽 편마비가 있다.
다	• ADHD 특성(자리 착석이 어렵고 이탈 행동이 있다.) • 활동에 소극적으로 참여한다. • 자신감이 부족하다.

4. 수업설계

1. 아동 수준별로 활동 목표를 설정하여 제시하고, 설정한 이유를 말하시오.
2. 활동 2가지를 어떻게 수업할 지 말하시오(구체적 활동 계획).
3. 나 수준 아동에게 할 수 있는 개별화 교육 지원 방안을 2가지 말하고 그 이유를 말하시오.
4. 협력이 일어날 수 있도록 하는 방안을 1가지 말하시오.

(4) 2016 대구

1. 본시 학습 지도내용

대상 연령	만 5세	대상 유아	장애유아
활동 유형	신체	생활 주제	나와 가족
주제	소중한 나		
활동명	표정으로 나타내요		
활동 목표	• 다른 사람의 감정에 관심을 갖는다. • 자신의 감정을 신체로 표현한다.		

2. 수업조건

- 특수교육 실무원을 활용할 것
- 또래 간 협력이 일어나도록 할 것
- 사물을 활용하는 것처럼 해도 가능함(여러 자료 가상으로 활용가능)

3. 학생 실태 및 학습 수준

가	• 교사와 상호작용이 가능하다. • 교사의 지시 잘 따른다. • 활동에 적극적으로 참여한다.
나	• 또래의 표현을 보고 모방할 수 있다. • 활동에 참여할 수 있다.
다	• 자신의 감정 표현이 가능하다. • 다른 사람의 감정에 관심이 없다. • 교사의 지시를 따르지 않는다. • 착석이 어려우나, 신체활동에는 적극 참여한다.

I. 시작   II. 심층면접   **III. 수업실연**   IV. 교수·학습과정안   V. 수업성찰   VI. 심층면접 예시 답안

05 세종

> 세종은 평가원 출제로 변경되었습니다. 연습 문제로 활용해 보세요!

(1) 2022 세종

1. 수업실연 제재

제재	바깥놀이 – 모래놀이터

2. 수업실연 조건

- 특수교육실무사를 활용하시오.
- 유아-유아, 유아-교사, 유아-환경 간의 상호작용이 드러나도록 실연하시오.
- 사용하는 모든 자료가 구비되어져 있음

3. 학생 실태 및 학습 수준

수준	장애 영역	학생 특성
가	발달지체	• 바깥놀이를 좋아함 • 교통기관 놀잇감을 좋아함 • 또래와 놀잇감 공유에 어려움을 보임 • 원하는 것을 문장으로 발화할 수 있음
나	자폐성장애	• 넓은 공간에서 돌아다니는 것을 좋아함 • 모래 뿌리기 활동을 좋아함 • 옷이 더러워지는 것을 싫어함 • 그림 그리기를 좋아함 • 단어 수준의 발화
다	지체장애	• 독립보행은 어려우나 앉은 자세는 유지할 수 있음 • 또래와 함께 모래놀이 하는 것을 좋아함 • 물을 활용한 놀이를 좋아함 – 문장으로 발화 가능하나 발음이 불분명함

4. 수업 설계

1. 활동명과 유아 특성별 활동 목표를 말하시오.
2. 유아 특성별 활동 내용을 말하시오.
3. 과정중심평가 방법을 말하시오.

06 인천

> 인천은 평가원 출제로 변경되었습니다. 연습 문제로 활용해 보세요!

(1) 2018 인천

1. 본시 학습 지도내용

생활주제	나와 가족
주제	나의 몸
활동유형	음률
활동명	내 몸으로 박자치기
연령	4세

2. 학생 실태 및 학습 수준

가	잘함, 참여 적극적
나	잘함, 차례 지키기 못하고 고집 셈
다	1~2음절 혼자 계속 노래 흥얼거림
라	• 표정·몸짓 표현 • 위험한 행동함, 자리이탈함

3. 자료

신체 부위 사진, 박자치기 동영상, 신체 박자 카드

(2) 2016 인천

1. 본시 학습 지도내용

활동 영역	이야기 나누기, 게임
활동주제	자동차와 자동차를 이용하는 사람들

2. 수업조건

- 유아 안전 고려하여 시연
- 특수교육대상 유아 참여 촉진방법 넣기

3. 학생 실태 및 학습 수준

가	• 활동 참여에 적극적이다. • 구어적 의사소통이 가능하다.
나	• 1~2음절 발화가 가능하다. • 활동에 소극적으로 참여한다.
다	• 1~2음절 발화가 가능하다. • 노래를 좋아하며 주의집중이 짧다.
라	• 구어적 발화가 어렵다. • 소방차를 좋아한다.

4. 자료

유아가 탈 수 있는 모형 자동차, 그림과 글자 카드(소방관 – 소방차) 등

CHAPTER 05 유아특수 수업실연 연습문제

01 수업실연 연습문제 1회

1. 수업상황

제시된 놀이 상황에 대해 실연하시오.

〈해오름반의 전경〉

| 등원한 유아가 자신의 가방에 달린 색철사인형(모루인형)을 유아들에게 보여줌 | 유아들은 교사에게 색철사로 액세서리를 만들고 싶다고 요청함 | 교사는 유아들에게 색철사와 구슬들을 제공함 | 유아들은 색 철사로 머리띠, 목걸이, 팔찌, 반지, 머리핀 등을 만듦 |

〈교사 이야기〉

색 철사는 유아의 손으로 힘이 쉽게 변형되는 구조성이 낮은 놀잇감이라고 생각한다. 유아의 힘으로 쉽게 구부러지고, 펴기를 반복하며 다양한 모양이 만들어진다. 또 구슬과 다양한 자료를 꿸 수 있기도 하다. 하지만 색철사는 철사의 잘린 끝 부분이 날카로워 다칠 수도 있다는 점을 조심해야 한다. 이를 해결하기 위해.........(중략).........

2. 개별 유아의 특성

이름	유아 특성	개별화교육목표
지희	• 또래의 행동을 모방할 수 있음 • 자신의 요구를 단어로 말함	두 단어를 조합하여 문장으로 말한다.
지웅	• 대소근육의 활용에 어려움이 있어 보조인력의 도움이 필요함 • 부드러운 촉감에 대한 감각방어가 있음	신체적 촉진을 받아 여러 가지 재료를 사용하는 경험한다.
해오름반 유아	• 만들기 활동을 좋아함 • 조작영역의 구슬꿰기 활동을 통해 다양한 패턴 만드는 활동에 관심이 많음	

3. 수업 조건

- 유아의 특성에 맞게 수업을 전개하시오.
- 놀이상황에 제시된 자료를 활용하여 전개하시오.
- 보조인력이 있는 상황에서 전개하시오.
- 안전요소를 고려하여 전개하시오.
- 개별화교육목표를 고려한 놀이중심의 삽입교수를 실시하시오.

4. 수업성찰

1. 수업 중 유아간 상호작용을 증진하기 위하여 어떤 노력을 하였는지 말하시오.
2. 유아의 개별화교육목표를 적용하여 놀이중심의 삽입교수를 실시한 내용을 말하시오.
3. 이 수업에서 가장 고민했던 부분을 말하고, 수업 전, 중, 후에 각각 배운 점을 말하시오.

02 수업실연 연습문제 2회

1. 수업상황

다음은 푸른반 교실의 상황이다. 제시된 놀이 상황에 대해 실연하시오.

[상황]

놀이지원자로서 다음의 상황 속에서 각 유아의 수준을 고려하여 놀이를 시연하시오.

| 푸른반 유아들은 블록 공간에서 나무블록으로 집을 만들고 있다. | '아기돼지 삼형제'를 보고 온 푸른반 유아가 '내가 늑대할게!'라며 유아들이 지은 집에 손을 넣고 있다. | 유아들은 진짜 늑대가 아닌걸 알면서도 숨어야한다며 소리치며 깔깔 웃는다. | 유아들은 더 멋진 돼지의 집을 짓고 싶어 하고 있다. |

2. 개별 유아의 특성

이름	유아 특성
수영	• 또래보다 교사와 함께 활동하는 것을 더 선호함 • 노래부르기, 숫자세기 등 자동구어 외에는 발화가 없음
도원	• 또래와 놀잇감을 공유하기 싫어함 • 자신의 요구에 대하여 문장으로 말할 수 있음
푸른반 유아	• 교실 내 비치된 디지털 놀이 자료(AR앱, 태블릿 등) 사용에 익숙함.

3. 수업 조건

- 유아의 특성에 맞게 수업을 전개하시오.
- 놀이상황에 제시된 자료를 활용하여 전개하시오.
- 보조인력이 없는 상황에서 전개하시오.
- 교사와 유아, 유아와 유아 간의 상호작용을 포함하여 실연하시오.
- 개별 유아의 특성을 고려한 놀이중심의 삽입교수를 실시하시오.

4. 자료

AR앱, 태블릿, 각종 쌓기블록 외 필요 시 추가하여 활용하시오.

5. 수업성찰

1. 장애유아들을 대상으로 실시한 놀이중심의 삽입교수 내용을 말하시오.
2. 유아 간 상호작용 증진을 위해 어떻게 하였는지 말하시오.
3. 자신의 수업에서 더 노력해야할 부분을 말하고 이를 해결하기 위하여 어떤 협력교수를 실시할 것인지 말하시오.

03 수업실연 연습문제 3회

1. 수업상황

다음은 통합학급의 놀이상황이다. 아래의 놀이상황에 개입하여 놀이를 확장하시오.

> 다음 교사의 고민을 읽고, 이를 근거로 하여 수업을 계획하시오.
>
> 〈교사의 고민〉
> 새 학기를 준비하며 별빛반 교사는 쌓기공간에 자석블록을 배치하였다. 시원이는 새 학기 첫 날 자석블록영역으로 가서 자석블록들을 뱅글뱅글 돌리며 놀기 시작하였다. 이를 본 진우, 연준, 서하도 쌓기 자석블록으로 팽이를 만들어 놀기 시작하였다. 통합학급 교사와 특수교사는 팽이를 매개로 시원이와 또래들의 상호작용을 도울 수 있을 것이라 생각하여 기대감을 갖고 있었다.
> 그러나, 별빛반 유아들과 시원이는 한 달 내내 팽이돌리기만 하고 있었다. 심지어 다른 유아들이 꽃놀이가게를 구성해 놓은 곳에서 꽃가게 지붕 위에서도 팽이를 돌렸다. 집에서도 팽이돌리기를 주로 하며 노는 별빛반 유아의 모습에 일부 부모님은 별빛반 유아들이 시원이의 행동을 모방한다고 생각하고, 다른 상동행동도 모방할까봐 걱정하셨다. 심지어 별빛반의 또 다른 장애유아는 어떤 특성을 갖고 있는지 문의하는 부모님도 계셨다.
>
> 〈유아들의 놀이 상황〉
> 진우 : 지붕에서 팽이를 돌리니까 계속 떨어져
> 연준 : 팽이에 내 얼굴사진을 붙이니까 내 얼굴이 안보여
> 서하 : 어? 팽이실험실이 생겼네? 저기 스티로폼이랑 플라스틱이 있어!

2. 수업조건

- 유아의 놀이상황을 반영하여 '놀이 실행하기' 부분만 실연하시오.
- 특수교육대상유아의 특성을 고려하여 실연하시오.
- 유아와 유아 간 상호작용을 포함하여 수업을 실시하시오.
- 제시된 교사의 고민을 해결하기 위한 방안을 포함하여 실연하시오.
- 보조인력을 활용하여 실연하시오.
- 자료 및 기자재는 자유롭게 활용하시오.

3. 유아 실태 및 학습 수준

이름	유아 특성
시원	- 장난감을 팽이 돌리듯 돌리면서 노는 것을 좋아함 - 또래와의 놀이에 짧게 참여하며 단독놀이를 더 선호함 - 양 손을 옆으로 터는 상동행동을 갖고 있음
수인	- 인공와우를 착용하고 있음 - 또래와의 놀이시작행동에 어려움을 겪고 있음
일반유아	- 통합교육을 처음 경험함

4. 수업성찰

1. 개별유아의 참여를 촉진하기 위하여 어떤 노력을 하였는지 말하시오.
2. 교사의 고민을 읽고, 통합학급 교사가 학부모 상담 시 어떤 내용을 다루게 될지 말하시오.
3. 수업을 전개하며 어려웠던 점을 말하고 보완하기 위한 방안을 말하시오.

04 수업실연 연습문제 4회

1. 수업상황

다음은 통합학급의 놀이상황이다. 아래의 놀이상황에 개입하여 놀이를 확장하시오.

〈하늘반 전경〉
- 지난 주말 2024 파리올림픽을 가정에서 시청하고 온 유아들이 많아 바깥놀이 시간에 달리기, 매달리기 등을 하며 다양한 체육종목을 따라하며 놀이함
- 체조시간에 '태권체조'를 보고 태권도에 흥미를 많이 갖고 있는 유아들이 있음
- 현서는 민준이가 주먹으로 쌓아 올린 블록을 무너뜨리는 것을 보고 '격파'라고 말함
- 유아들은 탈 것 장난감을 타며 주아랑 똑같이 움직인다고 말할 때가 있음

2. 수업조건

- 전개(놀이 이해 및 놀이 실행하기) 부분만 실연하시오.
- 놀이 중 장애이해교육을 실시하시오.
- 유아의 사전경험과 관심을 반영하여 놀이를 지원하고 확장하시오.
- 협력교수를 실시하시오.
- 자료 및 기자재는 자유롭게 활용하시오.

3. 개별 유아의 특성

이름	유아 특성
민준	- 자폐성 장애 - 또래와 놀이하는데 어려움이 있음 - 미디어에서 본 내용을 상상하며 놀잇감을 향해 주먹을 휘두름 - 또래의 장난감을 주먹으로 무너뜨리는 경우도 있음
주아	- 사지마비가 있어 휠체어를 이용함 - 또래에게 관심이 많아 또래의 놀이를 지켜보는 것을 좋아함 - 또래와 상호작용한 경험이 부족함
일반유아	- 만3세 유아 - 민준이와 주아에 대해 궁금한 것이 많음

4. 수업성찰

1. 오늘 수업내용을 성찰하고, 잘한 점과 보완해야 할 점을 말하시오.
2. 유아의 관심을 놀이로 확장시키기 위하여 어떤 노력을 하였는지 말하시오.
3. 수업 중 장애이해교육을 실시한 내용을 말하시오.

05 수업실연 연습문제 5회

1. 수업상황

제시된 놀이 상황에 대해 실연하시오.

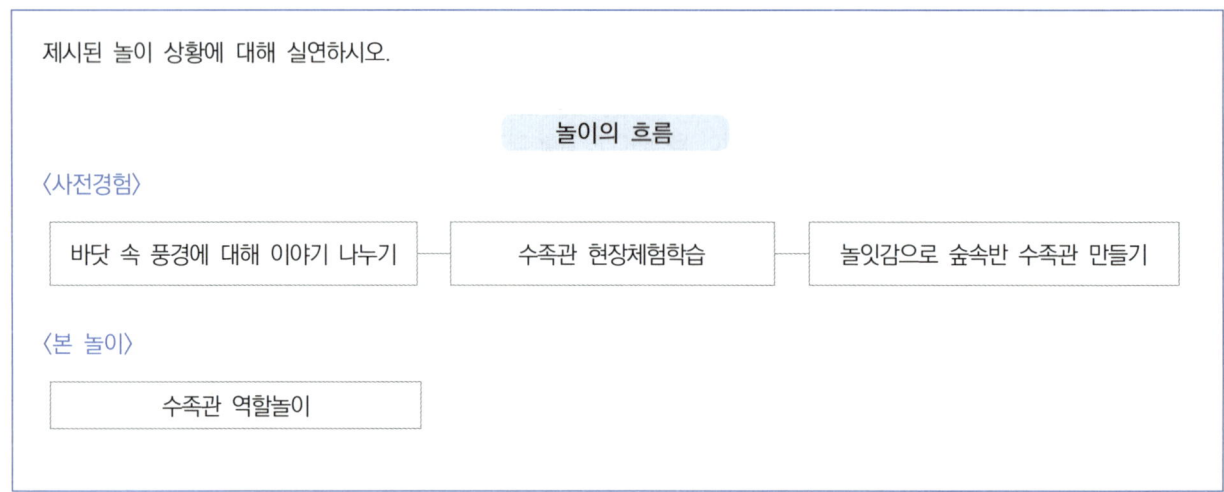

2. 수업조건

- 도입- 전개를 실시하시오.
- 유아의 사전 경험을 반영하여 실연하시오.
- 유아의 발달 특성을 고려하여 개별화교육목표를 적용하여 실연하시오.
- 협력교수를 실시하시오.
- 유아의 도전행동을 중재하시오.
- 놀이의 사전 준비가 드러나게 실연하시오.
- 유아 주도의 놀이를 실시하시오.
- 교사와 유아, 유아와 유아 간의 상호작용을 포함하여 실연하시오.
- 제시된 자료 외 필요 시 추가하여 실연하시오.

3. 유아의 발달 특성

이름	유아 특성
사나	• 단하지보조기를 착용하고 있으며 이동 시 다른 사람의 손을 잡고 천천히 이동해야 함 • 활동에 소극적인 태도를 보임 • 언어적 촉진을 받아 행동을 수행할 수 있음
미나	• 수족관 관찰하는 것을 좋아함 • 관심 있는 놀이에만 참여함 • 단독놀이를 더 선호함
유진	• 물건의 짝 맞추는 것을 좋아함 • 자신의 요구가 받아들여지지 않으면 분노발작(텐트럼)이 나타남.

4. 자료

현장학습 시 유아들의 사진, 바닷 속 배경 천막, 유아들이 만든 목장갑 물고기 등

5. 수업성찰

1. 개별유아를 지원하기 위하여 각자 어떤 개별화교육목표를 적용하였는지 말하시오.
2. 유아의 도전행동을 중재하기 위하여 어떤 방법을 사용하였는지 말하시오.
3. 자신의 수업에서 잘 한 점과 아쉬운 점을 말하고 어떻게 개선하면 좋을지 말하시오.

06 수업실연 연습문제 6회

1. 본시 학습 지도내용

생활주제	겨울
활동명	팥죽 할멈과 호랑이
활동유형	이야기 나누기
활동목표	- 겨울음식에 대하여 알아본다. - 들려주는 전래동화를 듣고 즐긴다.
활동자료	등장인물 인형 사진(할머니, 호랑이, 절구, 멍석,) 겨울 음식 사진, 화이트보드

2. 수업조건

- '전개' (놀이 이해 및 놀이 실행하기) 만 실연하시오.
- 주어진 활동의 목표와 자료를 고려하여 실연하시오.
  (주어진 활동자료 외 자료를 추가하여 수업을 실연하여도 됩니다.)
- 주어진 유아의 특성에 맞게 수업을 전개하시오.
- 유아-유아 간의 상호작용이 일어나도록 실연하시오.
- 유아-교사 간의 상호작용이 일어나도록 실연하시오.
- 유아 간 갈등상황이 드러나게 실연하시오.
- 보조인력을 적절하게 활용하시오.

3. 개별유아의 특성

민지	- 발달지체 - 표현언어에 제한이 있으나 '앉아요' '골라요' 등 간단한 지시를 수행할 수 있는 수용언어 능력 - 5분 이상 착석유지가 어려워 자리이탈이 빈번함 - 고유수용감각의 이상으로 인해 까치발을 들고 걸음
준서	- 자폐성장애 - 두 단어 조합 문장을 구사할 수 있음 - 같은 동화책 내용을 반복하여 듣기를 좋아함 - 마음에 들지 않는 상황일 때 도전행동(교사와 친구의 얼굴을 때림)을 보임
현서	- 지체장애 (양하지마비 뇌성마비) - 단어 수준의 발화 - 바닥에 앉을 때 w자세를 취하며 이동 시 보조인력의 도움을 받아 이동 - 자신의 선호에 따라 사물을 지시할 수 있음
진경	- 지적장애 - 표현언어에 제한이 있으나 세 단어 조합 문장을 알아듣고 수행할 수 있음 - 노래와 율동을 좋아함 - 모방능력이 있음

4. 자료

등장인물 인형 사진(할머니, 호랑이, 절구, 멍석 등) 겨울 음식 사진, 화이트보드 등

5. 수업성찰

1. 장애유아들을 대상으로 한 개별화된 교수의 의도를 말하고, 유아의 삶과 연계시킨 부분을 말하시오.
2. 유아 간 갈등상황에 대하여 어떻게 대처하였는지 말하시오.
3. 자신의 수업에 대해 평가하고 보완할 점을 말하시오.

07 수업실연 연습문제 7회

1. 수업상황

다음은 통합학급의 놀이상황이다. 아래의 놀이상황에 개입하여 놀이를 확장하시오.

놀이의 흐름

사전 경험

| 산책길에서 다양한 색의 꽃을 발견 | 유아들이 꽃 사진을 찍고 싶다고 하여 카메라를 제공, 꽃, 하늘, 구름, 친구얼굴을 사진 찍음 | 인화한 사진을 교실에 전시 |

본 놀이상황

산책로에서 같은 색 자연물끼리 모아보기

〈사전경험에 대한 잎새반 담임교사의 기록〉

유아들은 산책로를 걸었다. 특히 코스모스의 색이 모두 다르다는 점을 좋아하였다. 원에서 산책로로 이동을 할 때 두 명 씩 손을 잡고 이동을 하였는데, 오늘도 세은이는 친구의 손을 뿌리치고 춤을 추듯 걸으며 혼자서 이동했다. 그럴 때 친구들의 멋쩍어하는 모습에 어떻게 설명해 주어야 할지 고민이 되었다. 이안이는 친구들과 모여서 '나뭇잎크기재기' 놀이를 하였다. 처음에는 재호랑 같이 무리에 껴 함께 자신의 나뭇잎을 내밀며 놀았으나 갑자기 친구들이 흩어지니 누구를 따라가야 할지 몰라서 갈팡질팡 하다가 결국 마지막까지 혼자 이곳 저곳 걸어 다니며 놀았다. 유아들과 다음 시간에 같은 색 끼리 자연물 모아보는 놀이를 하기로 했는데, 세은이와 이안이를 위하여 어떤 지원을 해 주어야 할지 고민이다.

2. 수업조건

- 놀이의 시작과 전개(놀이 이해 및 놀이 실행하기) 부분만 실연하시오.
- 각 유아의 특성이 드러나도록 실연하시오.
- 놀이중심의 수업으로 실연하시오.
- 유아간의 상호작용이 드러나도록 실연하시오.
- 개별 유아의 특성을 지원해 줄 수 있는 보조기기나 교육 자료들을 자유롭게 활용하시오.
- 유아의 놀이를 촉진하는 교사의 발문을 포함하여 수업을 설계하시오.
- 자료 및 기자재는 자유롭게 활용하시오.

3. 개별 유아의 특성

이름	유아 특성
세진	- 자폐성 장애 - 새로운 장소에 민감하게 반응하여 도피함 - 손과 발의 감각이 예민하여 또래의 손을 잡기 싫어하며 까치발을 들고 걸음
이준	- 지적장애 - 또래를 좋아하여 곁에서 놀이하기를 좋아함 - 사회적 기술의 부족으로 또래에게 놀이 시작을 제안하기 어려워하여 교사에게 의존적임
일반유아	- 만4세 유아 - 장애유아의 행동에 관심이 많아 교사에게 질문함

4. 수업성찰

1. 이 수업에서 반영한 놀이중심 요소를 말하고, 이를 통해 유아들에게 어떠한 배움과 성장이 나타났는지 말하시오.
2. 특수교육대상유아를 개별적으로 지원해 주기 위하여 어떤 노력을 하였는지 말하시오.
3. 이 수업에서 가장 어려웠던 부분을 말하고 향후 동료교사와 어떻게 논의하여 나갈지 말하시오.

08 수업실연 연습문제 8회

1. 유아의 개별 특성

이름	유아 특성
하루	• 하지마비가 있어 이동이 제한적임 • 한 가지 놀이만을 지속적으로 탐색함 • 수용언어와 표현언어에 모두 어려움을 겪고 있음
진우	• 주의력이 약해 한 가지 놀이에 오랫동안 집중하기 어려움 • 친구의 놀이를 방해하며 자신의 놀이를 위하여 놀잇감을 가져감 • 또래, 교사와 의사소통이 원활함
풀잎반 유아	• 원우와 2년째 통합교육을 경험하며 원우의 특성에 대해 잘 알고 있음 • 올 해 처음 만난 하람이에 대해 관심이 많음

2. 풀잎반 놀이 상황

제시된 놀이 상황에 대해 실연하시오.

[상황]

유아들과 '내가 좋아하는 건..' 미디어 동화를 듣고 '내가 좋아하는 놀이와 장소'에 대해 이야기를 나누었다. 유아들은 '키즈카페', '놀이공원', '동물원'에 갔을 때 재미있었다고 했고, 동물원 놀이를 하기로 계획하였고, 다 함께 교실을 동물원으로 만들기로 하였다.

| 동물원에는 무엇이 있지? | 어떤 놀잇감으로 동물원을 구성하면 좋을까? | 어떤 동물들이 있으면 좋을까? |

3. 수업조건

- 보조인력이 없는 상황에서 실연하시오.
- 협력교수를 활용하여 실연하시오.
- 놀이 중 장애이해교육을 실시하시오.
- 유아들의 개별 특성을 고려하여 놀이중심의 삽입교수를 활용하여 실연하시오.
- 유아들의 특성을 반영하여 적절한 보조공학기기를 배치하시오.
- 제시된 수업자료 외 다른 자료를 추가하여 사용하여도 됩니다.

4. 수업자료

유아가 경험한 '동물원' 사진, 태블릿, 소프트블록 외

5. 수업성찰

1. 유아들의 상호작용을 위해 노력한 부분과 개별 유아의 놀이를 지원하여 위하여 어떤 노력을 하였는지 말하시오.
2. 놀이 중 장애이해교육을 실시한 부분을 말하시오.
3. 이 놀이가 끝난 뒤 사후확장활동은 어떻게 진행할 것인지 말하시오.

09 수업실연 연습문제 9회

1. 수업상황

제시된 상황와 놀이의 흐름을 고려하여 수업을 실연하시오.

〈하늘반 교실 전경〉

3월부터 유아들은 씨앗이 방울토마토가 되는 과정을 관찰하며 토마토 색칠하기, 내가 좋아하는 캐릭터 색칠하기 등 다양한 색칠하기 놀이를 하였다. 어느 날 유아가 '물감놀이'를 하고 싶다는 요청을 하였다. 유아들은 교실에 배치되어 있는 물감, 파렛트, 물통, 붓, 도트물감, 거품물감 등 다양한 재료에 호기심을 보이고 있다. 유아들은 붓에 물감을 묻혀 자유롭게 색칠하다가 두 가지 이상의 색이 만나면 다른 색깔이 된다는 점을 발견하고 호기심을 가졌다. 또 다른 유아들은 손등과 손바닥에 팔레트의 물감을 묻혀보고 친구의 종이 손바닥을 찍어 보았다. 친구들도 즐거워하며 손에 물감을 묻히고 종이에 찍어 보았다. '풀 같아, 끈적 끈적해!' 라고 하며 유아들은 즐거워하였다. 하늘반 교사들은 유아들의 관심과 배움을 연계하여 다음 놀이에는 어떻게 지원을 해주면 좋을지 의견을 나누었다.

〈놀이 흐름 따라가기〉

〈물감놀이〉	본 수업(실연)	〈사후활동〉
- 물감으로 자유롭게 색칠하기 - 물감 색깔을 섞어 다른 색깔 만들어보기	대그룹활동 소그룹활동	- 작품전시 - '미술관' 놀이

2. 수업조건

- 본 놀이 진행부터 놀이 마무리까지 실연하시오.
- 협력교수를 사용하시오.
- 개별 유아의 특성을 반영하여 교사의 상호작용이 드러나도록 실연하시오.
- 유아 간 상호작용이 드러나도록 실연하시오.

3. 개별 유아의 특성

유진	- 거품 질감을 좋아함. 손 씻을 때 거품 비누로 자신의 몸과 세면대 전체에 묻히고 오랫동안 거품을 탐색함 - 사회적 상호작용에 어려움이 있어 또래와의 상호작용이 어려움 - 활동 간 전이가 어려움
하준	- 촉각반응이 예민하여 물감이 손에 닿으면 울음을 터뜨림 - 뒤뚱거리며 걷는 특성이 있어 이동 시 한 손을 잡아 주어야 균형을 유지하며 보행할 수 있음 - 또래의 접촉을 거부하지 않음
일반유아	- 통합상황에 익숙함 - 하늘반 주변에 어떤 시설이 있는지(강당, 화장실, 바깥놀이터 등)위치를 잘 알고 있음

4. 수업성찰

1. 유아의 놀이 참여와 주도성을 기르기 위하여 어떤 노력을 하였는지 말하시오.
2. 놀이 시 유아-유아간, 유아-교사 간 상호작용이 일어나도록 노력한 부분에 대하여 말하시오.
3. 동료 교사와 이 수업의 어느 부분에 대하여 고민을 나눌 것인지 말하시오.

10 수업실연 연습문제 10회

1. 유아의 개별 특성

이름	유아 특성
가람	• 수용언어와 표현언어에 어려움을 겪고 있음. • 놀이 중 타인에게 물건을 던지는 도전행동을 가지고 있음.
흥민	• 흥미를 보이는 놀잇감이 제한적임. • 탐색놀이를 좋아하여 한 가지 재료를 오랫동안 탐색함.
유아	• 가람이와 흥민이를 3월 초 처음 만남. • 함께 놀이한 경험이 있음.

2. 유아특수교사의 사전 놀이기록의 일부

테마	얼음성 쌓기	기록일자	2024.12.1.	기록자	김**
관찰유아	박가람				

기록 및 교사의 가설	유아들은 흰 종이블록으로 얼음성만들기를 하고 있었고, 가람이는 얼음성만들기에 관심을 보이며 유아들을 한참 바라보고 서 있었다. 교사는 가람이가 유아들에게 놀이시작행동을 보이도록 행동을 지원했지만, 가람이는 이를 거부하고 다른 장소를 자리를 옮겨 다른 놀이를 했다. 교사는 가람이가 놀이하고 있는 확인하고 흥민이의 놀이를 지원해 주기 위해 자리를 떴다. 잠시 뒤, 유아의 우는 소리가 들렸고 가람이가 다른 유아의 머리를 때리고 있는 것을 보았다....... (중략)........

A-B-C 검목표 기록결과 요약

시간	문제행동	선행사건	결과
08:35	친구 때리기	놀이활동	또래의 관심
09:20	교사 때리기	교사의 타인 도움	교사의 관심
10:05	친구 때리기	놀이활동	또래의 관심
10:30	소리 지르기	놀이활동	물건획득
11:10	교사 때리기	놀이활동	또래의 관심
11:21	(생략)	(생략)	(생략)

3. 유아들의 놀이 상황

어젯밤 눈에 펑펑 내려서 '내일 풀잎반에서 눈사람 만들기 놀이 할 꺼야' 라고 기대하며 잠든 유아가 많았다. 하지만 어제 내린 눈은 싸리눈이어서 바닥에 쌓이지 않았고, 유아들은 등원하며 매우 아쉬워하였다. 교사들은 눈사람 만들기 놀이를 기대했던 유아들을 위하여 대체활동으로 어떤 놀이를 하면 좋을지 고민했고, 금방 구할 수 있으면서 구조성이 낮은 '신문지'를 놀이재료로 제공해 주기로 하였다. 만약 유아가 추가적으로 자료를 요청하면 가능하면 즉시 제공해 주기로 하였다.

4. 수업조건

- 통합교육 중 협력교수가 일어나도록 실연하시오.
- 보조인력이 없는 상황에서 실연하시오.
- 놀이 중 가람이의 도전행동을 중재하시오.
- 유아들의 배움이 일어나도록 실연하시오.

5. 수업성찰

1. 가람이의 도전행동에 대한 원인을 말하고, 수업 중 도전행동을 중재하기 위하여 어떤 노력을 하였는지 말하시오.
2. 일과 후 통합교사와 특수교사는 각자 가람이와 해당 유아의 부모에게 어떤 내용을 상담할 것인지 말하고, 그 이유를 밝히시오.
3. 실연에서 일어난 놀이에서 두 유아의 삶과 연계된 부분이 무엇이었는지 말하시오.

PART 4

교수·학습 과정안

CHAPTER 01 교수 학습 과정안 알아보기

[1] 교수·학습 과정안 문항 분석
[2] 교수·학습 과정안 작성 예시
[3] 교수·학습 과정안 작성 시 유의 사항
[4] 교수·학습 과정안 평가표 예시
[5] 교수·학습 과정안 작성 양식

CHAPTER 02 초등특수 교수·학습 과정안 기출문제

[1] 평가원   [2] 서울   [3] 인천

CHAPTER 03 유아특수 교수·학습 과정안 기출문제

[1] 평가원   [2] 서울   [3] 인천

CHAPTER 01 교수·학습 과정안 알아보기

지도안은 교사가 수업을 하기 위한 구체적인 수업 계획서이다. 임용시험에서 교수·학습 지도안은 60분 안에 수업 계획서를 모두 작성하도록 한다. 교육 현장에서 사용하는 지도안과는 달리 시간이 정해져있고, 채점 요소가 있다는 점을 고려하여, 시간에 맞추어 쓰는 연습을 충분히 해야 한다. 연습하는 방법은 1차 시험의 교직논술 준비와 유사하다.

- 교수·학습 지도안 작성은 수업실연 문항과 비슷하게 제시된 후, 이 수업의 지도안을 작성하는 방식이다.
- 기본적으로 '도입-전개-정리' 단계 또는 '수업 모형 단계'로 나누어 작성한다.

01 교수·학습 과정안 문항 분석

① 교수·학습 과정안 답안지 기본 예시

학습 목표					
단계	학습 과정	교수·학습 활동		시간	자료 및 유의점
		교사활동	학생활동		
빈칸으로 2쪽까지 이어짐					

평가 계획	평가 관점	
	평가 도구	
	평가 내용	
	평가 결과 활용	

② 목표 작성하기

> **IDEA** 목표 진술
>
> ① 교사의 행동이 아닌 학생의 행동으로 진술한다.
>   (평행봉을 잡고 일어서게 한다. ⇨ 평행봉을 잡고 일어선 후 체중이동을 할 수 있다.)
> ② 학습과정이 아닌 학습의 결과로 나타나는 학생의 변화된 행동으로 진술한다.
>   (지하철 노선을 알게 한다. ⇨ 지하철 노선을 보고 각 역 이름을 지적할 수 있다.)
> ③ 학습 목표를 성취적 용어로 진술한다.
>   (풍선 배구경기의 규칙을 이해시킨다. ⇨ 풍선 배구경기를 할 때 규칙을 어기지 않는다.)
> ④ 성취 행동이 성공적인지 아닌지를 판단하기 위한 수락 기준을 명시해야 한다.
>   (평행봉을 잡고 걸을 수 있다. ⇨ 바른 자세로 평행봉을 잡고 30초 이내에 이동할 수 있다.)
> ⑤ 구체적이고 명료한 행동적 용어로 진술한다.
>
> | 암시적 진술(추상적) | 명시적 진술(구체적) |
> | --- | --- |
> | 안다. 이해한다. 깨닫는다. 인식한다. 파악한다. 믿는다. 감상한다. | 말한다. 설명한다. 지적한다. 구별한다. 열거한다. 비교한다. 수집한다. 그린다. 계산한다. 작성한다. 분류한다. 답을 찾아낸다. |
>
> 이상의 내용을 바탕으로 학습목표 진술 시에는 다음의 3가지 요소를 포함하여 진술하도록 한다.
> 첫째, 최종 행동이 나타날 주요 상황 장면을 진술한다(조건, 상황).
> 둘째, 최종 행동의 기준을 진술한다(도달기준).
> 셋째, 최종 행동을 규정하여 진술한다(도착점 행동).
>
> | 상황 장면(조건) | 도달기준 | 행동 |
> | --- | --- | --- |
> | 평행봉을 잡고 | 1분 안에 | 걸을 수 있다. |
> | 평행봉을 잡고 일어선 후 | 10회 | 체중이동을 할 수 있다. |
> | 지하철 노선도를 보고 | 각 역의 이름을 | 지적할 수 있다. |

③ 학습요소

학습요소에 포함할 수 있는 요소들은 다음과 같다.

도입	학습 분위기 조성, 전시학습 상기, 동기 유발, 학습 문제 제시, 학습 활동 안내, 규칙 안내 및 강화 예고
정리	학습 정리/학습 마무리, 형성 평가/과정 평가/자기평가, 강화 제공, 가정 연계, 차시 예고, 인사

④ 교수·학습 활동(교사 활동)

- **기호** : ◎, ○, •, ▷ 등 다양하게 쓸 수 있다. 하지만 의도가 잘 드러나는 게 중요하므로 가장 눈에 띄는 기호로 '활동명'을 적고, 그 다음은 '교사의 행동', '교사의 발문' 순으로 적도록 한다. 간혹 답안지에 기호가 정해져서 제시될 수 있다. 이 경우 답안지의 기호를 참고하여 자신의 작성 양식을 바꿔야 한다.

- **발문** : 교사의 발문은 학생들의 사고를 이끄는 확산적 발문을 적도록 한다.

IDEA 수업의 효과를 높여줄 수 있는 발문

첫째, 학생들이 생각하게 만드는 발문
① 근거나 이유를 묻는 '왜'라는 발문과 사고의 과정에 대해서 묻는 "어떻게"라는 것이 잘 조화된 발문
② 학생들이 비교를 하도록 만드는 발문
③ 일부러 정답을 구할 수 없는 발문을 하고, 학생들로 하여금 왜 그 발문이 성립되지 않는가를 찾도록 하는 발문
④ 학생들이 가능한 모든 경우를 다 따지다 보면 답을 발견하게 만드는 발문
⑤ 학생들이 통합을 하도록 하거나 결론을 내리도록 요구하는 발문
⑥ 각자가 문제해결 또는 표현 방법을 여러 가지 찾도록 하는 발문
⑦ 그냥 넘어가기 쉬운 문제에 대해서는 의문을 갖도록 해주는 발문

둘째, 학생의 흥미를 유발하는 데 효과가 높은 발문
① 학생들의 생활 및 경험과 관련된 것부터 시작하는 발문
② 학습문제에 교과서의 사진이나 삽화를 연결시켜 하는 발문
③ 놀이 형식의 발문
④ 행동으로 흥미를 유발시킨 후 발문하는 방법
⑤ 발문에 대한 답을 행동을 표현하게 하는 방법
⑥ 학생들이 조금만 생각하면 쉽게 답할 수 있는 발문

셋째, 학생들의 답변을 쉽게 하도록 하는 발문
① 발문을 단계적으로 풀어서 하는 방법
② 처음에 답변하는 학생에게서 완전한 답변을 요구하기보다는, 일단 생각나는 대로 답변하게 한 후 다른 학생들이 보충해 나가도록 하는 방법
③ 교사가 발문을 한 의도를 설명해 주는 방법
④ 가설적인 상황을 상상하게 함으로써, 그런 상황이라면 어떻게 답변할지를 쉽게 이야기할 수 있게 해주는 방법
⑤ 추상적인 설명 대신 예를 들도록 발문하는 방법
⑥ 답을 상기시키는 단서를 제공하는 방법
⑦ 발문에 답변하는 요령부터 설명한 후 발문을 하는 방법
⑧ 새로운 학습내용을 공부하는 경우, 앞서 학습 자료를 가지고 조사할 수 있는 기회를 주는 방법
⑨ 교사가 어떤 개념과 관련된 여러 가지 명제를 제시하고, 학생들이 그 명제가 맞는지 틀리는지를 말하도록 하는 발문을 계속해 나감으로써 학생들이 어려운 개념의 특성을 확실히 인식할 수 있도록 하는 방법

[참고자료] 정동영(2018), 교수·학습과정안 작성과 수업의 실제, p.103

Ⅰ. 시작   Ⅱ. 심층면접   Ⅲ. 수업실연   **Ⅳ. 교수·학습과정안**   Ⅴ. 수업성찰   Ⅵ. 심층면접 예시 답안

⑤ 시간

시간은 보통 초등학교는 40분 수업, 중학교 45분, 고등학교 50분 수업으로 진행한다. 유치원은 일과 시간표가 주어지거나 30분 수업으로 진행한다. 내용에 따라 도입과 정리는 각각 5~10분을 배정하고, 나머지 30~40분은 전개에 배정하여 각각 활동별로 비중을 다르게 설정한다. 최근 블록타임제 조건이 많아지면서 시간 분배 고려가 필요하다.

⑥ 자료

자료는 그림, 사진, 동영상, 판서 등이 있을 수 있다. 조건에서 주어진 자료를 꼭 넣도록 한다. 이 때, 조건에서 주어진 자료를 그대로 사용하는 것이 좋다. 예를 들면, 〈자료 1 : 학습지 자료〉라고 주어졌다면 지도안에도 마찬가지로 「㉯ 자료 1 학습지 자료」로 작성하는 것이 바람직하다.

⑦ 유의점 [유]

유의점에는 주로 자료에 대한 유의점을 넣는다. 안전상의 유의점이나 자료를 더 효과적으로 쓸 수 있는 방법을 작성한다. 더불어 학생의 문제 행동 지도 등 문항에 주어진 조건을 녹여낼 수 있도록 한다면 더 유용하다.

> **합격생 IDEA**
>
> 도입, 전개, 정리 부분에 넣을 유의사항을 5개 이상 암기하고 시험장에 가는 것을 추천합니다. 지도서를 보고, 지도상의 유의점을 정리하며 나만의 만능틀을 만들면 수월합니다.

⑧ 평가 계획

평가 관점	학습 목표 서술형 진술(~ 하는가?)
평가 방법	관찰평가, 서술평가, 자기평가, 포트폴리오 평가, 동료평가 등
평가 도구	체크리스트, 활동지, 배움 공책 등
평가 내용	지식/기능/태도로 나누어 서술
결과 환류	개별적인 피드백/보충 및 심화 학습 자료 제공/또래 교수 활용

> **합격생 IDEA 예시**
>
> | 지식 | 가 | 의약품의 올바른 사용법과 복용법을 문장으로 말할 수 있는가? |
> |---|---|---|
> | | 나 | 의약품의 올바른 사용법과 복용법을 단어로 말할 수 있는가? |
> | | 다 | 의약품의 올바른 사용법과 복용법을 aac로 말할 수 있는가? |
> | 기능 | | 태블릿PC로 의약품의 사용법과 복용법을 찾을 수 있는가? |
> | 태도 | | 다른 모둠의 발표를 바른 자세로 듣는가? |

> **합격생 IDEA** 　 지도안 작성 시 유념해야 할 점

1. 지도안 작성은 채점 시 창의성이 평가사항이 아닙니다. 굳이 창의성을 녹여내기보다는 조건을 만족시키는 것이 좋습니다.
2. 시험에 돌입하면 바로 작성하기보다는 자료와 이미 제시된 지도안 부분 해석이 먼저입니다. 지도안 조건에는 나와 있지 않지만 자료나 유의점에 추가적으로 요구하는 조건이 있을 수 있습니다. 예를 들면, 조건에는 '활동 1에서 태블릿PC를 활용하시오.'라는 조건이 없었으나 이미 제시된 지도안의 자료 부분에 태블릿PC가 작성되어 있을 수 있습니다.
3. 블록타임제 시간을 유의하시기 바랍니다. 일반적인 수업시간이 아닐 수 있습니다.
4. 기본적으로 행동지문보다는 발화지문을 많이 작성하여 상호 간 의사소통이 나타난다는 것을 보여주는 것이 좋습니다.
5. 가독성을 높이기 위해 최대한 교사와 학생 발문을 수평적으로 적는 것이 좋습니다.

교사	학생		
감염병 예방 방법 질문하기 - 감염병 예방은 어떻게 해야 하나요?	문장으로 대답하기 - 손을 깨끗이 씻어요.	단어로 대답하기 - 마스크 써요.	한 음절로 대답하기 - 손

6. 자료 및 유의점 또한 가독성을 높이기 위해 해당 행동지문 및 발화지문에 수평적으로 적는 것이 좋습니다.
7. 유의점에 들어가면 좋을 내용 : 블록타임제의 휴식제공, 순회지도, 형성평가 시 강화제 제공, 또래도우미. 교육, 모둠활동 중 역할나누기(최대한 지도안 내에 녹여내고 최후의 수단으로 유의점에 작성)
   * 최근 경향이 시간과 자료 및 유의점이 작성하지 않아도 되는 영역으로 나옵니다. 이 때는 위의 내용들을 지도안 내에 녹여내면 좋습니다.
8. 학생들의 발화는 예상 대답으로 작성합니다. 다양성을 높이기 위해 학생들의 발화를 나누기 보다는 하나로 통일하는 것이 시간을 단축시킬 수 있습니다.

교사	학생			
감염병 예방 방법 질문하기 - 감염병 예방은 어떻게 해야 하나요?	문장으로 대답하기 - 손을 깨끗이 씻어요.	단어로 대답하기 - 마스크 써요.	한 음절로 대답하기 - 손	비추천
감염병 예방 방법 질문하기 - 감염병 예방은 어떻게 해야 하나요?	문장으로 대답하기 - 손을 깨끗이 씻어요.	단어로 대답하기 - 손, 씻어	한 음절로 대답하기 - 손	추천

9. 정리와 평가는 다릅니다. 정리는 전개에서 일어난 활동을 묻는다면, 평가는 성취기준에 맞게 전개 속에서 어떠한 내용을 배웠는지 확인합니다.

	교사	학생		
정리	학습활동 정리하기 - 활동 1에서는 무슨 활동을 했죠?	문장으로 대답하기 - 그림카드를 봤어요.	단어로 대답하기 - 그림카드	한 음절로 대답하기 - 카(드)
평가	학습내용 평가하기 - 오늘 무슨 내용을 배웠나요?	문장으로 대답하기 - 감염병 예방이요.	단어로 대답하기 - 감염병	한 음절로 대답하기 - 예(방)

02 교수·학습 과정안 작성 예시

*초등특수 국어, 3~4학년군, 소리 내어 보아요.

학습 목표	낱말을 듣고 같은 낱말을 찾을 수 있다. • 가(A, B) : 낱말을 듣고 따라 말할 수 있다. • 나(A, B) : 낱말을 듣고 부분적으로 따라 말할 수 있다. • 다(A, B) : 낱말을 듣고 그림을 찾을 수 있다.
수업 전략	• 여러 가지 소리를 들려주고 차이를 인식하는 데 중점을 둔다. • 일상생활에서 들을 수 있는 소리를 활용하여 삶과 연계되도록 한다.

단계	학습 과정	교수·학습 활동				시간	자료 및 유의점
		교사 활동	학생 활동				
도입	학습 분위기 조성	☐ 인사하며 노래 부르기	○ 인사 노래 부르며 박수치기			7′	㉤ 학습 환경을 점검하고, 실무원과 사전 협의하여 역할을 정한다.
	전시 학습 상기	☐ 전시학습 내용 질문하기 - 지난 시간 학습자료를 보여주며 질문한다.	○ 전시학습 내용 대답하기				㉠ 지난 시간 학습 자료
			- 문장으로 대답한다.	- 단어로 대답한다.	- 학습자료를 가리킨다.		
	동기 유발	☐ 같은 그림 찾기 게임 하기 - 그림, 낱말카드를 나눠 준다. T : 같은 그림카드를 찾아봅시다. 시작!	○ 같은 그림카드를 찾는다.				㉠ 그림, 낱말카드 ㉤ 동기유발을 통해 스스로 학습 문제를 파악하도록 유도한다. ㉤ 활동 시간을 충분히 준다.
			- 같은 낱말 카드를 찾는다.	- 같은 그림 카드를 찾는다.	- 교사의 도움을 받아 같은 그림카드를 가리킨다.		
	공부할 문제 및 학습 활동 소개	☐ 공부할 문제 소개하기 소리를 듣고 같은 소리를 찾아봅시다. ☐ 학습 활동 소개하기 활동① 같은 소리 찾기 활동② 따라 말하기 활동③ 바르게 따라 말하는 친구 찾기	- 공부할 문제를 읽는다.	- 공부할 문제의 핵심단어를 읽는다.	- 공부할 문제의 핵심단어를 가리킨다.		㉤ 공부할 문제와 학습 활동을 미리 판서해 둔다. ㉤ 학습 활동 소개로 학습할 내용과 순서를 충분히 이해하도록 한다.
			- 학습 활동을 함께 읽는다.		- 학습 활동의 숫자를 순서대로 가리킨다.		
	규칙 안내 및 강화 예고	☐ 규칙 안내하기 '끝까지 자리에 앉아 집중해요!' ☐ 강화 예고하기 '우리가 집중하면 꽃이 펴요'	○ 규칙 말하며 박수 치기 ○ 강화 확인하기				㉠ 강화판 ㉤ 규칙과 강화를 명확하게 안내한다.

단계	학습 과정	교수·학습 활동		시간	자료 및 유의점
		교사 활동	학생 활동		
전개	활동①	■ 소리 듣고 같은 소리 찾기 - 전자저작물을 활용하여 처음에 들었던 소리와 같은 소리를 찾도록 한다. - 강아지 소리를 들려준다. - 강아지 소리와 고양이 소리를 들려준다. T : 처음 들었던 강아지 소리와 같은 소리가 첫번째 인가요? 두 번째인가요? 그림을 보고 찾아봅시다. T : 한 번 더 해 봅시다. 소리를 잘 기억했다가 똑같은 소리가 언제 나왔는지 찾아 보아요.	○ 같은 소리 찾아보기 - 주의 깊게 듣는다. - 문장으로 대답한다. / - 단어로 대답한다. / - 강아지 그림을 가리킨다. - 자유롭게 대답한다. / / - 그림을 가리킨다.	10′	㉾ 전자저작물 음원 파일 ㉾ 청각적 기억력과 변별력을 향상시킬 수 있도록 한다. ㉾ 학생들이 집중하여 듣도록 한다. ㉾ 교사용 관찰 체크리스트
	활동②	■ 낱말 듣고 따라 말하기 T : 선생님이 말하는 낱말을 듣고 그림을 보며 하나씩 따라 말해봅시다(학교, 학생, 개나리, 개구리).	○ 교사의 설명 듣기 - 그림을 살펴보며 설명을 듣는다. - 따라 말한다. / / - 그림을 가리킨다.	7′	㉾ 그림자료 ㉾ 바르게 말한 친구를 같이 칭찬해주고 잘못된 부분이 있으면 바르게 말하는 연습을 같이 한다.
		T : 이번에는 그림을 보지 않고 따라 말해봅시다.	- 교사를 바라보며 따라 말한다.		㉾ 교사용 관찰 체크 리스트
전개	활동③	■ 낱말을 바르게 따라 말하는 친구 찾기 - 전자저작물을 활용하여 낱말을 들려주고, 그 낱말을 바르게 따라 말한 친구 그림을 찾는다.	○ 교사의 설명 듣기 - 그림을 살펴보며 설명을 듣는다.	10′	㉾ 전자저작물, 그림 자료 ㉾ 음량을 미리 조절해 둔다.
	활동③	T : 선생님이 들려주는 낱말을 잘 들어봅시다. 무엇이라고 했나요? T : 이제 여자 친구와 남자 친구가 낱말을 따라 말합니다. 선생님이 말한 낱말을 말한 친구가 누구인지 찾아봅시다.	- 학교입니다. / - 학교 / - 학교 그림을 가리킨다. - 여자친구 입니다. / - 여자 친구 / - 여자 친구 그림을 가리킨다.		㉾ 대답할 수 있는 충분한 시간을 제공한다. ㉾ 바로 답을 제시하지 않고 생각할 수 있는 시간을 제공한다. ㉾ 교사용 관찰 체크리스트

단계	학습 과정	교수·학습 활동		시간	자료 및 유의점
		교사 활동	학생 활동		
정리	학습 내용 정리 및 형성 평가	■ 오늘 배운 내용을 그림을 보며 정리하고, 따라 말하기 확인하기 - 교사가 들려주는 낱말을 듣고 학생이 돌아가며 따라 말하기	- 따라 말한다.　- 그림을 가리킨다.	6′	㉛ 그림 자료 ㊲ 평가를 하며 학습 목표 도달 정도를 확인한다. ㊲ 수준별 평가를 한다. ㊲ 강화에 대한 칭찬을 해주며 집단 강화를 한다. ㊲ 실생활과 연계되는 과제를 제시한다.
	강화 제공	■ 강화 제공하기 - 꽃 스티커를 붙여 준다.	● 강화 확인하기 - 꽃 스티커를 확인한다.		
	가정 연계	■ 과제 제시하기	● 과제 확인하기		
	차시 예고	■ 차시 예고하기	● 다음 시간에 배울 내용 확인하기		
	인사	■ 인사 노래 부르기	● 함께 인사 노래 부르기		

평가 계획	평가 관점	낱말을 듣고 같은 낱말을 찾을 수 있는가?	
	평가 도구	관찰 체크리스트, 구두 질문법, 관찰	
	평가 내용	지식	가(A, B)	낱말을 듣고 낱말을 그대로 따라 말할 수 있는가?
			나(C, D)	낱말을 듣고 낱말을 부분적으로 따라 말할 수 있는가?
			다(E, F)	낱말을 듣고 낱말 그림을 찾을 수 있는가?
		기능	낱말을 주의 깊게 듣고 변별할 수 있는가?
		태도	다른 학생들의 답에 집중하는가?
	평가 결과 활용	• 학습목표에 도달한 학생에게는 심화학습의 기회를 제공한다. • 학습목표에 도달하지 못한 학생에게는 보충 자료를 제공한다. • 학생들의 목표 도달 정도를 확인하고 차시 학습을 계획한다.	

03. 교수·학습 과정안 작성 시 유의사항

[참고자료 : 지역별 2차 시험 공고문]

① 답안 작성은 지워지거나 번지지 않는 동일한 종류의 검은색 필기구를 사용하여야 합니다.
(연필이나 사인펜 종류, 검은색 이외의 색필기구는 사용할 수 없음)

② 자(30cm 이내의 직선자)를 사용할 수 있습니다.

③ 답안지에는 수험번호와 성명을 정확히 기재하여야 합니다. 관리번호란에는 기재하지 않습니다.

④ 답안지는 1매(앞·뒤) 이내로 작성하여야 하며, 1매를 초과하여 작성할 수 없습니다.
답안지의 크기는 B4이고, 양면 인쇄입니다.

⑤ 답안지에 답안 이외의 불필요한 기호 등 일절의 다른 표시를 할 수 없으며, 이를 이행치 않을 시는 불이익을 받을 수 있습니다.

⑥ 별도의 연습지는 개인적으로 지참할 수 없고, 연습을 위하여 문제지 여백을 활용할 수 있습니다.

⑦ 답안 수정이 필요한 경우에는 두 줄(=)을 긋고 수정하시고, 수정테이프(수정액) 등을 사용하여 답안을 수정할 수 없습니다. 단, 답안의 전반적인 수정이 필요할 경우에는 답안지를 교체할 수 있으나 답안작성 시간을 고려하여 교체하는 것이 좋습니다.

⑧ 시험 종료 시간이 임박하여 답안 교체 요구 시 교체하여 주되, 종료 시간까지 미작성 시 본인 책임이며, 교체 전 답안지는 사용할 수 없습니다.

⑨ 시험 종료 후 답안 작성은 부정행위로 간주됩니다.

⑩ 응시자는 시험 도중 질문은 할 수 없으며, 시험문제 등이 보이지 않을 경우에는 조용히 손을 들어 감독관이 직접 와서 조치할 수 있도록 하여야 합니다.

⑪ 응시자는 시험이 시작되면 시험시간 종료 전까지 시험실에서 퇴장할 수 없습니다. 불가피한 경우 시험실을 퇴장한 후에는 어떠한 경우에도 재입실을 허용하지 않으며, 시험시간 종료 시까지 시험본부에서 정한 별도 대기실에서 대기하여야 합니다. 또한, 답안 작성이 끝나도 시험 종료 후 감독관의 답안지 확인이 완전히 끝나고, 퇴실 지시가 있을 때까지 지정 좌석에 조용히 앉아 대기하여야 합니다.

⑫ 시험이 종료되면 감독관의 지시에 따라 문제지와 답안지를 제출합니다.

⑬ 다음에 해당하는 답안은 채점하지 않습니다.

- 답안란 이외에 작성한 부분
- 연필로 작성한 부분 및 수정테이프나 수정액을 사용하여 수정한 부분
- 성명 및 수험번호를 제외한 개인정보를 노출 또는 암시하는 표시가 되어 있는 답안지 전체
- 답안지 1매(앞·뒤)를 초과하여 작성한 부분

04 교수·학습 지도안 평가표 예시

> **IDEA**
> 다양한 분석 요소를 살펴보며 지도안을 작성할 때 어떤 점을 고려하는 것이 좋을지 참고하시기 바랍니다.

영역	분석 요소	평가척도 1	2	3	4	5	분석 내용
학습 목표	• 한 시간 내에 성취될 수 있는 분량으로 학습목표를 기술하였는가?						
	• 학습목표를 학습 후에 나타나는 학생의 행동 또는 학습결과로 기술하였는가?						
	• 학습목표를 관찰할 수 있는 명세적 동사로 기술하였는가?						
	• 한 개의 학습목표 속에 두개 이상의 성취행동을 포함하지 않도록 기술하였는가?						
	• 학습목표가 성취행동, 조건, 도달기준의 3요소를 포함하도록 기술하였는가?						
교사의 발문	• 학생의 수준에 맞는 발문계획을 세웠는가?						
	• 교과, 학습과제 특성에 맞는 발문계획인가?						
	• 재생, 추론, 적용적 발문을 조화시킨 발문계획인가?						
	• 도입, 전개, 정리 과정에 맞는 발문계획인가?						
	• 흥미로운 발문을 계획하여 내적 학습동기를 자극할 수 있는가?						
	• 학생들을 생각하게 만드는 발문계획인가?						
	• 학생들의 흥미를 유발시킬 수 있는 발문계획인가?						
	• 목적이 뚜렷한 발문계획인가?						
	• 발문을 명확하고 간결하게 계획하였는가?						
	• 교사의 발문 계획이 학생의 장애특성을 고려하였는가?						
	• 수업내용의 핵심을 반영하는 발문계획을 수립하였는가?						
	• 한 번에 하나씩 발문계획을 수립하였는가?						
수업 매체 활용	• 학습자의 특성에 맞는 학습 자료를 활용할 계획을 수립하였는가?						
	• 수업매체를 수업 단계에 적절하게 투입할 계획을 수립하였는가?						
	• 학습유형에 맞는 학습 자료를 활용할 계획을 수립하였는가?						
	• 학습과제의 특성에 맞는 학습 자료를 활용할 계획을 수립하였는가?						
	• 수업해야 할 과제에 적절한 매체를 선정하였는가?						
	• 수업과정에서 적당한 시간에 활용할 수 있도록 계획하였는가?						

영역	분석 요소	평가척도 1	2	3	4	5	분석 내용
수업 매체 활용	• 준비한 매체를 수업과정의 흐름에 맞추어 효과적으로 활용할 수 있도록 계획하였는가?						
	• 시력, 건강을 고려해서 적당한 장소에서 활용하게 계획하였는가?						
	• 수업매체활용 편리성을 고려해서 적당한 장소에서 활용하게 계획하였는가?						
	• 수업해야 할 과제를 이해하기 쉽게 활용할 수 있는 매체준비 계획을 세웠는가?						
	• 흥미를 자극할 수 있는 수업매체활용 계획을 수립하였는가?						
	• 구입, 대여 등의 방법으로 쉽게 준비할 수 있는 매체 활용 계획을 수립하였는가?						
	• 수업매체의 안정성과 실용성을 고려하였는가?						
	• 학습의 능률을 가져올 수 있는 다양한 매체활용 계획을 수립하였는가?						
	• 학생의 탐구활동을 촉진할 수 있는 생동감 있는 매체선정 계획을 수립하였는가?						
판서	• 판서의 양에 따라 칠판의 사용범위를 계획성 있게 배분하였는가?						
	• 색분필의 혼용으로 시각적 효과를 높이는 판서계획을 하였는가?						
	• 내용을 함축성 있게 요약한 구조화된 판서계획인가?						
	• 학생의 노트정리와 관련이 있는 판서계획인가?						
	• 학습목표와 관련된 간결한 판서계획인가?						
	• 판서의 양을 적절하게 계획하였는가?						
	• 문자, 도해 등을 조화롭게 활용하는 판서계획인가?						
형성 평가	• 수업과정 중에 형성평가 계획을 적절하게 수립하였는가?						
	• 형성평가를 학생들의 수업동기를 유발시킬 수 있는 요소들로 구성하였는가?						
	• 형성평가 계획을 창의적이고 다양한 방법으로 계획하였는가?						
	• 학습목표 도달 정도에 대한 개인별 평가를 계획하였는가?						
	• 형성평가 계획을 학습목표 성취 점검에 적합하도록 수립하였는가?						
	• 학습목표와 일관된 평가내용, 평가방법, 평가도구(기준)를 선정하였는가?						
	• 평가 결과에 따라 보상계획을 수립하였는가?						
	• 평가를 적절한 시기에 평가할 수 있도록 계획하였는가?						

[참고자료] 정동영(2018), 교수·학습과정안 작성과 수업의 실제, p.237

05 교수·학습 과정안 작성 양식

> **IDEA**
>
> 지역별 합격생들의 복원을 참고하였으나, 실제와는 다를 수 있습니다. 더불어 양식이 매년 바뀌기도 하므로, 참고하시고 여러 양식으로 연습해보시기 바랍니다.

(1) 평가원 출제 지역 복원

단원	
학습 목표	

단계	학습 과정	교수·학습 활동		시간	자료 및 유의점
		교사활동	학생활동		

2쪽으로 이어짐

(2) 서울 복원

학습 목표		
평가 계획	평가 방법	
	평가 내용	
	평가 시기	
	평가 환류 계획	

단계	학습 과정	교수-학습 활동 (교사 및 학생 활동 필요시 그어서 사용)	시간	(유) 유의점 (자) 자료
		총 2페이지		

(3) 인천 복원

단원		주제 (제재)	
학습 목표			

단계	학습 내용	교수·학습 활동	시간	자료 및 유의점

2쪽으로 이어짐

I. 시작　　II. 심층면접　　III. 수업실연　　**IV. 교수·학습과정안**　　V. 수업성찰　　VI. 심층면접 예시 답안

(4) 한국 교육과정 평가원에서 제시한 교수·학습 과정안 작성 답안 양식

① 양식 1 : 교사/학생 활동 구분, 자료 및 유의점 미제시형

2016학년도 공립 유치원·초등학교·특수학교(유치원·초등) 교사 임용후보자 선정경쟁시험(2차 시험)

교수·학습과정안 작성 답안지

| 수험번호 | | 성명 | |

단원명		차시	
학습 목표			

학습 단계	교수·학습 활동		시간(분)
	교사	학생	

② 양식 2 : 교사/학생 활동 미구분, 자료 및 유의점 제시형

2016학년도 공립 유치원·초등학교·특수학교(유치원·초등) 교사 임용후보자 선정경쟁시험(2차 시험)

교수·학습과정안 작성 답안지

| 수험번호 | | 성명 | |

단원명		차시	
학습 목표			

학습 단계	교수·학습 활동	자료 및 유의점	시간(분)

CHAPTER 01 교수·학습 과정안 알아보기 • 285

③ 양식 3 : 교사/학생 활동 미구분, 자료 및 유의점 미제시형

2016학년도 공립 유치원·초등학교·특수학교(유치원·초등) 교사 임용후보자 선정경쟁시험(2차 시험)
교수·학습과정안 작성 답안지

| 수험번호 | | 성명 | |

단원명		차시	
학습 목표			

학습 단계	교수·학습 활동	시간(분)

CHAPTER 02 초등특수 교수·학습 과정안 기출문제

01 평가원

연도	과목	제재(주제)
2024	수학	나눗셈
2021	수학	시계 보기와 규칙 찾기
2019	수학	동물을 분류하고, 그 수를 셀 수 있다.
2018	국어	인물에 어울리는 말과 행동을 할 수 있다.
2017	수학	원 그리기
2016	국어	이야기 속으로
2015	과학	기체의 성질(양팔 저울로 물체의 무게 비교하기)
2014	수학	-
2013 추시	사회	슈퍼마켓에서 물건 구입하기
2013	사회	깨끗한 환경 - 쓰레기 분리하기
2012	과학	나비의 생김새
2011	수학	수 0 알기

(1) 2024 평가원

1. 수업지도안 제재

교과	수학
학년	4학년
단원	나눗셈
제재	나누기
목표	똑같이 나눌 수 있다.
성취기준	[4수01-07] 나눗셈이 이루어지는 실생활 상황을 통하여 나눗셈의 의미를 알고, 곱셈과 나눗셈의 관계를 이해한다.
차시	2/9

2. 수업지도안 조건

- 수험생 작성란: 도입 일부부터 전개까지

도입	전시학습 상기	작성 부분
	동기유발	
	학습 목표 제시 (작성X)	
전개	활동 1	
	활동 2	
정리	정리	
	차시 예고	

- ⟨수험생 작성란1⟩에 학생의 수준별 목표를 제시하시오.
- ⟨수험생 작성란2⟩에 학생의 다양한 행동과 표현 수단을 사용할 수 있도록 제시하시오.
- ⟨수험생 작성란3⟩에 다음의 조건을 갖춰 작성하시오.
  - [전개] 활동 1에서 ⟨자료 1⟩, 활동 2에서 ⟨자료 2⟩를 활용하시오.
  - 교사-학생, 학생-학생 간의 상호작용이 드러나게 실연하시오.
  - 문제행동의 선행사건 중재가 각 1개씩 드러나도록 작성하시오.
  - 실생활과 연계하며, 과정중심 평가가 드러나도록 작성하시오.
- 필요한 경우 가로선을 추가할 수 있다. 단, 세로선은 추가할 수 없음.

3. 학생 실태 및 학습 수준

수준	장애 영역	학생특성
김가은	자폐성 장애	- 자신의 경험을 문장으로 말할 수 있다. - 구체물을 똑같이 나눌 수 있으며 나눗셈의 개념을 알고 있다. - 100이하의 수를 알고 있으며 한 자릿수 덧셈, 뺄셈을 할 수 있다. - 친구를 도와주는 것을 좋아하나 신체 접촉을 비선호하여 손을 잡으면 밀쳐낸다.
윤나리	지적장애	- 자신의 경험을 3어절로 말할 수 있다. - 교사의 시범을 보고 구체물을 똑같이 나눌 수 있으며 나눈다의 개념은 알지만 나눗셈은 모른다. - 수 이전 개념이 형성되었고 5이하의 수를 안다. - 활동변경에 대해 불안하여 돌아다니며, 주의집중력이 낮다. 활동 진행사항을 알려주면 자리 이탈이 줄어든다. - 교사나 친구의 행동을 잘 따라한다. - 동물인형을 좋아한다.
최다솔	중도 중복 장애	- 다른 사람의 말을 따라서 단음절로 말할 수 있다. - 똑같이 나누는 방법을 모르나 빨간색과 파란색을 구분할 수 있다. - 수 이전 개념이 형성되지 않았다. - 소근육에 어려움이 있어 주먹 크기의 물체만 잡을 수 있다. - 친구와 활동하는 것을 좋아한다.

4. 자료

자료 1

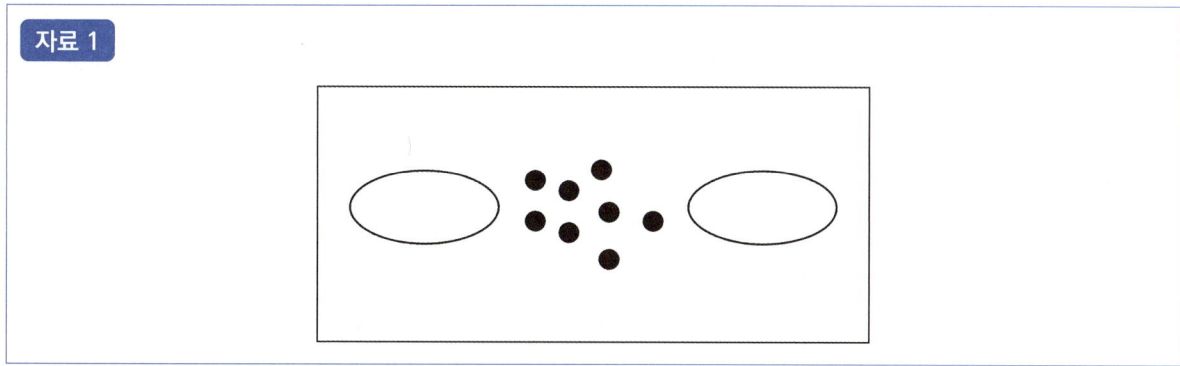

자료 2 칠판 판서 내용

(나눗셈 식)
□÷△=○
(나눗셈 식 읽기)
□나누기 △는 ○와 같습니다.

8나누기 2는 4를 나눗셈식으로 나타내면 어떻게 나타낼 수 있는가?

지도안 양식

단원	나눗셈		
학습 목표	〈수험생 작성란 1〉		
	김가은		
	윤나리		
	최다솔		
자료	학생활동 사진, 영상, 초콜릿, 그릇, 바둑돌, 콩 주머니, 동물인형, 빨간색 그릇, 파란색 그릇, 칭찬스티커, 학생들 칭찬스티커판, 숫자 카드		

단계	학습 과정	교수·학습 활동				자료(O) 및 유의점 (*)	시간 (40')
		교사활동	학생활동				
			가은	나리	다솔		
도입	전시 학습 상기	• 실생활에서 나누어 본 경험이 있는지 질문한다.	실생활에서 나누어 본 경험을 문장으로 말한다.	실생활에서 나누어 본 경험을 3어절로 말한다.	친구의 대답을 듣고 고개를 끄덕인다.		5'
	동기 유발	〈수험생 작성란 2〉	〈필요한 경우 칸을 합쳐 작성하시오.〉				
	학습 목표	• 학습 목표를 제시한다.					
전개	활동 1	〈수험생 작성란 3〉	〈필요한 경우 칸을 합쳐 작성하시오.〉				15'
전개	활동 2		〈필요한 경우 칸을 합쳐 작성하시오.〉				15'
정리	정리 하기						5'
	차시 예고						

총 2쪽으로 구성

시험장 생생후기

지도안 양식은 가로 줄이 연하게 다 쳐져서 나왔습니다. 세로 줄은 진하게 쳐져서 나오니 당황하지 마세요!

(2) 2021 평가원

1. 본시 학습 지도내용

교과	수학
학년	5~6학년군 ㉮
단원	시계 보기와 규칙 찾기
제재	4. 규칙성
목표	규칙을 찾아 말할 수 있다.

2. 수업조건

- [도입] 부분에서 동기유발을 본시와 관련된 내용으로 하시오.
- [전개] 부분에서 교사-학생, 학생-학생 간 상호작용을 각각 한 번씩 나타내시오.
- [전개] 부분에서 활동 1에서 〈자료 1〉, 활동 2에서 〈자료 2〉를 활용하시오.
- [전개] 부분에서 학생 개별화와 문제행동 중재가 드러나게 작성하시오.
- [정리] 부분에서 실생활과 연계된 활동을 작성하시오.
- 작성할 부분(동기유발, 활동 1, 활동 2, 정리)

도입	전시학습 상기	
	학습목표 제시	
전개	동기유발	
	활동 1	
	활동 2	
정리	정리	
	차시 예고	

3. 학생 실태 및 학습 수준

수준	장애 영역	학생 특성
나래	자폐성장애	• 수 이전 개념이 형성되어 있으며 자신의 이름을 말할 수 있다. • 선 긋기, 색칠하기 활동을 좋아한다. • 충동성이 강해 교사의 질문이 끝나기 전에 대답하는 경향이 있으며, 순서를 알려주면 자신의 순서를 기다릴 수 있다.
미소	지체장애	• 수 이전 개념이 형성되어 있으며 선택적 함묵증으로 가정에서만 말을 한다. • 소근육이 발달되지 않아 쓰기보다 신체활동, 붙임딱지 활동을 좋아한다. • 수업에 소극적이나 교사가 참여를 독려하면 적극적으로 참여한다.
하늘	중도·중복장애	• 수 이전의 개념이 형성되어 있지 않으나 친구들의 말이나 행동을 보고 따라할 수 있다. • 주의가 쉽게 산만해지지만 친구와 함께하면 활동에 집중해서 참여한다.

4. 자료

<자료 1> 미술관 가는 길 그림자료
<자료 2> 손·발 그림카드, 돼지인형, 토끼인형

5. 지도안 양식 복기

단원	시계보기와 규칙찾기
학습 목표	규칙을 찾아 설명할 수 있다.

단계	학습 과정	교수·학습 활동				자료 및 유의점	시간
		교사활동	학생활동				
			나래	미소	하늘		
도입	전시학습 상기	* 지난 시간 학습내용 물어보기 - 몇 시인지 말하게 하기	- 9시라고 대답하기	- 숫자 9와 12라고 대답하기	- 친구들의 대답을 듣고 따라 9시라고 말하기		
	학습목표 안내	* 학습목표 안내하기					
	동기유발						
전개	활동 1 규칙을 찾아 표현해요.						
	활동 2 규칙을 찾아 놀이활동을 해요.						
정리	활동 마무리						
	형성평가	* 자기평가 진행하기 - 내가 한 활동과 친구가 한 활동 비교하며 평가하게 하기					

(3) 2019 평가원

1. 본시 학습 지도내용

학년	4학년
목표	동물을 분류하고, 그 수를 셀 수 있다.

2. 학생 실태 및 학습 수준

세종	• 말을 더듬고, 소극적이다. • 동물 이름을 잘 알고 있다. • 1~10까지 셀 수 있다.
훈민	• 동물 그림을 안다. • 스티커를 좋아한다. • 땅에 사는 동물을 구분하지 못한다. • 3까지는 혼자 세는데 그 이상은 숫자목록을 봐야 숫자를 읽을 수 있음
정음	• 사자 인형을 좋아한다.

3. 수업조건

- 개별화 목표를 세우고, 그에 대한 평가를 포함하시오.
- 상호평가를 실시하시오.
- 실생활과 연계하시오.

4. 자료

- 개별자료 : 동물 낱말카드, 동물 스티커, 동물 사진
- 공통자료 : 동물원에 간 사진, 동물 그림카드(참새, 독수리, 돌고래, 물고기, 사자, 호랑이, 코끼리, 기린), 하늘·땅·바다 배경 그림, 숫자 목록, 칭찬스티커, 강화판

(4) 2018 평가원

1. 본시 학습 지도내용

목표	인물에 어울리는 말과 행동을 할 수 있다.
조건	• 역할놀이 수업모형 단계에 따라 작성하시오. • 토끼와 거북이 이야기를 활용하시오.

2. 학생 실태 및 학습 수준

최우주 (가)	• 말더듬이 있다. • 문장으로 말할 수 있다. • 스스로 선택하는 데 어려움이 있다. • 친구와 함께 활동하는 것을 좋아한다.
김하늘 (나)	• 반향어가 나타난다. • 상동행동이 나타난다. • 교사가 지시하는 것을 따라 할 수 있다. • 영상을 보고 몸짓을 따라 할 수 있다.
서바다 (다)	• 손을 펴는 데 어려움이 있으나 고개로 예와 아니오를 말할 수 있다. • 색깔 단서를 사용할 수 있다. • 최우주 학생을 좋아한다.

(5) 2017 평가원

1. 본시 학습 지도내용

교과	수학
단원	원 그리기
학년	5~6학년군

2. 수업조건

- 정리 단계에서 실생활과 연계하시오.
- 교사와 학생의 상호작용이 드러나게 작성하시오.
- 제시된 자료를 모두 활용하시오.

3. 학생 실태 및 학습 수준

가	의사소통이 원활히 가능하다.
나	부분적 의사소통이 가능하다.
다	전반적 지원이 필요하며, 편마비

4. 자료

공부할 문제 안내판, 학습 활동 안내판, 부직포, 노란색 도화지, A4 종이 등

(6) 2021 서울

1. 본시 학습 지도내용

교과	수학과 사회
목표	수학 : 아침, 점심, 저녁에 하는 일을 알고 일과표를 작성할 수 있다.
	사회 : 가족 구성원을 알고 가족에게 고마운 마음을 표현할 수 있다.

2. 수업조건

- 수학과를 기준으로 목표를 설정하시오
- 자기결정력을 포함하여 지도하시오.
- 기자재 및 자료는 자유롭게 추가할 수 있음.

3. 학생 실태 및 학습 수준

수준	학생 특성
가	- 교사의 언어적 제시에 3~4개의 그림 중 원하는 것을 선택 가능 - 문장 수준으로 말할 수 있다.
나	- 교사의 언어적 도움을 받아 2~3개의 그림 중 원하는 것 선택 가능 - 단어 수준으로 말할 수 있다.
다	- 교사의 신체적 도움을 받아 1~2개의 그림 중 원하는 것 선택 가능 - 몸짓이나 표정으로 표현할 수 있다.

4. 자료

- 기자재 : 티비 스마트기기,
- 자료 : 학생 하루 일과 사진, 하루 일과 그림 카드

(7) 2016 평가원

1. 본시 학습 지도내용

교과	국어	
단원	이야기 속으로	
학년	3학년	
제재	그림동화 읽기	
반응중심 학습모형	반응 준비하기	• 동기유발 • 학습 문제 확인 • 학습의 필요성 • 배경지식 활성화
	반응 형성하기	• 작품 읽기 • 작품에 대한 개인 반응 정리
	반응 명료화하기	• 작품에 대한 개인 반응 공유 및 상호작용 • 자신의 반응 정교화 및 명료화
	반응 심화하기	• 다른 작품과 관련짓기 • 일반화하기
차시	전시	그림동화 읽기
	본시	그림동화 읽고 물음에 답하기

2. 수업조건

- 개별화 교육 목표에 근거하여 작성하시오.
- 반응중심 학습모형 단계로 작성하시오.
- 제시된 자료를 사용하시오.

3. 학생 실태 및 학습 수준

가	지적장애	• 글을 읽기는 어렵지만 시각 자료를 보고 이해할 수 있다. • 문장으로 대답할 수 있다. • 주의 집중이 어렵다.	그림동화를 듣고 등장인물과 등장인물이 한 일을 말할 수 있다.
나	자폐성장애	• 음성합성장치와 낱말카드로 의사소통이 가능하다. • 또래의 도움을 좋아한다. • 종이를 찢는 문제행동이 있다.	그림동화를 듣고 등장인물과 등장인물이 한 일을 고를 수 있다.
다	지체장애	• 글을 읽고 등장인물 그림카드를 가리킬 수 있다. • 교사에게 도움받기를 좋아한다. • 의존적이다.	그림동화를 듣고 등장인물을 그림카드에서 찾을 수 있다.

4. 자료

세상에서 가장 빠른 달팽이

02 서울

연도	과목	제재(주제)
2024	국어	움직임을 나타내는 낱말 읽고 쓰기
2023	과학	여러 가지 물체 – 촉각 활용하여 관찰하기
2022	사회	나눔과 봉사를 실천해요
2021	수학, 사회	아침, 점심, 저녁에 하는 일을 알고 일과표를 작성할 수 있다.
2020	국어, 수학	다양한 매체로 일기예보를 찾아 메모하기
2019	국어	일상생활에서 자주 사용하는 낱말을 읽을 수 있다.
2018	수학	'길다', '짧다'로 나타내기
2017	국어	–
2016	과학	그림자의 크기를 변화시켜 봅시다.
2015	과학	그림자 변화시키기

(1) 2024 서울

1. 수업지도안 제재

교과	국어
학년	5학년
단원	4. 움직임을 나타내는 낱말 읽고 쓰기
제재	움직임을 나타내는 낱말 읽고 쓰기
목표	움직임을 나타내는 낱말을 알 수 있다.
차시	이야기를 읽고 움직임을 나타내는 낱말 쓰기

2. 수업지도안 조건

- 지적장애 특수학교 6명을 대상으로 작성하시오.
- 도입-전개-정리 40분 수업으로 작성하시오.
- 학생별 수준별 학습이 이루어지도록 수업을 작성하시오.
- 교육과정-수업-평가가 일치하도록 작성하시오.
- 행동중재방안을 포함하여 작성하시오.

3. 교수·학습환경

- 기자재, 자료는 다양하게 활용
- 특수교육 실무사 1명 배치됨

4. 학생 실태 및 학습 수준

수준	학생	장애영역	학생특성
가인	A	지적장애	- 문장의 말뜻을 이해하고 낱말수준으로 의사표현 함 - 글자를 보고 따라읽기 가능함 - A학생: 책상 위에 있는 물건을 던지거나 떨어트림
	B		
다운	C	지적장애	- 낱말을 듣고 이해하며 따라말함 - 같은 그림을 찾아 선으로 이을 수 있음 - C: 손에 잡히는 물건을 입에 넣어 탐색하거나 먹음
	D		
나라	E	중도중복	- 행동을 모방하여 따라함 - E: 종이를 주면 찢음 - F: 지체장애로 활동의 전반적인 지원이 필요함
	F		

지도안 양식

2024학년도 서울특별시 공립 초등학교 교사 임용후보자 선정 경쟁시험
교수·학습과정안 작성 답안지

수험번호 : (   )   성명 : (   )

| 교수학습과정안 | 1문항 15점 | 작성 시간 (60분) | 감독관 확인 | |

※ 수험생은 답안지 번호를 확인하고 각 장마다 수험번호, 성명을 쓰시오.

학습목표	

평가계획	평가 내용	
	평가 방법	
	행동 중재 계획	

단계	학습 과정	교수-학습 활동	시간	자료(㉯) 및 유의점(㉮)

총 2페이지

(2) 2023 서울

1. 본시 학습 지도내용

교과	과학
학년	3~4학년군(가)
제재	여러 가지 물체
목표	오감을 활용하여 생활 속 물체를 관찰할 수 있다.
차시	1~2차시 시각 활용하여 관찰하기 3~4차시 청각 활용하여 관찰하기 **5차시 촉각 활용하여 관찰하기 [본시]** 6차시 촉각 놀이 7~8차시 후각 활용하여 관찰하기 9~10차시 미각 활용하여 관찰하기

2. 수업조건

- 수준별 목표를 제시하시오.
- 경험학습모형(자유탐색-탐색결과 발표-교사의 안내에 따른 탐색-정리)을 활용하시오.
- 학생의 개별 특성을 반영한 활동을 구성하시오.
- 과정중심평가를 활용하시오.
- 학습보조기 및 보조공학기기, 스마트기기를 활용하시오.

3. 학생 실태 및 학습 수준

수준	학생 특성
가 (2명)	• 문장수준으로 의사소통이 가능하다. • 과학시간에 독립적으로 수행 가능하다. • 1명은 적극적으로 참여하나 1명은 새로운 것을 만지는 것을 두려워한다.
나 (2명)	• 단어수준으로 의사소통이 가능하지만 행동으로 표현하려고 한다. • 그림상징 선택하기를 좋아한다. • 주의집중 시간이 짧다.
다 (2명)	• 보완대체 의사소통기구로 대화하는 것을 좋아한다. • 몸짓, 표정으로 의사소통한다. • 다른 자극은 관심이 없지만 청각과 촉각 반응에는 반응한다.

4. 자료

- 자료 : 의사소통판, 붙임딱지, 촉각 그림 카드, 촉각 낱말카드, 여러 가지 물체, 뜯기 자료 등
- 기자재 : 컴퓨터, TV, 스마트 기기
- 기자재 및 자료 자유롭게 활용 가능

5. 지도안 양식 복기

학습 목표		
평가 계획	평가 방법	
	평가 내용	
	평가 시기	
	평가 환류 계획	

단계	학습 과정	교수-학습 활동 (교사 및 학생 활동 필요시 그어서 사용)	시간	(유) 유의점 (자) 자료
		총 2페이지		

(3) 2022 서울

1. 본시 학습 지도내용

교과	사회
학년	3~4학년군
목표	나눔과 봉사를 위해 내가 실천할 수 있는 일을 찾을 수 있다.

2. 수업조건

- 활동 3까지 작성하시오.
- 개별적 특성을 고려한 학습목표를 설정하시오.
- 사회에 공헌할 수 있는 배려하는 방법을 포함하여 교수하시오.

3. 학생 실태 및 학습 수준

수준	학생 특성
가 (2명)	• 배려와 관련한 경험을 문장수준으로 말할 수 있으며 의사소통이 원활하다. • 친구들을 도와주는 것을 좋아한다. • 주의집중에 어려움이 있다.
나 (3명)	• 자신의 의사를 행동으로 표현할 수 있다. • 배려와 관련한 경험을 단어수준으로 말할 수 있으나 발음이 부정확하다. • 노래 듣기와 영상보기를 좋아한다.
다 (1명)	• 의사소통에 어려움이 있다. • 전반적인 지원이 필요하다. • 친구들과 함께하는 활동에 잘 참여한다.

4. 자료

- 자료 : 동영상 자료, 학습지, tv, 컴퓨터, 스마트기기
  - 동영상 자료 : 교장선생님이 배려의 필요성 말씀하시는 자료, 선생님이 배려의 필요성 말씀하시는 자료, 학부모님이 배려의 필요성 말씀하시는 자료
  - 자료는 활용해도 좋으나, 활용하지 않아도 괜찮음

5. 지도안 양식 복기

학습 목표	
평가 관점	
평가 방법	
평가 결과 활용	

단계	학습 과정	교수-학습 활동 (교사 및 학생 활동 필요시 그어서 사용)	시간	(유) 유의점 (자) 자료

총 2페이지

(4) 2021 서울

1. 본시 학습 지도내용

교과	수학과 사회
목표	수학 : 아침, 점심, 저녁에 하는 일을 알고 일과표를 작성할 수 있다.
	사회 : 가족 구성원을 알고 가족에게 고마운 마음을 표현할 수 있다.

2. 수업조건

- 수학과를 기준으로 목표를 설정하시오
- 자기결정력을 포함하여 지도하시오.
- 기자재 및 자료는 자유롭게 추가할 수 있음.

3. 학생 실태 및 학습 수준

수준	학생 특성
가	- 교사의 언어적 제시에 3~4개의 그림 중 원하는 것을 선택 가능 - 문장 수준으로 말할 수 있다.
나	- 교사의 언어적 도움을 받아 2~3개의 그림 중 원하는 것 선택 가능 - 단어 수준으로 말할 수 있다.
다	- 교사의 신체적 도움을 받아 1~2개의 그림 중 원하는 것 선택 가능 - 몸짓이나 표정으로 표현할 수 있다.

4. 자료

- 기자재 : 티비 스마트기기,
- 자료 : 학생 하루 일과 사진, 하루 일과 그림 카드

(5) 2020 서울

1. 본시 학습 지도내용

교과		국어, 수학 통합
차시	국어	다양한 매체로 일기예보를 찾아 메모하기
	수학	날씨 정보를 표로 나타내기 (날씨 예상하기, 추측하기 활동, 표 만들기 활동)

2. 수업조건

- 의사소통 역량을 함양하는 활동을 포함하시오.
- 국어를 중점으로 하고 수학과 연계하여 지도안을 작성하시오.
- 학생 개별 목표를 설정하고, 개별 특성을 고려한 활동을 계획하시오.
- 학생의 이해 정도를 평가할 수 있는 평가 방법을 활용하시오.
- 제시된 자료 외에도 자유롭게 자료 사용 가능
- 특수교육 실무원이 배치되어 있음.

3. 학생 실태 및 학습 수준

가 (2명)	• 의사소통이 가능하다. • 일기예보와 관련된 날씨 기호를 안다. • 10 이하의 수를 읽고 쓸 수 있고, 구분, 분류할 수 있다.
나 (3명)	• 낱말을 보고 따라 쓰기, 읽기 가능하다. 이해는 어렵다. • 교사의 언어적 지시에 따를 수 있다. • 5 이하의 수를 세고 쓸 수 있고, 색을 구분할 수 있다.
다 (1명)	• 점선을 보고 따라 쓰기가 가능하다. (교사의 도움을 받아 활동 가능하다.) • 몸짓과 표정으로 의사 표현이 가능하다. • 같은 그림을 보고 찾을 수 있다.

4. 자료

일기예보 자료, 붙임딱지, 태블릿PC

(6) 2019 서울

1. 본시 학습 지도내용

교과	국어
학년	3~4학년군
목표	일상생활에서 자주 사용하는 낱말을 읽을 수 있다.
제재	그림을 보고 낱말 읽기
차시	전시: 그림을 보고 낱말을 읽을 수 있다. 본시: 시를 완성하고 따라 읽을 수 있다. 차시: 그림에 알맞은 낱말을 읽을 수 있다.
조건	• 의사소통 역량, 지식정보처리역량을 함양할 수 있는 활동으로 구성하시오. • 특수교육 실무원을 활용하시오.

2. 학생 실태 및 학습 수준

가(2명)	같은 글자를 찾을 수 있고, 문장을 따라 읽을 수 있다.
나(3명)	같은 그림을 찾을 수 있고, 단어를 따라 읽을 수 있다.
다(1명)	도움을 받아 같은 그림을 찾을 수 있고, 음절을 따라 말할 수 있다.

3. 자료

낱말카드, 그림카드, 동시, TV, 컴퓨터 등

바다의 노래

바다는 해마다
젖이 많은 엄마처럼
아이들을 먹여 살립니다.

아이들의 이름은
참 많기도 합니다.

(7) 2018 서울

1. 본시 학습 지도내용

교과	수학
학년	1~2학년군
제재	비교하기
목표	'길다', '짧다'로 나타내기
조건	• 3가지 활동으로 구성하시오. • 학생의 수준을 고려하여 작성하시오. • 특수교육 실무원을 활용하시오. • 학생들의 감각적인 탐색이 이루어지도록 하시오.

2. 학생 실태 및 학습 수준

가 (2명)	- 언어적 의사소통이 가능함. - 긴 것과 짧은 것을 찾을 수 있음.
나 (3명)	- 교사가 지시하는 행동을 수행할 수 있음. - 구체물의 크기를 비교할 수 있음.
다 (1명)	- 언어적 표현이 어려움. - 교사의 지시를 듣고 익숙한 사물을 가져올 수 있음.

3. 자료 (모든 학습 자료를 사용할 필요는 없음. 다음은 참고 학습 자료임.)

긴 바지, 짧은 바지, 긴 목도리, 짧은 목도리, 끈이 긴 가방, 끈이 짧은 가방, 옷걸이

4. 단원의 개관

본 단원에서는 일상생활의 경험에서 접하는 구체물을 측정의 개념 중 크기와 길이의 속성으로 살펴보고자 한다. 이를 위해 학생이 직관적으로 경험할 수 있도록 일상생활의 다양한 소재를 활용하여 활동을 구성하고 있다. 일상생활에서 직관적으로 경험하는 크기의 개념은 부피와 면적을 모두 포함하는 개념으로 본 단원에서는 학생들이 크기를 생활 속 다양한 상황을 경험하게 되면서 '크다'와 '작다'의 개념을 알게 한다. 크기를 탐색하는 과정에서는 크기의 속성으로 명확하게 구분되는 두 개의 구체물을 대어보지 않아도 감각적인 탐색을 통해서 개념을 이해하고 표현방법에 익숙해질 수 있도록 하였다. 또한 3~4학년군의 직접 비교를 위한 기초적인 단계로 감각적 탐색과 표현, 찾기와 놀이를 통해 비교해볼 수 있게 하였다. 길이는 일상생활에서 직관적으로 경험하게 되는 거리나 높이의 개념을 포함하고 있으며 크기의 연속선상에 있는 개념으로 '선'의 속성을 인식하여 '길다'와 '짧다'의 개념을 익히도록 하고 있다. 일상생활에서 길이를 살펴봐야 하는 자연스러운 상황을 중심으로 길이를 탐색할 수 있도록 구성하였고, 직접 대어보지 않아도 감각적으로 비교가 가능한 두 개의 구체물을 살펴보고 놀이하는 과정을 통해서 '길다'와 '짧다'의 개념과 표현을 반복해서 경험할 수 있도록 하였다. 비교하기(1)에서는 직접 비교 이전의 기초 개념 형성을 위한 단원으로 크기와 길이를 학생이 신체를 통한 감각적인 비교를 하는 데 중점을 두고 있다. 비교 대상인 두 개의 구체물은 직감적으로 명확하게 대비되는 것으로 준비하여야 하며, 학생들의 개별적인 특성을 고려한 강점의 감각기관을 활용하여 일상생활의 친숙한 구체물을 살펴보고 탐색의 놀이 과정을 통해 크기와 길이의 개념을 명확하게 하고 측정의 비교 용어를 표현하는 방식을 익히게 될 것이다.

(8) 2016 서울

1. 본시 학습 지도내용

교과	과학	
단원	그림자의 비밀	
학년	3~4학년군	
차시	전시	그림자 인형 놀이를 해 봅시다.
	본시	그림자의 크기를 변화시켜 봅시다.
	차시	그림자 연극을 해 봅시다.
단원의 개관	이 단원에서는 빛이 있는 곳에서 그림자를 만들어보고 크기가 다른 물체의 그림자를 관찰하며, 빛과 물체 사이의 거리를 달리하여 그림자의 크기를 관찰하는 활동으로 구성되어 있다. 또한, 그림자 인형을 만들어서 그림자를 움직여 보고 친구들과 함께 그림자 연극을 해 봄으로써 빛의 직진 성질을 이해할 수 있는 활동으로 구성되어 있다.	
단원 배경 지식	물체의 그림자를 관찰할 때 광원, 물체, 스크린이 일렬로 놓여 있는 상태에서 광원과 스크린 사이의 거리가 고정된 경우 물체가 광원에 가까워지면 그림자가 커지고, 스크린에 가까워지면 그림자가 작아진다.	

2. 수업조건

- 학습 단계가 드러나도록 작성하시오.
- 3가지 활동으로 작성하시오.
- 학생들의 수준이 드러나도록 학생 활동을 작성하시오.
- 학생들의 탐구 능력이 신장되는 활동으로 작성하시오.

3. 학생 실태 및 학습 수준

가(2명)	그림이나 영상 자료를 이해할 수 있고 의사소통이 원활히 가능하다.
나(3명)	같은 그림을 찾을 수 있고, 간단한 의사소통이 가능하다.
다(1명)	전반적 지원이 필요하고, 의사소통이 어렵다.

4. 자료 (추가하거나 생략할 수 있음)

손전등, 스크린, 막대 인형, 다양한 물체

03 인천

인천은 평가원 출제로 변경되었습니다. 연습 문제로 활용해 보세요!

(1) 2021 인천

1. 본시 학습 지도내용

교과	국어
학년	1~2학년군 ㉮
단원	찾았니? 찾았다!
제재	학교의 각 장소에 알맞은 그림상징 찾기
차시	11/14 (전시)	급식실에서 볼 수 있는 물건
	12/14 (본시)	- 학교의 각 장소에 알맞은 그림상징 - 학교의 각 장소를 둘러보며 그림상징 살펴보기 - 그림상징의 의미 알기 - 학교의 각 장소에 알맞은 그림상징 붙이기
	13/14 (차시)	학교의 물건에 알맞은 그림상징

2. 학생 실태 및 학습 수준

학생	학생 특성	
A	- 원활한 의사소통이 가능함 - 학교의 각 장소의 명칭을 말할 수 있음	수업에 적극적임
B		소극적이나 수업에 관심과 흥미를 보임
C	- 낱말 수준의 발화가 가능함 - 제시된 것과 같은 그림을 찾을 수 있음	간헐적으로 큰 소리를 냄
D		감정 기복이 심함
E	- 표정과 몸짓으로 의사소통함 - 신체적 지원을 받아 활동에 참여할 수 있음	무기력함
F		편마비가 있음

3. 지도안 양식 복기

단원			주제 (제재)		
학습 목표					

단계	학습 내용	교수·학습 활동		시간	자료 및 유의점
2쪽으로 이어짐					

(2) 2020 인천

1. 본시 학습 지도내용

교과	슬기로운 생활		
단원	여름 (나)		
제재	삐뽀삐뽀 119		
차시	전시	싹뚝싹뚝 미용실	• 미용실 역할 놀이하기
	본시	삐뽀삐뽀 119	• 소방관이 하는 일 알기 • 소방관 역할 놀이하기
	차시	애앵애앵 경찰서	• 여름철 우리 마을 안전 규칙 알아보기

2. 학생 실태 및 학습 수준

A	• 관찰한 것을 간단하게 말할 수 있다.	수업에 적극적으로 참여하며 주의집중을 잘 하는 편이다.
B		친구를 잘 도와주며, 정리는 잘하지만 특정 물건이나 장소에 집착을 하는 성향이 있다.
C	• 물건을 보고 특징을 간단하게 말할 수 있다.	– 자리이탈 행동이 있다. – 지시에 잘 따른다.
D		주의집중 이동이 어렵다.
E	• 신체적 도움을 받아 활동한다. • 몸짓, 표정으로 표현할 수 있다.	소리 지르기 문제행동이 나타난다.
F		무기력하고 동작이 느리며, 휠체어를 사용한다.

(3) 2019 인천

1. 본시 학습 지도내용

교과	국어(나)		
학년	1~2학년군		
단원	기분을 말해요.		
차시	전시	기분을 표정으로 나타내기	- 그림책을 읽고 등장인물의 표정 알아보기 - 기분을 표정으로 나타내어 보기
	본시	표정과 몸짓으로 기분을 표현하기	- 그림책을 읽고 등장인물의 기분 알아보기 - 표정과 몸짓으로 기분 표현해보기
	차시	이야기 속 인물의 기분 알아보기	- 그림책을 읽고 주인공의 기분 살펴보기 - 상황에 따른 기분을 알아보기
조건	기분에 따른 표정과 몸짓을 표현하는 다양한 활동을 넣으시오.		

2. 학생 실태 및 학습 수준

학생 A	- 간단한 의사표현이 가능하다. - 글자에 관심이 많다.	활동 참여에 적극적이다.	지적
학생 B		웃음이 많고 친구를 잘 도와준다.	지적
학생 C	- 1음절로 의사표현이 가능하다. - 말과 행동을 부분적으로 따라할 수 있다.	지시를 잘 따르고 온순하다.	지적
학생 D		자리이탈을 한다.	지적
학생 E	- 전반적 지원이 필요하다. - 몸짓과 표정을 모방할 수 있다.	소리를 지르는 행동을 보인다.	자폐
학생 F		무기력하고 소극적이다.	지적

(4) 2018 인천

1. 본시 학습 지도내용

교과	체육		
제재	평형성을 기르는 운동		
차시	전시	순발력 기르는 운동하기	
	본시	평형성 기르는 운동하기	• 기구를 이용하지 않고 평형성 기르기 • 기구를 이용하여 평형성 기르기
	차시	협응성 기르는 운동하기	

2. 수업조건

- 안전 사고 예방과 짝과 함께하는 게임을 포함하여 작성하시오.
- 자료를 활용하여 지도할 것

3. 학생 실태 및 학습 수준

A	• 의사소통이 가능함	적극적이고 수업에 잘 참여함
B	• 교사의 설명을 듣고 수행할 수 있음	온순하며 친구를 잘 도와줌
C	• 간단한 구어 의사소통이 가능함	지시를 잘 따르고 소극적임
D	• 동작을 보고 따라할 수 있음	몸을 흔드는 상동행동을 보임
E	• 의사소통이 어려움	주의가 산만하고 자리이탈을 자주 함
F	• 개별적인 신체적 지원이 필요함	오른쪽 편마비를 가지고 있으며 휠체어 사용함

4. 자료

매트, 평균대, 짐볼, 컵, 균형판 등

(5) 2017 인천

1. 본시 학습 지도내용

교과	국어		
단원	여러 가지 의사소통		
학년	4학년		
차시	전시	그림기호의 의미	– 그림기호의 의미 알기
	본시	그림기호 알기	– 주변에 있는 그림기호 찾기 – 그림기호의 좋은 점 이야기하기

2. 수업조건

■ 학생들의 자립적 생활능력을 기르기 위해 학생들의 문제해결이 들어가도록 작성하시오.

3. 학생 실태 및 학습 수준

A	• 언어적 의사소통이 가능함	• 수업에 적극적임
B	• 2~3어절 이상 대답할 수 있음	• 수업에 흥미가 많고 적극적임
C	• 묻는 말에 1어절로 대답할 수 있음	• 교사의 지시를 잘 따르며 온순함
D	• 구어 의사소통에 큰 문제가 없음	• 주의가 산만하며 주의집중이 어려움
E	• 몸짓이나 표정으로 의사소통이 가능함	• 자리이탈 문제가 있음
F	• 교사의 신체적 촉구가 필요함	• 오른쪽 편마비, 학습에 수동적임

4. 자료

그림 기호(엘리베이터, 화장실, 비상구 등)

CHAPTER 03 유아특수 교수·학습 과정안 기출문제

01 평가원

연도	제재(주제)
2024	신체운동 - 무지개 풍선 만들기
2023	게임- 솔방울을 옮겨요
2020	게임- 어떤 친구일까?
2019	교통기관 - 음식 배달하기
2018	식물에 관심을 가지고 식물의 특성을 알아본다.

(1) 2024 평가원

1. 수업지도안 조건

누리과정 영역	신체운동·건강, 사회관계
누리과정 관련 요소	- 신체 움직임을 조절한다. - 친구와 서로 도우며 사이좋게 지낸다.
대상	특수학급 3명, 4세
활동 목표	1. 같은 색깔의 풍선을 찾아 무지개 색을 완성할 수 있다. 2. 친구와 함께 협력하여 활동에 참여할 수 있다.
활동 내용	무지개 풍선 만들기
사전경험	바깥 놀이 나가서 무지개를 관찰하고 주변의 자연에서 무지개 색을 찾음
활동 자료	궁금이 상자(무지개 풍선, 사전 경험 자료 들어 있음), 사전경험 자료(① 무지개 관찰하는 유아들 사진, ② 주변의 자연에서 무지개 색 찾는 사진), 무지개 풍선, 뽑기 통, 방석, 무지개 그림이 붙어 있는 우드락, 유니바

2. 수업 조건

[도입 조건]
- 유아의 발달 및 행동 특성을 반영하여 주의집중을 유도하시오.
- 유아의 사전 놀이 경험을 반영하여 동기를 유발하시오.
- 사전 경험 고려하여 '본 놀이' 소개하시오.

[전개 조건]
- 유아의 특성을 반영한 중재를 실시하시오.
- 놀이중심수업을 실시하시오.
- [전개] 부분에서 〈놀이1〉과 〈놀이2〉가 드러나게 작성하시오.
- 유아 – 유아, 교사 – 유아간의 상호작용을 포함하여 작성하시오.
- 특수교육 지원인력이 있다고 가정하시오.
- 문제행동 중재를 포함하시오.
- 개별화교육목표를 반영하여 지도하는 내용을 포함하여 작성하시오.

3. 놀이 흐름

〈놀이 1〉
1. 출발선에 서기
2. 유니바 넘어서 무지개 우드락까지 가기
3. 풍선을 붙이기
4. 돌아오기

〈놀이 2〉
1. 친구와 선에 서기
2. 친구와 유니바 넘어서 우드락까지 가기
3. 친구와 풍선을 붙이기
4. 함께 돌아오기

4. 유아 실태 및 학습 수준

수준	유아 특성 및 발달수준	개별화교육계획
이지호	- 소리 나는 물체를 흔드는 것을 좋아함 - 친구가 다가오면 피한다. - 한 단어로 말할 수 있으나 몸짓으로 먼저 의사 표현을 한다. - 관심을 끌기 위해 바닥이나 책상을 두드리는 행동을 한다.	원하는 것을 말로 표현할 수 있다.
김혜수	- 다양한 색에 관심이 많고 색칠하기를 좋아한다. - 먼저 다가가진 않으나 또래의 상호작용에 반응한다. - 차례 지키기에 어려움이 있다.	다양한 상황에서 친구와 함께 놀이할 수 있다.
박산이	- 공이나 풍선을 좋아한다. - 오른쪽 편마비 있어 이동이 가능하나 자주 넘어진다. - 또래와 상호작용이 어렵다. - 소리 지르는 행동으로 자신의 요구를 표현한다.	친구와 적절한 방법으로 상호작용을 할 수 있다.

지도안 양식

학습 과정	활동 내용	자료(○)및 유의점(※)
도입 (5분)	〈응시자 작성 부분 1〉	
전개 (20분)	〈응시자 작성 부분 2〉 -2쪽으로 구성-	
마무리 (5분)	▶ 평가 - 오늘은 무지개 풍선을 만들어서 어땠나요? ▶ 확장 놀이	※ 유아들에게 확장 놀이를 계획할 수 있는 충분한 시간을 준다.

시험장 생생후기

- 답안지를 먼저 나눠주셨는데 그 안에 [적혀있음] 이라고 적은 부분이 모두 적혀있어서 놀이를 유추할 수 있었습니다.
- 시험지는 표지, 초안지를 빼고 3장이었던 것으로 기억합니다. 조금 당황했던 것은 꽉꽉 적혀있는 제시자료였습니다. 연습문제와 달리 너무 많은 양의 자료가 제시되어서 글을 읽는 시간이 오래 걸렸습니다. 조건도 도입과 전개가 나누어져 자세히 적혀있었던 것이 많이 당황스러웠습니다. 또한, 놀이 방법이 제시되었던 점도 당황스러웠습니다. 어느 정도의 틀은 항상 제시되었지만 정해진 방법으로 놀이를 진행해야 했기 때문에 유아주도적인 과정안을 작성하는 것에 어려움이 있었습니다.
- 익히 들었지만 정말 창의성은 전혀 필요하지 않은 조건 채우기 시험이었던 것 같습니다.

(2) 2023 평가원

1. 수업조건

- 특수학급 교실, 4세반 3명
- [도입]에서 유아별 발달 특성을 고려하여 주의집중, 동기유발 작성하시오
- [도입]에서 지난 놀이 상기하며 사전활동 작성하시오
- [도입]에서 활동 내용 소개 작성하시오
- 문제행동 예방 전략을 유아별로 작성하시오
- 개별화교육목표 지도내용을 유아별로 활동 내용에 작성하시오
- 주어진 자료 외에 자료를 더 추가하여 활동하시오

2. 유아 실태 및 학습 수준

이름	발달 특성	개별화 목표
바다	• 노래와 율동하기를 즐거워함 • 시범보여주면 놀이방법 이해할 수 있음 • 말이 빨라서 다른 사람이 알아듣기 어려울 때가 있음 • 주변이 정리되어 있지 않으면 주의가 산만해지고 교실을 돌아다님	한 단어씩 천천히 말할 수 있다
하늘	• 수세기와 퀴즈 맞추는 것을 좋아함 • 독립보행이 가능하나 약간만 부딪혀도 넘어짐 • 처음해 보는 놀이를 해보는 것을 어려워함 • 자신의 마음대로 안되는 경우 울어버림	교사나 또래와 함께 놀이에 참여할 수 있다
산들	• 초록색과 노란색 물체를 좋아함 • 바퀴와 물건 굴리기를 좋아함 • 친구와의 의견이 안맞을 때는 큰소리를 지름	갈등 상황이 생겼을 시 자신의 생각을 말로 표현할 수 있다.

3. 지도안 작성 양식

활동유형	게임
활동명	솔방울을 옮겨요.
활동 목표	[목표 3가지 내용 작성한 채로 주어졌음] • • • 놀이 약속과 규칙을 지킬 수 있다.
활동자료	• 사전활동 사진 (솔방울, 솔잎, 도토리,를 가지고 노는 모습 유아들 사진) • 보자기(반환점 표기용), 막대 종(신호용), 궁금이 상자, 출발선 색 테이프 　→ 모두 그림자료로 제시되어있었음 [주어진 자료 외에 자료 더 추가한 것 작성하도록 빈칸으로 뚫려있었음]

학습 과정	활동 내용	자료 및 유의점
도입		
전개		
마무리	[마무리 칸은 회색으로 음영처리 되어있었으며 활동 내용과 자료 및 유의점 내용 다 작성된 채로 주어졌음] • 게임 활동을 평가한다. 　- 솔방울 옮기기 게임을 하니 어땠나요? • 확장 활동을 안내한다. 　- 솔방울이 되어보기로 해요 • [한 가지 내용 더 적혀있었음]	

(3) 2020 평가원

1. 본시 학습 지도내용

연령	만 3세
활동명	어떤 친구일까?
활동유형	게임
활동 목표	친구와 나의 비슷한 점과 다른 점에 대해 안다.

2. 수업조건

- 유아 간의 상호작용 증진활동을 포함하여 작성하시오.

3. 유아 실태 및 학습 수준

유아		장애명	개별화 목표	유아 특성
장애 유아	김봄	청각장애	- 또래와 상호작용하기 - 또래에게 먼저 다가가기	- 먼저 다가가지 못하여 또래들과의 상호작용에 어려움을 가지고 있다. - 보청기를 착용하고 있다.
	이여름	발달지체	- 자신의 얼굴의 눈, 코, 입 위치 구분하기	- 좋아하는 친구가 있다. - 시각적 자료에 흥미를 가지고 자신의 얼굴에 흥미를 보인다.
	박가을	자폐	- 자발적인 발화 시도하기	- 사진, 그림 등 시각적 자료에 관심을 가지고 있다. - '예, 아니오'로만 대답할 수 있다.
일반유아		15명, 장애 유아들에게 긍정적임		

(4) 2019 평가원

1. 본시 학습 지도내용

생활주제	교통기관
활동명	음식 배달하기
사전활동	미술, 수 조작, 바깥놀이

2. 수업조건

- 문제 행동 예방 전략과 상호작용 증진전략을 포함하여 작성하시오.
- 활동 목표는 기능, 태도 측면에서 작성하시오. (지식 측면은 제시)
- 전개는 이야기 나누기, 역할놀이로 작성하시오.
- 제시된 자료를 활용하시오.
- 도입, 전개, 마무리 단계로 작성하시오.
- 유아의 특성, 개별화 교육 목표를 고려하여 작성하시오.

3. 유아 실태 및 학습 수준

우리	• 3어절 문장을 사용한다. • 혼자 놀이를 주로 하고 동요 듣기와 교통기관 장난감을 좋아한다. • 사회성 발달이 늦다.
대한	• 몸짓으로 의사표현을 한다. • 종이나 로션 등을 먹으려는 행동을 보이며 옷을 물어 뜯는다. • 또래에게 관심이 많다. • 선택형 질문에 대답이 어렵다.
민국	• 2음절 단어로 대답이 가능하다. • 개별화 목표 : 3음절 이상 말하기 • 또래와 놀이하는 것을 좋아한다.
만세	• AAC로 의사표현을 한다. • 또래에게 관심이 없다. • 소리나는 장난감을 좋아한다. • 요구나 거부 등을 소리 지르기로 표현한다.

4. 자료

- 사전활동자료 : 점토 음식 모형, 유아 활동 사진
- 유아용 교구(오토바이, 헬멧, 쟁반, 전화기 등)
- 교통기관 사진들(오토바이, 버스, 기차 등)
- AAC

02 서울

연도	제재(주제)
2024	장애이해교육
2021	상황과 대화 내용이 주어지고 놀이 지원 계획으로 출제
2020	건강과 안전, '와 맛있다.', 동극
2019	유치원과 친구들, 이야기 나누기
2018	과학, 팽이를 탐색하고, 만들고, 돌리는 방법 탐색하기
2017	봄, 여름, 가을, 겨울, 나뭇잎이 떨어져요.
2016	동식물과 자연, 영양 꼬치 만들기

(1) 2024 서울

1. 수업지도안 조건

- 도입~마무리까지 장애이해교육을 주제로 작성하시오.
- 안전, 상호작용, 자료, 공간 지원 내용을 작성하시오.
- 협력교수를 어떻게 실행할 것인지 작성하시오.
- 개별유아지원방안을 작성하시오.
- 개별유아목표를 삽입하여 작성하시오.
- 필요 시 칸을 나눠 작성하시오.

2. 학생 실태 및 학습 수준

장애유형	인원	유아특성
자폐성 장애	1명	• 개별화목표: 질문에 한 단어로 답할 수 있다. • 특성 - 부드러운 촉감 외 다른 촉감에 거부반응 보임 - 한 단어 음성 모방 가능함 - 소리 나는 장난감을 좋아함
지체장애	1명	• 개별화목표: 물건을 잡고 옮길 수 있다. • 특성 - 소근육 사용이 어려워 신체 지원이 필요함 - 자신의 경험을 잘 표현함 - 짧은 거리 독립 보행 가능
일반유아	14명	장애유아에 대해 수용적이지만 상호작용 방법을 잘 몰라서 알려줘야 함

3. 일반유아와 통합교사와의 협의 내용

통합교사 : 아이들이 횡단보도 놀이를 하다가 음향신호기에 관심을 가져 음향신호기가 무엇인지 물어봤어요. 근데 제가 잘 몰라서 대답을 제대로 못해줬어요.

특수교사 : 아이들이 요즘 유치원 현관 앞에 있는 점자블록에도 관심을 보이더라고요. 이참에 시각장애인의 생활과 편의시설에 대해 알려주면 좋을 것 같아요.

4. 유아 놀이 내용

〈횡단보도놀이중〉

유아 1 : (종이로 만든 음향신호기를 누르며) "신호등이 초록불로 바뀌었습니다. 건너가세요."
유아 2 : 우와 그게 뭐야? 왜 소리가 나?
유아 3 : 나 그거 본 적 있어. 신호등에 있잖아.
유아 2 : 선생님 이게 무엇인가요?
통합교사 : 이건 음향신호기라는 것인데 신호등의 색깔이 바뀌는 것을 알려주는 거야.

지도안 양식

활동명		협력교수유형	
목표		활동유형	

구분	내용

2쪽으로 이어짐

가정연계방안	
놀이지원계획	

시험장 생생후기

- 문제지 2장이 묶여서 나오고, 구상지가 1장, 답안지가 2장이었습니다.
- 장애이해교육을 도입부터 마무리까지 쓰라고 해서 조금 당황했습니다. 앞으로 장애이해교육으로도 지도안 쓰는 것도 연습하면 좋을 것 같아요.

(2) 2021 서울

1. 수업조건

- 놀이 중심, 유아 중심으로 계획하시오.
- 놀이의 흐름을 고려하고, 놀이지원 계획 및 활동선정 이유를 작성하시오.
- 공간, 상호작용, 안전, 자료 지원 방안을 포함하시오.
- 특수교사와 통합교사 간의 협의 내용을 포함하시오.
- 팀교수(팀티칭)를 활용하여 각 교사의 역할을 계획하시오.
- 유아의 특성에 맞게 지원 방안을 1개 이상 작성하시오.
- 활동 유형은 임의로 설정하시오.

2. 수업상황

택배 상자에 들어있던 뽁뽁이에 유아들이 관심을 보이기 시작하여 뽁뽁이를 터트리는 활동을 함. 나중에는 뽁뽁이가 모자라서 아쉬워함.

3. 유아 실태 및 학습 수준

○○유아	• 다른 유아와 상호작용이 어려우며 소근육이 정상적으로 발달함. • 혼자 노는 것을 좋아하고, 장난감의 소리를 볼을 가져다 대어 듣는 것을 좋아함.
△△유아	• 단어 수준의 의사소통이 가능함. • 다른 유아를 보며 행동을 모방할 수 있음. • 소리에 예민하여 큰 소리가 나면 울음을 터트림.
비장애 유아	• 활동에 적극적으로 참여함. • 소근육 발달이 더딘 2~3명의 유아가 있음.

(3) 2020 서울

1. 본시 학습 지도내용

주제	건강과 안전 '와 맛있다.' 동극
연령	만 4세(22명)
활동 목표	• 음식을 골고루 먹을 수 있음을 안다. • 또래와 협력하여 동극 활동에 즐겁게 참여한다.
일과 시간표	수업 전 — 동화 회상하고 자유놀이와 자유놀이 평가함. 수업 — '와 맛있다.' 동극활동 수업 후 — 점심시간
동극 내용	• 숲속에 동물 친구들이 서로가 좋아하는 음식만 맛있다고 우김 • 하마 아줌마가 동물 친구들이 좋아하는 음식 가지고 집으로 놀러 오라고 함 • 채소로 맛있는 샐러드를 만들어서 같이 나눠 가짐 • 동물 친구들 모든 채소 맛있다고 좋아함

2. 수업조건

- 유아들이 고기만 먹고 채소를 먹지 않아 고민이 많은 상황이다.
- 발달지체 유아랑 놀고 싶은 일반유아가 있는데 자꾸 거절당하는 상황이다.
- '도입-전개-정리' 단계로 작성하시오.
- 특수교육대상유아를 위한 활동 증진 방안을 3가지 이상 쓰시오.

3. 유아 실태 및 학습 수준

가 (비장애 22명)		좋아하는 음식과 싫어하는 음식을 문장으로 말하고 동극활동에 적극적으로 참여함, 통합교육 경험이 없는 유아도 있음.
나 (2명)	지체장애	- 휠체어를 사용한다. - 동극을 좋아한다. - 좋고 싫음은 AAC 사용하여 답할 수 있다. - 채소 이름은 알고 있다.
	청각장애	- 인공와우 수술한 지 얼마 안 되서 말소리 변별력이 낮다. - 1단어 표현이 가능하다. - 동극을 좋아한다. - 채소 이름을 알고 있다.
다 (1명)	발달지체	- 자리이탈이 심하고 주의집중과 착석이 어렵다. - 채소 이름을 알고 있다. - 교사를 모방하여 1단어 표현이 가능하다.

4. 자료

AAC, 채소 모형, 채소 그림카드, 동극 소품, 감정 카드

(4) 2019 서울

1. 본시 학습 지도내용

생활주제	유치원과 친구들
일일주제	우리 반 친구들
영역	이야기 나누기
목표	• 우리 반 친구에게 관심을 갖는다. • 다른 사람의 이야기를 주의 깊게 듣는다.

2. 수업조건

- 특수교육 실무원을 활용하시오.
- 의사소통 영역의 자신의 느낌, 생각, 경험 말하기를 포함하시오.
- 유아 개별 능력에 따라 촉진을 포함하시오.
- 장애인식 개선 내용을 포함하시오.

3. 유아 실태 및 학습 수준

가 (비장애 유아)	• 통합경험이 유아마다 다름. • 친구에 대해 궁금한 점을 문장으로 표현할 수 있음.
나 (지체장애)	• 휠체어를 사용함. • 친구의 이름을 알고 있음. • 발화가 없음.
다 (발달지체)	• 친구의 이름을 가리킬 수 있음. • 주의집중이 어렵고 자리이탈 행동이 있음.

(5) 2017 서울

1. 본시 학습 지도내용

활동명	나뭇잎이 떨어져요
생활주제	봄, 여름, 가을, 겨울
연령	만 4세 통합
활동 형태	게임

2. 수업조건

- 특수교육 실무원을 활용하시오.
- 인성 요소 중 '질서', '안전'을 포함하시오.
- 누리과정 관련 요소 중 '신체 조절하기', '친구와 사이좋게 지내기'를 포함하시오.
- 나, 다 수준 유아의 참여 유도를 포함하시오.
- 소집단 활동(반으로 나누어 자유 활동/수업)을 하는 상황
- 도입, 전개, 정리 단계로 작성하고, 각각 가, 나, 다 수준을 고려한 발문 1개씩 넣으시오.
- 게임 : 주사위를 굴려서 나온 수만큼 해당 나뭇잎을 떼고 바닥에 놓기(단풍나무팀/은행나무팀)

3. 유아 실태 및 학습 수준

가 (비장애 15명)	게임 규칙을 잘 지키고 친구랑 잘 지낸다.
나 (발달지체)	• 또래를 모방하고 게임에 잘 참여한다. • 수를 읽을 수는 있는데 수 개념을 이해하지 못함
다 (발달지체)	• 친구한테 관심이 없다. • 전반적 지원이 필요하다. • 교사의 지시를 부분적으로 이해함 • 교사를 모방하여 1음절씩 모방이 가능하다. • 착석이 어렵다.

(6) 2016 서울

1. 본시 학습 지도내용

생활주제	동식물과 자연
목표	• 동식물이 주는 부산물에 관심을 갖는다. • 오감으로 재료를 탐색한다.
활동	요리 활동(영양 꼬치 만들기)

2. 수업조건

- 참여하지 않는 유아에 대한 지원 방안을 포함하여 작성하시오.
- 안전 교육 내용을 포함하여 작성하시오.
- 도입, 전개, 마무리 별로 아동 수준 고려한 교사의 발문을 각각 한 개 이상씩 작성하시오.
- 확장 활동으로 수, 조작 영역 / 역할영역 활동을 계획하시오.

3. 유아 실태 및 학습 수준

가	• 의사소통이 원활함 • 활동에 적극적으로 참여함
나	• 친구들과 함께하는 활동을 좋아함 • 언어적 지시를 부분적으로 이해함
다	• 감각에 매우 예민함 • 착석이 어려움

4. 자료

토마토, 파인애플, 소시지 등 재료, 빵 칼, 개인 접시, 꼬치

03 인천

인천은 평가원 출제로 변경되었습니다. 연습 문제로 활용해 보세요!

(1) 2017 인천

1. 본시 학습 지도내용

연령	만 4세
생활주제	교통기관
주제	교통안전 규칙 지키기
활동명	안전하게 길을 건너요
활동 형태	이야기 나누기

2. 수업조건

- 신체활동을 포함한 이야기 나누기를 하시오.
- 유아의 특수교육 지원을 포함하여 작성하시오.

3. 유아 실태 및 학습 수준

가	• 1~2어절 발화가 가능하다. • 수업에 적극적으로 참여한다.
나	• 1~2단어 발화가 가능하다. • 지시에 따른 수행이 가능하다.
다	• 1단어로 대답한다. • 소극적이다.
라	• 소리를 내어 의사표현을 한다. • 위험한 행동을 자주 한다. • 착석이 어렵다.

PART 5

수업성찰

CHAPTER 01   수업성찰 알아보기

    [1] 각 지역의 시험 구성 및 내용
    [2] 수업성찰 답변 방법

CHAPTER 02   수업성찰 기출문제

    [1] 경기도 수업 나눔
    [2] 서울 반성적 성찰 면접
    [3] 대구 수업 설계
    [4] 광주 수업 면접
    [5] 충북 수업 면접

CHAPTER 03   수업성찰 연습문제

    [1] 수업 의도
    [2] 학습자의 특성
    [3] 수업 중 협력
    [4] 교육과정 반영
    [5] 교육정책 반영
    [6] 수업 자료 활용
    [7] 수업 교사의 성찰
    [8] 학생의 삶과 연계

CHAPTER 01 수업성찰 알아보기

2차 시험 수업능력 평가 중 경기는 수업나눔, 서울은 반성적 성찰 면접, 광주는 수업 면접, 충북은 수업성찰, 대구는 수업설계를 실시한다. 이들은 모두 자신의 수업실연을 성찰한다는 공통점이 있다.

수업성찰에 대하여 쉽게 알아보면, 동료 교사와 함께 수업 대화를 하면서 자신의 수업을 성찰하는 것이다. 수업의 문제와 고민을 찾아 해결하기 위해 노력하는 일련의 과정인데, 성찰의 내용을 수업 장면에서 찾아, 공감하며, 함께 나누는 노력이 필요하다. 협력적이며 자발적인 수업성찰은 교사의 성장과 행복한 배움을 만들어가는 수업 장학과 지원의 체제로 작동한다. 이러한 과정을 평가하는 것이 수업성찰이다.

01 각 지역의 시험 구성 및 내용

① 경기도 수업나눔
- 수업실연 15분 후 자리에 착석하여 수업나눔을 진행한다.
- 수업실연이 15분 전에 끝났을 경우 착석하여 기다렸다가, 종이 울리면 수업나눔을 시작한다.
- 책상 위에 즉답형 3문항이 제시되어 있으며 읽고 대답하는 시간 모두 합쳐 10분 이내 진행한다.
- 답변은 "이상입니다."로 종료를 표시한다.
- 평가 종료 시간 전에 수업나눔 답변 종료 시 조기 퇴실이 가능하다.

② 서울 반성적 성찰 면접
- 입실 후 10분이 되는 시점에 수업실연을 종료하고, 좌석에 앉아 5분간 답변한다.
- 수업실연을 종료할 때에는 "이상입니다."라고 말하여 실연이 끝났음을 알려야 한다.
- 즉답형으로 진행되며 2019학년도 시험까지는 1문항만 출제되었으나 2020학년도 시험부터는 3문항으로 출제되었다.

③ 광주 수업 면접
- 교사로서의 학습지도 능력과 의사소통 능력 등을 면접한다.
- 수업 면접이란 수업실연을 마친 후 수업자 소감, 수업에 대한 묻고 답하기, 마무리 발언 등을 통한 수업역량 평가이다.
- 수업실연 후 수업 면접을 위해 마련된 좌석으로 이동하여 즉답형 문제지를 보고 10분 이내로 답변한다.
- 수업실연을 마치면 "이상입니다."하고 의자에 앉아 수업 면접 문제지를 확인한다.
- 문제를 보고 생각할 여유를 가질 수 있으며, 즉답형 4문항으로 진행된다.
- 수업실연 및 수업 면접시간은 각각 부여하지 않고 총 30분 이내로 진행되므로 시간 안배는 수험생이 해야 하며, 출제는 수업실연 20분, 수업 면접 10분을 기준으로 한다.

| I. 시작   II. 심층면접   III. 수업실연   IV. 교수·학습과정안   **V. 수업성찰**   VI. 심층면접 예시 답안

▫ 수업 면접 답변순서는【1번 문항 → 2번 문항 → 3번 문항 → 4번 문항】순으로 해야 하며 순서를 바꿔서 답변할 수 없다.

④ **대구 수업설계**
  ▫ 구상실에 수업실연 문제지와 수업설계지 문제지가 함께 제시된다.
  ▫ 수업설계 내용 발표 후 수업실연을 한다.
  ▫ 수업설계와 수업실연 총 25분으로 진행된다.
  ▫ 평가시간 25분은 응시자가 조절 가능하나 수업설계 발표 5분, 수업실연 20분을 권장한다.

⑤ **충북 수업성찰**
  ▫ 15분 수업실연을 하고, 수업성찰 2문항을 5분 이내 답변한다.
  ▫ 응시생이 직접 열람 후 답변하고, 전체 답변시간 20분을 초과할 수 없다.
  ▫ 채점항목은 자기성찰과 반성, 기획 의도와 실행과정의 성과와 한계 등, 교육과정·수업·평가 철학 등이다.

02 수업성찰 답변 방법

① 수업성찰은 수험생이 스스로 자신의 수업을 성찰하며 자신의 문제를 해결할 수 있는 역량을 확인한다. 기능적인 측면보다도 역량 중심 성장에 대한 평가라고 볼 수 있다. 따라서 문제에 대한 정답을 찾기보다는 자신의 수업에 대한 자신감을 보여주며 수업을 더 빛나게 할 답변을 만들어야 한다.

② 심층면접과 마찬가지로 답변을 구조화해야 한다.
  - '먼저, 다음으로, 마지막으로' 개요를 짜듯이 문항의 조건을 순서대로 나열한다.
  - 세부 조건은 '교육과정 - 수업 - 평가', '수업 전 - 수업 중 - 수업 후', '문제점 - 해결 방안' 등으로 구조화하면 답변하기가 훨씬 수월하다.

③ 수업에서 강조하지 못하여 아쉬운 부분이나 표현하기 어려웠던 부분을 수업성찰에서 강조한다. 수업성찰은 이를 되짚을 수 있는 기회이다.

④ 내 수업에서의 문제점을 답변할 때는 꼭 이 문제점을 확실히 보완하는 방법을 덧붙여 문제점을 장점으로 바꾼다.

예시 문제

> 이 수업에서 가장 고민했던 부분을 말하고, 수업 전, 중, 후에 각각 배운 점을 말하시오.

1번 문항 답변드리겠습니다.
먼저, 이 수업에서 가장 고민했던 부분을 말씀드리겠습니다. 가장 고민했던 부분은 다양한 수준의 학생들이 동시에 한 공간에서 배운다는 것이었습니다. 단 한 명도 소외되지 않고 함께 할 수 있도록 수업을 미리 설계하며 개별화된 목표를 적용하고, 수업 자료를 차별화하였으나 수업이 끝난 지금도 여전히 고민이 되는 부분입니다.

다음으로, 수업 전, 중, 후에 각각 배운 점을 말씀드리겠습니다.

첫째, 수업 전에는 수업을 설계하는 경험으로 성장할 수 있었습니다. 이 수업이 가지는 의미를 고민하고, 학생의 삶과 어떻게 연계할 것인지 성찰하는 등 수업의 여러 방면을 고민하는 과정이 제게 소중한 경험이 되었습니다.

둘째, 수업 중에는 학생과 소통하고 협력하며 함께 배웠습니다. 함께 의견을 나누는 과정에서 학생의 생각을 알 수 있었고, 학생을 바라보는 유연한 관점이 필요하다는 것을 알았습니다. 수업 전에 성찰했던 내용을 수업 장면에서 실천하며 다양한 상황에서 대응하는 방법을 배울 수 있었습니다.

셋째, 수업 후에는 계획했던 수업과 실제 수업이 어떻게 달랐는지 생각해보며 스스로 점검하고 질문을 던져 보았습니다. 이를 통해 '앞으로 수업을 어떤 방향으로 설계해야 할지', '수업을 어떻게 이끌어 나갈 것인지'에 대해 배울 수 있었습니다.

이상입니다.

합격생 IDEA | 교육과정 수정 전에 보편적 학습설계와 차별교수 고려

장애유무와 상관없이 한 학급에 있는 다양한 특성과 요구를 가진 학생들이 있으므로 교육과정 수정에 앞서 다음과 같이 보편적 학습설계(UDL; Universal Design for Learning)와 차별교수를 적용할 필요가 있다.

보편적 학습 설계	차별교수

• 다양한 학생들의 특성 및 요구를 파악하고 모든 학생을 위한 교육활동의 접근, 참여, 진보를 지원
• 3가지 원칙을 근간으로 함
  - 설명과 전달을 위한 다양한 수단 : ◉ 다양한 시청각적 자료 제시, 다양한 매체를 이용한 강의
  - 표현을 위한 다양한 수단 : ◉ 구두발표, 그림, 포트폴리오 등 다양한 방법으로 학습한 것을 표현
  - 참여를 촉진하기 위한 다양한 수단 : ◉ 흥미 중심의 학습, 협력교수 및 소그룹/대그룹 수업
	• 학생 개개인의 다양한 능력 및 학습 특성을 고려하여 교수방법, 학습활동 및 학생의 수행 정도를 수정함으로써 개별 학생의 요구에 반응하기 위한 교수적 접근
	• 보편적 학습 설계의 3가지 원칙을 접목하여 교사의 내용 제시, 학생의 수업참여 성과물, 수업참여를 위한 교수 방법을 다양화함

▶ 교수·학습과정안 작성 시 또는 수업실연 전에 시험 문항 조건지의 다양한 학생들의 특성을 반영하여 모든 학생들의 학습권이 들어간 수업을 설계하고, 수업실연에 반영하여야 합니다. 이러한 수업설계방식을 보편적 학습 설계라고 하며, 이를 적용한 수업을 차별화 교수, 개인화 교육과정 적용이라고 표현합니다.

▶ 나의 수업실연이 모든 학생을 위한 자료 제공이 되었는지, 모든 학생의 행동과 표현수단을 고려하였는지, 모든 학생의 참여를 유도하였는지를 생각해 보시기 바랍니다.

합격생 IDEA | 수업나눔에서 사용할 수 있는 만능 키워드

- 모둠활동
- 또래교수
- 또래 간 피드백
- 실생활 연계
- 1인 1역할

- 비계 제공
- 지역사회 연계
- 타교과 연계
- 전문적 학습공동체
- 연수

- 자기장학
- 선배교사 조언
- 자기평가
- 동료평가
- 경험 연계

- 개방형 질문
- 발표릴레이
- 순회지도
- 개별과제

CHAPTER 02 수업성찰 기출문제

01 경기도 수업 나눔

(1) 수업나눔 개요

- 수업나눔이란?
  - 수업자가 동료 교사와 함께 수업 대화를 하면서 자신의 수업을 성찰하는 것
  - 수업자가 자신의 수업은 어디로 가고 있는가를 돌아 보고, 스스로 문제적 상황에 직면하여, 그 문제를 해결하고자 하는 교육적 역량을 키우는 것

평가와 지적 개인 책임 수업 방법 타율적 모임 개인 수준	방향전환	격려와 지지 공동체의 책임 수업 철학 (내면 성숙) 자율적 모임 협력의 공간

- 수업나눔 평가 영역
  ① 수업성찰 및 반성적 사고
  ② 질문 생성 능력 및 의사소통 능력
  ③ 수업 공감 능력

출처 : 경기도 교육청 2018학년도 임용시험 설명회

IDEA 경기도 교육청 Q & A

Q 수업나눔은 동료 교사와 함께 진행하는 것으로 알고 있는데 수험생 혼자 대답을 하는 것이 과연 수업나눔인지요?

A 수업나눔의 목적은 수업자가 스스로 자신의 수업을 성찰하는 것입니다. 물론 동료 교사와 함께 수업의 고민을 나누는 것입니다. 평가의 장면에서도 공정성을 유지하면서 원래의 목적을 성취할 수 있도록 평가위원들이 동료 교사의 역할을 할 예정입니다. 성찰이 있는 질문만으로도 충분히 수업자인 수험생이 수업성찰을 해서 자신의 문제를 해결할 수 있는 역량을 살펴볼 수 있습니다. 수업나눔은 기능적인 측면을 측정하는 것이 아니라 역량 중심의 성장에 대한 평가입니다.

(2) 경기도 수업나눔 기출문제를 토대로 한 답안 예시

① 오늘 수업 중 중점을 두어서 한 것은 무엇이며, 원격수업과 어떻게 연계하였는지 말하시오.

> 교사는 원격으로 학습한 내용을 대면수업과 연계하여 학생들이 적극적으로 수업에 참여할 수 있도록 이끌어야 한다고 생각합니다. 제가 오늘 수업을 설계할 때 중점을 둔 부분은 2가지입니다.
>
> 첫째, 활동 1에서 지난 원격수업으로 진행한 활동 사진을 보며 이야기를 주고받은 것입니다. "가장 해보고 싶은 놀이는 무엇이었나요?", "이 모양으로 무엇을 만들 수 있을까요?" 등의 질문을 통해 배운 내용을 잘 이해했는지 확인하는 시간을 가졌습니다. 이를 통해 한 번의 수업으로만 끝나는 것이 아니라 학생들이 배운 내용에 대해 여러 번 사고할 수 있도록 수업을 이끌었습니다.
>
> 둘째, 우리 반 규칙을 활용한 것입니다. 드러눕거나 자리이탈을 보이는 학생에게는 '바른 자세로 앉아 수업을 들어요.'를, 수업 중 관련 없는 말을 하는 학생에게는 '수업에 필요한 이야기를 나눠요.'를, 휠체어를 사용하는 학생에게는 '도움이 필요할 때는 손을 들어요.'라는 규칙을 지킬 수 있도록 하였습니다. 학급 규칙을 운영함으로써 학생들이 수업 상황에 집중하도록 하고자 하였습니다.
>
> 이상입니다.

② 수업 중 예상되는 안전문제는 무엇이며, 학생 특성에 따라 어떻게 지도하였는지 말하시오.

> 교사는 모든 수업 상황에서 학생이 소외되지 않고 행복한 배움이 일어날 수 있도록 지도하여야 합니다.
>
> 먼저, 오늘 수업 중에 예상되는 안전문제에 대해 말씀드리겠습니다. 중도·중복장애 학생의 장애 특성을 고려하지 않고 놀이 중심의 활동에 참여하면 예기치 못한 안전문제가 발생할 수도 있다는 점입니다.
> 따라서 중도·중복장애 학생의 위험 상황을 최소화하기 위한 방법을 두 가지 말씀드리겠습니다.
>
> 첫째, 도움이 필요한 상황을 구분할 수 있도록 지도하였습니다. 예를 들어, 활동 1에서 "선생님이 휠체어를 밀어주어도 괜찮을까요?"라는 표현을, 활동 2에서는 "선생님이 도와줘도 괜찮을까요?"라는 표현을 사용였습니다. 학생이 자신이 도움이 필요한 상황을 구분하고 스스로 도움을 요청할 수 있도록 하였습니다.
>
> 둘째, 또래 도우미를 활용한 것입니다. 저는 능력 수준이 다른 학생들이 팀을 이뤄 교실 내에서 물건을 찾아보는 활동을 하였습니다. 이 시간을 통해 능력 수준이 높은 학생이 중도·중복장애 학생을 도와주며 서로 협력하여 안전하게 학습에 참여할 수 있도록 하였습니다.
>
> 이상입니다.

③ 오늘 수업 중 학생의 성장을 위해 어떤 평가 관점을 사용하였는지 말하시오.

> 오늘 수업에서 학생의 성장을 위해 수업 시작 전, 중, 후에 성장 중심 평가를 활용하였습니다. 성장 중심 평가는 학생들의 수행 수준에 대하여 결과만을 바라보는 것이 아니라 과정도 함께 피드백하여 학생들에게 배움과 성장이 일어날 수 있도록 지원하는 평가방법입니다.
>
> 첫째, 수업 시작 전 학생들과 함께 배움 목표를 살펴보고 무엇을 아는지 확인하였습니다. 교사가 일방적으로 배움목표를 읽어주고 끝나는 것이 아니라 가 수준, 나 수준, 다 수준 학생 순서대로 배움목표와 관련한 자신의 생각이나 배경지식을 확인하여 수업 참여도를 높이고 수업에 대한 배경지식을 활성화하였습니다.
>
> 둘째, 수업 중 동료평가를 활용하였습니다. 매 활동 속에서 학생들의 수행을 교사 평가만으로 끝나는 것이 아니라 "○○이가 어떻게 한 것 같아요?", "○○이가 앞에 나와서 무엇을 발표해줬죠?" 등의 질문을 던져 학급 내 친구들이 서로 무엇을 잘했는지 평가할 수 있도록 하였습니다.
>
> 셋째, 수업 후에는 표정 신호등을 활용하고자 했습니다. 오늘 수업실연 상에서는 드러나지 않았지만 표정 신호등을 통해 학생들이 수업에 대해 충분히 이해했으면 웃는 표정을, 어려운 부분이 있었다면 시무룩한 표정을 카드로 나타낼 수 있도록 하고자 하였습니다. 이를 통해 학생들의 이해 정도를 파악하여 다음 차시에서 학생들에게 맞는 수업을 설계할 수 있을 것입니다.
>
> 이상입니다.

(3) 수업나눔 기출문제

※ 다음 즉답형 문항지를 읽고 10분 이내 답변하시오.

① 2024학년도 기출문제

초등특수

1. 각 과목의 성취기준을 수업에 어떻게 드러내었는지 설명하시오.
2. 학생 B와 D를 지도할 때 어려웠던 점을 말하고, 이를 지원한 방안을 각각 2가지씩 말하시오.
3. 오늘 수업에서 내가 학생이라면 즐거웠을 부분을 제시하고, 그 이유를 말하시오.

유아특수

1. 개별화교육목표의 개별화된 의도를 말하고, 수업에 어떻게 적용하였는지 각각 설명하시오.
2. 놀이중심 삽입교수를 할 때 흐름을 방해하지 않고 놀이상황에서 어떻게 적용하였는지 3가지 말하시오.
3. 통합학급 교사가 특수교육대상유아가 문제행동으로 바라본다. 일반유아의 시선에서 놀이를 통해 얻을 수 있는 교육적 의의를 이야기하시오.

중등

1. 실연과정 중 비판적 사고와 문제해결력을 함양하고자 사용한 교수·학습 전략을 말하고, 실연과정을 동교과 및 타교과 교사와 협력해 깊이 있는 배움을 이루는 방안을 각각 제시하시오.
   * 깊이 있는 배움 : 배운 개념을 활용하여 실생활과 관련있는 문제를 해결하는 수업
2. 다양한 특성을 가진 학생들을 위해 학교 안과 학교 밖에서 지원할 수 있는 방안을 각각 말하시오.

3. 오늘 수업의 형성평가를 온라인 플랫폼으로 진행할 때 어떻게 할 것인지 말하고, 평가 시 디지털 시민으로서 학생들이 유의해야할 점 2가지를 말하시오.

② 2023학년도 기출문제

초등특수

1. 오늘 융합수업이 학생들에게 미친 영향을 교육적 관점에서 말하고, 성취기준에 근거하여 동화책을 선정한 이유를 설명하시오.
2. '감정 표현하기'를 주제로 융합수업을 재구상한다면 어떻게 보완, 수정하고 싶은지 말하시오.
3. 학생의 특성에 맞춰 자기표현을 할 수 있도록 어떻게 증진하였는지 개별화 방법을 말하시오.

유아특수

1. 통합학급 유아들과 장애 유아 특성에 맞게 수정한 놀이방안을 두 장애 유아 측면에서 말하시오.
2. 통합학급에는 다양한 유아들이 있다. 만약 통합학급에서 장애 유아와 함께 놀이하는 것을 싫어하는 유아가 있다면 특수교사로서 어떻게 할 것인지 말하시오.
3. '놀이 중심'의 통합학급 환경에서 본인이 생각하는 특수교사의 역할에 대해 말하시오.

중등

1. 이번 수업실연에서 에듀테크를 활용한 협력적 의사소통역량 함양이 반영된 점을 말하고, 보완할 점을 말하시오.
2. 수업 이후에 성취기준 미도달 학생과 우수학생에 대하여 지식(기능)과 태도 측면에서 각각 지원 방안을 말하시오.
3. 본인의 가치, 덕목이 수업에서 반영된 부분과, 이를 학생의 삶에 내면화하기 위한 독서교육 방안을 말하시오.

초등

1. 교과를 선택한 이유를 말하고, 학생들에게 학습선택권을 어떻게 반영했는지 말하시오.
2. 디지털 기기를 활용한 평가를 어떻게 실천했는지 그 방안과 이유를 말하시오. 또한, 학습자의 특성에 따라 어떤 피드백 전략을 활용할 것인지 말하시오.
3. 아직 계획되지 않은 차시의 프로젝트 수업을 어떻게 전개할 것인지 계획을 말하시오.

유아

1. 유아에게 일어난 배움을 개정 누리과정과 관련지어서 말하시오.
2. 교사의 고민을 해결하기 위해 노력한 점을 교사의 역량과 관련지어 말하시오.
3. 오늘 수업 후 이루어질 것으로 예상되는 유아의 놀이를 말하고, 이를 위한 교사의 지원계획을 말하시오.

③ 2022학년도 기출문제

초등특수

1. 자폐성장애 학생 b, c의 문제 행동 중재 방안과 이를 통해 다른 학생들은 어떤 배움을 얻을 수 있는지 이야기하시오.
2. 본 수업은 프로젝트 수업으로 통합학급과 함께 이루어지는 수업이다. 프로젝트 수업이 통합교육 상황에서 이루어진다면 어떻게 적용할 것인지 말하고 프로젝트 수업을 통합교육의 관점에서 평가하시오.
3. 본 수업을 통한 나의 경험과 앞으로의 성장과제를 말하시오.

I. 시작   II. 심층면접   III. 수업실연   IV. 교수·학습과정안   **V. 수업성찰**   VI. 심층면접 예시 답안

유아특수
1. 수업에서 특수교육대상유아의 놀이참여와 주도성을 촉진하기 위한 교사의 놀이지원 방안에 대해 말하시오.
2. 수업에서 장애이해교육을 실시한 내용을 말하시오.
3. 나영이 부모와의 상담 시 실시할 내용과 그 이유를 말하시오.

중등
1. 삶의 필요한 역량을 기르는 학생들의 자발적 배움을 위해서는 공감과 소통의 상호작용이 중요하다. 수업 설계에서 이에 대해 잘한 점과 아쉬운 점을 이야기하시오.
2. 오늘 수업을 온-오프라인 연계형 평가를 실시한다면 어떻게 실시할 것인지 이유와 함께 설명하시오.
3. 마을교육공동체 측면에서 마을과 협력하여 오늘 한 수업을 재구성한다면 어떻게 할지 구체적인 주제와 방법 측면을 이야기하시오.

초등
1. 수업에서 가장 중점을 둔 부분을 성취기준과 연계하여 말하시오.
2. 유권자 교육이 중요한 이유를 설명하고 이를 활성화할 방안에 대해 말하시오.
3. 만약 이 학교의 학생이라면 어떤 공약을 낼지 말하고 그 이유를 말하시오.

유아
1. 오늘 수업에서 유아들이 경험한 배움은 무엇이며 이를 지원한 교사의 상호작용은 무엇이었는지 말하시오.
2. 교사의 자율성과 책무성을 실천한 장면을 각각 말하시오.
3. 오늘의 수업을 의미있는 놀이로 확장하기 위한 활성화 방안을 말하시오.

④ 2021학년도 기출문제

초등특수
1. 오늘 수업 중 중점을 두어서 한 것은 무엇이며, 원격수업과 어떻게 연계하였는지 말하시오.
2. 수업 중 예상되는 안전문제는 무엇이며, 학생 특성에 따라 어떻게 지도하였는지 말하시오.
3. 오늘 수업 중 학생의 성장을 위해 어떤 평가 관점을 사용하였는지 말하시오.

유아특수
1. 유아의 놀이를 지원한 부분에 대해 말하고, 놀이 상호작용을 위해 노력한 부분을 말하시오.
2. 유아의 안전 요소를 고려한 부분을 말하시오.
3. 통합학급 교사와 협력한 부분을 말하고, 놀이를 확장하기 위해 동료 교사와 어떤 고민을 할 것인지 말하시오.

중등
1. 창의적 사고 역량이란 폭넓은 기초지식을 바탕으로 다양한 전문 분야의 지식, 기술, 경험을 융합적으로 활용하여 새로운 것을 창출하는 역량이다. 오늘 수업에서 학생들의 창의적 사고를 일으켰는지 자신의 수업을 평가하고 보완할 점을 말하시오.
2. 오늘 선생님은 학생들의 학습동기를 유발하는 수업을 했음에도 불구하고 성취기준에 미도달한 학생이 발생하였다. 이 학생에게 보충수업을 하고자 할 때 학습지도 방안을 말하시오.
3. 오늘 수업을 다른 교과와 연계하여 수업한다면 어느 교과와 연계하고 싶은지 말하고, 수업의 중점사항과 평가방법은 어떻게 할 것인지 말하시오.

초등

1. (학년이 주어지지 않은 수업실연 상황) 학년을 정한 이유를 말하시오.
2. 이 수업을 원격수업으로 한다면 어떤 점이 어려울 것으로 예상되는지 말하시오.
3. 인권감수성을 높이는 방안을 말하시오.

유아

1. 수업에서 중점을 둔 부분이 무엇인지 말하고, 수업에 어떻게 반영하였는지 말하시오.
2. 이 수업을 원격수업으로 한다면 어떤 점이 어려울 것으로 예상되는지 말하시오.
3. 오늘 수업의 평가계획을 말하시오.

⑤ 2020학년도 기출문제

초등특수

1. 사회와 과학 통합을 위해 수업하는 것에 있어서 어려웠던 점을 말하고, 학생의 삶과 연계한 부분은 무엇인가?
2. 도전 행동(문제행동) 예방을 위해 어떻게 중재했는지 말하시오.
3. 오늘 수업 중 즐거웠던 부분을 말하고, 이러한 경험을 어떻게 나눌 것인지 말하시오.

중등

1. 수업은 단 한 명의 아이도 포기하지 않겠다는 책임교육의 의지와 실행전략이 전제되어야 합니다. 선생님이 모든 학생의 배움 기회를 보장하기 위해 수업 설계 시 고려한 사항을 말하시오.
2. 교사-학생, 학생-학생 간 효과적인 상호작용은 수업의 중요한 요건 중 하나입니다. 오늘 수업전개 과정에서 학생의 성장과 배움에 가장 의미있었다고 생각하는 상호작용을 말하고, 그 이유를 설명하시오.
3. 오늘 수업을 되돌아볼 때 잘된 점과 아쉬운 점, 그리고 동료교사와 함께 협력하여 발전시키고 싶은 부분에 대하여 말하시오.

초등

1. 수업에서 설계한 독서 후 활동을 선정한 이유와 그것이 학생의 배움과 성장에 어떤 영향을 주었는지 말하시오.
2. 수업 내 성취도 측정을 위해 사용한 평가 방법과 내용, 그리고 그것을 평가에 환류할 방안을 말하시오.
3. 다문화 가정 학생과 정서행동장애 학생을 수업에 적극적으로 참여시킬 수 있는 방안을 말하시오.

유아

1. 수업에서 유아중심·놀이중심 요소를 고려한 부분을 말하시오.
2. 놀이에 어려움을 겪거나 참여하지 못하는 유아를 지원하는 방법을 말하시오.
3. 오늘 수업을 하면서 어려웠던 점과 전문성 신장을 위해 교사로서 노력할 점을 말하시오.

⑥ 2019학년도 기출문제

초등특수

1. 선생님이 생각하는 학생 중심 수업은 무엇이라고 생각하며, 그것을 수업에 어떻게 적용하였는지 말하시오.
2. 수업을 구성하면서 중도중복장애 학생과 관련하여 가장 고민되었던 점은 무엇이며 이를 해결하기 위해 어떻게 했는지 말하시오.
3. 수업을 동료 교사와 수업나눔 한다면 어떻게 할 것인지 말하시오.

I. 시작   II. 심층면접   III. 수업실연   IV. 교수·학습과정안   **V. 수업성찰**   VI. 심층면접 예시 답안

유아특수
1. 장애유아들을 대상으로 한 개별화된 교수의 의도를 말하고, 유아의 삶과 연계시킨 부분을 말하시오.
2. 유아들의 활동 참여를 증진시키기 위해 노력한 점을 말하시오.
3. 수업을 계획할 때 고민했던 부분을 말하고, 동료 교사와 나눔을 한다면 어떤 도움을 받고 싶은지 말하시오.

중등
1. 수업을 통해 학생에게 성장시키고자 한 것은 무엇이며, 이를 위해 설계할 때 어떻게 했는지 말하고, 수업 시 부족한 점이 무엇이며 어떻게 보완할 것인지 말하시오.
2. 오늘 수업의 성취기준은 무엇이고, 그 성취기준에 맞는 평가방법은 무엇이며, 이것을 학생의 성장을 위해 활용하는 방안에 대해 말하시오.
3. 수업주제와 관련하여 융합 수업을 한다면 어떤 주제와 방법으로 할 것이며, 그때 주의사항은 무엇인지 말하시오. (구체적인 활동이나 방안을 포함하시오.)

초등
1. 선생님이 수업에서 강조한 가치와 그 이유를 말하고, 그 가치를 강조하기 위해 어떤 방법을 사용하였는지 말하시오.
2. 선생님이 수업에서 사용하신 토의의 종류를 말하고, 수업에서 소외된 학생을 어떻게 참여시켰는지 말하시오.
3. 선생님의 수업에서 겪을 수 있는 어려움을 말하고, 이를 극복할 방안을 말하시오.

유아
1. 놀이의 가치는 무엇이라 생각하는가? 그것을 수업에 어떻게 적용하였는지에 대해 말하시오.
2. 유아에게 일어난 배움은 무엇인가? 유아 간 협력적 상호작용이 일어나기 위해 의도한 점에 대해 말하시오.
3. 수업 과정에서 고민했던 점, 어려웠던 점과 이를 어떻게 극복할지 말하시오.

추시 일반유아
1. 수업 목표를 이야기하고, 수업 목표를 통해서 의도하였던 것이 무엇인지 말하시오.
2. 놀이중심 교육과정 요소 중에서 반영하였던 요소는 무엇이었으며, 이를 통해 유아들에게 어떠한 배움과 성장이 나타났는지 말하시오.
3. 이 수업을 하면서 어려웠던 점, 고민했던 점을 이야기하고 현장에 간다면 어떻게 할 것인지 말하시오.

⑦ 2018학년도 기출문제

초등특수
1. 수업 중에 학생 C가 학생 B를 공격한 행동의 원인을 파악하여 말하고, 추후에 공격행동이 다시 발생한다면 어떻게 지도할 것인지 실천방안을 말하시오.
2. 수업 중 어려웠던 점은 무엇이며, 학생이 학교에서 배운 것을 일상생활과 연계하는 방법은 무엇인가?
3. 이 수업에서 제일 고민했던 부분을 말하고, 수업 전, 중, 후에 각각 배운 점을 말하시오. 그리고 이후 이러한 내용에 대해 동료 교사와 어떻게 나눔할 것인지 말하시오.

유아특수
1. 수업상황에서 문제행동 원인을 말하고, 보편적 학습설계를 어떻게 적용하였는지 말하시오.
2. 이 활동을 사후확장 활동으로 어떻게 하고 싶은지, 유아의 삶에서 어떻게 배움이 일어날 수 있도록 하였는지 말하시오.
3. 수업 전 고민했던 점, 수업 중 어려웠던 점, 수업 후 배운 점과 교사의 성장을 위해 동료 교사와 어떻게 나눌 것인지 말하시오.

중등

1. 경기교육은 모든 학생이 꿈과 끼를 발견하고 핵심역량을 체득하는 것을 목적으로 하고 있다. 경기교육이 추구하는 핵심역량 함양을 위해 수업에서 활용한 부분을 말하시오.
2. 그 누구도 배움에서 소외될 수 없다는 관점으로 공평한 학습 실현을 위하여 수업에서 어떻게 하였는가? 잘한 점과 아쉬웠던 점, 극복방안을 말하시오.
3. 수업설계 혹은 실연 시 가장 어려웠던 부분을 말하고 현장에서 동료 교사와 수업나눔을 실시한다면 어떠한 점을 배울 수 있는지 말하시오.

초등

1. 학생의 수업 참여를 높이기 위한 전략과 그 이유를 말하시오.
2. 이번 수업에서 교사의 역할과 프로젝트 수업의 효과를 말하시오.
3. 수업 구상을 하며 고민한 점, 본인이 수업을 하며 어려웠던 점, 수업 후 배운 점과 이를 동료 교사와 나누며 어떻게 성장할 것인지 말하시오.

유아

1. 수업 목표와 관련하여 자신의 수업을 반성적으로 성찰하시오.
2. 수업에서 배움이 일어난 부분을 유아의 삶과 관련하여 사후 활동을 계획한다면 어떤 활동을 할 수 있을지 말하시오.
3. 수업을 구상하면서 고민했던 점, 어려웠던 점, 배운 점이 무엇이며 이를 동료 교사와 어떻게 나눌 수 있을지 말하시오.

⑧ 2017학년도 기출문제

초등특수

1. 자신의 교직관을 말하고, 이 교직관을 수업에서 어떻게 적용하였는지 말하시오.
2. 학생들의 의사소통 역량을 기르는 데에 의미 있는 활동이라 생각하는 것을 말하시오.
3. 이 수업을 실제 수업으로 실시했을 때 예상되는 어려움과 해결 방안을 말하시오.

유아특수

1. 자신의 교직관을 말하고, 이 교직관을 수업에서 어떻게 적용하였는지 말하시오.
2. 특수교육대상유아와 일반유아가 협력적인 배움과 나눔을 할 수 있도록 어떤 노력을 하였는지 말하시오.
3. 이 수업을 실제 수업으로 실시했을 때 예상되는 어려움과 해결 방안을 말하시오.

중등

1. 배움중심 수업을 위해 학생들에게 배움이 일어나기 위해 오늘 수업설계에서 교사가 신념을 가지고 중점적으로 설계한 부분과 수업에서 아쉬웠던 점과 개선점을 말하시오.
2. 수업에서 배움을 방해하는 요소와 배움에서 소외되는 학생이 발생한다면 어떻게 보완할 것인지 말하시오.
3. 수업나눔을 통해 깨달은 점을 이야기하고 학교에서 수업나눔을 어떻게 할 것인지 말하시오.

초등

1. 자신의 학생관은 무엇이며, 수업을 실생활과 연계를 어떻게 하였는지 말하시오.
2. 활동 1의 학습 목표를 달성하지 못했을 때, 이를 수업에 어떻게 보완하여 구상하였는지 말하시오.
3. 이 수업을 실제로 한다면 실제 수업에서 예상되는 어려움은 무엇이며, 어떻게 해결할 것인지 말하시오.

I. 시작　II. 심층면접　III. 수업실연　IV. 교수·학습과정안　**V. 수업성찰**　VI. 심층면접 예시 답안

유아

1. 이 수업이 유아들의 삶과 어떻게 연계되도록 하였는지 말하시오.
2. 수업 중 협력적 배움이 일어난 지점이 어디인지 말하시오.
3. 이 수업을 실제로 한다면 실제 수업에서 예상되는 어려움은 무엇이며, 어떻게 해결할 것인지 말하시오.

⑨ 2016학년도 기출문제

초등특수

1. 이 수업에서 교육과정 재구성의 의미가 무엇이며, 학생들의 일상생활과 밀접하게 연계되기 위해서 어떻게 교수하였는지 말하시오.
2. 학생들의 적극적인 학습 참여와 동기유발을 이끌어내기 위해서 어떠한 노력을 하였으며, 학생-학생, 학생-교사 간의 상호작용을 원활하게 하기 위해서 어떠한 노력을 하였는지 말하시오.
3. 수업 중 참여하기 가장 어려운 학생이 있다면 누구인지 말해보고, 학교 현장에서 이러한 학생을 만난다면 어떠한 노력을 할 것인지 말해 보시오.

중등

1. 배움중심 수업을 수업실연에 어떻게 실천했는지 말하시오.
2. 정의적 영역을 길러주기 위해 수업에서 어떤 것을 했으며 다시 수업을 한다면 정의적 영역을 보완하기 위해 무엇을 할 것인지 말하시오.
3. 수업에서 깨달은 점과 현장에서 동료 교사와 수업나눔을 하면 어떻게 할 것인지 말하시오.

초등·유아

1. 선생님의 교육 철학을 수업에 어떻게 반영하였고, 실생활의 연계를 어떻게 했는지 말하시오.
2. 선생님의 수업에서 의미 있는 발문은 무엇이었는지 말하시오.
3. 수업을 진행하며 어려웠던 부분과 극복방안은 어떤 것이었는지 말하시오.

02 서울 반성적 성찰 면접

(1) 반성적 성찰 면접 개요

서울시는 2017학년도 2차 시험부터 반성적 성찰 면접을 도입하였다. 처음 일반초등과 초등특수 과목에 출제된 반성적 성찰 면접 문항을 살펴보면, 일반초등의 경우 서울시 교육청의 교육 지표를 반영하였으며, 초등특수는 특수교육의 실정에 맞게 문제행동 중재 문항이 출제되었음을 알 수 있다. 따라서 반성적 성찰 면접을 준비할 때 ① 서울시 교육청 교육 지표와 ② 수업 중 문제행동 중재 방안, ③ 가정, 지역사회 연계 방안 등을 중점적으로 준비해야 할 것이다. 해당하는 과목 외에도 일반 초등, 유아 문항도 접해보며 시험에 대비하는 것이 효과적일 것이다.

(2) 반성적 성찰 면접 기출문제

※ 다음 즉답형 문항지를 읽고 5분 이내 답변하시오.

① 2024학년도 기출문제

유아특수

교사 간 협의 내용이 수업에서 반영된 부분이 어디인지 말하고, 자신의 수업을 성찰하고 보완점을 말하시오.

초등특수

1. 특수교육대상자들의 개별목표를 설정한 이유를 설명하시오.
2. 특수교육대상자들의 개별 수준에 따른 디지털기기 사용을 고려한 부분과 보완할 점을 설명하시오.

② 2023학년도 기출문제

유아특수

1. 보편적 설계 적용 이유를 일반유아, 발달지체 가, 발달지체 나 측면에서 각각 설명하시오.
2. 자신의 수업에서 보완할 점을 말하고 실천 방안을 말하시오.

초등특수

수업에서 개선이 필요한 부분을 말하고, 학생들의 수준별 목표를 포함하여 수업에서 활용한 평가방법을 이유와 함께 말하시오.

유아

1. 놀이상황에서 반영한 누리과정 5개 영역의 내용을 2가지 이상 말하시오.
2. 언어표현을 못하는 유아 지도방법 구체적으로 말하시오.

③ 2022학년도 기출문제

초등특수

학생들의 적극적인 참여를 촉진하기 위해 사용한 수업의 전략을 말하고, 자신의 수업에서 가장 아쉬운 점과 이를 해결하기 위한 방안을 말하시오.

유아

1. 놀이상황에서 반영한 누리과정 5개 영역의 내용을 2가지 이상 말하시오.
2. 언어표현을 못하는 유아 지도방법을 구체적으로 말하시오.

④ 2021학년도 기출문제

유아특수

1. 이 수업에서 놀이중심 교육과정을 어떻게 반영하였는지 말하시오.
2. 장애유아를 고려하여 어떠한 중재를 하였는지 말하시오.
3. 자신의 수업을 평가하고 보완할 점을 말하시오.

초등특수

1. 다 수준 학생의 자리이탈 행동 중재 방안을 말하시오.
2. 이 수업에서 적용한 사회과 기능을 말하고 그 이유를 말하시오.
3. 자신의 수업을 평가하고 보완할 점을 말하시오.

유아

1. 놀이를 위해 어떤 지원을 했는지 말하시오.
2. 자신의 수업에서 미흡한 점과 개선 방안에 대해 말하시오.

⑤ 2020학년도 기출문제

유아특수

1. 개별유아에게 어떻게 지원했는지 말하시오.
2. 오늘 수업내용을 성찰하고, 잘한 점과 보완해야 할 점을 말하시오.

초등특수

1. 중도중복장애 학생이 과학 수업에 참여할 수 있게 실천한 방안을 말하시오.
2. 중도중복장애 학생이 과학 수업에 참여할 때 유의사항 2가지를 말하시오.
3. 수업에서 아쉬운 점은 무엇이며 어떻게 보완할 것인지 말하시오.

유아

1. 수업에서 만 3세의 특성을 반영한 부분을 말하고, 어떻게 표현하였는지 말하시오.
2. 오늘 수업내용을 성찰하고, 잘한 점과 보완해야 할 점을 말하시오.

⑥ 2019학년도 기출문제

유아특수

음악활동에서 창의성을 발휘하도록 한 부분에 대해 말하시오. 자신의 수업에서 보완할 점을 말하시오.

초등특수

수업에서 학생의 반응을 이끌어내기 위한 학습전략을 말하고 자리이탈행동을 어떻게 중재하였는지 말하고 수업에서 보완할 점과 개선책 말하기

초등

1. 문화향유 역량을 기르기 위해 중점을 두었던 활동을 말하시오.
2. 과정 중심 평가가 반영된 부분을 말하고, 이와 관련하여 수업나눔에서 공유하고 싶은 점과 보완할 점을 말하시오.

유아

1. 다른 연령 유아들과 협력적 인성교육을 할 때 중점을 둔 인성 덕목과 그 이유를 말하고 자신의 수업에서 동료 교사와 나누고 싶은 잘한 점을 말하시오.
2. 자신의 의견을 고집부리며 캠페인 진행을 지연시키는 유아를 지도한 방법에서 보완하고 싶은 부분을 말하시오.

⑦ **2018학년도 기출문제**

유아특수

수업의 어떤 부분에서 장애아동의 특성을 반영했는지 말하고, 자신이 수업에서 잘한 부분과 부족한 부분을 말하시오.

초등특수

교사와 학생 간의 상호작용을 반영한 부분을 말하고 수업에서 보완할 점과 전문성을 신장시키기 위해 어떤 노력을 할 것인지 말하시오.

초등

1. 협력과 참여 중심의 수업을 구현하기 위한 수업자의 의도를 말하시오.
2. 수업나눔에서 공유하고 싶은 내용, 함께 해결하고 싶은 내용을 말하시오.

유아

수업목표와 수업의도를 말하고, 수업에서 잘한 점과 미흡한 점, 개선할 방법을 말하시오.

④ **2017학년도 기출문제**

초등특수

1. 수업 중 문제행동에 대한 중재가 적절했습니까? 그 근거를 말하시오.
2. 학생의 문제행동 중재 방안을 3가지 이상 말하고, 가정과 지역사회 연계방안을 각각 3가지 이상 말하시오.

초등

서울시 교육청에서는 질문이 있는 교실, 우정이 있는 학교, 삶을 가꾸는 교육을 교육 지표로 삼아 초등학교 교육의 질을 높이고자 한다.
1. '질문이 있는 교실'이 자신의 수업에 어떻게 반영되었는지 잘된 점과 부족한 점을 각각 3가지 이상 이유를 들어 설명하시오.
2. '질문이 있는 교실'의 취지에 부합하는 자신의 수업 개선방법을 3가지 이상 이유를 들어 설명하시오.

유아

1. 이 수업에서 현장 학습의 교육적 의의를 말하시오.
2. 제시된 수업 상황과 조건들을 어떻게 반영하였는지 말하시오.
3. 수업을 하면서 아쉬웠던 점과 개선 방안에 대해 말하시오.

03 대구 수업설계

(1) 수업설계 개요

대구의 수업설계 기출문제를 살펴보면 연도별 맥락이 비슷하다. 그 맥락을 살펴보면 출제 주제가 ① 수준별 설정 목표, ② 설계한 활동 내용, ③ 대구의 미래역량, ④ 교재교구 활용/과정중심 평가로 나누어져 있다. 따라서 이 큰 주제 안에서 출제될 수 있는 내용을 먼저 점검하는 것이 효과적이다. 더불어 이 주제들은 수업실연을 구상할 때 한 번씩 꼭 고민하는 내용이기에 수업실연과 연관 지어 준비해야 할 것이다. 하지만 출제 경향이 바뀔 수 있으니 다른 지역의 문항들을 살펴보며 대비해야 할 것이다.

(2) 수업설계 기출문제

> ※ 수업실연 전 수업설계 내용을 발표하시오. (5분 권장)

① 2023학년도 기출문제

초등특수

1. 이 수업과 관련된 대구미래역량 1가지를 말하시오.
2. 수준별 목표를 말하시오.
3. 주요 학습 활동에 대해 말하시오.
4. 다 수준 학생의 수업지원 방안 2가지를 말하시오.
5. 교육과정-수업-평가-기록의 일체화를 위한 과정중심평가방안을 말하시오.

② 2022학년도 기출문제

일반유아

1. 환경교육을 위한 교사의 지원방안 3가지를 말하시오.
2. 누리과정 내용범주에 따른 목표 3가지를 말하시오.
3. 원격수업 방안 2가지를 말하시오.
4. 과정중심평가 방안 2가지를 말하시오.
5. 지역사회와의 연계방안 2가지를 말하시오.

③ 2021학년도 기출문제

유아특수

1. 놀이지원자로서의 교사 역할 2가지를 설명하시오.
2. 통합해서 운영할 수 있는 누리과정 내용범주와 내용 2가지를 말하시오.
3. 각 유아 수준을 고려한 학습목표를 설명하시오.
4. 각 유아의 목표 달성을 평가하는 방법을 설명하시오.
5. 놀이에 대한 이해와 소통을 높이기 위해 가정과 연계하는 방법 2가지를 말하시오.

초등특수

1. 수준별 목표를 말하시오.
2. 주요 활동 2가지를 말하시오.
3. 각 활동 내용을 설명하고 선정한 이유를 말하시오.
4. 다 수준 학생에게 보완대체 의사소통을 어떻게 사용할 것인지 활동방법과 함께 말하시오.
5. 과정중심 평가방안을 어떻게 실시할 것인지 말하시오.

일반유아

1. 위의 놀이 상황에서 교사의 놀이 지원 방안을 2가지 말하시오.
2. 놀이의 흐름에 따라 확장될 수 있는 유아의 놀이 종류를 3가지 말하시오.
3. 위의 놀이를 통해 유아가 얻을 수 있을 것이라 기대되는 효과를 2가지 말하시오.
4. 교사의 놀이 기록 방안을 2가지 말하시오.
5. 놀이와 배움에 대한 이해를 공유하기 위한 가정과의 연계 방안을 2가지 말하시오.

④ 2020학년도 기출문제

초등특수

1. 수준별로 설정한 목표를 말하고 그 이유를 말하시오.
2. 설계한 활동 3가지에 대하여 설명하시오.
3. 대구 인성역량 중 1개를 고르고 활동에 어떻게 녹였는지 말하시오.
   (자기관리역량, 공감소통역량, 심미적 감성역량, 공동체역량)
4. 과정중심 평가방안에 대해 말하시오.

초등

1. 프로젝트 구성 의도(미래역량 2가지, 인성덕목 2가지와 연관)를 말하시오.
2. 본 차시를 토의로 전개하고, 토의 주제 선정 시 고려점 3가지를 말하시오.
3. 학습 목표 달성 위한 활동 3가지를 설명하시오.
4. 의사소통 및 협업 능력이 가장 잘 나타나는 활동과 지도방안을 말하시오.
5. 활용한 과정중심 평가방안을 설명하시오.

⑤ 2019학년도 기출문제

초등특수

1. 미래역량 4가지 중 2가지를 고르고 학습 목표에 어떻게 녹였는지 말하시오.
   (미래역량 4가지가 보기로 제시됨)
2. 수업 목표를 수준별로 설정하고, 설정 이유를 말하시오.
3. 주요 활동 3가지를 선정하고 그 이유를 말하시오.
4. 수준에 맞는 교재교구를 선택하고 그 이유를 말하시오.

⑥ 2018학년도 기출문제

초등특수

1. 목표를 각 수준에 맞게 설정하고 설정한 이유를 설명하시오.
2. 활동 내용을 각각 설명하고, 2015 특수교육 교육과정 총론에 제시된 역량을 2가지 이상 연결하여 설명하시오.
3. 각 활동에서 쓰는 자료 및 교재교구의 구체적인 예시를 들고, 학생에 따른 개별화는 어떻게 실시할 것인지 설명하시오.
4. 다 수준 학생에게 제시할 수 있는 개별화 교육 방안 2가지를 설명하시오.

초등

1. 프로젝트 수업의 본시 학습목표를 설정하고 설정 의도를 말하시오.
 (수업실연 문제에 성취기준만 제시되어 있었음)
2. 거꾸로 학습으로 제시할 자료의 내용과 그 의도를 말하시오.
3. 주요 활동 3가지를 설명하고, 사용하는 매체나 기자재, 교구를 설명하시오.
4. 활동 중 가장 협력이 필요하다고 생각하는 활동 2가지와 그 이유, 지도 방법을 말하시오.
5. 과정중심 평가방안을 말하시오.

⑦ 2017학년도 기출문제

유아특수

1. 아동 수준별로 활동 목표를 설정하여 제시하고, 설정한 이유를 말하시오.
2. 활동 2가지를 어떻게 수업할 지 말하시오(구체적 활동 계획).
3. 나 수준 아동에게 할 수 있는 개별화교육 지원 방안을 2가지 말하고 그 이유를 말하시오.
4. 협력이 일어날 수 있도록 하는 방안을 1가지 말하시오.

*세종 수업설계 (2025년부터 수업성찰 미실시)

① 2022학년도 기출문제

유아특수

1. 활동명과 유아 특성별 활동 목표를 말하시오.
2. 유아 특성별 활동 내용을 말하시오.
3. 과정중심평가 방법을 말하시오.

② 2021학년도 기출문제

유아

1. 수업설계 요소를 반영하여 실연하시오.
2. 개별 유아의 흥미를 존중하여 설계하시오.
3. 놀이의 흐름에 따라 놀이를 지원하기 위한 교사의 역할이 드러나도록 설계하시오.

04 광주 수업 면접

(1) 수업 면접 기출문제

> ※ 수업실연 후 수업면접을 위해 마련된 좌석으로 이동하여 즉답형 문제지를 보고 답변합니다. (10분 권장)

① 2023학년도 기출문제

유아

1. 본 수업에서 누리과정 5개 영역을 어떻게 지원했는지에 대해 말하시오.
2. 본 수업에서의 놀이에 대한 흥미가 유지, 확장되도록 연계할 수 있는 방안 3가지를 말하시오.
3. 본 수업 중 유아들에게 필요하다고 생각되는 인성덕목 1개와, 그 덕목을 실현하기 위한 지도방안 3가지를 말하시오.
4. 본 수업의 평가방법 3가지와 그 이유를 말하시오.

② 2022학년도 기출문제

유아

1. 누리과정의 자연탐구 영역의 내용범주 3가지를 말하고, 본 수업에서 어떻게 유아가 경험하였는지 각각 말하시오.
2. 본 수업에서의 놀이가 확장되도록 가정과 연계할 수 있는 방안 3가지를 말하시오.
3. 본 수업의 놀이 장면 중에서 관찰, 기록이 필요한 장면 2가지를 말하고 그 이유를 말하시오.
4. 유아들의 안전한 놀이를 지원할 수 있는 방안 3가지를 말하시오.

③ 2021학년도 기출문제

유아

1. 교사의 지원을 어떤 교육적 의도를 가지고 실연하였는지 말하시오.
2. 개정 누리과정 영역과 관련하여 유아의 놀이가 어떤 배움이 일어났는지 말하시오.
3. 유아들의 놀이를 공유하여 확장하는 방법을 말하시오.
4. 놀이중심 교육과정을 학부모와 함께 운영할 수 있는 방법을 말하시오.

④ 2020학년도 기출문제

초등특수

1. 틀렸을 때 좌절감이 드는 학생을 위한 지도방안 3가지를 말하시오.
2. 학생들의 자발적인 참여가 드러난 활동 3가지를 말하시오.
3. 수업 중 생활과 연계된 활동 3가지를 말하시오.
4. 다른 교과와 재구성하여 수업할 경우 가능한 활동 3가지를 말하시오.

⑤ 2019학년도 기출문제

초등특수

1. 수업을 구상하면서 어려웠던 아동은 누구이고, 그 아동을 위해 구상했던 활동 3가지를 말하시오.
2. 이 수업 외에 다른 제재로는 '일상생활 물건으로 날씨 표현해보기'가 있다. 이를 위한 활동 3가지를 구상하여 말하시오.
3. 이 수업에서 협동할 수 있는 활동을 넣는다면 어떤 활동을 할 것인지 3가지를 말하시오.
4. 6가지 역량 중 이 수업에서 학생들에게 키워주고자 한 역량 1가지를 말하고 그와 관련된 활동 2가지를 말하시오.

초등

1. 최근 교육현장에서는 암기식 수업은 지양하고 학생 중심의 탐구 수업을 지향하고 있습니다. 수업실연에서 학생 중심의 탐구 수업을 위해 사용한 전략 2가지를 말하시오.
2. 토의 활동에서 예상되는 어려움에는 어떤 것이 있으며, 이를 위한 해결방안 2가지를 말하시오.
3. 인터넷 중독 학생을 지도할 방안 2가지를 말하시오.
4. 학생들이 수업에서 배운 것을 삶에서의 지속적인 실천을 위해 사용한 방법 2가지를 말하시오.

유아

1. 현장에서 이 수업을 한다면 일어날 수 있는 어려움과 그 해결 방안을 2가지씩 말하시오.
2. 놀이 확장을 위해 개입한 부분을 3가지 말하고 각각의 이유를 말하시오.
3. 모둠활동에서 배움이 일어난 상황 3가지를 말하고 각각의 이유를 말하시오.
4. 방과후 과정과 연계할 수 있는 확장 활동을 3가지 말하고 각각의 이유를 말하시오.

⑥ 2018학년도 기출문제

초등

1. 수업실연 문항 중 '자료 해석 및 활용'을 어떻게 중점을 두어 구상하였는지 말하시오.
2. 과정중심 평가를 수업에 어떻게 반영하였는지 말하시오.
3. 학습 부진이 누적되어 비율 그래프를 어려워하는 학생이 있다. 이 학생에게 비율 그래프를 가르칠 때 지도 방법 2가지를 말하시오.
4. 통계 수업이 중요한 이유 2가지를 말하시오.

유아

1. 수업을 구상하며 가장 고민이 되었던 부분과 이유를 말하고, 이를 수업에서 어떻게 실현했는지 말하시오.
2. 수업에서 협력을 어떻게 구현했는지 말하시오.
3. 활동의 흥미를 지속시키기 위해 수업을 확장할 수 있는 활동 3가지를 말하시오.
4. 수업에서 흥미가 없거나 소극적인 유아가 있을 때. 그 이유 1가지와 해결 방안을 말하시오.

05 충북 수업 면접

① 2024학년도 기출문제

초등특수

1. 과정중심평가를 수업에서 어떻게 활용하였는지 말하고, 과정중심평가의 장점을 학생 측면과 교사 측면에서 말하시오.
2. 수업에서 에듀테크 활용의 효과 2가지와 에듀테크 활용 신장 방안에 대하여 말하시오.

② 2022학년도 기출문제

초등특수

1. 오늘 수업에서 본인이 잘한 점과 아쉬운 점을 1가지씩 말하고, 개선방안을 2가지 말하시오.
2. 오늘 수업을 실생활과 연계하여 일반화하고 유지하기 위한 방안 2가지를 말하시오.

유아

1. 실연에서 반영된 교사의 역할 중 유아의 놀이 확장을 위해 의미 있다고 생각한 한 가지 교사의 역할과 그 이유를 말하시오.
2. 실연내용 중 놀이 기록 시 유아의 놀이 중 기록하고 싶은 부분이 어느 부분인지 말하고 그 이유를 말하시오.

중등

1. 자신의 수업에서 보완 할 부분을 말하시오.
2. 수업을 설계할 때 중점을 두는 부분과 그로 인해 나타날 수 있는 효과를 2가지 말하시오.

CHAPTER 03 수업성찰 연습문제

수업나눔, 면접, 설계의 탄탄한 준비를 위해 이 책에서는 연습 문제를 '① 수업 의도, ② 학습자의 특성, ③ 수업 중 협력, ④ 교육과정 반영, ⑤ 교육정책 반영, ⑥ 수업 자료 활용, ⑦ 수업 교사의 성찰'로 나누어 제시하였다. 책에서 제시한 유사 문항 외에도 출제될 수 있는 문항을 스스로 만들어보며 대비하면 효과적일 것이다.

01 수업 의도

대표 문항 수업에서 가장 중점을 둔 부분을 성취기준과 연계하여 말하시오.

- 자신의 교육철학(교직관)을 수업에 어떻게 반영하였고, 실생활의 연계를 어떻게 했는지 말하시오.
- 오늘 수업에서 신념(의도)은 무엇이었으며, 그 신념을 지켜 내기 위해서 자신이 선택한 수업설계에 대해서 말하시오.
- 단 한 명의 아이도 포기하지 않는 수업을 위해 선생님은 수업을 어떤 전략으로 설계하셨습니까?
- 선생님이 생각하는 학생 중심 수업은 무엇이라고 생각하며, 그것을 수업에 어떻게 적용하였는지 말하시오.
- 교사인 나는 어떤 사람인가, 수업에서 나는 어떤 역할을 하고 있는지 말하시오.

02 학습자의 특성

대표 문항 수업 중 참여하기 가장 어려운 학생이 있다면 누구인지 말하고, 학교 현장에서 이러한 학생을 만난다면 어떠한 노력을 할 것인지 말하시오.

- 수업상황에서 문제행동의 원인을 말하고, 보편적 학습설계를 어떻게 적용하였는지 말하시오.
- 수업을 구상하면서 중도중복장애 학생과 관련하여 가장 고민되었던 점은 무엇이며 이를 해결하기 위해 어떻게 하였는지 말하시오.
- 수업 구상하면서 가르치기 어려웠던 아동은 누구이며, 그 아동을 위해 구상했던 활동 3가지를 말하시오.
- 수업 중 문제행동에 대한 중재가 적절했습니까? 그 근거를 말하시오.
- 수업 중에 학생 C가 학생 B를 공격한 행동의 원인을 파악하여 말하고, 추후에 공격행동이 다시 발생한다면 어떻게 지도할 것인지 실천방안을 말하시오.
- 수업에서 학생의 반응을 이끌어내기 위한 학습전략을 말하고 자리이탈 행동을 어떻게 중재하였는지 말하고 수업에서 보완할 점과 개선책 말하기
- 내가 가르치는 학생들은 어떤 학생인가, 그 특징을 나의 수업에 어떻게 반영하고 있는지 말하시오.
- 수업에 참여하지 않으려는 장애학생이 있다면 어떻게 수업을 할 것인지 말하시오.
- 수업에서 배움을 방해하는 요소와 배움에서 소외되는 학생이 발생한다면 어떻게 보완할 것인지 말하시오.
- 수업에 참여한 학생이 수업에 대해 부정적인 피드백을 한다면 어떤 부분에서 기인한 것일지 예상해 보고, 이를 보완하기 위한 방안이나 재구성 방안을 말하시오.
- 수업 중에는 다양한 상황이 일어날 수 있다. 이에 대비하기 위해 교사에게 필요한 역량 3가지와 이유를 말하시오.

03 수업 중 협력

> **대표 문항** 학생-학생, 학생-교사 간의 상호작용을 원활하게 하기 위해서 어떠한 노력을 하였는지 말하시오.

- 어떤 지점에서 학생-학생, 학생-교사 간에 협력적 배움(자기 생각 만들기)과 나눔(서로 다른 자기 생각 나누기)이 일어났는지 말하시오.
- 이 수업을 통해 교사와 학습자, 학습자와 학습자 간의 관계가 어떻게 형성되었는지 말하시오.
- 이 수업의 협력학습이 의미 있는 집단 활동이 되었는지 말하시오.
- 본 수업에서 협동할 수 있는 활동을 넣는다면 어떤 활동을 할 것인지 3가지를 말하시오.
- 활동 중 가장 협력이 필요하다고 생각하는 활동 2가지를 말하고, 그 이유와 지도 방법을 말하시오.

04 교육과정 반영

> **대표 문항** 수업에서 가장 중점을 둔 부분을 성취기준과 연계하여 말하시오.

- 수업 목표, 내용선정, 교수·학습 방법, 평가가 일관성 있게 계획되었는지 이유와 함께 말하시오.
- 이 수업에서 교육과정 재구성의 의미가 무엇이며, 학생들의 일상생활과 밀접하게 연계되기 위해서 어떻게 교수하였는지 말하시오.
- 오늘 수업의 성취기준은 무엇이며, 그 성취기준에 맞는 평가방법은 무엇이며, 이것을 학생의 성장을 위해 활용하는 방안에 대해 답변하시오.
- 목표를 각 수준에 맞게 설정하고 설정한 이유를 설명하시오.
- 수업에서 사용한 평가방법을 학교 현장에서 활용한다면, 기대되는 효과와 예상되는 문제점을 1가지씩 말해 보시오. 그리고 모든 학생들이 교사의 평가가 공정하다고 납득하려면 교사가 어떤 노력을 해야 하는지 말하시오.
- 본 수업에서 학생들에게 키워주고자 한 역량을 한 가지 말하고 그와 관련된 활동 2가지를 말하시오. 그리고 이 수업을 학교에서 진행할 경우, 의도한 역량을 달성하기 위해 보완할 점을 말하시오.
- 활동 내용을 각각 설명하고, 2015 특수교육 교육과정 총론에 제시된 역량을 2가지 이상 연결하여 설명하시오.
- 학생들의 의사소통 역량을 기르는 데에 의미 있는 활동이라 생각하는 것을 말하시오.
- 이 수업 주제로 교과 간 통합수업을 한다면 어떤 교과들로 하고 싶은지 말하고, 이때 고려해야 할 점을 말하시오.

05 교육정책 반영

> **대표 문항** 마을교육공동체 측면에서 마을과 협력하여 오늘 한 수업을 재구성한다면 어떻게 할지 구체적인 주제와 방법 측면을 이야기하시오.

- 오늘의 수업 주제로 프로젝트학습을 진행하기 위한 계획을 말하고, 이때 고려할 점은 무엇일지 말하시오.
- 학생중심 교육의 5대 가치(협력, 창의, 자율, 생태, 도전)에 비추어 어떤 가치에 중점을 두고 수업을 진행하였는지 말하시오.
- 우리 지역교육은 모든 학생이 꿈과 끼를 발견하고 핵심역량을 체득하는 것을 목적으로 하고 있다. 우리 지역 교육이 추구하는 핵심역량 함양을 위해 수업에서 활용한 부분을 말하시오.
- '질문이 있는 교실'이 자신의 수업에 어떻게 반영되었는지 잘된 점과 부족한 점을 각각 3가지 이상 이유를 들어 설명하시오.
- '질문이 있는 교실'의 취지에 부합하는 자신의 수업 개선방법을 3가지 이상 이유를 들어 설명하시오.
- 이 수업을 마을과 연계하여 실시한다면 어떠한 방안이 있을지 3가지 이상 말하시오.
- 거꾸로 학습을 실시할 때 제시할 수 있는 자료의 내용과 그 의도를 말하시오.

06 수업 자료 활용

대표 문항 이 수업에서 활용한 개별 학생의 수준에 맞는 교재교구를 설명하고 그 이유를 말하시오.

- 활동에서 쓰는 자료 및 교재교구의 구체적인 예시를 말하고, 각각의 학생에게 어떻게 활용할 것인지 말하시오.
- 수업의 주요 활동 3가지를 설명하되, 사용하는 매체나 기자재, 교구를 포함하여 말하시오.
- A학생에게 필요한 보조공학기기를 선정하고 그 이유를 말하시오.
- 수업에서 활용한 자료가 수업목표를 효과적으로 달성할 수 있는 자료였는지, 적합한 시기에 투입하고 제거하며 활용하였는지 말하시오.
- 학습자료를 학습자의 수준, 발달 단계를 고려하여 적절하게 준비하였는지 말하시오.
- 학생들의 학습효과를 고려한 자리배치는 어떻게 하였는지 말하시오.

07 수업 교사의 성찰

대표 문항 수업을 되돌아볼 때 수업에서 잘한 점, 아쉬웠던 점을 말하고, 현장에서 동료 교사들과 어떻게 협력해나가고 싶은지 방안을 말하시오.

- 오늘 수업에서 가장 즐거웠던 것을 말하고 이 경험을 어떻게 나눌 것인지 말하시오.
- 수업을 계획할 때 고민했던 부분을 말하고, 동료 교사와 나눔을 한다면 어떤 도움을 받고 싶은지 말하시오.
- 수업을 통해 학생에게 성장시키고자 한 것은 무엇이며, 이를 위해 설계할 때 어떻게 했는지 답변하시오. 그리고 수업 시 부족한 점이 무엇이며 어떻게 보완할 것인지 답변하시오.
- 이 수업에서 제일 고민했던 부분을 말하고, 수업 전, 중, 후에 각각 배운 점을 말하시오.
- 이 수업을 실제 수업으로 실시했을 때 예상되는 어려움과 해결 방안을 말하시오.
- 수업에서 의미 있는 발문은 무엇이었는지 말하시오.
- 이 수업주제로 학교 현장에서 수업을 진행할 때, 교사 자신의 특성이나 수업관을 반영하여 재구성한다면 어떻게 할 것인지 말하시오.
- 이 수업에서의 배움의 의미와 교사에게 배움이 일어난 부분을 말하시오.
- 이러한 수업나눔이 선생님의 수업에 줄 수 있는 의의는 무엇이라고 생각하는지 말하시오.

08 학생의 삶과 연계

대표 문항 수업 중 학생의 삶과 연계한 부분은 어느 부분인지 말하시오.

- 이 활동을 사후확장활동으로 어떻게 하고 싶은지, 학생의 삶에서 어떻게 배움이 일어날 수 있도록 할지 말하시오.
- 학생이 학교에서 배운 것을 일상생활과 연계하는 방법은 무엇인지 말하시오.
- 자신의 학생관은 무엇이며, 수업을 실생활과 연계를 어떻게 하였는지 말하시오.
- 배움이 학생의 삶과 연계되는 부분을 3가지 이상 말하시오.
- 이 수업이 학생들의 삶에 어떤 의미가 있을지 말하시오.
- 이 수업이 학습자에게 유의미한 경험을 제공하기 위한 설계는 무엇인지 말하시오.

2025 특수교사 임용시험의 모든 것
유·초등특수 면접·수업실연

PART 6

교직적성 심층면접 예시 답안

CHAPTER 01 평가원

CHAPTER 02 서울

CHAPTER 03 경기

CHAPTER 04 대구

CHAPTER 05 충북

CHAPTER 01 평가원

01 평가원

(1) 2024 초등특수

구상형

	(가)와 (나) 상황에서 개선해야 할 점	특수교사가 지원해야 할 내용
수지	① 확대 독서기를 사용하여 읽기 활동에 참여하기 ② 수지의 이름을 불러 질문하기	① 수업 시 필요한 지원을 미리 제공 ② 통합학급 교사와 학생 대상 장애이해교육 실시
상우	① 적절한 조명을 고려하여 자리 배치 ② 소음이 많은 환경 개선	① 얼굴이 잘 보이는 위치에서 시각적 자료와 함께 제시하도록 안내 ② 추가적인 의사소통 수단 제공 및 장애이해교육 실시

> 구상형 답변드리겠습니다.
>
> 특수교사는 장애 학생이 통합학급에서 원활하게 수업에 참여할 수 있도록 맞춤형 지원을 제공해야 합니다. 이에 따라 제시문의 수지와 상우 측면에서 개선점과 지원 내용을 말씀드리겠습니다.
>
> 먼저, (가) 상황에서 수지 측면에서 개선점과 특수교사의 지원 내용을 말씀드리겠습니다. 첫째, 짝과 함께 읽기를 수행할 때, 짝이 모두 읽어주고 있습니다. 이때 수지가 확대 독서기를 활용하여 스스로 읽을 수 있도록 개선해야 합니다. 특수교사는 수업 시 필요한 지원을 미리 제공할 수 있습니다. 예를 들어 수업 자료를 미리 제공하여 확대 독서기로 읽는 데 시간이 충분하도록 지원하거나, 수지에게 적합한 방식으로 확대 자료를 제공하는 등 수업자료를 조정할 수 있습니다. 둘째, 교사는 수지의 이름을 부르며 질문을 해야 합니다. 특수교사는 통합학급 교사와 학생을 대상으로 장애이해교육을 실시하여 수지의 시각장애를 배려할 수 있도록 지원할 수 있습니다. 예를 들어 비언어적 의사소통을 최소화하고, 적절한 지원이 있다면 수지도 자립적으로 수업에 참여할 수 있다는 것을 알려줄 수 있습니다.
>
> 다음으로 (나) 상황에서 상우 측면에서 개선점과 특수교사의 지원 내용을 말씀드리겠습니다. 첫째, 상우는 빛이 많이 들어오는 자리에 배치되어 다른 사람의 입 모양을 보기 어려울 수 있습니다. 적절한 자리 배치가 필요합니다. 이때 특수교사는 상우에게 적절한 자리 배치를 안내하여 지원하고, 교사가 구두로만 지시하기보다는 중요한 내용을 칠판에 적는 등 시각적 자료와 함께 제시하도록 지원할 수 있습니다. 둘째, 상우가 모둠 활동에 참여할 수 있도록 소음이 많은 환경을 개선해야 합니다. 창문을 닫거나, 소음이 덜한 자리로 옮겨야 합니다. 또한, 특수교사는 모둠 활동 시 필요한 추가 의사소통 수단을 지원하고, 학급 학생들에게 장애이해교육을 실시할 수 있습니다. 예를 들어 음성 인식 프로그램을 활용하거나, 학급 학생들을 대상으로 또렷한 발음과 입 모양을 잘 보이도록 교육을 할 수 있습니다. 이처럼 장애 학생이 통합학급에서 동등한 일원으로 수업에 참여하기 위해서는 특수교사뿐만 아니라 통합학급 교사와 학생들의 인식 개선이 필수적입니다. 특수교사는 이를 위해 항상 고민하고 노력해야 할 것입니다. 이상입니다.

즉답형 01

교직 태도	실천 방안
① 적극적인 태도 ② 협력적 태도	① 관찰 일지를 작성하고 이를 토대로 보호자 상담을 실시하는 등 학생들의 특성을 적극적으로 파악 ② 특수교육 지원인력과 협력하여 정보 공유하기

즉답형 1번 답변드리겠습니다.

초임 교사 김 교사가 가져야 할 교직 태도 2가지와 그에 대한 실천 방안 2가지를 말씀드리겠습니다.

첫째, 김 교사가 가져야 할 교직 태도는 적극적인 태도입니다. 이에 대한 실천 방안은 관찰 일지를 작성하고 이를 토대로 보호자 상담을 실시하는 등 학생들의 특성을 적극적으로 파악하는 것입니다. 학부모님들께서도 김 교사의 적극적인 태도를 마주한다면 교사를 더욱 신뢰할 것입니다.

둘째, 김 교사에게는 협력적 태도가 필요합니다. 이에 대한 실천 방안은 특수교육 지원인력과 협력하여 정보를 공유하는 것입니다. 협력하는 과정에서는 역할 분담이 필요하며, 이때 교사는 지원인력의 의견을 존중함과 동시에 주도적인 역할을 수행할 수 있어야 합니다.

지원인력과의 팀워크는 효과적인 통합교육을 이루어낼 수 있을 것입니다. 이상입니다.

즉답형 02

인성적 자질	① 공감 ② 책임감 ③ 자신감

즉답형 2번 답변드리겠습니다.

A교사에게 필요한 인성적 자질은 다음과 같습니다.

첫째, 공감입니다. 통합학급 B교사는 장애 학생으로 인해 고민을 하고 있습니다. A교사는 이에 충분히 공감하며 함께 해결책을 찾으려 노력해야 합니다. B교사의 교실에 찾아가서 이야기를 나누는 등 B교사가 구체적으로 어떤 어려움을 갖고 있는지 들어보는 것도 좋은 방법이 될 것입니다.

둘째, 책임감입니다. A교사는 책임감을 가지고 영희의 통합교육을 위해 노력해야 합니다. 자신의 견해가 맞는지 확신이 어렵다면 이웃 학교의 선배 특수교사에게 자문을 구하거나 다양한 지원 방법을 찾아볼 수 있습니다.

셋째, 자신감입니다. A교사는 특수교사로서 통합학급 교사에게 특수교육 및 통합교육에 관련하여 전문성을 발휘할 수 있습니다. 아무리 경력이 많아도, 통합학급 교사는 특수교육에 대해 잘 모를 수 있습니다. 이에 대해 자신감을 가지고 자신의 특수교육 지식을 제공해야 합니다. 이상입니다.

(2) 2024 유아특수

구상형

관찰기록의 장점	문제행동이 자주 발생하는 시간과 자주 발생하지 않는 시간대를 시각적으로 쉽게 알아볼 수 있다.
경수의 문제행동의 기능과 이유	• 기능 : 관심 얻기 • 이유 : 개인 활동을 할 때는 잘 수행하지만 수업 시간 활동 중 문제행동을 보이는 걸 보아 교사의 관심을 얻기 위함으로 파악
긍정적 행동지원 측면	선행사건 중재	교사가 경수에게 관심을 자주 제공하거나, 경수에게 수업 시간 중 도우미 역할을 부여한다.
	대체행동 기술 지도	손을 들고 교사를 부르는 행동을 지도한다.
	후속결과 중재 전략	경수가 문제행동을 보이지 않으면 쉬는 시간에 스티커, 그림그리기, 그림카드 놀이 등 경수가 좋아하는 활동을 제공한다.

구상형 답변드리겠습니다. 장애 학생의 문제행동을 지도하기 위해서는 통합학급 교사, 특수교사가 함께 협력하여 기능을 파악하는 것이 중요합니다. 이에 따라 제시문의 관찰기록과 문제행동의 기능, 중재 전략을 말씀드리겠습니다.

먼저, 박 교사가 사용한 관찰기록은 행동 분포 관찰 기록으로. 장점은 문제행동이 자주 발생하는 시간과 자주 발생하지 않는 시간대를 시각적으로 쉽게 알아볼 수 있다는 것입니다. 이를 통해 경수가 어느 시간대에 문제행동을 보이는지 파악할 수 있을 것입니다.

다음으로, 경수의 문제행동의 기능은 관심 얻기로 파악됩니다. 그 이유는 개인 활동을 할 때는 잘 수행하지만 수업 시간 활동 중 문제행동을 보이기 때문입니다. 따라서 교사의 관심을 얻기 위한 문제행동으로 파악됩니다.

마지막으로, 긍정적 행동지원 측면에서 중재 전략은 다음과 같습니다. 첫째, 선행사건 중재로 교사가 경수에게 관심을 자주 제공하거나, 경수에게 수업 시간 중 도우미 역할을 부여하는 것입니다. 둘째, 대체행동 기술 지도로 누워서 발버둥을 치고 드러눕는 행동 대신 손을 들고 교사를 부르는 행동을 지도하는 것입니다. 셋째, 후속결과 중재로 경수가 문제행동을 보이지 않으면 쉬는 시간에 스티커, 그림그리기, 그림카드 놀이 등 경수가 좋아하는 활동을 제공하는 것입니다.

이 외에도 수업 시간에는 드러누우면 안된다는 규칙을 시각적으로 제시하고, 행동계약서를 작성하는 등 다양한 행동중재 방법이 있을 것입니다. 이상입니다.

즉답형 01

최 교사가 가져야 할 태도	신뢰하고 소통하는 태도
윤 교사가 전문성을 향상시킬 수 있는 방안	① 다른 수업을 참관하는 등 교사들 간의 수업 나눔에 참여하기 ② 자신의 수업을 성찰하기

즉답형 1번 답변드리겠습니다. 제시문에서 최 교사가 가져야 할 태도와 윤 교사가 전문성을 향상시킬 수 있는 방안을 말씀드리겠습니다.

먼저, 최 교사는 신뢰하고 소통하는 태도를 가져야 합니다. 윤 교사는 신규 교사로 어려운 점에 대해 잘 모를 수 있으며, 원감 선생님의 이야기는 오해일 수 있기 때문입니다. 따라서 최 교사에게는 신규 교사를 신뢰하고, 소통하려는 태도가 필요합니다.

다음으로, 윤 교사가 전문성을 향상시킬 수 있는 방안은 다음과 같습니다. 첫째, 다른 수업을 참관하는 등 교사들 간의 수업 나눔에 참여하는 것입니다. 온라인 수업 나눔이나 지역의 교사 공동체 등에 참여할 수 있을 것입니다. 둘째, 자신의 수업을 성찰하는 것입니다. 수업 성찰 체크리스트 등을 활용하여 객관적으로 나의 수업을 바라보고, 문제점과 개선점을 찾는다면 전문성을 향상시킬 수 있을 것입니다. 이상입니다.

즉답형 02

인성적 자질	① 공감과 이해 ② 책임감

즉답형 2번 답변드리겠습니다.

제시문을 바탕으로 교사가 학부모와 면담할 때 지녀야 할 인성적 자질과 그 이유를 말씀드리겠습니다. 첫째, 공감과 이해가 필요합니다. 그 이유는 학부모는 장애에 대해서는 잘 모르지만 그 아이에 대해서는 누구보다도 전문가입니다. 따라서 학부모의 의견을 공감하고, 이해하며 함께 협력해야 합니다. 제시문의 어머니가 병원에 다니며 신체 발달이 좋아졌다 생각하시는 점도 충분히 공감해 드리는 것이 필요합니다. 둘째, 책임감입니다. 그 이유는 특수교사는 특수교육대상유아에게 적합한 교육을 제공하는 역할을 가지며 이에 책임감을 가져야 하기 때문입니다. 제시문의 특수교사는 유아가 학교 교육에 참여한다면 성장할 수 있는 부분을 구체적으로 안내하여 치료와 학교 교육을 병행할 수 있도록 이끌어야할 것입니다. 이상입니다.

(3) 2023 초등특수

구상형

		개선점	수업 참여 증진 방안
(1)	(가) 상황에서의 개선점과 수업 참여 증진 방안	주어진 과제의 일부를 수행하게 한다.	미술 : 지원 인력의 도움을 받아 사과의 일부를 만들어보도록 한다. 점토를 느껴볼 수 있게 한다.
		적절히 수정된 과제를 수행하게 한다.	음악 : 왼손을 활용하여 리듬악기로 박자를 맞추도록 한다.
(2)	(나) 상황에서의 또래 관계 증진 방안을 2가지 말하시오.	① 다른 아이들과 쉽게 상호작용할 수 있는 자리로 배치 ② 또래에게 민수가 할 수 있는 반응을 알려주고 상호작용을 유도하기	

구상형 답변드리겠습니다.

교사는 성공적인 통합교육을 위해 끊임없이 고민하고 노력해야 합니다. 특히 학생의 요구를 파악하고 필요한 지원을 제공하는 것이 중요합니다.

먼저, (가) 상황에서의 개선점과 그에 따른 수업 참여 증진 방안을 말씀드리겠습니다.

첫째, 김 교사는 민수가 과제 수행이 어렵더라도 주어진 과제의 일부라도 수행할 수 있게 해야 합니다. 이에 따른 수업 참여 증진 방안으로는 미술 시간에 민수가 지원인력의 도움을 받아 사과의 일부를 만들어 보거나 시작 단계와 마무리 단계를 스스로 할 수 있게 하는 방안이 있습니다.

둘째, 김 교사는 민수의 특성에 맞게 수정된 과제를 제공하도록 해야 합니다. 이에 따라 수업 참여 증진 방안으로는 음악 시간에 민수가 친구들이 부르는 노래에 리듬악기로 박자를 맞춰보게 하는 방안이 있습니다. 이러한 방안들로 김 교사는 민수의 수업 참여 기회를 보장해야 할 것입니다.

다음으로, (나) 상황에서의 또래 관계 증진 방안을 말씀드리겠습니다.

첫째, 자리 배치를 변경하는 것입니다. 교실 끝 창가는 상호작용이 어렵습니다. 따라서 교실의 전체적인 배치를 고려하여 이동의 편리함과 동시에 다른 아이들과 쉽게 상호작용할 수 있는 자리를 마련해야 또래 관계를 증진할 수 있을 것입니다.

둘째, 같은 반 친구들에게 민수가 할 수 있는 반응을 알려주어 상호작용을 유도하는 것입니다. 친구들도 먼저 다가가고 싶지만 그 방법을 모를 수 있기에 민수와 상호작용하는 방법을 알려준다면 또래 관계가 증진될 것입니다.

교사는 언제나 학생들의 참여를 보장해야 합니다. 교사의 노력으로 학생이 다양한 환경에서 참여할 수 있게 된다면, 학생의 수업 참여도뿐만 아니라 사회적 관계 범위가 넓어질 것입니다. 이상입니다.

I. 시작　　II. 심층면접　　III. 수업실연　　IV. 교수·학습과정안　　V. 수업성찰　　**VI. 심층면접 예시 답안**

즉답형 01

태도	① 적극적인 태도 ② 협력적인 태도 그 외 수용하는 태도, 열정적인 태도 등 여러 태도를 말할 수 있음.
전문성	① 다양한 수업 도구를 활용하는 전문성이 필요하다. ② 학생의 특성을 고려하여 몰입하는 수업을 만드는 전문성이 필요하다.

즉답형 1번 문항 답변드리겠습니다.

먼저, 문제 상황에서 이 교사에게 필요한 태도를 말씀드리겠습니다.

첫째, 적극적인 태도가 필요합니다. 새로운 것을 적극적으로 배우고 아이들과 함께 활용하는 태도를 가진다면 더 다채로운 수업을 만들 수 있을 것입니다.

둘째, 협력하는 태도가 필요합니다. 디지털 활용 수업을 적극 활용하는 김 교사와 수업을 계획하고, 실시하며 평가하는 과정에서 협력한다면 이 교사 또한 처음 시도해보는 수업에 대한 자신감을 가질 수 있을 것입니다.

다음으로, 교사는 수업전문가가 되기 위해 교과목에 대한 전문적 지식과 학습지도 능력이 요구됩니다. 따라서 이 교사가 함양해야 하는 전문성을 말씀드리겠습니다.

첫째, 다양한 수업 도구를 활용하는 전문성이 필요합니다. 학생의 특성, 수업 주제에 맞게 다양한 수업 도구를 활용한다면 더 다채로운 수업을 만들 수 있습니다.

둘째, 학생의 특성을 고려하여 학생이 몰입하는 수업을 만드는 전문성이 필요합니다. 학생이 몰입하는 수업을 위해서는 학생의 개인차를 고려하고, 흥미와 관심을 자극하며, 일상생활 장면과 연계하는 등 여러 요인이 필요합니다.

이 교사는 새로운 수업 도구에 대해 거부감을 느끼거나 주저하기보다는 필요한 태도와 전문성을 갖추어 자신감을 가지고 성장하는 교사가 되어야 할 것입니다. 이상입니다.

즉답형 02

인성적 자질과 그 이유	① 경청과 공감 자질: 자신의 의견과 다르더라도 상대방의 의견을 듣다 보면 더 좋은 방안을 찾을 수 있고, 상대방을 이해할 수 있다. ② 통찰 자질: 학부모님이 그 의견을 주장하는 이유를 통찰하는 자질이 필요하다. 이를 통해 학부모님이 원하는 요구를 파악하여 절충안을 마련할 수 있을 것이다. ③ 소통 자질: 협의회에서 의견이 다르더라도 서로를 이해하고 수용할 수 있도록 이끄는 소통 자질이 필요하다.

즉답형 2번 문항 답변드리겠습니다.

협의회에서 교사와 학부모님의 의견 대립이 발생한 상황입니다. 이러한 상황에서 교사가 가져야 할 인성적 자질을 말씀드리겠습니다.

첫째, 경청과 공감 자질이 필요합니다. 자신의 의견과 다르더라도 상대방의 의견을 경청하면 더 좋은 방안을 찾을 수 있고, 상대방을 공감할 수 있습니다.

둘째, 통찰 자질이 필요합니다. 학부모님이 그 의견을 주장하는 이유를 통찰한다면, 학부모님이 원하는 요구를 파악하여 절충안을 마련할 수 있을 것입니다.

셋째, 소통 자질이 필요합니다. 교사는 소통 자질을 갖추어 협의회에서 의견이 다르더라도 서로를 이해하고 수용할 수 있도록 이끌어야 합니다.

교사와 학부모는 모두 학생의 교육을 위해 노력하는 주체입니다. 같은 목표를 가지고 나아가므로 함께 협력한다면 더욱 배가 되는 교육 효과를 얻을 수 있을 것입니다. 이상입니다.

(4) 2023 유아특수

구상형 ▼

(1)	수용했을 때 발생할 수 있는 문제점	서준이가 수업에 참여할 수 있는 기회가 박탈됨.
(2)	거절했을 때 발생할 수 있는 문제점	수업 중 서준이의 문제행동이 발생한다면 편견과 낙인이 생길 수 있음.
(3)	김 교사가 할 수 있는 방안	① 다른 수업 시간에 파라슈트를 활용한 놀이를 미리 해보기 ② 학부모 대상 장애이해교육 실시하기 ③ 박 교사와 협력하여 수업 중 서준이의 거부 반응에 대비하기

구상형 문항 답변드리겠습니다.

먼저, 김 교사가 박 교사의 제안을 수용했을 때 발생할 수 있는 문제점은, 서준이의 수업 기회가 박탈된다는 것입니다. 개별화 협의 결과 특수학급에서 등원 지도 후 남은 일과는 통합학급에서 생활하기로 협의하였습니다. 따라서 서준이가 통합학급 수업에 참여할 수 있는 기회를 박탈해서는 안됩니다. 이는 서준이의 보호자님과의 갈등도 일으킬 수 있습니다.

반면에, 김 교사가 박 교사의 제안을 거절했을 때 발생할 수 있는 문제점은 학부모 공개 수업 중 서준이의 문제행동으로 다른 학부모님들에게 편견과 낙인이 생길 수 있다는 것입니다.

이에 따라, 모든 유아가 학부모 공개 수업에 참여하기 위한 김 교사의 방안은 다음과 같습니다.

첫째, 다른 수업 시간에 파라슈트를 활용한 놀이를 해보는 것입니다. 서준이가 파라슈트를 미리 접하여 익숙해진다면 거부반응을 예방할 수 있을 것입니다.

둘째, 학부모 대상 장애이해교육을 실시하는 것입니다. 학부모님들께 서준이의 장애와 행동특성을 미리 안내하고, 양해를 부탁드린다면 편견과 낙인을 예방할 수 있을 것입니다.

셋째, 박 교사와 협력하여 수업 중 서준이의 거부 반응에 미리 대비하는 것입니다. 거부 반응이 일어났을 때 다른 교실에서 진정할 수 있는 시간을 가지거나, 서준이가 익숙해하는 놀잇감을 제공한다면 거부반응을 예방할 수 있을 것입니다.

이처럼 특수교사와 통합학급교사가 협력한다면 유아뿐만 아니라 보호자 등 모든 교육 주체에게 성공적인 통합교육을 만들 수 있을 것입니다. 이상입니다.

즉답형 01

교직 태도	긍정적인 태도
①~③까지의 학급 규칙 수정	① 복도에서는 사뿐사뿐 걸어요. ② 교실에서는 조잘조잘 이야기해요. ③ 차례차례 배려하며 줄을 서요.

즉답형 1번 문항 답변드리겠습니다.

먼저, 김 교사와 이 교사가 공통적으로 가져야 할 교직 태도는 긍정적인 태도입니다. 두 교사가 붙여놓은 기본생활습관 규칙은 모두 하지 말아야 한다는 부정적인 표현을 사용하였습니다. 부정적으로 표현된 규칙은 유아에게 대체 행동을 가르쳐줄 수 없습니다. 따라서 규칙을 만들 때는 유아들에게 필요한 바람직한 행동을 긍정적인 표현으로 제시하는 것이 더 효과적입니다.

다음으로, 1번부터 3번까지의 학급 규칙을 바르게 수정하여 말씀드리겠습니다.

첫째, 1번 규칙은 '복도에서 사뿐사뿐 걸어요.'로 수정할 수 있습니다.

둘째, 2번 규칙은 '교실에서는 작은 목소리로 재잘재잘 이야기해요.'로 수정할 수 있습니다.

셋째, 3번 규칙은 '차례차례 배려하며 줄을 서요.'로 수정할 수 있습니다.

저는 이처럼 규칙에 유아에게 필요한 바람직한 행동을 제시하며, 유아가 받아들이기 쉽게 흉내 내는 말을 사용하고자 합니다. 이는 유아들의 기본생활습관 지도에 효과적일 것이라고 생각합니다. 이상입니다.

즉답형 02

김 교사의 칭찬이 바람직한 이유	① 구체적이다. ② 즉각적이다. ③ 바람직한 행동을 이야기했다.
빈번한 칭찬이 부정적인 영향을 미치는 이유	유아가 칭찬을 당연하게 여길 수 있다.

즉답형 2번 문항 답변드리겠습니다.

먼저, 김 교사의 칭찬이 바람직한 이유를 말씀드리겠습니다.

첫째, 구체적이기 때문입니다. 유아에게 칭찬하는 말과 함께 이유를 제시해주어 유아가 자신이 칭찬받는 이유를 이해할 수 있습니다.

둘째, 즉각적이기 때문입니다. 유아가 칭찬 받는 행동을 했을 때 즉각적으로 다가가서 칭찬했습니다. 즉각적인 칭찬은 유아가 만족감을 느낄 수 있습니다.

셋째, 바람직한 행동을 이야기했기 때문입니다. 유아의 바람직한 행동을 칭찬함으로써 유아의 행동이 유지되고 강화될 수 있습니다.

다음으로, 빈번한 칭찬이 부정적인 영향을 미치는 이유는 유아가 칭찬을 당연하게 여길 수 있기 때문입니다. 이로 인해 칭찬의 효과가 감소하고 바람직한 행동에 대한 강화가 일어나지 않을 수 있습니다. 이상입니다.

(5) 2022 초등특수

구상형 01

(1)	문제점	수업 설계 시 학생의 특성을 고려하지 않았다.
(2)	이유	김 교사는 소리에 민감하며 흔드는 악기에 예민함을 보이는 학생이 있음에도 흔드는 악기를 만드는 활동을 하였다. 이러한 학생 특성은 수업 설계 시 고려하여 문제행동을 예방해야 한다.
(3)	문제행동 중재 방안	① 수업 설계 시 흔드는 악기 대신 다른 악기를 활용하는 방법을 찾아본다. ② 수업 중 소리로 힘들어한다면 헤드폰을 착용하게 하는 등 민감도를 낮춰준다.

구상형 1번 문항 답변드리겠습니다.

장애 학생의 문제행동 중재에 있어서 가장 중요한 것은 예방입니다. 문제행동의 기능을 파악하여 알맞은 중재를 제공한다면, 학생의 문제행동은 소거될 것입니다. 이에 따라, 제시문의 김 교사의 문제점과 그 이유, 그리고 중재 방안을 말씀드리겠습니다.

먼저, 김 교사의 문제점은 수업 설계 시 학생을 고려하지 않았다는 것입니다. 그 이유는 소리에 민감하여 흔드는 악기에 예민함을 보이는 학생이 있음에도 흔드는 악기를 만드는 활동을 하였기 때문입니다. 특수교사는 수업 설계 시 장애 학생의 문제행동의 기능을 미리 파악하고, 이를 예방하기 위한 중재를 제공해야 합니다.

다음으로, 성우의 문제행동 중재 방안을 말씀드리겠습니다. 첫째, 수업 설계 시 흔드는 악기 대신 다른 악기를 활용하는 방법을 찾아보는 것입니다. 수업의 목표가 악기를 만들어 보는 경험이라면, 다른 악기를 선택할 수 있을 것입니다. 둘째, 성우가 음악 수업 중 소리로 힘들어한다면 헤드폰을 착용하게 하는 등 민감도를 낮춰주는 방법이 있습니다. 성우와 학급 내 다른 아이들이 모두 적극적으로 참여할 수 있는 수업이 될 수 있을 것입니다. 이상입니다.

구상형 02

세희의 특성을 고려한 지원 방안	① 세희의 발음을 분석하여 어려운 발음이 무엇인지 파악하고, 쓰거나 그림카드를 함께 제시하며 말하는 방법을 알려준다. ② 세희가 흥미 있어 하고, 잘하는 활동을 통해 학교에서의 즐거움을 느끼게 해주고, 자신감을 키워준다.

구상형 2번 문항 답변드리겠습니다.

이 교사의 기록을 살펴보면, 세희에게 의사소통 지원과 정서적 지원이 필요해 보입니다. 이에 따라 세희의 특성을 고려한 지원방안 2가지를 말씀드리겠습니다.

첫째, 의사소통 지원방안으로, 세희의 발음을 분석하여 어려운 발음이 무엇인지 파악하는 방안입니다. 세희와 낱말 카드 읽기를 함께 하다 보면 세희의 발음 특성을 알 수 있어 알아듣기가 더 쉬울 것입니다. 그리고 어려운 발음이 무엇인지 발음의 패턴을 찾아 이를 교정할 수 있는 방안을 찾는다면 도움이 될 것입니다. 더불어 글씨를 쓰거나 그림 카드를 함께 제시하며 말하는 방법을 알려 주는 방안도 있습니다. 이 외에도 치료사나 보호자와 고민을 나누고, 협력하여 지원할 수 있는 방안을 찾아야 합니다.

둘째, 정서적 지원 방안으로, 세희가 흥미 있어 하고, 잘하는 활동을 통해 학교에서의 즐거움을 느끼게 해주는 것입니다. 세희는 말을 잘 하지 않으려고 하고, 주눅 들어 하는 모습이 자주 보입니다. 이런 경우 무력감에 빠질 수 있습니다. 교사는 세심한 관찰과 지원으로 세희의 긍정적인 또래 관계를 이끌고, 세희가 자신감을 가질 수 있게 도와야 합니다. 이상입니다.

Ⅰ. 시작　Ⅱ. 심층면접　Ⅲ. 수업실연　Ⅳ. 교수·학습과정안　Ⅴ. 수업성찰　**Ⅵ. 심층면접 예시 답안**

즉답형 01

(1)	특수교사에게 필요한 태도	① 협력적 태도 ② 수용적 태도
(2)	통합학급 교사의 고민에 대한 해결 방안	① 통합학급 적응기간에 대한 충분한 안내가 필요 ② 적응기간 중 통합학급 활동 지원

즉답형 1번 문항 답변드리겠습니다.

통합학급 적응기간은 장애학생이 통합학급에 적응할 충분한 시간을 갖고, 통합교육의 성과를 극대화하기 위해 필요합니다. 이에 따라 특수교사에게 필요한 태도와 통합학급 교사의 고민에 대한 해결방안을 말씀드리겠습니다.

먼저, 제시된 상황의 특수교사에게 필요한 태도를 말씀드리겠습니다. 첫째, 협력적 태도입니다. 학년 초 통합학급 적응기간이 통합학급교사에게 과중한 업무가 될 수 있습니다. 따라서 특수교사는 잘 운영될 수 있도록 함께 논의하고, 지원해야 합니다. 둘째, 수용적 태도입니다. 통합학급 적응기간은 학생 및 보호자의 요구에 따라 조절될 수 있습니다. 특수교사는 요구를 수용하여 융통적으로 운영할 수 있습니다. 더불어 물리적 통합만이 아니라 다양하게 운영하는 것이 필요합니다.

다음으로, 통합학급 교사의 고민에 대한 해결방안을 말씀드리겠습니다. 첫째, 통합학급 교사는 장애학생을 왜 하루종일 맡아야 하는지 이해하지 못하고 있습니다. 이에 대해 통합학급 적응기간의 목적과 필요성을 충분히 안내해야 합니다. 둘째, 통합학급 교사는 민우와 다른 친구들에게 통합교육을 어떻게 실시해야 할지 모르겠다고 했습니다. 이를 위해 특수교사는 장애학생의 정보를 제공하고, 장애이해교육을 실시해야 합니다. 더불어 수업활동을 지원하고 통합학급교사와 긴밀한 협력을 이루는 것이 필요합니다. 이상입니다.

즉답형 02

인성적 자질	① 적극성　② 사명감　③ 공감적 이해

즉답형 2번 문항 답변드리겠습니다.

다음 상황에서 특수교사에게 필요한 인성적 자질을 말씀드리겠습니다.

첫째, 적극성입니다. 보호자에게 학생에 대한 정보를 얻기 힘든 상황에서, 보다 적극적으로 이 상황을 극복해야 합니다. 적극성을 갖추어 작년 담임 교사나 치료사, 조부모 등 정보를 얻을 수 있는 다른 방법들을 찾아야 할 것입니다.

둘째, 사명감입니다. 특수교사의 역할 중 하나는 특수교육대상학생이 학교에 적응할 수 있도록 지원하는 것이라고 생각합니다. 어려운 상황이지만 특수교육대상학생이 적응할 수 있도록 사명감을 가지고 책임감 있게 수행해야 합니다.

셋째, 공감적 이해입니다. 보호자와 학생의 상황을 공감하고 이해하며, 그에 맞는 방법으로 기초조사를 해야 합니다. 이를 위해 기초조사서를 제출하는 대신 면담을 진행하거나, 기초조사서를 보다 쉬운 양식으로 준비하는 방법이 있을 것입니다. 이상입니다.

(6) 2021 초등특수

 구상형

(1)	문제행동 이후의 지도방안과 그 이유	① 세희 • 지도방안 : 대체행동 차별강화 실시 • 이유 : 자리이탈 행동이 지속될 경우 방해행동으로 발전될 수 있기 때문 ② 동우 • 지도방안 : 토큰과 반응대가 적용 • 이유 : 자리이탈 행동이 증가되어 회피하는 횟수가 점차 늘어날 수 있기 때문
(2)	문제행동을 나타내기 전 예방을 위한 지도방안과 그 이유	① 세희 • 지도방안 : 지속적인 관심을 가지고 있다는 것을 알려주기 • 이유 : 교사의 관심을 끌기 위해 수업 중 자리이탈을 하는 모습이 나타나기 때문 ② 동우 • 지도방안 : 과제 난이도 조절 • 이유 : 과제가 어려울 때 과제를 회피하기 위해 자리이탈 행동을 하기 때문

구상형 1번 문항 답변드리겠습니다.

학생의 문제행동은 그 기능에 따라서 지도가 달라져야 합니다. 제시문의 두 학생의 문제행동은 자리를 이탈한다는 점에서 같지만, 그 기능이 각기 다르기 때문에 다른 방법의 문제행동 지도가 이루어져야 합니다.

먼저, 두 학생이 문제행동을 나타낸 이후에 지도방안과 그 이유에 대하여 각각 1가지씩 말씀드리겠습니다.

첫째, 세희 측면으로는, 대체행동 차별강화를 실시합니다. 그 이유는 교사의 관심을 끌기 위한 자리이탈 행동이 지속될 경우에는 방해행동으로 발전할 수 있기 때문입니다. 예를 들어, "도와주세요", "질문 있어요" 등의 문장 표현 혹은 손 들기와 같이 사회적으로 수용 가능하고 기능이 동일한 대체행동을 지도한다면 학생의 문제행동을 보다 긍정적으로 변화시킬 수 있을 것입니다.

둘째, 동우 측면으로는, 토큰과 반응대가를 적용하는 것입니다. 그 이유는 과제가 어려운 경우 이를 회피하기 위한 자리이탈 행동이 강화되어 회피하는 횟수가 점차 늘어날 수 있기 때문입니다. 예를 들어, 자리이탈 행동이 나타나지 않을 때는 동우가 좋아하는 색깔을 활용하여 파란색 스티커를 제공하고, 자리이탈 행동이 나타났을 때는 파란색 스티커를 다시 회수하는 방법을 활용할 수 있습니다. 이를 통해 학생의 수업참여도 향상 및 문제행동 감소에 효과가 나타날 것입니다.

다음으로, 두 학생이 문제행동을 나타내기 전 예방을 위한 지도방안과 그 이유에 대하여 각각 1가지씩 말씀드리겠습니다.

긍정적 행동지원 측면에서 문제행동은 최대한 보편적인 방법으로, 학생에게 덜 혐오적인 방법을 사용하는 것이 학생의 문제행동 개선에 장기적이고 효과적이라 할 수 있습니다. 따라서 저는 두 학생에게 차별강화를 최대한 이용하는 방식으로 예방을 위한 중재를 하고자 합니다. 그 방법은 다음과 같습니다.

첫째, 세희 측면으로는, 교사가 지속적으로 관심을 가지고 있다는 것을 알려주는 것입니다. 그 이유는 교사의 관심을 끌기 위해 수업 중 자리이탈을 하는 모습이 나타나기 때문입니다. 그러므로 자리이탈 행동을 하지 않을 때, 세희에게 이름 불러주기, 독서 감상문에 대한 칭찬해주기 등의 방법을 통해 지속적인 관심을 가지고 있음을 알려주어야 합니다.

둘째, 동우 측면으로는, 과제 난이도를 조절해줄 수 있습니다. 동우는 과제가 어려울 때 과제를 회피하기 위해 자리이탈 행동을 하기 때문에 과제를 더 쉽게 제시할 필요가 있습니다. 그러므로 과제를 제공할 때 동우의 학업 성취수준에 적절한 과제로 제공하고 파란색으로 만들어진 단어카드 등 학생의 선호를 활용하여 수업에 적극적으로 참여할 수 있도록 해주어야 합니다. 이상입니다.

I. 시작   II. 심층면접   III. 수업실연   IV. 교수·학습과정안   V. 수업성찰   **VI. 심층면접 예시 답안**

즉답형 01

(1)	인성적 자질과 그 이유	• 책임감 : 장애학생도 비장애학생과 동일한 수업에 참여할 권리를 가지고 있기 때문 • 존중하는 태도 : 장애학생의 학습에 대한 의지, 참여욕구 등을 파악하고, 이를 존중하여 최대한 보장해주어 행복한 학교생활을 영위할 수 있도록 해주어야 하기 때문
(2)	전문적 자질과 그 예	• 장애학생 인권에 대한 지식 : 장애학생이 학교에서 인권과 학습권을 존중받을 수 있도록 지원해야 하기 때문

즉답형 1번 문항 답변드리겠습니다.

먼저, 제시문과 같은 상황에서 박 교사가 가져야 할 인성적 자질 2가지와 그 이유에 대해 말씀드리겠습니다.

첫째, 책임감입니다. 지체장애 학생인 수지도 비장애학생과 동일한 수업, 프로그램에 참여할 수 있는 권리를 가지고 있기 때문입니다. 그러므로 특수교사로서 장애학생의 학습권에 대한 책임감을 가지고 비장애학생과 최대한 동일한 학습 경험을 누릴 수 있는 기회를 제공해주어야 합니다.

둘째, 존중입니다. 장애학생이 다른 비장애학생과 마찬가지로 학습이나, 학교 프로그램에 대한 참여욕구를 지니고 있음을 존중하여 이를 최대한 보장해줄 수 있어야 하기 때문입니다. 학생이 스스로 자신의 의사결정이 존중받을 때 행복한 학교생활을 영위할 수 있기 때문입니다.

다음으로, 박 교사가 가져야 할 전문적 자질로 장애학생의 인권에 대한 전문적 지식을 들 수 있습니다. 예를 들면, 장애인 등에 대한 특수교육법, 장애인 차별금지법, 장애학생의 통합교육에 관한 지원방법 등에 대한 지식 등이 있습니다. 장애학생이 학교에서 차별받지 않고 행복한 학교생활을 영위하기 위해서 특수교사는 장애학생의 인권에 대한 지원자, 옹호자로서 지원해줄 수 있어야 합니다.

이상입니다.

즉답형 02

인성적 자질과 그 이유	• 끈기 : 학생의 학업성취가 향상될 것이라는 믿음을 가지고 지도해야 하기 때문 • 인내심 : 학생이 보이는 공격행동과 방해행동을 오랜시간 긍정적인 방법으로 개선해주어야 하기 때문

즉답형 2번 문항 답변드리겠습니다.

제시문과 같은 상황에서 특수교사가 가져야 할 인성적 자질 2가지와 그 이유에 대하여 말씀드리겠습니다.

첫째, 끈기입니다. 그 이유는 발전이 더디고 성장이 느린 학생이지만 학업성취가 향상될 수 있을 것이라는 믿음을 가지고 학생을 지도해야 하기 때문입니다. 장애학생은 속도가 더딜 뿐 무한한 잠재력을 가진 학생들임을 잊지 않고 끈기 있게 학생을 지도한다면 조금씩 변화되는 학생의 모습을 마주할 수 있을 것입니다.

둘째, 인내심입니다. 학생이 계속 보이는 공격행동과 방해행동에 때로는 특수교사가 지칠 수 있습니다. 하지만 이러한 행동들을 개선하기 위해서는 장기적이고 긍정적인 방법으로 오랜시간 인내심을 가지고 지도해야 합니다. 따라서 특수교사에게는 인내심이 중요한 인성적 자질이라고 생각합니다. 이상입니다.

(7) 2021 유아특수

구상형

(1)	최 교사의 문제점과 이유 2가지	• 문제점 : 음성출력기기를 놀이시간에 꺼두고 이야기 시간에만 사용하도록 한 것 • 이유 ① 놀이시간은 다른 아이들과 상호작용을 하며 표현언어 능력을 신장시킬 수 있는 중요한 기회이기 때문 ② 다른 아이들과 음성출력기기를 함께 눌러보는 것 자체로 다른 아이들과의 소통 기회가 될 수 있기 때문
(2)	동호의 상호작용 지원방안 3가지	① 다양한 표현언어 사용 상황을 만들어 제공할 것 ② 놀이시간에 음성출력기기를 사용할 수 있도록 할 것 ③ 동호의 의사표현 시도에 적극적인 강화를 제공할 것

구상형 1번 문항 답변드리겠습니다.

제시문에서 최 교사의 문제점은 음성출력기기를 놀이시간에 꺼두고 이야기 시간에만 사용하도록 한 것입니다. 그 이유는 다음과 같습니다.

첫째, 놀이시간은 장애아동이 다른 아이들과 상호작용하며 표현언어 능력을 신장시킬 수 있는 중요한 기회이기 때문입니다. 그런데 놀이시간에 음성출력기기를 사용하지 못하게 하는 것은 상호작용 기회를 차단한 것이라 할 수 있기 때문입니다. 둘째, 다른 아이들이 음성출력기기를 만져보는 행위 자체도 다른 아이들과의 상호작용 및 소통기회가 될 수 있기 때문입니다. 따라서 최 교사는 다른 아이들이 음성출력기기를 사용하지 못하게 하기보다는 이러한 점을 상호작용의 기회로 만들어줄 수 있어야 합니다.

다음으로 동호의 상호작용 지원방안 3가지를 말씀드리겠습니다.

첫째, 동호에게 다양한 표현언어 사용 상황을 만들어 제공해주어야 합니다. 동호는 스스로 먼저 상호작용을 시작하려고 하지 않기 때문에, 표현언어 사용 기회를 교사가 만들어 줄 필요가 있습니다. 예를 들면, 도움이 필요한 상황을 조성하여 스스로 먼저 상호작용을 시도하도록 할 수 있습니다. 둘째, 놀이시간에 음성출력기기를 사용할 수 있도록 해야 합니다. 놀이 시간은 다른 학생들과 자유롭게 상호작용할 수 있는 좋은 기회이므로, 음성출력기기를 매개로 다른 학생들과 친해지고 상호작용할 수 있는 기회를 만들어주어야 합니다. 셋째, 동호의 의사표현 시도에 적극적인 강화를 제공해주어야 합니다. 의사소통 표현 자체에 강화를 지속적으로 제공함으로써 동호가 의사표현에 즐거움과 성취감을 느끼고 적극적으로 자기표현을 할 수 있도록 지원해야 합니다. 이상입니다.

즉답형 01

놀이시간을 연장할 것인지에 대한 선택과 그 이유	• 나의 선택 : 놀이시간 연장 • 이유 ① 놀이에 몰입하는 것은 발달에 좋은 기회이다. ② 정해진 시간을 지키기보다는 유아 중심의 놀이 운영을 해야 한다. ③ 발달지체 유아에게 또래와의 놀이는 상호작용에 있어서 매우 중요하다.

즉답형 1번 문항 답변드리겠습니다.

저는 놀이시간을 연장하겠습니다. 간식시간을 줄이거나, 바깥 놀이를 조금 줄여도 된다고 생각합니다. 그 이유는 첫째, 발달지체 유아가 놀이에 몰입하는 것은 학습과 발달에 매우 중요한 순간입니다. 간식 시간은 일시적으로 조정할 수 있지만, 유아가 자발적으로 몰입하는 활동은 쉽게 반복되지 않기 때문에 이를 존중할 필요가 있다고 생각합니다. 둘째, 유아 중심의 놀이 운영은 유아의 흥미와 요구를 존중하는 교육 철학에 기반을 두고 있습니다. 놀이에 몰입한 유아에게 시간을 연장해 주는 것은 유아 스스로 성취감을 느끼고 자신의 능력을 확장할 기회를 제공합니다. 셋째, 발달지체 유아에게 또래와의 상호작용은 사회적 기술과 의사소통 능력을 발달시키는 중요한 기회입니다. 이 유아가 블록놀이에서 또래와 협력하거나 경쟁하면서 경험하는 상호작용은 단순한 놀이 이상의 교육적 가치를 가집니다. 따라서 저는 이 상호작용 기회를 최대한 존중하고 지원하는 것이 중요하다고 생각합니다. 이상입니다.

즉답형 02

(1)	제시문의 상황에서 필요한 인성적 자질 2가지	① 책임감 ② 안전에 대한 민감성
(2)	대책 2가지	① 부모에게 객관적인 상황설명과 현재 지원방안에 대한 협의 ② 안전사고에 대비한 응급처치 대비 및 유관기관 확보

즉답형 2번 문항 답변드리겠습니다.

제시문의 상황에서 지체장애 유아는 건강상태에 대한 세심한 관찰이 필요하다고 할 수 있습니다. 그러나 학부모는 이에 대해 민감하게 반응하고 있지 않습니다. 이러한 상황에서 교사에게 필요한 인성적 자질 2가지는 다음과 같습니다.

첫째, 책임감입니다. 지체장애 유아의 생명과 건강에 대한 교사로서의 강한 책임감을 가지고, 유아의 컨디션과 건강에 대한 세심한 관찰이 필요하다 할 수 있습니다. 둘째, 안전에 대한 민감성입니다. 학생의 안전과 관련된 상황에서 민감하게 반응하여 대책을 수립하고 실행할 수 있어야 하기 때문입니다.

따라서 저는 제시문의 상황에 대한 대책으로 다음 2가지를 실시하겠습니다.

첫째, 지체장애 유아의 부모님께 유아의 객관적인 상태에 대한 설명과 함께 현재 유치원에서 할 수 있는 지원방안에 대해 협의하겠습니다. 시간을 정해서 체온을 측정하고 관찰하며 휴식을 취하게 하여 유아를 꾸준히 관찰하겠습니다. 둘째, 안전사고에 대비하여 응급처치 방법을 숙지하고 지역 내 병원, 보건소 등 유관기관 정보를 파악하여 응급상황을 대비하겠습니다. 이상입니다.

(8) 2020 초등특수

구상형 ▼

(1)	평가 방법상의 문제점, 이유 1가지	① 문제점 : 학생에게 적합한 평가 기준을 수립하지 않아 정확한 평가가 이루어지지 않았다. ② 이유 : 김 교사의 경우 학생의 평가가 '하'만 나와서 고민이고, 박 교사는 수업 중 나름대로의 평가를 하고 있다. 이는 평가계획을 세우지 않아 평가가 제대로 이루어지지 않은 경우이다. 이 경우 의미 있는 교육 활동이 되기 어렵다. 특수교육대상학생은 학생의 개별 특성에 맞는 평가조정이 필요하다.
(2)	박 교사의 잘못된 점 2가지	① A 잘못된 점 : 학생의 흥미를 끄는 과제를 선택하지 못하였고, 우연의 대답을 정반응으로 기록하여 학생이 평가 목표에 도달하지 못하였음에도 목표를 수행한 것으로 기록되었다. ② B 잘못된 점 : 학생의 자발적인 선택이 아님에도 정반응으로 기록하였다.

구상형 1번 문항 답변드리겠습니다.

먼저, 김 교사와 박 교사의 대화에서 평가 방법상의 문제점은 학생에게 적합한 평가 기준을 수립하지 않아 정확한 평가가 이루어지지 않은 것입니다. 그 이유는 김 교사의 경우 학생의 평가가 '하'만 나와서 고민이고, 박 교사는 수업 중 나름대로의 평가를 하고 있기 때문입니다. 이는 평가계획을 세우지 않아 평가가 제대로 이루어지지 않은 경우입니다. 이 경우 학생에게 의미 있는 교육 활동이 되기 어렵습니다. 특수교육대상학생은 학생의 개별 특성에 맞는 평가조정이 필요합니다. 김 교사와 박 교사는 학생에게 의미 있는 평가가 될 수 있도록 개선해야 할 것입니다.

다음으로 수행평가 과정에서 박 교사의 잘못된 점을 말씀드리겠습니다.

첫째, A학생에게 실시한 평가의 잘못된 점은 학생의 흥미를 끄는 과제를 선택하지 못하였으며, 우연의 대답을 정반응으로 기록한 것입니다. 학생이 평가 목표에 도달하지 못하였음에도 목표를 수행한 것으로 기록되었습니다. 이를 해결하기 위해 학생의 흥미를 고려한 평가 자료를 제작하여 학생에게 유의미한 평가가 이루어질 수 있도록 평가를 실시해야 할 것입니다.

둘째, B학생에게 실시한 평가의 잘못된 점은 학생의 자발적인 선택이 아님에도 정반응으로 기록한 것입니다. 신체적 도움이 필요한 경우 교사의 선택이 아닌 학생의 자발적인 선택을 이끌어야 합니다. 이를 해결하기 위해 학생의 성취수준을 제대로 파악하여 학생의 자발적인 선택을 이끄는 것이 필요합니다. 이상입니다.

I. 시작　II. 심층면접　III. 수업실연　IV. 교수·학습과정안　V. 수업성찰　**VI. 심층면접 예시 답안**

즉답형 01

(1)	학교폭력일 경우 대처방안 2가지	① 피해 학생의 신체적 및 정신적 피해 치유하기 위한 조치 실시 ② 학교폭력 사안 처리의 전 과정 내에서 관계회복 프로그램을 실시
(2)	학교폭력이 아닐 경우 대처방안 2가지	① 교과 내 인성교육을 실시 ② 개별 상담 실시

(1) 학교폭력이다.

즉답형 1번 문항 답변드리겠습니다.

특수학교에서는 다양한 특성을 지닌 특수교육대상학생들이 모여 수업을 받습니다. 따라서 서로의 장애 특성을 이해하기 어려워 여러 문제 상황이 발생할 수 있습니다.

지문과 같은 상황에서 제가 특수교사라면 이를 학교폭력 사항으로 건의할 것입니다. 그 이유는 철수의 행동으로 인해 영희가 신체적 및 정신적 피해를 입었기 때문입니다. 이 경우 교사가 제시할 수 있는 대처방안 2가지를 말씀드리겠습니다.

첫째, 피해학생인 영희의 신체적 및 정신적 피해를 치유하기 위한 조치를 우선적으로 실시할 수 있습니다.

둘째, 학교폭력사안처리의 전 과정 내에서 관계회복 프로그램을 실시하여 영희와 철수가 원만한 관계를 유지할 수 있도록 할 수 있습니다. 이상입니다.

(2) 학교폭력이 아니다.

즉답형 1번 문항 답변드리겠습니다.

지문과 같은 상황에서 제가 특수교사라면 이를 학교폭력 사항으로 건의하지 않을 것입니다. 그 이유는 특수교육대상학생들의 경우 학교 폭력 여부를 판단할 때에 장애 특성을 고려해야 하기 때문입니다. 학생들은 서로의 의사소통 방법으로 표현을 하였고 이 행동이 서로에게 수용되지 않았습니다. 이 경우 교사가 제시할 수 있는 대처방안 2가지를 말씀드리겠습니다.

첫째, 교과 내 인성교육을 실시합니다. 이를 통해 친구의 행동의 의도를 파악하고 서로 이해할 수 있는 시간을 가질 수 있습니다.

둘째, 개별 상담을 실시합니다. 이를 통해 교사는 우선적으로 학생의 행동에 대한 이유를 파악하고 이를 해결할 수 있는 방안을 강구할 수 있습니다. 이상입니다.

즉답형 02

특수교사에게 필요한 인성적 자질과 그 이유	① 자긍심 : 교사의 부정적인 심리는 학생들을 교육함에 있어서도 부정적 영향을 끼칠 가능성이 높기 때문 ② 전문성 : 일반 교사에게 자문을 제공함과 동시에, 교수·학습적 측면에서 장애 학생이 성공적인 통합교육을 이룰 수 있도록 지원할 수 있어야 하기 때문 ③ 소통 의지 : 통합교육의 시작은 교사들의 통합에서 이루어질 수 있다고 생각하기 때문

즉답형 2번 답변드리겠습니다.

특수교사에게 필요한 인성적 자질과 그 이유는 다음과 같습니다.

첫째, 교사로서의 자긍심입니다. 교사의 부정적인 심리는 학생들을 교육함에 있어서도 부정적 영향을 끼칠 가능성이 높기 때문입니다. 따라서 교사는 자신의 책무성을 되새겨 자긍심을 되찾고 학생들에게 질 높은 교육을 제공하기 위해 노력하여야 합니다.

둘째, 전문성입니다. 일반교사는 특수교사에게 장애학생의 문제행동 중재방안에 대해서만 요구하고 있는 상황에서 특수교사는 전문성을 발휘하여 중재를 실시할 수 있도록 일반교사에게 자문을 제공함과 동시에, 교수·학습적 부분에서 장애학생이 성공적인 통합교육을 이룰 수 있도록 지원할 수 있어야 하기 때문입니다. 따라서 교사는 전문성을 함양하기 위하여 연수 및 모니터링을 끊임없이 시도해야 합니다.

셋째, 소통 의지입니다. 통합교육의 시작은 교사들의 통합에서 이루어질 수 있다고 생각하기 때문입니다. 따라서 교사들은 서로 소통하고 친밀감을 형성한 후 여러 협력교수 등을 통해 장애학생과 일반학생 모두에게 효과적인 교육을 실시하여야 합니다. 이상입니다.

(9) 2020 유아특수

구상형 ▼

(1)	의사소통에서의 문제점 2가지	① 박 교사와 건우의 상호작용이 이루어지지 않고 있음 ② 건우의 손짓 표현에 대해 교사가 반응을 보이지 않은 것
(2)	건우의 놀이 지원방법 3가지	① 좋아하는 것에 대한 표현을 몸짓에서부터 점차 말할 수 있도록 지원 ② 휠체어에 오래 앉지 않고 누워서 쉴 시간 지원 ③ 애벌레나 동물을 주제로 놀이에 참여할 수 있는 활동

구상형 1번 문항 답변드리겠습니다.

특수교육대상유아의 발달을 위해 교사는 유아의 반응을 이끌어낼 수 있어야 하고, 관심을 가지고 강점을 활용해야 합니다. 본 제시문의 박 교사와 건우와의 의사소통에서 문제점 2가지와 건우의 놀이 지원방법 3가지를 말씀드리겠습니다.

먼저, (나) 상황에서 박 교사와 건우와의 의사소통 측면에서의 문제점 2가지 말씀드리겠습니다.

첫째, 박 교사와 건우의 상호작용이 이루어지고 있지 않습니다. 박 교사는 자유선택 활동시간인데도 불구하고, 건우에게 어떤 활동을 하고 싶은지 물어보지 않고, 음률영역에서 건우에게 "노래듣자."라고 말하였습니다. 이는 건우의 의사소통을 이끌어내는 상호작용이라 보기 어렵습니다. 활동의 취지와도 맞지 않고, 놀이 활동보단 교사의 정해진 활동에 참여하도록 하는 것입니다. 교사는 노래를 틀어주고 나서 다른 유아의 지원을 하러 갔습니다.

둘째, 건우가 '과학영역'으로 손짓하여 표현한 것에 대해 교사가 반응을 보이지 않은 것이 잘못되었습니다. 건우는 소심한 성격이지만 자신의 좋아하는 것을 손으로 가리키기가 가능합니다. 건우의 반응이 자연스럽게 나온 상황에서 의사소통 중재가 가능한 상황이 되었지만 교사는 이에 대해 반응하지 않았습니다.

다음으로, 건우의 놀이 지원방법을 (가)를 참고하여 3가지 말씀드리겠습니다.

첫째, 좋아하는 것에 대한 표현을 몸짓에서 점차 발화 또는 AAC를 통하여 말할 수 있도록 지원하겠습니다. 그렇게 된다면 자연스럽게 또래와의 상호작용도 증진될 수 있을 것입니다.

둘째, 휠체어에 앉고 있는 건우가 오래 앉아 있을 때 누워서 쉴 수 있도록 지원하겠습니다.

셋째, 애벌레와 동물에 관심이 많은 건우는 소극적인 성격이나 자신이 좋아하는 주제에 적극성을 보이므로 애벌레나 동물을 주제로 놀이 속에서 함께 참여할 수 있는 활동을 지원하겠습니다.

이처럼 유아들의 특성은 다양하고, 그에 대한 욕구를 교사는 정확히 파악하여야 합니다.

교사의 이러한 적극적인 자세는 유아의 긍정적인 발달을 이끌어낼 수 있을 것입니다. 이상입니다.

즉답형 01

(1)	교사의 잘못된 훈육방법 2가지	① 교사의 말에 반응하지 않자 소리를 질러 이야기한 것 ② 철이의 손을 강제로 끌어당겨 손을 씻긴 것
(2)	긍정적 행동지원 방안 2가지	① 차별강화를 통한 바람직한 행동 증가 유도 (or 선행사건 중재도 가능) ② 모델링을 통한 대리강화 유도

즉답형 1번 문항 답변드리겠습니다.

교사의 훈육방법에 따라 유아들의 행동적인 측면뿐만 아니라 심리, 정서적인 면에서도 다양한 변화가 이루어집니다. 따라서 교사는 긍정적인 훈육방법으로 지도를 해야만 합니다.

본 상황에서 교사의 잘못된 훈육방법 2가지와 그에 따른 긍정적 지원방안 2가지를 연결하여 말씀드리겠습니다.

첫째, 잘못된 훈육방법으로 교사의 말에 반응하지 않은 철이에게 장난감을 정리하자 소리를 지르는 것입니다. 긍정적 행동지원 방법인 차별강화를 먼저 지원하여 바람직한 행동의 증가, 바람직하지 못한 행동을 감소가 이루어질 수 있도록 지원을 먼저 해야 합니다.

둘째, 잘못된 훈육방법으로 철이의 손을 강제로 끌어당겨 손을 씻긴 것입니다. 강압적인 방법은 유아들의 정서에 불안을 조성할 수 있습니다. 교사는 모델링을 통해 대리강화를 받는 또래 유아의 모습을 보여주어 자연스럽게 철이가 손 씻기를 할 수 있도록 해야 합니다.

교사는 많은 유아들이 자신의 말을 듣지 않음에 속상할 수 있습니다. 하지만 유아들의 입장에서 생각을 해 보고, 유아들의 행동을 강압적이지 않고 긍정적인 방법으로 바꿀 수 있는 방법을 끊임없이 모색해야 합니다. 이상입니다.

즉답형 02

인성적 자질 3가지	① 공감 ② 신뢰 ③ 소통

즉답형 2번 문항 답변드리겠습니다.

유아들은 각기 다른 특성을 가지고 있습니다. 그중 물과 소리에 민감한 유아에 대한 걱정으로 현장체험학습을 수영장으로 가지 말고 장소변경을 요청하는 학부모님을 만났을 때 교사로서 필요한 인성적 자질 3가지를 말씀드리겠습니다.

첫째, 공감입니다. 학부모님께서 하시는 염려에 대한 공감을 하는 인성적 자질이 필요합니다.

둘째, 신뢰입니다. 안전하게 현장체험학습이 이루어지도록 노력하겠다는 모습을 보여주고 항상 안정감을 줄 수 있는 교사로서의 인성적 자질이 필요합니다.

셋째, 소통입니다. 학부모와 함께 유아의 전인적인 발달을 위해 소통하고, 가정과의 연계를 통해 유아의 성장을 이루어나가기 위하여 지속적으로 소통해야 합니다.

이와 같이 교사는 공감, 신뢰, 소통의 인성적 자질을 갖추어 학부모님들과 함께 지속적으로 유아들의 전인적인 성장을 도모해야 할 것입니다. 이상입니다.

(10) 2019 초등특수

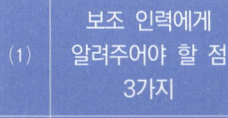 ▼

(1)	보조 인력에게 알려주어야 할 점 3가지	① 수미와 학급 친구들의 상호작용을 저해하지 않는 선에서 지원을 제공해야 한다. ② 수미가 스스로 선택할 수 있도록 해야 한다. ③ 수미가 스스로 할 수 있는 기술은 스스로 할 수 있도록 해야 한다.
(2)	잘못된 점 1가지	보조 인력에게 구체적인 도움 제공의 방법을 알려주지 않고, 단순히 보조해달라는 말로써 수미를 지원할 수 있도록 하였다.

구상형 1번 문항 답변드리겠습니다.

교사가 특수교육 보조인력에게 알려주어야 할 점 3가지는 다음과 같습니다.

첫째, 수미와 학급 친구들의 상호작용을 저해하지 않는 선에서 지원을 제공해야 한다는 점입니다. 학생들은 서로 소통하며 지식뿐만 아니라 사회성도 습득합니다. 보조인력이 수미와 친구들이 사이에 앉음으로 인해 그들의 사회적 상호작용을 방해하는 요인으로 작용할 수 있기에 이를 보조인력에게 알려주어야 합니다.

둘째, 수미가 스스로 선택할 수 있도록 해야 한다는 점입니다. 교사는 수미가 원하는 악기를 선택할 수 있는 기회를 주었으나 보조인력은 임의로 악기를 선택하여 제공하였습니다. 학생에게 있어 선택하기는 하나의 중요한 자기결정 기술입니다. 따라서 학생이 여러 선택사항 중 한 가지를 고를 수 있도록 시간을 제공할 수 있도록 보조인력에게 알려주어야 합니다.

셋째, 수미가 스스로 할 수 있는 기술은 스스로 할 수 있도록 해야 한다는 점입니다. 수미는 캐스터네츠를 연주할 수 있는 기술을 이미 습득하였습니다. 하지만 보조인력은 수미의 손을 잡고 캐스터네츠를 연주하는 모습을 보였습니다. 학생이 자신의 힘으로 최대한 행동을 할 수 있도록 기회를 제공하는 것이 학생의 전반적인 발달에 도움을 줄 수 있다는 점을 보조인력에게 알려주어야 합니다.

다음으로 특수교사의 지원 요청이 잘못된 점은 다음과 같습니다.

특수교사는 보조인력에게 구체적인 도움 제공의 방법을 알려주지 않고, 보조해달라는 말로써 수미를 지원할 수 있도록 하였습니다. 이렇게 된다면 보조인력은 수미가 어떤 행동을 할 때 어떤 방식으로, 어떤 개입의 정도로 보조를 하여야 하는지 알 수 없습니다. 따라서 특수교사는 사전에 보조인력과의 협의 시간을 통해 어떤 내용의 수업을 진행할 것이며, 이에 따른 보조인력의 도움이 어떠한 형태와 정도로 이루어져야 하는지에 대해 구체적으로 알려주어야 합니다. 이상입니다.

즉답형 01

(1)	따로 가르치겠다.	개별화 교육 계획에 따라 진행하겠다.
(2)	통합하여 가르치겠다.	핵심내용을 추출하여 통합하여 가르치겠다.

(1) 따로 가르치겠다.

즉답형 1번 문항 답변드리겠습니다.

저는 따로 가르치겠습니다. 저의 교직관은 한 명도 소외되지 않는 교실을 만드는 것입니다. A학생과 B학생은 서로 개별화 교육목표가 다르고, 필요로 하는 내용이 다르기 때문에 개별화 교육을 실시해야 한다고 생각합니다. 사전에 수업설계를 충분히 한다면, 같은 공간에서도 충분히 다른 내용을 배울 수 있습니다. 예를 들어, 학생의 수준에 맞는 자료를 준비하여 전 차시 상기를 하거나 동기 유발 시간을 갖는 등 동시에 수업을 진행하겠습니다. 이를 통해 학생들은 각자의 요구에 맞는 수업으로 소외되지 않고 배워나갈 수 있을 것입니다. 이상입니다.

(2) 통합하여 가르치겠다.

즉답형 1번 문항 답변드리겠습니다.

저는 수학과 사회 과목을 함께 가르칠 것입니다. 그 이유는 저의 교직관인 능동적인 교사가 되는 것과 일맥상통하기 때문입니다. 저는 교사란 학생을 교육함에 있어 끊임없는 연구를 하여야 한다고 생각합니다. 또한 현재 특수교육 패러다임은 교육과정 재구성입니다. 따라서 수학과 사회 과목에서 핵심내용을 추출하여 성취기준에 근거하여 수준별 목표를 설정한 후 사전에 수업을 계획하겠습니다. 예를 들어, 교육과정 재구성을 통해 수학과 관련한 통계가 포함된 사회 수업을 계획하여 학생들이 모두 각자의 수업목표에 도달할 수 있도록 하겠습니다. 이상입니다.

즉답형 02

필요한 자질과 그 이유	① 전문성 ② 소통 능력 ③ 준비성

즉답형 2번 문항 답변드리겠습니다.

교사는 수업뿐만 아니라 행정업무 등 다양한 일을 수행해야 하는 책임을 지니고 있습니다. 이 모든 일을 수행하다 지친 임 교사에게 필요한 자질 3가지와 그 이유는 다음과 같습니다.

첫째, 전문성입니다. 그 이유는 교사라는 직업은 자신이 해야 할 수업 및 업무를 정확하고 효율적으로 실시할 수 있는 전문성을 함양하고 있어야 하기 때문입니다. 만약 전문성이 부족하다면 이를 향상시킬 수 있도록 연수 등의 방안을 강구하여야 합니다.

둘째, 소통 능력입니다. 그 이유는 통합교육이란 특수교사뿐만 아니라 학교 구성원 전체의 노력으로 이루어지기 때문입니다. 따라서 특수교사는 일반교사와 원활한 소통 관계를 구축하여 특수교육의 궁극적인 목표인 통합교육이 이루어질 수 있도록 노력하여야 합니다.

셋째, 준비성입니다. 그 이유는 다양한 장애 학생을 위한 수업 및 지원 방안에 대한 충분한 준비가 있다면, 수업 지도과 업무의 효율성이 향상될 수 있기 때문입니다. 업무의 우선순위를 파악하고 각 학생의 특성에 적합한 수업을 사전에 계획하여 실시한다면 임 교사의 업무 부담이 경감될 수 있을 것입니다. 이상입니다.

(11) 2019 유아특수

구상형 ▼

(1)	문제점	영준이의 특성을 고려한 교수적 수정을 적용하지 않았다.
(2)	참여 방안	① 경직형 편마비를 고려한 자리 배치 ② 발화의 수와 길이를 늘리기 위한 언어 교육 ③ 자신의 의견을 말할 수 있도록 기다려 주기

구상형 1번 문항 답변드리겠습니다.

먼저, 두 교사가 영준이를 교육할 때의 문제점은, 영준이의 특성을 고려한 교수적 수정을 적용하지 않았다는 것입니다. 통합학급 교사와 특수교사가 수업 전에 협의하여 장애 특성에 맞게 교수적 수정을 제공한다면, 유아가 수업에서 소외되지 않고 함께 참여할 수 있을 것입니다. 더불어 통합학급 교사가 수업 중 어려운 점을 이야기했을 때, 특수교사는 특수학급으로 유아를 데리고 오기보다는, 통합학급에서 수업에 참여할 수 있는 방안을 협의하는 것이 바람직하다고 생각합니다.

다음으로, 영준이가 활동에 참여할 수 있는 방안을 말씀드리겠습니다.

첫째, 경직형 편마비를 고려하여 자리 배치를 하는 것입니다. 영준이의 경우 오른손으로 사물 조작이 가능하기 때문에 교실의 왼쪽에 자리를 배치하여 교사가 오른쪽에 위치할 수 있게 한다면 수업 참여가 더 효율적일 것입니다.

둘째, 현재 단어 수준인 발화의 수와 길이를 늘리기 위한 언어 교육을 실시하는 것입니다. 특수학급에서 수업을 할 때 발화 수가 늘어나도록 교사의 촉진을 제공한다면, 발화가 점차 증가할 것이라고 생각합니다.

셋째, 통합학급 수업에서 교사의 도움을 받아 자신의 의견을 말할 수 있도록 천천히 기다려 주는 것입니다. 이러한 발표 경험은 영준이의 의사소통 능력에 긍정적 영향을 가져올 것입니다. 이상입니다.

즉답형 01

지원방안	① 의사 표현 방법 수정 : 고함 지르기 → 손들고 말하기(대체행동) ② 비유관 강화 : 자해 행동, 공격 행동과 요구를 받아주지 않는 것의 연관성을 없애기

즉답형 1번 문항 답변드리겠습니다.

제시된 민수의 문제행동에 대하여 교사가 해야 할 지원방안 2가지를 말씀드리겠습니다.

첫째, 자신의 의사를 표현할 때, 고함을 지르고 울부짖는 행동의 대체행동을 가르치는 것입니다. 의사 표현 방법을 손들고 말하거나 표현카드를 제공하여 대체행동을 가르친다면 더 바람직한 행동이 될 것입니다. 둘째, 요구가 받아들여지지 않아 자해 행동 및 공격 행동을 하는 것의 연관을 끊는 것입니다. 문제행동이 나타날 경우 바로 중재를 하고, 요구에 대한 반응은 이와 관련 없도록 규칙적으로 해주는 것이 바람직합니다. 그리고 더 나아가 요구를 바로 반응하고 들어주지 않았을 때 기다리거나 다른 방법으로 요구하는 행동을 가르쳐 주어야 합니다.

이상입니다.

즉답형 02

인성적 자질	① 적극성 : 유아의 문제행동의 원인을 파악하고 중재해야 한다. ② 책임감 : 수업에 참여하도록 지원하는 것이 교사의 역할

즉답형 2번 문항 답변드리겠습니다.

교사에게 필요한 인성적 자질을 말씀드리겠습니다.

첫째, 적극성입니다. 교사는 유아의 문제행동 원인을 파악하고, 중재해야 합니다. 문제행동에는 다양한 예방 방안과 중재방안이 있습니다. 교사는 긍정적 행동지원 등 다양한 방안을 깊이 있게 연구하고, 유아에게 도움이 되는 방향으로 지도해야 합니다. 둘째, 책임감입니다. 유아가 수업에 참여하도록 지원하는 것이 교사의 역할입니다. 제시문에서는 문제행동을 하면 타임아웃을 시켰습니다. 이러한 교사의 행동은 오히려 유아가 수업에서 벗어나기 위해 문제행동을 하도록 강화할 수 있습니다. 교사는 책임감을 가지고 유아가 수업에 참여할 수 있도록 여러 방안을 고민하고, 수업에 적극적으로 참여할 수 있도록 지원해야 합니다. 이상입니다.

(12) 2018 초등특수

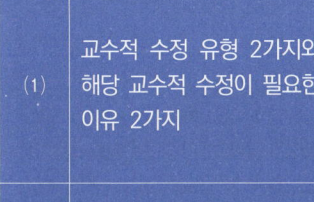

(1)	교수적 수정 유형 2가지와 해당 교수적 수정이 필요한 이유 2가지	① 교수적 수정 유형 2가지 : 교수내용 수정, 평가방법 수정 ② 필요한 이유 　- 교수 내용 수정 : 장애 학생을 통합학급에서 효과적으로, 유의미하게 지도하기 위함 　- 평가방법 수정 : 장애 학생의 발달 가능성을 최대한 보장하고 아동이 긍정적인 자아개념을 형성할 수 있도록 하기 위함
(2)	잘못된 또래 교수 방법 2가지와 그 이유	① 잘못된 방법 : 성격이 좋은 학생을 또래 도우미로 선정, 학습지를 또래 도우미가 제작 ② 그 이유 　- 성격이 좋은 학생을 또래 도우미로 선정 : 원치 않는 학생에게 또래 도우미 역할을 부여할 경우 오히려 장애 학생에 대한 부정적인 인식이나 거부감을 키울 수 있다. 　- 학습지를 또래 도우미가 제작 : 도와주는 도우미 학생이 힘들지 않고 많은 시간을 소비하지 않도록 해야 하며, 학습지 제작은 교사의 역할이다.

구상형 1번 문항 답변드리겠습니다.

먼저, 제시문에서 적용된 교수적 수정 유형 2가지와 해당 교수적 수정이 필요한 이유 2가지를 말씀드리겠습니다.

교수적 수정의 유형은 첫째, 교수내용 수정입니다. 다른 학생들은 세 자리 수 덧셈을 배울 때, 민수는 합이 9 이하인 수를 배우는 것으로 교수내용을 수정하였습니다. 이러한 교수적 수정이 필요한 이유는 장애 학생이 통합학급에서 어려운 내용을 마냥 보고만 있지 않고, 자신의 수준에 맞게 유의미한 학습을 하기 위함입니다. 둘째, 평가방법 수정입니다. 민수에게 지필평가를 사용하지 않고 개별화 교육계획에 따라 평가방법을 수정하였습니다. 이러한 교수적 수정이 필요한 이유는 장애 학생의 발달 가능성을 최대한 보장하고 장애학생이 긍정적 자아개념을 형성할 수 있도록 하기 위함입니다. 장애 학생에게 수준에 맞지 않는 어려운 내용을 계속 평가한다면 잦은 실패로 인해 무력감이 생길 수 있을 것입니다.

다음으로, 잘못된 또래 교수 방법 2가지와 그 이유를 말씀드리겠습니다.

잘못된 또래 교수 방법으로는 첫째, 성격이 좋은 학생을 또래 도우미로 선정했다는 것입니다. 또래 도우미 활동을 원치 않는 학생에게 역할을 부여할 경우 오히려 장애 학생에 대한 부정적인 인식이나 거부감을 키울 수 있으므로 성격이 좋다하여 또래 도우미로 선정하는 것은 잘못된 방법입니다. 둘째, 학습지를 또래 도우미가 제작하게 했다는 것입니다. 또래 교수를 진행할 때에는 도와주는 학생이 힘들지 않고 많은 시간을 소비하지 않도록 해야 하며, 무엇보다 학습지 제작은 교사의 역할입니다.

이와 같이 교수적 수정, 또래 교수를 적절히 활용한다면 성공적인 통합교육을 이룰 수 있을 것입니다.

이상입니다.

즉답형 01

(1)	학업 측면에서 필요한 교사의 자질	학생의 장애에 대한 이해가 필요하다. → 이유 : 학생이 확대자료 제공만으로는 학업 수행에 어려움이 있기 때문에 학생이 가지고 있는 시각상의 문제가 시력의 문제인지, 시야의 문제인지 이해가 필요하다. 좁은 시야를 지니고 있다면 확대자료의 제공이 학업에 있어서 도움이 되지 않기 때문이다. 학부모나 병원의 진단을 참고하여 학생에게 적합한 학습자료의 수정이 어떤 것인지 고민해 볼 필요가 있다.
(2)	생활지도 측면에서 필요한 교사의 자질	학생의 장애에 대한 공감과 배려가 필요하다. → 이유 : 학생이 일상생활 기술에 어려움이 있고, 눈 누르기, 머리 흔들기 등과 같은 문제행동을 보이고 있다. 이는 장애로 인한 문제행동이기에 이에 대한 공감이 필요하다. 교실 환경을 수정하거나 보조공학기기를 제공하여 일상생활 기술을 스스로 수행할 수 있도록 돕고, 문제행동을 감소시킬 수 있도록 노력해야 한다.

즉답형 1번 문항 답변드리겠습니다.

첫째, 학업 측면에서 필요한 교사의 자질은 학생이 가지고 있는 장애에 대한 이해입니다. 그 이유는 학생이 확대자료 제공만으로는 학업 수행에 어려움이 있기 때문에 학생이 가지고 있는 시각상의 문제가 시력의 문제인지, 시야의 문제인지 이해가 필요합니다. 좁은 시야를 지니고 있다면 확대자료의 제공이 학업에 있어서 도움이 되지 않기 때문입니다. 학부모나 병원의 진단을 참고하여 학생에게 적합한 학습자료의 수정이 어떤 것인지 고민해볼 필요가 있습니다.

둘째, 생활지도 측면에서 필요한 교사의 자질은 학생의 장애에 대한 공감과 배려입니다. 그 이유는 학생이 보이는 문제행동들과 일상생활 기술에 대한 어려움의 원인이 장애로 인함이기 때문입니다. 따라서 교사는 이에 대한 공감과 배려가 필요하며, 공감과 배려를 통해 교실 환경을 수정하거나 보조공학기기를 제공하여 일상생활 기술을 스스로 수행할 수 있도록 돕고, 문제행동을 감소시킬 수 있도록 노력해야 합니다. 이상입니다.

즉답형 02

학부모가 자녀의 장애를 인정하지 못함 → 교사 신뢰 안함 → 교류 없음

이때 교사에게 필요한 태도 3가지와 그 이유	① 수용하는 태도 : 학부모와의 신뢰를 쌓기 위해 학부모의 말에 경청하며 의견을 수용하는 태도가 중요하다. ② 존중하는 태도 : 학부모와 협력을 구축하기 위하여 학부모의 전문성에 대한 존중을 표시하며 주의 깊게 들어야 한다. ③ 긍정적인 태도 : 학부모가 자녀의 장애에 대해 죄의식을 가지거나 우울감을 가지고 있을 수 있기에 긍정적인 태도를 지녀야 함. 특수교사가 자녀를 위해 함께 노력하겠다는 자세로 임하여 긍정적인 상담 분위기를 이끄는 것이 효과적

즉답형 2번 문항 답변드리겠습니다.

학부모 상담 시 교사에게 필요한 태도 3가지를 말씀드리겠습니다.

첫째, 수용하는 태도가 필요합니다. 학부모와의 신뢰를 쌓기 위해서는 무엇보다 학부모의 말에 경청하며 의견을 수용하는 태도가 중요하기 때문입니다.

둘째, 존중하는 태도가 필요합니다. 학부모와 협력을 구축하기 위해서는 학부모의 이야기를 주의 깊게 들으며 학부모의 전문성에 대한 존중을 표시하는 것이 중요하기 때문입니다.

셋째, 긍정적인 태도가 필요합니다. 학부모가 자녀의 장애에 대해 죄의식을 가지거나 우울감을 가지고 있을 수 있기에 긍정적인 태도가 필요합니다. 특수교사가 자녀를 위해 함께 노력하겠다는 자세로 임하여 긍정적인 상담 분위기를 이끌어야 할 것입니다.

뿐만 아니라 학부모 상담 시 교사는 신뢰를 쌓아가고 협력을 구축하기 위해서 끊임없이 고민하고, 노력해야 할 것입니다. 이상입니다.

(13) 2018 유아특수

구상형 ▼

(1)	교수적 측면 고려 사항	① 민서의 장애 특성 : 일반화의 어려움 ② 통합학급 환경 : 다른 학생이 많음, 차례 지키기를 할 때 많이 기다려야 함 ③ 통합학급 교사와의 협력
(2)	자기장학 방안	① 수업 반성 일기를 작성한다. ② 다양한 서적과 자료를 읽고 수업에 적용한다.

구상형 1번 문항 답변드리겠습니다.

먼저, 통합학급에서 차례 지키기를 지도하고자 할 때 교수적 측면에서 고려해야 할 사항 3가지를 말씀드리겠습니다.

첫째, 민서의 장애 특성을 고려해야 합니다. 특수학급에서는 잘하지만 통합학급에서는 못하는 경우 환경이 달라 일반화가 어려운 것이 원인이 될 수 있습니다. 따라서 교사가 민서에게 차례 지키기를 지도할 때, 민서의 장애 특성을 고려하여 다양한 환경에서 반복적으로 지도하는 것이 필요합니다.

둘째, 통합학급 환경을 고려해야 합니다. 특수학급보다 학생 수가 많은 통합학급에서는 차례 지키기를 할 때 더 오래 기다려야 해서 민서가 어려움을 겪을 수 있습니다. 이때 적절한 강화요인을 찾아 통합학급에서의 차례 지키기를 수행할 수 있도록 지도해야 할 것입니다.

셋째, 통합학급 교사와 협력이 필요합니다. 통합학급에서 활동에 참여하지 못하거나 주변을 배회하는 경우가 있기 때문에 민서가 활동에 참여할 수 있도록 통합학급 교사와 함께 차례 지키기를 지도해야 할 것입니다.

다음으로, 김 교사가 교수적 능력을 강화시키기 위해 유치원 내에서 실시할 수 있는 자기장학 방안 2가지를 말씀드리겠습니다.

첫째, 수업 반성 일기를 작성하는 것입니다. 매일 수업을 녹화하여 보는 것도 좋지만, 시간의 효율성을 위하여 수업 반성 일기를 작성하며 앞으로의 수업 계획을 함께 생각해본다면, 교수적 능력을 향상시킬 수 있을 것입니다. 이런 일기들을 다른 교사들과 함께 고민해보고 나누어 본다면 더 도움이 될 것입니다.

둘째, 다양한 서적과 자료를 읽어보는 것입니다. 수업에 적용할 수 있는 여러 사례들을 접하다 보면 다양한 수업 아이디어를 얻을 수 있어 김 교사의 교수적 능력이 향상되는 것에도 도움이 될 것입니다. 인터넷을 통한 교사 공동체에 참여하여 다른 교사들과 교류를 하는 것도 좋은 방법이 될 수 있다고 생각합니다. 이상입니다.

즉답형 01

반대	① 나의 교직관 : 학생, 학부모와 적극적으로 소통하고 대화하는 교사 ② 특별한 사유가 없는 한 유예하기보다는 초등학교라는 낯선 상황이지만 친숙한 친구들과 학교생활을 시작할 수 있도록, 장애유아와 같은 유치원의 일반유아들이 가장 많이 진학하는 초등학교에 같이 가는 방안을 제안한다.

* 이 문항의 경우 정해진 답이 없고 수험생의 교직관에 따라 찬성, 반대로 나누어질 수 있습니다.

즉답형 1번 문항 답변드리겠습니다.

저는 유예를 반대할 것입니다. 저의 교직관은 항상 적극적인 태도로 임하는 것입니다. 학생과 학부모의 입장에서 생각하고, 함께 소통하고 대화하며 방안을 만들어 나갈 것입니다.

이를 바탕으로 유예를 반대하는 것에 대한 이유를 말씀드리면, 첫째, 초등학교라는 낯선 상황이지만 친숙한 친구들과 학교생활을 시작하는 것이 도움이 될 것이라고 생각하기 때문입니다. 장애유아와 같은 유치원의 일반유아들이 가장 많이 진학하는 초등학교에 같이 간다면 유아가 학교생활에 적응하는 데에 큰 도움이 될 것입니다.

둘째, 학부모가 학교에 적응하는 것을 걱정하고 있기 때문에 유아가 학교에 입학 시 필요한 준비 사항을 가정과 연계하여 적극 지도하겠습니다. 체력을 길러주며 오래 착석하는 연습을 하고, 학교가 정해지면 그 학교에 방문하여 학생이 미리 시설에 적응할 수 있도록 돕겠습니다. 또한 필요한 기본적인 생활습관을 기를 수 있도록 화장실 가기, 스스로 밥 먹기, 자기 물건 정리하기 등의 기본적인 생활습관 형성을 위해 노력을 할 것입니다. 이를 통해 유예를 하지 않아도 학교생활에 잘 적응할 수 있을 것입니다.

이러한 이유로 학부모와 적극적으로 소통하고 대화하며 특별한 사유가 없는 한 유예를 하기보다는 초등학교에 입학할 수 있도록 제안하겠습니다. 이상입니다.

즉답형 02

인성적 자질 2가지와 그 이유	① 책임감 : 성공적인 통합교육을 위해 책임감을 가지고 교원 연수를 실시해야 한다. ② 이해하고 협력하는 자세 : 다른 교사들과의 긍정적 관계 유지하기 위함

즉답형 2번 문항 답변드리겠습니다.

특수교사가 성공적인 통합교육을 이끌어 나가기 위해 필요한 인성적 자질을 말씀드리겠습니다.

첫째, 책임감이 필요합니다. 성공적인 통합교육을 위해 특수교사는 책임감을 가지고 교원 연수를 실시해야 합니다. 특수교사는 학교 구성원 중 가장 장애에 대한 이해가 높고, 통합교육에 대하여 전문성을 가지고 있기 때문에 책임감을 가지고 교원 연수를 실시한다면 효과적인 연수가 될 수 있을 것입니다. 이때 단순한 내용보다는 장애학생의 문제행동 지도 등 실질적으로 학교에 알맞은 내용을 다루어 교사들이 연수를 통해 통합교육을 이해할 수 있도록 해야 할 것입니다.

둘째, 이해하고 협력하는 자세가 필요합니다. 그 이유는 다른 교사들과 긍정적 관계를 유지하여 함께 협력한다면 성공적인 통합교육을 실천할 수 있기 때문입니다. 이를 기반으로 효과적인 교수활동을 계획하고 지도하기 위해 통합학급 교사와 공감대를 형성하고 필요한 지식과 방법을 공유해야 할 것입니다. 이상입니다.

(14) 2017 초등특수

구상형 ▼

(1)	특수교사가 제공할 수 있는 중재방안 3가지	① 기능 평가 ② 차별강화 전략 적용 ③ 학교와 가정에서 일관적인 중재 적용
(2)	그 이유 (긍정적 행동지원 측면)	① 문제행동을 일으키는 정확한 원인 파악이 우선 ② 최대한 비강제적인 방법으로 행동 수정 노력 ③ 모든 환경에서 동일하게 적용해야 효과 장기적

구상형 1번 문항 답변드리겠습니다.

제시문의 사례를 살펴보았을 때 특수교사가 제공할 수 있는 방안은 긍정적 행동지원의 관점에서 보았을 때 각각 다음과 같습니다.

첫째, 기능평가를 실시합니다. 긍정적 행동지원은 문제행동을 정의와 함께 어떤 기능을 가지고 있는지 파악하는 것을 우선으로 합니다. 문제행동이 어떤 상황에서 어떤 목적을 가지고 일어나는지 파악해야 이를 개선할 수 있기 때문입니다.

둘째, 차별강화 전략을 적용합니다. 문제행동이 파괴적이고 심각한 경우가 아니라면, 최대한 학생에게 덜 개입적인 방법을 적용해야 합니다. 이는 학생에게 꾸짖음과 벌보다는 훌륭한 행동에 대한 칭찬을 제공하는 것입니다. 차별강화 전략을 통해 긍정적인 행동에 대해서는 꾸준히 강화해주어 문제행동을 꾸준히 줄여나가야 합니다. 이는 학생의 문제행동에 대해 최대한 덜 혐오적인 방법을 사용하는 긍정적 행동지원의 철학에 부합합니다.

셋째, 학교와 가정에서 일관적인 중재를 적용하는 것입니다. 학교에서 아무리 중재를 열심히 실시하더라도 가정에서 개선되지 않으면 효과적이지 않을 것입니다. 최대한 학생이 살아가는 대부분의 환경에서 동일한 중재를 실시할 때 장기적인 효과가 나타날 것입니다. 이상입니다.

즉답형 01 💬

즉답형 1번 문항 답변드리겠습니다.

저의 교직관은 행복한 삶을 이끄는 교사입니다. 저마다의 기준이 다르겠지만, 행복한 삶은 다양한 경험을 통해서 스스로 정의할 수 있다고 생각합니다. 이러한 측면에서 장애학생은 다른 일반학생들보다 실제적인 경험에 더 많이 노출되어야 한다고 생각합니다. 따라서 저는 제시문과 같은 상황에서 우선 다른 학생들에게 양해를 구하고 많은 놀이기구를 태울 것입니다. 지적장애로 인해 다른 학생들보다 경험의 기회가 적었던 만큼, 경험할 수 있는 기회가 생겼을 때 충분히 경험해보아야 한다고 생각하기 때문입니다. 다만, 놀이기구를 처음 탈 때는 줄을 서지 않고 경험을 하는데 중점을 두지만 두 번째, 세 번째부터는 다른 학생들과 같이 줄을 서게 하여 규칙을 지켜야 함을 알려줄 것입니다. 함께 살아가는 규범을 익히는 것도 중요하기 때문입니다. 이상입니다.

즉답형 02 💬

교사에게 필요한 인성적 자질 3가지	① 교육가능성에 대한 신념	② 인내심	③ 학생의 학습권에 대한 배려심

즉답형 2번 문항 답변드리겠습니다.

문제와 같은 상황에서 교사가 꾸준히 교육을 실시하는 것은 쉽지 않은 일일 것입니다. 그러나 이러한 상황에서 필요한 교사로서의 인성적 자질을 들면 다음과 같습니다.

첫째, 학생의 교육 가능성에 대한 신념입니다. 학생의 반응과 눈맞춤 등과는 별개로 교사의 열정적인 노력은 학생의 귀로, 머릿속으로 생생하게 전달될 것입니다. 이러한 상황일수록 교사의 교육내용은 학생에게는 세상이 될 수 있음을 기억하고, 교육가능성에 대한 믿음을 가져야 합니다. 둘째, 인내심입니다. 꾸준함은 누구에게나 쉽지 않습니다. 그러나 꾸준함과 누적의 힘은 그 무엇보다 클 수 있습니다. 인내심을 가지고 꾸준히 교육할 수 있는 인내심이야 말로 이때 필요한 인성적 자질일 것입니다. 셋째, 학생의 학습권에 대한 배려심입니다. 비장애학생들과 마찬가지로 장애학생도 똑같이 인간으로서 교육받을 권리를 지니고 있습니다. 교사는 이러한 학생의 학습권에 대해 늘 생각하며 교육을 실시해야 합니다.

이상입니다.

(15) 2017 유아특수

구상형 ▼

(1)	사례에서 잘못된 점 3가지와 해결방안	① 그림카드를 제공하여 제대로 관찰하지 못함 → 그림카드 대신 촉각으로 알아볼 수 있는 모형 제시 ② 다양한 동물 중 토끼를 정해줌 → 선택의 기회 제공하기 ③ 가면을 소개하지 못함 → 말이 아니더라도 직접 보여주는 등 소개할 수 있는 기회 제공
(2)	협력 교수 방안과 이유	수업 전 교수적 수정 및 지도방안에 대해 협력하기 → 협력적 자문을 통해 다양한 교수 방법 적용 가능

구상형 1번 문항 답변드리겠습니다.

먼저, 사례에서 잘못된 점과 해결방안을 말씀드리겠습니다.

첫째, 그림카드를 제공하여 경수가 제대로 관찰하지 못하였습니다. 이에 대한 해결방안으로 그림카드 대신 촉각으로 관찰할 수 있는 카드 또는 모형을 제시해야 합니다.

둘째, 다양한 동물 중 토끼를 정해주었습니다. 경수는 자신이 원하는 동물을 고르지 못하여 활동이 재미없었을 수 있습니다. 이를 해결하기 위해 꼭 쉬운 과제를 제공하기보다는 선택의 기회를 주어 직접 선택할 수 있도록 해야 합니다.

셋째, 경수가 가면을 소개하지 못하였습니다. 이를 해결하기 위해 말 대신 직접 가면을 보여주고 교사가 말하는 등 다양한 방법으로 소통의 기회를 줄 수 있습니다.

다음으로 적절한 협력 교수 방안은 수업 전 교수적 수정 및 지도방안에 대해 협력하는 것입니다. 통합학급 교사는 특수교사의 협력적 자문을 통해 다양한 교수 방법을 적용할 수 있고, 특수교사는 수업 내용을 미리 알고 자료를 제공할 수 있습니다. 이상입니다.

즉답형 01

| 필요한 태도 | ① 긍정적인 태도　② 개방적인 태도 |

즉답형 1번 문항 답변드리겠습니다.

특수교사 김 교사에게 필요한 태도를 말씀드리겠습니다.

첫째, 긍정적인 태도입니다. 아이들에게 긍정적인 변화가 없고 흥미가 없어 보이지만, 사실 표현이 어려울 뿐 아이들은 성장하고, 흥미를 가지고 있을 수 있습니다. 단순히 부정적으로 보기보다는 수업 중 긍정적인 요소는 없는지 찾아보는 태도가 필요합니다. 둘째, 개방적인 태도입니다. 내가 하는 수업 방식 외에 다른 교사의 수업을 참관하거나 수업 연구회에서 연구를 하며 다양한 방식의 수업을 도입하는 것이 필요합니다. 개방적인 태도로 즐거운 수업을 만들어 나간다면, 아이들의 반응도 변화할 것이라고 생각합니다. 이상입니다.

즉답형 02

| 인성적 자질 | ① 존중　　② 배려 |

즉답형 2번 문항 답변드리겠습니다.

두 교사에게 필요한 인성적 자질을 말씀드리겠습니다.

첫째, 존중입니다. 두 교사는 일방적으로 유형을 정하고 서로의 지도 방식을 개선하라고 요구하고 있습니다. 이는 자신의 의견만 앞세우고 있는 것으로 보입니다. 이에 대해 다른 사람의 의견을 존중하고 수용하는 자질이 필요합니다. 둘째, 배려입니다. 이는 두 교사가 협동 수업을 할 때 필수적으로 필요한 자질입니다. 서로 의견이 다를 수 있지만, 그럼에도 불구하고 다른 사람의 의견을 듣고, 함께 고민해보는 노력이 필요합니다. 이상입니다.

(16) 2016 초등·유아특수

구상형 ▼

(1)	상황 1 : 원인과 중재방안	① 원인 : 민수는 선택 결정력이 부족하다. ② 중재방안 : 선택의 수를 줄여준다.
(2)	상황 2 : 원인과 중재방안	① 원인 : 민수는 자기 옹호 능력이 부족하다. ② 중재방안 : 상황별 의사소통 방법을 가르쳐준다.
(3)	상황 3 : 원인과 중재방안	① 원인 : 민수는 자기효능감이 부족하다. ② 중재방안 : 성공 경험을 제공하여 동기를 높여준다.

구상형 1번 문항 답변드리겠습니다.

먼저, 상황 1의 원인과 중재방안을 말씀드리겠습니다.

상황 1의 원인은 민수가 선택 결정력이 부족하기 때문입니다. 이때, 여러 장의 색종이를 두 장으로 줄여서 둘 중 하나를 선택할 수 있도록 해주는 방안이 있습니다. 선택의 수를 줄여서 고를 수 있게 촉진하고, 점차 늘려간다면 점점 선택 결정력이 향상될 것입니다.

다음으로, 상황 2의 원인과 중재방안을 말씀드리겠습니다.

상황 2의 원인은 민수가 자기 옹호 능력이 부족하기 때문입니다. 자기가 손해를 보아도 자신의 의견을 말하지 못하고 있습니다. 이때 중재방안은 상황별 의사소통 방법을 알려주는 것입니다. 이렇게 상황별 대처방안을 알려준다면, 점차 자기 옹호 능력이 향상될 것입니다.

마지막으로, 상황 3의 원인과 중재방안을 말씀드리겠습니다.

상황 3의 원인은 민수가 자기 효능감이 부족하기 때문입니다. 이에 대한 중재 방안은 성공 경험을 제공하여 동기를 높여주는 것입니다. 촉진을 통하여 작은 과제라도 성공 경험을 제공하고, 스스로 할 수 있다는 것을 깨닫게 돕는다면, 자기 효능감이 향상될 것입니다. 이상입니다.

즉답형 01

(1)	교사에게 필요한 태도 1	① 이해하고 수용하는 태도 ② 다양한 학생들의 특성을 이해하고 수용하는 태도가 필요하기 때문이다.
(2)	교사에게 필요한 태도 2	① 적극적이고 개방적인 태도 ② 학생들에 대하여 알아가는 적극성과 어떠한 상황에서도 학생들을 이해하고 받아들이는 개방성이 필요하다.

즉답형 1번 문항 답변드리겠습니다.

교사에게 필요한 태도를 말씀드리겠습니다.

첫째, 이해하고 수용하는 태도입니다. 이러한 태도가 필요한 이유는 다양한 학생들의 특성을 이해하고 수용하는 태도가 필요하기 때문입니다. 교사가 학생에 대해 생각하지 못하는 부분이나 경험하지 못한 부분이 있을 수 있기에 이해하고 수용하는 태도가 꼭 필요하다고 생각합니다.

둘째, 적극적이고 개방적인 태도입니다. 이러한 태도가 필요한 이유는 학생들에 대하여 알아가는 적극성과 어떠한 상황에서도 학생들을 이해하고 받아들이는 개방성이 필요하기 때문입니다. 학생들에 대해 알기 위해 적극적이고 개방적인 태도로 전문성을 갖추고, 연구해야 하며, 다양한 상황에서 학생들에 대해 다방면으로 고민해야 한다고 생각합니다.

이상입니다.

즉답형 02

어느 것을 선택하기보다는 상황에 따라 유연하게 대처하겠다.
→ 나의 교육관 : 유연한 자세로 협력하는 교육관

즉답형 2번 문항 답변드리겠습니다.

저의 교육관 중 하나는 유연한 자세로 협력하는 것입니다. 이를 제시된 상황과 연결하여 말씀드리겠습니다. 저는 통합학급 업무와 특수학급 업무 중 한 가지를 선택하기보다는 상황에 따라 유연하게 대처하겠습니다.

먼저, 김 교사의 생각처럼 통합교육은 중요합니다. 하지만 특수학급과 통합학급을 모두 신경 쓰고 돕는 것은 어려우므로 김 교사는 미리 계획하여 준비하고, 통합학급 교사와 역할을 분담하는 등 협력하는 것이 필요할 것입니다.

다음으로, 특수학급 업무에 대한 첫 번째 책임자는 김 교사입니다. 따라서 업무에 차질이 생기지 않도록 업무에 대해 유연하게 대처하겠습니다. 우선순위를 두고 업무를 진행하여 잘 해결해나가도록 하겠습니다.

이상입니다.

(17) 2015 초등특수

구상형

잘못된 인식 3가지와 설득 근거	① 잘못된 인식 : 수업 일수는 중요하지 않다. ② 설득 근거 : 수업에 모두 참여하면서도 치료를 받을 수 있으며, 장애학생에게 규칙적인 일과가 중요하다.
	① 잘못된 인식 : 개별 치료가 언어발달을 더 앞당길 것이다. ② 설득 근거 : 개별 치료도 좋지만 친구들과의 상호작용에서 배우는 점도 많다.
	① 잘못된 인식 : 다양하게 치료받는 것이 좋다. ② 설득 근거 : 민서에게 필요한 것, 요구를 반영하여 선별적인 치료를 하는 것이 더 효과적이다.

구상형 1번 문항 답변드리겠습니다.

민서 어머니의 잘못된 인식 3가지와 설득 근거를 각각 말씀드리겠습니다.

첫째, 수업 일수는 중요하지 않다는 인식입니다. 이를 설득할 수 있는 근거는 수업에 모두 참여하면서도 치료를 받을 수 있으며, 장애 학생에게는 규칙적인 일과가 매우 중요하다는 것입니다. 예측 가능한 일과가 문제행동을 예방하고, 학생에게 안정을 줄 수 있습니다.

둘째, 개별 치료가 언어발달을 더 앞당길 것이라는 인식입니다. 이를 설득할 수 있는 근거는 개별 치료도 도움이 되겠지만, 친구들과의 상호작용에서 배우는 점도 많다는 것입니다. 더불어 친구들과의 상호작용은 치료실에서는 배울 수 없는 소중한 기회입니다.

셋째, 다양하게 치료받는 것이 좋다는 인식입니다. 이를 설득할 수 있는 근거는 다양한 치료도 좋지만, 너무 많은 치료는 체력을 떨어뜨려 학교에서 활동 참여가 원활하지 않을 수 있다는 것입니다. 민서에게 필요한 것을 반영하여 선별적인 치료를 하는 것이 더 효과적일 것입니다. 이상입니다.

즉답형 01

(1)	준비하는 태도	학생의 흥미, 요구를 미리 파악하여 준비한다.
(2)	이해하는 태도	학생의 표현을 무시하지 않고 이해하며 행동의 원인을 파악해야 한다.

즉답형 1번 문항 답변드리겠습니다.

홍 교사가 가져야 할 특수교사로서의 바람직한 태도를 말씀드리겠습니다.

첫째, 준비하는 태도입니다. 홍 교사는 재료를 직접 정해서 일방적으로 철수에게 주었습니다. 이보다는 학생의 요구를 미리 파악하여 준비하는 것이 바람직합니다. 이러한 태도는 장애학생의 문제행동을 예방할 수 있습니다.

둘째, 이해하는 태도입니다. 홍 교사는 학생의 반응을 무시하였습니다. 이때 이해하는 태도를 갖추어 학생의 행동의 원인을 파악해야 합니다. 특히 철수는 의사소통이 어렵기에 이러한 태도가 중요합니다. 이상입니다.

즉답형 02

인성적 자질	① 소통　② 적극성　③ 책임감

즉답형 2번 문항 답변드리겠습니다.

박 교사에게 필요한 인성적 자질 3가지와 이유를 말씀드리겠습니다.

첫째, 소통입니다. 박 교사는 다툰 이유를 묻고 어떤 상황인지는 제대로 파악하지 않고 돌려보냈습니다. 박 교사는 학생들을 따로 상담하거나 조금 더 이야기해보는 등 학생들과 소통하며 상황을 파악하는 노력이 필요합니다.

둘째, 적극성입니다. 박 교사는 놀리지 말라고 꾸짖고 다른 지도는 하지 않았습니다. 조금 더 적극적으로 학생들 사이의 관계를 원만하게 만드는 태도가 필요합니다.

셋째, 책임감입니다. 준우는 ADHD 아동이므로 이후에도 다른 학생들과의 마찰 가능성이 있습니다. 따라서 담임선생님께 알리는 등 책임감 있는 태도가 필요합니다. 이상입니다.

CHAPTER 02 서울

(1) 2024 초등특수

구상형 ▼

교육과정의 설계, 운영, 평가 측면에서 필요한 특수교사로서의 역량	각각의 연수계획
• 설계: AI 및 디지털 콘텐츠 설계 역량 • 운영: AI 및 디지털 도구 활용 역량 • 평가: 데이터 분석 역량	• AI 및 디지털 콘텐츠 탐구 연수 • 교육용 소프트웨어 활용 연수 • 데이터를 활용한 평가 방법 연수

구상형 문항 답변드리겠습니다.

AI 및 디지털 교육을 특수교육대상자에게 시행하기 위해 교육과정 측면에서 특수교사는 필요한 역량을 갖추어야 합니다. 이에 따라 특수교사에게 필요한 역량과 각각의 연수 계획을 말씀드리겠습니다.

먼저, AI 및 디지털 교육에 있어서 특수교사에게 필요한 역량을 말씀드리겠습니다. 첫째, 교육과정 설계 측면에서 AI 및 디지털 콘텐츠 설계 역량이 필요합니다. 다양한 특성과 수준을 가진 특수교육대상자에게 적절한 콘텐츠를 선정해야 하기 때문입니다. 둘째, 교육과정 운영 측면에서 AI 및 디지털 도구 활용 역량이 필요합니다. 특수교육대상자가 다양한 AI 및 디지털 도구를 경험하고 적극 활용할 수 있도록 지도해야 하기 때문입니다. 셋째, 교육과정 평가 측면에서 데이터 분석 역량이 필요합니다. 특수교육대상자에게 활용한 AI 및 디지털 교육 콘텐츠와 도구가 적절했는지, 개별화교육목표 도달에 효과가 있었는지 등 피드백을 제공할 수 있어야 하기 때문입니다.

이에 따라 필요한 역량에 따른 연수계획을 말씀드리겠습니다. 첫째, AI 및 디지털 콘텐츠 설계 역량을 기르기 위해 AI 및 디지털 콘텐츠 탐구 연수를 듣겠습니다. 다양한 콘텐츠를 탐구하고, 제작하는 경험을 하며 학생들의 교육적 요구에 적합한 콘텐츠를 탐구할 것입니다. 둘째, AI 및 디지털 도구 활용 역량을 기르기 위해 교육용 소프트웨어 활용 연수를 듣겠습니다. 교육용 소프트웨어를 경험하고 활용하는 역량을 길러 학생들도 적극적을 활용할 수 있도록 지도하겠습니다. 셋째, 데이터 분석 역량을 기르기 위해 데이터를 활용한 평가 방법 연수를 듣겠습니다. 다양한 콘텐츠와 도구로 수집된 데이터를 평가에 어떻게 활용할 수 있는지 배울 수 있을 것입니다.

이처럼 교사는 변화하는 시대에 맞게 지속적으로 계발하고 연구하며 학생들에게 효과적인 교육을 고민해야 할 것입니다. 이상입니다.

즉답형 01

고려 사항	① 학습적 측면: 필요한 보조기기 및 보조 인력 고려 ② 심리·정서적 측면: 또래 도우미 활용 고려 ③ 환경적 측면: 자리 배치 등 물리적 환경 고려

즉답형 1번 답변드리겠습니다.

특수교육대상자의 '더 평등한 출발'을 위해서는 다양한 측면에서 지원이 제공되어야 합니다. 이를 위해 통합교육에서의 고려 사항은 다음과 같습니다.

첫째, 학습적 측면에서 필요한 보조기기 및 보조 인력을 확인하고 지원하는 것입니다. 모든 학생들에게 보조기기 및 보조 인력이 필요하지는 않습니다. 오히려 통합교육을 방해할 수 있으므로 꼭 필요한 것을 확인하고 지원할 수 있어야 합니다.

둘째, 심리·정서적 측면에서 또래와의 상호작용 촉진을 위해 또래 도우미, 협력 학습 등을 활용하는 것입니다. 적절한 또래 도우미 활용은 또래와의 친밀감을 증진하고, 특수교육대상자가 소외되지 않고 함께 성장할 수 있을 것입니다. 이때 또래 도우미의 역할을 정해주어 모든 것을 돕기 보다는 함께 어울릴 수 있는 방향으로 이끌 수 있습니다.

셋째, 환경적 측면에서 자리 배치 등 물리적 환경을 고려하는 것입니다. 자리 배치를 할 때에는 학생의 장애 특성을 고려하고, 다른 학생들과 상호작용에 방해가 되지 않는 지 고려해야 합니다.

이 외에도 장애이해교육을 실시하여 비장애학생들이 장애에 대해 이해하고 무조건적인 배려가 아닌 함께 어울릴 수 있는 분위기를 만드는 것이 중요합니다. 이상입니다.

즉답형 02

읽고 싶은 책	학급긍정훈육법
교직관	함께하는 교사

즉답형 2번 문항 답변드리겠습니다.

제가 교원학습공동체에서 학생의 생활지도 측면에서 함께 읽고 싶은 책은 학급긍정훈육법입니다. 학급긍정훈육법은 학생들의 도전행동을 이해하고 어떻게 지도하면 좋을지에 관해 설명된 책입니다. 제가 이 책을 선정한 이유는, 도전행동으로 고민하는 선생님들에게 도움이 될 것이라고 생각하기 때문입니다. 함께 나누며 각자의 교실에서의 사례를 고민하면 더욱 깊은 공동체가 될 것입니다. 또한 학생들과 행복한 교실을 만들기 위해 꼭 필요한 책이라고 생각합니다.

저의 교직관은 함께하는 교사입니다. 학생들의 행동을 이해하고, 그에 맞는 지원을 통해 언제나 학생과 함께하는 교사가 되고 싶습니다.

이상입니다.

(2) 2024 유아특수

구상형 ▼

교직관	• 존중하는 교사
학급 운영 계획	• 다양성을 존중하는 친구이해교육 • 긍정적 행동지원 기반의 생활지도 • 특수학급 공간을 활용한 소집단 활동
통합교육의 이점	• 두 명의 교사가 협력하므로 유아의 개별적인 특성을 보다 세밀하게 관찰하고, 유아들이 적극적으로 놀이에 참여할 수 있도록 지원 • 또래 간 서로 다름에 대해 이해하고 상호작용할 수 있음.

구상형 문항 답변드리겠습니다.

통합교육은 다양한 유아의 요구와 개인차를 존중하므로, 장애 유아만이 아닌, 모든 유아에게 필요합니다. 더공감교실은 유아들이 서로 배려하고 존중하는 교실 문화를 만들고 이를 통해 참여의 질을 높인다는 점에서 의미 있습니다. 이를 바탕으로 저의 교직관과 학급 운영 계획, 통합교육의 이점을 포함하여 학부모님께 전하는 인사말 내용을 말씀드리겠습니다.

먼저, 저의 교직관은 존중하는 교사입니다. 유아에게 눈높이를 맞춰 어떤 생각을 하는지, 무엇이 필요한지 항상 세심하게 관찰하고자 합니다.

이에 따라 학급 운영 계획을 말씀드리겠습니다. 첫째, 다양성을 존중하는 친구이해교육을 실시할 것입니다. 서로의 모습이나 좋아하는 것 등을 알아보며 서로 다름을 이해하고, 존중하는 것을 배울 수 있을 것입니다. 둘째, 긍정적 행동지원 기반의 생활지도를 실시할 것입니다. 학급 규칙을 그림으로 제시하여 모든 유아에게 지도하고, 유아들을 관찰하며 더 필요한 바람직한 행동을 지도한다면 유아들이 행복한 생활지도가 될 수 있을 것입니다. 셋째, 특수학급 공간을 활용한 소집단 활동을 실시할 것입니다. 더공감교실을 운영하며 공간이 생겼으므로 놀이 활동을 할 때 다양한 소집단 활동을 공간을 나누어 할 수 있게 되었습니다. 이전에는 하지 못했던 더 다양한 놀이 활동을 할 수 있을 것입니다.

마지막으로, 통합교육의 이점을 말씀드리겠습니다. 첫째, 두 명의 교사가 협력하므로 유아의 개별적인 특성을 보다 세밀하게 관찰하고, 유아들이 적극적으로 놀이에 참여할 수 있도록 지원할 수 있습니다. 둘째, 또래 간 서로 다름에 대해 이해하고 상호작용할 수 있습니다. 유아기는 상호작용 및 의사소통 기술 습득에 좋은 시기입니다. 서로 상호작용하며 서로 다른 소통 방법을 알아가는 것은 좋은 경험이 될 것입니다.

이를 바탕으로 한 더공감교실은 유아, 교사, 학부모에게 장애감수성을 높이며 다양성을 존중하는 유치원 분위기를 형성할 수 있을 것입니다. 이상입니다.

즉답형 01

강점	• 외향적이고 적극적인 성격
의사소통 방안	• A학부모 : 쉬운 말로 설명하기, 시각 자료나 간단한 설명서 제공하기 • B학부모 : 쉬운 말로 설명하기, 번역 자료 준비하기

즉답형 1번 답변드리겠습니다.

저의 강점은 외향적이고 적극적인 성격입니다. 이러한 강점을 바탕으로 장애를 가진 학부모님, 다문화 가정의 학부모님과의 의사소통 방안을 말씀드리겠습니다.

첫째, 지적장애가 있는 A학부모와 소통을 할 때는 최대한 대면 상담을 실시하며, 쉬운 말로 설명할 것입니다. 그리고 시각 자료나 간단한 설명서를 제공하는 것도 좋은 방안이 될 것입니다. 특히 〈보기〉로 선택지를 제공하여 답변하시기 쉽게 지원할 것입니다.

둘째, 한국말이 서툰 다문화 가정의 B학부모님과 소통을 할 때는 쉬운 한국어를 사용하고, 번역 자료를 준비할 것입니다. 대면이나 전화를 한 후에도 문자로 번역문을 제공한다면 원활한 의사소통에 도움이 될 것입니다.

이처럼 적극적으로 해결 방안을 찾고 지원한다면, 다양한 특성을 가진 학부모님과 원활하게 의사소통을 할 수 있을 것입니다. 이상입니다.

즉답형 02

내가 생각하는 생태시민	• 자연환경과 함께하며 지속 가능한 생활 방식을 실천하는 사람
활동 방안	• 자연 관찰 및 탐구 활동 • 아나바다 활동

즉답형 2번 문항 답변드리겠습니다.

제가 생각하는 생태 시민은 자연 환경과 함께하며 지속 가능한 생활 방식을 실천하는 사람입니다.

이에 따라 특수교육대상유아를 지도할 때 활동 방안을 말씀드리겠습니다. 첫째, 자연 관찰 및 탐구 활동입니다. 일상에서 자연과 함께 할 수 있도록 꽃과 나무, 그리고 날씨와 환경을 관찰하며 변화를 느껴본다면 자연환경의 소중함을 느낄 수 있을 것입니다. 특히 날씨와 환경은 직접 느껴보며 알맞은 옷차림도 배울 수 있어 자립생활 영역과도 연계할 수 있습니다. 둘째, 아나바다 활동입니다. 물건을 새로 사기보다는 서로 나눠쓰고 바꿔쓰는 경험을 하는 것입니다. 시장 놀이와 연계하여 교환, 화폐의 개념도 연계하여 배울 수 있습니다. 이상입니다.

(3) 2023 초등특수

구상형

(1)	취학유예를 하지 않고 적정 연령에 입학했을 경우 긍정적인 면 3가지	① 생활연령에 맞는 교육을 받을 수 있다. ② 긍정적인 또래 관계를 형성할 수 있다. ③ 변화와 적응의 경험은 성장의 기회가 될 수 있다.
(2)	특수교사로서 학생에게 지원할 수 있는 방안	① 입학 전 적응 지원 : 학교 견학 활동 ② 입학 후 적응 지원 : 장애 유형 및 특성을 고려한 기초생활습관 지도, 또래 상호작용 지도 등
(3)	특수교사로서 학부모에게 지원할 수 있는 방안	① 취학상담: 교육과정 및 특수교육관련 서비스 안내, 미리 익히면 좋은 학교생활 적응 기술 안내 ② 학부모 간담회 실시 : 입학 전 부모가 가지고 있는 어려움 등 특수교육대상학생의 입학 적응을 위한 소중한 의견 나누기, 선배 부모와의 대화

구상형 1번 문항 답변드리겠습니다.

주어진 자료로 보아 취학유예 중인 장애아동이 증가하고 있고, 그 이유는 돌봄의 어려움, 학교 적응에 대한 걱정으로 보입니다.

먼저, 취학유예를 하지 않고 적정 연령에 입학했을 경우 긍정적인 면 3가지를 말씀드리겠습니다.

첫째, 생활연령에 맞는 교육을 받을 수 있습니다. 앞으로 사회에서도 연령에 맞는 기술이 요구되며 또래와 상호작용을 하기 위해서는 기능과 연령에 적합한 기술이 필요합니다.

둘째, 긍정적인 또래관계를 형성할 수 있습니다. 자신보다 몸집이 작은 아이들과 어울리는 것보다 유사한 신체 성장 단계를 가진 또래와 어울리는 것이 긍정적인 또래관계를 이룰 수 있습니다.

셋째, 변화와 적응의 경험은 성장의 기회가 될 수 있습니다. 앞으로 아동이 생애에 걸쳐 지속적으로 경험할 다양한 형태의 전이에 대비하여 전이의 경험은 이후 중요한 경험이 될 수 있습니다.

다음으로, 특수교사로서 학생에게 지원할 수 있는 방안을 말씀드리겠습니다.

첫째, 새로운 환경인 학교에 적응할 수 있게 입학 전 적응 지원을 하는 것입니다. 시설물의 위치를 알아보고 미리 체험해보는 학교 견학 활동을 실시한다면 낯선 환경에 대한 두려움을 덜 수 있을 것입니다.

둘째, 입학 후 적응 지원으로 학교생활 시작 활동을 하는 것입니다. 장애 유형 및 특성을 고려한 기초생활습관 지도와 또래 상호작용 등 학생이 점진적으로 학교에 적응할 수 있게 도울 수 있습니다. 이는 전이에 대한 걱정과 불안감을 줄일 수 있을 것입니다.

마지막으로, 특수교사로서 학부모에게 지원할 수 있는 방안을 말씀드리겠습니다.

첫째, 입학 전 취학상담을 실시하는 것입니다. 취학상담을 할 때에는 구체적으로 교육과정 및 특수교육 관련 서비스를 안내하고, 미리 익히면 좋은 학교생활 적응 기술을 안내할 수 있습니다.

둘째, 학부모 간담회를 실시하는 것입니다. 입학 전 부모가 가지고 있는 어려움 등 특수교육대상학생의 입학 적응을 위한 소중한 의견을 나눌 수 있는 자리를 마련한다면 입학 전 두려움과 부담감을 덜 수 있을 것입니다. 또한 이때 선배부모와의 대화 시간을 갖는 것도 좋은 방안이 될 수 있습니다.

취학은 아동 생애의 큰 변화이기 때문에 취학 전 두려움, 부담감을 느낄 수 밖에 없습니다. 교사는 이를 충분히 이해하고 학생과 학부모을 성심껏 지원해야할 것입니다. 이상입니다.

즉답형 01

즉답형 1번 문항 답변드리겠습니다.

저의 교직관은 '함께 배우는 교사'입니다. '함께 배우는 교사'란 교사가 혼자 가르치는 수업을 하는 것이 아닌, 학교 생활 전반에 걸쳐 학생과 함께 배운다는 것을 의미합니다. 학교에서 배우는 사람은 학생만 있다고 생각하지 않습니다. 교사 또한 학생과 상호작용을 하고 성장하며 더 나은 사람이 될 수 있습니다.

저는 이를 위해 교실 안에서 모든 학생을 존중하고, 서로 인정하는 분위기를 만들고 싶습니다. 틀리고 맞는 정답이 있는 교실이 아닌, 모두가 다른 소리를 내어 다채로운 교실을 만든다면 우리 모두가 행복한 교육이 이루어질 것입니다. 이상입니다.

즉답형 02

교육공동체와 긍정적인 관계를 맺기 위한 방안	① 학생 : 공감하는 교사 ② 학부모 : 어려움 함께 나누기 ③ 동료교사 : 솔선수범하기

즉답형 2번 문항 답변드리겠습니다.

저의 강점은 '긍정적인 에너지'입니다. 긍정적인 생각으로 다른 사람의 고민을 잘 들어주고, 이를 긍정적인 방향으로 바꾸어 주는 강점을 가지고 있습니다.

이러한 강점을 활용하여 교육공동체와 긍정적인 관계를 맺기 위한 방안을 말씀드리겠습니다.

첫째, 학생과의 관계에서 학생에게 지시하고 가르치는 교사가 아닌, 학생의 이야기를 들어주고, 긍정적인 자세로 공감해주는 교사가 되는 것입니다. 듣는 교사가 되어야 학생이 의지하고 믿는 교사가 될 수 있을 것입니다.

둘째, 학부모와의 관계에서 학부모의 의견을 이해하고 수용하며 학생을 지도할 때의 어려움을 함께 나누며 지원하는 것입니다. 장애 학생을 양육하는 일은 수많은 부정적인 감정이 오갈 수 있습니다. 어려운 부분을 교사가 함께 고민하고 긍정적인 방향으로 이끈다면 좋은 관계를 형성할 수 있을 것입니다.

셋째, 동료교사와의 관계에서 긍정적인 에너지로 솔선수범을 하는 것입니다. 일을 미루지 않고 먼저 나서는 모습은 교사들 간의 긍정적인 분위기를 형성할 수 있습니다. 함께 고민을 나누고, 협력한다면 긍정적인 분위기를 형성할 수 있을 것입니다. 이상입니다.

(4) 2023 유아특수

구상형 ▼

(1)	신학기 지원 협의 사항	① 관리자 : 시설 이용 관련 협의(엘리베이터 이용 및 휠체어 동선) ② 통합학급교사 : 통합 수업 환경에서 지원해야 할 사항 ③ 학부모 : 기저귀 착용 등 생활면에서 필요한 지원 사항
(2)	환경적 수정 방안	① 책상 높이 수정 ② 유모차가 이동하기 쉽고 또래와 상호작용할 수 있는 환경 구성
(3)	교수적 수정 방안	① 교구 배치 및 AAC 제공 ② 또래와 함께 할 수 있는 활동 구성

구상형 1번 문항 답변드리겠습니다.

특수교사는 장애유아가 입학하는 경우 장애 특성 및 유형을 미리 파악하여 필요한 지원 사항을 준비해야 합니다.

이에 따라, 신학기 지원에 대한 협의 사항을 말씀드리겠습니다.

첫째, 관리자와 시설 이용 지원과 관련하여 협의해야 합니다. 현재 급식실이 다른 건물 다른 층에 있기 때문에 이동이 불편한 상황입니다. 따라서 엘리베이터 이용 및 휠체어 동선을 미리 파악하여 안전한 경로가 확보되는지 여부를 확인해야 할 것입니다. 이때 관리자와 협의하여 유치원에서 지원할 수 있는 부분을 찾을 수 있습니다.

둘째, 통합학급 교사와 교실에서 필요한 지원 사항을 협의해야 합니다. 통합학급 교사가 통합교육 경험이 없기 때문에 통합교육과 관련하여 안내하고, 통합 수업 환경에서 장애 유아에게 지원할 수 있는 방안을 협의해야 할 것입니다.

셋째, 학부모와 생활 면에서 필요한 지원 사항을 협의해야 합니다. 학생이 기저귀 착용을 하고 있기 때문에 기저귀 교체 주기, 방법 등을 상세히 협의하고, 유아를 지도할 때 건강상의 이유 등 주의해야 할 부분을 협의해야 합니다.

다음으로, 환경적 수정 방안을 말씀드리겠습니다.

첫째, 책상의 높이를 수정하는 것입니다. 유모차에 앉으면 일반적인 책상의 높이가 안 맞기에 미리 책상의 높이를 조절하여 유아가 활동에 원활하게 참여할 수 있도록 할 수 있습니다.

둘째, 유모차가 이동하기 쉽게 통로를 만들고, 또래와 상호작용할 수 있는 환경을 구성하는 것입니다. 유아의 특성을 반영하여 또래를 바라보고 함께 놀이할 수 있는 환경을 만들어 준다면 상호작용 기회가 확대될 것입니다.

마지막으로, 교수적 수정 방안을 말씀드리겠습니다.

첫째, 오른손을 이용하는 특성을 반영하여 교구 및 AAC를 제공하는 것입니다. 손가락 두 개로 표현할 수 있기 때문에 활용 가능한 교구 및 AAC를 제공하며 이를 오른쪽에 배치하여 표현의 기회를 제공할 수 있습니다.

둘째, 또래와 함께할 수 있는 활동을 구성하는 것입니다. 유아가 작은 부분이라도 활동에 참여할 수 있도록 활동을 구성한다면 성공적인 통합교육이 이루어질 수 있을 것입니다. 이상입니다.

즉답형 01

가족지원 방안	① 주기적인 학부모 상담 ② 외부기관 연계 부모 교육 ③ 장애 유아 학부모 간담회

즉답형 1번 문항 답변드리겠습니다.

위 상황에서의 가족지원 방안을 말씀드리겠습니다.

첫째, 주기적인 학부모 상담을 하는 것입니다. 학부모 상담을 통해 아동이 교실에서 보이는 모습을 관찰하여 진전도를 함께 공유하고, 가정과의 연계를 한다면 A 학부모도 아동에 대한 이해가 높아지고 참여 수업에 대한 부담감이 덜어질 것이라고 생각합니다.

둘째, 외부기관을 연계하여 부모교육을 안내하는 것입니다. 아동의 장애를 엄마 탓으로 하는 잘못된 인식을 가지고 있고, 정서적으로 지원이 필요해 보이기 때문에 외부기관을 통한 부모교육이 도움이 될 것이라고 생각합니다.

셋째, 장애유아 학부모 간담회를 실시하는 것입니다. 다른 장애유아 학부모들과 이야기를 나누며 고민을 나누고 정보공유를 할 수 있을 것입니다. 이상입니다.

즉답형 02

원훈	서로 다른 색이 모여 무지개가 되자
교직관	함께 배우는 교사

즉답형 2번 문항 답변드리겠습니다.

제가 만든 유치원 원훈은 '서로 다른 색이 모여 무지개가 되자'입니다. 원훈의 의미는 우리 모두 다름을 인정하고, 우리의 다채로운 색들이 모이면 무지개가 된다는 뜻입니다.

저의 교직관은 '함께 배우는 교사'입니다. 교실의 주체는 유아와 교사로 나뉘는 것이 아닌, 한 명 한 명이 각각의 주체라고 생각합니다. 다양한 특성을 가진 유아들이 자신 만의 색을 나타내고, 더불어 교실 안에서는 유아뿐만 아니라 교사도 함께 배우며 성장한다고 생각합니다. 따라서 원훈의 무지개는 유아뿐만 아니라 교사의 색도 함께 합쳐져 완성됩니다.

이상입니다.

(5) 2022 초등특수

구상형 ▼

	새학기 지원 사항	통합학급 교사	① 장애이해교육 계획 ② 통합학급 지원 계획 ③ 장애 학생도 함께하는 교육과정 수립 지원
(1)		학부모	① 기초조사서 및 면담으로 교육적 요구 파악 ② 1년 간 교육과정 안내 ③ 새학기 적응을 위해 가정과 연계해야 할 사항 공유
		개별화 교육계획	① 개별화 교육지원팀 구성원 확보 및 섭외 ② 특수학급 운영계획 수립 및 내용 공유 ③ 학생의 현행수준 정리 및 목표 수립 – 구성된 개별화 교육지원팀원들이 개별화 교육목표를 계획하고 공유하기 위한 공식적이고 실제적인 모임으로 운영하기
(2)	새학기 준비 기간의 기대효과		• 학생의 빠른 적응을 도울 수 있다. • 안정적이고 내실있는 교육과정 운영이 가능하다.

구상형 문항 답변드리겠습니다.

3월 새학기가 시작되기 전, 교사는 1년간의 교육과정을 준비합니다. 준비과정이 탄탄할수록 1년 농사가 알찬 과정과 결과를 얻을 수 있을 것입니다. 이를 위해 특수교사가 새학기 준비기간에 지원해야 할 사항을 말씀드리겠습니다.

먼저, 통합학급 교사 측면의 지원 사항을 말씀드리겠습니다. 첫째, 장애학생의 적응을 위해 통합학급 대상 장애이해교육을 계획하는 것입니다. 둘째, 통합학급 교사와 협력하여 시간표를 조정하는 등 통합학급의 연간 교육활동 계획을 함께 살펴보며 지원이 필요한 부분을 미리 의논해야 합니다. 셋째, 장애학생도 함께하는 교육과정 수립을 지원하는 것입니다. 통합학급 교사가 학급 특색 활동 등을 계획할 때 장애학생도 함께 할 수 있는 활동들을 계획한다면 더욱 성공적인 통합교육을 이끌 수 있을 것입니다.

다음으로, 학부모 측면의 지원 사항을 말씀드리겠습니다. 첫째, 기초조사서 및 면담으로 교육적 요구를 파악하는 것입니다. 둘째, 1년 간의 교육과정을 안내하여 교육주체로서 관심을 가지고 참여할 수 있도록 이끄는 것입니다. 셋째, 새학기 적응을 위해 가정과 연계해야 할 사항을 공유하는 것입니다.

마지막으로, 개별화 교육계획 측면의 지원 사항을 말씀드리겠습니다. 첫째, 개별화 교육지원팀의 구성원을 확보하고 섭외하는 것입니다. 둘째, 특수학급 운영계획을 수립하고 이 내용을 개별화 교육지원팀과 공유하는 것입니다. 셋째, 학생의 현행수준을 정리하고 목표를 수립하는 것입니다. 이를 팀원들에게 공유하여 공식적이고 실제적인 모임으로 운영할 수 있을 것입니다.

이러한 새학기 준비기간의 지원 사항들은 학생의 빠른 적응을 도울 수 있으며 안정적이고 내실있는 교육과정 운영이 가능하게 할 것입니다. 이상입니다.

즉답형 01

(1)	교사의 역량	문제해결 역량	
(2)	긍정적 측면	특수학교	① 장애학생을 위한 교육활동을 주도적으로 이끌 수 있다. ② 장애 특성에 맞는 교육을 받을 수 있다.
		초등학교 특수학급	① 통합교육을 경험할 수 있다. ② 비장애 학생을 모델링할 수 있다.

즉답형 1번 답변드리겠습니다.

제시된 상황에서 교사에게 필요한 역량은 문제해결 역량입니다. 상황을 이해하고 특수학교와 특수학급의 특성을 자세히 안내하여 학부모가 결정할 수 있도록 도와야 하기 때문입니다. 그렇다면, 특수학교와 초등학교 특수학급의 긍정적 측면을 말씀드리겠습니다.

먼저, 특수학교의 긍정적 측면은 첫째, 장애학생을 위한 교육 활동을 주도적으로 이끌 수 있습니다. 학교의 모든 행사가 장애학생의 수준에 맞춰져 있기 때문입니다. 둘째, 장애 특성에 맞는 교육을 받을 수 있습니다. 특수학교 중에서도 지체장애 학교, 지적장애 학교 등 장애 특성에 따라 나누어지기 때문에 학생이 자신에게 맞는 학교를 찾을 수 있습니다.

다음으로 특수학급의 긍정적 측면은 첫째, 통합교육을 경험하여 성인이 되어 사회에 적응하는 데에 도움이 됩니다. 학교는 작은 사회이기 때문에 미리 배우고 경험할 수 있을 것입니다. 둘째, 비장애 학생을 모델링할 수 있습니다. 비장애 학생의 행동이나 말을 모방하여 긍정적인 영향을 받을 수 있습니다. 이상입니다.

즉답형 02

(1)	AI와 에듀테크 역량이 필요한 이유	• 미래사회에 대비하여 필수적인 역량임. 키오스크처럼 변화하는 사회에 적응하기 위해 필요함. • 다양한 AI와 에듀테크로 장애 특성에 맞는 교육이 가능하게 되며 교육적 효과를 극대화할 수 있음.
(2)	구체적인 교육 활동 방법	① 일상에서 AI를 활용하는 방법 배우기 ② AI와 에듀테크를 수업도구로 활용하기 ③ 교육과정을 재구성하여 AI와 에듀테크를 주제로 하는 수업하기 ④ AI와 에듀테크 학생 동아리 활동

즉답형 2번 답변드리겠습니다.

AI와 에듀테크는 점점 우리 삶 속에서 필수적인 요소가 되어가고 있습니다. 따라서 특수교육대상학생도 이를 활용할 수 있는 능력을 길러야 합니다.

먼저, 특수교육대상학생에게 AI와 에듀테크 역량이 필요한 이유를 말씀드리겠습니다. 첫째, 미래사회에 대비하여 필수적인 역량입니다. 다수의 가게들의 계산대가 키오스크로 바뀌는 것처럼 점점 변화하는 사회에 적응하기 위해 필요합니다. 둘째, 다양한 AI와 에듀테크로 장애 특성에 맞는 교육이 가능하게 되며 교육적 효과를 극대화할 수 있습니다.

다음으로, 구체적인 교육 활동 방법을 말씀드리겠습니다. 첫째, 일상에서 AI와 에듀테크를 활용하는 방법을 배우는 것입니다. 교실 속에서 다양한 AI와 에듀테크 기기나 소프트웨어를 자연스럽게 사용한다면 쉽게 배울 수 있을 것입니다. 둘째, AI와 에듀테크를 수업 도구로 활용하는 것입니다. 교과 수업 안에서 수업 도구로 활용한다면 교육적 효과를 높일 수 있을 것입니다. 셋째, 교육과정을 재구성하여 AI와 에듀테크를 주제로 하는 수업을 하는 것입니다. 이상입니다.

(6) 2021 초등특수

구상형

(1)	특수교사가 고려할 점 3가지	① 가정에서의 원격수업 지원 여부 ② 장애정도와 특성에 적합한 원격수업 방법 ③ 학생의 원격수업 적응 여부
(2)	학생 A와 B에 대한 효과적인 원격수업 방법	학생 A ① 주요 과목에 대한 실시간 쌍방향 수업 + 과제 제공 ② 원격수업 환경 구축 및 적응을 위한 교육 실시(학생, 학부모) : 기기 대여, 사용 매뉴얼 제작 등 학생 B ① 중도중복장애 학생을 위한 수업 컨텐츠 확보 및 개발(교사공동체) ② 대면수업 최대화를 위한 방안 강구(시간표 조정을 통한 소수인원 등교수업 등)

구상형 1번 문항 답변드리겠습니다.

제시문의 학생 A, B에 대한 블렌디드 수업이 필요한 상황에서 특수교사가 고려할 점 3가지는 다음과 같습니다.

첫째, 가정에서의 원격수업 지원여부입니다. 원활한 원격수업 운영을 위해서는 가정에서 학생이 원격수업과 관련한 각종 에듀테크 기기를 사용할 수 있어야 합니다. 장애학생들은 이러한 에듀테크 기기 사용이 어려울 수 있으므로 가족의 원격수업 지원 여부가 중요하다 할 수 있습니다. 둘째, 장애 정도와 특성에 적합한 원격수업 방법의 적용입니다. 학생 개인마다 장애 유형과 정도, 특성이 다양하기 때문에 개별화된 원격수업 방법의 적용이 필요하다 할 수 있습니다. 셋째, 학생의 원격수업 적응 여부입니다. 학생이 원격수업에 익숙해지고 수업에 잘 참여할 수 있어야 합니다.

저는 제시문의 학생 A, B에 대한 효과적인 원격수업 방법을 다음과 같이 제시합니다.

먼저, 학생 A에 대해서는 첫째, 국어, 수학 등 특수학급 참여 과목에 대한 실시간 쌍방향 수업 및 과제를 제공하겠습니다. 학생은 국어, 수학을 제외한 다른 과목의 온라인 수업을 통합학급에서 참여하므로, 통합학급 수업과 같은 방식으로 쌍방향 온라인 수업을 제공하는 것이 원격수업 적응에 효과적일 것입니다. 둘째, 원격수업 환경 구축 및 적응을 위한 교육을 실시하겠습니다. 이는 학생과 학부모, 조부모를 모두 포함합니다. 원격수업 기기를 대여해주고, 학생과 학부모, 조부모님이 쉽게 이해할 수 있도록 사용 매뉴얼을 제작해서 제공하는 등의 노력이 필요합니다.

다음으로, 학생 B에 대해서는 첫째, 중도중복장애 학생을 위한 수업 콘텐츠를 확보하고 개발하고자 노력하겠습니다. 교사 개인보다는 교사공동체 참여 등을 통한 노력이 효과적일 것이라 생각합니다. 둘째, 대면수업 최대화를 위한 방안을 강구하겠습니다. 중도중복장애 학생은 비대면수업보다는 대면수업이 효과적일 것이라 생각합니다. 사회적 거리두기 단계에 따라 특수교육대상학생의 원격수업-등교방안이 달라지므로 시간표를 적절하게 수정하여 1 : 1, 1 : 2 등의 소그룹 대면수업을 운영할 수 있습니다. 이상입니다.

즉답형 01

(1)	특수교육대상학생에게 생태전환교육이 필요한 이유	공동체 사회에서 더불어 살아가기 위하여 생태전환교육을 함께 실천해야 하기 때문
(2)	생태전환교육 실천방안 2가지	① 업사이클링 체험 활동 : 재활용품을 이용한 수업 ② 학급 텃밭 운영 : 친환경 농산물 생산 체험, 슬로우 푸드 체험

즉답형 1번 문항 답변드리겠습니다.

최근 기후위기, 감염병 위기 등과 더불어 지속가능한 미래사회를 만들기 위한 생태, 환경 교육의 중요성이 대두되고 있습니다. 서울시교육청에서는 생태전환교육에 대한 중요성을 강조하여 친환경 농산물, 로컬푸드, 슬로우푸드 섭취, 탄소배출 감소, 재활용 등과 관련한 교육을 강조하고자 하고 있습니다. 특수교육대상학생도 공동체 사회에서 함께 적응하고 살아가기 위하여 생태전환교육의 의미를 알고 함께 실천해 나가며 노력해야 함을 알려주어야 할 것입니다.

저는 이를 위한 방안으로 다음 2가지를 제시합니다.

첫째, 업사이클링 체험 활동을 실시하겠습니다. 업사이클링이란, 기존의 재활용인 리사이클링의 개념에서 더욱 나아가 제품을 재활용하여 새로운 가치를 지닌 상품으로 만들어내는 것을 의미합니다. 저는 특수교육대상학생들과 학교에서 나오는 재활용품 등을 활용하여 만들기 활동, 미술 활동을 실시하며 생태전환교육을 실시하겠습니다. 학생들은 체험 과정에서 생태전환교육의 의의와 중요성에 대해 직접 느껴볼 수 있을 것입니다.

둘째, 학급 텃밭을 운영하겠습니다. 학교내 부지를 활용하여 텃밭을 운영하고 슬로우 푸드, 친환경 농산물의 개념에 대해 알려주어 생태환경교육을 실시하겠습니다.

이상입니다.

즉답형 02

(1)	본인이 가장 희망하는 기관과 그 이유	• 특수학급 : 통합교육을 목적으로 설치된 기관에서, 장애학생의 통합을 지원하고 싶기 때문
(2)	신규교사로서 근무하기 어려운 기관과 이유, 극복방안	• 특수교육지원센터 : 관내 특수교육기관을 종합적으로 지원하는 역할을 수행하기 때문 - 극복방안 : 관내 특수교사와의 협력, 인근 특수교육지원센터와의 협력 등

즉답형 2번 문항 답변드리겠습니다.

먼저, 저는 특수학급에서 근무하고 싶습니다. 특수학급은 통합교육을 실시하기 위해 일반학교에 설치된 특수교육기관입니다. 저는 특수교육을 통해 장애학생이 우리 사회에서 적응하고 살아갈 수 있도록 돕는 것이 특수교사로서 보람있는 일이라고 생각하기 때문에 일반학교의 특수학급에서부터 학생의 학교생활을 지원하여 적응할 수 있도록 직접적으로 돕고 싶습니다.

다음으로, 저는 신규교사로서 근무하기 어려운 기관이 특수교육지원센터라고 생각합니다. 그 이유는 특수교육지원센터에서는 관내의 특수학교, 특수학급 모두를 종합적으로 지원하는 역할을 수행하고 있기 때문에, 특수학교, 특수학급 현장을 잘 모르는 신규교사로서 그 역할을 수행하기에는 실무경험이 부족하다고 생각하기 때문입니다. 하지만 제가 만약 신규교사로서 특수교육지원센터에서 근무하게 된다면, 이러한 점을 보완하기 위해서 인근 특수교육지원센터에 문의, 협력, 자문을 구하고, 관내 경력있는 특수교사에 연락하고 도움을 요청하는 등 연대를 통해서 저의 부족한 점을 보완하고 최대한 빨리 실무자로서 적응하고자 노력할 것입니다.

이상입니다.

(7) 2021 유아특수

구상형 01

(1)	긍정적인 부분	① 교사를 보고 새로운 놀이 방법을 시도했다. ② 이유 : 다른 놀이로 더 확장될 수 있다는 것으로 보인다.
(2)	부정적인 부분	① 다른 유아들이나 교사가 하는 놀이 방법을 모방하지 않는다. ② 이유 : 다른 유아나 교사와 상호작용을 하며 새로운 놀이 방법을 모방하고, 만들어 가는 과정이 부족해 보이기 때문이다.

구상형 1번 문항 답변드리겠습니다.

교사는 유아의 놀이를 유심히 살펴보며 기록하고, 더 확장되도록 이끄는 조력자라고 생각합니다. 이에 따라 장애 유아 A의 행동에 대해 말씀드리겠습니다.

먼저, 긍정적인 부분은 교사를 보고 새로운 놀이 방법을 시도한 것입니다. A는 특수교사가 기차를 바닥에 굴리는 모습을 보고, 자신의 놀이 방법에 변화를 시도하였습니다. 이는 다른 사람과의 상호작용으로 자신의 놀이를 다른 놀이로 더 확장시킬 수 있다는 것을 보여준 긍정적인 부분이라고 생각합니다.

다음으로, 부정적인 부분은 다른 유아들이나 교사의 놀이 방법을 모방하거나 함께 하려고 하지 않는다는 점입니다. A는 다른 유아와 어울려 놀지 않고, 혼자 놀고 있습니다. 더불어 다른 유아와 동떨어진 방법으로 놀이를 하고 있습니다. A에게는 다른 유아와 상호작용하며 새로운 놀이 방법을 모방하고, 함께 만들어 가는 과정이 부족해 보입니다. 특수교사는 유아의 놀이 방법을 관찰하고, 유아의 흥미를 유발하여 놀이 과정이 확장될 수 있도록 이끌어야 할 것입니다. 이상입니다.

구상형 02

놀이에 적극적으로 참여하기 위한 방안 3가지	① 유아의 관심과 흥미를 유발하여 '내가 해보고 싶다!'라는 마음이 생기도록 이끈다. ② 충분한 놀이시간을 주어 놀이에 몰입할 수 있게 지원한다. ③ 비장애유아와 함께 그룹을 구성하여 다른 유아와의 상호작용 기회를 늘린다.

구상형 2번 문항 답변드리겠습니다.

특수교육대상유아가 놀이에 적극적으로 참여할 수 있도록 하는 방안 3가지를 말씀드리겠습니다.

첫째, 유아의 관심과 흥미를 유발하여 '내가 해보고 싶다!'라는 마음이 생기도록 이끄는 것입니다. 유아의 평소 관심사를 활용하거나, 유아의 수준에 맞게 유도한다면 효과적일 것입니다.

둘째, 충분한 놀이시간을 주어 놀이에 몰입할 수 있게 지원하는 것입니다. 특수교육대상유아는 한 가지 놀이를 익숙하게 수행하는 데에 비교적 시간이 오래 걸릴 것입니다. 따라서 충분하게 시간을 제공하고, 놀이에 적응할 수 있게 해야 합니다.

셋째, 비장애 유아와 함께 그룹을 구성하여 다른 유아와의 상호작용 기회를 늘리는 것입니다. 자연스럽게 그룹을 구성해주거나, 또래 도우미 제도를 활용하여 상호작용 기회를 많이 제공해준다면 새로운 놀이 방법을 배우거나 놀이를 확장하는 등 다양한 경험을 할 수 있을 것입니다. 이상입니다.

즉답형 01

블렌디드 수업 방안	① 환경 측면 : 가정에서나 유치원에서나 어디에서든 교육 활동에 참여할 수 있도록 환경을 조성한다. 필요한 교구나 기기가 있다면 적극 지원한다. ② 교육계획 측면 : 다양한 온라인 수업 도구들을 활용하고, 원격과 등교에서의 놀이를 관찰하고 기록하면서 유아의 놀이 흐름이 끊어지지 않도록 지원한다. ③ 유아에 대한 정보 측면 : 가정마다 상황이 다르므로 다양한 소통방식으로 학부모와 상담하며 정보를 얻는다. 예를 들면, 설문폼, 전화 및 메시지, 애플리케이션 등이 있다. ④ 평가 및 환류 측면 : 온라인으로 놀이 기록을 공유한다. 유아별 놀이 변화와 성장 과정을 알 수 있다.

즉답형 1번 문항 답변드리겠습니다.

저의 블렌디드 수업 방안을 말씀드리겠습니다.

첫째, 환경 측면에서, 가정이나 유치원 어디에서든 교육 활동에 참여할 수 있도록 환경을 조성하겠습니다. 이를 위해 필요한 교구나 기기가 있다면 적극 지원하겠습니다. 둘째, 교육계획 측면에서, 다양한 온라인 수업 도구들을 활용하고, 원격과 등교에서의 놀이를 관찰하고 기록하면서 유아의 놀이 흐름이 끊기지 않도록 지원하겠습니다. 셋째, 유아에 대한 정보 측면에서, 가정마다 상황이 다르므로 다양한 소통 방식으로 학부모와 상담을 하고, 정보를 얻겠습니다. 다양한 소통 방식의 예로는 온라인 설문폼, 전화 및 메시지, 애플리케이션 등이 있을 것입니다. 넷째, 평가와 환류 측면에서, 온라인으로 놀이 기록을 공유하겠습니다. 유아별 놀이 변화와 성장 과정을 알 수 있을 것입니다. 이상입니다.

즉답형 02

(1)	소통과 공감의 중요성	소통과 공감의 중요성은 '함께합니다'라는 다섯 글자에 담겨있습니다. 우리는 언제나 함께 해야 하는 공동체 속에 있기 때문입니다.

(2)	교육주체 간의 협력방안	① 학부모와의 협력
		  - 학부모가 교육 활동에 함께 참여한다는 인식을 갖도록 노력하기
		  - 정기적인 상담 주간 운영하기
		  - 상담 및 교육 활동 참여 시 맞벌이 학부모의 일정을 고려하기(비대면으로 실시 등)
		② 동료 교사와의 협력
		  - 교육 활동에 대한 고민을 함께 나누기
		  - 좋은 교육 활동 아이디어 공유하기

즉답형 2번 문항 답변드리겠습니다.

소통과 공감의 중요성과 교육주체 간의 협력 방안을 말씀드리겠습니다.

먼저, 소통과 공감의 중요성은 '함께합니다'라는 다섯 글자에 담겨있다고 생각합니다. 우리는 언제나 함께 해야 하는 공동체 속에 있기 때문입니다. 이에 따라 다양한 교육 주체의 협력으로 소통과 공감의 문화를 확대해야 할 것입니다.

다음으로, 교육주체 간의 협력 방안을 말씀드리겠습니다.

첫째, 학부모와의 협력을 위하여, 학부모가 교육 활동에 함께 참여한다는 인식을 갖도록 노력하는 것입니다. 이를 위해 정기적인 상담 주간을 운영하고, 상담 및 교육 활동 참여 시 맞벌이 학부모의 일정을 고려하여 비대면으로 실시하는 방안이 있습니다. 또한 다양한 학부모 참여 행사를 실시할 수 있을 것입니다.

둘째, 동료 교사와의 협력을 위하여 교육 활동에 대한 고민을 함께 나누는 것입니다. 이를 위하여 다양한 교사 모임에 참여하여 좋은 교육 활동 아이디어를 공유하고, 교육 활동을 하며 힘든 점을 공유하는 방안이 있습니다.

이상입니다.

(8) 2020 초등특수

구상형 ▼

| 학부모 상담 시 유의해야 할 점 | ① 공감하는 태도 갖기
② 부정적인 말 자제하기
③ 정확한 근거를 들어 이야기할 것 |

구상형 1번 문항 답변드리겠습니다.

먼저, 학부모 상담 시 유의해야 할 점 3가지는 다음과 같습니다.

첫째, 공감하는 태도를 갖는 것입니다. 상담 시 상대방에게 공감하는 것은 가장 필수적인 자세입니다.

둘째, 부정적인 말을 자제하는 것입니다. 학부모님은 학생을 가장 사랑하고 아끼는 사람이기에 예민하실 수 있습니다.

셋째, 정확한 근거로 말씀드리는 것입니다. 교사의 주관적인 생각보다는 객관적인 근거로 말씀드려야 합니다.

다음으로, 사례 1에 대한 상담을 시작하겠습니다.

"어머니, 안녕하세요? 오시는 길 많이 추우셨죠? 따뜻한 차 한잔 준비해드릴게요. 지훈이의 학교 생활에 걱정이 많으시죠? 충분히 이해합니다. 그래서 저도 최선을 다해보려고 합니다. 그러기 위해서는 제가 몇 가지 양해를 구해야 할 것 같습니다. 먼저 1교시 후 간식은 수업의 흐름이나 앞으로의 지훈이의 학교생활을 고려했을 때 고민해봐야 할 문제인 것 같습니다. 지훈이라면 학교 일과에 충분히 적응할 수 있을 것 같은데 일단 간식 없이 적응해보면 어떨까요? 그리고 방과후 돌봄의 경우 제가 수업 준비나 업무 때문에 지훈이를 온전히 봐줄 수 없습니다. 안전상의 문제로 걱정이 되는 부분이라 방과후 프로그램이나 활동 보조인 제도를 알아보시는 것이 좋을 것 같습니다. 부탁드립니다. 더불어 저희 반에는 지훈이 말고도 다른 장애 학생들이 몇 명 더 있습니다. 지훈이도 저에게 소중한 학생이지만 저희 반 모두에게 학습권을 보장해주는 것이 저의 역할이라고 생각합니다. 저는 이 학생들이 함께 지내는 공동체가 무엇인지 배웠으면 좋겠습니다. 올해 지켜봐 주십시오. 아, 그리고 어머님께서 실무원의 지원에 대해서 말씀하셨는데, 어머님께서는 지훈이에 대해 걱정이 많으시겠지만 지훈이는 스스로 하려는 자립심이 있는 학생입니다. 이런 학생의 경우 미래를 생각했을 때 학생의 자기관리 역량을 길러주는 것이 좋습니다. 지훈이는 혼자서 하려는 의지가 있는 학생이므로 도움이 정말 필요한 경우 도움을 요청할 수 있도록 하여 지훈이의 독립적인 수행이 가능하도록 지원하는 쪽이 훨씬 좋을 것 같은데, 어머님의 생각은 어떠세요? 네, 지금 당장은 많이 걱정되시겠지만 조금만 더 저와 지훈이를 지켜봐 주시면 감사하겠습니다."

마지막으로, 사례 2에 대한 상담을 시작하겠습니다.

"어머니 안녕하세요? ○○이가 스스로 자기표현을 하기를 어려워해서 학교에서 무슨 일이 있지는 않았나 걱정이 많으시죠. 혹여나 실수로 상처라도 입지 않았을까 걱정이 되는 마음 공감합니다. 학교에서는 제가 ○○이가 안전하게 학교생활을 하는지 신경을 많이 쓰고는 있지만, 모든 시간을 지켜볼 수는 없는 게 사실입니다. 그래서 혹여나 작은 상처나 멍이 생긴다면 ○○이가 스스로 어떻게든 이를 알리고 표현해서 자신을 보호하는 게 가장 중요하다고 생각합니다. 그래서 자기 생각을 표현하게 하는데 지도의 중점을 두고 있습니다. 어머니, ○○이가 집에 도착했을 때 상처가 있는지 없는지 확인하시는 것도 중요하다고 생각하지만, 먼저 학교에 연락주시기 전에 무슨 일이 있는지 ○○에게 먼저 물어보고, 표현할 기회를 주시는 건 어떠신가요? ○○이의 자기옹호 능력 향상에도 도움이 될 것이고, 자립심을 기르는 데도 도움이 될 것이라 생각합니다. 학교에서도 ○○이의 안전한 학교생활을 위해 세심히 지켜보고 노력하겠습니다. 늘 협력적인 태도로 도와주시는 학부모님께 감사드립니다." 이상입니다.

즉답형 01

(1)	문제행동이 나타난 아동의 특성	① 충동성과 공격성 ② 적절한 사회적 행동 미습득
(2)	구체적인 예방 방안	긍정적 행동지원을 통한 장기적이고 예방적인 방법 적용 ① 학급 규칙의 일관적이고 장기적인 적용 ② 모델링과 차별강화 적용을 통해 충동성과 공격성을 줄이고, 긍정적 행동 습득

즉답형 1번 문항 답변드리겠습니다.

제시문에 나타난 아동의 문제행동은 첫째, 충동성과 공격성이고 둘째, 적절한 사회적 행동의 미습득입니다. 이러한 문제행동은 장기적인 관점에서 오랫동안 꾸준히 지도하여 긍정적인 방향으로 행동이 변화하도록 해야 한다고 생각합니다. 따라서 저는 이러한 문제행동의 구체적인 예방방안으로 긍정적 행동지원 관점에서 다음과 같은 두 가지를 제시하고자 합니다.

첫째, 학급 규칙의 일관적이고 장기적인 적용입니다. 부적절한 사회적 행동에 대해서 부정적인 피드백을 주기보다는, 학급 전체 학생들에게 통용될 수 있는 적절한 규칙을 제시하고 이를 지키도록 유도해야 합니다.

둘째, 모델링과 차별강화의 적용입니다. 학급 내 모든 학생들을 포함하여 긍정적인 행동에 대해서 차별적으로 강화를 꾸준히 제시하고, 이를 모델링하여 적절한 사회적 행동을 습득할 수 있도록 해야 합니다. 또한 아동의 부적절한 문제행동에 대해서는 적절한 소거가 이루어져야 할 것입니다. 이상입니다.

추가 질의

답변드리겠습니다.

말씀드린 긍정적 행동지원을 위한 학급 규칙의 적용과 차별강화, 소거 등의 전략은 학교뿐만 아니라 가정에서도 똑같이 이루어져야 합니다. 특히 충동성이나 공격성에 대한 부분은 시급한 지도가 필요하므로 이 부분에 대한 규칙 적용과 적절한 사회적 행동의 지도는 가정과 학교 모두 똑같이 이루어질 때 효과적입니다. 따라서 개별화 교육지원팀 협의나 학부모 상담에서 긍정적 행동지원 적용 계획을 수립할 때, 반드시 학부모님이 참여하도록 하여 아동이 있는 모든 환경에서 일관적인 지도가 이루어지도록 해야 합니다. 더불어 학급 규칙 시각화 자료를 가정용으로 만들어 공유하는 등 여러 방법이 있을 것입니다. 이상입니다.

즉답형 02

장애인식개선교육 구체적 방안	• 다양하게 응답 ① 전교직원 회의 시 직접 내부강사로서 실시 ② 장애인식개선교육 전문기관 외부강사 혹은 명사 초청 ③ 학생회와 연계하여 장애인식개선주간 운영(캠페인, 슬로건 공모대회 실시, 체험 부스 운영 등) ④ 장애 인권 관련 가정통신문, 학급 게시물 배부 ⑤ 교과 시간에 실시

즉답형 2번 문항 답변드리겠습니다.

학교에서는 전교직원 및 학생, 학부모를 대상으로 장애인식개선교육을 연 2회 이상 실시해야 합니다. 이를 실시하기 위한 구체적 방안은 다음과 같습니다.

첫째, 교직원 회의나 연수 시간을 활용하여 직접 내부강사로서 장애인식개선교육을 실시합니다. 특수교사가 가지고 있는 장애에 관한 정보를 전달하고, 인권에 대한 중요성을 직접 강조할 수 있는 방법입니다. 둘째, 장애인식개선교육 전문기관을 활용합니다. 전문기관에서 지원하는 외부강사나 명사를 초청하여 강의와 연수를 실시할 수 있습니다. 셋째, 장애인식개선 주간을 운영하여 캠페인, 슬로건 공모대회, 체험 부스 운영 등을 실시합니다. 학생들이 직접 적극적으로 참여할 수 있는 기회를 제공할 수 있습니다. 넷째, 장애 인권과 관련된 가정통신문, 학급 게시물 등을 배부합니다. 다섯째, 교과시간에 학생을 대상으로 장애인권과 관련된 주제와 연관지어 장애인식개선 교육을 실시합니다. 이상입니다.

(9) 2020 유아특수

구상형

(1)	현행수준	① 수용언어 : 다른 사람의 말을 부분적으로 이해할 수 있다. ② 표현 언어 : 자신의 의사를 주로 한 단어로 표현한다.
(2)	의사소통 촉진방안	① 영희의 표현 언어가 2단어까지 증가할 수 있도록 교사가 발화 시범을 보인다. ② 비장애 유아와 영희가 함께 놀 때 비장애 유아가 쉽고 짧은 문장을 사용할 수 있도록 돕는다.

구상형 1번 문항 답변드리겠습니다.

먼저, 영희의 언어 현행수준을 말씀드리겠습니다.

첫째, 영희의 수용언어 현행수준은 다른 사람의 말을 부분적으로 이해할 수 있는 수준입니다. 대부분 이해할 수 있으나 문장이 길거나 어휘가 어려우면 이해하기가 어렵습니다. 둘째, 영희의 표현 언어 현행수준은 자신의 의사를 주로 한 단어로 표현하는 수준입니다. "빠", "줘", "싫어" 등으로 표현하는 것을 보고 알 수 있습니다.

다음으로, 의사소통 촉진방안 2가지를 말씀드리겠습니다.

첫째, 영희의 표현 언어가 2단어까지 증가할 수 있도록 교사가 발화 시범을 보이는 것입니다. "빵을 줘", "빵 줄래?", "놀기 싫어" 등으로 증가할 수 있도록 촉진한다면 발화의 길이가 점점 늘어날 것입니다. 둘째, 비장애 유아와 영희가 함께 놀 수 있도록 촉진하는 것입니다. 비장애 유아는 쉽고 짧은 문장을 사용하도록, 영희는 비장애 유아의 의사소통 의도를 잘 파악할 수 있도록 교사가 촉진을 제공한다면 유아 사이의 의사소통이 향상될 것입니다. 이상입니다.

즉답형 01

잘못된 행동	① 자리 이탈 행동을 보였을 때 그 환경에서 벗어날 수 있게 함 ② 유아의 신발, 옷 정리 등 과도한 지원을 함

즉답형 1번 문항 답변드리겠습니다.

제시문에서 특수교육 실무원의 잘못된 행동 2가지를 말씀드리겠습니다.

첫째, 유아가 자리 이탈 행동을 하였을 때 수업 환경에서 벗어날 수 있게 하였습니다. 이는 자리 이탈 행동을 더 강화할 수 있기에 잘못된 행동입니다. 더불어 수업에 참여하는 것이 가장 우선이므로 특수교육 실무원은 수업에 참여할 수 있도록 지원해야 합니다.

둘째, 유아의 신발, 옷 정리 등 과도한 지원을 한 것입니다. 이는 유아의 생활 기술 습득을 방해하는 잘못된 행동입니다. 유아가 스스로 할 수 있도록 옆에서 기다려 주고, 적절한 촉진을 제공하는 것이 바람직한 지원입니다.

성공적인 통합교육을 위하여 특수교육 실무원 등 보조 인력과 협력하는 것은 매우 중요하다고 생각합니다. 교사는 이를 위해 여러 방안을 탐색하고, 적용해야 할 것입니다. 이상입니다.

즉답형 02

즉답형 2번 문항 답변드리겠습니다.

안녕하세요 어머니, 잘 지내셨나요?

오늘도 철수는 김만 먹었습니다. 집에서는 어떤가요? 그렇군요... 저도 걱정하고 있습니다. 음식을 억지로 먹이기는 싫다고 하셨는데, 저도 동의합니다. 저도 억지로 먹이는 식생활 지도는 절대 하지 않으려고 합니다. 억지로 먹이는 것 외에도 식생활 지도방법은 여러 가지가 있습니다. 가정과 학교가 협력하여 함께 지도한다면 철수도 충분히 할 수 있다고 생각합니다. 우선 철수에게 먹는 경험을 하나, 둘씩 늘려가려고 합니다. 김과 비슷한 맛, 씹는 맛 등 고려하여 조금씩 늘려보겠습니다. 그리고 철수와의 약속을 정하여 철수가 다른 음식을 먹으면 놀이 활동이나 선물을 제공하는 등 긍정적 행동지원의 측면으로 접근해보겠습니다. 가정에서도 조금씩 함께 나아간다면 철수에게도 변화가 있을 것입니다. 저도 이외에도 바른 식생활을 위한 지도방법을 다양하게 고민해보겠습니다. 감사합니다. 이상입니다.

(10) 2019 초등특수

구상형 ▼

학생 A에게 실시할 수 있는 중재방안	① 학부모 　- 학급 교사와 연계하여 가정 내 일관적인 교육 실시 　- 부모 교육 실시(문제행동 대처방법, 자폐아동 상담 등) 　- 학부모 정서적 지원 ② 통합학급 교사 　- 특수교사와 연계하여 문제행동 중재 실시 　- 학생 수준 및 흥미와 관련지어 학습내용 재구성(특수교사와 협업) 　- 특수교사와 팀 티칭 실시 등 ③ 관련 전문가 　- 의료전문가 : 진단 및 약물복용 등에 관한 상담 　- 전문상담교사 : 학부모, 학생 상담에 관한 조언 　- 행동 중재 전문가 : 장기적 관점에서 문제행동 감소를 위한 방안 논의

구상형 1번 문항 답변드리겠습니다.

학생 A의 중재를 위한 방안은 각각 다음과 같습니다.

먼저, 부모 측면에서는 첫째, 특수교사, 통합학급 교사와 수시로 연계해야 합니다. 개별화 교육지원팀 협의회를 비롯하여, 상시적으로 연락하며 학생의 문제행동에 대해 긴밀하게 반응해 나가야 합니다. 둘째, 부모 교육 실시입니다. 가정과 학교에서 일관적인 교육 및 생활지도가 이루어지기 위해서 부모를 대상으로 문제행동 중재, 학생 정서적 지원 방법 등에 대한 교육이 이루어져야 합니다. 셋째, 학부모 정서적 지원입니다. 가정은 학생이 가장 많은 시간을 보내는 장소인 만큼, 학생의 문제행동을 늘 함께 겪는 학부모는 정서적인 어려움을 겪고 있을 수 있습니다. 이에 대한 상담지원 등의 프로그램을 실시합니다.

다음으로, 통합학급 교사 측면에서의 방안은 다음과 같습니다.

첫째, 문제행동 중재 실시입니다. 학생의 심각한 문제행동에 대해서는 즉각적 중재를 실시하며, 적절한 소거를 적용시켜 문제행동을 줄여나갑니다. 이러한 과정에서는 특수교사를 중심으로 협업이 이루어져야 합니다. 둘째, 학생 수준 및 흥미와 관련지어 교육내용을 재구성하는 것입니다. 특히 제시문에서 학생 A는 계산기 만지는 것을 좋아하므로 관련 내용으로 재구성하여 교육을 실시한다면 흥미롭게 참여할 수 있을 것입니다. 이러한 재구성 과정에서는 개별화된 지원을 위해 특수교사의 역할이 필수적입니다. 셋째, 특수교사와 함께 팀 티칭을 실시합니다. 다수의 학생이 있는 교실 안에서는 학생의 문제행동 중재 및 학습지원이 어려울 수 있으므로, 특수교사가 함께 수업에 참여하는 팀 티칭의 형태로 운영한다면 도움이 될 것입니다.

마지막으로, 관련 전문가 측면에서의 지원방안은 다음과 같습니다.

첫째, 의료전문가는 학생의 문제행동에 관해 약물지원이 필요한지 검토합니다. 신경정신과적인 문제가 심각한 경우, 문제행동이 학습을 외려 방해할 수 있기 때문에 약물지원에 대해 의료전문가 입장에서 조심스럽게 검토합니다. 둘째, 전문상담교사의 지원입니다. 학생과 학부모, 교사 등에 상담을 실시하고 지원할 수 있는 역할이 필요합니다. 셋째, 행동 중재 전문가의 지원입니다. 문제행동에 대한 중재전문가의 지원을 받아 문제행동 상황에서 가장 좋은 방법을 꾸준히 찾아 적용해 나가야 합니다. 이상입니다.

I . 시작   II. 심층면접   III. 수업실연   IV. 교수·학습과정안   V. 수업성찰   **VI. 심층면접 예시 답안**

즉답형 01

즉답형 1번 문항 답변드리겠습니다.

저는 스승의 날에 상을 받는다면 진로교육에 힘쓰는 교사라는 상을 받고 싶습니다. 저는 학생들이 자라나서 자신의 삶을 행복하게 살아가는 것이 교사로서의 중요한 소명이라고 생각합니다. 따라서 어린 시기부터 적절한 진로교육을 통해 자신이 좋아하는 것과 잘할 수 있는 것을 발견하고 계발해 나가는 것이 중요하다고 생각합니다. 그렇기 때문에 만약 스승의 날에 상을 받는다면 진로교육에 힘쓰는 교사로서 받는 것이 뿌듯하고 명예로울 것 같습니다. 이상입니다.

추가 질의

해 보고 싶은 교원학습공동체	• 인성교육 　- 긍정적인 이유 : 인성교육은 더불어 살아가는 삶의 태도를 학습하기 위해 가장 중요 　- 장애학생에게 필요한 이유 : 비장애학생과 더불어 살아가기 위해서는 사회구성원으로서 지녀야 하는 인성이 똑같이 강조되기 때문 　- 통합교육에 끼칠 수 있는 영향 : 장애학생은 함께 살아가기 위한 기본인성을 함양할 수 있고, 비장애인은 모든 사람이 소중함을 느끼고, 장애학생을 배려할 수 있는 태도를 배울 수 있음.

추가 질의 답변드리겠습니다.

저는 인성교육 교원학습공동체를 해보고 싶습니다. 인성교육은 함께 살아가는 삶의 태도를 학습하기 위해 가장 중요하다고 생각합니다. 다원화된 사회에서 인성교육을 통해 서로 존중하고 배려하는 태도를 배우는 것은 필수라 생각합니다. 통합학급에서 인성교육은 장애학생과 비장애학생을 떠나 사회구성원으로서 함께 살아가는데 필요한 점을 가르친다는 점에서 똑같이 적용되어야 하기 때문입니다. 저는 인성교육 학습공동체를 통해 통합학급 교사들과 함께 다양한 인성교육 방안을 개발하고 적용하면 장애학생은 비장애학생과 함께 살아가기 위한 기본 인성과 태도를 함양할 수 있고, 비장애인은 모든 사람이 소중함을 느끼며 장애학생을 포함한 사회적 소수자를 배려하는 태도를 배울 수 있다고 생각합니다. 이상입니다.

즉답형 02

자기 자신을 사랑할 수 있도록 하는 활동 3가지	① 매일 스스로 기록하기 활동(독서, 운동 등) ② 다른 친구의 장점 찾아 칭찬하기 ③ 협동학습

즉답형 2번 문항 답변드리겠습니다.

저는 학생들이 자기 자신을 사랑하는 태도를 만들어주기 위해 다음과 같은 학급특색 활동을 할 것입니다. 첫째, 매일 기록하기 활동입니다. 학생들이 독서, 운동, 악기 등 해보고 싶은 활동을 정하고 매일 실천했는지 기록하도록 할 것입니다. 누군가에게 보여주기 위해서 하는 것이 아니라, 매일 늘어가는 자신의 모습을 확인하고 자신감을 키워 줄 수 있게 하기 위함입니다. 줄넘기를 예로 들어 설명하면, 처음에는 줄넘기를 10개밖에 하지 못하다가 20개, 30개씩 늘어가는 것을 스스로 기록하며 자신감을 키워가게 될 수 있습니다.

둘째, 다른 친구의 장점을 찾아 칭찬하기 활동입니다. 주 1회 혹은 월 1회 친구 장점 칭찬하기 시간을 가지겠습니다. 단, 조건은 칭찬의 근거가 있어야 하고 구체적이어야 한다는 점입니다. 친구를 칭찬하는 학생은 타인의 장점을 찾는 삶의 태도를 배우고, 칭찬받는 학생은 자신의 장점을 알고 스스로를 사랑하게 될 수 있을 것입니다.

셋째, 수업 시간에 협동학습을 활용하는 것입니다. 협동학습 시 반드시 역할을 협의를 통해 나누어 필요하지 않은 사람은 없음을 강조하고, 함께 문제를 해결하거나 프로젝트를 완성해나가며 성취감을 느끼게 해 주어야 합니다. 이 과정에서 학생은 자신이 반드시 필요한 존재임을 느끼고 소속감과 행복감을 느끼게 될 것입니다.

이상입니다.

(11) 2019 유아특수

구상형 ▼

(1)	학생의 특성	① 간단한 지시에만 반응하고 단답으로 대답함 ② 주로 혼자 놀며 '자동차'와 '일렬로 세우는 행동'을 특히 좋아함
(2)	사회성 발달 수준	또래와 함께 어울리거나 대화를 하지 않으므로 원활한 사회적 상호작용이 어려움
(3)	사회성 증진을 위해 할 수 있는 방법	① 친구와 함께 노는 경험 제공하기 - 좋아하는 사물과 활동 이용 ② 대답하였을 때 칭찬 제공 ③ 교통기관 관련 그림이 있는 책을 통하여 의사소통 방법 익히기

구상형 1번 문항 답변드리겠습니다.

먼저, 제시문을 보고 찾을 수 있는 학생의 특성을 말씀드리겠습니다.

첫째, 간단한 지시에 반응하고 단답으로 대답하고 있습니다. 이는 또래에 비해 의사소통 능력이 부족해 보입니다.

둘째, 주로 혼자 놀며 '자동차'와 '일렬로 세우는 행동'을 특히 좋아합니다. 특정 사물 또는 행동에 집착을 하는 특성으로 보입니다.

더불어 이 학생의 사회성 발달 수준은 또래와 함께 어울리거나 대화를 하지 않으므로 원활한 사회적 상호작용이 어려워 보입니다.

다음으로, 사회성 증진을 위해 할 수 있는 방법을 말씀드리겠습니다.

첫째, 친구와 함께 노는 경험을 제공하는 것입니다. 이때는 '자동차'나 '장난감을 일렬로 세우는 활동'을 함께 하여 함께 놀 수 있게 이끌어 주는 것이 좋습니다.

둘째, 대답하였을 때 칭찬을 제공하는 것입니다. 사회적 상호작용이 부족하기에 단순 대답이어도 이끌어내는 것이 필요합니다.

셋째, 교통기관 관련 그림이 있는 책을 보며 함께 이야기를 나누고, 이를 통해 의사소통 방법을 익히는 것입니다. 다른 주제보다도 학생이 관심있는 주제로 하는 것이 효과적일 것입니다. 이상입니다.

즉답형 01

| 같이 일하기 싫은 교사와 그 이유 | • 교사 A
→ 유아를 위한 활동, 수업 준비를 함께 이야기하기 어렵다. |

즉답형 1번 문항 답변드리겠습니다.

제시된 교사 중 제가 같이 일하기 싫은 교사는 교사 A입니다.

그 이유는 동료 교사는 업무적인 측면의 협력으로도 중요하지만, 함께 교육방법에 대해 의논하고 함께 성장해 나가는 것이 가장 중요하다고 생각하기 때문입니다. 교사 A는 유아를 귀찮아하고 싫어하기 때문에 유아에 대해 이야기 나누기가 어려워 보입니다. 그리고 유아 한 명 한 명에 귀 기울이기보다는 대집단으로만 판단하고, 개별유아에게 관심을 보이지 않을 것입니다. 하지만 단 한 명의 유아도 소외되지 않도록 하기 위해서는 개별유아에게 관심을 가지고 지원해야 한다고 생각합니다. 따라서 교사 A와 함께 일하는 것이 가장 힘들어 보입니다.

이상입니다.

추가 질의

| 관계 유지 방안 | • 나의 교육관을 강요하지 않으며, 수업 연구회나 교사 모임 추천하기
• 애정과 관심을 통해 유아가 변하는 과정을 직접 보여주기 |

추가 질의 답변드리겠습니다.

교사 A와 관계를 유지하기 위해 가장 중요한 것은 나의 교육관을 강요하지 않는 것이라고 생각합니다. 교육관은 교사마다 다르며 각자의 방식이 있기 때문에 강요한다면 갈등이 생길 수 있기 때문입니다. 하지만 교사 A와 원만하게 일하기 위해 수업 연구회나 교사 모임을 추천하여 아이들을 사랑하는 교사들이 많고, 본받을 선배 교사가 많다는 것을 알려주고 싶습니다. 더불어 애정과 관심으로 유아를 가르치며, 이로 인해 유아가 변하는 과정을 직접 보여줄 것입니다. 이상입니다.

즉답형 02

| 자기 자신을 사랑할 수 있도록 하는 활동 3가지 | ① 거울 보고 매일 스스로 칭찬하기 활동
② 다른 친구의 장점 찾아 칭찬하기
③ 협동학습 |

즉답형 2번 문항 답변드리겠습니다.

저는 유아들이 자기 자신을 사랑하는 태도를 만들어주기 위해 다음과 같은 특색 활동을 할 것입니다.

첫째, 거울 보고 매일 스스로 칭찬하기 활동입니다. 유아들이 거울을 보며 매일 칭찬하는 연습을 하게 할 것입니다. 계속 반복하다 보면 칭찬은 점차 구체화될 것이고, 자신감을 키워줄 수 있을 것입니다.

둘째, 다른 친구의 장점을 찾아 칭찬하기 활동입니다. 주 1회 혹은 월 1회 친구 장점 칭찬하기 시간을 가지겠습니다. 단, 조건은 칭찬의 근거가 있어야 하고 구체적이어야 한다는 점입니다. 친구를 칭찬하는 유아는 타인의 장점을 찾는 삶의 태도를 배우고, 칭찬받는 유아는 자신의 장점을 알고 스스로를 사랑하게 될 수 있을 것입니다.

셋째, 수업 시간에 협동학습을 활용하는 것입니다. 협동학습 시 반드시 역할을 협의를 통해 나누어 필요하지 않은 사람은 없음을 강조하고, 함께 문제를 해결하거나 과제를 완성해나가며 성취감을 느끼게 해주어야 합니다. 이 과정에서 유아는 자신이 반드시 필요한 존재임을 느끼고 소속감과 행복감을 느끼게 될 것입니다. 이상입니다.

(12) 2018 초등특수

구상형 ▼

(1)	특수교사가 고려해야 하는 사항 5가지와 그 이유	① 교육과정과 연계하여 실시 : 현장체험학습을 통하여 유의미한 학습을 위함 ② 학생들의 흥미, 필요한 교육내용 파악 : 학생들의 즐거운 현장체험학습을 위함 ③ 안전교육 계획 수립 : 사고 발생 예방과 안전한 체험학습을 위함 ④ 학생들의 장애 특성에 따른 지원 요구 파악 : 이동이나 신변처리에 도움이 필요한 학생들에게 알맞은 도움을 제공하기 위함 ⑤ 특수교육 실무사, 사회복무요원과 협력하여 역할 정하기 : 효율적으로 지원하기 위함
(2)	현장체험학습이 특수교육 대상학생에게 중요한 이유	① 학습 측면 : 교실에서 배운 내용을 실제로 보고 느낄 수 있다. ② 생활 측면 : 사회적응기술을 습득할 수 있다.

구상형 1번 문항 답변드리겠습니다.

먼저, 특수교사가 특수교육대상학생들을 대상으로 문화예술 형태의 현장체험학습을 계획하고 있을 때, 특수교사가 고려해야 하는 사항 5가지와 그 이유를 말씀드리겠습니다.

첫째, 교육과정과 연계하여 실시하는 것입니다. 학교 안에서 배우는 내용과 현장체험학습이 연계되도록 미리 설계한다면 학생들이 유의미한 학습을 할 수 있을 것입니다.

둘째, 학생들의 흥미와 학생들에게 필요한 교육내용을 파악하는 것입니다. 학생들의 흥미는 학생들의 적극적인 참여를 이끌기 때문에 효과적인 현장체험학습이 될 수 있을 것입니다. 또한, 학생들에게 필요한 교육내용을 미리 파악하여 학생들이 사회적응기술을 습득할 수 있도록 돕는다면 현장체험학습의 효과를 극대화할 수 있을 것입니다.

셋째, 안전교육 계획을 수립하는 것입니다. 사고 발생을 예방하여 학생들이 안전하게 현장체험학습에 참여할 수 있을 것입니다.

넷째, 학생들의 장애 특성에 따른 지원 요구를 파악하는 것입니다. 휠체어나 크러치 등 학생들의 이동에 필요한 지원을 파악하고 이동 경로를 정해야 할 것입니다. 또한 신변처리에 도움이 필요한 경우 미리 파악하여 학생들에게 알맞은 도움을 제공해야 할 것입니다.

다섯째, 특수교육 실무사, 사회복무요원과 협력하여 역할을 정하는 것입니다. 학생들을 효율적으로 지원할 수 있을 것입니다.

다음으로, 현장체험학습이 특수교육대상학생에게 중요한 이유를 말씀드리겠습니다.

첫째, 교실에서 배운 내용을 실제로 보고 느끼며 이해를 높일 수 있습니다. 일반화가 어려운 특수교육대상학생들은 현장체험학습을 통해 효과적인 학습을 할 수 있을 것입니다.

둘째, 사회적응기술을 습득할 수 있습니다. 현장체험학습을 통해 대중교통 이용, 대중음식점 이용 등 생활 측면의 기술들을 배울 수 있습니다. 이는 특수교육대상학생의 사회적 통합에 도움이 될 것입니다. 이상입니다.

즉답형 01

특수교사로서 지원 방안 3가지	① 특수교육대상학생이 수업에 집중하지 못하고 자리이탈 행동이 많고 수업 중 계속 말함 → 수업 중 바람직한 행동을 학급 규칙으로 정하는 것을 제안, 규칙을 지키기 위해 필요한 다양한 교수 전략 소개 및 지원 ② 통합학급 교사가 일반학생들에게는 수행평가지를 주고, 특수교육대상학생에게는 색칠하기 과제를 주었다. 이 학생은 색칠하기보다 수행평가지에 관심이 많다. → 교수적 수정 지원 ③ 수업시간에 특수교육대상학생이 소리에 집착하며 필통을 여닫으며 딸깍거리는 소리를 냈다. 옆에 앉은 친구가 짜증을 낸다. → 통합학급 행동 지원, 방해 행동의 기능 평가 및 긍정적 행동 강화 지원

즉답형 1번 문항 답변드리겠습니다.

통합학급 교사가 어려움을 겪고 있는 상황에서 특수교사로서 어떻게 지원할지 3가지를 말씀드리겠습니다.

첫째, 장애 학생이 수업에 집중하지 못하고 자리이탈 행동이 많고 수업 중 계속 말하는 상황에서 지원 방안은 수업 중 바람직한 행동을 학급 규칙으로 정하는 것입니다. 특수교사는 통합학급 교사에게 학급 규칙을 제안하고, 규칙을 지키기 위해 필요한 다양한 교수 전략 소개 및 지원할 수 있을 것입니다.

둘째, 통합학급 교사가 일반학생들에게는 수행평가지를 주고, 장애 학생에게는 색칠하기 과제를 주었을 때 학생은 색칠하기보다 수행평가지에 관심을 보이는 상황에서 특수교사는 교수적 수정을 지원할 수 있을 것입니다. 장애 학생의 수준에 맞게 수정하여 학생이 통합학급에서도 유의미한 학업 성취를 할 수 있도록 도울 수 있을 것입니다.

셋째, 수업시간에 장애 학생이 소리에 집착하며 필통을 여닫으며 딸깍거리는 소리를 내고, 옆에 앉은 친구가 짜증을 내는 상황에서 특수교사는 통합학급 행동 지원을 할 수 있을 것입니다. 장애 학생의 방해 행동의 기능 평가 및 긍정적 행동 강화 지원 통해 문제행동을 수정하고 예방할 수 있을 것입니다. 이상입니다.

즉답형 02

(1)	문구	특수학교는 혐오 시설이 아닌 기본 시설
(2)	그 이유	① 특수학교는 혐오 시설이 아니다. ② 특수학교는 학습의 당연한 기본권이다. ③ 특수학교는 언젠가 나에게 필요할 수 있다.

즉답형 2번 문항 답변드리겠습니다.

제가 생각한 장애인식 문구는 '특수학교는 혐오 시설이 아닌 기본 시설'입니다. 이는 가장 기본적이고 필수적인 문구라고 생각합니다.

그렇다면, 이유를 말씀드리겠습니다.

첫째, 특수학교는 혐오 시설이 아니기 때문입니다. 주변 지역에 피해를 주지 않습니다.

둘째, 특수학교는 학습의 당연한 기본권으로 일반 학교와 똑같이 당연한 지역사회 구성이기 때문입니다.

셋째, 특수학교는 우리에게 언젠가 필요할 수 있는 시설이기 때문입니다. 지역 인적자원으로서, 학생의 학부모 또는 친척으로서 얼마든지 필요할 수 있는 시설입니다.

사회에서는 특수학교를 반대하는 것을 님비 현상으로 칭하지만 저는 특수학교가 혐오 시설이 아니기 때문에 님비 현상이 아니라고 생각합니다. 특수학교는 지역주민에게 피해를 주지 않으며 특수학교 설립 반대는 주민들의 장애에 대한 인식 부족 때문입니다. 앞으로 교사가 된 후에도 학교 구성원의 장애에 대한 인식을 올바르게 확립할 수 있도록 노력하겠습니다. 이상입니다.

(13) 2018 유아특수

구상형 ▼

(1)	발생할 수 있는 문제점	① 홍석이가 통합학급에서 이상한 아이로 낙인이 찍힐 수 있다. ② 특수학급에서 수업을 한다면 상호작용 기회가 감소한다. ③ 통합학급 수업에서 홍석이가 수업에서 소외될 수 있다.
(2)	특수교사가 할 수 있는 일	① 통합학급 교사 – 팀티칭 또는 교수 지원으로 홍석이의 수업 참여를 지원할 수 있다. ② 통합학급 아이들 – 장애인식 개선교육 ③ 학부모 – 가정과 연계하여 문제행동 중재하기

구상형 1번 문항 답변드리겠습니다.

먼저, 위 상황에서 발생할 수 있는 문제점을 말씀드리겠습니다. 첫째, 홍석이가 통합학급에서 이상한 아이로 낙인이 찍힐 수 있습니다. 이는 다른 아이들과 홍석이가 어울리는 것을 점점 더 어려워지게 할 것입니다. 둘째, 특수학급에서만 수업을 하면 상호작용 기회가 감소할 것입니다. 특수학급에서는 개별 또는 소집단 학습만 가능하기에 또래와 상호작용을 할 수 없고 이로 인해 사회적 상호작용 능력 향상이 어려울 수 있습니다. 셋째, 통합학급 수업을 계속 진행할 경우 홍석이가 수업에서 배제될 수 있습니다.

그렇다면, 이러한 상황에서 특수교사가 할 수 있는 일을 말씀드리겠습니다.

첫째, 통합학급 교사에 대한 지원으로 팀티칭 또는 교수 지원으로 협력 교수를 진행할 수 있습니다. 이를 통해 홍석이의 통합학급 수업참여를 지원할 수 있을 것입니다. 둘째, 통합학급 아이들에게 장애인식 개선교육을 실시하는 것입니다. 장애인식 개선교육을 통해 통합학급 아이들이 홍석이의 행동을 이해하고 함께 할 수 있을 것입니다. 셋째, 학부모 측면에서는 가정과 연계하여 홍석이의 문제행동을 중재할 수 있습니다. 계속 반복적으로 같은 단어를 이야기하는 의사소통 형태를 수정하고 바람직한 의사소통 방법을 지도할 수 있을 것입니다. 더불어 다른 아이들 학부모님께는 장애이해교육을 실시하고, 통합교육의 장점을 알려주어 통합교육에 대해 학부모들이 긍정적인 인식을 가질 수 있도록 도울 수 있습니다. 이상입니다.

즉답형 01

문제점과 해결방안	① 민수의 의존적 성향 → 민수가 혼자 할 수 있는 일을 목록화하고 점점 늘리기 ② 다른 아이들의 민수를 당연히 도와주어야 한다는 생각 → 장애인식 개선교육

즉답형 1번 문항 답변드리겠습니다.

제시된 상황에서 발생할 수 있는 문제점과 이를 해결할 수 있는 방안을 말씀드리겠습니다.

첫째, 보조 인력의 전반적 도움과 한 학급에서 3년간 지내며 생긴 민수의 의존적 성향입니다. 민수는 모든 일을 스스로 하지 않으려 하고 있습니다. 이에 대한 해결방안은 민수가 혼자 할 수 있는 일을 목록화하는 것입니다. 목록에 적혀 있는 것은 꼭 혼자 할 수 있도록 촉진하고, 이 목록을 점차 늘려가며 민수의 독립적 행동을 만들어 나가야 할 것입니다.

둘째, 민수를 당연히 도와주어야 한다는 다른 아이들의 생각입니다. 이를 해결하기 위해 장애인식 개선교육을 실시하여 장애 학생이라고 꼭 도와야 하는 것이 아니라는 것을 알려 줄 수 있습니다. 이상입니다.

즉답형 02

(1)	협력적 태도 유지를 위한 자신만의 장점	밝고 긍정적인 성격
(2)	적용 방안	① 통합학급 교사 : 긍정적인 관계로 편안하게 의논할 수 있다. ② 학부모 : 상담 시 라포 형성이 쉽다. ③ 특수교육 보조 인력 : 지원방법 의논 등 협력을 해야 할 때 원활하게 진행할 수 있다.

즉답형 2번 문항 답변드리겠습니다.

협력적 태도 유지를 위한 저만의 장점은 '밝고 긍정적인 성격'입니다. 저는 이러한 장점 덕에 다른 사람이 대하기에 편안한 사람입니다.

이러한 장점을 적용할 수 있는 방안을 말씀드리겠습니다.

첫째, 통합학급 교사와의 긍정적인 관계 형성으로 특수교육 및 통합교육에 대해 편안하게 의논할 수 있습니다. 통합학급 교사와 특수교사가 협력을 할 때 관계를 맺는 것이 어려울 수 있는데 이 부분이 편하게 해결될 것입니다.

둘째, 학부모와의 관계에서 라포 형성이 쉽습니다. 첫 상담 시 분위기가 딱딱하고 어려울 수 있는데, 이러한 분위기에서는 학부모의 예민한 부분을 건드리기 쉽습니다. 하지만 저의 밝고 긍정적인 이미지는 상담에 있어서 분위기를 밝게 만들어줄 것입니다.

셋째, 특수교육 보조 인력과 지원 방법을 의논하는 등 협력을 할 때 원활하게 진행할 수 있습니다. 이상입니다.

(14) 2017 초등특수

구상형 01

(1)	제시문에서 찾을 수 있는 교육적 가치와 이유	① 공동체 의식, 생태 의식 등
		② 이유
		  - 인종, 민족, 종교를 막론하고 모든 인간은 존중받아야 함
		  - 환경문제는 한 국가만의 문제가 아니라 함께 해결해 나가야 함

(2)	교사로서 실천할 수 있는 구체적인 교육활동	① 다문화 이해 교육 활동 실시 ② 지구온난화 과학 실험 ③ 미세먼지 알림판 만들기 활동

구상형 1번 문항 답변드리겠습니다.

제시문의 기사를 읽고 찾을 수 있는 교육적 가치는 공동체 의식, 생태 의식이라고 생각합니다. 왜냐하면 제시문의 기사에서는 인종, 민족, 종교 등의 차이를 이해하지 않고 차별하며, 공동체로서 받아들이지 않아 발생하는 문제들이 사례로 제시되고 있기 때문입니다. 또한 세계 공동체로서 지구 환경은 모든 국가가 함께 사용하고 있음에도 불구하고, 환경오염에 대해서는 자국만을 생각하고 타 국가에 대해서는 책임감 있지 않은 모습을 보이고 있기 때문에 생태 의식과 공동체 의식이 중요한 교육적 가치라고 생각합니다.

저는 이러한 학생들에게 위와 같은 공동체 의식, 생태 의식을 가르치기 위해서 다음과 같은 교육활동을 실시할 것입니다.

첫째, 다문화 이해 교육활동을 실시하겠습니다. 우리나라에도 수많은 다문화 학생들이 있습니다. 국가별, 종교별 등으로 모둠을 나누어 특징을 조사하여 발표하거나 전통 음식, 의상 등에 대해서 조사해보는 협동활동을 실시하면 즐겁게 참여하며 다른 나라의 문화를 이해할 수 있는 계기가 될 것입니다.

둘째, 과학시간에 지구온난화와 관련된 과학실험을 실시하겠습니다. 최근 강조되는 지구온난화 위기는 모든 학생들이 중요하게 학습해야 할 내용입니다. 얼음과 북극곰 모형등을 사용한 실험을 실시하여 심각성에 대해 쉽게 이해할 수 있는 기회를 만들어 주겠습니다.

셋째, 미세먼지 알림판 만들기 활동입니다. 최근 몇 년간의 우리나라의 미세먼지 문제는 심각한 수준을 넘어 국민의 건강을 위협할 수 있는 수준이 되었습니다. 미세먼지 알림판 만들기 활동을 하며 미세먼지의 심각성에 대해 이해하고, 대응방법을 찾아보는 시간을 갖겠습니다. 이상입니다.

구상형 02

통합학급에 입학한 학생의 적응을 위한 지원방안	① 학교 이탈 방지를 위해 교내 대응 연락체계 구축 ② 또래 도우미 지원 ③ 통합학급 교사와의 협조 체계 구축

구상형 2번 문항 답변드리겠습니다.

통합학급에 입학한 학생의 적응을 돕기 위한 지원방안은 다음과 같습니다.

첫째, 학교이탈 문제를 예방하기 위해 교내 대응체계를 구축해야 합니다. 교출 시 소재를 파악할 수 없는 경우 가장 위험하기 때문에, 전 교직원 대상으로 학생의 이탈행동에 대해서 유의해야 함을 알리고 이탈 발견 시 바로 특수교사에게 연락하도록 해야 합니다.

둘째, 또래 도우미 지원입니다. 장애학생은 독립적으로 학교에 적응하기 어려워할 수 있습니다. 따라서 적응을 돕는 도우미를 지정하여 일상생활에서 도움을 요청하고 받을 수 있도록 해야 합니다. 또래 도우미는 월별, 학기별로 다양하게 지정하여 운영하며, 희망하는 학생이 있는 경우 우선적으로 선정합니다.

셋째, 통합학급 교사와의 협조 체계 구축입니다. 장애학생이 통합학급에 원활히 적응할 수 있도록 개별화 교육지원팀 협의에서부터 통합학급 교사와 긴밀한 협조체계를 구축하여 상시 연락하는 것이 교육에 도움이 될 것입니다. 이상입니다.

즉답형 01

특수교사의 지원방안 3가지	① 장애학생의 강점과 약점에 대한 지원 ② 학생 수준에 맞게 수업 재구성 지원 ③ 개별화된 수업 자료 지원

즉답형 1번 문항 답변드리겠습니다.

위와 같은 상황에서 특수교사의 실질적인 지원방안은 다음과 같습니다.

첫째, 장애학생의 강점과 약점에 대한 정보 제공입니다. 일반교사가 단순히 장애학생이라는 이유로 수업에서 배제하는 것은 학생의 개인 내 다양한 능력에 대해서는 고려하지 못한 것이므로, 장애학생이 잘 못하는 것도 있지만 다른 학생만큼 잘할 수 있는 것은 무엇이 있는지 설명해주어 최대한 본인의 능력을 일반학급 수업에서 발휘할 수 있도록 해 주어야 합니다. 둘째, 일반교사와의 협의를 통해 학생이 수업에 참여할 수 있는 방안을 찾을 것입니다. 학생이 일반학급에서 어떤 수업을 하고 있는지 파악하고, 장애학생이 최대한 참여할 수 있도록 특수학급에서 수업을 실시하고 지원할 것입니다. 셋째, 개별화된 수업자료를 지원할 것입니다. 학생이 일반학급의 수업교재나 자료를 도저히 소화하지 못하거나 따라가지 못하는 경우, 개별화된 수업 자료로 수준을 조정하여 제공하겠습니다. 다른 학생과 같은 내용이지만 다른 수준의 자료를 사용하여 더 쉽게 참여할 수 있게 할 것입니다. 이상입니다.

즉답형 02

자신의 경험에 맞게 자유롭게 답변
예시) 꼼꼼한 수업 준비, 학생에 대한 세심한 배려, 창의적인 수업 구성 능력, 친화력, 소통 능력, 다양한 악기 연주 능력 등

(15) 2017 유아특수

(구상형 1번, 즉답형 1~2번은 초등특수와 동일)

구상형 02

(1)	교육적 태도	① 일반 교사에게 필요한 교육적 태도 - 책임 ② 특수교사에게 필요한 교육적 태도 - 협력
(2)	개선방안	① 문제행동의 원인을 파악하여 예방하기 ② 통합학급 교사와 유아를 대상으로 장애 인식 개선

구상형 2번 문항 답변드리겠습니다.

먼저, 일반교사와 특수교사에게 필요한 교육적 태도를 말씀드리겠습니다.

첫째, 일반 교사에게 필요한 교육적 태도는 책임입니다. 준영이도 통합학급의 일원으로 함께 상호작용하고 수업에 참여할 권리가 있습니다. 따라서 일반교사는 준영이가 수업에 함께 참여할 수 있도록 방법을 고민하고 해결해야 할 책임이 있습니다. 둘째, 특수교사에게 필요한 교육적 태도는 협력입니다. 일반교사와 협력하여 이 문제를 해결해야 하며, 일반교사 외에도 주변 학교 선배 특수교사와 협력하여 조언을 구하는 것이 필요해 보입니다.

다음으로, 이 상황에서 개선방안을 말씀드리겠습니다.

첫째, 문제행동의 원인을 파악하는 것입니다. 그리고 문제행동의 주기나 강도에 따라 중재를 제공하고, 더불어 통합학급에서의 문제행동을 예방할 수 있도록 여러 방안을 고민해야 할 것입니다. 둘째, 통합학급 교사와 유아를 대상으로 장애에 대한 인식을 개선하는 것입니다. 준영이가 피해야 하는 존재가 아닌 함께 해야 하는 존재임을 알려줄 수 있을 것입니다. 이상입니다.

(16) 2016 초등·유아특수

구상형 01 ▼

(1)	우리 교육에 대한 시사점	물질주의, 개인주의의 팽배로 인해 인성교육, 공동체 의식 등 윤리교육이 중요함을 시사함
(2)	담임교사로서의 실천 방안	① 수업에서 경쟁 활동보다는 협동 활동 실시 ② 학급 역할 분배 ③ 학급 SNS 채널 등 운영 ④ 윤리의식 부재에 관한 다양한 사례 제시 ⑤ 칭찬릴레이, 생일주간 운영 등 학급 특색 활동 실시 등

구상형 1번 문항 답변드리겠습니다.

제시문에서의 기사를 살펴보면, 우리 사회가 계속 물질주의, 개인주의의 팽배로 인해 더불어 살아가는 공동체 의식이 약화되어 감을 알 수 있습니다. 이는 우리 사회 구성원들이 서로 배려하며 행복하게 살아가기 위해서 공동체 의식에 관한 교육과 인성교육 등 윤리교육이 더욱 절실함을 시사한다고 생각합니다.

따라서 저는 담임교사로서 학생들에게 윤리의식을 키워주기 위해 다음과 같은 실천방안을 실시할 것입니다.

첫째, 수업에서 경쟁활동보다는 협동활동을 실시할 것입니다. 기록하고, 비교하고, 점수를 매기는 경쟁활동보다는 다같이 무언가를 완성하고, 함께 성취감을 느낄 수 있는 프로젝트형 수업과 협동학습을 활용할 것입니다.

둘째, 학급 역할을 분배하겠습니다. 학급 공동체는 각자 맡은 바 역할로 인해 원활히 운영될 수 있음을 경험하고, 책임감과 타인에 대한 존중감을 길러줄 수 있습니다.

셋째, 학급 SNS 채널을 운영하겠습니다. SNS 공간은 학생들과의 소통 공간임에 동시에 다같이 추억을 쌓는 공간이 될 수 있습니다. SNS 활동으로 하나되는 공동체 의식을 느끼고 기를 수 있다고 생각합니다.

넷째, 윤리의식 부재에 관한 다양한 사례를 제시하겠습니다. 인터넷과 기사에 이기심, 윤리의식 부재, 범죄행위에 관한 다양한 사례가 있습니다. 학생들과 함께 이를 찾아보고 토의하며 정직의 가치에 대해 함께 구체적으로 생각해보아야 한다고 생각합니다.

다섯째, 칭찬릴레이, 생일주간 운영 등 학급 특색 활동을 실시하겠습니다. 칭찬을 통해 나 자신이 아닌 타인의 장점에 대해 구체적으로 생각해볼 수 있는 기회를 만들고, 생일주간 운영을 통해서는 기쁨을 함께 공유하는 공동체 의식에 관한 가치를 배울 수 있습니다. 이상입니다.

구상형 02 ▼

문제점 1	학기 초 장애이해교육의 내용 및 방법을 잘못 설정 → 해결방안 : 3월 초 장애이해교육은 장애 인권 위주의 내용이 바람직하다. 특히 경도장애 학생의 경우 낙인이 찍힐 수 있기에 유의해야 한다.
문제점 2	시각장애, 청각장애, 지체장애 영역을 설정 → 해결방안 : 시각장애, 청각장애, 지체장애는 학생들이 평소 접하기 어려운 장애 영역이라 공감이 어렵다. 이 장애를 가진 사람에 대한 설명이 더 필요하다.
문제점 3	장애 체험활동을 통하여 흥미를 유발하려고 함 → 해결방안 : 장애 체험활동은 흥미보다는 진지한 태도로 임하게 해야 한다.

구상형 2번 문항 답변드리겠습니다.

김 교사가 실시한 장애이해교육의 문제점과 해결방안을 말씀드리겠습니다.

첫 번째 문제점은, 학기 초 장애이해교육의 내용 및 방법을 잘못 설정하였습니다. 학기 초 장애이해교육은 장애 인권 위주의 내용이 바람직합니다. 특히 경도장애 학생의 경우 낙인이 찍힐 수 있기에 유의해야 합니다.

두 번째 문제점은, 시각장애, 청각장애, 지체장애 등 생소한 영역을 설정한 것입니다. 이 장애를 가진 사람이 어떤 어려움을 겪는지 예시 등을 통하여 공감을 이끄는 설명이 필요합니다.

세 번째 문제점은, 장애 체험활동을 통하여 흥미를 유발하려고 한 것입니다. 장애 체험활동은 흥미보다 진지한 태도로 임하도록 해야 합니다. 이상입니다.

즉답형 01

(1)	나의 문화 예술적 경험	뮤지컬, 콘서트, 오페라, 국악 공연 등 다양한 공연 관람 경험
(2)	긍정적 가치	① 학생의 삶과 연계 : 학생들의 삶 속에 공연 관람을 일부로 포함할 수 있도록 도울 수 있다. ② 진로 교육 : 학생의 진로와 연계할 수 있다. ③ 체험활동 : 다양한 공연 체험활동을 추진할 수 있다. ④ 인성교육 : 예술교육과 인성교육을 연계할 수 있다.

즉답형 1번 문항 답변드리겠습니다.

먼저, 나의 문화 예술적 경험은 뮤지컬, 콘서트, 오페라, 국악 공연 등 다양한 공연을 관람해 본 경험입니다. 다양한 공연장과 다양한 무대 장치를 보며 예술적 시야가 점점 더 넓어지는 경험을 하였습니다.

그렇다면, 이러한 저의 경험이 어떠한 영향을 미칠 수 있는지 말씀드리겠습니다.

첫째, 학생의 삶과 연계할 수 있습니다. 삶 속에 공연 관람이 일부로 포함되어 삶 속에서 예술을 즐기는 방법을 알려 줄 수 있을 것입니다.

둘째, 진로교육입니다. 학생이 공연과 관련된 진로를 설정할 수 있도록 도울 수 있습니다. 이를 위해서는 공연 예술과 연계한 체험활동을 추진할 수 있을 것입니다.

따라서 셋째, 체험활동입니다. 다양한 공연 예술 체험활동을 교과와 연계하여 추진한다면, 학생들에게 긍정적인 작용을 할 것입니다.

넷째, 인성교육입니다. 문화예술교육과 인성교육을 연계한다면 효과적이고 긍정적인 인성교육이 될 것입니다.

이상입니다.

즉답형 02

(1)	문장	교사가 배우면 학생은 성장한다.
(2)	설정 이유	학생만 배우는 것이 아니라 교사도 배워야 하며, 배우는 교사는 학생을 성장하게 한다.
(3)	구현 방안 3가지	① 학생의 교육적 요구 파악 ② 적극적인 자기 장학 ③ 교사 연구회 참여

즉답형 2번 문항 답변드리겠습니다.

먼저, 제가 채운 문장은 '교사가 배우면 학생은 성장한다.'입니다.

이 문장을 설정한 이유는 학생만 배우게 하는 것이 아니라 교사도 함께 배워야 하며, 배우는 교사는 학생을 성장하게 하기 때문입니다.

그렇다면 이를 위한 구현 방안 3가지를 말씀드리겠습니다.

첫째, 학생의 교육적 요구를 파악하는 것입니다. 이는 교사가 학생에 대해 배우는 것을 의미합니다. 교사는 학생에게 관심을 가지고 끊임없이 생각해야 합니다.

둘째, 적극적인 자기 장학입니다. 자신의 수업 전, 중, 후 과정을 여러 번 돌이켜 보고 연구하며 더 나은 수업을 위하여 노력해야 합니다.

셋째, 교사 연구회에 참여하는 것입니다. 동료 교사와의 연구회를 통하여 나의 수업, 나의 교육관에 대해 고민할 수 있을 것입니다. 이상입니다.

CHAPTER 03 경기

(1) 2024 초등특수

구상형 01

교사상	• 존중하는 교사
교육방안	• 수업: 보편적 학습설계 기반의 수업 운영, 흥미와 진로를 고려한 프로젝트 수업 운영 • 생활: 다양성 존중 친구이해교육, 학교 차원의 긍정적 행동지원

구상형 1번 답변드리겠습니다.

경기교육은 기본 인성과 기초 역량을 갖춘 미래인재 양성을 위해 자율, 균형, 미래에 기조를 두고 있습니다. 이 중 '균형' 측면에서의 제 교사상은 '존중하는 교사'입니다. 학생들의 눈높이에서 바라보며 학생들의 생각을 존중하는 교사가 되고자 합니다. 이에 따라 실천할 수 있는 교육 방안을 수업과 생활 측면에서 말씀드리겠습니다.

먼저, 수업 측면에서 말씀드리겠습니다. 첫째, 보편적 학습설계 기반의 수업 운영입니다. 다양한 교육적 요구를 가진 학생들이 모두 수업에 참여할 수 있도록 수업 목표, 방법, 자료, 평가를 설계하겠습니다. 둘째, 학생들의 흥미와 진로를 고려한 프로젝트 수업을 운영하는 것입니다. 획일화된 교육 내용보다는 학생들에게 실질적으로 필요한 수업을 실시한다면, 수업 참여도가 높아질 것입니다.

다음으로, 생활 측면에서 말씀드리겠습니다. 첫째, 다양성 존중을 위한 친구이해교육을 실시하는 것입니다. 서로 다름을 자연스럽게 깨달을 수 있도록 친구의 흥미, 성격을 알아보는 활동을 한다면 다양성을 존중하는 자세가 자연스럽게 길러질 것입니다. 둘째, 학교 차원의 긍정적 행동지원을 실시하는 것입니다. 긍정적 행동지원은 환경을 조정하여 도전행동을 예방하는 것에 중점을 두고 있습니다. 전통적인 처벌 방식과 다르게 학생을 존중하며 교육공동체의 성장을 기대할 수 있습니다.

이처럼 경기교육의 기조인 '균형'에 맞게 서로 다름을 인정하고 존중하며 교육공동체의 조화로운 성장을 지원할 수 있도록 노력하는 교사가 되겠습니다. 이상입니다.

구상형 02

교직관	한결 같은 교사
지원 방안	① 학생 개개인의 강점을 발견하고 격려하기 ② 학생들과의 신뢰 관계 형성하기

구상형 2번 답변드리겠습니다.

임용 시험을 장기간 준비하며 힘이 들고 지칠 때가 많았습니다. 그때마다 부모님께서 "언제나 응원한다."라고 말씀해주셨던 것을 떠올리며 포기하지 않았습니다. 저는 저희 부모님처럼 학생들을 항상 지지하고 응원하는 '한결 같은 교사'가 되고 싶습니다.

이를 토대로 학생들을 지원할 수 있는 방안은 다음과 같습니다. 첫째, 학생 개개인의 강점을 발견하고 격려하겠습니다. 학생들은 저마다 다른 강점을 가지고 있으며, 저는 그 강점을 바탕으로 자신감을 가질 수 있도록 적극적으로 지지할 것입니다. 학생의 성장을 위해 작은 성취도 칭찬하며, 개개인에게 맞는 피드백을 통해 긍정적인 경험을 제공할 것입니다. 둘째, 학생들과의 신뢰 관계를 형성하겠습니다. 학생들이 언제든지 도움을 요청할 수 있는 안전한 환경을 조성할 수 있을 것입니다. 열린 소통과 공감을 바탕으로 학생들의 감정과 필요를 존중하며, 편안하게 자신의 문제를 털어놓고 성장할 수 있도록 지원할 것입니다. 이상입니다.

구상형 03

고민 해결 방안	① 자폐성 장애와 행동 특성 설명해 주기 ② 긍정적인 학급 분위기 조성 ③ 환경 조정

구상형 3번 문항 답변드리겠습니다.

특수교사의 고민 해결 방안을 말씀드리겠습니다.

첫째, 자폐성 장애와 그로 인한 행동 특성을 설명해 주는 것입니다. 학생의 문제행동 원인을 이해할 수 있도록 사회적 이야기 등으로 설명해 주고, 더불어 문제행동 시 대처방안도 가르쳐 준다면 다른 학생들이 덜 불안해할 것입니다.

둘째, 긍정적인 학급 분위기를 조성하는 것입니다. 개별 차원의 규칙을 만들고, 교사가 자주 칭찬하며 긍정적인 피드백을 한다면 긍정적인 분위기가 조성될 것입니다. 이를 통해 학급에서는 모두가 중요한 구성원이라는 느낌을 받을 수 있을 것입니다.

셋째, 환경을 조정하는 것입니다. 학생의 문제행동을 최소화할 수 있도록 자리를 배치하고, 불안함을 느끼는 학생들에게 따로 안전한 공간을 마련해 주어 심리적 안정감을 제공할 수 있습니다. 이상입니다.

Ⅰ. 시작 Ⅱ. 심층면접 Ⅲ. 수업실연 Ⅳ. 교수·학습과정안 Ⅴ. 수업성찰 **Ⅵ. 심층면접 예시 답안**

즉답형 01

자질	① 개별화 교육 역량 ② 유연한 사고와 창의성 ③ 끊임없는 자기개발

즉답형 1번 문항 답변드리겠습니다.

첫째, 개별화 교육 역량입니다. 교사는 각 학생의 특성과 학습 속도를 파악하고, 이를 바탕으로 맞춤형 교육을 제공할 수 있어야 합니다. 개별화된 교육 계획을 수립하고 실행하는 능력은 모든 학생이 자신의 잠재력을 최대로 발휘할 수 있도록 돕는 데 필수적입니다.

둘째, 유연한 사고와 창의성입니다. 교사는 다양한 교수법을 활용하여 변화하는 교육 환경에 적응하고, 학생들의 학습 요구에 따라 창의적으로 접근할 수 있어야 합니다. 유연한 사고를 통해 새로운 교육 방식을 도입하거나, 학생들이 능동적으로 학습에 참여할 수 있는 환경을 조성할 수 있어야 합니다.

셋째, 끊임없는 자기 개발입니다. 학생들의 잠재력을 이끌어내기 위해 교사 역시 계속해서 전문성을 발전시켜야 합니다. 최신 교육 동향을 파악하고, 새로운 교수법과 기술을 학습하며, 교육 현장의 변화를 주도할 수 있는 능력을 갖추는 것이 중요합니다. 이상입니다.

즉답형 02

역량	① 자기 관리 역량 ② 협력적 소통 역량
성장계획	• 체계적인 시간 관리, 꾸준히 공부하기, 기초 체력을 위해 운동하기 • 전문적 학습 공동체 참여하기

즉답형 2번 문항 답변드리겠습니다.

먼저, 교육실습 중 제 경험을 바탕으로 교사에게 필요한 역량을 말씀드리겠습니다. 첫째, 자기 관리 역량입니다. 교육실습 중 교사로서 체계적으로 자신의 시간과 업무를 관리하는 능력이 중요하다는 것을 깨달았습니다. 다양한 업무와 수업 준비를 동시에 수행하기 위해서는 스스로 계획을 세우고 실천하는 능력이 필요하다고 생각합니다. 둘째, 협력적 소통 역량입니다. 교육실습 동안 다른 교사, 학부모, 그리고 학생들과의 원활한 소통이 얼마나 중요한지 깨달았습니다. 특히, 동료 교사와 협력하여 수업을 계획하는 과정에서, 소통과 협력이 수업의 질을 향상시킨다는 것을 배웠습니다.

이러한 역량을 쌓기 위해 앞으로의 성장계획을 말씀드리겠습니다. 첫째, 자기 관리 역량을 강화하기 위해 시간을 체계적으로 관리하는 연습을 하고, 새로운 업무나 수업 방식을 익히기 위해 꾸준히 공부할 계획입니다. 또한, 기초 체력을 위해 운동을 열심히 할 것입니다. 둘째, 협력적 소통 역량을 강화하기 위해 전문적 학습 공동체에 적극 참여하여 다양한 교사들과 네트워크를 구축하고 협력하는 방법을 배우겠습니다. 이상입니다.

(2) 2024 유아특수

구상형 01

실천 방안	기대 효과
• 교실 내 생태 공간 조성	• 책임감 향상 및 자연 존중의식 함양
• 유아 주도의 숲 체험	• 사회적 상호작용 능력 향상, 환경 보호 의식 형성

구상형 1번 답변드리겠습니다.

학교자율과제는 미래사회를 살아가는데 있어서 학생들에게 요구되는 역량이 무엇인지 고민하고, 학교 스스로 진단하여 과제를 정합니다. 이때 이 유치원은 생태·환경교육을 통한 인성함양 방안을 고민하고 있습니다. 이에 따라 실천 방안과 기대효과를 말씀드리겠습니다.

첫째, 교실 내 생태 공간을 조성하는 것입니다. 이 생태 공간에서는 유아들이 직접 식물과 작은 동물들을 기르며 자연과의 상호작용을 경험하고, 생태적 감수성을 기를 수 있습니다. 이때 유아들이 직접 어떤 동식물을 기를지 선택하고, 관리 방법을 조사하여 역할을 수행할 수 있습니다. 따라서 이러한 교실 생태 공간 조성은 책임감 향상 및 자연 존중의식 함양을 기대할 수 있습니다.

둘째, 유아 주도의 숲체험 활동을 하는 것입니다. 근처 공원이나 숲을 활용하여 생태 탐방 활동을 한다면 다양한 생태계를 관찰하며 자연과 교감할 수 있을 것입니다. 이때 숲에서 어떤 활동을 할지 유아들이 협력하여 정하는 등 유아 주도의 활동을 한다면 더 많은 것을 배울 수 있는 기회가 될 것입니다. 따라서 이러한 유아 주도의 숲체험 활동은 사회적 상호작용 능력 향상과 환경 보호 의식 형성을 기대할 수 있습니다. 이상입니다.

구상형 02

교직관	한결 같은 교사
지원 방안	① 유아 개개인의 강점을 발견하고 격려하기 ② 유아들과의 신뢰 관계 형성하기

구상형 2번 답변드리겠습니다.

임용 시험을 장기간 준비하며 힘이 들고 지칠 때가 많았습니다. 그때마다 부모님께서 "언제나 응원한다."라고 말씀해주셨던 것을 떠올리며 포기하지 않았습니다. 저는 저희 부모님처럼 학생들을 항상 지지하고 응원하는 '한결 같은 교사'가 되고 싶습니다.

이를 토대로 유아들을 지원할 수 있는 방안은 다음과 같습니다. 첫째, 유아 개개인의 강점을 발견하고 격려하겠습니다. 유아들은 저마다 다른 강점을 가지고 있으며, 저는 그 강점을 바탕으로 자신감을 가질 수 있도록 적극적으로 지지할 것입니다. 유아의 성장을 위해 작은 성취도 칭찬하며, 개개인에게 맞는 피드백을 통해 긍정적인 경험을 제공할 것입니다. 둘째, 유아들과의 신뢰 관계를 형성하겠습니다. 유아들이 언제든지 도움을 요청할 수 있는 안전한 환경을 조성할 수 있을 것입니다. 열린 소통과 공감을 바탕으로 유아들의 감정과 필요를 존중하며, 편안하게 자신의 문제를 털어놓고 성장할 수 있도록 지원할 것입니다. 이상입니다.

구상형 03

고민 해결 방안	① 자폐성 장애와 행동 특성 설명해 주기 ② 긍정적인 학급 분위기 조성 ③ 환경 조정

구상형 3번 답변드리겠습니다. 특수교사의 고민 해결 방안을 말씀드리겠습니다.

첫째, 자폐성 장애와 그로 인한 행동 특성을 설명해 주는 것입니다. 유아의 문제행동 원인을 이해할 수 있도록 사회적 이야기 등으로 설명해 주고, 더불어 문제행동 시 대처방안도 가르쳐 준다면 다른 유아들이 덜 불안해할 것입니다.

둘째, 긍정적인 학급 분위기를 조성하는 것입니다. 개별 차원의 규칙을 만들고, 교사가 자주 칭찬하며 긍정적인 피드백을 한다면 긍정적인 분위기가 조성될 것입니다. 이를 통해 학급에서는 모두가 중요한 구성원이라는 느낌을 받을 수 있을 것입니다.

셋째, 환경을 조정하는 것입니다. 유아의 문제행동을 최소화할 수 있도록 자리를 배치하고, 불안함을 느끼는 유아들에게 따로 안전한 공간을 마련해 주어 심리적 안정감을 제공할 수 있습니다. 이상입니다.

즉답형 01

자질	① 개별화 교육 역량 ② 유연한 사고와 창의성 ③ 끊임없는 자기개발

즉답형 1번 답변드리겠습니다.

첫째, 개별화 교육 역량입니다. 교사는 각 학생의 특성과 학습 속도를 파악하고, 이를 바탕으로 맞춤형 교육을 제공할 수 있어야 합니다. 개별화된 교육 계획을 수립하고 실행하는 능력은 모든 학생이 자신의 잠재력을 최대로 발휘할 수 있도록 돕는 데 필수적입니다.

둘째, 유연한 사고와 창의성입니다. 교사는 다양한 교수법을 활용하여 변화하는 교육 환경에 적응하고, 학생들의 학습 요구에 따라 창의적으로 접근할 수 있어야 합니다. 유연한 사고를 통해 새로운 교육 방식을 도입하거나, 학생들이 능동적으로 학습에 참여할 수 있는 환경을 조성할 수 있어야 합니다.

셋째, 끊임없는 자기 개발입니다. 학생들의 잠재력을 이끌어내기 위해 교사 역시 계속해서 전문성을 발전시켜야 합니다. 최신 교육 동향을 파악하고, 새로운 교수법과 기술을 학습하며, 교육 현장의 변화를 주도할 수 있는 능력을 갖추는 것이 중요합니다. 이상입니다.

즉답형 02

협력해야 하는 이유	유아의 전인적 발달을 지원하고 유아 맞춤형 교육을 실현하기 위함
공동체 협력 방안	① 학부모: 지속적인 소통 창구, 부모 상담 및 참여 수업 실시 ② 지역사회: 지역사회 기관 활용하기, 지역 전문가 초청 활동 ③ 교사·관리자: 교육과정 대토론회, 수업 나눔 및 협력교수

즉답형 2번 답변드리겠습니다.

놀이의 중심은 유아입니다. 이때 유치원 활성화를 위해 협력해야 하는 이유를 말하고, 공동체에서 협력할 수 있는 방안 3가지를 말씀드리겠습니다.

먼저, 유치원 활성화를 위해 협력해야 하는 이유는 유아가 놀이로 성장하도록 지원하고 유아 맞춤형 교육을 실현하기 위함입니다. 유아가 놀이를 통해 성장하기 위해서는 교사뿐만 아니라 관리자, 학부모, 지역사회 등이 협력하여 다양한 놀이 환경을 제공하고 지원해야 합니다. 또한, 유아의 교육적 요구에 따라 맞춤형 교육을 실시할 수 있도록 교육공동체가 협력하여 유아에게 필요한 자원과 환경을 만들어야 합니다.

다음으로, 공동체에서 협력할 수 있는 방안 3가지를 말씀드리겠습니다. 첫째, 학부모와 협력하기 위해 지속적인 소통 창구를 만들고, 부모 상담 및 참여 수업을 실시하는 것입니다. 둘째, 지역사회 기관을 활용하여 놀이 프로그램을 개발하고, 지역 전문가를 초청하여 유아들이 더 다양한 경험을 하도록 돕는 것입니다. 셋째, 교육과정 대토론회를 실시하여 학교 구성원이 모여 유치원의 과제를 고민하고 함께 해결하며 교사들 간의 수업 나눔과 협력교수를 통해 협력하는 것입니다. 이상입니다.

(3) 2023 초등·유아특수

구상형 01

(1)	경기교육이 추구하는 방향성	① 학생 주도의 맞춤형 교육 ② 미래형 교수학습 ③ 함께 성장하는 교육공동체
(2)	특수학급에서 실현할 수 있는 방안	① 교육과정 측면: 직업 교육과 지역의 시설 활용 ② 학급경영 측면: AI 기반 수업 도구 활용과 디지털 교육 환경 구축

구상형 1번 문항 답변드리겠습니다.

제시된 그림은 경기교육은 학교를 중심으로 교실에서 교사와 학생이 함께 교육과정을 만들며 교육이 이루어진다는 것을 보여줍니다. 이에 따라 경기교육이 추구하는 방향성을 말씀드리겠습니다.

첫째, 학생 주도의 맞춤형 교육을 추구합니다. 이를 통해 교사 주도의 교육과정 운영이 아닌 학생과 교사가 함께 만들어가며, 학생의 주도성과 창의성을 키우고자 합니다.

둘째, 미래형 교수학습을 추구합니다. 에듀테크, 디지털 교육 환경 강화 등으로 미래교육으로 나아가고자 합니다.

셋째, 함께 성장하는 교육공동체를 추구합니다. 교육공동체 모두가 교육활동에 참여하며 자율과 존중을 기반으로 함께 성장하고자 합니다.

다음으로, 특수학급에서 실현할 수 있는 방안을 말씀드리겠습니다.

첫째, 교육과정 측면에서 지역교육과 협력하여 지역의 다양한 자원을 활용하는 것입니다. 구체적으로 지역의 다양한 직업인들을 초청하여 직업 교육을 하거나, 지역의 시설을 활용하여 체험활동을 실시할 수 있습니다.

둘째, 학급경영 측면에서 AI 기반의 도구를 활용하고, 디지털 교육환경을 구축하는 것입니다. 구체적으로 AI 기반의 수업도구로 학생을 진단하고 하여 이를 가정과 연계할 수 있습니다. 또한 교실 내에 태블릿 PC를 비치하여 수업에 활용하거나 학생이 학교생활에서 AAC로 활용하는 방안이 있습니다. 이상입니다.

구상형 02

(1)	그래프 자료 시사점	• 그래프 분석 : 그래프로 보아 기성세대인 X세대와 베이비붐 세대는 공동체 의식이 높으며 개인주의 의식이 낮다. 그에 반해 MZ세대로 불리는 밀레니엄 세대와 Z세대는 공동체 의식이 낮고 개인주의 의식이 높다. • 시사점 : 교사들의 세대가 다양하여 서로 다른 인식을 보이고 있다. 이는 세대 간 차이로 갈등을 발생시킬 수 있으며, 점차적으로 교육에서 협력의 가치가 상실될 수 있다.
(2)	통합교육 환경 조성을 위하여 신규교사로서 할 수 있는 방안	① 통합학급 교사와의 소통 방법 : 성공적인 통합교육을 위해 통합학급 담임교사와 특수교사의 협력의 필요성을 안내하고, 협력 내용과 방법을 미리 공유, 통합학급 교사의 자율성 존중하기 ② 긍정적 행동지원 기반 문제행동 대처 방안 공유 : 선배 교사들의 경험을 토대로 문제행동 대처 방안 매뉴얼을 만들어 배포하거나 함께 공유하는 자리를 마련 ③ 다양성 존중을 주제로 교직원 장애공감교육 : 교직원 대상 장애공감교육을 '다양성 존중'을 주제로 실시하여 다양성을 존중하는 문화 만들기

구상형 2번 문항 답변드리겠습니다.

그래프로 보아 기성세대인 X세대와 베이비붐 세대는 공동체 의식이 높으며 개인주의 의식이 낮습니다. 그에 반해 MZ세대로 불리는 밀레니엄 세대와 Z세대는 공동체 의식이 낮고 개인주의 의식이 높습니다. 이러한 자료를 보아 알 수 있는 시사점을 말씀드리겠습니다. 첫째, 교사들의 세대가 다양하여 서로 다른 인식을 보이고 있습니다. 이는 세대 간 차이로 갈등을 발생시킬 수 있습니다.

둘째, 상반되는 인식 차이는 점차적으로 교육공동체의 협력의 가치를 상실하게 할 수 있습니다.

이에 따라, 친화적인 통합교육 환경 조성을 위하여 신규교사로서 할 수 있는 방안 3가지를 말씀드리겠습니다.

첫째, 통합학급 교사와 소통하기 위하여 노력하는 것입니다. 구체적으로, 성공적인 통합교육을 위해서는 통합학급 교사와 특수교사의 협력이 필요하다는 것을 안내하고, 협력 내용과 방법을 미리 공유하는 방안이 있습니다. 또한, 통합학급 교사의 자율성을 존중하여 일관된 통합교육 방식보다는 교사에 따라 다른 방식을 추구해야할 것입니다.

둘째, 긍정적 행동지원을 기반으로 문제행동 대처 방안을 공유하는 것입니다. 이때, 선배 교사들의 경험을 토대로 문제행동 대처 방안 매뉴얼을 만들어 배포하거나 함께 공유하는 자리를 마련한다면, 모든 세대가 함께 협력하는 통합교육을 만들 수 있을 것입니다.

셋째, 다양성 존중을 주제로 교직원 장애공감교육을 실시하는 것입니다. 구체적으로 다양성을 존중하는 문화를 만들기 위한 캠페인을 실시할 수 있습니다.

시대의 흐름이 빠르게 변하고 있습니다. 미래교육으로 나아가기 위해서는 항상 변화에 민감하며 융통성 있는 교사가 되어야할 것입니다. 이상입니다.

구상형 03

(1)	공통요소	자신의 진로를 설계하고 이를 위해 스스로 노력하는 인재
(2)	이를 실현하고자 하는 교육방안	① 스스로 할 수 있는 일 만들어 주기: 교실 내 1인 1역할 ② 진로 탐색을 위한 다양한 체험활동 ③ 학생의 흥미와 관심을 고려하여 교육과정 운영: 특색활동 구성

구상형 3번 문항 답변드리겠습니다.

[제시문 1]과 [제시문 2]는 '자신의 진로를 설계하고 이를 위해 스스로 노력하는 인재'라는 공통요소를 가지고 있습니다. 이를 실현하고자 하는 교육방안을 말씀드리겠습니다.

첫째, 교실에서 스스로 할 수 있는 일을 만들어 주는 것입니다. 장애 학생들은 도움을 받는 일이 많기 때문에 자기주도역량을 키우기 쉽지 않습니다. 따라서 작은 일이여도 역할을 만들어 주어 학생이 스스로 실천하며 자신감을 가질 수 있도록 지원하는 것이 필요합니다. 구체적으로는 교실 내의 학급 자치를 통해 1인 1역할을 정할 수 있습니다.

둘째, 진로 탐색을 위한 다양한 체험활동을 실시하는 것입니다. 학생이 자신의 흥미와 관심을 찾고 이를 진로로 확장할 수 있도록 하기 위해서는 다양한 경험을 제공하는 것이 교사의 필수적인 역할입니다. 구체적으로는 지역 내 자원을 활용하여 여러 기관을 방문하여 체험활동을 하거나, 지역 내 다양한 직업을 탐색하는 방안이 있습니다.

셋째, 학생의 흥미와 관심을 고려하여 교육과정을 운영하는 것입니다. 학기 초 개별화교육지원팀 협의회를 통해 학생의 관심을 미리 파악하고 이를 교육과정에 반영하여 운영한다면 학생이 자신의 진로를 스스로 찾고, 이를 위해 노력하는 인재가 될 수 있을 것입니다. 구체적으로는 요리 특색활동을 운영하거나, 학생의 흥미를 반영한 방과후 수업을 운영하는 방안 등이 있습니다.

이처럼 교사는 학생의 교육적 요구를 파악하여 그에 맞는 교육을 제공하는 촉진자의 역할을 할 수 있습니다.

이상입니다.

즉답형 01

즉답형 1번 문항 답변드리겠습니다.

네, 어머님 맞습니다. 지금은 상우도 어리고 큰 문제가 발생하지 않습니다. 상우도 자신이 다른 사람을 좋아하고 호감의 표시로 껴안는 행동을 하는 것이라 이를 억지로 하지 못하게 하는 것은 상우에게도 좋지 않다고 생각합니다. 이런 부분은 어머님도 저도 같은 생각일 것입니다.

제가 우려하는 부분은 이 행동이 앞으로도 유지될 수 있다는 점입니다. 지금은 어리지만 행동이 고착되면 나중에는 고치기 힘들어질 수 있습니다.

그리고 저는 상우에게 껴안는 행동 외에도 자신의 마음을 표현하는 방법을 더 알려주고 싶습니다. 호감의 표현은 반갑게 인사하거나 악수하는 방법도 있습니다. 상우가 여러 표현방법을 알게 된다면 또래와의 관계도 넓어지고, 사회성을 습득할 수 있는 첫 걸음이 될 것이라고 생각합니다.

그래서 저는 관련 영상과 사진 자료를 통해 껴안는 행동을 대체할 수 있는 행동을 알려주려고 합니다. 제가 활용하는 영상과 사진 자료를 어머님께도 보내드리면 함께 지도해주실 수 있을까요?

상우의 이런 행동은 다른 사람에게 관심을 갖는 것으로 보여 저는 의사소통 능력 향상과 사회적 상호작용 확장을 기대하고 있습니다. 가정에서 지도하실 때 더 필요한 부분이 있으시면 저도 함께 지원하겠습니다. 항상 교육 활동을 믿고 협조해주셔서 감사합니다. 이상입니다.

즉답형 02

즉답형 2번 문항 답변드리겠습니다.

제가 자기성장소개서에 적은 역량 중 하나는 '협력적 소통 역량'입니다. 저는 이 역량을 기르기 위해 대학 시절 다양한 학생회 활동, 동아리 활동에 참여했습니다.

그 중 가장 기억에 남는 경험은 대학 축제 프로그램을 기획한 일입니다. 학생회 활동을 하며 3일간의 축제 중 부스를 운영할 기회가 생겼고, 이 부스를 어떻게 운영할 것인지 기획안 작성부터 실질적인 운영을 하는 것까지 다수의 인원이 협력하여 진행해야 했습니다. 다수의 인원이 의견을 내다보니 주제 선정부터 구체적인 운영까지 쉽지 않았습니다. 크고 작은 갈등을 겪으며 축제가 끝났을 때, 저는 다른 사람과 소통하며 일하는 방법을 배울 수 있었습니다.

가장 크게 느낀 점은, 여러 사람이 모여 과업을 추진할 때는 한 명이 리더십을 발휘해서 끌고 나가는 것보다는 서로 의견을 듣고 수용하는 과정에서 반짝이는 아이디어가 나온다는 것이었습니다. 그리고 이를 위해서는 '협력적 소통 역량'이 꼭 필요하다는 것을 깨달았습니다.

일을 잘하는 것은 효율적으로 업무를 끝내는 것이 아닌, 자신에게 풍성한 경험으로 남기는 것이라는 것을 항상 기억하며 '협력적 소통 역량'을 갖춘 교사가 되겠습니다. 이상입니다.

(4) 2022 초등·유아특수

구상형 01

(1)	"학생 한명 한명의 삶과 더 깊이 만난다." 지문과 관련된 학급운영 실현 방안	① 따뜻한 아침 맞이 • 지도방안 : 등교 시 교사가 교문 앞에서 학생들과 눈 맞춤 및 격려의 인사 • 이유 : 교사의 인사와 격려를 받음으로써 하루를 행복하게 시작할 수 있음. ② 나의 하루 나누기 시간 • 지도방안 : 학급 내에서 나누고 싶은 이야기를 자유롭게 하는 시간 제공 • 이유 : 학교 내에서 있었던 일 뿐만 아니라 학생이 겪은 다양한 일들을 학급 내에서 나누고 공감하며 학생의 일상에 가까이 다가갈 수 있음.
(2)	"학생은 주도적인 배움을 통해 물음표를 느낌표로 만든다." 지문과 관련된 학급운영 실현 방안	① 학생의 관심사를 반영한 배움 중심 수업 운영 • 지도방안 : 학생의 흥미나 관심사를 적용한 수업 • 이유 : 학생들의 흥미나 관심사를 반영한다면 학습을 어렵게 느끼지 않고 자발적으로 참여할 수 있음. ② 프로젝트 수업 운영 • 지도방안 : 평소 학생들이 가진 궁금증, 관심사를 파악한 후 프로젝트 수업을 구성해 학생들이 직접 탐구할 수 있는 기회 제공 • 이유 : 프로젝트 학습을 통해 학생들이 가진 궁금증, 관심사를 스스로 탐구하는 과정에서 주도적인 배움이 일어남.

구상형 1번 문항에 대하여 답변드리겠습니다.

학기 초 특수교사가 학급 운영 방안에 대해 고민하는 것은 학생들과 함께할 1년을 그려 나가기 위한 중요한 첫걸음이라고 생각합니다. 교사의 학급 운영 방안은 특수교육 대상 학생들의 학교생활에 큰 영향을 미칠 수 있기 때문입니다.

따라서 지문의 내용을 바탕으로 학급 운영 시 실현할 수 있는 구체적인 방안을 말씀드리도록 하겠습니다.

먼저, "학생 한명 한명의 삶과 더 깊이 만난다." 지문에 대한 학급 운영 방안을 두 가지 말씀드리도록 하겠습니다.

첫째, 따뜻한 아침맞이를 하겠습니다. 등교 시간에 교사가 교문 앞으로 나가 등교하는 학생들 한명 한명과 눈을 맞추며 환한 웃음과 따뜻한 격려의 인사를 나눈다면 학생들은 즐거운 마음으로 하루를 시작할 수 있습니다.

둘째, 나의 하루 나누기 시간을 가지도록 하겠습니다. 학생들과 함께 하교 후 혹은 주말에 있었던 일 중 학급 친구 및 교사와 나누고 싶은 이야기를 하는 시간을 학급 내에서 마련해 학생들의 학교에서의 생활뿐만 아니라 학교 밖에서 있었던 다양한 일들을 함께 공유하며 학생들의 삶에 더 깊이 다가가는 시간을 통해 소통하도록 하겠습니다.

다음으로 "학생은 주도적인 배움을 통해 물음표를 느낌표로 만든다." 지문에 대한 학급 운영 방안을 두 가지 말씀드리겠습니다.

첫째, 학생의 관심사를 반영한 배움 중심 수업을 운영하겠습니다. 삶의 역량을 기르는 자발적인 배움이 일어나는 배움 중심 수업을 실현하기 위해서 학생들의 흥미나 관심사를 반영한 수업을 구성하겠습니다. 그 예로는 국어 시간에 학생이 좋아하는 만화 캐릭터의 이름, 특징들을 알아보며 한글을 익힐 수 있는 국어 수업을 진행하는 것이 있습니다. 이처럼 학생의 흥미나 관심사를 과목과 연계해 수업한다면, 학습에 대한 거부감은 낮아지고 자발적으로 수업에 참여할 수 있습니다.

둘째, 프로젝트 수업을 활용하겠습니다. 평소 학생들이 궁금해하거나 관심 있게 다루었던 주제를 프로젝트 수업으로 구성해 학생들이 스스로 탐구하고 관찰하며 자발적인 배움을 얻는 수업을 진행하겠습니다. 그 예로는 식물에 관심 있는 학생이 있다면, 식물을 교실 혹은 학교 화단에서 키우며 성장 과정을 관찰하고 열매를 재배하는 과정에서 탐구 일지를 작성해 식물이 자라나는 과정을 스스로 탐구하며 학습할 수 있도록 하겠습니다.

이처럼 특수교사가 되어 학급을 운영한다면 소통을 통해 학생들의 삶에 가까워지며 자발적인 즐거운 배움이 일어날 수 있도록 끊임없는 고민을 하는 교사가 되겠습니다. 이상입니다.

구상형 02 ▼

(1)	통합교육의 필요성	① 특수교육 대상 학생 측면 • 통합학급 구성원으로서 소속감을 느낄 수 있음. • 통합학급 학생들과 소통하며 사회성을 기를 수 있음. ② 통합학급 학생 측면 • 특수교육 대상 학생을 학급 구성원으로 인식할 수 있음. • 다양성을 인정하고 배려하며 소통하는 방법을 배울 수 있음.
(2)	통합학급 수업을 거부하는 학생 수업 지원방안	① 통합학급에 가기 싫어하는 원인 파악을 위한 상담 지원 • 지원방안 : 학생과 상담을 통해 통합학급에 가기 싫어하는 원인 파악 및 학생의 마음에 대해 공감. • 효과 : 어떤 이유로 가기 싫어하는지 알면 그 원인을 해결하기 위한 다양한 방법을 적용해 볼 수 있으며 통합학급 교사와 함께 어떻게 지원할 수 있을지 고민해 볼 수 있음. ② 특수교사와 함께하는 통합학급 적응 기간 운영지원 • 지원방안 : 일정 기간 특수교사와 함께 통합학급에 적응할 수 있는 시간을 가짐. • 효과 : 통합학급에 혼자 가지 않고 특수교사와 일정 기간 함께 가게 한다면 안정감을 느낄 수 있고 통합학급에 가는 것에 대한 거부감을 줄일 수 있음.
(2)	통합학급 수업을 거부하는 학생 수업 지원방안	③ 학생의 흥미와 관심사를 활용한 지원 • 지원방안 : 통합교사에게 학생의 관심사에 대한 정보를 제공해 통합학급 시간에 다룰 수 있도록 안내 통합학급에 다녀온 후 일정 시간 동안 특수학급에서 학생이 선호하는 활동을 할 수 있도록 지원 • 효과 : 통합학급에서 자신의 관심사나 흥미를 다룬다면 통합학급에 있는 시간 동안 즐거움을 경험할 수 있음. 통합학급에 다녀온 후 자신의 관심사나 흥미있는 활동을 할 수 있는 시간을 제공받는 다면 통합학급에 가는 것에 대한 거부감을 줄일 수 있음.

구상형 2번 문항에 대하여 답변드리겠습니다.

먼저, 통합교육의 필요성에 대해 특수교육 대상 학생과 통합학 학생 측면에서 말씀드리도록 하겠습니다. 특수교육 대상학생 측면에서의 통합교육은 특수교육 대상 학생들이 통합학급 구성원의 일원으로써 소속감을 느끼고, 통합학급 학생들과 소통하며 사회성을 기르고 함께 성장하기 위해 필요한 교육입니다. 또한 통합학급 학생 측면에서는 특수교육 대상 학생을 학급 구성원으로 인식하고 다양성을 인정하며 배려하고 소통하는 방법을 배우기 위해 필요한 교육입니다.

다음으로, 통합학급에 가기 싫어하는 지문 속 학생에게 특수교사로써 어떠한 지원을 할 수 있을지 구체적인 지원방안에 대해 3가지 말씀드리도록 하겠습니다.

첫째, 통합학급에 가기 싫어하는 원인을 파악할 수 있는 상담 지원을 활용하겠습니다.

학생이 왜 통합학급에 가기 싫어하는지 학생과 이야기를 나누어 보고 학생이 통합학급에 가기 싫어하는 이유와 힘든 마음에 대해서 충분히 공감하는 시간을 가지도록 하겠습니다.

이러한 상담을 통해 원인을 파악한다면 그 원인을 해결하기 위한 다양한 해결방안을 모색하고 적용해 볼 수 있으며, 학생이 통합학급에 가기 싫어하는 이유를 통합학급 교사와 나누고 학생의 어려움을 어떤 방법으로 지원해 줄 수 있을지 함께 고민해 보는 시간을 가질 수 있습니다.

둘째, 특수교사와 함께 하는 통합학급 적응 기간 지원을 활용하겠습니다.

학생이 통합학급에 가기 힘들어하는 상황이라면 학생이 통합학급에 적응할 수 있도록 일정 기간 특수교사와 함께 통합학급에 가서 거부감을 낮출 수 있도록 지원하겠습니다. 특수교사와 함께 통합학급에 적응하는 시간을 가지게 된다면 학생도 안정감을 가지고 통합학급에 대한 거부감을 점차 줄일 수 있습니다.

셋째, 학생의 흥미와 관심사를 활용한 지원을 하겠습니다.

학생이 좋아하는 활동 혹은 관심사 등을 통합교사에게 알려주어 통합학급 시간에 학생의 흥미나 관심사를 다루어 학생이 통합학급에 있는 시간 동안 즐거움을 느낄 수 있도록 지원하겠습니다. 또한 특수학급에서는 통합학급에 가야 하는 시간을 함께 확인하고 통합학급에 다녀오면 원하는 것을 할 수 있는 시간을 제공해주어 학생이 통합학급에 다녀오는 것에 대한 거부감을 점차 줄여나갈 수 있도록 지원하겠습니다.

이처럼 통합학급에 거부감이 있는 학생을 학교 현장에서 마주한다면, 학생의 원만한 통합학급 적응을 위해 다양한 방법을 고민하고 통합학급 교사와 소통하여 학생의 학교생활 적응에 도움을 줄 수 있는 교사가 되도록 노력하겠습니다. 이상입니다.

구상형 03

(1)	1. 배움이 학교와 가정에서 일어날 수 있도록 하는 상황	① 협력자 • 가정의 온라인 학습환경 파악 • 등교 상황 및 학년별 특성에 맞는 온라인 학습 플랫폼 선정 ② 학생을 이해하고 지원하는 멘토 및 상담자 • 교사의 개별 학생 지원 강화 : 개별 학생의 학습경로, 학습이력 관리 및 지원, 종합적인 성장과정 지원, 교육 불평등이 심화되지 않도록 개별 학생에 대한 기초학력 보장, 개별 학생의 배움 경로 체계적 지원
(2)	2. 온라인 플랫폼이 활성화되고 있는 상황에서 대면수업과 비대면 수업을 효과적으로 하기 위한 방안	① 교육과정 설계자 • 등교 상황에 따른 교과별 온/오프라인 시수 파악, 기존 성취기준에 대한 블렌디드 비중과 학습량 적정화 판단하기 • 온/오프라인 병행의 맥락화된 학습경험 설계 및 맞춤형 피드백 방안 설계 ② 학생 주도의 학습을 위한 수업운영자 • 콘텐츠 활용 중심 수업, 실시간 쌍방향 수업, 과제 중심 수업 등 학생 개개인의 특성 및 온라인수업 환경 등을 고려하여 다양한 수업방식 적용 • 온라인 수업에서 배운 내용을 대면 수업 상황 속에서도 함께 다루어 맥락화된 학습 경험이 이루어지도록 지도

구상형 3번 답변드리겠습니다.

코로나19로 인해 교육 현장에는 다양한 변화가 생겼습니다. 교사는 이러한 변화에 빠르게 적응하고 대처하는 능력을 키워 학생들이 미래 교육 상황 속에서 배움의 결손이 없도록 다양한 지원을 할 수 있는 능력을 갖춰야 합니다.

먼저, 배움이 학교와 가정에서 일어날 수 있도록 하기 위한 역할을 말씀드리겠습니다. 첫째, 협력자의 역할입니다. 교사는 가정의 온라인 학습환경을 파악하고, 등교 상황 및 학년별 특성에 맞는 온라인 학습 플랫폼을 선정해야 합니다. 둘째, 학생을 이해하고 지원하는 멘토 및 상담자의 역할입니다. 개별 학생을 체계적으로 지원하여 교육 불평등이 심화되지 않고, 누구나 배울 수 있도록 지원해야 합니다. 또한, 변화하는 상황 속에서 학생이 심리·정서적인 어려움을 느끼진 않는지 면밀히 살펴 보아야 합니다.

다음으로, 대면 수업과 비대면 수업을 효과적으로 하기 위한 역할을 말씀드리겠습니다. 첫째, 교육과정 설계자의 역할을 해야 합니다. 교사는 등교 상황에 따라 블렌디드 비중과 학습량을 적정화 하고, 맥락화된 학습을 계획하며, 맞춤형 피드백 방안을 설계해야 합니다. 둘째, 학생 주도의 학습을 위한 수업 운영자의 역할입니다. 학생 개개인의 특성 및 온라인 수업 환경을 고려하여 다양한 수업 방식을 적용해야 합니다. 이상입니다.

I. 시작 II. 심층면접 III. 수업실연 IV. 교수·학습과정안 V. 수업성찰 **VI. 심층면접 예시 답안**

즉답형 01

(1)	마스크를 잘 끼지 않는 상황	▶ 가정과 연계한 마스크 착용 교육 실시 • 마스크를 써야 하는 이유에 대한 교육 및 거부감을 줄일 수 있는 다양한 활동을 가정과 연계해 교육
(2)	반 학생을 꼬집는 상황 및 협력 프로젝트 수업을 방해하는 상황	▶ 학급 규칙 교육 실시 • 학급에서 지켜야 하는 다양한 규칙을 함께 정하기 • 규칙 통장을 만들어 학생이 스스로 자신의 행동을 점검하고 기록할 수 있도록 지도
(3)	교사 B, C가 행복이의 특성에 대해 이해하지 못하는 상황	▶ 통합학급 교사에게 학생 행동 특성 및 중재 방안을 공유 • 통합학급 교사에게 행복이를 이해할 수 있도록 행동 특성과 함께 통합학급에서 적용 가능한 다양한 중재 방안을 공유해 특수교육 대상 학생에 대한 이해를 도움.

즉답형 1번 문항 답변드리겠습니다.

학교 현장에 가게 된다면 다양한 특성의 특수교육 대상 학생들을 마주하게 됩니다.

학생들의 다양한 특성을 파악하고 적절한 중재를 하는 것은 특수교사의 중요한 역할 중 하나입니다. 따라서 지문 속 A 교사의 입장이 되어 고민을 어떻게 해결할 것인지 말씀드리겠습니다.

첫째, 가정과 연계한 마스크 착용 교육을 실시하겠습니다.

행복이는 마스크에 대한 거부감이 있기 때문에 마스크를 왜 써야 하는지에 대해 함께 공부하고 마스크에 대한 거부감을 줄여나갈 수 있도록 처음에는 한쪽 귀에 마스크를 걸치기, 턱에 걸치기, 코 밑까지 걸치기, 마스크 써보기, 마스크 쓰는 시간을 점차 늘리기 순서로 마스크에 대한 거부감을 줄이고 마스크를 착용할 수 있도록 지원하며 가정에서도 이 과정을 함께 할 수 있도록 학부모님께 안내하겠습니다.

둘째, 학급 규칙 교육을 실시하겠습니다.

행복이는 수업 시간에 다른 학생을 꼬집거나 수업 도중 방해하는 행동을 보이고 있습니다.

따라서 행복이와 함께 학교에서 하면 안 되는 행동, 수업 시간에 지켜야 하는 규칙이 무엇이 있는지 알아보고 스스로 규칙을 작성한 후 규칙을 잘 지킨 날에는 스티커를 주고 일정 개수 이상 모이면 행복이가 좋아하는 보상과 교환할 수 있는 규칙 통장을 만들어 학교에서 지켜야 하는 규칙을 지킬 수 있도록 지도하겠습니다.

셋째, 통합학급 교사에게 행복이의 행동 특성 및 중재 방안을 공유하겠습니다.

행복이가 주로 어떤 상황일 때 문제 행동이 발생하는지, 통합학급에서 다른 학생을 꼬집거나 수업시간 도중 방해를 할 때 행복의 행동을 어떻게 하면 중재할 수 있을지 중재 방안을 공유하고 통합학급 상황 속에서 적용 가능한 중재를 함께 모색하여 행복이가 통합학급에서 잘 적응할 수 있도록 지도하겠습니다.

이처럼 특수교사가 된다면 학교 현장에서 마주하게 될 특수교육 대상 학생의 다양한 특성을 파악하고 중재 방안을 모색하여 학생이 통합학급 및 학교생활에 잘 적응할 수 있도록 지원하는 교사가 되겠습니다. 이상입니다.

즉답형 02

(1)	입학 적응 프로그램이 필요한 이유	① 학교에 대한 새로운 공간 인식 및 두려움 해소를 위해 ② 학교생활 적응력을 기르고 필요한 규칙 습득을 위해
(2)	지원방안	① 학교 탐방 실시 • 학교라는 공간은 어떤 곳인지 학생과 함께 학교 곳곳을 탐방하며 우리 학교 지도 만들기 활동 등을 통해 학교 안 다양한 공간 인식을 기를 수 있도록 지도함. ② 학교 생활 규칙 지도 • 학교 안 다양한 공간에서 지켜야 하는 규칙들은 무엇이 있지 교사와 함께 알아보며 규칙 지키기 서약서, 규칙 점검표 등을 활용해 학생이 자연스럽게 학교 안에서 지켜야 할 규칙을 익힐 수 있도록 지도함.

즉답형 2번 문항 답변드리겠습니다.

생애 첫 학교라는 공간을 맞이하는 특수교육 대상 학생들에게 교육 현장에서는 입학 적응프로그램이 이루어지고 있습니다. 특수교육 대상 학생들에게 이러한 입학 적응프로그램이 필요한 이유와 지원방안에 대하여 순서대로 말씀드리겠습니다.

첫째, 학교에 대한 새로운 공간 인식 및 두려움 해소를 위해 필요합니다. 특수교육 대상 학생들에게 처음 보는 학교라는 공간은 낯설게 느껴질 것입니다. 따라서 이를 위한 구체적인 지원방안으로 학교 탐방을 실시하겠습니다. 특수교육 대상 학생과 특수교사가 학교 곳곳을 함께 탐방해 보며 우리 학교 지도 만들기 활동을 통해 학생들에게 학교에는 어떤 공간이 있는지 함께 알아가면서 학교에 대한 공간을 인식할 수 있도록 지도하는 것입니다. 이처럼 특수교육 대상 학생들이 미리 학교 안 공간에 대해 충분히 파악할 수 있는 시간이 주어진다면 학교에 대한 두려움 또한 감소할 것입니다.

둘째, 학교생활 적응력을 기르고 필요한 규칙을 습득하기 위해 필요합니다. 학교는 많은 학생들이 함께 생활하는 곳이므로 지켜야 할 규칙이 있습니다. 학교에서 함께 생활하기 위해서는 지켜야 할 규칙이 무엇인지 알고 실천해야 합니다. 따라서 이를 위한 구체적인 지원 방안은 학교 생활 규칙 지도를 실시하는 것입니다. 학교 안 다양한 공간에서 지켜야 하는 규칙들은 무엇이 있지 특수교사와 함께 알아보며 규칙 지키기 서약서, 규칙 점검표 등을 활용해 학생이 자연스럽게 학교 안에서 지켜야 할 규칙을 익힐 수 있도록 지도하겠습니다.

이처럼 학기 초 학교라는 공간을 처음 맞이하는 특수교육 대상 학생들에게 입학 적응프로그램을 실시하는 것은 학생들의 학교생활 적응을 도우며 두려움을 낮추고 학교라는 공간을 안정감 있는 곳으로 인식하기 위해 매우 중요합니다. 특수교사가 되어 학교 현장에 나간다면 도움을 줄 수 있는 다양한 입학 적응프로그램을 고민하고 적용해 특수교육 대상 학생의 원활한 학교생활 적응에 도움을 줄 수 있는 교사가 되도록 하겠습니다. 이상입니다.

(5) 2021 초등·유아특수

구상형 01 ▼

(1)	질문의 의미	학생들이 학교에서 무엇을 배워야 하는지에 대하여 고민하는 것을 의미
(2)	교육현장에서 중점을 두고 하고 싶은 교육활동	① 학생들의 관계 및 소통에 중점 – 학급 내 칭찬 릴레이 ② 기후 위기에 대응하는 환경교육 – 생활 속 에너지 절약 교육 ③ 공간을 극복한 안전 교육 – 다양한 프로그램 활용

구상형 1번 문항 답변드리겠습니다.

제시된 질문의 의미는 학생들이 학교에서 무엇을 배워야 하는지에 대하여 고민하는 것을 의미한다고 생각합니다. 지난 한 해 코로나19로 인하여 경기교육은 미래를 앞당겨 경험해보는 시간이 되었습니다. 이러한 과정속에서 학교와 교육의 본질, 학생들에게 정말 필요한 학교 교육이 무엇인지 고민하게 되었다고 생각합니다.

이에 따라 교사로서 교육현장에서 중점을 두고 하고 싶은 교육 활동을 말씀드리겠습니다.

첫째, 학생들의 관계, 소통에 중점을 두고 싶습니다. 비대면 교육이 늘고 친구들과의 접촉이 최소화되고 있기에 관계 및 소통과 관련한 교육은 매우 중요하다고 생각하기 때문입니다. 이에 대한 구체적인 활동으로 학급 내 칭찬 릴레이를 실시하겠습니다. 매일 아침 긍정적인 에너지로 학급구성원이 서로를 칭찬할 수 있는 시간을 가지는 것입니다. 이를 통해 서로가 존중하고 배려하며 관계 맺는 방법을 배울 수 있을 것입니다.

둘째, 기후 위기에 대응하는 환경 교육을 실시하겠습니다. 최근 기후위기로 많은 환경 문제가 일어나고 있습니다. 학생들도 이를 알고 실천할 수 있는 주체적인 시민이 될 수 있도록 이끌어야 한다고 생각합니다. 구체적인 활동으로 생활 속 에너지 절약 교육을 실시하겠습니다. 교실 전등 끄기 등 교실 에너지 절약 도우미를 선정하고, 텀블러 사용하기 등 학생들이 에너지의 소중함을 알고 기후변화에 대응해나가는 방법을 실천할 수 있도록 지도하겠습니다.

셋째, 다양한 프로그램을 활용한 안전교육을 실시하겠습니다. 예를 들어 증강현실 프로그램 등을 활용하여 학생들이 다양한 상황에 따른 안전교육을 받을 수 있도록 하는 방안이 있습니다. 이는 교실이라는 제한적인 물리적 공간을 극복하여 학생들이 다양한 상황을 접해볼 수 있을 것입니다. 이상입니다.

구상형 02

특수교사로서 대처방안	① 모든 학교 구성원에게 알리기 ② 학교 내에서 찾지 못한 경우 관할 경찰서에 실종 신고하기 ③ 개별화 사전 예방 교육 실시하기

구상형 2번 문항 답변드리겠습니다.

제시문과 같은 상황에서 특수교사로서 대처방안 3가지에 대해 말씀드리겠습니다.

첫째, 모든 학교 구성원에게 알리는 것입니다. 우선 주변에 있는 교사에게 현재 B학생을 찾으러 가야 하는 상황임을 알리고 나머지 학생들을 다른 교사에게 인계하겠습니다. 그리고 방송 및 메신저를 활용하여 모든 학교 구성원에게 알리겠습니다.

둘째, 학교 내에서 B학생을 찾지 못하였거나 CCTV 확인 결과 교출로 확인되면 담임교사는 즉각 관할 경찰서에 실종 신고를 해야 합니다.

셋째, 학생 특성에 맞는 개별화 사전 예방 교육을 실시하는 것입니다. 학생들이 이동 중 사라지는 경우 학생의 특성을 잘 알고 있으면 이를 해결하기 수월합니다. 예를 들면, 자동차를 좋아하는 자폐성장애 학생의 경우 주차장에 가 있을 확률이 높습니다. 이에 따라 학생들에게 일과 중 지켜야 할 규칙에 대해 명확히 알려주고, 학생의 요구를 파악하여 사고를 미리 예방하는 것이 중요하다고 생각합니다. 이상입니다.

구상형 03

중재방안에 대한 조언	① 현장체험학습 장소 미리 경험하기 ② 현장체험 일정표 제공 ③ 학생의 흥미를 유발하는 활동 포함하기

구상형 3번 문항 답변드리겠습니다.

B교사가 A교사에게 해줄 수 있는 조언 3가지를 말씀드리겠습니다.

첫째, 현장체험학습 장소를 미리 경험하는 것입니다. 놀이공원으로 가는 길, 지도, 다양한 모습들을 영상 및 사진으로 보여주고, 거리뷰, VR 등 다양한 자료들을 활용하여 학생이 장소를 미리 경험하여 익숙해지게 지원한다면 학생의 거부감을 줄일 수 있을 것입니다.

둘째, 현장체험 일정표를 미리 제공해주는 것입니다. 학생이 현장체험장소에서 어떤 활동들이 이루어지는지 사전에 알도록 해주어야 합니다. 이를 통해 학생의 예측가능성이 향상되어 새로운 장소에 대한 불안감이 감소될 수 있을 것입니다.

셋째, 학생의 흥미를 유발하는 활동을 포함하는 것입니다. 학생이 평소에 좋아하는 활동을 현장체험학습 프로그램에 넣고, 더불어 학생이 좋아하는 음식, 캐릭터 등을 놀이공원에서 접할 수 있다는걸 알려주면, 현장체험학습에 대한 기대감이 생길 수 있을 것입니다. 이상입니다.

즉답형 01

(1)	나의 경험	다양하게 답변 가능
(2)	제공할 수 있는 지원방안	① 학생들이 정하는 학급 규칙 ② 스스로 정하는 1인 1역

즉답형 1번 문항 답변드리겠습니다.

먼저, 코로나19 상황 속에서 공동체성과 관련하여 소통과 협력을 이룬 경험에 대하여 말씀드리겠습니다.

저의 경험으로는 올 한해 비대면 스터디를 적극 활용한 것입니다. 같은 꿈을 가진 선생님들과 모여 전화 혹은 실시간 쌍방향 프로그램을 활용하여 함께 공부 방향에 대한 계획을 세우고 실천해나갔습니다.

다음으로. 이러한 저의 경험을 토대로 학생들에게 제공할 수 있는 지원방안 2가지를 말씀드리겠습니다.

첫째, 학생들이 학급 규칙을 정하도록 하는 것입니다. 학생들이 온라인 토의를 통하여 학급 내에서 필요한 규칙을 정해볼 수 있도록 하겠습니다. 이를 통해 학생들이 자신의 행동에 대한 책임감과 공동체 의식이 향상될 수 있을 것입니다.

둘째, 학생과 함께 1인 1역을 선정하는 것입니다. 학기 초 교사 임의대로 학생들에게 역할을 부여하는 것이 아니라, 학생들이 서로의 강점을 파악하여 강점을 활용한 1인 1역을 선정할 수 있도록 하겠습니다. 예를 들어, 온라인 수업 시 인사하기 담당, 시간표 알려주기 담당 등의 역할을 수행함으로써 학생들 간 긍정적인 상호작용뿐만 아니라 개개인의 자기효능감이 향상될 수 있을 것입니다. 이상입니다.

즉답형 02

(1)	특수교육대상학생이 겪는 어려움	변화하는 사회 환경 적응에 대한 어려움
(2)	극복하기 위한 지원방안	① 나의 수업에도 변화를 적용하기 ② 지역사회 중심교수 실시 ③ 의사소통 역량 기르기

즉답형 2번 문항 답변드리겠습니다.

먼저, 빠르게 변화되는 사회에서 특수교육대상학생들이 겪게 되는 어려움에 대하여 말씀드리겠습니다. 특수교육대상학생은 하나의 지식을 습득하는데 많은 시간이 필요합니다. 이에 따라 빠르게 변화되는 사회 환경에 신속히 적응하는 것에 어려움이 발생한다고 생각합니다.

다음으로, 이러한 문제를 극복하기 위한 지원방안 2가지에 대하여 말씀드리겠습니다.

첫째, 저의 수업에도 이러한 변화를 적용하는 것입니다. 수업에서 태블릿이나 AI 스피커 등 다양한 전자 기기들을 활용하여 학생들이 이를 생소하게 생각하지 않고, 일상에서 자유롭게 활용할 수 있게 지원한다면 도움이 될 것이라 생각합니다.

둘째, 지역사회 중심교수를 실시하는 것입니다. 학생들이 직접 나가 실습을 해 볼 수 있도록 수업을 계획한다면, 기술을 습득하는 것이 수월할 것입니다.

셋째, 의사소통 역량을 기르는 것입니다. 학생들이 주문이나 계산을 할 수 있는 능력도 필요하지만, 어려울 때 주변에 도움을 요청할 수 있는 의사소통 기술도 필요하다고 생각합니다. 빠르게 변하는 사회 환경은 학생이 졸업 후 사회에 진출했을 때를 모두 대비하기는 어렵기 때문입니다. 이상입니다.

(6) 2020 초등·유아특수

구상형 01

(1)	교사의 철학	다양한 아이들이 모두 함께 배울 수 있는 교실
(2)	학급 운영방안	① 수준을 고려한 배움중심수업을 실시하여 기초학력 다지기 ② 1인 1악기 등 나의 능력 개발을 통하여 자존감 높이기 ③ 그림책 읽기를 통해 문해 능력과 사회성 기르기

구상형 1번 문항 답변드리겠습니다.

먼저, 저의 교육철학에 대하여 말씀드리겠습니다. 저의 교육철학은 다양한 아이들이 모두 함께 배울 수 있는 교실을 만드는 것입니다. 제시된 상황에는 다양한 환경에서 성장하는 아이들이 한 학급에 배치되었습니다. 이러한 상황에서 소외되는 아이가 없이 모두가 행복하게 교육을 받을 수 있는 교실을 만들 것입니다.

다음으로, 교육철학을 바탕으로 학급 운영방안에 대해 말씀드리겠습니다.

첫째, 다양한 아이들의 수준을 고려한 배움중심수업을 실시하겠습니다. 이는 부족한 기초학력을 채우며, 유의미한 배움을 이루어 낼 수 있을 것입니다. 둘째, 1인 1악기 등 능력 개발을 통하여 자존감을 높이겠습니다. 아이들이 스스로 가치 있는 존재임을 알게 해줄 것입니다. 셋째, 그림책 읽기를 통해 문해 능력과 사회성을 기르겠습니다. 그림책 읽기 활동은 아이들의 문해 능력을 기를 수 있을 뿐만 아니라 아이들의 감정을 공유하며 사회성을 기르는 데에도 큰 도움이 될 것입니다.

저는 경기교육의 약속 중 "단 한 명의 아이도 포기하지 않겠습니다."라는 문장을 기억하며 아이들 한 명 한명을 지키고 사랑하는 교사가 되겠습니다. 이상입니다.

구상형 02

마을과 연계하기 위한 방안	① 지역사회 시설물 이용 체험하기 ② 다양한 직업을 가진 마을 주민 초대하기 ③ 우리 마을 특색 경험하기

구상형 2번 문항 답변드리겠습니다.

학생의 삶과 연계된 배움이 일어나기 위해 마을과 연계하기 위한 방안을 말씀드리겠습니다.

첫째, 지역사회 시설물 이용 체험을 하는 것입니다. 실제 지역사회에서 신호등을 건너는 것을 연습한다면 학생의 실제 삶과 연계된 배움이 일어날 것입니다. 또한 마을에 대한 이해와 경험이 부족한 학생에게 지역사회 시설물을 직접 체험할 수 있는 경험을 제공할 수 있을 것입니다. 둘째, 다양한 직업을 가진 마을 주민을 초대하는 것입니다. 학교 축제나 강연 등에 마을 주민을 초대하여 직업 교육을 실시하고, 경험할 수 있게 한다면 학생들의 다양한 직업 탐색에 도움이 될 것입니다. 셋째, 우리 마을 특색을 경험하는 것입니다. 마을의 명소, 특산품 등 마을 특색을 경험하는 현장 체험 활동을 실시한다면 마을에 대한 이해와 경험을 높일 수 있을 것입니다.

이러한 3가지 방안은 학생이 살아가면서 필요한 기술과 지식을 습득할 수 있을 것입니다. 이외에도 다양한 마을교육공동체 방안을 통하여 학생의 삶과 연계한 배움이 일어나게 한다면 학생의 진로에도 큰 도움이 될 것입니다. 이상입니다.

즉답형 01

(1)	학생의 협력적 성장이란?	함께 성장하는 방법을 배우는 것
(2)	구체적인 방안	① 수업에서의 협력 – 토의·토론 ② 교실에서의 협력 – 학급 생활 공동체 규칙 정하기 ③ 학교에서의 협력 – 학교 빈 공간 활용 방법 정하기

즉답형 1번 문항 답변드리겠습니다.

학생의 협력적 성장이란, 함께 성장하는 방법을 배우는 것이라고 생각합니다. 학생은 서로의 다양성을 존중하고 협력하며 공동체가 함께 나아가는 것을 배우며 성장합니다.

그렇다면, 이를 위한 구체적인 방안을 말씀드리겠습니다.

첫째, 수업에서의 협력으로, 수업 속에서 주제에 대해 함께 토론하고 토의하는 것입니다. 이렇게 배움의 힘을 합치는 과정에서 협력을 배우고, 성장할 수 있을 것입니다.

둘째, 교실에서의 협력으로, 학급 생활 공동체가 함께 규칙을 세우며 어울려 살아가는 방법을 배우는 것입니다. 서로 의지하고, 배우는 기회가 될 것입니다.

셋째, 학교에서의 협력으로 학교 공동체의 일원으로서 의견을 내고, 그 역할을 다하는 것입니다. 구체적으로 학교의 빈 공간 활용 방법 정하기 등이 있을 것입니다.

이러한 방안들은 학생이 협력적 성장을 하는 데에 도움이 될 것입니다. 이상입니다.

즉답형 02

(1)	자신의 생각	의견 차이가 발생하는 경우는 서로의 상황을 이해하지 못했기 때문이므로 회의 상황에서 바로 한쪽 의견에 동의하기보다는 개별 의견을 듣는 시간을 가진 후 의견을 조율해야 한다고 생각한다.
(2)	해결 방안	① 추후 개별적인 의논 시간을 통해 통합학급의 상황과 학부모님의 의견을 전달하며 서로 이해할 수 있는 시간을 가진다. ② 통합학급에서의 수업시간에 지원할 수 있는 방안을 찾는다. ③ 선배 교사에게 자문을 구한다.

즉답형 2번 문항 답변드리겠습니다.

먼저, 저의 생각은 의견 차이가 발생하는 경우는 서로의 상황을 이해하지 못했기 때문이므로 회의 상황에서 바로 한쪽 의견에 동의하기보다는 개별 의견을 듣는 시간을 가진 후 의견을 조율해야 한다고 생각합니다.

이에 대한 구체적인 해결방안을 말씀드리겠습니다.

첫째, 추후 개별적인 의논 시간을 통해 통합학급의 상황과 학부모님의 의견을 전달하며 서로 이해할 수 있는 시간을 갖는 것입니다. 회의 시간 당시에는 이해가 어려울지라도 시간이 지나고 더불어 여러 사례를 알려드린다면 서로 이해할 수 있을 것이라 기대합니다.

둘째, 통합학급에서의 수업시간에 지원할 수 있는 방안을 찾는 것입니다. 학생은 중도중복장애이므로 통합학급에서의 수업시간에 참여가 어려울 수 있습니다. 이에 보조인력 지원이나, 수정된 수업자료 제공 등 특수교사가 지원할 수 있는 방안을 찾아본다면 도움이 될 것입니다.

셋째, 선배 교사에게 자문을 구하는 것입니다. 신규교사인 저는 아직 적은 경험을 가지고 있기 때문에, 간접적으로라도 여러 사례를 접해보는 것이 도움이 될 것입니다. 이상입니다.

(7) 2019 초등특수

구상형 01

(1)	교직관	다양하게 답변
(2)	실현 방안	① 개별 학생 중심 수업 ② 창의적인 교육을 위한 연구 ③ 학생이 즐겁게 참여하는 평가

구상형 1번 문항 답변드리겠습니다.

저의 교직관은 '행복하게 살아가는 학생'입니다. 행복한 삶을 사는 것은 스스로의 삶을 스스로 책임지며, 사회의 구성원으로서 뿌듯함을 느끼고 살아갈 때 가능하다고 생각합니다. 학생이 학교 교육을 통해 스스로 자립할 수 있는 능력을 갖추게 된다면 행복한 삶을 살아가는 튼튼한 기초가 될 수 있다고 생각합니다. 이를 실현하기 위한 방안은 다음과 같습니다.

첫째, 개별 학생 중심 수업입니다. 특수교사에게 개별화 교육은 당연하게 할 일이지만, 그만큼 가장 신경쓰고 강조해야 할 부분입니다. 학생의 능력에 맞게 수업을 준비하고 실시하며 평가하는 것이 학생의 학습과 생활능력 신장에 가장 중요한 부분이기 때문입니다.

둘째, 창의적인 교육을 위한 연구입니다. 특수교사는 장애학생의 삶을 함께 준비하는 교사라고 생각합니다. 따라서 다양한 분야의 폭넓은 지식을 바탕으로 창의적인 교육을 실시할 수 있어야 한다고 생각합니다. 여러 분야를 융합하고 때로는 비틀기도 하며 학생이 가장 잘 배울 수 있는 방식으로 제공할 수 있어야 합니다.

셋째, 학생이 즐겁게 참여하는 평가입니다. 학생이 자신의 수준을 파악하고 이를 개선해나가는 과정이 즐거워야 학습에 적극적으로 참여할 수 있기 때문입니다. 이상입니다.

구상형 02

긍정적 행동지원 방안	① 모든 학생들을 대상으로 한 보편적 중재 ② 상담과 관찰이 필요한 학생을 대상으로 한 중재 ③ 심각한 수용 불가의 문제행동 학생 집중 중재 ④ 가정과의 연계 ⑤ 지역사회 연계체계 활용

구상형 2번 문항 답변드리겠습니다.

정서 및 행동 문제로 인해 문제행동을 하는 학생은 사회적으로 수용될 수 없는 행동을 하며 주변 사람들에게 어려움을 주지만 스스로도 혼란을 겪고 있습니다. 사회적으로 수용 가능한 행동들을 위한 긍정적 행동지원 방안은 다음과 같습니다.

첫째, 모든 학생들을 대상으로 보편적 중재를 실시합니다. 구체적으로는, 모든 학생들에게 정서적으로 안정될 수 있도록 명상, 상담주간 운영 등 정서문제 예방을 위한 활동을 말합니다.

둘째, 상담과 관찰이 필요한 학생을 대상으로 중재를 실시합니다. 이는 학생이나 학부모 상담 결과, 교사의 관찰 등을 통해 면밀한 관찰이 필요한 학생을 선정하여 중재하는 것을 말합니다.

셋째, 심각한 수용 불가의 문제행동을 보이는 학생에 대한 집중중재입니다. 자해, 폭력행동 등의 심각한 행동은 당장 집중적인 중재가 필요하며, 즉각적인 대응이 필요합니다.

넷째, 가정과의 연계입니다. 가정과 학교 모두에서 학생의 문제행동에 대한 지도방법을 논의하고 해결해나가야 합니다. 학생이 생활하는 대부분의 시간이 가정과 학교이기 때문입니다.

다섯째, 지역사회 연계체계 활용입니다. 지역 내 상담센터, 상담가, 치료실, 복지관 등과 연계하여 학생의 정서문제를 꾸준히 관찰하고 예방해나가야 합니다. 이상입니다.

즉답형 01

학생 주도의 교육활동을 위한 지원방안	① 학생을 배움의 주체로 설정하고 수업을 계획 ② 적합한 교육 편의 제공 및 교실 환경 개선 ③ 심리적 지원

즉답형 1번 문항 답변드리겠습니다.

스스로 당면한 문제를 해결해 나가는 자주적인 학생을 만들기 위해서는 학생 주도의 교육활동이 중요합니다. 이를 위한 교사의 지원방안은 다음과 같습니다.

첫째, 학생을 배움의 주체로 설정하고 수업을 계획하는 것입니다. 학생의 삶과 맥락화된 교육과정을 개발하고, 학생의 자기주도성이 발현되는 수업을 실시한다면 교육 활동이 학생 주도적으로 일어날 수 있을 것입니다.

둘째, 적합한 교육 편의 제공 및 교실 환경을 개선하는 것입니다. 특수교육 유형별로 학습자료나 평가방법을 달리하는 방안을 마련하고, 특수교육 관련 서비스 지원을 강화하여 맞춤형 보조공학기기를 지원할 수 있습니다. 더불어 학생이 적극적으로 수업에 참여할 수 있게 접근성을 높이는 교실 환경을 구성한다면, 학생이 주도하는 교실 수업을 만들 수 있을 것입니다.

셋째, 심리적 지원을 하는 것입니다. 학생이 타인이나 외부의 정해진 기준이 아니라 스스로의 능력이 늘어남에 대해 칭찬을 아끼지 않고 강화를 제공하여, 스스로의 성장에 집중하고 만족감을 느끼는 태도를 길러준다면 효과적일 것입니다. 이상입니다.

즉답형 02

인권을 보호하기 위한 대처방안	① 심의 과정 : 전담기구 및 심의위원회에 특수교육 전문가(위원 또는 참고인)를 참여시켜 장애학생의 장애정도, 특성 등에 대한 의견을 참고한다. ② 처분 시 : 장애 유형에 따른 특성을 고려한다. ③ 그 이후 : 장애 유형에 적합한 재발 및 예방 교육을 실시하고, 피해 학생을 대상으로 심리적 지원을 제공한다.

즉답형 2번 문항 답변드리겠습니다.

특수교육대상학생 간 학교 폭력이 발생했을 때 인권을 보고하기 위한 대처 방안을 말씀드리겠습니다.

첫째, 학교폭력 발생 후 심의 과정에서 전담기구 및 심의위원회에 특수교육 전문가를 참여시켜 장애학생의 장애정도, 특성 등에 대한 의견을 참고해야 합니다. 장애에 대한 이해를 바탕으로 발생 상황을 파악해야 하기 때문입니다.

둘째, 처분 시 장애 유형에 따른 특성을 고려해야 합니다. 예를 들면, 발달 장애의 경우 장애로 인한 기질적 특성으로 도전행동을 보일 수 있습니다. 일반적인 징계 기준보다는 학생의 장애 특성을 파악하여 기준을 마련해야 합니다.

셋째, 학교폭력 심의 및 처분이 끝난 후 장애 유형에 적합한 재발 및 예방 교육을 실시하는 것입니다. 앞으로 같은 일이 반복되지 않도록 재발 방지 교육 및 예방 교육을 실시하고, 피해학생을 대상으로 심리적 지원을 충분히 해야 합니다. 이상입니다.

(8) 2019 유아특수

(구상형 1~2번은 초등특수와 동일)

즉답형 01

지원방안	① 선택 기회 제공 ② 놀이 소개하기 ③ 놀이 나눔하기

즉답형 1번 문항 답변드리겠습니다.

자유 선택 활동시간에 주도적으로 놀이하는 자주적인 유아를 만들기 위해서는 유아 주도의 교육 활동이 중요합니다. 이를 위한 교사의 지원방안은 다음과 같습니다.

첫째, 자신이 좋아하는 것을 스스로 선택하는 경험을 제공하여 선택할 수 있는 능력이 향상되도록 이끕니다. 이는 유아가 자유 선택 활동시간에 자신이 하고 싶은 놀이를 선택할 수 있게 할 것입니다.

둘째, 어떠한 놀이가 있는지 소개해주는 것입니다. 다양한 놀이 방법 또는 교구들을 소개해주며 유아가 탐색할 수 있게 돕는다면, 유아의 주도적인 놀이로 이끌 수 있을 것입니다.

셋째, '놀이 나눔' 시간을 갖는 것입니다. '놀이 나눔'은 유아들이 서로의 놀이를 공유하는 시간으로, 각자의 놀이를 서로 공유하며 함께 나눌 수 있습니다. 이상입니다.

즉답형 02

적응 방안	① 유치원 교실 및 다른 시설을 탐색할 수 있는 충분한 시간 주기 ② 담임교사와 라포 형성하기 ③ 유치원이 즐거운 곳이라는 것을 알려주기

즉답형 2번 문항 답변드리겠습니다.

학기 초 특수교육대상유아는 낯선 환경에 적응이 어려울 수 있습니다. 이러한 유아의 적응을 위한 방안을 말씀드리겠습니다.

첫째, 유치원 교실 및 다른 시설을 탐색할 수 있는 충분한 시간을 주는 것입니다. 낯선 환경에 점차 적응하다 보면 유치원을 편안하게 느낄 수 있을 것입니다.

둘째, 담임교사와의 라포를 형성하는 것입니다. 이는 유치원 적응에 가장 큰 요인이 될 수 있습니다. 가정과의 연계를 통해 유아가 좋아하는 요소를 이용하여 라포를 형성한다면 유치원 적응을 도울 수 있을 것입니다.

셋째, 유치원이 즐거운 곳이라는 것을 알려주는 것입니다. 즐거운 놀이 수업이나 유아가 좋아하는 활동을 하여 유아가 유치원이 즐거운 것이라는 것을 인식하게 되면, 유치원에 잘 적응할 수 있을 것입니다.

이상입니다.

(9) 2018 초등·유아특수

구상형 01 ▼

예상되는 어려움 ①	인력 부족으로 특수교사의 통합학급 수업 활동 지원 어려움

→ 해결 방안 : 통합학급 활동을 직접적으로 지원하기는 어렵지만, 통합학급 교사와 협력과 긴밀한 관계를 구축하여 방과후 협의 시간을 자주 가진다. 또한 통합교육에 필요한 교재·교구를 제공하고, 학습 자료를 수정하여 제공하며, 또래 도우미를 활용하도록 한다.

예상되는 어려움 ②	장애 학생의 신변 처리 어려움으로 통합학급 활동 참여 어려움

→ 해결 방안 : 가능한 한 특수학급 및 통합학급 주변 화장실 등 이동이 편리한 곳에 시설을 구축하며, 학생에게 적합하게 환경(손잡이, 발판 등)을 수정하여 학생이 스스로 해결할 수 있도록 지도한다. 이때 자립심이 길러질 수 있도록 기다려 주면서 스스로 할 수 있도록 지도하며, 이것이 가정에서도 일관성 있게 이루어질 수 있도록 부모와 협력해야 한다.

예상되는 어려움 ③	장애 학생의 교육적 요구에 따른 개별화 교육 지원 어려움

→ 해결 방안 : 기본교과들의 학습을 위해 특별한 교구·교재와 기구들을 마련하고, 구조적 환경을 구성하여 학생들이 개별화 목표에 맞게 학습을 할 수 있도록 미리 준비한다.

구상형 1번 문항 답변드리겠습니다.

다음과 같은 특수학급 상황에서 통합교육이 이루어질 때의 예상되는 어려움과 해결방안을 말씀드리겠습니다.

첫째, 인력 부족으로 특수교사의 통합학급 수업 활동 지원이 어려울 것으로 예상됩니다. 이에 대한 해결 방안은 인력 부족으로 통합학급 활동을 직접적으로 지원하기는 어렵지만, 통합학급 교사와 협력과 긴밀한 관계를 구축하여 방과후 협의 시간을 자주 가지는 것입니다. 이때 필요한 지원을 알고 효율적으로 지원 할 수 있을 것입니다. 이를 통해 통합교육에 필요한 교재·교구를 제공하고, 학습 자료를 수정하여 제공하며, 또래 도우미를 활용하는 것도 좋은 방안이 될 것입니다.

둘째, 장애 학생의 신변 처리 어려움으로 통합학급 활동 참여가 어려울 것으로 예상됩니다. 이에 대한 해결방안은 가능한 한 특수학급 및 통합학급 주변 화장실 등 이동이 편리한 곳에 시설을 구축하며, 학생에게 적합하게 환경을 수정하여 학생이 스스로 해결할 수 있도록 지도하는 것입니다. 이때 자립심이 길러질 수 있도록 기다려 주면서 스스로 할 수 있도록 지도하며, 이것이 가정에서도 일관성 있게 이루어질 수 있도록 부모와 협력한다면 더 도움이 될 것입니다.

셋째, 장애 학생의 교육적 요구에 따른 개별화 교육 지원이 어려울 것으로 예상됩니다. 이에 대한 해결 방안은 기본교과들의 학습을 위해 특별한 교구·교재와 기구들을 마련하고, 구조적 환경을 구성하여 학생들이 개별화 목표에 맞게 학습을 할 수 있도록 미리 준비하는 것입니다. 이상입니다.

구상형 02

학부모 참여율 높이기 위한 교사의 방안	① 통합학급의 학부모 상담주간과 개별화 교육팀 회의, 연수 및 교육을 한 번에 실시한다. ② 학부모를 대상으로 희망 날짜와 시간을 미리 조사한다. ③ 평소 학부모들이 고민하는 학생의 문제행동 관련 연수 등 관심도가 높은 연수 및 교육을 실시한다. ④ 맞벌이 부부 등 현실적인 참여가 어려운 학부모를 대상으로 전화, 이메일, 채팅 등의 대체 상담을 진행한다.

구상형 2번 문항 답변드리겠습니다.

학부모의 참여율이 저조한 지역에서의 교육공동체 활성화 방안으로 학부모의 참여율을 높이기 위한 교사의 방안을 4가지를 말씀드리겠습니다.

첫째, 통합학급의 학부모 상담주간과 개별화 교육팀 회의, 연수 및 교육 등을 한 번에 실시하는 것입니다. 맞벌이 부부 등 최근 학부모의 학교 활동 참여가 점점 어려워지는 추세이기에, 한 번에 실시한다면 학부모 참여율을 높일 수 있을 것입니다.

둘째, 학부모를 대상으로 희망 날짜와 시간을 미리 조사하는 것입니다. 희망 날짜와 시간을 미리 조사하여 정한다면, 비교적 참여율이 높아질 것입니다.

셋째, 평소 학부모들이 고민하는 학생의 문제행동 관련 연수 등 관심도가 높은 연수 및 교육을 실시하는 것입니다. 학부모의 관심도 많아지고, 학교와 가정과의 연계가 자연스럽게 이루어질 수 있을 것입니다.

넷째, 맞벌이 부부 등 현실적인 참여가 어려운 학부모를 대상으로 전화, 이메일, 채팅 등의 대체 상담을 진행하는 것입니다. 이를 통해 꼭 대면하여 개별화 회의를 하지 않더라도 학생에 대한 정보 공유를 할 수 있고 가정과 연계하여 지도할 수 있을 것입니다. 이상입니다.

즉답형 01

상황 1 : 교사가 학급규칙을 만들어 제시(생활)	해결 방안 : 학급 자치회를 통한 학급규칙 만들기
상황 2 : 교사의 일방적인 강의식 수업(수업)	해결 방안 : 학생과 교사가 함께하는 학생 중심 수업 실시
상황 3 : 교사가 정하는 교실 자리 배치와 교실 환경 구성(환경)	해결 방안 : 학급 자치회를 통하여 자리 배치 방법을 정하고, 교실에 필요한 물건들을 학생들에게 조사하여 교사는 이를 지원한다.

즉답형 1번 문항 답변드리겠습니다.

학교에서 발생하는 상황(생활, 수업, 환경 등) 비민주적인 상황과 민주적인 해결방안에 대해 말씀드리겠습니다.

첫째, 생활 측면에서 발생할 수 있는 비민주적인 상황은 교사가 학급규칙을 만들어 제시하는 것입니다. 이에 대한 민주적 해결방안으로는 학급 자치회를 통하여 학생들이 직접 학급규칙을 만드는 것입니다. 교사는 규칙이 필요한 상황을 미리 학생들에게 제시하고, 이때 규칙을 학생들이 정한다면, 민주적인 학급 분위기를 형성할 수 있을 것입니다.

둘째, 수업 측면에서 발생할 수 있는 비민주적인 상황은 교사가 일방적으로 학습 내용을 제시하는 강의식 수업입니다. 이에 대한 민주적 해결방안으로는 학생과 교사가 함께하는 학생중심 수업을 실시하는 것입니다. 수업을 교사 혼자 주도하는 것보다 학생과 함께 만들어 가는 수업을 한다면 교사와 학생 모두에게 배움이 일어나는 수업이 될 것입니다.

셋째, 환경 측면에서 발생할 수 있는 비민주적인 상황은 교사가 정하는 교실 자리 배치와 교실 환경 구성입니다. 이에 대한 민주적 해결방안은 학생들이 서로 의논하여 자리 배치 방법을 정하고, 교실에 필요한 물건들이나 환경 구성에 대한 내용은 학생들에게 수요를 조사하여 교사는 이를 지원하는 역할을 하는 것입니다.

이러한 작은 것 하나도 학생들과 함께 만들어 나간다면 민주적인 학급 분위기를 조성할 수 있고, 학생과 교사가 모두 행복한 학교를 만들 수 있을 것입니다. 이상입니다.

즉답형 02

가정폭력·아동학대가 의심되는 상황의 해결방안	① 가장 먼저 해야 할 일은 위험 상황으로부터 아동을 분리하는 것 ② 아동보호전문기관 또는 수사기관에 즉시 신고 ③ 피해 학생의 말을 경청하며 필요한 지원을 파악하며 심리적 안정을 취할 수 있게 도움

즉답형 2번 문항 답변드리겠습니다.

아동이 가정폭력이나 아동학대를 받고 있다고 의심되는 상황에서의 해결방안을 말씀드리겠습니다.

첫째, 가장 먼저 해야 할 일은 위험 상황으로부터 아동을 분리하는 것입니다. 긴급한 치료가 필요한 경우에는 아동을 병원에 데려간 이후 신고하도록 합니다.

둘째, 아동보호전문기관 또는 수사기관에 즉시 신고하는 것입니다. 교사는 아동학대 신고 의무자이며 신고 의무자들은 직무를 수행하면서 아동학대범죄를 알게 된 경우나 그 의심이 있는 경우에는 아동보호전문기관 또는 수사기관에 즉시 신고하여야 합니다.

셋째, 피해 학생의 말을 경청하며 필요한 지원을 파악하여 심리적 안정을 취할 수 있게 돕는 것입니다. 신고 및 의뢰 전과 후, 동일한 태도로 피해 학생을 대하며, 피해 학생은 자신이 겪은 사건을 생각하며 자주 우울해하거나 불안해 할 수 있으므로 피해 학생의 분위기 변화를 파악하는 것이 중요합니다. 이상입니다.

(10) 2017 초등·유아특수

구상형 01

(1)	시사점	학생의 개별 특성을 고려하여 모두 함께 배울 수 있는 교실을 만들어야 한다.
(2)	교직관과 연결하여 실현할 수 있는 방안	• 교직관 : 함께 배우는 교사 ① 교육과정 재구성 – 학생 중심 수업 ② 성장 중심 평가 ③ 다양한 수업 방식 도입으로 행복한 배움이 일어나는 교실 만들기

구상형 1번 문항 답변드리겠습니다.

제시문이 주는 시사점은 학생의 개별 특성을 고려하여 모두 함께 배울 수 있는 교실을 만들어야 한다는 것입니다. 이와 관련하여 저의 교직관은 '함께 배우는 교사'입니다. 이를 실현할 수 있는 방안을 말씀드리겠습니다.

첫째, 교육과정 재구성을 통한 학생 중심 수업입니다. 학생의 교육적 요구를 반영하여 교육과정 재구성을 통한 수업을 실시한다면, 교실 안에서 단 한명의 학생도 소외되지 않고 모두가 함께 할 수 있는 수업을 만들 수 있을 것입니다.

둘째, 성장 중심 평가를 실시하는 것입니다. 학생 한 명 한 명을 주목하며 학생의 성장을 기록하는 평가를 실시한다면 진정한 배움이 일어날 수 있을 것입니다.

셋째, 다양한 수업 방식 도입으로 행복한 배움이 일어나는 교실을 만드는 것입니다. 일방적인 전달식 수업보다는 하브루타 수업, 토의·토론 수업 등 다양한 수업 방식을 도입한다면 학생들 모두가 배움으로 행복해지는 교실이 될 것입니다.

이렇게 저는 학생과 함께 배우며 나아가는 교사가 되고 싶습니다. 이상입니다.

구상형 02

(1)	자기관리 역량	① 혼자 독립적으로 할 수 있는 일 찾기 ② 삶에 필요한 기초적 능력 계발하기
(2)	의사소통 역량	① 교사와 학생, 학생과 학생이 의견을 주고받는 방식의 수업 실시 ② AAC 등 의사소통이 어려운 특수교육대상학생에게 대체 의사소통 제공하기

구상형 2번 문항 답변드리겠습니다.

특수교육대상자에게 필요한 역량은 자기관리 역량과 의사소통 역량이라고 생각합니다. 이 역량들을 신장할 수 있는 방안을 차례대로 말씀드리겠습니다.

먼저, 자기관리 역량을 신장할 수 있는 방안은 첫째, 혼자 독립적으로 할 수 있는 일을 찾게 돕는 것입니다. 작은 일이더라도 혼자 할 수 있는 일을 찾아 시도해 본다면 할 수 있는 일들이 점차 많아질 것입니다. 이는 자아정체성과 자신감을 기를 수 있을 것입니다. 둘째, 삶에 필요한 기초적 능력을 계발하는 것입니다. 신변 처리·스스로 식사하기부터 용모 가꾸기 등 기초적 능력을 계발한다면, 성인이 되어 독립적인 생활을 하는 데에 도움이 될 것입니다.

다음으로, 의사소통 역량을 신장할 수 있는 방안은 첫째, 교사와 학생, 학생과 학생이 의견을 주고받는 방식의 수업을 실시하는 것입니다. 토의·토론 수업이나 하브루타 수업, 그리고 수업 중 많은 상호작용 과정들은 학생의 의사소통 능력을 향상시켜 줄 것입니다. 둘째, AAC 등 의사소통이 어려운 특수교육대상학생에게 대체 의사소통을 제공하는 것입니다. 의사소통 도구는 학생들의 의사소통 경험뿐만 아니라 타인과 대화하고 의견을 나눌 수 있는 능력이 향상되도록 도움을 줄 것입니다.

이외에도 특수교육대상자에게 필요한 역량은 많을 것입니다. 저는 교사가 되어 학생 한 명 한 명에게 필요한 역량을 고민하고, 이를 신장할 수 있도록 최선을 다하여 지원하겠습니다. 이상입니다.

즉답형 01

다양하게 답변

즉답형 02

(1)	아침맞이의 효과	① 학생들이 학교에 즐겁게 올 수 있다. ② 교사는 학생들을 관찰할 수 있다. ③ 학생들의 학습 의욕을 불러올 수 있다.
(2)	구체적인 실천 방안	① 일찍 출근하여 미리 준비하기 ② 아침 안부 묻고 포옹하기 ③ 아침 간식 준비하기

즉답형 2번 문항 답변드리겠습니다.

먼저, 따뜻한 아침맞이의 효과를 말씀드리겠습니다.

첫째, 학생들이 학교에 즐겁게 올 수 있습니다. 아침에 일어나서 학교 오는 길이 가벼워질 것이라 생각합니다. 둘째, 교사는 학생들을 관찰할 수 있습니다. 학생들에게 무슨 일이 없는지 표정을 보고 알 수 있고, 아침밥을 잘 챙겨 먹고 오는지 등을 알아볼 수 있습니다. 셋째, 학생들의 학습 의욕을 불러올 수 있습니다. 무기력한 아침 수업을 기다리기보다는, 의욕적인 분위기로 변화할 것입니다.

다음으로, 아침맞이의 구체적인 실천 방안을 말씀드리겠습니다.

첫째, 일찍 출근하여 미리 준비하는 것입니다. 아침에 급히 처리할 업무를 학생들이 오기 전에 미리 처리하고, 학생들을 맞이할 준비해야 할 것입니다. 둘째, 아침 안부를 묻고 포옹하는 것입니다. 이는 학생들에게 상호작용하는 방법도 알려주고, 따뜻한 교실을 느낄 수 있게 해줄 것입니다. 셋째, 아침 간식을 준비하는 것입니다. 아침밥을 잘 챙겨 먹지 않는 학생이 있을 경우 아침 간식을 간단히 준비한다면, 학생의 하루 생활에 도움이 될 것입니다.

이상입니다.

(11) 2016 초등·유아특수

구상형 01 ▼

(1)	교육철학	함께 배우는 교사
(2)	실천 방안	① 수업 안에 학생과의 충분한 상호작용을 포함 ② 학생도 교사도 모두가 즐거운 배움중심수업 만들기 ③ 내가 관심 있는 주제의 전문적 학습공동체에 적극적으로 참여

구상형 1번 문항 답변드리겠습니다.

먼저, 저의 교육철학은 '함께 배우는 교사'입니다.

다음으로, 이 교육철학을 학교 현장에서 어떻게 실천해 나갈 것인지 말씀드리겠습니다.

첫째, 수업 속에서 학생과의 충분한 상호작용을 포함하겠습니다. 학생과의 상호작용 과정을 통하여 학생도 배우고, 저도 배우는 활기찬 수업이 될 것입니다.

둘째, 학생도 교사도 모두가 즐거운 배움중심수업을 만들겠습니다. 교사 주도의 전통적 수업 방식에서 벗어나 다양한 수업 방식을 도입한다면 모두가 즐거운 교실이 될 것입니다.

셋째, 관심 있는 주제의 전문적 학습공동체에 적극적으로 참여하겠습니다. 이러한 적극적인 연구 활동, 그리고 동료 교사와의 협의는 저의 교육활동에 도움이 될 것입니다.

이러한 방안들을 토대로 학생과 함께 배우는 교사가 되겠습니다. 이상입니다.

구상형 02 ▼

(1)	교육 정책	성장 중심 평가
(2)	실천 계획	① 교육과정 재구성을 통하여 학생의 성장 과정에 중점 ② 동료 교사와 공동 연구 및 실천 ③ 가정과 연계하여 학생의 성장을 지원

구상형 2번 문항 답변드리겠습니다.

먼저, 경기 교육정책 중 가장 공감이 가는 것은 '성장 중심 평가'입니다. '성장 중심 평가'는 지식 위주의 결과 평가와 다르게 학습의 과정과 결과에 대한 피드백을 통해 학생의 성장과 발달을 돕는 평가입니다.

그렇다면, 이러한 성장 중심 평가를 어떻게 실천할 것인지 그 계획을 말씀드리겠습니다.

첫째, 교육과정 재구성을 통하여 학생의 성장 과정에 중점을 두는 성장 중심 평가를 내실화하겠습니다. 학생 맞춤의 창의적인 교육과정으로 참된 학력을 기를 것입니다. 둘째, 동료 교사와 공동 연구를 하고 실천하겠습니다. 창의적인 교육과정 재구성과 다양한 평가 계획 수립을 위해서는 집단 지성이 필요할 것입니다. 셋째, 가정과 연계하여 학생의 성장을 지원하겠습니다. 학기 초 평가 계획을 안내하고, 학기 말에는 학생의 성장을 담은 기록을 안내하여 가정과 함께 학생의 성장을 지원하겠습니다. 이상입니다.

즉답형 01

즉답형 1번 답변드리겠습니다.

대학교 때 교육 봉사를 통해 깨달은 점에 대해 말씀드리겠습니다.

첫째, 학생들은 모두 다른 개별 특성을 가지고 있다는 것입니다. 한 교실 안에는 같은 나이의 학생들이 있지만, 모두 다른 성향과 환경을 가지고 있었습니다. 그렇기 때문에 같은 수업에 참여해도 받아들이는 과정이 달라보였습니다. 단 한 명의 아이도 소외되지 않는 수업을 만들기 위해서는 많은 고민이 필요하다는 것을 느꼈습니다.

둘째, 지식 전달의 수업 외에도 다양한 수업 방식이 있다는 것입니다. 저는 강의식 수업에만 익숙했습니다. 하지만 실제 현장에서는 매우 다양한 수업 방식이 있었습니다. 가장 기억에 남는 수업은 그림책을 활용한 프로젝트 수업이었습니다. 이외에도 다양한 수업 방식에 대해 더 연구하고, 실천해보고 싶습니다. 이상입니다.

즉답형 02

① 쉬운 과제부터 제공하여 성공 경험 유발하기
② 주제 중심 수업, 프로젝트 활동, 놀이 중심 수업 등 흥미를 유발할 수 있는 수업 방식 도입하기
③ 동기 유발을 위해 학생의 삶과 연계하기

즉답형 2번 문항 답변드리겠습니다.

학생의 흥미를 유발하고 능동적으로 참여할 수 있도록 하는 노력에 대해 말씀드리겠습니다.

첫째, 쉬운 과제부터 제공하여 성공 경험을 유발하는 것입니다. 학생이 배움에 의지가 없기 때문에 이러한 성공 경험이 필요합니다. 그리고 경험이 쌓이면 조금씩 의지가 생길 것이라고 생각합니다.

둘째, 주제 중심 수업, 프로젝트 활동, 놀이 중심 수업 등 흥미를 유발할 수 있는 수업 방식 도입하는 것입니다. 이를 통해 학생이 배움의 흥미를 느낄 수 있을 것입니다.

셋째, 동기 유발을 위해 학생의 삶과 연계하는 것입니다. 학생의 일상생활, 그리고 더 나아가 진로와도 연계한다면 학생에게 배움에 대한 동기가 생길 것이라고 생각합니다. 이상입니다.

CHAPTER 04 대구

(1) 2024 유아특수

구상형 ▼

진행하는 이유	• 유아 주변의 사람들이 모여 교육적 요구를 나누고 교육 목표 및 계획을 수립하기 위함
회의 내용	① 학습 요구 : 교육 목표 및 교육 계획을 수립하기 위해 유아의 학습 요구 파악 ② 자립 생활 : 일상생활에서 필요한 신변처리 등 자립생활기술 지도 ③ 행동 지도 및 사회성 기술 : 문제행동중재 계획과 사회성 기술 지도 계획

구상형 1번 문항 답변드리겠습니다.

유아에게 적절한 교육을 제공하기 위해서는 개별화 교육 지원팀 회의가 매우 중요합니다. 따라서, 개별화 교육 지원팀이 개별화 교육 회의를 진행하는 이유는 유아 주변의 사람들이 모여 교육적 요구를 나누고 교육 목표 및 계획을 수립하기 위함입니다.

이를 바탕으로 개별화 교육 지원팀에서 회의해야 할 내용을 말씀드리겠습니다. 첫째, 유아의 학습 요구입니다. 교육 목표 및 교육 계획을 수립하기 위해 유아의 학습 요구를 파악해야 합니다. 둘째, 유아에게 필요한 자립 생활 기술입니다. 일상생활에서 필요한 신변처리 등 자립생활기술을 탐색하고 지도 방법을 고민해야 합니다. 유아에게 필요한 셋째, 행동 지도 및 사회성 기술을 파악해야 합니다. 이때 문제 행동이 있을 경우 문제 행동 중재 계획과 사회성 기술 지도 계획을 수립해야 합니다. 이상입니다.

이어서 구상형 2번 문항 말씀드리겠습니다.

어머님, 안녕하세요! 개별화 교육 지원팀 회의에서 한글 교육과 수 교육을 우선적으로 지도해 주시기를 말씀해 주셔서 관련하여 더 이야기를 나누어 보았으면 좋겠습니다. 네. 어머님, 개별화 교육 지원팀 회의에서는 다들 다른 것을 우선시해야 한다고 하셔서 걱정이 많이 되셨군요. 하지만 ○○이를 가장 가까이서 지켜 보시는 건 어머님이시니 어머님의 의견이 중요합니다. 무엇보다 초등으로의 전환기라 여러 방면에서 고려하는 것이 중요해 보입니다. 먼저, 어머님 말씀대로 ○○이는 표현 욕구가 있어 보입니다. 말로 표현하는 것은 어렵지만, 표정으로 싫고 좋은 것을 표현합니다. 이는 아주 긍정적인 모습으로 판단됩니다. 의사소통을 하고자 하는 욕구가 있기 때문입니다. 그래서 저는 표현 언어 지도에 초점을 맞춰보려고 합니다. 이는 한글 교육과도 연관되고 신변 처리나 행동중재에 있어서도 효과가 있을 것입니다. 그림 낱말 카드를 활용하여 한글과 의사소통을 동시에 지도하는 방법을 생각중인데, 유치원에서 지도하면 가정에서도 함께 연습해 주실 수 있으실까요? ○○이가 잘 해낼 거라 생각합니다. 네, 감사합니다. 그럼 다음에 또 뵙겠습니다.

이상입니다.

I. 시작　II. 심층면접　III. 수업실연　IV. 교수·학습과정안　V. 수업성찰　**VI. 심층면접 예시 답안**

즉답형 01

교육 활동 지원 방안	① 한부모 가정 - 바쁜 보호자님을 고려하여 대면·전화 상담 외에 앱을 활용한 알림장 작성 ② 다문화 가정 - 보호자의 언어 파악, 필요 시 언어 지원, 한글 교육 ③ 선택적 함묵증 - 안전하고 친숙한 환경 조성, 심리 상담 지원 ④ 또래 관심 없음 - 또래 지원, 짝 활동 또는 소그룹 활동 운영 ⑤ 결석 잦음 - 이유 파악, 스케줄 표 활용과 강화 제공

즉답형 1번 답변드리겠습니다. 교육 활동 지원 방안 5가지를 말씀드리겠습니다.

첫째, 한부모 가정임을 고려하여, 바쁜 보호자님을 위해 대면 및 전화 상담 외 앱을 활용한 알림장 작성을 통해 소통을 강화할 수 있습니다. 이를 통해 보호자가 자녀의 학교 활동 및 요구 사항을 쉽게 확인할 수 있습니다.

둘째, 다문화 가정임을 고려하여 보호자의 언어를 파악하고, 필요 시 언어 지원을 제공하여 자녀의 원활한 학습을 도울 수 있습니다. 또한, 한글 교육 프로그램을 운영하여 자녀가 유치원 생활에 더 잘 적응할 수 있도록 할 수 있습니다.

셋째, 선택적 함묵증 아동임을 고려하여 안전하고 친숙한 환경을 조성하여 말하기를 유도하고, 심리 상담 지원을 통해 아동의 불안감을 완화시킬 수 있습니다.

넷째, 또래에 대한 관심이 없는 것을 고려하여 또래 지원을 통해 사회적 상호작용을 촉진하고, 짝 활동 또는 소그룹 활동을 운영하여 관계 형성을 도울 수 있습니다.

다섯째, 결석이 잦은 것을 고려하여, 결석 사유를 파악하고, 스케줄 표를 활용하여 일정을 시각적으로 제시함으로써 자녀의 참여를 유도할 수 있습니다. 또한, 긍정적인 강화 제공을 통해 출석을 장려할 수 있습니다.

이러한 방안들을 통해 보다 효과적으로 지원을 받고 성장할 수 있을 것입니다. 이상입니다.

즉답형 02

인성·덕목 가치	• 존중
실현 방안	• 다양성 존중, 모델링, 학부모와의 소통

즉답형 2번 문항 답변드리겠습니다. 제가 대구 교육청의 인성·덕목 가치 중에서 가장 중요하게 생각하는 가치는 존중입니다. 존중은 개인의 다양성과 고유한 가치를 인정하는 기반이 되며, 이는 교육 현장에서 매우 중요한 요소라고 생각합니다.

교사가 되었을 때, 존중의 가치를 실현하기 위해 다음과 같은 방법을 실천하고자 합니다. 첫째, 유아들의 다양한 배경과 개성을 존중하는 놀이를 계획하겠습니다. 이를 통해 유아들이 자신을 표현하고, 서로의 차이를 이해하는 기회를 제공할 수 있습니다. 둘째, 제가 존중의 가치를 실천함으로써 유아들에게 모범이 되겠습니다. 유아들과의 대화에서 항상 그들의 의견을 귀 기울여 듣고, 그들이 존중받고 있다는 것을 느낄 수 있도록 하겠습니다. 셋째, 학부모와의 소통에서도 존중의 가치를 중요시하겠습니다. 학부모의 의견을 경청하고, 그들의 고민을 이해하려고 노력함으로써 협력적인 관계를 형성할 수 있을 것입니다.

이와 같은 방법으로 존중의 가치를 실현하여, 학생들이 서로를 존중하고 협력하는 사회성을 갖춘 인재로 성장할 수 있도록 도와주고 싶습니다. 이상입니다.

(2) 2023 초등·유아특수

구상형 ▼

(1)	문제행동 중재 지원방법	① 좋아하는 스티커를 활용하는 과제를 제시한다. ② 과제를 하기 싫을 때엔 말로 표현하는 등 대체행동을 가르친다.
(2)	특수교사에게 필요한 태도 2가지	① 적극적인 태도 ② 협력적인 태도
(3)	통합학급 교사의 고민에 대한 지원 방안 2가지	① 문제행동 중재 계획을 특수교사가 함께 수립 ② 문제행동 중재 관련 연수 소개
(4)	통합학급 지원과 행동지원 역량을 강화하기 위한 지원 방안 2가지	① 통합교육 연수에 함께 참여하여 통합교육 실행 역량 강화, 협력교수 지원 ② 행동중재 전문가 연수를 듣고 통합학급 교사에게 지원해주기

구상형 1번 문항 답변드리겠습니다.

먼저, 영수의 특성을 반영한 문제행동 중재 지원 방안을 말씀드리겠습니다. 첫째, 영수가 좋아하는 스티커를 활용하는 과제를 제시하는 것입니다. 영수의 문제행동 기능은 과제회피이기 때문에 좋아하는 자료를 활용한다면 문제행동을 예방할 수 있을 것입니다. 둘째, 과제를 하기 싫을 때에는 말로 표현하는 등 대체행동을 가르치는 것입니다. 머리카락을 잡아당기고 머리를 책상에 찧는 행동은 파괴행동으로 학생이 다칠 수 있습니다. 처음부터 말로 표현하는 것이 어렵다면 책상에 엎드리게 하는 등 순차적으로 대체행동을 가르쳐주는 방법이 있습니다.

다음으로, 특수교사에게 필요한 태도와 통합학급 교사의 고민에 대한 지원 방안을 말씀드리겠습니다. 특수교사에게 필요한 태도는 적극적인 태도와 협력적인 태도입니다. 영수가 통합학급에서 어떤 행동을 보이는지 먼저 적극적으로 지원하는 것이 필요하며, 통합학급 교사와 협력하여 통합학급 수업에 지원할 것이 없는지 탐색하는 태도가 필요합니다. 이를 바탕으로 통합학급 교사를 지원하는 구체적인 방안으로 문제행동 중재 계획을 함께 수립하는 것이 있습니다. 문제행동을 예방하고, 즉시 중재하는 방안들을 특수교사가 통합학급 교사와 협력하여 지원할 수 있습니다. 또한, 문제행동 중재 관련 다양한 연수를 소개할 수 있습니다.

마지막으로, 통합학급 지원과 행동지원 역량을 강화하기 위한 방안은 다음과 같습니다. 첫째, 통합교육 연수에 함께 참여하여 통합교육 실행 역량을 강화하고, 협력교수 전략과 사례를 익히는 것입니다. 둘째, 행동중재 전문가 연수를 듣고 통합학급 교사를 지원하는 것입니다. 이상입니다.

즉답형 01

교사가 지원해야 할 방안 5가지	① 지체장애 학생 안전지도: 휠체어 이동 경로 및 연극 관람 휠체어 좌석 미리 파악하기 ② 체험학습 이동 경로 익히기 ③ 연극 관람 시설 익히기 ④ 위험한 상황 발생 시 대처하는 방법 연습하기 ⑤ 연극 관람 시 유의 사항 안내하기

즉답형 1번 문항 답변드리겠습니다.

연극 관람 현장체험학습이 안전하게 이루어지도록 교사가 지원해야 할 방안을 말씀드리겠습니다.

첫째, 지체장애 학생의 안전지도를 위해 휠체어 이동 경로 및 연극 관람 시 휠체어 좌석 이용 여부를 미리 파악하는 것입니다. 미리 사전답사를 통해 경사로나 안전한 이동 경로가 있는지 알아보고, 연극 관람 시에는 휠체어 좌석이 학생의 특성에 맞게 준비되어 있는지 확인해야 합니다. 구체적으로 학생의 마비와 반사 특성을 반영하여 좌석 방향을 고려할 수 있을 것입니다.

둘째, 체험학습 이동 경로를 학생들에게 안내하는 것입니다. 지도 앱의 거리뷰 등을 활용하여 학교에서 체험학습 장소까지 가는 이동 경로 및 이동 수단 이용 방법을 학생들이 미리 알 수 있도록 지원해야 합니다.

셋째, 관람 시설의 시청각 자료를 활용하여 연극 관람 시설을 익히도록 지원하는 것입니다. 연극 좌석 찾기, 화장실 위치 등을 미리 알아볼 수 있습니다.

넷째, 위험한 상황 발생 시 대처하는 방법을 연습하는 것입니다. 극장에서의 재난 시 대피 방법을 교실에서 미리 연습한다면 학생들의 안전한 체험학습을 도울 수 있습니다.

다섯째, 연극 관람 시 유의 사항을 안내하는 것입니다. 연극 관람 시에는 큰 소리 내지 않기, 일어서지 않기 등 규칙을 함께 만들어 이를 기억할 수 있도록 안내해야 합니다. 이상입니다.

즉답형 02

지원방안 5가지	① 지속적인 기본생활습관 지도	② 강화와 보상 활용
	③ 모델링 활용: 바람직한 모습 제시	④ 정기적인 학부모 상담, 가정 방문
	⑤ 관내 사회복지 서비스 연계: 가정청소, 의류 지원	

즉답형 2번 답변드리겠습니다.

제시문의 영미는 기본적인 생활습관 형성이 되어 있지 않고 가정에서의 생활 지원이 부족한 상황입니다. 이를 위한 지원 방안은 다음과 같습니다. 첫째, 지속적인 기본생활습관 지도입니다. 잘 씻지 않고 늦게 등교하는 것에 대해 스스로 인식하고 실천할 수 있도록 반복하여 지도해야 합니다. 이를 위해 교실에서 배운 생활습관을 집에서도 실천할 수 있도록 그림을 활용하여 안내판을 만들어 보낼 수 있습니다. 둘째, 강화와 보상 활용입니다. 조금이라도 깨끗한 모습을 보이거나, 평소보다 조금 일찍 나오는 등의 행동에 대해서 반드시 크게 칭찬하여 사회적 강화를 제공하고, 약속과 보상 제공 등을 통해 씻고 일찍 나오는 행동이 증가할 수 있도록 지도해야 합니다. 셋째, 바람직한 모습을 제시해 주는 것입니다. 계절, 날씨에 따라 필요한 옷차림을 사진 자료로 제시하는 등 영미에게 필요한 모습을 계속 보여주어 따라할 수 있도록 유도할 수 있습니다. 넷째, 정기적인 학부모 상담과 가정 방문입니다. 학부모 상담을 위해 지속적으로 부모에게 연락하고, 지적장애로 인해 상담이 어렵다면 쉬운 글이나 말로 상담내용을 구성하여 반드시 학생에게 부모의 지도가 닿을 수 있도록 만들어야 합니다 다섯째, 관내 사회복지 서비스 연계입니다. 시청이나 주민센터 등에 의류 지원 혹은 청소지원 등이 이루어질 수 있는지 확인하여 제공할 수 있습니다. 이를 통해 조금이나마 삶이 변화하는 모습을 경험할 수 있도록 해야 합니다. 이상입니다.

(3) 2021 초등·유아특수

구상형 ▼

(1)	원격수업의 장·단점	① 장점 : 개인별 수행수준에 맞춰 학습 속도를 조절할 수 있음 ② 단점 : 교육격차가 발생할 수 있음
(2)	원격수업의 종류	① 실시간 쌍방향 수업 ② 콘텐츠 활용 중심 수업 ③ 과제 수행 중심 수업
(3)	원격수업 참여 증진방안	① 학생의 수행수준을 고려한 수업을 제작하기 ② 에듀테크 멘토링 활성화하기 ③ 교사들과 원격수업 정보 공유하기
(4)	원격수업 역량 증진방법	① 교사로서 교수·학습 역량 강화 시키기 ② 학생과 학부모가 원하는 수업 방향 파악하기

구상형 1번 문항 답변드리겠습니다.

먼저, 원격수업의 장·단점에 대해 말씀드리겠습니다.

첫째, 장점으로는 학생들의 개별 수행수준에 맞추어 학습 속도를 조절할 수 있다는 것입니다. 이를 통해 교사는 한 명 한 명의 학생에게 집중하여 지도할 수 있습니다. 둘째, 단점으로는 학생 간 교육격차가 발생할 수 있습니다. 특수교육대상자 혹은 저소득층 학생들에게 공정한 학습 여건이 마련되지 않아 이러한 문제점들이 발생할 수 있습니다.

다음으로, 원격수업의 종류 3가지에 대해 말씀드리겠습니다.

첫째, 실시간 쌍방향 수업입니다. 이는 ZOOM이나 구글미트 등을 통하여 온라인 수업을 하고, 즉각적인 피드백을 제공해줄 수 있습니다. 둘째, 콘텐츠 활용 중심 수업입니다. 이는 유튜브 혹은 EBS와 같은 학습콘텐츠를 활용하거나, 교사가 직접 강의를 제작하여 학생이 시청하도록 하는 것입니다. 셋째, 과제 수행 중심 수업입니다. 이는 교과 성취기준을 토대로 자기주도적 학습을 할 수 있는 과제를 제공해주어 학생은 과제를 수행하고 향후 교사가 피드백을 제공해줄 수 있습니다.

그 다음으로, A기사를 토대로 특수교육대상학생의 원격수업 참여 증진방안 3가지에 대해 말씀드리겠습니다. 첫째, 특수교육대상학생의 수행수준을 고려한 수업을 제작하는 것입니다. EBS를 활용한 원격수업에는 참여가 어렵기 때문에 모든 학생에게 통일된 수업 형태로 제공하는 것보다 개별 학생의 수준에 맞는 수업을 제공한다면 학습 참여도를 높일 수 있을 것입니다. 둘째, 에듀테크 멘토링을 활성화시키는 것입니다. 부모

님을 대신해 할머니께서 학생의 원격수업을 지원해주어야 하므로 멘토 교사가 꾸준히 디지털 기기, 온라인 콘텐츠 활용 방법을 지도하고 관리해준다면 원격수업에 원활히 참여할 수 있을 것입니다. 셋째, 교사들과 원격수업에 관련된 정보를 공유하는 것입니다. 전문적 학습공동체를 활용하여 장애 영역별 수업 콘텐츠를 개발하고 공유한다면 다양한 장애학생들이 수업에 대한 불이익 없이 수업에 참여할 수 있을 것입니다.

마지막으로, B기사를 토대로 교사로서 원격수업 역량 증진방법 2가지를 말씀드리겠습니다.

첫째, 교사로서 교수·학습 역량을 강화시키는 것입니다. 패들렛, ZOOM, 라이브 방송 등을 통한 수업 형태를 다양하게 활용할 수 있어야 합니다. 이를 통해 코로나19로 인해 빠르게 변화되는 교육 트렌드를 익혀 수업에 적용할 수 있을 것입니다. 둘째, 학생과 학부모가 원하는 수업 방향을 파악하는 것입니다. 구글 폼, 밴드 등을 활용한 설문 조사를 통해 필요로 하는 수업 내용을 파악한 후에 수업을 설계한다면 모두가 만족하는 수업이 이루어질 수 있을 것입니다. 이상입니다.

즉답형 01

| 특수교사의 역할 | ① 소통 | ② 책임감 | ③ 전문성 | ④ 협력 | ⑤ 이해심 |

즉답형 1번 문항 답변드리겠습니다.

제시문과 같은 상황에서 특수교사의 역할 5가지에 대해 말씀드리겠습니다.

첫째, 소통입니다. 학부모와 통합학급 교사, 특수교사 간에 특수교육대상학생의 전반적인 특성에 대해 정보를 공유할 수 있어야 합니다.

둘째, 책임감입니다. 특수교육대상학생을 지원하는데 있어 특수교사뿐 아니라 통합학급 교사도 동등한 책임을 가진다는 사실을 명확히 알릴 수 있어야 합니다.

셋째, 전문성입니다. 개별화 교육지원 팀 구성원이 특수교육대상학생에 대한 긍정적인 인식을 가질 수 있도록 장애이해교육을 실시할 수 있어야 합니다.

넷째, 협력입니다. 구성원들이 함께 의논하여 특수교육대상학생 특성에 적합한 교육목표, 교육방법, 특수교육 관련 서비스 등을 제공해줄 수 있어야 합니다.

다섯째, 이해심입니다. 교사로서 자신의 전문성만을 강조하는 것이 아니라 다양한 구성원들의 의견을 존중하고 이해하는 태도를 갖추어야 합니다.

이상입니다.

즉답형 02

(1)	특수교육 실무원의 역할	교사의 지시에 따라 교수·학습 활동, 신변처리, 급식, 교내외 활동, 등하교 등
(2)	상담 시연	다양하게 답변 가능

즉답형 2번 문항 답변드리겠습니다.

먼저, 장애인 등에 대한 특수교육법에 제시된 특수교육 실무원의 역할 5가지를 말씀드리겠습니다.

교사의 지시에 따른 특수교육 실무원의 역할에는 첫째, 교수학습 활동입니다.

둘째, 신변처리입니다.

셋째, 급식입니다.

넷째, 교내외 활동입니다.

다섯째, 등하교입니다.

이처럼 특수교육 실무원은 특수교육대상자의 교육과 활동에 대한 보조역할을 담당하고 있습니다.

다음으로, 제시문과 같은 상황에서 특수교육 실무원이 교사의 지시를 따를 수 있도록 상담을 시연하겠습니다.

"실무원님, 저와 차 한잔 마시며 이야기 나눠요. 혹시 요즘 일하시는데 힘드신 부분이 있나요? 네. 그렇군요. 학교 내 놀이시설이 많아 힘드시죠. 그래도 실무원님 덕분에 저희 반 학생들이 학교에서 즐겁게 생활하는 거 같아 너무 감사드려요. 네. 실무원님 말씀처럼 학교 내 놀이시설은 전교생이 함께 사용하는 거지만 그중에 저희 학생들도 포함되어 있어요. 특히 호흡기 질환이 있는 학생이 있어 더욱 청결에 주의가 필요하답니다. 네. 이해해주신다니 정말 감사해요. 저도 실무원님을 도울 수 있는 부분은 열심히 도울게요. 언제든지 힘드신 부분은 말씀해주세요. 올 한해도 저희 반 학생들 잘 부탁드립니다." 이상입니다.

(4) 2020 초등·유아특수

구상형 ▼

(1)	안전한 체육활동 위한 지원 5가지	• 지문에서 나와 있었던 내용을 제외하고 체육 시간에 국한되는 지원방안 들을 여러 측면에서 생각해볼 수 있다. ① 이동 보조기기 활용 ② 매트, 헬멧 등 안전을 위한 도구 활용 ③ 장애물을 미리 제거하여 이동에 어려움 없도록 지원 ④ 또래 도우미와 함께 체육활동 참여 ⑤ 학생에게 적합하도록 운동기구를 조정 ⑥ 사전 안전 교육 실시 ⑦ 학생의 특성에 맞는 수업 사전 계획
(2)	영미가 얻을 수 있는 역량과 상담 시연	• 자기관리 역량 ① 상담 기법을 최소 3가지 이상 넣어 실감나게 시연하는 것을 추천 ② 자기관리 역량을 얻기 위해 교사 및 학교 및 부모님의 역할을 함께 말하면 더욱 좋음

구상형 1번 문항 답변드리겠습니다.

먼저, 첫 번째 문제 답변드리겠습니다.

영미가 안전하게 체육활동에 참여할 수 있도록 제공할 수 있는 지원 5가지 말씀드리겠습니다.

첫째, 이동보조기기를 제공하여 과체중인 영미가 조금 더 안전하게 이동할 수 있도록 할 수 있습니다. 둘째, 매트 및 헬멧 등 안전을 위한 도구를 제공하여 넘어짐에 대비할 수 있습니다. 셋째, 장애물을 미리 제거하여 이동에 어려움이 없도록 지원할 수 있습니다. 넷째, 또래 도우미를 지정하여 함께 체육활동에 참여할 수 있도록 할 수 있습니다. 다섯째, 학생의 신체 구조에 맞게 운동기구를 조절함으로써 적절한 자세로 이동할 수 있도록 도와줄 수 있습니다.

위와 같은 지원들을 통해 영미는 안전하게 체육활동에 참여할 수 있을 것입니다. 따라서 영미뿐만 아니라 모든 학생들이 안전하게 수업에 참여할 수 있도록 적절한 지원 방안을 강구하는 교사가 되겠습니다.

다음으로, 두 번째 문제 답변드리겠습니다.

"어머니, 안녕하세요? 오시는 길 많이 추우셨죠? 따뜻한 차 한잔 준비해드릴게요, 이쪽으로 앉으세요. 영미의 체육활동에 걱정이 많으시지요? 네, 그렇죠. 아무래도 영미가 참여하기 어려운 체육활동이 많습니다. 그래서 제가 영미에게 맞는 이동보조기기 등을 활용해서 영미가 최대한 체육활동에 참여할 수 있도록 노력하겠습니다. 또한 어머님께서 걱정하시는 안전문제에 대해서도 친구들과 함께 참여하며 안전을 위한 매트 등을 활용해서 수업을 계획하겠습니다. 네. 너무 걱정하지 않으셔도 됩니다. 아, 그리고 어머님께서 실무원의 지원에 대해서 말씀하셨는데, 이에 대해서는 제가 양해를 구해야 할 것 같습니다. 저희 반에는 중도중복장애 학생이 두 명이 더 있습니다. 영미도 저에게 소중한 학생이지만 저희 반 모두에게 학습권을 보장해주어야 하는 것이 저의 역할이라고 생각합니다. 어머님께서는 영미에 대해 걱정이 많으시지만 영미는 스스로 하려는 자립심이 있는 학생입니다. 이런 학생의 경우 미래를 생각했을 때 학생의 자기관리 역량을 길러주는 것이 좋습니다. 영미는 혼자서 하려는 의지가 있는 학생이므로 도움이 정말 필요한 경우 도움을 요청할 수 있도록 하여 영미의 독립적인 수행이 가능하도록 지원하는 쪽이 훨씬 좋을 것 같은데, 어머님의 생각은 어떠세요? 네, 지금 당장은 많이 걱정되시겠지만 조금만 더 저와 영희를 지켜봐주시면 감사하겠습니다. 혹시 더 궁금한 사항이 있으신가요? 언제든지 또 궁금한 점이나 어려운 점이 있으시다면 연락주세요. 그럼 조심해서 돌아가세요. 어머님." 이상입니다.

즉답형 01

특수교사의 통합학급 지원 방안 5가지	① 일반교사 함께 팀티칭, 1교수 1보조 등과 같은 협력교수 ② 수업 자료 수정 등 교수적 수정 제공 ③ 비장애 학생이 보일 수 있는 문제행동에 대한 중재 ④ 장애이해교육을 실시 ⑤ 통합학급 교사에게 장애학생의 어려움에 대해 정보를 제공 + 특수교육지원센터의 교사 인력을 활용하여 통합교육지원교사 배치

즉답형 1번 문항 답변드리겠습니다.

통합교육을 실현하기 위한 특수교사의 통합학급 지원방안 5가지는 다음과 같습니다.

첫째, 통합학급 교사 함께 팀티칭, 1교수 1보조 등과 같은 협력교수를 실시할 수 있습니다. 둘째, 장애학생이 통합학급에서 수업에 참여할 수 있도록 수업 자료를 수정하여 제공하는 등 교수적 수정을 제공할 수 있습니다. 셋째, 장애학생뿐만 아니라 비장애 학생이 보일 수 있는 문제행동에 대한 중재 방법을 통합학급 교사와 의논할 수 있습니다. 넷째, 학생들의 성공적인 통합을 위해 장애이해교육을 실시하여 학생들이 가진 편견을 개선시킬 수 있습니다. 다섯째, 학생들뿐만 아니라 통합학급 교사에게 학교생활 중 발생할 수 있는 장애 학생의 어려움에 대해 정보를 제공하여 적절한 도움이 제공될 수 있도록 할 수 있습니다. 이상입니다.

즉답형 02

(1)	안전사고를 예방할 수 있는 방안	① 학교 지킴이 등 학교 내 학생보호 및 학교 안전을 위해 활동하는 인력에게 장애학생의 특성 알려주기 ② 안전교육을 사전에 실시 ③ 보조인력을 지원하거나 또래 도우미를 선정
(2)	안전사고 발생 시 대처 방안	① 즉시 보호자 및 학교 관리자에게 알리기 ② CCTV를 모니터링 ③ 학교안전관리팀과 학교 전담 경찰관과 연계하여 수색 실시

즉답형 2번 문항 답변드리겠습니다.

먼저, 예방방안 3가지는 다음과 같습니다.

첫째, 학교 지킴이 등 학교 내 학생보호 및 학교 안전을 위해 활동하는 인력에게 장애학생의 특성을 알려줍니다.

둘째, 안전교육을 사전에 실시하여 학교 교문을 나갔을 시 벌어질 수 있는 위험한 상황에 대해 인지할 수 있도록 합니다.

셋째, 보조인력을 지원하거나 또래 도우미를 선정하여 장애학생을 근거리에서 살펴보도록 합니다.

다음으로, 대처방안 3가지는 다음과 같습니다.

첫째, 안전사고 발생 즉시 보호자 및 학교 관리자에게 이 사실을 알립니다.

둘째, 설치된 CCTV를 모니터링 하여 학생이 나간 시각과 방향 등을 확인합니다.

셋째, 학교안전관리팀과 학교 전담 경찰관과 연계하여 학교 주변 및 학생이 자주 가는 장소를 수색합니다.

이상입니다.

(5) 2019 초등·유아특수

구상형

(1)	장애학생 인권침해가 발생하지 않도록 예방하기 위한 방안 5가지	① 수업시간뿐만 아니라 쉬는 시간, 점심시간, 하교시간 동안 학생들에게 많은 관심 보이기 ② 통합수업에서 일반학생과 장애 학생이 협력할 수 있는 수업을 구성 ③ 장애 학생의 문제행동을 긍정적 훈육방법을 통해 사회적으로 수용 가능한 행동으로 지도 ④ 모든 학생을 대상으로 학교폭력 예방교육 및 장애 인권 교육을 실시 ⑤ 장애학생 인권지원단의 정기현장지원을 통해 외부전문가와 함께 인권지원에 관련된 사항을 점검
(2)	상담 기법 3가지를 넣어서 학부모와 실제로 상담하는 것처럼 상담 실연	

구상형 1번 문항 답변드리겠습니다.

(1)

통합교육 현장에서는 장애학생이 지닌 어려움과 더불어 또래가 가진 부정적 인식으로 인해 수업에서 배제당하는 경우가 있습니다. 이때, 장애학생 인권침해가 초래된다는 문제점이 발생하기도 합니다.

장애학생의 학습권을 보호하기 위한 장애인권침해 예방 방안 5가지를 말씀드리겠습니다.

첫째, 수업시간뿐만 아니라 쉬는 시간, 점심시간, 하교시간 동안 학생들에게 많은 관심을 보입니다. 둘째, 통합수업에서 일반학생과 장애학생이 협력할 수 있는 수업을 구성합니다. 셋째, 장애학생의 문제행동을 긍정적 훈육방법을 통해 사회적으로 수용 가능한 행동으로 지도합니다. 넷째, 모든 학생을 대상으로 학교폭력예방교육 및 장애인권교육을 실시합니다. 다섯째, 장애학생인권지원단의 정기현장지원을 통해 외부전문가와 함께 인권지원에 관련된 사항을 점검합니다.

위와 같은 예방 방안을 실시한다면 장애학생과 또래 학생들의 인권이 보장되면서 더욱 더 성공적인 통합교육을 실시할 수 있습니다. 따라서 교사가 된다면 모든 학생들의 인권이 존중되며 함께할 수 있는 교실을 만들 수 있도록 노력하겠습니다.

(2)

"어머니, 안녕하세요? 오시는 길 많이 추우셨죠? 따뜻한 차 한잔 준비해드릴게요. 이쪽으로 앉으세요. 전화통화에서도 말씀하셨듯이 A의 학교생활에 대해 걱정이 많으시죠? 네, 그렇죠. 아무래도 A가 또래 친구들이랑 같이 지내고 싶은 마음에 장난을 쳤는데 다른 학생들이 받아들이지 못했네요. 제가 어머니였어도 참 안타깝고 걱정이 많을 것 같습니다. A와 또래 학생들의 원활한 관계 회복을 위한 방안을 제가 몇 가지 생각해보았는데 한 번 들어봐주시겠어요? 네, 첫 번째로 A에게 긍정적인 방법으로 적절한 대체행동을 가르쳐줄까 합니다. 예를 들어, 친구들이 수용할 수 있는 방법으로 친구들에게 다가가는 방법을 지도해주는 거예요. 또 두 번째로 수업시간마다 A의 강점을 살리면서 함께 협력할 수 있는 수업을 구성하겠습니다. 우리 A가 퍼즐맞추기를 잘하니깐 퍼즐을 활용한 모둠 활동을 많이 구성해보겠습니다. 이 말고도 혹시 또 다른 생각이 있으실까요? 그럼요, 생각나시면 언제든지 연락주세요. A의 원활한 학교생활을 위해 저와 어머니가 함께 협력한다면 더 큰 효과가 나타날 것이라 생각됩니다. 이와 상관없이 궁금한 사항이 있으시면 언제든지 연락주시길 바랍니다. 이렇게 A에게 관심을 가져주셔서 감사합니다. 이렇게 어머님이 찾아와주심으로써 A의 교육을 위해 제가 더 신경쓰겠습니다. 그럼 조심해서 돌아가세요. 어머님." 이상입니다.

즉답형 01

협력 교수 시 고려할 사항	① 상대교사에 대해 열린 마음을 가지고 의견을 경청 및 수용한다. ② 정기적인 만남을 통해 교사들 간의 라포를 형성한다. ③ 수업 내용에 적합한 협력교수 형태를 정하고 학생이 속할 집단을 정한다. ④ 교사의 역할 및 역할 교환 시간을 계획하여 교사의 역할 고정으로 인한 편견이 생기지 않도록 한다. ⑤ 협력 교수를 계획할 때 학생들의 특성 및 수준에 대한 정보를 서로 교환한다.

즉답형 1번 문항 답변드리겠습니다.

협력 교수 시 고려할 사항들을 말씀드리겠습니다.

첫째, 상대교사에 대해 열린 마음을 가지고 의견을 경청 및 수용해야 합니다.
둘째, 정기적인 만남을 통해 교사들 간의 라포를 형성합니다.
셋째, 수업 내용에 적합한 협력교수 형태를 정하고 학생이 속할 집단을 정합니다.
넷째, 교사의 역할 및 역할 교환 시간을 계획하여 교사의 역할 고정으로 인한 편견이 생기지 않도록 합니다.
다섯째, 협력 교수를 계획할 때 학생들의 특성 및 수준에 대한 정보를 서로 교환합니다. 이상입니다.

즉답형 02

(1)	교수 환경 측면	① 학생에게 적합한 보조공학기기 및 시각적 특성에 맞게 환경을 조정한다. ② 학생 특성에 맞게 자리를 배치한다. ③ 또래 도우미를 배정하여 학교생활 적응에 도움을 제공한다.
(2)	교육과정 측면	① 음성자료 또는 점자 자료 등 시각적 특성에 맞는 교수적 자료를 준비한다. ② 학생들의 강점 및 교육적 요구를 포함한 수업을 계획한다. ③ 지역사회 중심교수 및 일반사례교수법 등 교육과정 재구성을 통해 배운 내용을 일반화할 수 있도록 수업을 실시한다.

즉답형 2번 문항 답변드리겠습니다.

시각중복장애 학생의 지원방법들을 말씀드리겠습니다.

먼저, 교수 환경 측면에서
첫째, 학생에게 적합한 보조공학기기 및 시각적 특성에 맞게 환경을 조정할 수 있습니다.
둘째, 학생의 장애 특성에 맞게 자리를 배치할 수 있습니다.
셋째, 또래 도우미를 배정하여 학교생활 적응에 도움을 제공할 수 있습니다.

다음으로, 교육과정 측면에서
첫째, 음성자료 또는 점자 자료 등 시각적 특성에 맞는 교수적 자료를 준비합니다.
둘째, 학생들의 강점 및 교육적 요구를 포함한 수업을 계획합니다.
셋째, 지역사회 중심교수 및 일반사례교수법 등 교육과정 재구성을 통해 배운 내용을 일반화할 수 있도록 수업을 실시합니다. 이상입니다.

(6) 2018 초등·유아특수

 구상형

(1)	철수의 문제행동의 원인 3가지	① 철수의 수준에 적합한 교육을 제공받고 있지 못하기 때문이다. ② 철수의 문제행동에 대한 적절한 행동적 조치가 이루어지지 못했기 때문이다. ③ 철수가 가진 자폐성장애에 대한 일반교사 및 또래의 이해가 부족하기 때문이다.
(2)	교육적 지원 3가지	① 특수교육지원센터에서 근무하는 특수교육교원에게 그 학교를 방문하도록 하여 통합교육지원 또는 순회교육을 통해 학습을 지원하도록 할 수 있다. ② 특수교육대상자를 위하여 특수교육 실무원 또는 사회복무요원 등 보조인력을 제공할 수 있다. ③ 특수교육대상자가 필요로 하는 경우에는 언어치료, 감각치료, 작업치료 등 치료지원을 제공하도록 할 수 있다.

구상형 1번 문항 답변드리겠습니다.

(1)

통합교육 현장에서 철수는 다양한 어려움을 겪고 있습니다. 교사는 철수의 문제행동을 면밀히 파악하고 교육적 지원을 제공하여야 합니다.

먼저, 철수의 문제행동 원인 3가지는 다음과 같습니다.
첫째, 철수의 수준에 적합한 교육을 제공받고 있지 못하기 때문입니다.
둘째, 철수의 문제행동에 대한 적절한 행동적 조치가 이루어지지 못했기 때문입니다.
셋째, 철수가 가진 자폐성장애에 대한 일반교사 및 또래의 이해가 부족하기 때문입니다.

다음으로, 교육적 지원은 다음과 같습니다.

첫째, 특수교육지원센터에서 근무하는 특수교육교원에게 그 학교를 방문하도록 하여 통합교육지원 또는 순회교육을 통해 학습을 지원하도록 할 수 있습니다.
둘째, 특수교육대상자를 위하여 특수교육 실무원 또는 사회복무요원 등 보조인력을 제공할 수 있습니다.
셋째, 특수교육대상자가 필요로 하는 경우에는 언어치료, 감각치료, 작업치료 등 치료지원을 제공하도록 할 수 있습니다.

장애 학생의 문제행동은 하나의 의사 표현 수단일 수 있습니다. 저는 특수교사가 되어 학생의 문제행동을 꾸준히 관찰하고 사회 수용적인 방법으로 수정될 수 있도록 노력할 것입니다.

(2)

"어머님, 안녕하세요? 오시는 길 많이 추우셨죠? 따뜻한 차 한잔 준비해드릴게요. 이쪽으로 앉으세요. 전화통화에서도 말씀하셨듯이 철수의 학교생활에 대해 상담을 나누고 싶어하셨죠, 어머니는 철수가 일반학급에서 잘 적응했으면 하는 마음이시죠? 맞아요. 저도 철수가 또래 친구들과 함께 지내며 잘 적응했으면 하는 마음입니다. 혹시 특수교육대상자로 선정받는 걸 꺼려하는 이유를 들어볼 수 있을까요? 아, 낙인이 걱정이시군요. 그렇죠. 많은 어머님들께서 그런 걱정을 많이 하십니다. 그래도 철수가 특수교육대상자로 선정을 받게 되면 제공받을 수 있는 지원방법들이 많은데 한 번 들어봐주시겠어요? 네, 먼저 첫 번째로 특수교육지원센터에서 근무하는 특수교육교원에게 학교를 방문하도록 하여 통합교육지원 또는 순회교육을 통해 철수의 학습을 지원하도록 할 수 있습니다. 두 번째로 특수교육 실무원 또는 사회복무요원 등의 보조인력을 제공할 수 있습니다. 세 번째로 철수가 필요로 하는 경우에는 언어치료, 감각치료, 작업치료 등 치료지원을 제공하도록 할 수 있습니다. 이러한 지원들을 철수에게 제공해줄 수 있는데 어머니의 생각은 어떠신가요? 네, 좋습니다. 집에 가서서 아버님과 이야기 해보시고 생각이 있으시면 저에게 말씀해주세요. 이 말고도 혹시 또 다른 좋은 지원방법이 있다면 언제든지 함께 이야기를 나누어 보아요. 이와 상관없이 궁금한 사항이 있으시면 언제든지 연락주시길 바랍니다. 이렇게 철수에게 관심을 가져주셔서 감사합니다. 이렇게 어머님이 찾아와주심으로써 철수의 교육을 위해 제가 더 신경쓰겠습니다. 그럼, 조심해서 돌아가세요. 어머님." 이상입니다.

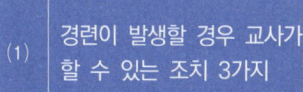

(1)	경련이 발생할 경우 교사가 할 수 있는 조치 3가지	① 경련 시 아동을 옆으로 뉘여서 기도가 막히는 것을 방지하고 호흡이 쉽도록 옷을 느슨하게 풀어준다. ② 경련 후 아동이 의식을 회복할 때까지 충분한 수면과 휴식을 취하게 한다. ③ 경련이 끝나고 1분이 지나도 숨을 쉬지 않거나 대발작이 지속되면 구급차를 불러 즉시 병원으로 후송한다.
(2)	특수교사로서 통합학급에 지원할 수 있는 방안 3가지	① 뇌전증으로 인한 발작에 대해 통합학급 학생들이 이해할 수 있도록 사전교육을 실시한다. ② 경련 발생 시 통합학급 학생들이 놀라거나 당황하지 않도록 차분한 태도로 대한다. ③ 경련 직후 학생에게 음료나 음식물을 주지 않도록 지도한다.

즉답형 1번 문항 답변드리겠습니다.

먼저, 경련이 발생할 경우 교사가 할 수 있는 조치들을 말씀드리겠습니다.

① 경련 시 아동을 옆으로 뉘여서 기도가 막히는 것을 방지하고 호흡이 쉽도록 옷을 느슨하게 풀어줍니다.
② 경련 후 아동이 의식을 회복할 때까지 충분한 수면과 휴식을 취하게 합니다.
③ 경련이 끝나고 1분이 지나도 숨을 쉬지 않거나 대발작이 지속되면 구급차를 불러 즉시 병원으로 후송합니다.

다음으로, 특수교사로서 통합학급에 지원할 수 있는 방안들을 말씀드리겠습니다.

① 뇌전증으로 인한 발작에 대해 통합학급 학생들이 이해할 수 있도록 사전교육을 실시합니다.
② 경련 발생 시 통합학급 학생들이 놀라거나 당황하지 않도록 차분한 태도로 대합니다.
③ 경련 직후 학생에게 음료나 음식물을 주지 않도록 지도합니다.

이상입니다.

즉답형 02

(1)	더봄학생 선정기준 2가지	① 학교폭력, 성폭력 피해 경험이 있는 학생으로 재발 위험이 있는 학생 ② 가정폭력의 피해 경험 또는 노출 위험이 있는 학생
(2)	장애학생 인권지원단 역할 2가지	① 인권침해 예방계획 수립 ② 인권침해 예방 활동 지원 ③ 장애학생 인권보호 유관기관 협의체 구축 ④ 더봄학생 멘토링 클럽 조직 및 운영 ⑤ 더봄학생 인권침해 예방 프로그램 운영
(3)	특수교사로서 통합학급에 지원할 수 있는 방안 3가지	① 특수교육대상학생 당사자의 자기권익옹호 교육 실시 ② 전체 교직원 및 학생을 대상으로 장애이해교육 실시 ③ 장애인권전문기관과 연계하여 다양한 교내 및 교외 캠페인 실시

즉답형 2번 문항 답변드리겠습니다.

먼저, 더봄학생 선정기준에 대해 말씀드리겠습니다.
첫째, 학교폭력, 성폭력 피해 경험이 있는 학생으로 재발 위험이 있는 학생입니다.
둘째, 가정폭력의 피해 경험 또는 노출 위험이 있는 학생입니다.

다음으로, 더봄학생 지원을 위한 장애학생 인권지원단 역할에 대해 말씀드리겠습니다.
첫째, 인권침해 예방계획 수립입니다. 선정된 더봄학생 수 및 인권침해 위험 요인을 분석하고, 협의회를 통한 지원 방안을 협의해야 합니다. 더불어 지원방법을 결정하고 및 인권침해 예방계획 수립해야 합니다.
둘째, 인권침해 예방 활동 지원입니다. 더봄학생에게 교육 및 상담을 지원하고, 경찰서와 연계한 지원 등 다양한 지원을 실시해야 합니다. 또한, 정기 현장지원 시 더봄학생을 우선 점검하는 것이 필요합니다.

마지막으로, 교사의 장애학생 인권 신장 방안에 대해 말씀드리겠습니다.
첫째, 특수교육대상학생 당사자의 자기권익옹호 ㄴ교육을 실시하는 것입니다.
둘째, 전체 교직원 및 학생을 대상으로 장애이해교육을 실시하는 것입니다.
셋째, 장애인권전문기관과 연계하여 다양한 교내 및 교외 캠페인을 실시하는 것입니다. 이상입니다.

(7) 2017 초등·유아특수

구상형 ▼

(1)	학생이 보이는 문제행동의 원인 2가지	① 문제행동의 원인
		  - 수업 시간 과제 회피, 자기 조절 등 기능평가 필요
		  - 가정과 학교에서의 문제행동에 대한 대응 불일치
		② 해결방안
		  - 행동수정 측면 : 차별강화 및 소거 적용
		  - 감각통합 측면 : 회전하기, 짐볼 등 다양한 자극 제공
		  - 가정연계 측면 : 학부모와 꾸준히 문제행동 공유

(2)	학부모와의 상담 시연	

구상형 1번 문항 답변드리겠습니다.

학생이 보이는 문제행동의 원인은 다음과 같습니다.

첫째, 수업 시간에 발생하므로, 수업시간 과제회피 혹은 자기조절 등으로 추측해볼 수는 있으나, 정확히 알기 위해서는 기능평가가 필요합니다. 둘째, 가정과 학교에서의 문제행동에 대한 대응 불일치입니다. 가정에서는 학부모가 손을 깨무는 행동에 대한 제지를 하지 않는 것으로 보입니다. 따라서 학교에서 아무리 지도하더라도 가정에서 지도가 이루어지지 않는다면 중재는 효과적이지 않으며, 학생도 문제행동 교정을 더욱 거부할 것입니다. 따라서 이를 해결하기 위한 방안은 다음과 같습니다. 첫째, 행동수정 측면에서는 차별강화 및 소거를 적용합니다. 학생이 정해진 시간 동안 문제행동을 하지 않고 열심히 참여하면 강화를 제공하는 것으로 시작하여 점점 강화물 제공 간격을 늘려나갈 수 있습니다. 또한 문제행동에 대한 소거를 적용하여 문제행동으로 쉽게 얻을 수 있던 강화를 없애야 합니다. 둘째, 감각통합 측면에서는 학생이 손을 깨무는 행동을 통해 얻던 통각 자극을 다른 자극으로 돌려주는 노력이 필요합니다. 예를 들어 짐볼, 회전하기 등 활동을 통해 즐거운 다른 감각을 느끼게 하여 손을 깨무는 행동을 대체할 행동을 지도해야 합니다. 셋째, 가정연계 측면에서는 제시문의 상황처럼 학부모와의 협력이 쉽지 않더라도 문제행동의 개선 방법에 관해 꾸준히 학교에서의 상황을 알리며 문제행동을 공유하고 중재를 공유해야 합니다.

학부모와의 상담과정에서는 다음과 같이 이야기하겠습니다.

"어머니 안녕하세요. ○○이를 집에서 훌륭하게 지도해주심에 늘 감사드립니다. 다름 아니라 요즘 학교에서 ○○이가 수업시간에 손을 깨무는 행동을 자주하는데, 이것을 못하게 하면 물건을 집어던지고 화를 내서 더욱 심한 행동을 합니다. ○○이가 손을 깨무는 행동은 집에서는 하지 않을 수도 있어요. 왜냐하면 학교에서는 오랜 시간 수업을 받기 때문에 수업에 참여하고 싶지 않아서 자기도 모르게 그럴 수 있다고 생각합니다. 하지만 ○○이는 앞으로 계속 학교를 다녀야 하고, 학교에서 제대로 수업을 받아 원만히 성장하기 위해서는 이런 자해행동이 하루 빨리 지도받아 사라지는 게 중요하다고 생각합니다. ○○이는 저에게 기쁨을 주는 학생입니다. 저는 ○○이가 다른 학생들과 함께 원만히 수업을 받을 때 정말 뿌듯함과 행복감을 느낍니다. 가정에서도 저와 함께 지도방법을 고민하는 게 효과적일 것 같습니다. 감사합니다. 어머니." 이상입니다.

즉답형 01

(1)	문제점	① 생활지도 측면 : 생활 규칙에 관한 지도 없이 원하는 것만 하도록 함 ② 학습지도 측면 : 교육과정의 수정이 없음
(2)	특수교사가 통합학급 교사에게 해야 할 것	① 타임아웃의 부적절성에 대해 설명 ② 학생의 문제행동 등 생활지도에 관한 정보 제공 ③ 교육과정 수정에 관한 도움 ④ 개별화된 교육자료 제공

즉답형 1번 문항 답변드리겠습니다.

사례의 문제점은 다음과 같습니다.

먼저, 생활지도 측면에서는 생활 규칙에 관한 지도없이 원하는 것만 하도록 하는 것입니다. 장애학생은 일반학생보다 더 적절한 사회적 행동에 관한 지도가 필요할 수 있습니다. 둘째, 학습지도 측면에서는 교육과정의 수정이 없다는 것입니다. 장애학생은 개별화된 교육과정의 적용이 더욱 필요합니다.

따라서 특수교사가 사례의 통합학급 교사에게 제시할 수 있는 점은 다음과 같습니다.

첫째, 타임아웃의 부적절성에 관해 설명해야 합니다. 장애학생은 다른 학생과의 통합이 매우 중요하며, 학생의 학습권에 대한 권리를 똑같이 누려야 합니다. 또한 장애인 등에 대한 '특수교육법' 제4조를 근거로 이에 관해 설명해야 합니다. 둘째, 학생의 문제행동, 약점과 강점 등 생활지도에 관한 다양한 정보를 제공해야 합니다. 통합학급 교사가 이를 파악하여 원하는 것만 하는 것이 아니라 교정해야 할 행동, 가르쳐야 할 행동들을 적극적으로 지도할 수 있게끔 도와야 합니다. 셋째, 교육과정 수정에 관한 도움입니다. 교육과정을 그대로 적용한다면 장애학생은 따라가기가 쉽지 않을 수 있기 때문에 개별화된 교육과정 적용이 필요합니다. 이에 관해 특수교사가 학습에 관한 정보를 제공하며 도움을 제공해야 합니다. 넷째, 개별화된 교육자료 제공입니다. 때로는 장애학생의 수준에 맞는 학습자료가 필요할 수 있습니다. 통합학급 교사에게 이를 제공하여 학생이 수업에 적응할 수 있도록 돕습니다. 이상입니다.

즉답형 02

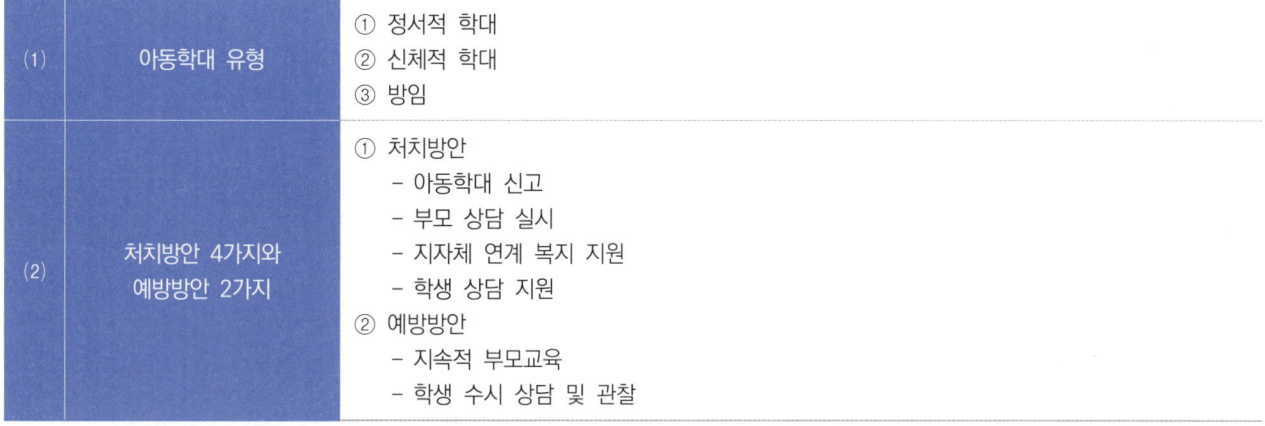

(1)	아동학대 유형	① 정서적 학대 ② 신체적 학대 ③ 방임
(2)	처치방안 4가지와 예방방안 2가지	① 처치방안 　- 아동학대 신고 　- 부모 상담 실시 　- 지자체 연계 복지 지원 　- 학생 상담 지원 ② 예방방안 　- 지속적 부모교육 　- 학생 수시 상담 및 관찰

즉답형 2번 문항 답변드리겠습니다.

사례에서의 아동학대 유형은 신체적 학대, 정서적 학대, 방임 세 가지입니다.

이러한 상황에서 교사가 할 수 있는 방안은 다음과 같습니다.

첫째, 아동학대 신고입니다. 빠르게 이러한 학대 상황에서 벗어나도록 하는 것이 우선이기 때문입니다. 교사는 특히 아동학대를 감지한다면 반드시 신고하는 의무자로서의 역할을 해야 합니다. 둘째, 부모 상담 실시입니다. 부모와 상담을 꾸준히 실시하여 학대에 관해 부모가 심각성을 인식하고, 비폭력적인 양육방법을 사용하게끔 교육이 필요합니다. 셋째, 지자체 연계하여 복지를 지원합니다. 지자체의 사회복지기관과 연계하여 복지사를 파견하는 등 아동이 생활에 반드시 필요한 지원을 받을 수 있도록 해야 합니다. 넷째, 학생 상담 지원입니다. 학대받은 학생의 정서를 지원하고, 회복할 수 있게끔 교내 상담 지원이나 상담가 파견 지원 등이 필요합니다.

이러한 처치 방안과 더불어 앞으로 이러한 학대가 발생하지 않도록 평소 예방 방안을 실시합니다.

첫째, 지속적인 부모 교육입니다. 위에서 언급하였듯 부모 교육을 일시적으로 이루어지는 것이 아니라 지속적으로 이루어지며 장기적으로 올바른 가정교육이 이루어지도록 유도해야 합니다. 둘째, 학생 수시 상담 및 관찰입니다. 학대에 노출된 학생은 다시 학대가 발생하지 않도록 지속적으로 지켜보아야 합니다. 상담을 수시로 실시하며 정서적으로 지원해야 합니다. 이상입니다.

CHAPTER 05 충북

(1) 2024 초등특수

구상형 01 ▼

고려할 점	• 물리적인 환경뿐만 아니라 사회적 통합도 함께 이루어질 수 있는 방안에 대해 고려
통합학급 담임 김 교사 역할	① 통합학급 정보를 특수학급 담임교사에게 제공 ② 학급 활동에 특수교육대상학생도 함께 참여시키기 ③ 통합학급 학생들과 소통할 수 있는 자리 배치
특수학급 담임 최 교사 역할	① 특수교육대상학생 정보를 통합학급 담임교사에게 제공 ② 장애 이해 교육 시행 ③ 협력 교수 제안

구상형 문항 답변드리겠습니다.

먼저, 통합학급 적응기간이 성공적으로 이루어지기 위해 고려해야 할 점은 물리적인 환경뿐만 아니라 사회적 통합이 함께 이루어질 수 있는 방안에 대해 충분히 고려해야 한다는 것입니다. 이를 위해 장애학생이 통합학급에 잘 적응할 수 있도록 다양한 방법을 마련하고, 비장애학생도 장애학생을 이해하고 수용할 수 있는 환경을 조성하는 것이 중요합니다.

다음으로, 통합학급 담임 김 교사의 역할을 말씀드리겠습니다. 첫째, 통합학급 정보를 특수학급 담임교사에게 제공해야 합니다. 둘째, 학급 활동에 특수교육대상학생도 함께 참여할 수 있도록 장애를 고려한 보편적 학습설계를 계획해야 합니다. 셋째, 장애 학생의 자리를 통합학급 학생들과 쉽게 소통할 수 있도록 배치하는 것입니다.

마지막으로, 특수학급 담임 최 교사의 역할을 말씀드리겠습니다. 첫째, 특수교육대상학생의 정보를 통합학급 담임교사에게 제공해야 합니다. 둘째, 장애 이해 교육을 실시하여 통합학급 학생들이 장애학생의 특징을 알고, 적절히 반응할 수 있도록 지도하는 것입니다. 또한 다양성 존중을 알려줄 수 있습니다. 셋째, 통합학급 교사에게 협력 교수를 제안하는 것입니다. 이러한 방안은 장애학생이 수업에 적극적으로 참여할 수 있도록 지원할 수 있을 것입니다. 이상입니다.

Ⅰ. 시작　　Ⅱ. 심층면접　　Ⅲ. 수업실연　　Ⅳ. 교수·학습과정안　　Ⅴ. 수업성찰　　**Ⅵ. 심층면접 예시 답안**

구상형 02

필요한 이유	① 가족의 관심은 학생의 변화에 큰 도움이 되기 때문 ② 가정에서의 정보도 학생의 교육활동에 중요하게 쓰이기 때문 ③ 교육활동이나 대체 행동들의 유지와 일반화를 위해서
해결 방안	① 공감과 경청으로 가족들의 의견 수용 ② 상담 앱 등을 활용해 전화상담뿐만 아니라 다른 방법으로 상담 진행 ③ 학생의 진전도를 공유하고 가정에서의 교육활동도 필요함 설명

구상형 2번 문항 답변드리겠습니다.

먼저, 가족 협력이 필요한 이유를 말씀드리겠습니다. 첫째, 가족의 관심은 학생의 변화에 큰 도움이 되기 때문입니다. 둘째, 가정에서의 정보도 학생의 교육활동에 중요하게 쓰이기 때문입니다. 셋째, 교육활동이나 대체 행동들의 유지와 일반화를 위위 가정 연계가 필요합니다.

이에 따라, 다음 상황에서 특수교사로서 지원방안을 말씀드리겠습니다. 첫째, 학생의 학습 결과를 공유하고, 공감과 경청으로 가족들의 의견을 수용하는 것입니다. 학생의 정보를 주지 않는 학부모에게 신뢰를 쌓을 수 있을 것입니다. 둘째, 상담 앱 등을 활용해 전화상담뿐만 아니라 다른 방법으로 상담 진행하는 것입니다. 전화보다 조금 더 쉽게 접근할 수 있을 것입니다. 셋째, 학생의 진전도를 공유하고 가정에서의 교육활동도 필요함을 설명하는 것입니다. 이상입니다.

즉답형 01

태도	① 반성적 태도 : 지각하고 회의에 참여하지 않는 행동에 대한 반성 ② 긍정적인 태도 : 다른 동료 교사들의 방안에 대해 긍정적으로 생각하고 고려해보는 태도 필요 ③ 적극적인 태도 : 학교 행사에도 적극적인 태도로 참여 필요, 혹여나 개인 일정과 겹칠 경우 우선순위에 대해 다시 고려해보고 적극적으로 참여하려는 태도 필요
경험	학과 학생회 부학회장으로서 장애인의 날 행사 준비 기간(공적인 일)에 코로나(개인 일정)가 걸려 참여가 어려웠음. 대면 회의에 줌 회의로 참여하고 집에서 할 수 있는 일들을 수행함.

즉답형 1번 답변드리겠습니다. 먼저, 박 교사가 지녀야 할 태도를 말씀드리겠습니다. 첫째, 반성적 태도입니다. 지각하고 회의에 참여하지 않는 행동에 대한 반성해야 합니다. 둘째, 긍정적인 태도입니다. 다른 동료 교사들의 방안에 대해 긍정적으로 생각하고 고려해 보는 태도가 필요합니다. 셋째, 적극적인 태도입니다. 학교 행사에도 적극적인 태도로 참여하는 것이 필요합니다. 혹여나 개인 일정과 겹칠 경우 우선순위에 대해 다시 고려해보고 적극적으로 참여하려는 태도가 필요합니다.

다음으로 제 경험을 말씀드리겠습니다. 저는 학과 학생회 부학회장으로서 장애인의 날 행사 준비 기간에 코로나에 걸려 참여가 어려웠습니다. 부학회장이라는 책임감과 팀원들에게 짐이 되고 싶지 않다는 생각이 들었습니다. 그래서 이를 해결하기 위해 대면 회의에 줌 회의로 참여하고 집에서 할 수 있는 일들을 수행하며 팀원들을 돕고자 노력했습니다. 이상입니다.

즉답형 02

몸 활동의 필요성	① 신체 움직임 제공 : 항상 앉아서 수업을 듣고 스마트기기 활용도가 높아지며 줄어든 신체적인 움직임 촉진 ② 사회성 향상 : 몸 활동을 통해 학생들이 함께 몸을 움직일 수 있는 프로그램을 제공하여 그 과정에서 사회성 함양 기대
실천 방안	① 미니올림픽 운영 : 미니올림픽 운영을 통해 학생들이 함께 몸을 움직일 수 있도록 프로그램 운영 ② 가정연계 : 가정에서 할 수 있는 몸 활동을 배워 가정에서 가족들과 함께하고 인증하는 활동 운영 ③ 솔선수범 : 교사가 솔선수범하여 몸 활동을 진행, 쉬는 시간에 학생과 함께 할 수 있도록 함

즉답형 2번 문항 답변드리겠습니다.

먼저, 몸 활동의 필요성을 말씀드리겠습니다. 항상 앉아서 수업을 듣고 스마트기기 활용도가 높아지며 줄어든 신체적인 움직임을 촉진할 수 있습니다. 둘째, 몸 활동을 통해 학생들이 함께 몸을 움직일 수 있는 프로그램을 제공하여 그 과정에서 사회성 함양을 기대할 수 있습니다.

다음으로, 교사로서 몸 활동 활성화 실천 방안을 말씀드리겠습니다. 첫째, 미니올림픽 운영을 통해 학생들이 함께 몸을 움직일 수 있도록 프로그램 운영하는 것입니다. 둘째, 가정에서 할 수 있는 몸 활동을 배워 가정에서 가족들과 함께하고 인증하는 활동 운영하는 것입니다. 셋째, 교사가 솔선수범하여 몸 활동을 진행하여, 쉬는 시간에 학생과 함께 하는 것입니다. 이상입니다.

(2) 2022 초등특수

구상형 01 ▼

입학 적응 지원 프로그램의 내용	① 입학 전 : 학부모 상담 – 교육과정 운영 및 특수교육 관련서비스 안내, 미리 익히면 좋은 학교생활 적응 기술 안내 ② 입학 전 : 학교 견학 활동 – 학교를 미리 방문하여 견학함으로서 낯선 환경에 대한 두려움을 덜고 새로운 곳에 익숙해지는 경험을 제공 ③ 입학 후 : 장애유형 및 특성을 고려한 기초생활습관 지도 – 수업참여 및 착석지도, 급식지도 등 ④ 입학 후 : 또래 상호작용 지도 – 창의적 체험활동이나 교과 시간을 활용하여 통합학급학생들과 특수교육대상학생이 함께 할 수 있는 다양한 내용으로 구안 ⑤ 입학 후 : 학부모 간담회 및 부모교육 – 자녀의 학교생활에 대한 정보 교류의 장을 마련하여 자녀의 양육에 필요한 정보 및 교육을 통해 가정과 연계가 이루어질 수 있는 내용으로 구안

구상형 1번 문항 답변드리겠습니다.

유치원에서 초등학교로의 전환은 입학하는 학생뿐만 아니라 학부모에게도 극복해야 하는 어려움으로 느껴집니다. 특히 장애학생과 학부모에게는 더욱 큰 어려움으로 다가올 것입니다. 이에 따라 필요한 입학 적응 지원 프로그램의 내용을 말씀드리겠습니다.

첫째, 입학 전 학부모 상담입니다. 교육과정 운영 및 특수교육 관련 서비스 안내, 미리 익히면 좋은 학교생활 적응 기술 안내 등을 할 수 있습니다. 또한 학부모의 궁금한 점들을 알려주고, 교사도 학생에 대한 정보를 얻을 수 있습니다.

둘째, 입학 전 학교 견학 활동입니다. 학생과 학부모가 학교를 미리 방문하여 경험함으로서 낯선 환경에 대한 두려움을 덜고 새로운 곳에 익숙해지는 경험을 제공하는 것입니다.

셋째, 입학 후 장애 유형 및 특성을 고려한 기초생활습관 지도입니다. 수업참여 및 착석지도, 급식지도 등 유치원과는 다른 학교에서의 생활에 잘 적응할 수 있도록 지원해야 합니다.

넷째, 입학 후 또래 상호작용 지도입니다. 창의적 체험활동이나 교과 시간을 활용하여 통합학급 학생들과 특수교육대상학생이 함께 할 수 있는 다양한 내용으로 지원하여 학생이 또래와 함께 어울릴 수 있도록 이끌 수 있습니다.

다섯째, 입학 후 학부모 간담회 및 부모교육입니다. 자녀의 학교생활에 대한 정보 교류의 장을 마련하여 자녀의 양육에 필요한 정보 및 교육을 통해 가정과 연계가 이루어질 수 있는 내용으로 계획할 수 있습니다.

이러한 입학 적응 지원 프로그램은 학교생활 적응능력을 함양하고 전이 과정의 어려움 해소 및 교사와의 유대 강화로 즐거운 학교생활을 도모할 수 있습니다. 이상입니다.

구상형 02

잘못된 부분과 해결방안	① 특수교사가 개별화 교육계획을 혼자 계획하고, 팀원에게 공유하지 않았다.	개별화 교육계획을 수립할 때는 개별화 교육지원팀 구성원의 의견과 정보를 반영
	② 편식 중재 방안에 대해 나누지 않았다.	가정, 교실에서의 편식 중재 방안을 자세히 나누기
	③ 식사 지도 외에 다양한 요인들(현장체험학습, 생활지도, 특수교육 관련 서비스, 평가 등)을 의논하지 않았다.	특수교사는 안건을 정리하고, 미리 구성원들에게 안내하여 구성원들이 미리 준비할 수 있도록 협의회를 주도

구상형 2번 답변드리겠습니다.

개별화 교육지원팀은 학생 개별 특성을 파악하여 알맞은 교육 계획을 수립하기 때문에 소통과 협력이 중요합니다. 이에 따라 제시문에서의 잘못된 부분을 말씀드리겠습니다.

첫째, 특수교사가 개별화 교육계획을 혼자 수립하고, 팀원에게 공유하지 않았습니다. 개별화 교육계획을 수립할 때는 개별화 교육지원팀 구성원의 의견과 정보를 반영해야 합니다. 개별화 교육계획에는 현행학습수준, 교육목표, 내용, 방법, 평가 방법 등이 포함됩니다. 이러한 내용을 하나씩 차근차근 협의해야 합니다.

둘째, 구체적인 편식 중재 방안에 대해 나누지 않았습니다. 이를 해결하기 위해 가정, 교실에서의 편식 중재 방안을 자세히 나누어 보아야 합니다. 편식 중재가 필요하다는 의견이 나왔으므로 어떤 음식을 편식하는지 등 더 깊이 있는 협의가 필요합니다.

셋째, 식사 지도 외에 다양한 요인들을 의논하지 않았습니다. 이를 해결하기 위해 특수교사는 안건을 정리하고, 미리 구성원들에게 안내하여 구성원들이 미리 준비할 수 있도록 협의회를 주도해야 합니다. 학교생활에 있어서 현장체험학습, 생활지도, 특수교육 관련 서비스, 평가 등 의논해야 할 부분이 많습니다. 특수교사는 개별화 교육지원팀이 실제적으로 운영될 수 있도록 노력해야 할 것입니다. 이상입니다.

즉답형 01

(1)	대학생활 때 경험했던 협업	학생회 축제 부스 운영
(2)	신규교사로서 필요한 역량	공동체 역량의 강화 : 교육과정을 적용하는 과정에서는 동교과 또는 타교과 교사들과의 협력이 필수적이라 할 수 있습니다. 따라서 저는 함께 교육 목표를 공유하고 연대 및 협력할 수 있는 태도를 기르고자 노력하고 있습니다.
(3)	신규교사로서 필요한 노력	① 동료 교사와 교육과정 및 수업을 성찰하고 협업하며 성장하기 ② 관심 있는 분야의 공동연수, 독서, 워크숍 등을 통해 전문성 기르기

전문적 학습공동체는 자발성과 동료성을 바탕으로 집단 역량을 기르고 동반성장을 하고자 합니다. 이에 따라 저의 협업 경험과 신규교사로서 필요한 역량과 노력을 말씀드리겠습니다.

먼저, 대학 생활 때 경험했던 협업에 대해 말씀드리겠습니다. 저는 학생회 활동에 참여하며 축제 부스를 운영했습니다. 10명이 넘는 학생들이 모여 공동의 주제를 정하고, 각자 역할을 맡아 부스 운영을 하였습니다. 그 과정에서 갈등이 생기기도 했지만, 갈등을 해결하는 경험을 통해 공동체 의식을 배우며 모두 함께 성장할 수 있었습니다.

다음으로, 신규교사로서 필요한 역량은 공동체 역량입니다. 학교의 교육 활동을 계획하고 운영할 때 교사들과의 협력이 필요하기 때문입니다. 뿐만 아니라 교육과정을 적용하는 과정에서 지식과 경험을 공유하며 학교 간 인프라, 아이디어, 전문성을 공유할 때에도 공동체 역량이 필요합니다.

마지막으로, 신규교사로서 필요한 노력을 말씀드리겠습니다. 첫째, 동료 교사와 교육과정 및 수업을 성찰하고 협업하며 성장하는 것입니다. 둘째, 관심 있는 분야의 공동연수, 독서, 워크숍 등을 통해 전문성을 기르는 것입니다. 이상입니다.

즉답형 02

학교 환경교육을 위해 교사로서 실천할 수 있는 방안 4가지	① 교과와 연계한 환경교육 운영 ② 초록학교별 전문적 학습공동체 활동 ③ 환경 동아리 운영 ④ 학교 주변 공간을 활용한 작은 생태계(텃밭, 학교숲) 운영

즉답형 2번 답변드리겠습니다.

최근 기후위기에 대한 경각심이 증가하고, 지속 가능한 환경에 대한 관심이 지속적으로 높아지고 있습니다. 학생들을 대상으로 환경교육을 실시하는 것은 우리 모두의 현재와 미래의 삶에 가장 중요한 일이라고 생각합니다. 학교 환경교육을 위해 교사로서 실시할 수 있는 방안은 다음과 같습니다.

첫째, 교과와 연계한 환경교육을 운영하겠습니다. 예를 들어 국어 시간에 환경과 관련된 기사, 만화, 뉴스를 만들어보는 활동을 실시하는 방법을 들 수 있습니다. 둘째, 초록학교별 전문적 학습공동체 활동을 실시하겠습니다. 학교 내외로 환경 생태교육에 자발적인 관심을 가진 교사들과 함께 교육자료, 교육방법, 교육사례 등을 공유하고 교육력을 높여나갈 것입니다. 셋째, 환경 동아리를 운영하겠습니다. 학생들과 동아리 활동을 통해 프로젝트, 캠페인 등을 실시하여 학교 구성원이 함께 공감할 수 있는 교육활동을 실시하고 싶습니다. 넷째, 학교 주변공간을 활용하여 작은 생태계를 운영하겠습니다. 학교 유휴부지를 활용하여 텃밭을 가꾸거나 작은 숲을 만들어보는 활동을 해보고자 합니다. 이상입니다.

참고문헌

- 각 지역 2차 시험 시행계획
- 교육부(2021) 디지털기반 놀이환경 현장지원자료
- 교육부(2019) 2019개정 누리과정 놀이실행자료
- 교육부(2019) 2019개정 누리과정 놀이이해자료
- 교육부(2019) 2019개정 누리과정 해설서
- 교육부(2015), 기본교육과정
- 교육부(2015), 기본교육과정 교사용 지도서
- 이경면(2018), 예비특수교사 및 초임교사를 위한 수업실연의 실제
- 정동영(2016), 특수교육예비교사를 위한 교수·학습 과정안 작성과 수업의 실제
- 이성진(2021), 특수교사가 디자인하는 좋은 수학 수업

2025 박해인 특수 2차의 정석 – 유·초등특수 면접·수업실연

공저자	박해인 박연지
펴낸곳	모듀efe
발행인	박해인
주 소	서울특별시 강남구 봉은사로1길 6, 5층 5120호
이메일	contact@edu4modu.com
전 화	070-8983-4623
팩 스	0508-915-2851
발행일	2024.11.18
ISBN	979-11-93819-07-4(13370)

• ― 본 책은 저작자의 지적 재산으로서 무단 전재와 복제를 금합니다.

정가 30,000원